böhlau

Peter Oestmann

Zur Gerichtspraxis im 19. Jahrhundert

Ein Schmuggeleiprozess am Oberappellationsgericht Lübeck

Teil 2: Edition, Abbildungen und Register

BÖHLAU VERLAG WIEN · KÖLN · WEIMAR

Gedruckt mit freundlicher Unterstützung der Deutschen Forschungsgemeinschaft, Bonn,
aus Mitteln des SFB 1150 „Kulturen des Entscheidens"

Bibliografische Information der Deutschen Nationalbibliothek:
Die Deutsche Nationalbibliothek verzeichnet diese Publikation in der
Deutschen Nationalbibliografie; detaillierte bibliografische Daten
sind im Internet über http://dnb.de abrufbar.

Das Titelbild zeigt den grünen Tisch des Oberappellationsgerichts Lübeck und die fünf
edierten Akten (Aufnahme: Peter Oestmann). Die Schiffsdarstellung stammt aus dem
Frachtbrief des Schiffers Haase (L 22 a, S. 155, Abdruck mit freundlicher Genehmigung des
Archivs der Hansestadt Lübeck).

Einbandgestaltung: Michael Haderer, Wien
Satz: satz&sonders, Dülmen
Druck und Bindung: Hubert & Co BuchPartner, Göttingen
Printed in the EU

Vandenhoeck & Ruprecht Verlage | www.vandenhoeck-ruprecht-verlage.com

ISBN 978-3-412-51335-1

Inhalt

TEIL 1

Prozessakte OAG L I 161

Aktendeckel

Zeitgenössischer blauer dünner Kartonumschlag um das ungebundene Aktenkonvolut mit zeitgenössischem Aktenzeichen, Partei- und Anwaltsnamen, Laufzeit und moderner Inventarnummer. Ursprünglich angelegt vom ersten Kanzlisten Georg Wilhelm Dittmer.

Faszikel III[4888] H[4889] Lübeck Nr. 15[4890] M[4891]

Hanseatisches Oberappellationsgericht[4892]

Acta

in Sachen[4893]

der Rhederey des Schiffes Dora und der Erben des Schiffers Georg Hinrich Haase, Kläger, jetzt Appellanten,

contra

Heinrich Diedrich Wildtfanck und Consorten[4894],

Beklagte, jetzt Appellaten,
wegen Schadensersatzes

1831–32[4895]

Dr. Schlüter für Appellanten[4896]
Dr. Faber für Appellaten[4897]

Sententia de 26. Junii 1832[4898]

4888 Drittes Aktenkonvolut im selben Rechtsstreit.

4889 Anfangsbuchstabe des Nachnamens des Appellanten (Haase).

4890 15. Rechtsstreit aus Lübeck im Jahr 1831/32, so das Aktenzeichen in der Relation von Georg du Roi, unten S. 658 (S. 93 der Akte). Der Gerichtspräsident Arnold Heise benutzte in seiner Relation ebenfalls das Aktenzeichen 15, unten S. 676 (S. 5 der Akte).

4891 Buchstabe schwer lesbar.

4892 Stempel. Die Prozessakte wurde 1879 bei der Auflösung des Oberappellationsgerichts und der Verlegung nach Hamburg zunächst dorthin mitgenommen und erst 1903 an das Staatsarchiv Hamburg abgegeben. Von dort gelangte die Akte 1952 an das Archiv der Hansestadt Lübeck; kurze Bestandsgeschichte bei Klaus-Joachim Lorenzen-Schmidt (Bearb.), Gesamtinventar der Akten des Oberappellationsgerichtes der vier Freien Städte Deutschlands. Erster Band: Allgemeine Einführung, Köln, Weimar, Wien 1996, S. 15.

4893 Davor gestrichen *in S*[achen], aber linksbündig und nicht zentriert.

4894 „Streitgenossen".

4895 Laufzeit des Rechtsstreits am Oberappellationsgericht.

4896 Adolph Schlüter, Prokurator der Kläger seit dem ersten Appellationsprozess, Vollmacht für ihn oben S. 188 (S. 224 der Akte L I 22 a).

4897 Dr. Ludwig Heinrich Faber, Advokat und Notar, in: Lübeckisches Address-Buch 1830, S. 119. Die Beklagten wechselten mehrfach ihren Prokurator am Oberappellationsgericht. Hermann Schröder, den die Beklagten im zweiten Rechtsstreit als Prokurator eingesetzt hatten, wanderte 1830 in die Vereinigten Staaten von Amerika aus, kehrte aber 1832 nach Lübeck zurück, zu ihm Antjekathrin Graßmann, Art. Schröder, Hermann, in: Biographisches Lexikon für Schleswig-Holstein und Lübeck, Band 13, Neumünster o. J. (2011), S. 428–431.

4898 Urteil des Oberappellationsgerichts, unten S. 686 (S. 117 der Akte).

Archiv der Hansestadt Lübeck[4899]

Nr. 32 C[4900]
L I 161[4901]

4899 Moderner Archivstempel.
4900 Zeitgenössisches Aktenzeichen. Die Bedeutung der doppelten Aktenzeichen (15 und 32) ist unklar. Der Buchstabe C deutet auf den dritten Appellationsprozess im selben Rechtsstreit hin. Die Aktendeckel der anderen vier Faszikel enthalten die Buchstaben A, B, D und E, oben S. 80 und 460, unten S. 695 und 795.
4901 Heutige Signatur, mit schwarzem Filzstift auf den Aktendeckel geschrieben.

Inhaltsverzeichnis der Akte

undatiert

Die Designatio actorum, das zeitgenössische Inhaltsverzeichnis, enthält wie immer das Rubrum und eine Übersicht über die einzelnen Bestandteile der Akte. Anders als im ersten Rechtsstreit vor dem Oberappellationsgericht sind sämtliche Schriftstücke der Akte bis auf die Relation des Referenten Georg du Roi und die Aufzeichnungen des Gerichtspräsidenten Arnold Heise quadranguliert. Das Inhaltsverzeichnis zeigt deutlich, dass jede Partei im Verfahren vor dem Oberappellationsgericht grundsätzlich nur einen Schriftsatz einreichen konnte. Unterzeichnet ist die Designatio actorum vom ersten Kanzlisten Georg Wilhelm Dittmer.

[S. 1]

Designatio actorum[4902]

in Sachen

der Rhederey des Schiffes Dora und der Erben des Schiffers Georg Hinrich Haase, Kläger, jetzt Appellanten,

contra

Heinrich Diedrich Wildtfanck und Consorten,

Beklagte, jetzt Appellaten,

wegen Schadensersatzes, jetzt die Zulässigkeit eines *Novi*[4903] betreffend

---

Q 1 Appellationsrechtfertigung, *praesentirt*[4904], den 8. September 1831[4905], mit

Q 2 Anlage A. *Sententia a qua*[4906] vom 7. Juli *anni currentis*[4907]

Q 3 Anlage B. Interpositionsbescheid[4908] vom 21. Juli *anni currentis*

Q 4 Vollmacht für Dr. Faber, vom Appellaten Wildtfanck ausgestellt, *praesentatum* den 10. September 1831[4909].

Q 5 Communicativdecret[4910], worin Auflage an den Dr. Faber zur Legitimation für die Mitappellaten binnen 8 Tagen *sub poena* 5 Reichsthaler[4911] vom 12. September 1831.

4902 „Beschreibung der Akte, Übersicht über die Akte".

4903 „Eines neuen Beweismittels".

4904 „Eingereicht".

4905 Unten S. 613 (S. 15 der Akte).

4906 „Urteil der vorigen Instanz, von dem appelliert wurde".

4907 „Laufenden Jahres", unten S. 623 (S. 41 der Akte).

4908 Bescheid des Obergerichts Lübeck über die Einlegung (Interposition) der Berufung, unten S. 626 (S. 47 der Akte).

4909 Unten S. 628 (S. 49 der Akte).

4910 Verfügung des Oberappellationsgerichts zur Mitteilung der Appellation an die Beklagten, unten S. 632 (S. 51 der Akte).

4911 „Unter Strafdrohung von 5 Rth.". Abkürzung schwer lesbar, Verfügung unten S. 632 (S. 51–52 der Akte).

Q 6 Requisitionsschreiben[4912] *eodem*[4913].

Q 7 Vollmacht für Dr. Faber, von den Mitappellaten Leuenroth und A. Hornemann ausgestellt, *praesentatum* den 19. September 1831[4914].

Q 8 Schreiben des Obergerichts zu Lübeck, die Einsendung der Voracten betreffend, *praesentatum* den 21. September 1831[4915].

Q 9 Decret wegen Mittheilung der Vollmacht *sub* Q 7 an die Appellanten und Benachrichtigung beyder Theile vom Eingang der Voracten vom 23. September 1831[4916].

Q 10 Widerlegung der Appellationsbeschwerden, *praesentatum* den 26. October 1831[4917].

Q 11 Schlußdecret vom 5. November 1831[4918].

Q 12 Erkenntniß vom 26. Juni 1832[4919].

Q 13 Entscheidungsgründe[4920]

Q 14 Remissionsschreiben vom 29. Juni 1832[4921].

Finis designationis actorums[4922]*:*

in fidem[4923]

G. W. Dittmer[4924]

4912 Anforderung der vorinstanzlichen Akten.
4913 „Vom selben Tag", unten S. 634 (S. 53 der Akte).
4914 Unten S. 635 (S. 55 der Akte).
4915 Unten S. 637 (S. 57 der Akte).
4916 Unten S. 639 (S. 61 der Akte).
4917 Unten S. 641 (S. 63 der Akte).
4918 Mitteilung des Oberappellationsgericht zur Entscheidungsreife, unten S. 656 (S. 91 der Akte).
4919 Unten S. 686 (S. 117 der Akte).
4920 Unten S. 688 (S. 121 der Akte).
4921 Schreiben zur Rücksendung der Akte an das Obergericht, unten S. 692 (S. 129 der Akte).
4922 „Ende des Inhaltsverzeichnisses".
4923 „Zur Beglaubigung".
4924 Georg Wilhelm Dittmer, erster Kanzlist 1820–1844, nachgewiesen bei Lorenzen-Schmidt, Gesamtinventar I (wie Anm. 4892), S. 13.

Q 1 – Berufungsbegründung der Kläger

1831 September 8

Die Kläger begründen ihre Berufung gegen die Entscheidung des Lübecker Obergerichts vom 7. Juli 1831. Schriftsatz, ausgearbeitet vom Advokaten Paul Christian Nicolaus Lembke, eingereicht am Oberappellationsgericht vom Prokurator Adolph Schlüter.

[S. 15[4925]] Q 1
No. 49, *praesentatum* den 8. September 1831
Appellationslibell
abseiten
der Rhederey des Schiffes Dora und der Erben des Schiffers Georg Heinrich Haase,
Kläger, Appellanten,
contra[4926]
Heinrich Diedrich Wildtfanck[4927],
Beklagten, jetzt Appellaten,
wegen Schadensersatzes
mit 2 Anlagen[4928]

[S. 17]
An
die zum Oberappellationsgerichte der vier freyen Städte Deutschlands hochverordnete Herren Praesident und Räthe!

Einführung und Rechtfertigung der Appellation wider das Obergerichtserkenntniß vom 7. July 1831.
abseiten
der Rhederey des Schiffes Dora und der Erben des Schiffers Georg Heinrich Haase, Kläger, Appellanten,
wider
Heinrich Diedrich Wildtfanck, Beklagten, Appellaten,

wegen Schadensersatzes
Anlagen Litterae A. B.[4929]

4925 Stempelpapier des Oberappellationsgerichts mit eingeprägtem Stempel *3 Mark*, daneben Handzeichen *CWP* des Sekretärs Carl Wilhelm Pauli und *3 Mk*.

4926 Nur angedeutet durch ein *c*.

4927 Wildtfanck war die treibende Kraft auf Seiten der Beklagten, so auch sein Advokat Buchholz in seinem Brief an Eduard Hach, oben S. 552 (Rückseite von S. 133 der Akte L I 122). Tatsächlich waren aber Hornemann und Leuenroth weiterhin auch noch Parteien des Rechtsstreits, ihre Anwaltsvollmacht unten S. 635 (S. 55 der Akte).

4928 Unten S. 623 und 626 (S. 41 und 47 der Akte).

4929 Unten S. 623 und 626 (S. 41 und 47 der Akte).

[S. 18] P. P.[4930]

In rubricirter Sache wurde von diesem hohen Gerichtshofe, durch das Urtheil vom 14. Juny 1830[4931], der klägerischen Rhederey die Bescheinigung nachgelassen,

daß sie gleich nach Publication des niedergerichtlichen Erkenntnißes vom 27. September 1828 den gebührenden Fleiß angewendet, um sich das nunmehr beigebrachte neue Attest des Departements des auswärtigen Handels zu St. Petersburg[4932] sobald als möglich und noch vor Ablauf der verlängerten Rechtfertigungsfrist ihrer an das Obergericht eingewandten Appellation zu verschaffen.

In Befolgung dieser Auflage producirten Kläger innerhalb der vom Obergerichte zu dem Ende angedeuteten Frist ver- [S. 19[4933]] schiedene Urkunden, durch welche Kläger die verlangte Bescheinigung zur Genüge erbracht zu haben glaubten. Wieder Vermuthen erging jedoch vom Obergerichte die am 7. July 1831 eröfnete, im Original anliegende Sentenz,

Anlage Littera A.[4934]

dahin erkennend:

die den Klägern und Appellanten auferlegte Bescheinigung ist als nicht geführt zu betrachten. Die „Nachträgliche Aeußerung" derselben vom 29. April 1829[4935] nebst ihren Anlagen, namentlich dem neuen Zeugniße aus dem St. Petersburger Departement des auswärtigen Handels vom 28. Februar 1829[4936] ist von den Acten entfernt zu halten, mithin bey Beurtheilung der Appellationsbeschwerden nicht zu berücksichtigen. Die Appellanten haben, Ermäßigung vorbehältlich, die erwachsenen Kosten seit dem oberappellationsgerichtlichen Urtheile vom 14. Juny vorigen Jahres[4937] den Appellaten zu erstatten.

[S. 20[4938]] Diese Worte des Erkenntnißes enthalten eine zwiefache Beschwerde:

1. Daß die auferlegte Bescheinigung für nicht geführt zu betrachten und in Folge dessen das fragliche *Novum*[4939] von den Acten zu trennen sey und
2. daß Appellanten sogar die seit dem Oberappellationsgerichtsurtheile vom 14. Juny vorigen Jahres aufgelaufenen Prozeßkosten zu erstatten schuldig seyn sollen.

4930 Die Gruß- und Ehrerbietungsformel ist abermals weggelassen.

4931 Das war die Entscheidung des Oberappellationsgerichts im zweiten Appellationsverfahren, oben S. 593 (S. 179 der Akte L I 122).

4932 Deutsche Abschrift oben S. 490 (S. 51 der Akte L I 122).

4933 Zeitgenössisch S. *3*.

4934 Am Rand *A.*, unten S. 623 (S. 41 der Akte).

4935 Oben S. 483 (S. 50 der Akte L I 122).

4936 Oben S. 490 (S. 51 der Akte L I 122).

4937 Oben S. 593 (S. 179 der Akte L I 122).

4938 Zeitgenössisch S. *4*.

4939 „Neues Beweismittel".

Die Kläger interponirten[4940] daher innerhalb der gesetzlichen zehn Tage

Siehe Anlage Littera B.[4941]

das Rechtsmittel der Appellation an dieses höchste Tribunal und führen dieselbe hiedurch innerhalb des durch die seit dem 22. July eingetretenen Gerichtsferien stillschweigend bis zum 8. September prorogirten[4942] *fatale*[4943] gehorsamst ein.

Siehe § 10 und 34, der provisorischen Gerichtsordnung[4944].

Sich wendend zur Rechtfertigung ihrer ersten und Hauptbeschwerde, so ist dabey die Absicht der Appellanten hauptsächlich auf [S. 21[4945]] die Beseitigung und Widerlegung der von den Gegnern in ihrer bey dem *judicio a quo*[4946] eingebrachten Schrift theils gegen die Zulässigkeit der Bescheinigungsmittel an sich, theils gegen die aus ihnen sich herausstellenden Beweisgründe gemachten Ausstellungen gerichtet. Zweckmäßig folgen deshalb auch Appellanten der von den Beklagten ihrer Darstellung[4947] zum Grunde gelegten Ordnung, welche davon ausgeht, daß das oberappellationsgerichtliche Urtheil eine bloße Bescheinigung und durchaus keinen strengen Beweis fordert, daß auch in den Entscheidungsgründen zu demselben überall nur von einer Bescheinigung und zwar auf eine Weise die Rede ist, welche klar erkennen läßt, daß absichtlich dieses Wort gewählt und ebenso absichtlich der Ausdruck „Beweis“ vermieden worden ist[4948]. So vage und unbestimmt der Begriff einer Bescheinigung im Gegensatz von Beweis auch immer seyn mag, so wenig derselbe durch unsere positive Gesetze festgestellt, auch die Doctrin näher [S. 22[4949]] entwickelt und ausgebildet ist, so ist doch einmal soviel gewiß, daß obwohl Beweis und Bescheinigung wesentlich voneinander verschieden, beide dennoch Mittel zu einem und demselben Zwecke sind, nämlich den Richter von der Wahrheit einer Thatsache zu überzeugen, die von dem Gegner bestritten wird, nur daß durch strenge Beweisführung bey dem Richter ein höherer, ja den möglichst

4940 „Legten ein“.

4941 Am Rand *B.*, unten S. 626 (S. 47 der Akte).

4942 „Verlängerten“.

4943 „Frist“ zur Berufungsbegründung. Während der Gerichtsferien liefen keine Fristen ab, sondern wurden stillschweigend bis zum Ende der Ferienzeit verlängert.

4944 Seit dem 10. August 1831 gab es bereits die definitive Gerichtsordnung des Oberappellationsgerichts. Sie trat aber erst zum 1. Oktober 1831 in Kraft, hierzu die Bekanntmachung des Hamburger Rates: Johann Martin Lappenberg (Hrsg.), Sammlung der Verordnungen der freyen Hanse-Stadt Hamburg, seit 1814. Eilfter Band, Hamburg 1832, Nr. 187, S. 529.

4945 Zeitgenössisch S. *5*.

4946 „Vorinstanzlichen Gericht“.

4947 Die Schriftsätze der zweiten Instanz sind in der Akte des Oberappellationsgerichts nicht enthalten.

4948 Der Streit, ob ein Dokument eine Bescheinigung oder ein Beweismittel ist, lässt sich nur durch die weiterhin bestehenden gesetzlichen Beweisregeln für den Urkundenbeweis erklären. Das Oberappellationsgericht hatte im zweiten Rechtsstreit auf einer schriftlichen Bescheinigung bestanden, weil es einen Beweis durch Eidesleistung für zu einfach bzw. riskant hielt (dazu oben S. 598 (S. 186–187 der Akte L I 122)). Ein Meineid lässt sich leicht schwören, eine Bescheinigung durch urkundliche Dokumente sollte bewusst schwieriger sein. Der Unterschied zwischen Beweismittel und Bescheinigung, der im dritten Appellationsprozess eine Rolle spielt, taucht in den Entscheidungsgründen des Oberappellationsgerichts gar nicht auf.

4949 Zeitgenössisch S. *6*.

erreichbarn, durch Bescheinigung ein geringerer Grad der richterlichen Ueberzeugung bewirkt werden soll, und hierin mögte denn wohl zunächst das wesentliche Unterscheidungsmerkmal zwischen beiden gefunden werden. Dabey liegt denn die Idee zum Grunde, daß es bey den gerichtlichen Verhandlungen ausnahmsweise in gewissen Fällen nicht einer vollen juristischen Ueberzeugung des Richters bedarf, sondern häufig schon eine juristische Wahrscheinlichkeit genügt, um denselben in seinem Urtheile richtig zu leiten.

Martin bürgl. Proceß. § 239.[4950]

In welchen Fällen aber eine solche Wahr- [S. 23[4951]] scheinlichkeit, die nun eben durch eine Bescheinigung oder, was in diesem Sinne dasselbe ist, durch eine vollständige Beweisführung im Gegensatz zu dem strengen vollständigen Beweise bewirkt wird, zur richterlichen Ueberzeugung hinreicht, das unterliegt einzig und allein der Bestimmung der Gesetze. Wie nun aber die Bescheinigungsmittel beschaffen seyn müssen, um diese Wirkung, die juristische Wahrscheinlichkeit hervorzubringen, das ist allerdings schwierig zu bestimmen. Ohne Anhaltspunct sind wir jedoch nicht. Geht man nämlich davon aus, daß bey dem strengen Beweise die richterliche Ueberzeugung durch die Beweismittel in zwiefacher Hinsicht bedingt wird, einmal nämlich,

daß dieselben in der gesetzlich vorgeschriebenen Form erhoben worden,

und zweitens,

dabey von der Stärke sind, daß sie nach der gesetzlichen Beweistheorie[4952] [S. 24[4953]] eine juristische Wahrheit bewirken,

so läßt sich daraus mit Sicherheit folgern, daß da, wo nur ein geringerer Grad der richterlichen Ueberzeugung durch Bescheinigung bezielt wird, jene beiden Bedingungen auch nicht in der Maaße wie bey dem strengen Beweise, nicht in der bey diesem erforderlichen Vollkommenheit, vorhanden zu seyn brauchen, sondern in der einen oder andern Beziehung etwas fehlen darf. Das wie viel und wie wenig ist hier in einem gegebenen Falle, wenn sich nicht eine bereits constante Praxis deshalb gebildet hat, dem vernünftigen Ermessen des Richters überlassen, da der Natur der Sache[4954] nach die Grenzen sich nicht absolut abscheiden lassen.

Die Beklagten bekennen sich nun freilich nicht zu diesen Grundsätzen. Vielmehr ist es ihnen außer allem Zweifel, daß – um ihre eigenen Worte zu gebrauchen – der

4950 Christoph Martin, Lehrbuch des Teutschen gemeinen bürgerlichen Processes, 10. Aufl. Heidelberg 1827, § 239, S. 397: „Allgemeine Verfahrens-Regeln im summarischen Processe" – Die benutzte Auflage ist unklar, allerdings zitiert der Schriftsatzverfasser bereits die neue Paragraphenzählung aus Martins Lehrbuch.

4951 Zeitgenössisch S. 7.

4952 Hier findet sich einer der wenigen ausdrücklichen Hinweise, wonach das Verfahren immer noch der gesetzlichen Beweistheorie folgte. Gerade wegen der gesetzlichen Beweistheorie ging es im Rechtsstreit mehrfach um die Beweiskraft von Dokumenten. Es kam nicht auf die Einschätzung des Richters an, sondern auf formale Kriterien, wann ein bestimmtes Dokument als Urkunde anerkannt werden konnte oder nicht.

4953 Zeitgenössisch S. 8.

4954 Zur Natur der Sache als typisches zeitgenössisches Argument oben bei Anm. 176.

ganze Unterschied zwischen Beweis und Bescheinigung nur in der Form des Verfahrens beruht und auf die Stärke [S. 25[4955]] der Mittel oder auf den erforderlichen Grad der Ueberzeugung des Richters ohne allen Einfluß bleibt. Der Unterschied beruht nur in der Form des Verfahrens. Das kann doch nur heißen: Die Form des Verfahrens ist bey Erbringung einer Bescheinigung eine andere als bey Führung eines Beweises. Wie aber – nun speciell bey vorliegendem Falle stehen zu bleiben – wenn Kläger statt einer Bescheinigung einen strengen Beweis zu führen gehabt und diesen ebenfalls durch Urkunden angetreten hätten, die Form des Verfahrens auch nur in einem einzigen Punkte sich irgend anders hätte gestalten können, das bleibt den Klägern in der That ein Räthsel, welches auch die Beklagten wohl schwerlich lösen werden. In der Form des Verfahrens liegt also, wenigstens in unserem Falle, der Unterschied gewiß nicht[4956]. Besteht nun aber ein solcher, wie daran wohl kein Zweifel ist, so bleibt auch nichts anders übrig, als ihn wie gezeigt darin zu [S. 26[4957]] setzen, daß die Bescheinigungsmittel in einer abgekürzteren Form erhoben werden können und die aus ihnen gewonnenen Beweisgründe nicht von der Stärke zu seyn brauchen, um eine juristische Wahrheit zu begründen, sondern daß es schon hinreichend ist, wenn sie nur eine juristische Wahrscheinlichkeit herstellen.

Legen wir nun den durch die bisherige Untersuchung aufgefundenen Maasstab an die producirten Bescheinigungsmittel, so werden auch alle die Bedenklichkeiten verschwinden, welche gegnerischerseits gegen sie vorgebracht sind.

Die erste Rüge der Beklagten trift das Notariatsprotocoll vom 19. August (Anlage *sub* DD.[4958]), welches eine Vernehmung des dorpatschen Kaufmanns, Herrn H. Platzmann[4959], in St. Petersburg über gewisse ihm vorgelegte Fragen enthält. Die durch dasselbe documentirten Aussagen nämlich seyen unbeeidigt[4960] und deshalb ohne Wirkung für die Kläger. Hier auf erwiedern die Appellanten, daß den Notarien die Befugniß nicht zusteht, [S. 27[4961]] den *ad protocollum* vernommenen Zeugen über die Wahrheit ihrer Depositionen[4962] einen Eid abzunehmen[4963], daß zur Zeit der Anwesenheit des Herrn H. Platzmann hier am Orte im August 1830

4955 Zeitgenössisch S. 9.

4956 Ob und in welchem Ausmaß das 19. Jahrhundert eine Zeit der Begriffsjurisprudenz gewesen ist, lässt sich kontrovers diskutieren, gerade auch wegen zeitgenössischer Zerrbilder, hierzu Hans-Peter Haferkamp, Georg Friedrich Puchta und die „Begriffsjurisprudenz" (Studien zur europäischen Rechtsgeschichte 171), Frankfurt am Main 2004, S. 26–32. Die endlosen Debatten zur Unterscheidung von Beweis und Bescheinigung zeigen, wie man in der Praxis den Kampf um den Inhalt von Begriffen gezielt als Argumentationshilfe einsetzen konnte.

4957 Zeitgenössisch S. 10.

4958 Jahreszahl fehlt. Der Verweis ist ebenfalls unklar. Es kann sich um das Verfahren vor dem Niedergericht oder vor dem Obergericht handeln.

4959 Heinrich Platzmann, Bruder des Klägers Conrad Platzmann (1775–1838).

4960 Anspielung auf die gesetzliche Beweistheorie, nach der nur beeidigte Zeugen einen vollen Beweis erbringen konnten.

4961 Zeitgenössisch S. 11.

4962 „Aussagen".

4963 Der Streit bezieht sich auf die Frage, ob unbeeidigte Aussagen überhaupt zu Beweiszwecken verwertet werden durften.

gerade die großen Gerichtsferien eingetreten waren und daß eben deshalb, ganz abgesehen davon, daß die Bescheinigung im Obergerichte erbracht werden sollte, es unthunlich war, eine gerichtliche Zeugenvernehmung zu veranstalten. Andererseits war aber das Zeugniß des Herrn H. Platzmann ganz unentbehrlich, da ihm als derjenigen Person, durch welche Kläger das fragliche neue Attest ermittelten, auch nur allein die gehörige Wissenschaft über den von letzteren dabey angewandten Fleiß beywohnen konnte. Die klägerische Rhederey war daher genöthigt, sich mit einnem unbeschworenen Zeugniße zu begnügen, und glaubte sich auch umso eher dabey beruhigen zu können, weil, wenn eine Beeidigung durchaus unerläßlich sey, diese immer noch nachgeholt werden könnte. Aber [S. 28[4964]] auch einer solchen Nachholung wird es nicht bedürfen, da den Klägern nur die Beschaffung einer Bescheinigung oblag, zu welchem Zwecke stets nach einer constanten, mit der Theorie übereinstimmenden Praxis selbst außergerichtliche unbeschworne Zeugnisse für ausreichend gehalten worden sind.

Schneider, vollständige Lehre vom rechtl. Beweise, § 429 *sequitur*[4965]
Ferner, fahren die Beklagten fort – ist Deponent[4966] ein Bruder eines der Mitkläger und Mitproducenten. Dieses Band der Verwandschaft hebe die Glaubwürdigkeit seiner Aussage auf.

Wäre es wahr, lähmte das verwandtschaftliche Verhältniß die Glaubhaftigkeit des Zeugnißes, so wäre dies doch immer nur der Fall in Betreff des einen der Kläger, des Herrn *Senatoris* Platzmann, als nur eines der Schiffsrheder. Die übrigen berührte der Vorwurf nicht. Indessen unser Statutarrecht ordnet ausdrücklich in:

art. 20. tit. 7 Libr. V.[4967]

– Blutsverwandte, wann man andere [S. 29[4968]] Zeugen nicht haben kann, werden zu Zeugen zugelassen, doch sollen sie auf den Zeugenzettul vor dem Rathe[4969] ihren gewöhnlichen Eydt leisten[4970].

Sind demnach schon bey dem ordentlichen Beweisverfahren Blutsverwandte in dem untergestellten Fall zuläßig, wieviel mehr da, wo es nur darauf ankomt, etwas zu bescheinigen. Herr H. Platzmann in St. Petersburg war aber der Mandatar[4971] der Kläger. Ihm allein war der Auftrag geworden, das neue Zeugniß des Departements der auswärtigen Angelegenheiten zu erwirken. Er allein kann daher auch nur Auskunft ertheilen über die Art und Weise, wie ihm der Auftrag gegeben, er

4964 Zeitgenössisch S. 12.
4965 „Folgende". – Ernst Christian Gottlieb Schneider, Vollständige Lehre vom rechtlichen Beweise in bürgerlichen Rechtssachen, Giessen und Darmstadt 1803, §§ 429–430, S. 244.
4966 Heinrich Platzmann, Kaufmann in Dorpat, Bruder des Klägers Lübecker Ratsherrn Conrad Platzmann.
4967 Revidiertes Lübecker Stadtrecht von 1586, Buch 7, Titel 7, Artikel 20.
4968 Zeitgenössisch S. 13.
4969 Fehler des Schreibers: *Mathe*.
4970 Zitat aus dem Lübecker Stadtrecht.
4971 „Der Beauftragte".

allein über die Sorgsamkeit und Diligenz[4972], mit welcher von Seiten der Mandanten dabey zu Werke gegangen wurde, über die geeignete Zeit und über die dabey eintretenden Schwierigkeiten. Nun fordert freylich der angezogene Artikel auch noch eine Beeidigung. Aber in diesem Puncte [S. 30[4973]] gilt wiederum alles, was oben darüber gesagt worden ist.

Anlangend das zweite Notariatsinstrument vom 17. September 1830 (Anlage *sub* BB.[4974]), so enthält es Auszüge aus fünf von dem Herrn Senator Platzmann an Herrn H. Platzmann in St. Petersburg geschriebene[4975] Briefe. Die Aechtheit dieser Briefe ist von den Gegnern überall nicht in Abrede gestellt worden; dagegen ihnen aber jegliche Beweiskraft als *propria scriptura*[4976] eines der Kläger abgesprochen. Einmal den angeblichen Rechtssatz als richtig angenommen, so greift auch hier wieder Platz, was in anderer Beziehung bereits oben geltend gemacht ist, daß doch hinsichtlich der übrigen Kläger die Ausstellung nicht zutrift. Aber auch der Grundsatz selbst, wenigstens wie Beklagte, freilich übereinstimmend mit vielen Rechtslehren, ihn aufstellen, nämlich *propriae scripturae pro scribente nihil probant*[4977] oder Privaturkunden haben für[4978] den Aussteller gar keine Beweiskraft, müssen Appellanten [S. 31[4979]] als falsch besprechen. In solcher Allgemeinheit kennen die Gesetze den Rechtssatz nicht, sondern klar und deutlich sagen sie nur,

> daß eine Scriptur, in welcher der Aussteller sich Rechte zugeschrieben hat, zum Beweise derselben allein nicht hinreiche.

Nur in dieser Beschränkung ist der Satz wahr.

Rationes defuncti, quae in bonis ejus inveniuntur, – heißt es in *l. 6. Cod. de prob. (14. 19.)* – *ad probationem sibi debitae quantitatis solas sufficere non posse, saepe rescriptum est. Ejusdem juris est, et si in ultima voluntate defunctus certam pecuniae quantitatem, aut etiam res certas sibi deberi, significaverit.*[4980]

4972 „Sorgfalt".
4973 Zeitgenössisch S. 14.
4974 Unklarer Verweis auf die vorinstanzliche Akte. In der Akte des Oberappellationsgerichts ist das Notariatsinstrumet nicht enthalten.
4975 Möglicherweise Grammatikfehler für *geschriebenen*.
4976 „Eigenes Schreiben".
4977 „Eigene Schreiben beweisen für den Schreiber nichts". – Als Rechtssprichwort „Scriptura privata pro scribente nihil probat" nachgewiesen bei Detlef Liebs, Lateinische Rechtsregeln und Rechtssprichwörter, 7. Aufl. München 2007, Nr. S. 8, S. 216.
4978 Wort über der Zeile eingefügt.
4979 Zeitgenössisch S. 15.
4980 Zitat aus dem römischen Recht: C. 4, 19, 6 (Titel: De probationibus). Im Schriftsatz ist das Buch falsch angegeben. Übersetzung: „Dass die Rechnungen eines Verstorbenen, die in seinem Nachlasse gefunden werden, zum Beweise, dass ihm Jemand eine gewisse Summe geschuldet, allein nicht hinreichen, ist oft rescribirt worden. Eben das ist Rechtens, wenn der Verstorbene in seinem letzten Willen ausgesprochen hat, dass er eine gewisse Summe oder auch gewisse Sachen zu fordern habe", bei: Carl Eduard Otto / Bruno Schilling / Carl Friedrich Ferdinand Sintenis (Hrsg.), Das Corpus Juris Civilis in's Deutsche übersetzt, 5. Band, Leipzig 1832 (Nachdruck Aalen 1984), S. 560.

Exemplo perniciosum est – sagt ferner Kaiser Gallienus *l. 7. eodem – ut ei scripturae credatur, qua unusqunque*[4981] *sibi, adnotatione propria, debitorem constituit. Unde neque fiscum, neque alium quemlibet ex suis subno-* [S. 32[4982]] *tationibus debiti probationem*[4983] *praebere posse oportet.*[4984]

Nun aber nehmen den Beklagten gegenüber weder die Kläger noch insbesondere der Verfasser der Briefe Rechte irgend in Anspruch. Es kann mithin auch gar keine Rede davon seyn, solche nicht behauptete Rechte durch dieselben erweisen zu wollen. Vielmehr sollen durch die Briefe Handlungen constatirt werden, die gerade nur durch das Schreiben derselben vorgenommen sind. Wäre es in der That nicht höchst ungereimt, jemanden, der, um das Daseyn eines von ihm geschriebenen Briefes zu beweisen, diesen Brief selbst vorlegt, entgegnen zu wollen, durch die Vorlegung des Briefes könne er den Beweis nicht führen, *quia propriae scripturae pro scribente nihil probant*[4985]. Ist nun aber nicht vorliegend fast derselbe Fall vorhanden? Kläger wollen unter andern auch bescheinigen, daß sie einen Auftrag an Herrn H. Platzmann gegeben haben. Zu dem Ende produ- [S. 33[4986]] ciren sie nun den Brief, in welchem der Auftrag ertheilt ist, und diesem Beweismittel solte Beweiskraft mangeln? Das werden Kläger nimmer glauben! Endlich aber, wäre die Regel *propriae scripturae &c.* in dieser Allgemeinheit durch die Gesetze wirklich begründet, so bleibt doch soviel ausgemacht, daß ausnahmsweise Privaturkunden auch für den Aussteller beweisend seyn können, wenn sie durch andere Gründe unterstützt werden.

Siehe l. 5. *Cod. de prob:* 4, 19[4987].

Heise u. Cropp jurist: Abhdlgen, I, *pag.* 121[4988]

Martin bürgerl. Proceß. § 206.[4989]

Solche unterstützende Momente sind vorliegend mehrere vorhanden; erstens nemlich die Poststempel, welche bezeugen, daß die fraglichen Briefe zu der angegebenen Zeit an ihre Bestimmung wirklich abgeschickt und angelangt sind; sodann

---

4981 Schreibfehler in der Vorlage anstatt *unusquisque*.

4982 Zeitgenössisch S. 16.

4983 Verbessert aus *propationem*.

4984 C. 4, 19, 7: „Es giebt ein gefährliches Beispiel, einer Schrift Glauben beizumessen, wodurch irgend Jemand sich selbst einen Schuldner zugeschrieben hat. Daher muss weder der Fiscus, noch irgend sonst Jemand aus seinen eigenen Niederschreibungen eine Forderung beweisen können“, bei Otto / Schilling / Sintenis, Corpus Juris Civilis V (wie Anm. 4980), S. 561.

4985 Soeben Anm. 4977.

4986 Zeitgenössisch S. 17.

4987 C. 4, 19, 5 (Titel De probationibus), jetzt mit richtiger Nennung des Codexbuches.

4988 Arnold Heise / Friedrich Cropp, Juristische Abhandlungen mit Entscheidungen des Oberappellationsgerichts der vier freien Städte Deutschlands, Erster Band, Hamburg 1827, S. 121. Die Belegstelle zeigt, wie die Rechtsprechung des Oberappellationsgerichts, dargestellt von Heise und Cropp, ihrerseits auf die Rechtsauffassungen der Parteien zurückwirkte.

4989 Martin, Lehrbuch (wie Anm. 4950), § 206, S. 347: „b) Juristischer Werth α) fehlerfreyer Urkunden 1) Glaubwürdigkeit“.

aber ganz besonders die den Briefen des Herrn *Senatoris* Platzmann[4990] correspondirenden Antwortschreiben des Herrn H. Platzmann[4991] in St. Petersburg, [S. 34[4992]] zumal da die Authenticitaet dieser Antwortschreiben von den Beklagten nicht geleugnet werden konnte.

Nachdem Appellanten bis dahin angewandt gewesen, die Zulässigkeit ihrer Bescheinigungsmittel an sich darzuthun, so könnten sie itzt übergehen zu der Darstellung der sich aus ihnen herausstellenden Beweisgründe. Da aber die Stärke derselben von den Klägern bereits genugsam hervorgehoben ist, so begnügen sie sich hier, um unnütze Wiederholungen zu vermeiden, mit der einfachen Verweisung auf ihre an das Obergericht gerichtete, so rubricirte Schrift: „*Paritio Sententiae Summi Tribunalis liberarum Germaniae Civitatum*“[4993]. Nur folgende Bemerkung mag hier noch Platz finden. Es ist von den Beklagten in der vorigen Instanz eine Urkunde zu den Acten gebracht worden, durch welche sie darzuthun beabsichtigen, daß es möglich ist, auch in einer kürzeren Zeit Zeugnisse von den russi- [S. 35[4994]] schen Behörden herbeyzuschaffen, als die ist, welche Kläger zur Erwirkung des fraglichen neuen Attestes des Departements der auswärtigen Angelegenheiten bedurften. Aber es bedarf wohl kaum der Andeutung, daß die Zeit, binnen welcher die Ausfertigung des einfachen, von den Gegnern vorgelegten Documentes erfolgte, durchaus keinen Maasstab der Berechnung abgeben kann, da jenes ohne alle Schwierigkeit sofort auf der Stelle ausgestellt werden konnte, wärend das diesseits beigebrachte Zeugniß des Departements der auswärtigen Angelegenheiten schon allein seines bedeutenden Umfanges wegen einer bey weitem längeren Zeit zu seiner Ausfertigung bedurfte.

Bringt man aber sogar noch die große Mühe und den Zeitaufwand, welcher erfordert wird, um seit 12 Jahren[4995] reponirte Acten aus dem archivalischen Staube hervorzusuchen, dieselben genau durchzusehen und Auszüge daraus sorgfältig anzufertigen, in Anschlag, so zeigt sich, [S. 36[4996]] daß die Ausfertigung des fraglichen *Novi*[4997] wohl schwerlich um vieles schneller hätte beschafft werden können.

Appellanten glauben, die gehorsamste Bitte begründet zu haben,

ein hohes Gericht geneige, abändernd zu erkennen, daß die den Klägern auferlegte Bescheinigung für geführt zu achten und daß die „Nachträgliche

---

4990 Conrad Platzmann (1775–1838), einer der Mitkläger, nachgewiesen in: Emil Ferdinand Fehling, Lübeckische Ratslinie von den Anfängen der Stadt bis auf die Gegenwart, Nachdruck Lübeck 1978 der Ausgabe Lübeck 1925, Nr. 972, S. 156.

4991 Heinrich Platzmann, Bruder von Conrad Platzmann.

4992 Zeitgenössisch S. 18.

4993 „Befolgung des Urteils des höchsten Gerichts der freien Städte Deutschlands“. Der vor dem Obergericht produzierte Schriftsatz ist nicht Teil der Oberappellationsgerichtsakte.

4994 Zeitgenössisch S. 19.

4995 Die Vorgänge um den Schiffer Haase spielten sich 1817 ab. Die neue Urkunde des russischen Ministeriums stammte von 1829, deutsche Fassung oben S. 490 (S. 51 der Akte L I 122).

4996 Zeitgenössisch S. 20.

4997 „Neuen Beweismittels“.

Aeußerung“[4998] derselben nebst ihren Anlagen von den Acten zwoter Instanz nicht zu entfernen, vielmehr vom *judice a quo, in judicando*[4999] allerdings mit zu berücksichtigen sey.

Zur zweiten Beschwerde bemerken Appellanten, daß, wäre auch in der Hauptsache gegen sie zu entscheiden gewesen, doch, da der Vorwurf eines frivolen[5000] Streitens sie in keiner Beziehung trifft, eine Compensation[5001] der Kosten nothwendig habe eintreten müssen. Appellanten [S. 37[5002]] dürfen aber wohl mit Sicherheit erwarten, daß die vorige Entscheidung schon in der Hauptsache eine gänzliche Aenderung erleiden werde, infolge deren auch eine *reformatoria*[5003] hinsichtlich dieser zweiten Beschwerde nicht ausbleiben dürfte.

Desuper pp.[5004]

concipit[5005] Lembke Dr.

produxit[5006] 8. September 1831

A. Schlüter Dr.
als bereits früher *ad acta* legitimirter Procurator der Kläger[5007]

4998 Oben S. 483 (S. 50 der Akte L I 122).

4999 „Vom vorinstanzlichen Gericht bei der Entscheidung“.

5000 „Leichtfertigen“.

5001 „Gegenseitige Aufhebung“.

5002 Zeitgenössisch S. 21.

5003 „Abänderung“ des angegriffenen Urteils im Sinne der Appellanten.

5004 Die Ehrerbietungsformel ist wie immer am Oberappellationsgericht weggelassen. Sie lautet in der Langfassung: „Desuper humillime implorando nobile officium judicis“, dazu Besprechung zu Joachim Füger / Vincenz August Wagner, Das adelige Richteramt, 4. Aufl. Wien 1830, in: Jahrbücher der gesammten deutschen juristischen Literatur 24 (1834), S. 63–75 (65).

5005 „Ausgearbeitet“.

5006 „Gerichtlich eingereicht“.

5007 Vollmacht für den Prokurator Adolph Schlüter oben S. 188 (S. 224 der Akte L I 22 a).

Q 2 – Urteil des Obergerichts

1831 Juli 7

Das Obergericht der Stadt Lübeck hält die den Klägern vom Oberappellationsgericht aufgegebene Bescheinigung (Urteil vom 14. Juni 1830, oben S. 593) für nicht geführt. Deswegen darf bei der richterlichen Entscheidungsfindung das Attest des russischen Außenhandelsdepartements vom 28. Februar 1828 (oben S. 490) nicht berücksichtigt werden. Die Entscheidung ist wie am Obergericht üblich im französischen Urteilsstil verfasst. Ausfertigung, unterschrieben vom Lübecker Ratssekretär Carl Ludwig Roeck, Zustellungsvermerk des Obergerichtsboten Johann Friedrich Olroch.

[S. 41[5008]] Q 2

Anlage Littera A[5009]

In Sachen der Rheder des Schiffes Dora und der Erben des Schiffers Georg Heinrich Haase, Kläger, jetzt Appellanten, wider Heinrich Diederich Wildtfanck und Streitgenossen[5010], Beklagte, jetzt Appellaten, wegen Schadensersatzes, gegenwärtig die Zulassung einer nach Ablauf der Appellationsrechtfertigungsfrist vorgelegten neuen Urkunde betreffend, wird auf die von Klägern und Appellanten eingereichte Befolgung Erkenntnisses des Oberappellationsgerichtes vom 14. Junius vorigen Jahres[5011] und auf deren Beantwortung von Seiten der Beklagten und Appellaten von dem Obergerichte der freien Hansestadt Lübeck

in Erwägung[5012],

daß die Kläger und Appellanten in Gemäßheit des erwähnten oberappellationsgerichtlichen Urtheils zu bescheinigen hatten, wie sie gleich nach Eröffnung des niedergerichtlichen Erkenntnisses vom 27. September 1828 den gebührenden Fleiß angewendet, um sich das nunmehr beigebrachte neue Attestat sobald als möglich und noch vor Ablauf der verlän- [S. 42] gerten Appellationsrechtfertigungsfrist zu verschaffen[5013],

daß das oberappellationsgerichtliche Urtheil in seinen Entscheidungsgründen davon ausgeht, es leide die Regel der Zurückweisung einer nach dem Ablaufe jener Frist, folglich vorliegend nach dem 8. Januar 1829, beigebrachten neuen

5008 Stempelpapier der Stadt Lübeck mit aufgedrucktem Stempel mit Stadtwappen und *24 Schilling*, darunter Unterschrift *Rohlfien*, daneben *24 s.*

5009 Anlage zur Berufungsbegründung.

5010 Hier taucht die deutsche Form auf. Sonst ist zumeist von Konsorten die Rede.

5011 Entscheidung des Oberappellationsgerichts oben S. 593 (S. 179 der Akte L I 122).

5012 Hier erkennt man den französischen Urteilsstil. In einem langen Entscheidungssatz stellt das Gericht die Begründung voran und formuliert erst am Ende den Tenor, das sog. Dispositiv.

5013 Zitat aus dem Urteil des Oberappellationsgerichts, oben S. 594 (S. 180 der Akte L I 122).

Urkunde eine Ausnahme, wenn der Appellant ohne sein Verschulden nicht im Stande gewesen, die Urkunde binnen der Rechtfertigungsfrist beizubringen,

daß aber aus den Anführungen und Vorlegungen bey der Befolgung des oberappellationsgerichtlichen Urtheils vom 14. Junius vorigen Jahres weder jene Anwendung gebührenden Fleißes noch der Mangel einer Verschuldung des langen Ausbleibens der neuen Urkunde noch die unverschuldete Unthunlichkeit einer Vorlegung derselben innerhalb der Appellationsrechtfertigungsfrist hervorgeht, sondern vielmehr von allem das Gegentheil daraus sich ergiebt[5014], zumal in Zusam- [S. 43] menhaltung mit der widerlegenden Beurkundung von Seiten der Appellaten,

erkannt:

die den Klägern und Appellanten auferlegte Bescheinigung ist als nicht geführt zu betrachten. Die „Nachträgliche Aüsserung"[5015] derselben vom 29. April 1829 nebst ihren Anlagen, namentlich dem neuen Zeugnisse aus dem St. Petersburger Departement des auswärtigen Handels, vom 28. Februar (12. März) 1829[5016], ist von den Akten entfernt zu halten, mithin bey Beurtheilung der Appellationsbeschwerden nicht zu berücksichtigen. Die Appellanten haben, Ermäßigung vorbehältlich, die erwachsenen Kosten seit dem oberappellationsgerichtlichen Urtheile vom 14. Junius vorigen Jahres den Appellaten zu erstatten. Endlich wird den Appellaten zu ihrer Vernehmlassung[5017] auf die Appellationsbeschwerden vom 8. Januar 1829 die gebetene Frist von 14 Tagen von dem Eintritte der Rechtskraft des [S. 44] gegenwärtigen Bescheides an gerechnet hiemit verstattet.

Decretum Lübeck im Obergerichte am 7. July 1831.

C. L. Roeck[5018]
Secretarius

Insinuirt[5019], den 8. Juli 1831
J. F. Olroch[5020]
Obergerichtsbote

5014 Das Obergericht geht also davon aus, dass die Kläger sich nicht zügig genug um die neue Urkunde aus St. Petersburg bemüht hatten.

5015 Schreibweise wie in der Vorlage, Schriftsatz oben S. 483 (S. 50 der Akte L I 122).

5016 Deutsche Übersetzung oben S. 490 (S. 51 der Akte L I 122).

5017 Nach dem Abschluss des Zwischenstreits über das neue Beweismittel soll nach dem Willen des Obergerichts der reguläre Appellationsprozess in der zweiten Instanz mit der Berufungserwiderung der Beklagten fortgesetzt werden. Dazu kam es wegen der Appellation der Kläger allerdings nicht.

5018 Carl Ludwig Roeck (1790–1869), Studium des französischen Rechts in Dijon, seit 1814 Senatssekretär, 1833 Senator, seit 1855 Bürgermeister von Lübeck, zu ihm Gerhard Ahrens, Art. Roeck, Carl Ludwig, in: Alken Bruns (Hrsg.), Neue Lübecker Lebensläufe, Neumünster 2009, S. 514–517; ders., Art. Roeck, Carl Ludwig, in: Biographisches Lexikon für Schleswig-Holstein und Lübeck, Band 13, Neumünster 2011, S. 411–414; Fehling, Ratslinie (wie Anm. 4990), Nr. 982, S. 157.

5019 „Zugestellt, bekanntgegeben".

5020 Johann Friedrich Olroch, als Obergerichtsdiener nachgewiesen in: Lübeckischer Staats-Kalender auf das Jahr 1843, Lübeck [1843], S. 45.

[Kostenrechnung]

[S. 46[5021]]
Rheder des Schiffs Dora & Consorten[5022]
contra
Wildtfanck und Consorten

Sententia[5023]	3 Mark	
chirographaria signatura[5024]	1 Mark	8 Schilling
Insinuation[5025]		8 Schilling
	5 Mark	

Herrn Dr. Lembke[5026].

5021 Dorsalvermerk zu vorigen Anlage.
5022 „Streitgenossen".
5023 Urteilsgebühr des Obergerichts.
5024 „Handschriftliche Unterschrift".
5025 Kosten der Zustellung.
5026 Die Kostenrechnung ist an den Advokaten der Kläger gerichtet, weil nach der Entscheidung des Obergerichts die Kosten des Zwischenverfahrens ausschließlich von den Klägern zu tragen waren.

Q 3 – Interpositionsbescheid des Obergerichts

1831 Juli 21

Das Obergericht der Stadt Lübeck bestätigt die Einlegung der Berufung durch die Kläger. Ausfertigung, unterschrieben vom Ratssekretär Carl Ludwig Roeck, zugestellt vom Obergerichtsboten Ludolph Heinrich Conrad Lehmann.

[S. 47[5027]] Q 3

Anlage Littera B.[5028]

Auf die am 15. des Monats übergebene Einwendung der Berufung an das Oberappellationsgericht der vier freien Städte Deutschlands gegen das Obergerichtserkenntniß vom 7. des Monats[5029] in Sachen und von Seiten der Rheder des Schiffes Dora und der Erben des Schiffers Georg Heinrich Haase, Kläger und Appellanten, wider Heinrich Diedrich Wildtfanck und Streitgenossen, Beklagte und Appellaten, wegen Schadensersatzes, jetzt die Zulassung einer nach Ablauf der Appellationsrechtfertigungsfrist vorgelegten neuen Urkunde betreffend, hat das Obergericht der freien Hansestadt Lübeck decretiret und die Einwendungsschrift zu den Akten zu nehmen, dieselbe auch den Gegnern zu deren Nachricht abschriftlich mitzutheilen verordnet.

Decretum Lübeck im Obergerichte am 21. Julii 1831.

C. L. Roeck
Secretarius

Insinuirt[5030] am 22. *Julii* 1831.
L. H. C. Lehmann[5031]
Obergerichtsbote

5027 Stempelpapier der Stadt Lübeck mit aufgedrucktem Stempel mit Stadtwappen und *24 Schilling*, darunter Unterschrift *Harmsen*, daneben per Hand *24 s.*

5028 Anlage zur Berufungsbegründung.

5029 Oben S. 623 (S. 41 der Akte).

5030 „Zugestellt, bekanntgegeben".

5031 Ludolph Heinrich Conrad Lehmann, Hausdiener und Kassierer der Stadtgefälle, nachgewiesen in: Lübeckisches Address-Buch 1830, S. 203.

[Kostenrechnung]

[S. 48]
Rheder des Schiffs Dora & Consorten[5032]
contra
Wildfanck & Consorten

decretum	1 Mark	8 Schilling
chirographaria signatura[5033]	1 Mark	8 Schilling
insinuation		8 Schilling
	3 Mark	8 Schilling

Herrn Dr. Lembke[5034].

5032 „Streitgenossen".
5033 „Handschriftliche Unterschrift".
5034 Die Kostenrechnung ist an den Advokaten der Kläger gerichtet, weil die Kläger mit ihrer Berufung die angefallenen Kosten verursacht hatten.

Q 4 – Anwaltsvollmacht

1831 September 10

Heinrich Diedrich Wildtfanck, der Wortführer der Beklagten, bevollmächtigt den Oberappellationsgerichtsprokurator Dr. Heinrich Ludwig Faber mit der weiteren Vertretung im Rechtsstreit, nachdem der bisherige Prokurator Hermann Schröder zeitweise nach Amerika ausgewandert war. Der Notar Heinrich Nicolaus Elder bestätigt zusammen mit zwei Zeugen die eigenhändige Unterschrift Wildtfancks.

[S. 49[5035]] Q 4

No. 59, *praesentatum*[5036] den 10. September 1831.

Vollmacht.[5037]

Ich, der unterzeichnete Heinrich Diedrich Wildtfanck[5038] beurkunde hierdurch für mich und meine Erben, daß ich zum Behuf der Verhandlung meiner Rechtssache wider die Rhederey des Schiffes Dora und die Erben des Schiffers Haase[5039] wegen Schadensersatzes und wegen diversen anderen[5040] am Oberappellationsgerichte der vier freien Städte Deutschlands den bei diesem Gerichte angestellten Procurator, Herrn Dr Faber[5041], zu meinem Anwald bestellt habe. Demzufolge ermächtige ich denselben, alle zur Führung und Beendigung dieses Rechtsstreits erforderlichen Handlungen sowohl in dessen gegenwärtiger Lage als in jedem Falle, wo derselbe wieder an dieses Gericht gelangen sollte, in meinem oder meiner Erben Namen vorzunehmen, insonderheit alle Schriften für mich einzureichen sowie die Verfügungen des Gerichts und die Eingaben des Gegners in Empfang zu nehmen, hierbei auch alles weiter Nöthige zu besorgen.

Ich ermächtige zugleich diesen meinen Anwald, in Verhinderungsfällen einen andern an seiner Stelle zu beauftragen, und erkläre, daß alles dasjenige, was mein Anwald oder dessen Stellvertreter in meinem oder meiner Erben Namen in dieser Sache vortragen, einreichen, annehmen und verhandeln wird, als von mir oder meinen Erben selbst geschehen betrachtet werden und gelten soll, verspreche auch, meinen gedachten Anwald und dessen Stellvertreter wegen der für mich zu

5035 Aufgedruckter Stempel der Stadt Lübeck mit *Acht Schilling*, darunter Unterschrift *Souchay*; daneben eingeprägter Stempel des Oberappellationsgerichts mit *1 Mark 8 Schilling* und Handzeichen von Carl Wilhelm Pauli.

5036 „Gerichtlich vorgelegt".

5037 Gedrucktes Vollmachtsexemplar mit handschriftlichen Einfügungen.

5038 Name per Hand eingetragen.

5039 *Die Rhederey ... Haase* per Hand eingetragen.

5040 *Schadensersatzes u. w. d. a.* per Hand eingetragen.

5041 *Dr. Faber* per Hand.

übernehmenden Verbindlichkeiten schadlos zu halten, ihnen die nöthigen Geldvorschüsse zu erstatten und die ordnungsmäßigen Gebühren zu entrichen. – Alles dies unter Verpfändung meines gesamten Vermögens.

Zur Bekräftigung dieser Vollmacht habe ich dieselbe, nachdem solche völlig ausgefüllt war, eigenhändig unterschrieben.

Geschehen zu Lübeck, den 10. September 1831[5042]

H. D. Wildtfanck[5043]

Beglaubigung:[5044]

Daß der hiesige Bürger und Kaufmann, Herr Heinrich Diedrich Wildtfanck, vorstehende Vollmacht in meiner und der beyden mitunterschriebenen Gezeugen Gegenwart, eigen- [S. 50] händig unterschrieben hat, solches wird auf ergangene Requisition[5045] hiedurch bezeuget.

Actum in der freyen Hansestadt Lübeck, den 10. September 1831

in fidem[5046]

Heinrich Nicolaus Elder[5047]
Notarius Publicus Juratus

Paul Peter Heinrich Tobias[5048]
als Gezeuge

Jürgen Asmus Möller[5049]
als Gezeuge

produxit[5050] Faber Dr.

5042 *Lübeck* und das Datum per Hand eingefügt, die *3* der Jahreszahl aus einer vorgedruckten *2* verbessert.
5043 Eigenhändige Unterschrift.
5044 Der ab hier folgende Text ist per Hand geschrieben.
5045 „Ersuchen".
5046 „Zur Beglaubigung".
5047 Links daneben gestempeltes Notarsignet mit Justitia und *Suum Quique*, rechts daneben Privatsiegel des Notars. Elder war im Rechtsstreit mehrfach als Notar für die Beklagten tätig, so etwa S. 153 (S. 141 der Akte L I 22 a).
5048 Tobias war im Rechtsstreit mehrfach als Zeuge des Notars Elder im Einsatz, oben S. 164 (S. 167 der Akte L I 22 a).
5049 Jürgen Asmus Möller, Kopist, nachgewiesen in: Lübeckisches Address-Buch 1832, S. 229.
5050 „Gerichtlich vorgelegt von".

Sitzungsprotokoll

1831 September 12

Auszug aus dem Sitzungsprotokoll des Oberappellationsgerichts für das Geschäftsjahr 1831/32 (AHL OAG A 13, nicht Teil der Prozessakte), geschrieben vom Gerichtssekretär Carl Wilhelm Pauli.

Actum im Oberappellationsgerichte.
Lübeck, den 12. September 1831.

Absente Domino[5051] Overbeck, welcher noch verreiset war.
(...)

§ 9

Ad No. 49 und 53 P. B.[5052] referirte *Dominus* du Roi über die in Sachen der Rhederey des Schiffes Dora und der Erben des Schiffers G. H. Haase, zu Lübeck, Kläger, Appellanten, *contra* H. D. Wildtfanck und Consorten, daselbst, Beklagte, jetzt Appellaten, wegen Schadensersatzes, jetzt die Zulassung eines *Novi*[5053] betreffend, von ersteren übergebene Appellationsschrift[5054], und von dem Dr. Faber übergebene, von[5055] Mitappellanten Wildtfanck auf ihn ausgestellte Vollmacht[5056].

Conclusum

Communicetur libellus[5057] den Appellaten *ad excipiendum*[5058] und sey das lübeckische Obergericht um die Einsendung der Voracten zu ersuchen[5059], übrigens[5060] die appellatischerseits übergebene Vollmacht zwar *ad acta* zu nehmen und der abzugebende Bescheid für sämmtliche[5061] Appellaten[5062] dem Dr. Faber zuzustellen, demselben jedoch aufzugeben, sich auch noch für die anderen beiden appellatischen Streitgenossen Hornemann und Leuenroth binnen 8 Tagen bey 5 Mark Strafe gehörig *ad acta* zu legitimiren[5063]. Auch sei der appellantische Sachführer Dr. Lemke[5064] in Beziehung auf die geschehene wörtliche Einrückung der Disposi-

---

5051 „In Abwesenheit von Herrn".
5052 Unklare Abkürzung, möglicherweise *Posteingangsbuch* oder *Protocollbuch*.
5053 „Eines neuen Beweismittels".
5054 Oben S. 613 (S. 15 der Akte).
5055 *D. Faber ... von* am Rand eingefügt.
5056 Unvollständige Vollmacht oben S. 628 (S. 49 der Akte).
5057 „Der Schriftsatz werde mitgeteilt".
5058 „Um darauf zu erwidern".
5059 Ersuchungsschreiben unten S. 634 (S. 53 der Akte).
5060 Danach gestrichen *den abzugebenden Bescheid*.
5061 Wort am Seitenrand eingefügt, davor gestrichen *die*.
5062 Danach gestrichen *an*.
5063 Erweiterte Vollmacht unten S. 635 (S. 55 der Akte).
5064 Verbessert aus *Lembcke*.

tion[5065] der *Sententia a qua* in den Libell an die betreffende Vorschrift des zweiten gemeinen Bescheides zu erinnern.

Da übrigens[5066] bey der vorigen hier anhängig[5067] gewesenen Appellation in der Sache, deren Verhandlungen noch jetzt wesentlich in Betracht[5068] kommen dürften, der Dr. Eduard Hach[5069] für die Beklagten die Feder geführt hatte, so konnte *Dominus* Hach[5070] an dieser Sache nicht Theil nehmen und war daher auch bey der heutigen Verhandlung darin nicht zugegen.

5065 *Der Disposition* am Rand eingefügt, gemeint ist der Urteilstenor des Obergerichts.
5066 Danach gestrichen *der*.
5067 Verbessert aus *anhängigen*.
5068 Danach gestrichen *kamen*.
5069 Danach gestrichen *für*.
5070 Danach gestrichen *für*.

Q 5 – Kommunikativdekret des Oberappellationsgerichts
1831 September 12

Das Oberappellationsgericht teilt die Berufungsbegründung den Beklagten mit und beschließt, vom Obergericht die Prozessakte anzufordern. Außerdem soll der Prokurator Faber seine Bevollmächtigung durch die Mitbeklagten Hornemann und Leuenroth nachweisen. Konzept, geschrieben vom Sekretär Carl Wilhelm Pauli, mit Korrekturen und Handzeichen des Gerichtspräsidenten Arnold Heise sowie des Referenten Georg du Roi.

[S. 51] Q 5

Expeditum & insinuatum[5071] den 14. September 1831
W. Insin. B. No. 19 und 20.

In[5072] Sachen der Rhederey des Schiffes Dora und der Erben des Schiffers Georg Hinrich Haase zu Lübeck, Kläger, jetzt Appellanten, wider Heinrich Diedrich Wildtfanck, Arnold Hornemann und Friedrich Ernst August[5073] Leuenroth daselbst, Beklagte, jetzt Appellaten, wegen Schadensersatzes, jetzt die Zuläßigkeit[5074] eines *novi*[5075] betreffend, wird die von ersteren hieselbst übergebene Appellationsschrift[5076] letzteren hieneben abschriftlich mitgetheilt, um sich darauf binnen Ordnungsfrist bey Vermeidung des Ausschlußes vernehmen zu lassen, und soll das Obergericht der freien Hansestadt Lübeck um die Einsendung der in der Sache verhandelten Voracten ersucht werden.

Zugleich wird die[5077] appellatischerseits[5078] übergebene von dem Mitappellaten Wildtfanck auf den Doctor Faber[5079] ausgestellte Procuraturvollmacht[5080] zu den Acten genommen, und soll der gegenwärtige Bescheid dem Letzteren jener[5081] für sämmtliche Appellaten zugestellt werden. Es hat sich derselbe jedoch auch noch für die beiden übrigen[5082] appellatischen Streitgenoßen A. Hornemann und F. E. A. Leuenroth binnen acht [S. 52] Tagen bey Strafe von fünf Reichsthaler[5083] gehörig *ad acta* zu legitimiren[5084].

5071 „Ausgefertigt und zugestellt".
5072 Danach gestrichen *Appell.*
5073 *August* am Rand eingefügt.
5074 Danach gestrichen *des.*
5075 „Eines neuen Beweismittels".
5076 Oben S. 613 (S. 15 der Akte).
5077 Danach gestrichen *namens denen Appell Dr. Faber.*
5078 Wort am Rand eingefügt.
5079 *Auf den … Faber* am Rand eingefügt„ danach gestrichen *auf ihn.*
5080 Oben S. 628 (S. 49 der Akte).
5081 Wort über der Zeile eingefügt.
5082 Danach gestrichen *Streit.*
5083 Abkürzung *Rth.*
5084 Weitere Anwaltsvollmacht unten S. 635 (S. 55 der Akte).

Schließlich wird der Sachführer[5085] der Appellanten hiedurch erinnert, sich in Gemäßheit der Vorschrift des zweiten gemeinen Bescheides § 2[5086] der wörtlichen Einrückung der *Sententia a qua*[5087] in den Libell[5088] in Zukunft zu enthalten.

Lübeck, den 12. September 1831.

Zum Oberappellationsgericht der vier freien Städte Deutschlands verordnete Präsident und Räthe[5089].

AH GdR[5090]

[Kostenrechnung]

Stempel	2 Mark[5091]	
Stempel der Requisition[5092]	2 Mark	
Collationirung[5093]		12 Schilling
Copial		3 Schilling
Insinuation	1 Mark	8 Schilling
	6 Mark	7 Schilling

5085 Gemeint ist der Schriftsatzverfasser Paul Christian Nicolaus Lembke.

5086 Zweiter Gemeiner Bescheid vom 27. Juni 1821, § 2, mit der Maßgabe, „sich dieser wörtlichen Einrückung der Sententia a qua oder anderer Anlagen in ihre beym Oberappellationsgerichte einzureichenden Schriften zu enthalten", in: Friedrich Blume (Hrsg.), Die Gerichtsordnung für das Oberappellationsgericht der vier Freien Städte Deutschlands, Hamburg 1843, S. 177.

5087 „Des angegriffenen Urteils der Vorinstanz".

5088 *In den Libell* von Arnold Heise am Rand eingefügt.

5089 Abgekürzt als *Z. OAG. d. v. fr. St. D. v. P u R.*

5090 Handzeichen des Präsidenten Arnold Heise und des Referenten Georg du Roi.

5091 Kostenrechnung rechts unten auf der Seite.

5092 Anforderung der Akte vom Obergericht.

5093 „Textabgleich".

Q 6 – Requisitionsschreiben des Oberappellationsgerichts
1831 September 12

Das Oberappellationsgericht fordert vom Obergericht der Stadt Lübeck die unterinstanzlichen Prozessakten an. Konzept, geschrieben vom Sekretär Carl Wilhelm Pauli, mit Handzeichen des Präsidenten Arnold Heise und des Referenten Georg du Roi.

[S. 53] Q 6
An die zum Obergerichte der freien Hansestadt Lübeck verordneten Herren Bürgermeister, Syndici und Senatoren

Expeditum[5094] & besorgt den 14. September 1831
W. Insin. B. No. 27

In Sachen der Rhederey des Schiffes Dora und der Erben des Schiffers Georg Hinrich Haase, Kläger, jetzt Appellanten, wider Heinrich Diedrich Wildtfanck und Consorten[5095], Beklagte, jetzt Appellaten, wegen[5096] Schadensersatzes, jetzt die Zulässigkeit eines *novi*[5097] betreffend, worin erstere ihre wider das Erkenntniß vom 7. Julii des Jahres[5098] eingewandte Appellation bey uns verfolgt haben, ersuchen wir das Obergericht der freien Hansestadt[5099] Lübeck um die gefällige Einsendung der in der Sache verhandelten Voracten.

Lübeck, den 12. September 1831.

Das Oberappellationsgericht der vier freien Städte Deutschlands[5100]

AH GdR[5101]

5094 „Ausgefertigt".
5095 „Streitgenossen".
5096 Danach gestrichen *Schadtes.*
5097 „Eines neuen Beweismittels".
5098 Oben S. 623 (S. 41 der Akte).
5099 Danach gestrichen *H*[amburg].
5100 Abgekürzt als *Das OAG. d. v. fr. St. D.* Die Selbstbezeichnung des Gerichts schwankt. Teilweise treten Präsident und Räte als Personengruppe in Erscheinung, teilweise das Gericht als Behörde.
5101 Handzeichen des Präsidenten Arnold Heise und des Referenten Georg du Roi.

Q 7 – Anwaltsvollmacht

1831 September 15

Die Mitbeklagten Leuenroth und Hornemann befolgen die Verfügung des Oberappellationsgerichts (Aktenstück Q 5, oben S. 632) und bevollmächtigen ebenfalls den Prokurator Heinrich Ludwig Faber. Der Notar Heinrich Nicolaus Elder und zwei Zeugen bestätigen die eigenhändigen Unterschriften.

[S. 55[5102]] Q 7

No. 66, *praesentatum*[5103] den 19. September 1831

Vollmacht.[5104]
Wir, die unterzeichneten Arnold Horneman und Friedrich Ernst August Leuenroth[5105], beurkunden hierdurch für uns und unsere Erben, daß wir zum Behuf der Verhandlung unserer Rechtssache wider die Rhederey des Schiffes Dora und die Erben des Schiffers G. H. Haase[5106] wegen Schadensersatzes, jetzt Zulässigkeit eines *novi*[5107] am Operappellationsgerichte der vier freien Städte Deutschlands den bei diesem Gerichte angestellten Procurator, Herrn Dr. Faber[5108] zu unserm Anwald bestellt haben. Demzufolge ermächtigen wir denselben, alle zur Führung und Beendigung dieses Rechtsstreits erforderlichen Handlungen sowohl in dessen gegenwärtiger Lage als in jedem Falle, wo derselbe wieder an dieses Gericht gelangen sollte, in unserem oder unserer Erben Namen vorzunehmen, insonderheit alle Schriften für uns einzureichen sowie die Verfügungen des Gerichts und die Eingaben des Gegners in Empfang zu nehmen, hierbei auch alles weiter Nöthige zu besorgen.

Wir ermächtigen zugleich diesen unsern Anwald, in Verhinderungsfällen einen andern an seiner Stelle zu beauftragen, und erklären, daß alles dasjenige, was unser Anwald oder dessen Stellvertreter in unserem oder unserer Erben Namen in dieser Sache vortragen, einreichen, annehmen und verhandeln wird, als von uns oder unsern Erben selbst geschehen, betrachtet werden und gelten soll, versprechen auch, unsern gedachten Anwald und dessen Stellvertreter wegen der für uns zu übernehmenden Verbindlichkeiten schadlos zu halten, ihnen die nöthigen Geld-

---

5102 Oben links aufgedruckter Stempel der Stadt Lübeck mit Wappen mit *Acht Schilling*, darunter Handzeichen; daneben eingeprägter Stempel des Oberappellationsgerichts mit *1 Mark 8 Schilling*, daneben Handzeichen von Carl Wilhelm Pauli.

5103 „Gerichtlich eingereicht".

5104 Gedrucktes Vollmachtsexemplar mit handgeschriebenen Einfügungen.

5105 Beide Namen per Hand eingetragen.

5106 *Die Rhederey … Haase* per Hand.

5107 *Schadensersatzes … novi* per Hand eingefügt.

5108 *Dr. Faber* per Hand eingetragen.

vorschüsse zu erstatten und die ordnungsmäßigen Gebühren zu entrichten. – Alles dies unter Verpfändung unseres gesamten Vermögens.

Zur Bekräftigung dieser Vollmacht haben wir dieselbe, nachdem solche völlig ausgefüllt war, eigenhändig unterschrieben.

Geschehen zu Lübeck, den 15. September 1831[5109]

Arnold Hornemann Liquidation[5110]

J. G. Nöltingk[5111] A. Behn[5112] Arnd. Feldmann[5113]

Fr. E. A. Leuenroth

[S. 56] Beglaubigung:[5114]

Daß die Herren Johann Gottlieb Nöltingk, Arnold Behn und Arnold Feldmann unter der Handlungsfirma Arnold Hornemann in Liquidation sowie der Herr Friedrich Ernst August Leuenroth vorstehende Vollmacht in meiner und der beyden mitunterschriebenen Gezeugen Gegenwart eigenhändig unterschrieben haben, solches wird von mir und den Gezeugen auf ergangene Requisition[5115] hiedurch bezeuget.

Geschehen in der freyen Hansestadt Lübeck, den 15. September 1831.

in fidem[5116]

Heinrich Nicolaus Elder[5117]
Notarius Publicus Juratus[5118]

Paul Peter Heinrich Tobias[5119]
als Zeuge

Jürgen Armus Möller[5120]
als Zeuge

produxit Faber Dr.[5121]

5109 *Lübeck* und das Datum per Hand eingetragen, beim Datum die vorgedruckte *2* in eine *3* verbessert.

5110 Die Unterschriften der drei Liquidatoren belegen, dass Hornemann sich zu einer Firmenbezeichnung verselbständigt hatte. Arnold Hornemann als natürliche Parson war am Rechtsstreit nicht beteiligt.

5111 Johann Gottlieb Nöltingk, „Kaufmann, unter der Firma: A. Hornemann, Commissions- und Speditions-Geschäfte, wie auch Leder-Handlung", in: Lübeckisches Address-Buch 1830, S. 238–239.

5112 Arnold Behn, „Gewürzwaaren- und Weinhandlung en gros und en détail (...) wie auch Woll-Fabrike (...) unter der Firma: Feldmann & Behn", in: Lübeckisches Address-Buch 1830, S. 69.

5113 Arnold Feldmann, „Kaufmann, unter der Firma: Feldmann & Behn, Gewürzwaaren- und Weinhandlung en gros und en détail", in: Lübeckisches Address-Buch 1830, S. 121.

5114 Der ab hier folgende Text ist per Hand geschrieben.

5115 „Ersuchen".

5116 „Zur Beglaubigung".

5117 Links daneben das aufgedruckte Notarsignet mit Justitia und *Suum Quique*, rechts das Privatsiegel des Notars. Elder hatte auch die Anwaltsvollmacht des Mitbeklagten Wildtfanck beglaubigt, oben S. 629 (S. 50 der Akte).

5118 „Vereidigter öffentlicher Notar".

5119 Tobias bezeugte ebenfalls die Unterschrift von Wildtfanck, oben S. 629 (S. 50 der Akte).

5120 Möller bezeugte ebenfalls die Unterschrift von Wildtfanck, oben S. 629 (S. 50 der Akte).

5121 Der Prokurator der Appellaten reichte die Vollmacht beim Oberappellationsgericht ein.

Q 8 – Schreiben des Obergerichts

1831 September 21

Das Obergericht der Stadt Lübeck übersendet die vom Oberappellationsgericht (Aktenstück Q 6, oben S. 634) angeforderten Akten. Anschreiben, unterzeichnet vom Lübecker Bürgermeister Christian Heinrich Kindler sowie vom Ratssekretär Carl Ludwig Roeck, mit Präsentationsvermerk des Oberappellationsgerichtspräsidenten Arnold Heise.

[S. 57[5122]] Q 8

No. 69, *praesentatum*[5123] den 21. September 1831[5124]

In Sachen der Rhederey des Schiffes Dora und der Erben des Schiffers Georg Hinrich Haase, Kläger, Appellanten, wider Heinrich Diedrich Wildtfanck und Consorten[5125], Beklagte, Appellaten, wegen Schadensersatzes, übersendet das Obergericht der freien Hansestadt Lübeck dem Oberappellationsgerichte der vier freyen Städte Deutschlands auf dessen geehrtes Schreiben vom 12. des Monats[5126] hiedurch die verhandelten Vorakten, nachdem dieselben ordnungsmäßig inrotulirt[5127] worden.

Lübeck, den 21. September 1831

Das Obergericht
der freyen Hansestadt Lübeck

C. H. Kindler[5128]

C. L. Roeck[5129]
Secretarius

An
das Oberappellationsgericht
der vier freyen Städte Deutschlands
hieselbst.

5122 Stempelpapier mit aufgedrucktem Stempel mit Stadtwappen und *Zwey Marck*, darunter Unterschrift.
5123 „Gerichtlich eingereicht".
5124 Diese Zeile von Arnold Heise geschrieben.
5125 „Streitgenossen".
5126 Oben S. 634 (S. 53 der Akte).
5127 „Zur Versendung geprüft und verpackt".
5128 Christian Heinrich Kindler(1762–1845), Bürgermeister der Stadt Lübeck seit 1821, verheiratet mit Dorothea Charlotte Meyersieck, deren Verwandter Gotthard Hinrich Meyersieck am Rechtsstreit beteiligt war. Kindler war 1811 Richter am französischen Tribunal und kannte auf diese Weise den französischen Urteilsstil aus eigener Erfahrung; zu Kindler: Neuer Nekrolog der Deutschen, 23. Jahrgang, 1845, 1. Theil, Weimar 1847, Nr. 51, S. 208–211; Fehling, Ratslinie (wie Anm. 4990), Nr. 953 S. 154.
5129 Zum Ratssekretär Carl Ludwig Roeck, oben Anm. 5018.

Sitzungsprotokoll

1831 September 23

Auszug aus dem Sitzungsprotokoll des Oberappellationsgerichts für das Geschäftsjahr 1831/32 (AHL OAG A 13, nicht Teil der Prozessakte), geschrieben vom Gerichtssekretär Carl Wilhelm Pauli.

Actum im Oberappellationsgerichte.
Lübeck, den 23. September 1831.

Absente Domino[5130] Overbeck, welcher noch verreiset war.

(...)

§ 6

Ad No. 66 und 69 P. B.[5131] referirte D. du Roi über die in Sachen der Rhederey des Schiffes Dora pp *contra* H. D. Wildtfanck und Consorten (*confer* Protocoll vom 12. des Monats[5132]) von dem D. Faber in Befolgung des Bescheides vom 12. des Monats[5133] übergebene erweiterte Prokuraturvollmacht[5134] und vom[5135] Lübecker Obergericht eingesandten Voracten[5136].

Conclusum

Es sey in diesem Falle die Procuraturvollmacht den Appellanten in Abschrift mitzutheilen und zugleich den Parteien der Eingang der Voracten zu notificiren[5137]. Uebrigens war auch bey diesen Verhandlungen D. Hach nicht zugegen, *confer* Protocoll vom 12. des Monats[5138].

Actum ut supra[5139]
in fidem[5140]

C. W. Pauli
Secretarius[5141]

5130 „In Abwesenheit von Herrn".
5131 Unklare Abkürzung, möglicherweise *Posteingangsbuch* oder *Protocollbuch*.
5132 Oben S. 630.
5133 Oben S. 632 (S. 51 der Akte).
5134 Erweiterte Vollmacht oben S. 635 (S. 55 der Akte); hier ungewöhnliche Schreibweise mit k.
5135 Danach gestrichen *H*.
5136 Dazu das Übersendungsschreiben oben S. 637 (S. 57 der Akte).
5137 „Bekanntzugeben".
5138 Oben S. 631; *Uebrigens ... Monats* am Seitenrand eingefügt.
5139 „Verhandelt wie oben", Verweis auf den Sitzungstag und die anwesenden Richter.
5140 „Beglaubigt".
5141 Abermals handelt es sich um den letzten Tagesordnungspunkt des Sitzungstages. Deswegen befindet sich unter dem Beschluss die Unterschrift des Sekretärs Pauli.

Q 9 – Dekret des Oberappellationsgerichts
1831 September 23

Das Oberappellationsgericht teilt den Klägern die zweite Anwaltsvollmacht der Beklagten mit und unterrichtet beide Seiten über den Eingang der vorinstanzlichen Prozessakten. Konzept, geschrieben vom Sekretär Carl Wilhelm Pauli, verbessert vom Gerichtspräsidenten Arnold Heise, mit Handzeichen von Heise und vom Referenten Georg du Roi.

[S. 61] Q 9

Expeditum & insinuatum[5142] den 27. September *1831*
W. Insin. B. No. 70 und 71.

In Sachen der Rhederey des Schiffes Dora und der Erben des Schiffers Georg Hinrich Haase zu Lübeck, Kläger, jetzt Appellanten, wider Heinrich Diedrich Wildtfanck, Arnold Hornemann und Friederich Ernst August Leuenroth daselbst, Beklagte, jetzt Appellaten, wegen Schadensersatzes, jetzt die Zulässigkeit eines *novi*[5143] betreffend, wird die vom appellatischen Procurator in Befolgung des Bescheides vom 12. des Monats[5144] übergebene weitere Procuraturvollmacht[5145] den Appellanten hieneben in Abschrift mitgetheilt und zugleich den Parteien hiedurch angezeigt, daß die vom Obergerichte der freien Hansestadt Lübeck requirirten[5146] Voracten am 21.des Monats allhier[5147] eingegangen sind[5148].

Lübeck, den 23. September 1831.
Zum Oberappellationsgericht der vier freien Städte Deutschlands verordnete Präsident und Räthe[5149].

AH GdR[5150]

5142 „Ausgefertigt und zugestellt".
5143 „Eines neuen Beweismittels".
5144 Oben S. 632 (S. 51 der Akte).
5145 Oben S. 635 (S. 55 der Akte).
5146 „Erbetenen, angeforderten".
5147 Wort von Arnold Heise am Rand eingefügt, davor von ihm gestrichen *richtig*.
5148 Dazu das Anschreiben des Obergerichts, oben S. 637 (S. 57 der Akte).
5149 Abgekürzt Z. *OAG. d. v. fr. St. D. v. P u R.*
5150 Handzeichen des Gerichtspräsidenten Arnold Heise und des Referenten Georg du Roi.

[Kostenrechnung]

Stempel	2 Mark[5151]	
Copial[5152]		6 Schilling
Insinuation	1 Mark	
	3 Mark	6 Schilling

5151 Kostenrechnung rechts unten auf der Seite.
5152 Kosten für die Abschrift der Anwaltsvollmacht.

Q 10 – Berufungserwiderung der Beklagten

1831 Oktober 26

Die Beklagten antworten auf die Berufungsbegründung der Kläger (Aktenstück Q 1, oben S. 613) und beantragen die Abweisung der Appellation. Schriftsatz, verfasst vom Advokaten Carl August Buchholz, am Oberappellationsgericht eingereicht durch den Prokurator Ludwig Heinrich Faber.

[S. 63[5153]] Q 10

No. 130, *praesentirt* den 26. October 1831

Stempelbogen zur
Widerlegung der Appellationsbeschwerden
in Sachen und von Seiten
Heinrich Diedrich Wildtfanck, Arnold Hornemann und F. E. A. Leuenroth, Beklagte, Appellaten,
gegen
die Rhederey des Schiffes Dora und die Erben des Schiffers Haase, Kläger, Appellanten,

wegen Schadensersatzes
jetzt
Beweisführung betreffend.

[S. 65]

An
die zum Oberappellationsgericht der vier freyen Städte Deutschlands hochverordneten Herren Präsident und Räthe

Widerlegung der Appellationsbeschwerden
in Sachen und von Seiten
Heinrich Diedrich Wildtfanck, Arnold Horneman und F. E. A. Leuenroth, Beklagte, Appellaten,
gegen
die Rhederey des Schiffs Dora und die Erben des Schiffers Haase, Kläger, Appellanten,

wegen Schadensersatzes
jetzt
Beweisführung betreffend.

5153 Stempelbogen mit zwei eingeprägten Stempeln des Oberappellationsgerichts zu *1 Mark 8 Schilling* und *12 Schilling*, daneben Handzeichen *CWP* von Carl Wilhelm Pauli und *2 Mk 4 s.*

[S. 66[5154]] P. P.[5155]

Am 12. December 1822[5156] ward in der vorliegenden Sache den Klägern der Beweis auferlegt,

daß der Schiffer G. H. Haase wegen der von den Beklagten verladenen, in der Klage specificirten Güter oder wegen welcher derselben durch das Erkenntniß des Revaler Zollamtes vom 31. Januar 1818 alten Stils verurtheilt worden sey und wie hoch sich die Strafe belaufe, die durch die von jedem einzelnen Beklagten verschifften Güter verwirkt worden,

die Frist zur Antretung desselben bis zum 20. [S. 67[5157]] September 1823 erstreckt und an diesem Tage durch Production einer Urkunde zu führen versucht, welche ersichtlich nicht ausreichte zu bewahrheiten, was bewahrheitet werden sollte. Im Fortschritte der gerichtlichen Verhandlungen und langem Zwischenraum von Erkennung des Actenschlußes bis zur Eröffnung des Erkenntnißes entschwanden fünf lange Jahre[5158], bis endlich am 27. September 1828 unter Entbindung[5159] der Beklagten von der Klage der den Klägern auferlegte Beweis in erster Instanz für nicht geführt erklärt ward. In der von letzteren dagegen betretenen Appellationsinstanz[5160] ward der Versuch von ihnen gewagt, einer zur Ergänzung und Vervollständigung des mangelhaft angetretenen Beweises bestimmten Urkunde[5161] annoch Eingang zu verschaffen und von diesem höchsten Tribunal endschaftlich entschieden, wie ihnen in dieser Beziehung annoch die Bescheinigung nachzulaßen sey,

daß sie

gleich nach Publication des niedergerichtlichen Erkenntnißes vom 27. September 1828

den gebührenden Fleiß angewendet, um sich das nunmehr beigebrachte neue Attest sobald als möglich

und noch vor Ablauf der verlängerten Rechtfertigungsfrist ihrer an das Obergericht eingewandten Appellation zu verschaffen[5162].

Nachdem diese Bescheinigungen von ihnen beizubringen versucht worden, erkannte das Obergericht,

[S. 68[5163]] daß sie von dem, was ihnen zu constatiren auferlegt worden,

5154 Zeitgenössisch S. 2.
5155 Praemissis Praemittendis. Die eigentlich erforderlichen und gebührenden Titel seien vorausgeschickt. Die ausgeschriebene Ehrerbietungsformel fehlt wie in allen Schriftsätzen an das Gericht.
5156 Urteil des Oberappellationsgerichts, oben S. 430 (S. 537 der Akte L I 22 a).
5157 Zeitgenössisch S. 3.
5158 Dies kann man als dezent angedeutete Kritik an der Langsamkeit des niedergerichtlichen Verfahrens verstehen.
5159 Zur gemeinrechtlichen Absolutio a citatione oben Anm. 4120.
5160 Verfahren vor dem Obergericht der Stadt Lübeck.
5161 Oben S. 490 (S. 51 der Akte L I 122).
5162 Entscheidung des Oberappellationsgerichts vom 14. Juni 1830, oben S. 594 (S. 179–180 der Akte L I 122).
5163 Zeitgenössisch S. 4.

Nichts,

vielmehr

das Gegentheil

dargelegt, die ihnen injungirte[5164] Bescheinigung mithin als nicht geführt zu betrachten sey[5165].

Gegen dies Erkenntniß haben die Kläger nun wieder die Berufung an dies höchste Tribunal eingewandt[5166], und die Recht- oder Unrechtmäßigkeit der Entscheidung steht in Frage.

Das niedergerichtliche Erkenntniß ward am 27. September 1828 publicirt, und so frägt man zuvörderst, was die Kläger gleich nach Publication desselben vorgenommen oder nicht vorgenommen haben?

Der dem lübeckischen Staatskalender vom Jahr 1828 angefügten amtlichen Anzeige von Abgang und Ankunft der Posten in Lübeck gemäß gieng in jenem Jahr die Post nach Rußland am Dienstag und Freitag einer jeden Woche abends 6 ½ Uhr ab[5167].

Die erste Post nach der am 27. September, einem Sonnabend, erfolgten Publication, gieng demnach am Dienstagabend, den 30. September, ab, ward aber ohnerachtet geräumige Frist dazu vorhanden war, nicht benutzt.

Der in der Beylage zu No 80 der Lübeckischen Anzeigen vom Jahr 1828 enthaltnen amtlichen Verkündigung vom Abgange der Schiffer [S. 69[5168]] aus Travemünde[5169] gemäß, giengen am 1. October Schiffer Woll[5170], am 2. October Schiffer Stahl[5171] und Larsen[5172] und am 3. October Capitain Black[5173] mit dem Dampfschiff nach St. Petersburg, aber auch diese viermalige Gelegenheit blieb unbenutzt.

Ebensowenig ward mit den am Freitag, den 3., Dienstag, den 7., Freitag, den 10., und Dienstag, den 14. October abgegangenen Posten geschrieben.

Laut Beylage zu No. 83 der Lübeckschen Anzeigen vom gedachten Jahr konnte mit dem am 10. October nach Riga abgegangenen Schiffer Wohlers[5174] über dort, mit dem am 14. October nach St. Petersburg abgegangenen Schiffer Politz[5175] und

5164 „Auferlegte".

5165 Urteil des Obergerichts oben S. 623 (S. 41 der Akte).

5166 Appellationslibell oben S. 613 (S. 15 der Akte).

5167 Es folgen wirtschaftsgeschichtlich interessante Mitteilungen über den Umfang des Post- und Schiffsverkehrs zwischen Lübeck und Russland.

5168 Zeitgenössisch S. 5.

5169 Der Schiffsverkehr und damit auch der Postverkehr war in den Beilagen zur Tageszeitung nachgewiesen.

5170 Johann Hinrich Woll, nachgewiesen in: Lübeckisches Address-Buch 1830, S. 350.

5171 Jacob Simon Stahl, nachgewiesen in: Lübeckisches Address-Buch 1830, S. 305.

5172 Peter Larsen, nachgewiesen in: Lübeckisches Address-Buch 1830, S. 202.

5173 Im Lübeckischen Address-Buch 1828 und 1830 nicht nachgewiesen.

5174 Jochen David Wohlers, nachgewiesen in: Lübeckisches Address-Buch 1828, S. 351.

5175 Heinrich Christian Politz, nachgewiesen in: Lübeckisches Address-Buch 1828, S. 251.

mit dem am 15. dahin geseegeltem Schiffer Bendfeld[5176] geschrieben werden, aber auch mit diesen Fahrzeugen gieng keine Zeile ab.

Am 17., 21. und 24. October giengen die Posten nach St. Petersburg ab ohne Briefe.

Am 19. konnte mit Schiffer Schütt[5177] über Riga, am 21. mit Schiffer Brinckmann[5178] über Reval und am 23. mit Schiffer Christen[5179] über Riga (No. 85 und No. 86 der Lübeckischen Anzeigen) geschrieben werden, alle diese Gelegenheiten aber blieben unbenutzt[5180].

Am Sonnabend, den 25. October, lief die vierwöchentliche zur Rechtfertigung der eingewandten Appellation gesetzlich vorgeschriebene Frist ab, Tags vorher war das von Capitain Black[5181] geführte Dampfschiff nach St. Petersburg abgegangen (No. 86 der Lübeckischen Anzeigen), aber auch diese Gelegenheit nicht be- [S. 70[5182]] nutzt worden. Achtmal war die Post, achtmal waren Seegelschiffe, zweymal waren Dampfschiffe abgegangen, und nicht eine Zeile war in der betreffenden Angelegenheit nach St. Petersburg erlassen.

Am 30. October bewilligte das Obergericht den Klägern, welche bis dahin nicht das Mindeste vorgenommen und auch mit der am 28. abgegangenen Post nicht geschrieben hatten, eine sechswöchentliche Frist, und wie benutzten sie dieselbe? Die Posten am 31. October, 4., 7., 11. und 14. November giengen fünfmal ab, und fünfmal ward nicht geschrieben. Am 2. November gieng Schiffer Scheel[5183] nach Riga ab (No. 89 der Lübeckischen Anzeigen) sowie am 9. Schiffer Zuhr[5184] und Kröger[5185] nach St. Petersburg (No. 91 ibidem), und auch diese Gelegenheiten wurden nicht benutzt. Erst in der achten Woche nach Publication des Erkenntnißes ward mit der am 18. November von hier abgegangenen Post das erste Wort über diese Angelegenheit geschrieben, und was ward gefragt? Es ist schon oben bemerkt, daß es am 20. September 1823 war, als Kläger diejenige Beweisurkunde zu den Acten brachten, von deren Unvollständigkeit und Mangelhaftigkeit sie sich sofort nach Ansicht derselben überzeugen konnten und musten, ein Punkt, auf welchen Beklagte weiter unten zurückkommen werden, und daß bis zur Publication des Erkenntnißes, welches dies Document als beweisunkräftig ver- [S. 71[5186]] warf,

5176 Johann Georg Friedrich Bendfeldt, nachgewiesen in: Lübeckisches Address-Buch 1828, S. 69.

5177 Hans Wilhelm Schütt, nachgewiesen in: Lübeckisches Address-Buch 1828, S. 292.

5178 Hans Richard Brinckmann, nachgewiesen in: Lübeckisches Address-Buch 1828, S. 86.

5179 Jacob Wilhelm Christen, nachgewiesen in: Lübeckisches Address-Buch 1828, S. 95.

5180 Durch die engmaschige Aufzählung liefert der Schriftsatz zugleich ein anschauliches Beispiel, wie dicht der Schiffsverkehr zwischen Travemünde und St. Petersburg bzw. Riga in dieser Zeit war.

5181 Oben Anm. 5173. Black verkehrte also mehrmals monatlich zwischen Lübeck und St. Petersburg, war mit seinem Dampfschiff aber auch schneller als die Segelschiffe seiner Kollegen.

5182 Zeitgenössisch S. 6.

5183 Michael Christoph Scheel, nachgewiesen in: Lübeckisches Address-Buch 1830, S. 277.

5184 Johann Carl Zuhr, nachgewiesen in: Lübeckisches Address-Buch 1830, S. 356.

5185 Heinrich Christian Kröger, nachgewiesen in: Lübeckisches Address-Buch 1830, S. 193.

5186 Zeitgenössisch S. 7.

fünf volle Jahre entschwanden. Hätten nun auch Kläger die Untauglichkeit ihrer Urkunde nicht von selbst schon ermeßen, so waren sie doch durch die diesseitige Beweisanfechtung auf das Eindringendste darauf aufmerksam gemacht, und gewiß konnten sie die Läßigkeit nicht weiter treiben, als wenn sie in fünf Jahren nur einmal daran dachten, die Ergänzung ihres unvollständigen Beweises zu erwirken. Wirklich liegt die Thatsache vor Augen, daß sie in sechzig Monaten nur einen Brief deshalb nach St. Petersburg schrieben, in welchem sie ihren Agenten sehr obenhin beauftragten, ihnen eine vollständigere Urkunde zu verschaffen, und wohlverstanden war dieser einzige Brief vor Publication des Erkenntnißes geschrieben. Da nun seither ein ihnen ungünstiges Erkenntniß eröffnet war, da sie dagegen appellirt und eine sechswöchentliche Frist zur Verfolgung erhalten hatten (die gebetene), eine Frist, deren achtzehnter Tag bereits abgelaufen war, so hätte man glauben sollen, daß sie in der achten Woche nach Eröffnung jenes Erkenntnißes, endlich die Feder zur Hand nehmend, nun die dringend gewordene Nothwendigkeit, das ihnen erforderliche Document auf das allerschnellste zu schaffen und in dieser Beziehung alles und das Möglichste aufzubieten kräftig dargestellt haben würden. Allein von allen diesem erfolgte auch nicht das Geringste. Vielmehr bestand die ganze Meldung, es klingt lächerlich, ist aber wahr, in den sieben Sylben: „Das [S. 72[5187]] Document ist nöthig.“[5188] Ein Mehreres – denn das in anderthalb Zeilen ausgedrückte Bedauern, „Mühe zu verursachen“, gehört nicht zur Sache – ein Mehreres ist aus dem producirten Extract des Briefes vom 18. November nicht ersichtlich, und so kann man mit Wahrheit sagen, daß Kläger die Aufgabe gelöst haben, das Wenigste, was zu sagen möglich war, mit den wenigsten Worten bezeichnet zu haben. Hören wir nun weiter, was ferner geschah oder nicht geschah.

Die erste und gesetzliche (vierwöchentliche) Frist zur Rechtfertigung der Appellation war bekanntlich verstrichen, ohne daß Kläger auch nur das Allermindeste geschrieben hatten. Die zweyte sechswöchentliche exspirirte[5189] am 11. December, und da die Posten vom 21., 25. und 28. November sowie diejenige vom 2., 5. und 9. December keine Briefe von ihnen mitgenommen hatten, so hatte sich in sechs Wochen ihr Fleiß darauf erstreckt, sieben Sylben zu schreiben. Am 11. December traten sie das Obergericht mit einem wiederholten vierwöchentlichen Fristgesuch an, welches bewilligt ward, und wie benutzten sie diese letzte Frist? Vermuthlich werden sie geschrieben haben, daß ihnen, wie man zu sagen pflegt, das Feuer nunmehr auf den Nägeln brenne, daß sie zwar bisher versäumt hätten, ihren Agenten von der Lage der Sache und der immer dringender gewordenen [S. 73[5190]] Nothwendigkeit, das Document zu schaffen, in Kenntniß zu setzen, nunmehr aber

5187 Zeitgenössisch S. 8.
5188 Dieser Satz ist im Schriftsatz durch lateinische Schreibschrift besonders hervorgehoben.
5189 „Endete“, wörtlich: hauchte aus.
5190 Zeitgenössisch S. 9.

ihn damit bekannt machten und auf das Dringendste ersuchten, alles Ersinnliche aufzubieten, das Document auf das Baldigste zu schaffen? Ach nein! Sie beschränkten sich darauf, am zwölften December die matte Bemerkung ergehen zu laßen, daß wenn die Acte noch nicht abgesandt seyn sollte, sie mit der Post expedirt werden möge, welches sich von selbst verstand, weil über Eis keine Schiffe gehn[5191] und tief im Winter die Post das einzige Communicationsmittel bleibt, welches sich zur Beförderung von Briefen darbietet. Diese kraft- und saftlose Erinnerung war das Einzige und Letzte, was den sieben Sylben vom 18. November folgte, und damit schloß sich, in dem judicatmäßig hier einzig in Frage stehenden Zeitraum vom 27. September 1828 (Tag der Publication des Erkenntnißes[5192]) bis zum 9. Januar 1829 (Tag des Ablaufs der verlängerten Rechtfertigungsfrist) alles, was Kläger für ihren Zweck vorgenommen hatten. Daß sie am Tage nach Ablauf der Frist, am 9. Januar, nach St. Petersburg schrieben:

> „das Document wegen Haase hätten wir gerne gehabt, weil unser Advocat einkommen muste. Ich hätte sonst gerne dasselbe abgewartet. Allein unsre Advocaten werden durch die Gerichte angehalten, mit ihren Schriften nicht in Rückstand [S. 74[5193]] zu bleiben, sie werden sonst praecludirt“[5194],

gehört nur insofern zur Sache, als ihre Versäumniß sich als umso unverzeihlicher darnach darstellt. Denn wusten sie, daß Präclusion ihnen drohe, wie solches nach Kenntniß der Gesetze ihnen ohnehin nicht fremd seyn konnte (einer der Kläger war im Jahr 1828 Praeses des Niedergerichts und ein anderer Mitglied des Obergerichts![5195]) so waren sie ja umso mehr aufgefordert, das Äusserste anzuwenden in derjenigen Frist, welche sie als peremtorisch[5196] und praeclusiv kannten, dasjenige herbeyzuschaffen, was sie für ihren Zweck bedurften, wenn es ihnen nicht für immer verlohren seyn sollte. Dagegen waren sie mit der gränzenlosesten Läßigkeit zu Werke gegangen, und wenn sie achtzehn Tage später, am 27. Januar, im Vorbeygehn bemerkten,

> „das Haasesche Document wird nun sehr spät werden“,

so weiß man nicht, worüber man mehr erstaunen soll, ob über die Trägheit, mit welcher sie unterließen, was sie zu beschaffen hatten, oder über die Zuversicht, mit welcher sie darauf fußten, daß auch das späteste für sie immer noch nicht zu spät kommen werde!

5191 Die Ostsee war in den 1820er und -30er Jahren im Dezember zugefroren, der Schiffsverkehr lahmgelegt.

5192 Entscheidung des Niedergerichts.

5193 Zeitgenössisch S. 10.

5194 „Ausgeschlossen“. – Die zitierten Briefe scheinen sich als Anlagen in der niedergerichtlichen Akte befunden zu haben. In der Akte des Oberappellationsgerichts sind sie nicht enthalten.

5195 Dies ist einer der wenigen Hinweise in der Akte, die auf die sozial herausgehobene Stellung der Verfahrensbeteiligten eingehen. Durch die Mitgliedschaft im Senat hatten einige Beteiligte auch richterliche Aufgaben. Möglicherweise handelt es sich um eine Anspielung auf den Ratsherrn Conrad Platzmann oder auf den Niedergerichtsprokurator Gotthard Hinrich Meyersieck.

5196 „Feststehend, nicht verlängerbar“.

Nachdem solchergestalt, worauf einzig und allein entscheidend alles hier ankommt, bis zur Evidenz[5197] dargelegt worden ist, [S. 75[5198]] daß Kläger

gleich nach Publication des niedergerichtlichen Erkenntnißes vom 27. September 1828.

nichts gethan haben,

daß sie den gebührenden Fleiß

nicht angewendet haben,

daß sie, um sich das beygebrachte neue Attest sobald als möglich zu verschaffen,

gar nichts vorgenommen haben,

und daß sie, um dasselbe vor Ablauf der verlängerten Rechtfertigungsfrist ihrer an das Obergericht eingewandten Appellation zu erlangen,

weiter nichts gethan haben als dies, daß sie in der achten Woche *post publicationem Sententiae*[5199] vier Worte geschrieben und in der eilften Woche eine matte Bemerkung gemacht haben,

nachdem, sagen wir, solchergestalt dargelegt ist, daß Kläger ihrentheils mit der äußersten Nachläßigkeit zu Werke gegangen sind, sehen wir uns um nach dem, was ihr Agent zu St. Petersburg[5200] in ihrem Auftrage vorgenommen hat.

Die Acten des vorliegenden Proceßes ergeben, daß am 12. December 1822 auf Beweis interloquirt[5201], am 20. September 1823 die klägerische Beweisantre- [S. 76[5202]] tung producirt, am 23. September 1826 Actenschluß erkannt, und am 27. September 1828 das die klägerische Beweisführung als unvollständig und ungenügend verwerfende Erkenntniß publicirt ward. Hiernach liegen zwischen dem Tage der Beweisantretung und des Erkenntnißes fünf Jahre und sieben Tage, und es ist allerdings auffallend, daß in diesen fünf Jahren und sieben Tagen nur ein einziges Mal in Klägern die Vorstellung erwachte, daß die von ihnen producirte Beweisurkunde nichts tauge. Noch viel auffallender aber ist es, daß in diesem langen Zeitraum, die ein einziges Mal angestellte Betrachtung über den Wehrt oder Unwehrt ihres Beweismittels, in den Monat des publicirten Erkenntnißes fällt, und vollends merkwürdig, daß Kläger neun Tage vor Eröffnung desselben wussten, was man im Gericht zu ihrer Beweisantretung sagen oder, mit andern Worten, wie das demnächst gefällte Erkenntniß lauten werde. Ausdrücklich verwahren Beklagte hier sich

5197 Bei Samuel Oberländer (Hrsg.), Lexicon Juridicum Romano-Teutonicum, hrsg. und eingeleitet v. Rainer Polley, Nachdruck Köln, Weimar, Wien 2000 der 4. Aufl. Nürnberg 1753, S. 250: „Evidentia facti, die Klarheit eines Dinges, so gesaget wird, wenn ein Ding oder Sache augenscheinlich und klar am Tage ist."

5198 Zeitgenössisch S. 11.

5199 „Nach Urteilsverkündung".

5200 Gemeint ist Heinrich Platzmann, der Bruder des Mitklägers Conrad Platzmann.

5201 Urteil des Oberappellationsgerichts, oben S. 429 (S. 537 der Akte L I 22 a).

5202 Zeitgenössisch S. 12.

gegen jede unfreundliche Deutung ihrer Worte[5203]. Sie wissen es und sind davon überzeugt, daß Kläger am 18. September 1828 keine Kenntniß vom Inhalt des am 27. gleichen Monates und Jahres publicirten Erkenntnißes gehabt haben können, weil dies moralisch[5204] unmöglich war. Aber eben um deswillen gewinnt das von denselben nach Fällung des oberap- [S. 77[5205]] pellationsgerichtlichen Erkenntnißes vom 14. *Junius* 1830[5206] zu den Acten gebrachte Schreiben vom 18. September 1828 eine solche Bedeutung und eine solche Wichtigkeit, daß Beklagte sich gewiß halten zu dürfen glauben, es würde dies höchste Tribunal die den Klägern auferlegte Bescheinigung ihnen überall nicht nachgelassen haben, wenn es von den in jenem Schreiben enthaltenen Geständniß früher Kunde gehabt hätte. Es ist um deswillen nicht ohne practischen Nutzen, dies auch jetzt noch zu erörtern, weil wenigstens soviel damit klar wird, daß die Sache der Kläger keine Begünstigung verdient, oder mit andern Worten, daß sie derjenigen Nachsicht nicht würdig sind, welche das richterliche Gemüth denen bisweilen angedeyhen zu laßen praedisponirt ist, welche Schaden zu leiden behaupten, weil sie sich an Fristen und Förmlichkeiten versehn haben[5207].

Das Beweisinterlocut vom 12. December 1822[5208] lautet praecise, klar und einfach verständlich und wird zum Ueberfluß durch die Entscheidungsgründe[5209] dergestalt erläutert und commentirt, daß nicht allein unzweideutig zu Tage liegt, was und in welcher Maaße bewiesen werden soll, sondern auch, weshalb das Beweisinterlocut so und nicht anders lautete. Es ist demnach ganz gewiß, daß, als Kläger in den Besitz der am 22. August 1823 zu St. Petersburg ausgefertigt- [S. 78[5210]] ten Urkunde gelangten, sie sofort daraus zu ersehn vermochten, daß dieselbe zur Herstellung des injungirten[5211] Beweises nicht tauglich sey. Könnte nun einestheils zugegeben werden, daß die Mangelhaftigkeit der Urkunde sich ohne Verschulden der Kläger ergeben habe, anderntheils, daß von dem Tage, da dieselbe zu ihren Händen gelangte, bis zum Ablauf des Beweistermins eine zu kurze Frist bestanden, um diesen Mangel zu heben, so würde doch immer der Ausweg ihnen geblieben seyn, unter Production der Urkunde eine fernere Frist zum Behuf[5212] deren Ergänzung zu erwirken und schon damals zu thun, was sie nachmals später gethan haben. Wenn dies höchste Tribunal der mildesten Ansicht gefolgt zu seyn

5203 Die Beklagten wollen nicht den Eindruck erwecken, als hätten die Kläger durch Indiskretionen den Inhalt des niedergerichtlichen Urteils vorzeitig erfahren.

5204 Hier taucht *moralisch* noch in seiner alten Bedeutung als „rechtlich" auf.

5205 Zeitgenössisch S. 13.

5206 Oben S. 593 (S. 179 der Akte L I 122).

5207 Die Beklagten bestehen damit auf der strengen Einhaltung aller gesetzten Fristen, weil die Kläger bisher so nachlässig mit den Terminen umgegangen waren.

5208 Oben S. 429 (S. 537 der Akte L I 22 a).

5209 Oben ab S. 432 (S. 541 der Akte L I 22 a).

5210 Zeitgenössisch S. 14.

5211 „Auferlegten".

5212 „Zum Zwecke".

scheint, daß sie erst durch das Erkenntniß vom 27. September 1828 über die Mangelhaftigkeit ihres Beweises belehrt worden seyn und nun erst die Möglichkeit oder Verpflichtung für sie eingetreten sey, die Ergänzung *in Appellatorio*[5213] nachzuliefern, so haben Kläger nunmehr durch ihr Schreiben vom 18. September 1828 unzweideutig und unwiderleglich selbst dargethan, wie sie schon vorher recht wohl gewußt und selbst davon überzeugt seyn, daß die von ihnen producirte Urkunde nichts tauge und der Ergänzung bedürfe, *verbis:*

> „Da wir nur das Generelle jeder Kiste haben, so wird man im Ge- [S. 79[5214]] richt sagen, der Beweis sey nicht geführt. Es ist uns allso in Beziehung auf jenes Document nothwendig, ein anderes Attestat zu haben, worinn die erlaubten Waaren specificirt nach *Signis*[5215] und Inhalt aufgenommen worden."[5216]

Offener und unzweydeutiger kann kein Geständnis seyn wie dies. Denn wenn die Kläger selbst begriffen und erklärten, daß das Gericht ihren Beweis für verfehlt erklären werde, so mußten sie wohl davon überzeugt seyn, daß die von ihnen beygebrachte Urkunde nichts tauge. Gieng aber diese Überzeugung aus ihrer eignen Reflexion hervor, so ist wohl nichts auf der Welt unbestreitbarer als dies: daß sie dasjenige, was bey eigner Prüfung der von ihnen producirten Urkunde eignes Nachdenken am 18. September 1828 sie lehrte, auch am 20. September 1823 von ihnen begriffen werden konnte. Steht aber dies fest, so ist die ärgste Säumnis der Kläger evident, und weder Nachsicht noch Begünstigung verdienen die, welche während des langen Zeitraums von fünf Jahren wusten, daß sie nicht geliefert hatten, was sie liefern sollten, und während eben dieser fünf Jahre nicht einmal die Feder ansetzten, um wenigstens den Versuch zu wagen, zu einer Ergänzung des Erforderlichen [S. 80[5217]] zu gelangen.

Indem Beklagte nach diesen Vorbemerkungen zu einer Prüfung des vom Agenten der Kläger zu St. Petersburg Vorgenommenen übergehn, drängt sich annoch eine fernere Betrachtung über deren eigne, wiederholt bethätigte Negligenz[5218] auf. Das Schreiben vom 18. September 1828 schloß mit der nichts weniger als dringend gemachten Aufforderung

> „Siehe zu, daß Du mir ein solches Document noch *per mare*[5219] herausbesorgst"

und war bey der Lauheit des gewählten Ausdrukkes gewiß nicht geeignet, zu rascher, kräftiger, unaufhaltsamer Thätigkeit anzufeuern. Dies mochte der An-

5213 „In der Berufungsinstanz".
5214 Zeitgenössisch S. 15.
5215 „Handelsmarken".
5216 Die Briefe, aus denen der Schriftsatzverfasser der Beklagten zitiert, befinden sich nur in den vorinstanzlichen Akten und nicht in der Prozessakte des Oberappellationsgerichts.
5217 Zeitgenössisch S. 16.
5218 „Nachlässigkeit".
5219 „Auf dem Seeweg". Zum Brieftransport über Land und über die Ostsee oben ab Anm. 5169.

sicht des Erkenntnißes vom 14. Junius 1830[5220] gemäß hingehn, so lange kein Erkenntniß publicirt war. Als dies aber gefällt war und damit eintrat, was Kläger vorhergesehn und vorhergesagt hatten, da veränderte sich die Gestalt der Dinge, und auf andre als bisherige Weise hätte zum Agenten geredet werden müßen. Es hätte ihm angezeigt werden müßen, daß die Vorhersagung im Schreiben vom 18. September eingetroffen sey, daß der versuchte Beweis als nicht geführt verworfen worden, daß die im gedachten Schreiben in Bezug genommene Urkunde nun auf das Allerschleunigste geschafft werden müße, daß man [S. 81[5221]] gegen das Erkenntniß die Appellation eingewandt habe und die Urkunde innerhalb der Rechtfertigungsfrist haben müße, daß das Gesetz zu solcher Rechtfertigung nur eine vierwöchentliche Frist gewähre, daß man sich angelegen seyn lassen werde, eine Verlängerung derselben zu bitten, aber für den Erfolg nicht stehn könne, daß deshalb das Möglichste mit möglichster Eile aufgeboten werden müße und daß man den schleunigsten Bericht über die schleunigste Ausrichtung dieses so höchst nothwendig gewordenen Auftrages mit der nächsten oder doch zuverläßig mit einer der nächstfolgenden Posten entgegensehe. Dies alles hätte dem Agenten berichtet, anschaulich gemacht und eingeschärft werden müßen. Es hätte die große Regel des Geschäftslebens „nicht bis Morgen zu verschieben, was heute geschehn kann" ihm bey dieser Gelegenheit dringend und dringender eingeprägt werden müßen, und auf das Lebendigste hätte ihm geschildert werden müßen, wie mit Säumniß irreparable Nachtheile verknüpft seyn würden. Daß von alle diesem <u>nichts</u> geschah, ist schon oben bemerkt, und so begnügte der Agent sich am 30. September gemächlich zu antworten, daß er das Document zu schaffen suchen und das Nähere darüber berichten werde. Aber die erste Woche des Octobers gieng in völligster Unthätigkeit hin, aber auch in der zweyten Woche legte er die [S. 82[5222]] Hände in den Schooß, aber auch in der dritten unterblieb der Versuch, etwas zu schaffen, <u>gänzlich</u>, und noch in der vierten Woche hatte er sich nicht vom Fleck gerührt und keine Feder angesetzt. Auch die erste Woche des <u>Novembers</u> verfloß, ohne daß er etwas unternommen hatte, und erst am zweyundvierzigsten Tage nach dem 30. September, erst sechs volle Wochen nach <u>dem</u> Tage, an welchem er versprochen hatte, er wolle das Document zu schaffen suchen, erst am 12. November (neuen Stils) geschah der <u>erste</u> Schritt durch Einreichung des Gesuches an die Behörde. Saumseeliger zu verfahren, war in der That unmöglich, und gleiche Sorglosigkeit ward auch ferner verschuldet. Denn nachdem am 22. November der Befehl zur Ausfertigung des Zeugnißes von der Oberbehörde an die Unterbehörde gelangt war, achtete der Agent es nicht einmal der Mühe wehrt, seine Committenten[5223] davon in Kenntniß

5220 Oben S. 593 (S. 179 der Akte L I 122).
5221 Zeitgenössisch S. 17.
5222 Zeitgenössisch S. 18.
5223 „Auftraggeber".

zu setzen, und noch viel weniger fiel es ihm ein, bey der Unterbehörde, was doch so leicht hätte geschehn können, zu sollicitiren[5224]. Vielmehr ließ er die Sache gehn, wie sie eben gehn wollte, versäumte sogar, was nach dem Geschäftsgang zu St. Petersburg unerläßlich war, das zur Ausfertigung der Urkunden erforderliche Stempelpapier einzuliefern, und nahm solchergestalt erst am 14. März 1829 die Acte entgegen. Ge- [S. 83[5225]] gen diese Thatsachen können die Phrasen der Kläger „von großer Mühe und großem Zeitaufwande, welcher erfordert worden, um seit zwölf Jahren *reponirte*[5226] Acten aus dem archivalischen Staube hervorzusuchen, genau zu durchsehn und Auszüge daraus sorgfältig anzufertigen“[5227], nicht Stich halten. Mit allen diesen Redensarten können sie nicht wegdisputiren, daß sie an Saumseeligkeit und Nachläßigkeit mit ihren Agenten gewetteifert haben. Mit allen diesen Phrasen können sie nicht wegläugnen, daß sie acht Wochen nach Publication des Erkenntnißes stille saßen und dann nur vier einzige Worte nach St. Petersburg schrieben. Mit allen diesen rednerischen Figuren können sie nicht ungeschehn machen, daß ihr Agent sechs Wochen lang die Hände in den Schooß legte, und möchten sie noch soviel von der Größe ihrer Mühe aufschneiden, noch so viel von der Dikke der Zollacten, aus deren betreffenden Jahrgange ein durch Beziferung nachgewiesenes ohne alle Schwierigkeit aufzufindendes, einfach zu extrahirendes[5228] Auctionsprotocoll zur Hand zu nehmen war, fabeln, noch soviel von der Menge des archivalischen Staubes ausbreiten, es bleibt darum doch wahr, daß ihr Agent sich an der Lieferung des Stempelpapiers versäumte[5229], und daß sowohl sie wie er von Nachläßigkeitssünden und [S. 84[5230]] Verschuldungen vielfach getroffen wurden.

In dieser Lage der Sache, wo von dem, was bewahrheitet werden sollte, nichts bewiesen, nichts bescheinigt, wohl aber grade das Gegentheil dargethan ist, scheint es fast überflüßig, die formelle Untauglichkeit der producirten Beweismittel näher zu erörtern, auseinanderzusetzen, daß die Personen, von denen sie herrühren, in ihrer eignen Sache nichts mehr machen können, und zu prüfen, ob und wieviel weniger durch eine ordentliche Bescheinigung erbracht werden sollte wie durch förmlichen Beweis. Doch auch das Überflüßige mag geschehn, und einige Worte mögen darüber gesagt werden. Die *ad Recessum LIX*[5231] der Voracten producirte

5224 „Mit einem Bittschreiben einkommen“. Im frühneuzeitlichen Recht hatte die Sollizitation technische Bedeutung im Prozessrecht, dazu Bengt-Christian Fuchs, Die Sollicitatur am Reichskammergericht (Quellen und Forschungen zur höchsten Gerichtsbarkeit im Alten Reich 40), Köln, Weimar, Wien 2002. Hier ist das Wort aber offenbar umgangssprachlich gemeint.
5225 Zeitgenössisch S. 19.
5226 „Ins Magazin zurückgebrachte“.
5227 Zitat aus dem Appellationslibell, oben S. 621 (S. 35 der Akte).
5228 „Herausziehen, entnehmen“.
5229 Es ist unklar, woher der Schriftsatzverfasser diese Sachkenntnis besitzt.
5230 Zeitgenössisch S. 20.
5231 Verbesserung in der Zahl, offenbar zuvor *XLII*. Verweis auf die Akte des Niedergerichts.

Eingabe der Kläger bethätigt[5232] – was hier der Ort ist zu bemerken –, wie sie ihrentheils sich nicht entblödeten, unwahre und aus der Luft gegriffne Beschuldigungen gegen Personen vorzubringen, welche sie auf das Unwürdigste zu verdächtigen strebten, um ihren Zweck zu erreichen. Sie nahmen keinen Anstand, gegen den unterzeichneten Anwald[5233] die Verläumdung zu wagen, daß er eine Reise nach Hamburg unternommen und den hiesigen Kaufmann Minlos[5234] dazu eingeladen habe, um ihn bey dieser Gelegenheit gegen Pflicht und Gewißen für ein abzulegendes Zeugniß zu bearbeiten[5235]. Sie entsahen sich nicht, gegen die- [S. 85[5236]] sen letzteren Mann die ehrenrührige Beschuldigung auszustoßen, daß Rücksichten gegen die Mitbeklagten ihm mehr gegolten hätten wie die Stimme seines Gewißens, wie sein geleisteter Zeugeneid, und den mit längerer Zeit im Auslande etablirten, vormaligen Comptoirgehülfen Petersen[5237] scheuten sie sich nicht, als einen Menschen darstellen zu wollen, welcher dergestalt nichtswürdig sey, daß seinem Eide nicht geglaubt werden könne. Demnach werden sie, welche so unübertrefflich dreist verläumdeten, es nur in der Ordnung finden, wenn Beklagte die Wahrheit nicht zurückhalten, wo es zu ihrer Vertheidigung gilt. Nun beruht in der Notorietät[5238], daß der dorpatsche Kaufmann Heinrich Platzmann unter der Firma Platzmanns Gosler[5239] zu St. Petersburg einen Banquerot gemacht hat, in Folge deßen Mitkläger Conrad Platzmann Söhne ihm zu einem Accord[5240] verhalfen, bey welchem die Gläubiger geringe Procente erhielten, den sie selbst aber nicht annahmen und ihn nach wie vor sich verhaftet[5241] halten. Es beruht in der Notorietät, daß er sein jetziges Fortkommen lediglich durch sie findet, in allen und jeden Geschäftsangelegenheiten ihr Agent ist und mit allem, was er besitzt und noch zu erlangen hoffen kann, sich ihnen verpfändet und verschrieben hat. Unter diesen Umständen nun, wo das Stadtrecht[5242] den Schuldner in Sachen des Gläu- [S. 86[5243]] bigers unbedingt und unbeschränkt vom Zeugniße ausschließt (Lib

---

5232 Möglicherweise Schreibfehler für *bestätigt*.

5233 Gemeint ist wohl der Schriftsatzverfasser Buchholz.

5234 Im Lübeckischen Address-Buch 1830, S. 225, sind zwei Kaufleute nachgewiesen: Hans Simon Minlos und Wilhelm Minlos. Auf wen sich die Andeutung bezieht, wird nicht klar.

5235 Der Streit der Parteien erfolgt in den Schriftsätzen überwiegend sachlich und auf hohem juristischen Niveau. Hier ist eine der wenigen Stellen erkennbar, an denen es unsachlich zugeht. Die Beklagten behaupten, die Kläger hätten ihnen vorgeworfen, auf unredliche Weise Zeugenaussagen zu beschaffen.

5236 Zeitgenössisch S. 21.

5237 Die Anspielung bleibt unklar. Möglicherweise handelt es sich um einen Mitarbeiter von Platzmann in Dorpat oder St. Petersburg.

5238 „In der nicht beweisbedürftigen Allgemeinkundigkeit".

5239 Vermutlich Fehler des Schreibers, gemeint sind sicherlich *Platzmann & Gosler*, oft erwähnt in: Henry Wheaton (Hrsg.), Reports of Cases argued and adjudged in The Supreme Court of The United States, Philadelphia 1816, S. 419–430.

5240 „Vergleich".

5241 Gemeint ist, dass Heinrich Platzmann immer noch bei seinem Bruder Conrad Platzmann Schulden hatte.

5242 Heinrich Platzmann war Bürger von Dorpat und nicht von Lübeck. Der Schriftsatzverfasser stellt aber ausschließlich auf das revidierte Lübecker Stadtrecht von 1586 ab.

5243 Zeitgenössisch S. 22.

5 Tit. 7 art 6[5244]) unter diesen Umständen, wo das Statut (*ibidem*[5245] art 20[5246]) Blutsverwandte vom Zeugniß ausschließt, wenn man andere Zeugen haben kann, welches hier nach Natur und Beschaffenheit der Sache so leicht thunlich war, unter diesen Umständen, wo das Stadtrecht (*ibidem* art. 15[5247]) den, welcher in einer Sache in Rathen und Thaten gewesen, für einen ganz unfähigen Zeugen erklärt. Unter diesen Umständen, sagen wir, würde, wenn aus den Bescheinigungen des Sieur[5248] Heinrich Platzmann auch nur ein *minimum aliquid*[5249] für das Beweis- oder Bescheinigungsthema hervorgegangen wäre, auch dieser Schatten vor der Betrachtung verschwinden, daß der Mandatar[5250] in Sachen des Auftraggebers, der Bruder in Sachen des Bruders, dem andre Zeugen zu Gebote gestanden haben würden, der tiefverpflichtete Schuldner in Sachen seines Gläubigers auszusagen unternahm, und bliebe noch ein Gedanke vom Schatten übrig, so würde auch dieser verschwinden vor der Erwägung, daß die vermeintlichen Briefe nicht einmal copirt seyn sollen in regelmäßigen Handlungsbüchern, daß nicht vollständige Briefe, sondern nur Auszüge producirt worden, nur Copeyen von den Auszügen und nicht mit den Originalien bestärkt[5251]! Vergebens deuten Kläger annoch darauf hin, daß ein Eid, sey es von ihnen, sey es von ihrem Agenten nachgeholt werden könne, aber wie, so fra- [S. 87[5252]] gen wir, wie sollte dieser Eid lauten angesichts jener vier Worte in acht Wochen oder jenes zweyundvierzigtägigen Nichtsthuns usw.? Sein Zweck könnte nur seyn zu ergänzen[5253]. Wo aber nichts geliefert ist, da kann auch von Ergänzung nicht fernhin die Rede seyn, so wie der Unterschied zwischen Beweis und Bescheinigung, da wo Nichts geliefert worden, seine practische Bedeutung verliert. Hier, wo nicht ein Decret des Prätors, sondern das Urtheil eines Judex[5254] durch die Bescheinigung begründet werden soll, hier, wo nicht von Einleitung des Proceßes, nicht von Sicherstellung für den Fall künftiger Entscheidung, nicht von einem *provisorio*, sondern von bleibender Feststellung eines Rechtsverhältnißes die Rede ist, hier, wo die erläuternden Entscheidungsgründe des Erkenntnißes demnach positiven Beweis, ordentliche Bescheinigung forderten, hier liegt zu Tage, daß lediglich ein minder förmliches Beweisverfahren nachgelaßen, nicht aber ein

---

5244 Revidiertes Lübecker Stadtrecht von 1586, 5. Buch, 7. Titel, Art. 6: „Vorpfänder / und dem vorpfendet ist / die können einander umb Gelt und Gutes willen nicht zeugen / es sey dann das Pfandt gelöset" (zitiert nach der Ausgabe Lübeck 1608, fol. 56 verso).

5245 „Ebenda".

5246 Revidiertes Lübecker Stadtrecht von 1586, 5. Buch, 7. Titel, Artikel 20.

5247 Revidiertes Lübecker Stadtrecht von 1586, 5. Buch, 7. Titel, Artikel 15.

5248 „Des Herrn". Abgekürzt als *S.* Die Auflösung ist unklar.

5249 „Kleinstes Etwas".

5250 „Der Beauftragte".

5251 Die letzten Argumente spielen auf die gesetzliche Beweistheorie an, nach der nicht alle Urkunden beweisfähig waren.

5252 Zeitgenössisch S. 23.

5253 Das spielt auf den gemeinrechtlichen Suppletionseid an, den Ergänzungseid, um eigene Aussagen zu erhärten, kurzer Hinweis in: Deutsches Rechtswörterbuch, 3. Band, Weimar 1935/38, Sp. 190.

5254 Offenbar Anspielung auf eine nicht ausdrücklich zitierte römische Rechtsregel.

minder vollständiger Beweis verlangt ward, nicht bloße Wahrscheinlichkeit an die Stelle nothwendiger Gewisheit gesetzt werden sollte und durfte. Der Richter wollte und sollte die volle Ueberzeugung gewinnen, daß in einem gewißen bestimmt vorgeschriebenen Zeitraum der gebührende, das heißt höchste Fleiß von Klägern angewandt worden, um sich die fragliche Urkunde sobald wie möglich zu verschaffen, und zuversichtlicher darf wohl nichts behauptet werden als dies, daß von einer solchen Überzeugung auch keine Spur vorhan- [S. 88[5255]] den seyn kann.

Beklagte, jetzt Appellaten, richten ihr ehrerbietiges Gesuch demnach dahin:

> Es geruhe dies höchste Tribunal den obergerichtlichen Abspruch vom 7. Julius des Jahres[5256] unter Verurtheilung der Kläger, jetzt Appellanten, in die Kosten dieser Instanz alles Inhalts zu bestätigen.

Hierüber pp.[5257]

concipit[5258] Buchholz Dr.[5259]
produxit Faber Dr.

5255 Zeitgenössisch S. 24.
5256 Oben S. 623 (S. 41 der Akte).
5257 Die Ehrerbietungsformel ist wie immer weggelassen.
5258 „Ausgearbeitet von".
5259 Carl August Buchholz, der Advokat der Beklagten und Niedergerichtsprokurator, nachgewiesen in: Lübeckisches Address-Buch 1830, S. 91.

Sitzungsprotokoll

1831 November 5

Auszug aus dem Sitzungsprotokoll des Oberappellationsgerichts für das Geschäftsjahr 1831/32 (AHL OAG A 13, nicht Teil der Prozessakte), geschrieben vom Gerichtssekretär Carl Wilhelm Pauli.

Actum im Oberappellationsgerichte.
Lübeck, den 5. November 1831.

Praesentibus omnibus[5260].

(...)
§ 3
Ad No. 130 P. B. referirte D. du Roi über die in Sachen der Rhederey des Schiffes Dora und die Erben des Schiffers Haase *contra* Wildtfanck und Consorten (confer Protocoll vom 12. September des Jahres[5261]) von letzteren übergebene Vernemlassung[5262].

Conclusum

Communicetur[5263] den Appellanten *ad notitiam*[5264], ohne die einigermaßen scharfe[5265] Schreibart *pagina* 20 und 21[5266], da solche durch die früheren Angriffe gegen den appellatischen Sachführer provocirt worden, zu rügen[5267], und sey[5268] nunmehr die Sache für beschlossen anzunehmen[5269].
Bey dieser Verhandlung war *Dominus* Hach nicht zugegen, *confer* Protocoll vom 23. September des Jahres[5270].

5260 „In Anwesenheit aller".
5261 Oben S. 630.
5262 Oben S. 641 (S. 63 der Akte).
5263 „Sie werde bekanntgegeben".
5264 „Zur Kenntnis".
5265 Verbessert aus *scharfen*.
5266 Oben S. 652 (S. 84–85 der Akte).
5267 *Ohne die ... rügen* am Seitenrand eingefügt.
5268 Danach gestrichen *unter Benachrichtigung der Parteien von dem erfolgten Eingange der Voracten.*
5269 Danach gestrichen *§ 4.*
5270 Oben S. 638.

Q 11 – Schlussdekret des Oberappellationsgerichts

1831 November 5

Das Oberappellationsgericht stellt die Berufungserwiderung den Klägern zu, erklärt den Rechtsstreit für entscheidungsreif und kündigt die Anfertigung einer Relation an. Konzept, geschrieben vom Sekretär Carl Wilhelm Pauli, mit Handzeichen unterschrieben vom Gerichtspräsidenten Arnold Heise und vom Referenten Georg du Roi.

[S. 91] Q 11

Expeditum, insinuatum[5271], den 9. November 1831
W. Insin. B. No. 129 und 130.

In Sachen der Rhederey des Schiffes Dora und der Erben des Schiffers Georg Hinrich[5272] Haase zu Lübeck, Kläger, jetzt Appellanten, wider Heinrich Diedrich Wildtfanck, Arnold Hornemann und Friedrich Ernst August[5273] Leuenroth daselbst, Beklagte[5274], jetzt Appellaten, wegen Schadensersatzes, jetzt die Zuläßigkeit eines *novi*[5275] betreffend, wird die von letzteren[5276] hieselbst übergebene Vernehmlaßung, ersterem hieneben abschriftlich zur Nachricht mitgetheilt und nunmehr die Sache für beschloßen[5277] angenommen, daher dieselbe zur Relation ausgestellt werden soll[5278].

Lübeck, den 5. November 1831.

Das Oberappellationsgericht der vier freien Städte Deutschlands[5279]

AH GdR[5280]

5271 „Ausgefertigt, zugestellt".
5272 Verbessert aus *Heinrich*.
5273 *Ernst August* am Rand eingefügt.
5274 Verbessert aus *Beklagten*.
5275 „Eines neuen Beweismittels".
5276 Verbessert aus *letzterm*.
5277 Der Beschluss der Sache bezeichnet den Zeitpunkt, zu dem das Gericht förmlich die Entscheidungsreife feststellte.
5278 Den Namen des Referenten teilt das Gericht den Parteien wie immer nicht mit.
5279 In der Vorlage abgekürzt *Das OAG. d. v. fr. St. F.*
5280 Handzeichen des Gerichtspräsidenten Arnold Heise und des Referenten Georg du Roi.

[Kostenrechnung]

Stempel	2 Mark[5281]	
Collationirung[5282]		12 Schilling
Copial		4 Schilling
Insination	1 Mark	
	4 Mark	

5281 Kostenrechnung unten rechts auf der Seite.
5282 „Textabgleich".

Relation von Georg du Roi

1832 März 6

Der Oberappellationsgerichtsrat Georg du Roi erstellt die Relation und das Gutachten und schlägt vor, die Berufung kostenpflichtig abzuweisen. Das Gericht folgt ihm hierin (Aktenstück Q 12, unten S. 686).

[S. 93]

Relation

in Sachen Rhederei des Schiffes Dora und Consorten[5283] contra Wildtfanck und Consorten

Causa Lubecensis 15 *de* 1831/32[5284].

Erhalten, 10 November 1831[5285].
Abgegeben, 6. März 1832[5286].

[S. 95]
Lectum in Consilio, den 25. *Junii* 1832[5287].

Relation
in Appellationssachen der Rhederei des Schiffes Dora und der Erben des Schiffers Georg Hinrich Haase, nämlich der Wittwe desselben, Anna Catharina, geborner Wenditz, jetzt verwittweter Hertel[5288] *cum Curatore*[5289], und Jürgen Heinrich Willrath und Adolph Hinrich Haase als Vormünder der Margaretha Elisabeth Haase, sämmtlich zu Lübeck, Kläger, jetzt Appellanten, wider Heinrich Diedrich Wildtfanck, Arnold Hornemann und Friedrich Ernst August Leuenroth daselbst, Beklagte, jetzt Appellaten, wegen Schadensersatzes, nunmehr Bescheinigung über Zulässigkeit eines *novi*[5290] betreffend.

Causa Lubecensis 15 *de* 1830/31[5291].

5283 „Streitgenossen".
5284 Zeitgenössisches Aktenzeichen, auch auf dem Aktendeckel, oben S. 609.
5285 Fünf Tage nach dem förmlichen Schlussdekret, oben S. 656 (S. 91 der Akte).
5286 Der Referent ließ sich fast vier Monate Zeit für seine Ausarbeitung.
5287 Zwischen der Abgabe der fertigen Relation an das Gericht und der Beratung im Kollegium lagen über drei Monate. Der Vermerk *Lectum* deutet erneut auf einen Vortrag des Referenten und eine mündliche Diskussion hin. Ob du Roi seine Relation und das Gutachten wörtlich vorlas oder nur dem Inhalt nach vorstellte, lässt sich nicht klären.
5288 Der Ehemann Heinrich Leonhardt Christian Hertel war 1824 gestorben, mitgeteilt in: Lübeckisches Address-Buch 1824, S. 395.
5289 „Mit Geschlechtsvormund".
5290 „Eines neuen Beweismittels".
5291 Aktenzeichen.

Es kommt in der obigen Sache gegenwärtig nur auf einen Incidentpunkt[5292], nämlich auf eine den Klägern auferlegte Bescheinigung, um in zweiter Instanz mit einem verspäteten *novum* noch zugelassen zu werden, an.

Zum Verständniß der Sache ist aus der früheren Relation – *Causa* 11 de 1829/30[5293] – der Aktenextract bis zu der Exceptionsschrift der Beklagten beim Oberappellationsgericht, deren Inhalt uns jetzt nicht interessirt, – Bogen 4 *pagina* 3 *in medio* –, nochmals vorzulesen[5294].

Auf jene Appellation der Kläger ließ nun das Oberappellationsgericht *per sententiam*[5295] vom 14. Junius 1830[5296] denselben nach,

beim Obergericht „zu bescheinigen, daß sie gleich nach Publication des niedergerichtlichen Erkenntnisses vom 27. September 1828 den gebührenden Fleiß angewendet, um sich das nunmehr beigebrachte neue Attest des Departements des auswärtigen Handels zu St. Petersburg[5297] sobald als möglich und noch vor Ablauf der verlängerten Rechtfertigungsfrist ihrer an das Obergericht eingewandten Appellation zu verschaffen“[5298].

In den Entscheidungsgründen[5299] wurde zuerst ausgeführt, daß die Beibringung eines *novi* in der Appellationsinstanz nach Ablauf der Rechtfertigungsfrist allerdings in der Regel unstatthaft sei, und sodann wegen der nachgelassenen Bescheinigung Fol- [S. 96] gendes gesagt:

– *legat.*[5300] *pagina* 4 und folgende bis zu den Worten

„Die Beklagten wollen nun freilich“ –

Um die obige Bescheinigung zu beschaffen, haben hierauf

die Kläger

beim Obergerichte – mit No. *actorum* 57 –[5301]

1. die Correspondenz vorgelegt, welche der Mitkläger Senator Platzmann im Auftrage sämmtlicher Kläger

---

5292 Nach zeitgenössischer Definition beiläufig zu untersuchender Streitpunkt, bei: Justus Claproth, Einleitung in den ordentlichen bürgerlichen Proceß. Zum Gebrauche der practischen Vorlesungen. Erster Theil, 3. Aufl. Göttingen 1795, S. 441–446.

5293 Auch diese ältere Relation stammte von Georg du Roi, oben ab S. 557 (S. 139 der Akte L I 122).

5294 Die Formulierung spricht dafür, dass der Referent tatsächlich seine Relation und auch Teile der älteren Relation vorlas. Die Stelle befindet sich oben S. 569 (S. 155 der Akte L I 122).

5295 „Durch Urteil“.

5296 Oben S. 593 (S. 179 der Akte L I 122).

5297 Deutsche Fassung dieses Attests oben S. 490 (S. 51 der Akte L I 122).

5298 Der Referent Georg du Roi wollte damals die Appellation vollständig verwerfen (oben S. 582 (S. 174–175 der Akte L I 122)), fand hiefür unter seinen Kollegen aber keine Mehrheit.

5299 Oben ab S. 596 (S. 183 der Akte L I 122).

5300 Es ist unklar, ob es sich um eine Abkürzung handelt; eventuell „Er bzw. man möge lesen“, 3. Person singular im Präsens Konjunktiv. Ob diese Formulierung bedeutet, dass nicht der Referent du Roi, sondern etwa der Sekretär die Relation verlesen sollte, ist unsicher.

5301 Die vorinstanzliche Akte ist wie immer im Bestand des Oberappellationsgerichts nicht überliefert. Die zweitinstanzliche Akte des Obergerichts wird regelmäßig nach Nummern zitiert, die erstinstanzliche Akte des Niedergerichts nach Rezessen.

– No. 57, *pagina* 3, und Anlage DD, *pagina* 7. –
mit seinem Bruder, dem Kaufmann Heinrich Platzmann in St. Petersburg[5302], der das erste Attest im Jahre 1823 besorgt hatte, wegen der Anschaffung des jetzigen verbesserten Attestes geführt hat.

Von diesen Briefen sind zunächst nur Auszüge producirt, welche durch einen Notarius mit Zuziehung von Zeugen aus den ihm vorgelegten Originalbriefen entnommen und beglaubiget sind,
– Anlagen BB und DD[5303]. –
jedoch sind zugleich die Originalbriefe selbst für den Fall einer etwa erforderlichen Vergleichung in versiegelten Umschlägen zu den Akten gebracht.
– Anlagen AA und CC. –
Um die Aechtheit der Originalbriefe zu constatiren, sind die Briefe des Heinrich Platzmann von diesem, bei seiner Anwesenheit in Lübeck, *coram notario*[5304] recognoscirt[5305] worden.
– Anlage DD. –
Hinsichtlich der Briefe des Senators Platzmann aber attestirt der Notar, es seien ihm dieselben durch den Senator Platzmann in einem nachher von ihm, dem Notar, eröffneten versiegelten Umschlage vorgelegt worden, auf welchem sich eine notariell beglaubigte Erklärung des Heinrich Platzmann *de dato* St. Petersburg, 18. August 1830, befunden, daß er die eingeschlossenen Briefe in den Jahren 1828 und respective 1829 von dem Senator Platzmann empfangen und nunmehr mit seinem Petschafte[5306] versiegelt habe.
– Anlage BB. –
Diese Correspondenz enthält nun Folgendes:

a) Am 18. September 1828 – also vor der Publication des niedergerichtlichen Erkenntnisses – schrieb der Senator Platzmann in [S. 97] einem Briefe ohne Poststempel, welcher durch den Schiffer Harden[5307] nach St. Petersburg besorgt ist,
– Anlage DD, *pagina* 9. –
an Heinrich Platzmann:

5302 Die Angaben schwanken. Meistens ist davon die Rede, Heinrich Platzmann sei in Dorpat ansässig, oben S. 490 (S. 51 der Akte L I 122).
5303 Verweise auf die Akte des Obergerichts.
5304 „Vor einem Notar".
5305 „Anerkannt".
5306 „Siegelstempel".
5307 Vermutlich Schreibfehler; der Schiffer hieß David Peter Harder, nachgewiesen in: Lübeckisches Address-Buch 1828, S. 149.

„Wildtfanck will keinen Vergleich in der haaseschen Sache[5308]. Die Sache wird also wohl weitergeführt werden müssen. Wir würden leichtes Spiel haben, wenn das Attest, was Du uns 1823 gebracht hast, conciser[5309] gewesen wäre. Wenngleich die erlaubten Waaren mit confiscirt sind, weil hiebei die unerlaubten beigepackt gewesen sind, so hat dies doch keinen Bezug auf dem Schiffe, und da wir nur das Generelle jeder Liste haben, so wird man in dem Gerichte sagen, der Beweis sei nicht geführt. Es ist uns also in Beziehung auf jenes Document nothwendig, ein anderes Attestat zu haben, worin die erlaubten Waaren specificirt nach *signis*[5310] und Inhalt aufgenommen worden. Siehe zu, daß Du mir ein solches Document noch *per mare*[5311] heraus besorgst.“

– Anlage BB, *pagina* 4. –

b) Heinrich Platzmann antwortete am 30. September 1828 – neuen Stils – (mit dem Poststempel Memel, 5. October):

„Ich erhalte soeben die Cronstädter Post und damit Deine Zeilen vom 18./19. dieses, die Harder[5312] wohl bringt. – – – Also ist in der haaseschen Sache noch ein Document nöthig. Ist es möglich, so werde ich es zu schaffen suchen und das Nähere darüber berichten.“

– Anlage DD, *pagina* 8, 9. –

– (In diesem Auszuge befindet sich übrigens eine Rasur von zwei Zeilen.) –[5313]

c) Derselbe meldete sodann ferner am 7. November 1828 – neuen Stils – (Poststempel Memel, 12. November):

„Im Betreff der haaseschen Sache habe ich Dir noch nichts geschrieben, sie aber demungeachtet nicht vernachlässigt. Die Sache ist, in einer Bittschrift das, was ich wünsche, an den Director des Handelsdepartements auseinanderzusetzen und um die Erfüllung meiner Bitte bei ihm nachzusuchen. Morgen gebe ich nun meine Bittschrift ein und dann trachte ich, das Document bald zu erhalten.“

– Ebenda *pagina* 9. –

[S. 98] d) Hierauf antwortete der Senator Platzmann am 16. November 1828 (Poststempel 18. November):

„Ich glaube wohl, daß die haasesche Sache Dir einige Mühe macht, allein das Document ist nöthig.“

5308 Dieser Brief erlaubt einen kleinen Blick in das außergerichtliche Umfeld. Offenbar wollten einige Beteiligte einen Vergleich schließen, andere nicht. Davon war in der oberappellationsgerichtlichen Akte bis zu diesem Zeitpunkt noch nicht die Rede. Wie mehrfach erscheint Wildtfanck als treibende Kraft der Beklagten, so auch der Advokat Buchholz, oben S. 552 (Rückseite von S. 133 der Akte L I 122)

5309 Hier im Sinne von „genauer“.

5310 „Handelsmarken“.

5311 „Über den Seeweg“. Während des Winters fand auf der zugefrorenen Ostsee kein Schiffsverkehr statt.

5312 Der Schiffer, der den Brief transportiert hatte. Im Gegensatz zur ersten Nennung (oben bei Anm. 5307) schreibt der Referent den Namen des Schiffers jetzt richtig.

5313 Das deutet auf eine Veränderung der Urkunde hin.

– Anlage BB, *pagina 4 in fine*[5314]. –

e) Derselbe schrieb ferner am 10. December 1828 (Poststempel 12. December):

„Wenn Du noch nicht die Akte in der haaseschen Sache abgeschickt hast, so muß ich sie mit der Post entgegennehmen[5315]. Vielleicht hast Du dafür gesorgt, daß sie auf Postpapier geschrieben ist."

– Ebenda *pagina* 5. –

f) Derselbe schrieb am 8. Januar 1829 – an welchem Tage die letzte Rechtfertigungsfrist abgelaufen war – (Poststempel 9. Januar):

„Das Document wegen Haase hätten wir gerne gehabt, weil unser Advocat einkommen mußte. Ich hätte sonst gerne dasselbe abgewartet. Allein unsre Advocaten werden durch die Gerichte angehalten, mit ihren Schriftsätzen nicht in Rückstand zu bleiben. Sie werden sonst präcludirt[5316]."

– Ebenda –

g) In einem Briefe vom 26. Januar 1829 (Poststempel 27. Januar) äußerte ebenderselbe:

„Das haasesche Document wird nun sehr spät werden".

– Ebenda *pagina* 6. –

h) Am 14. März 1829 – neuen Stils – (Poststempel Memel, 18. März) meldete Heinrich Platzmann:

„Eben … bringt man mir aus dem Handelsdepartement das Document wegen Haase. … Ich werde das nun wohl erst übersetzen und vom Notarius bescheinigen lassen müssen, damit es zu Eurem Gebrauch dienen kann. Erst am 28. Februar (alten Stils) ist es vom Director unterschrieben."

– Anlage DD, *pagina* 10. –

i) Endlich ist in der Schrift noch hinzugefügt, daß Heinrich Platzmann das neue Attestat am 18. März 1829 (neuen Stils) über Warschau abgeschickt habe und daß dasselbe am 9. April in Lübeck angekommen sei.

Außerdem

2. hatten die Kläger den Heinrich Platzmann in Lübeck am 19. August 1830 [S. 99[5317]] durch einen Notar unbeeidigt über den Hergang der Sache vernehmen lassen.

– Anlage DD. –

In diesen Aussagen kommt jedoch nichts weiter vor, als was schon in den obigen Briefen enthalten ist, und Heinrich Platzmann fügt nur noch hinzu, das Attestat sei nach dem dortigen Geschäftsgange in einem ungewöhnlich kurzen Zeitraume erwirkt worden – *pagina* 8.

5314 „Seite 4 am Ende".

5315 Die Ostsee war im Winter zugefroren. Ein zügiger Transport *per mare*, wie zunächst gewünscht, kam dann nicht mehr in Frage.

5316 „Wegen Fristversäumung mit weiterem Vorbringen ausgeschlossen".

5317 Zeitgenössisch Bogen 2 der Relation.

Aus dem allen, sagten die Kläger in ihrer Parition, erhelle unverkennbar der Fleiß und das unermüdete Bestreben sowohl der Kläger als auch ihres Agenten in St. Petersburg – *pagina* 5 *in fine*, 6 –. Die Aechtheit der Briefe gehe aus der Handschrift, dem Poststempel, dem correspondirenden Inhalte der Antwortsschreiben und der Anerkennung der Verfasser hervor, und es sei auch nur eine Bescheinigung erfordert worden.

Sie baten daher, die ihnen obliegende Bescheinigung für beschafft zu erkennen und nunmehr das beigebrachte *novum in iudicando*[5318] zu berücksichtigen.

Die Beklagten

legten ihrerseits mit ihrer Erklärung über die obige Parition

– No. *actorum* 61. –

ein unter dem Amtssiegel ausgestelltes Attestat des Departements des auswärtigen Handels in St. Petersburg vor,

– Anlage 3. –

worin bezeugt wird,

1. daß Heinrich Platzmann die Supplik wegen der Ertheilung des fraglichen neuen Attestats erst am 31. October 1828–12. November neuen Stils[5319] – eingegeben habe

und 2. daß der Sache nach nicht ersichtlich sei, daß eine frühere Ausfertigung des Attestats, vor dem 28. Februar 1829 (alten Stils) irgend Hindernisse gehabt haben würde, wenn Heinrich Platzmann diesen Gang beabsichtiget und das erforderliche Stempelpapier geliefert hätte[5320]. Uebrigens ist die Ausfertigung dieses Attestes binnen 12 Tagen erfolgt, indem die desfallsige Supplik am 22. September 1830 alten Stils eingereicht worden und das Attest vom 4. October 1830 alten Stils datirt ist.

In ihrer Erklärung machten die Beklagten zuerst einige allgemeine Bemerkungen über die den Klägern obliegende Bescheinigung. Soviel nämlich [S. 100] 1. die Beweismittel betreffe, so beziehe sich das in dem Erkenntnisse des Oberappellationsgerichts vom 14. Junius 1830[5321] gebrauchte Wort „Bescheinigung" nur auf die Form des Beweisverfahrens, nicht aber auf die Beschaffenheit der Beweismittel. Es seien also solche Beweismittel, welche bei einem ordentlichen Beweise unzulässig seien, z. B. unbeeidigte oder wegen ihrer Persönlichkeit verwerfliche Zeugen, nicht recognoscirte[5322] Privaturkunden, *scripturae pro scribente*[5323] hier ebensowenig

5318 „Neue Beweismittel bei der Entscheidung".
5319 Gerade wegen der zahlreichen Fristprobleme war die ständige Umrechnung von Datumsangaben des julianischen Kalenders in den „neuen", nämlich den gregorianischen Kalender, eine Schwierigkeit für alle Beteiligten.
5320 Heinrich Platzmann hatte offenbar die zu zahlenden Gebühren nicht rechtzeitig entrichtet. Dieser Vorwurf taucht in der Berufungserwiderung der Beklagten bereits auf, oben S. 651 (S. 82–83 der Akte).
5321 Urteilstenor oben S. 593 (S. 179 der Akte L I 122).
5322 „Anerkannte".
5323 „Urkunden für den Aussteller", wörtlich: „Geschriebenes für den Schreibenden".

zuzulassen. Dieses folge theils aus dem theoretischen Begriffe, welcher mit dem Worte Bescheinigung im Gegensatze von Beweis zu verbinden sei, – wofür *pagina* 6 Schriftsteller angeführt sind – ; theils aus den Entscheidungsgründen des Oberappellationsgerichts, worin ausdrücklich ein positiver Beweis und eine ordentliche Bescheinigung verlangt werde.

2. Anlangend ferner den Beweissatz, so habe

a) ein gebührender Fleiß bewiesen werden müssen, und das sei hier die höchste Diligenz[5324], da nach den Entscheidungsgründen des Oberappellationsgerichts nur eine unverschuldete Unmöglichkeit[5325], das Attestat zur rechten Zeit herbeizuschaffen, von der Präclusion[5326] befreien solle.

Es habe ferner

b) dieser gebührende Fleiß sowohl von den Klägern selbst, als auch von ihrem Mandatar in St. Petersburg angewendet sein müssen, da das Verschulden des letzteren natürlich die Kläger treffe.

Endlich

c) komme es dabei nur auf den Zeitraum von der Publication des niedergerichtlichen Erkenntnisses – 27. September 1828 – bis zum Ablaufe der Rechtfertigungsfrist[5327] – 8. Januar 1829 – an.

Die Kläger hätten demnach beweisen müssen,

daß sie sogleich nach dem 27. September 1828 und auf dem schnellsten Wege ihrem Mandatar in St. Petersburg den Auftrag zur Anschaffung des neuen Attestats ertheilt und ihn dabei von der Dringlichkeit der Sache und von der Zeit, binnen welcher [S. 101] das Document *sub poena praeclusi*[5328] in Lübeck producirt werden müsse, benachrichtiget,

daß hierauf der Mandatar unverzüglich bei der Behörde um die Ertheilung des Attestates nachgesucht und derselbe die letztgedachten Umstände vorgestellt,

daß die Kläger bei dem Ausbleiben des Attestates ihrem Mandatar wiederhohlt die Dringlichkeit der Sache eingeschärft und von dem Ablaufe der prorogirten[5329] Fristen Nachricht gegeben

und daß der Mandatar demzufolge sowohl bei der Behörde als auch nach erfolgtem Befehle zur Ausfertigung bei den Unterbeamten gehörig sollicitirt[5330] habe.

Prüfe man nun den Beweis nach diesen Grundsätzen, so seien

5324 „Sorgfalt".
5325 Entscheidungsgründe oben S. 597 (S. 185–186 der Akte L I 122).
5326 „Ausschluss wegen Fristversäumung".
5327 Bei der Rechtfertigungsfrist geht es jeweils um die Berufungsbegründung vor dem Obergericht der Stadt Lübeck.
5328 „Unter Strafdrohung des Ausschlusses".
5329 „Verlängerten".
5330 „Bittend angehalten", zur Sollizitation oben Anm. 5224.

1. die Beweismittel von der Art, daß dieselben für die Kläger nichts würden beweisen können. Heinrich Platzmann sei nicht beeidiget, bloß durch einen Notar vernommen, was nach der Verordnung[5331] vom 6. Februar 1756 unstatthaft sei, und der leibliche Bruder der Mitkläger Platzmann. Die producirten Briefe aber seien nicht recognoscirte Privaturkunden, – *pagina* 34 – und unbeweisend *pro scribente*[5332]. Es sei jedoch

2. durch die eigenen Angaben der Kläger über dasjenige, was von ihnen und ihrem Mandatar in St. Petersburg in der Sache geschehen sei, der Beweis vollständig gegen sie geführt.

Denn

a) der Brief des Senators Platzmann vom 18. September 1828 komme überall nicht in Betracht, da der Beweissatz nur auf den Zeitraum vom 27. September an gerichtet sei. Aber auch durch diesen Brief sei auf keine Weise ein gebührender Fleiß angewendet worden. Derselbe sei nicht mit der Post, sondern mit einer Schiffsgelegenheit abgeschickt worden, wobei die Ankunft langsamer und ungewiß gewesen sei[5333]. Es sei darin ferner nichts von Dringlichkeit und Beeilung der Sache gesagt, dem Mandatar davon, daß die Publication des Urtheils noch bevorstehe und alsdann die gesetzliche Rechtfertigungsfrist von 4 Wochen *sub poena praeclusi*[5334] laufe, nichts gemeldet, vielmehr der [S. 102] Ausdruck gebraucht worden, er möge „zusehen", ein anderes Attestat anzuschaffen. Und der Mandatar sei darin angewiesen, das Attestat nicht mit der Post, sondern „*per mare*" zu überschicken.

b) Nach der Publication des Erkenntnisses vom 27. September hätten die Kläger, wie der Beweissatz dieses ausdrücklich erfordere, sogleich die nöthigen Schritte thun, also nun ihrem Mandatar die laufende Präclusivfrist melden müssen. Ihr Beweis sei demnach[5335] schon deshalb verfehlt, weil sie geständlich in den noch übrigen Tagen des Septembers nichts gethan hätten.

c) Sie hätten nun aber auch in dem ganzen folgenden Monate October gar nichts gethan, wozu sie doch umso mehr Veranlassung gehabt, da sie aus dem Antwortsschreiben ihres Mandatars vom 30. September ersehen hätten, daß derselbe den Auftrag gar nicht als besonders dringlich betrachte und keine sofortige Ausrichtung desselben beabsichtige.

d) Der Mandatar der Kläger seinerseits habe nun gleichfalls die größte Negligenz[5336] bewiesen, indem er

---

5331 Gemeint ist einer der zahlreichen Gemeinen Bescheide, die der Lübecker Rat an diesem Tag erließ, abgedruckt in: Eines Hochedlen und Hochweisen Raths der Kaiserl. freyen und des Heil. Röm. Reichs-Stadt Lübeck Gemeine Bescheide, Lübeck 1756.

5332 „Für den Aussteller".

5333 Die Transportgeschwindigkeit auf dem Land- und auf dem Seeweg scheint zwischen den Parteien streitig gewesen zu sein.

5334 „Unter Strafdrohung des Ausschlusses".

5335 Wort von Arnold Heise mit Bleistift am Rand eingefügt, dafür im Text gestrichen *deshalb*.

5336 „Sorglosigkeit".

– nach Anlage 3 –

erst am 12. November, also 6 Wochen nach dem Empfange des Auftrages, bei der Behörde um die Ertheilung des neuen Attestes eingekommen sei. Die Eingabe dieser Supplik sei der erste Schritt zur Einleitung der Sache, und es sei ihm auch von Anfang an bekannt gewesen, daß er, um ein solches Attest zu erhalten, bei der Behörde einkommen müsse, was sich von selbst verstehe. Mithin habe er während jener 6 Wochen nichts gethan. Dadurch widerlege sich denn seine Behauptung in seinem Briefe vom 7. November, daß er die Sache „nicht vernachläßigt habe", von selbst.

e) Die Kläger hätten nun in dem folgenden Monate November wiederum nichts gethan, als daß sie in ihrem Briefe vom 16. November die Worte geschrieben hätten,

„Ich glaube wohl, daß die haasesche Sache Dir einige Mühe macht, allein das Document ist nöthig."

Das sei nun der erste Schritt, welchen sie seit der Publication des Erkenntnisses, nach 6 Wochen, gethan hätten! Von Dringlichkeit und [S. 103[5337]] Beeilung der Sache, von der laufenden Präjudicialfrist wieder kein Wort, obgleich sie die gänzliche Vernachlässigung der Sache durch ihren Mandatar aus dessen Briefe vom 7. November erfahren hätten. Sogar hätten sie nicht einmal ihre Anweisung vom 18. September, das Attestat *per mare* abzuschicken, abgeändert. Mithin habe, da ihr Brief vom 16. November erst im December nach St. Petersburg gekommen sei, ihr Mandatar glauben müssen, die Sache habe Zeit bis nächstes Frühjahr, wenn die Schiffahrt wieder aufgehe.

f) Am 22. November sei von der Behörde in St. Petersburg der Befehl zur Ausfertigung des Attestates ertheilt worden.

– (Woher dieses Datum entnommen ist, habe ich in den Akten nicht auffinden können[5338].) –

Der Mandatar habe durch gehörige Betreibung der Sache bei den Unterbeamten das Attestat von da an binnen 14 Tagen erhalten können, habe aber bis zum 14. März 1829, wo ihm dasselbe überbracht worden sei, nichts gethan.

g) In dem folgenden Monate December hätten die Kläger abermals nichts gethan, als daß sie ihrem Mandatar am 10. December geschrieben hätten, er solle nunmehr das Attestat nicht *per mare*, sondern mit der Post übersenden – also, er solle mit der Absendung nicht bis Mai oder Junius warten – ; wieder ohne ein Wort von der Präjudicialfrist und von der Dringlichkeit der Sache und vielmehr mit der Anweisung, das Attestat erst auf Postpapier abschreiben zu lassen. Dieses sei denn nun der zweite und letzte Schritt der Kläger in dem hier allein in Betracht kommenden Zeitraume vom 27. September bis 8. Januar gewesen, indem

5337 Zeitgenössisch Bogen 3 der Relation.

5338 Offenbar hat der Referent alle Datumsangaben in den Schriftsätzen mit den Dokumenten der Akte abgeglichen.

h) ihre erst nach der Präclusion abgegangenen Briefe vom 8. und 26. Januar, in welchen übrigens die Sache auch noch nicht als besonders dringlich dargestellt worden sei, nicht hierher gehörten.

Wäre dagegen

i) die Supplik bei der Behörde ungesäumt übergeben und der letzteren dabei die Eile der Sache und die bevorstehende Präclusion vorgestellt worden, so leide es keinen Zweifel, [S. 104] daß die Kläger das Attestat zur rechten Zeit bekommen haben würde. Dies erhelle

theils aus dem von den Beklagten producirten Attestate der Behörde, Anlage 3[5339], daß kein Hinderniß einer früheren Ausfertigung vorhanden gewesen sei und daß der Mandatar der Kläger selbst durch Nichtbeobachtung des Geschäftsganges und Nichtlieferung des Stempelpapiers die verspätete Ausfertigung veranlasst habe,

theils aus der schnellen Expedition[5340] des gedachten Attestates der Beklagten, welche binnen 12 Tagen nach der Eingabe der Supplik erfolgt sei. Hiedurch widerlege sich denn zugleich die ohnehin unbeweisende Behauptung[5341] des Heinrich Platzmann in dessen Aussage, Anlage DD, daß die Ausfertigung „in einem, nach dem dortigen Geschäftsgange ungewöhnlich kurzen Zeitraume erwirkt worden sei".

Die Beklagten baten demnach, die Bescheinigung der Kläger für nicht geführt zu erkennen und das *novum* von den Akten zu verweisen, unter Verurtheilung der Kläger in die Kosten dieses Incidentverfahrens.

Diesem Antrage gemäß hat denn nun auch

das Obergericht

am 7. Julius 1831 erkannt[5342]: nämlich, daß, da aus den Angaben und *productis* der Kläger weder die Anwendung eines gebührenden Fleißes noch der Mangel eines eigenen Verschuldens in Ansehung der verspäteten Vorlegung des Attestates, vielmehr, zumal wenn man dabei das Attestat Anlage 3 erwäge, grade das Gegentheil hervorgehe,

die Bescheinigung für nicht geführt zu achten und das *novum* bei der Beurtheilung der Appellationsbeschwerden nicht zu berücksichtigen, sondern von den Akten zu verweisen sei, auch die Kläger die Kosten des Verfahrens seit dem Erkenntnisse des Oberappellationsgerichts vom 14. Junius 1830 zu erstatten haben.

Dawider appelliren jezt

5339 Das für die Beklagten erstellte Attest des russischen Außenhandelsdepartments ist in der oberappellationsgerichtlichen Akte nicht überliefert.

5340 „Ausfertigung".

5341 Anspielung auf die gesetzliche Beweistheorie. Die Behauptung ist bereits deswegen nicht beweisfähig, weil sie nicht unter Eid erfolgte und weil Geschwister untereinander keine tauglichen Zeugen sein konnten.

5342 Wortlaut oben S. 623 (S. 41 der Akte). Der Referent lehnt sich bei seiner Zusammenfassung der Entscheidung an den französischen Urteilsstil des Obergerichts an.

die Kläger,

und beschweren sich, daß

1. ihre Bescheinigung für nicht geführt und die Remotion des *novi*[5343] von den Akten erkannt

[S. 105] und 2. sie in die Kosten des Incidentverfahrens verurtheilt worden seien.

Der Sachführer[5344] sagt im Eingange, die Absicht der Kläger bei der Rechtfertigung der obigen Beschwerden sei hauptsächlich auf die Widerlegung der Ausstellungen[5345] gerichtet, welche von[5346] den Beklagten in ihrer Submission[5347] voriger Instanz theils gegen die Zulässigkeit der Bescheinigungsmittel, theils gegen die sich aus diesen herausstellenden Beweisgründe gemacht worden seien – *pagina* 4 *in fine*, 5 –. Seine Deduction – bis *pagina* 18 – betrifft aber nur den ersten Punkt, und auf den Hauptinhalt der Submission der Beklagten, nämlich auf die Ausführung, daß aus den eigenen *productis*[5348] der Kläger kein gebührender Fleiß, sondern eine Negligenz[5349] hervorgehe, worin auch der Entscheidungsgrund des Obergerichts gesetzt ist, ist gar nichts geantwortet, sondern *pagina* 18 gesagt, in dieser Hinsicht begnügten sich die Kläger, um unnütze Wiederhohlungen zu vermeiden, mit der einfachen Verweisung auf ihre Parition[5350] voriger Instanz. In dieser Parition findet sich aber hierüber, wie schon oben angeführt worden, nichts weiter als die fünf Zeilen, daß aus den producirten Urkunden der Fleiß und das unermüdete Bestreben sowohl der Kläger als auch ihres Agenten in St. Petersburg unverkennbar erhelle – No. 57, *pagina* 5 *in fine*, 6 –. Nur die Bemerkung ist hinzugefügt, daß die Zeit, binnen welcher das ganz einfache und mit keiner Schwierigkeit verbundene Attestat der Beklagten (Anlage 3) ausgefertigt worden sei, keinen Maaßstab für das in Frage stehende Attestat der Kläger abgeben könne, da dieses letztere nicht nur von bedeutendem Umfange sei, sondern auch dabei alte reponirte Akten hätten eingesehen und extrahirt[5351] werden müssen, weshalb denn dasselbe schwerlich um vieles schneller hätte beschafft werden können. – *pagina* 18 *in fine* bis 20.

Ueber die Zulässigkeit der producirten Beweismittel ist folgendes angeführt:

1. Was die Aussagen des Heinrich Platzmann betreffe, so schade hier

---

5343 „Entfernung des neuen Beweismittels".

5344 Der Schriftsatzverfasser Paul Christian Nicolaus Lembke.

5345 Hier noch im älteren Sinne von „Tadel, Verwerfungen", Wortbedeutung bei: Johann Heinrich Zedler, Nöthige Supplemente zu dem Großen Vollständigen Universal Lexicon Aller Wissenschaften und Künste. Zweyter Band, Leipzig 1751, Sp. 1031.

5346 Wort über der Zeile eingefügt.

5347 Abschließende Stellungnahme und Bitte um ein Urteil, so: Anette Baumann, Der Aufbau einer Reichskammergerichtsprozessakte, in: zeitenblicke 3 (2004), Nr. 3, [13.12.2004], URL: http://www.zeitenblicke.de/2004/03/baumann1/baumann1.pdf, Nr. 5 [besucht am 4. September 2018].

5348 „Schriftsätzen, Beilagen".

5349 „Unachtsamkeit, Sorglosigkeit".

5350 „Befolgung des Gerichtsurteils".

5351 „Auszugsweise abgeschrieben".

a) die fehlende Beeidigung nicht. Denn zu einer bloßen Bescheinigung genüge ein unbeeidigtes Zeugniß,

Schneider vom Beweise § 429 *u. flg.*[5352]

[S. 106] und *in concreto* sei eine Beeidigung nicht thunlich gewesen, da die Anwesenheit des Heinrich Platzmann in Lübeck – im August 1830 – in die Zeit der Gerichtsferien gefallen sei, mithin derselbe nicht habe gerichtlich vernommen werden können, eine außergerichtliche Beeidigung durch den Notar aber unzulässig sei. *Eventualiter*[5353] könne ja auch die Beeidigung nachgehohlt werden.

b) Ebensowenig stehe es im Wege, daß er der Bruder von zwei Mitklägern[5354] sei, denn theils finde dieses Verhältniß nicht zu allen Klägern statt, theils trete hier der Fall ein, wo nach dem lübischen Statut 5, 7, 20[5355] auch Blutsverwandte zum Zeugniß zugelassen würden, nämlich der Mangel anderer Zeugen, da niemand als der Agent der Kläger in St. Petersburg über den dortigen Verlauf der Sache, über seine Diligenz[5356] und über die nach dem dortigen Geschäftsgange erforderliche Zeit habe aussagen können.

2. Die Aechtheit der producirten Briefe werde von den Beklagten nicht in Abrede gestellt. Die Regel *scriptura non probat pro scribente*[5357] aber sei hier gar nicht anwendbar. Dieselbe gehe nur auf den Fall, wenn sich der Aussteller einer Scriptur in dieser Rechte zuschreibe und nun diese Rechte durch die Scriptur beweisen wolle. Hier aber solle grade das Factum, daß die Briefe geschrieben worden sein, bewiesen werden, indem hierin der angewandte Fleiß bestehe, und daß dieses Factum durch die Vorlegung der Briefe bewiesen werde, könne ja keinen Zweifel leiden. Auch schließe jene Regel den Gebrauch eigener Scripturen alsdann nicht aus, wenn dieselben durch andere Beweismittel unterstützt würden.

3. Der Begriff der Bescheinigung im Gegensatze des Beweises bestehe anerkanntermaaßen darin, daß bei der Bescheinigung ein geringerer Grad der richterlichen Überzeugung genüge, daß also sowohl an der formellen als an der materiellen Beschaffenheit der Beweismittel etwas von dem fehlen dürfe, was bei dem Beweise [S. 107[5358]] erfordert werde: wieviel, hänge vom richterlichen Ermessen ab. Derjenige Begriff, welchen die Beklagten aufstellen wollten, daß sich nämlich der Unterschied zwischen Beweis und Bescheinigung nur auf das Verfahren beziehe,

---

5352 Ernst Christian Gottlieb Schneider, Vollständige Lehre von rechtlichen Beweise in bürgerlichen Rechtssachen, Giessen und Darmstadt 1803, § 429, S. 244: „Auf die strenge Erfordernisse (…) kommt es also hier nicht an."

5353 „Hilfsweise".

5354 Die Anwaltsvollmacht für den Prokurator Schlüter unterschrieb nur der Mitkläger Conrad Platzmann, oben S. 190 (S. 223 der Akte L I 22 a). Der Name eines anderen Bruders taucht in der Akte nicht auf.

5355 Revidiertes Lübecker Stadtrecht von 1586, 5. Buch, 7. Titel, Artikel 20: „wann man andere Zeugen nicht haben kan" (zitiert nach der Ausgabe Lübeck 1608).

5356 „Sorgfalt".

5357 „Die Urkunde beweist nichts für den Aussteller", nachgewiesen oben Anm. 4977.

5358 Zeitgenössisch Bogen 4 der Relation.

sei bei der hier in Frage stehenden Bescheinigung durch Urkunden ganz unanwendbar, da sich bei Urkunden keine Verschiedenheit im Verfahren denken lasse. Daß übrigens das Oberappellationsgericht den Ausdruck „Bescheinigung" absichtlich gewählt und dadurch etwas vom Beweise Verschiedenes habe bezeichnen wollen, sei nach den Entscheidungsgründen klar[5359].

Das *gravamen*[5360] 2 wegen der Kosten rechtfertige sich aus dem Obigen. Jedenfalls aber falle den Klägern keine *temeritas litigandi*[5361] zur Last.

Das *petitum*[5362] ist wie in der vorigen Instanz.

Die Beklagten

wiederhohlen *excipiendo*[5363] ihre frühere Deduction[5364], daß die Kläger nach ihren eigenen Angaben und *productis* keinen gebührenden Fleiß, um sich das neue Attestat zeitig zu verschaffen, angewandt hätten. Sie fügen theils ein genaues Verzeichniß der vielfachen Gelegenheiten zur Absendung von Briefen nach St. Petersburg, welche zwischen dem 27. September 1828 und 8. Januar 1829 mit der Post, mit Dampfschiffen und Segelschiffen vorhanden gewesen seien, theils folgende neue Bemerkungen hinzu.

1. Aus dem nunmehr producirten Briefe des Senators Platzmann vom 18. September 1828 erhelle, daß die Kläger nicht etwa erst durch das niedergerichtliche Erkenntniß vom 27. September 1828 von der Mangelhaftigkeit des ersten, im Jahr 1823 producirten Attestates belehrt worden seien, sondern daß sie selbst schon in erster Instanz die Ueberzeugung gehabt hätten, daß dieses erste Attestat zum Beweise nicht genüge, was denn auch die bloße Ansicht desselben gelehrt haben müsse. Es sei mithin schon ein grobes Verschulden, daß sie nicht gleich bei der Vorlegung des ersten Attestates am 20. September 1823 um eine fernere Frist zu dessen Ergänzung gebeten und daß [S. 108] sie in den fünf Jahren von da bis zum 18. September 1828 keinen Schritt gethan hätten, um sich das verbesserte Attestat zu verschaffen. Ihre Sache verdiene daher durchaus keine Begünstigung, und schwerlich würde das Oberappellationsgericht ihnen die jetzige Bescheinigung nachgelassen haben, wenn der gedachte Brief schon damals bekannt gewesen wäre.

2. Es gehe ferner aus dem Briefe des Senators Platzmann vom 8. Januar 1829 hervor, daß den Klägern persönlich wohl bekannt gewesen, daß mit dem Ablaufe der Rechtfertigungsfrist die Strafe der Präclusion[5365] eintrete, wie dieses auch nicht anders angenommen werden könne, da der eine Mitkläger damals Präses des

5359 Die haarspalterische Abgrenzung von Beweis und Bescheinigung erfolgt vor dem Hintergrund der gesetzlichen Beweistheorie. Danach konnten nur ganz bestimmte Schriftstücke überhaupt als Urkunden im Sinne des Beweisrechts gelten.

5360 „Beschwerdegrund".

5361 „Unbesonnenheit, Tollkühnheit der Prozessführung".

5362 „Der Antrag".

5363 „Einredeweise".

5364 „Rechtsausführung".

5365 „Ausschluss mit der Prozesshandlung wegen Fristablaufs".

Niedergerichts und ein anderer Mitglied des Obergerichts gewesen sei. Um desto unentschuldbarer sei die bewiesene Negligenz.

3. Endlich ist bemerkt, daß die Ausfertigung des neuen Attestates mit keiner besonderen Schwierigkeit verbunden gewesen sei, indem es nur darauf angekommen, ein einziges durch die Ziffer bezeichnetes Auctionsprotocoll zu extrahiren.

Da der Inhalt der producirten Beweismittel ganz gegen die Kläger beweise, so sei es unnütz, über die formelle Zulässigkeit derselben und über den Unterschied zwischen Bescheinigung und Beweis zu streiten. Zu allem Ueberflusse wollten jedoch die Beklagten auch hierüber Folgendes anführen:

1. Es sei in dem vorliegenden Falle kein Grund vorhanden, den Klägern von den Erfordernissen des ordentlichen Beweises etwas zu erlassen, da kein *provisorium*[5366] und kein präparatorisches Verfahren[5367], sondern eine definitive Entscheidung über die Zulassung des *novi*[5368] in Frage stehe.

2. Heinrich Platzmann sei ein völlig unzulässiger Zeuge,

erstlich, weil er Schuldner der Mitkläger C. Platzmann Söhne sei, denen er sein ganzes Vermögen verschrieben und verpfändet und als deren Agent er seinen Unterhalt habe – Statut 5, 7, 6[5369] –,

zweitens als leiblicher Bruder der Mitkläger Platzmann, indem hier kein [S. 109] Fall vorliege, wo andere Zeugen nicht zu haben gewesen wären,

drittens, weil er bei der Sache in Rathen und Thaten gewesen sei – Statut 5, 7, 15[5370].

3. Die Briefe endlich seien bloße Auszüge und befänden sich nicht in dem regelmäßigen Copirbuche der Handlung.

Die Beklagten bitten daher um eine *confirmatoria cum expensis*[5371].

[S. 111[5372]]

Gutachten.

Die Bestätigung des vorigen Erkenntnisses scheint mir keinem Zweifel zu unterliegen[5373].

5366 Sicherungsmaßnahme, gerichtliche Entscheidung vor dem Urteil in der Hauptsache, erläutert bei Johann Caspar Gensler/Karl Eduard Morstadt, Vollständiger Commentar über Martin's Civilproceß-Lehrbuch. Zweiter Hand, Heidelberg 1825, S. 227–229.

5367 Vorbereitung eines Konkursverfahrens, bei: Andreas Christian Johannes Schmid, Handbuch des gemeinen deutschen Civilprocesses, Dritter Theil, Kiel 1845, S. 580.

5368 „Des neuen Beweismittels".

5369 Revidiertes Lübecker Stadtrecht von 1586, 5. Buch, 7. Titel, Artikel 6, zitiert oben Anm. 5244.

5370 Revidiertes Lübecker Stadtrecht von 1586, 5. Buch, 7. Titel, Artikel 15: „Da jemand in einer Sachen in rahten und thaten gewesen / oder part und theil daran hat / der kan in derselben Sachen nicht zeugen" (zitiert nach der Ausgabe Lübeck 1608, fol. 57 verso).

5371 „Urteilsbestätigung unter Verurteilung der Kläger in die Kosten".

5372 Zeitgenössisch Bogen 5 der Relation. Abermals sind die Relation und das Gutachten deutlich getrennt. Das Gutachten beginnt auf einem neuen Bogen, aber mit fortlaufender Zählung.

5373 Ganz deutlich formuliert der Referent Georg du Roi sein Gutachten im Urteilsstil. Die Rechtsausführungen beginnen gleich mit dem Ergebnis.

Die Kläger sollten bescheinigen,

daß sie gleich nach Publication des Erkenntnisses vom 27. September 1828 den gebührenden Fleiß angewendet haben, um sich das neue Attest sobald als möglich und noch vor Ablauf der – bis zum 8. Januar 1829 – verlängerten Rechtfertigungsfrist zu verschaffen[5374].

Nun besteht dasjenige, was sie nach ihren eigenen Angaben zu dem gedachten Zwecke gethan haben, in Folgendem:

Als das Erkenntniß vom 27. September 1828 publicirt wurde, hatten sie allerdings wenige Tage vorher – am 18. September – bereits den Auftrag nach St. Petersburg ertheilt, die Ausfertigung des verbesserten Attestates zu besorgen. Aber in diesem Briefe, welcher vor der Publication des Erkenntnißes geschrieben worden, war natürlich[5375] nichts davon enthalten, daß die Rechtfertigungsfrist, binnen welcher das neue Attestat bei Strafe der Präclusion producirt werden müsse, schon wirklich laufe und mit welchem Tage dieselbe zu Ende sei. Und es war auch darin die Sache gar nicht besonders eilig und dringlich gemacht. Es war nichts davon gesagt, daß die Publication eines Erkenntnißes nahe bevorstehe, daß nach derselben eine Frist und welche *sub poena praeclusi*[5376] für die Beibringung des Attestates zu laufen anfangen werde und daß der Mandatar[5377] das Attestat sobald als möglich erwirken und übersenden möge, sondern der Brief besagte nichts weiter als,

die Sache werde wohl weiter geführt werden müssen, weil Wildtfanck sich nicht vergleichen wolle,

es sei dabei ein anderes Attestat nothwendig,

und der Mandatar möge zusehen, ein solches noch *per mare*[5378] herauszubesorgen. Selbst dadurch, daß jener Brief von Lübeck mit Schiffsgelegenheit abgeschickt wurde und daß der Mandatar die Anweisung erhielt, das Attestat gleichfalls mit Schiffsgelegenheit zu übersenden, musste die Sache für diesen letz- [S. 112] teren den Anschein gewinnen, daß es damit keine Eile habe.

Offenbar durften sich also die Kläger nach der Publication des Erkenntnisses nicht damit begnügen, daß sie den Brief vom 18. September erlassen hatten, sondern sie mussten nunmehr ihrem Mandatar in St. Petersburg anzeigen, daß die Einsendung des Attestates binnen einer ihm genau anzugebenden Präclusivfrist geschehen müsse.

Hiervon haben sie ihm aber in dem ganzen hier allein in Frage kommenden Zeitraume vom 27. September 1828 bis 8. Januar 1829 nicht eine Sylbe gemeldet

5374 Zitat aus dem Urteil des Oberappellationsgerichts im zweiten Appellationsverfahren, oben S. 594 (S. 179 der Akte L I 122).

5375 Der Referent geht davon aus, dass die Kläger den Inhalt des Niedergerichtsurteils nicht vorab erfahren hatten, hierzu die Ausführungen der Beklagten oben bei Anm. 5203.

5376 „Unter Androhung des Ausschlusses".

5377 „Der Beauftragte", also der Kaufmann Heinrich Platzmann.

5378 „Auf dem Seeweg".

und ihm ebensowenig auch nur im Allgemeinen die Beschleunigung der Sache anempfohlen. Sondern sie haben in jenem Zeitraume nichts weiter gethan, als daß sie

1. nachdem ihnen der Mandatar geschrieben hatte, daß er wegen des Attestates eine Bittschrift bei der Behörde eingeben müsse, hierauf am 16. November 1828 geantwortet haben: „Ich glaube wohl, daß die haasesche Sache Dir einige Mühe macht, allein das Document ist nöthig“,

und daß sie 2. in einem Briefe vom 10. December 1828 den Mandatar anwiesen, das Attestat nicht *per mare*, sondern mit der Post zu übersenden, womit, da dieser Brief mitten im Winter, wo die Schiffahrt stillstand, in St. Petersburg ankam, nichts weiter gesagt wurde, als daß die Sache nicht Zeit bis zum Mai 1829 habe[5379].

Dabei kommen noch die beiden besonderen Umstände in Erwägung:

einmal, daß die Kläger aus dem Briefe ihres Mandatars vom 7. November 1828, worin er schrieb, daß er die Bittschrift wegen der Ertheilung des Attestates am folgenden Tage übergeben werde, erfahren, daß derselbe bis dahin, also fünf Wochen nach dem Empfange des Auftrages, noch gar nichts gethan hatte, mithin die Sache als durchaus nicht eilig betrachtete,

zweitens, daß die Kläger laut ihres Briefes vom 18. September selbst die Ansicht hatten, daß das mangelhafte erste Attest zum Beweise nicht genüge, also daß [S. 113] die Beibringung des neuen Attestates in der Appellationsinstanz unentbehrlich sei, um mit ihrer Principalbeschwerde, daß ihr Beweis nicht für geführt erkannt worden sei, durchzudringen,

worin für sie eine um so dringendere Veranlassung lag, die Sache ernstlich zu betreiben.

Daß nun ein solches Verfahren kein gebührender Fleiß gewesen ist, um sich das Attestat sobald als möglich und bis zum 8. Januar 1829 zu verschaffen, spricht durch sich selbst. Und der Sachführer[5380] der Kläger hat in der jetzigen Instanz nicht einmal den Versuch gemacht, dasselbe zu rechtfertigen oder zu entschuldigen. Ebensowenig ist von den Klägern ein Beweis darüber beigebracht worden, daß auch bei angewandtem gebührenden Fleiße, mithin wenn die Bittschrift bei der Behörde ungesäumt im Anfange October 1828 eingereicht und dabei der letzteren die Dringlichkeit der Sache und die drohende Präclusion vorgestellt worden wäre, das Attest doch nicht bis zum 8. Januar 1829 hätte in Lübeck sein können. Vielmehr ergiebt sich aus den *Datis* des von den Beklagten vorgelegten Attestates, Anlage 3 voriger Instanz, daß bei der russischen Behörde ein rascher Geschäftsgang stattfindet.

5379 Hier übernimmt der Referent fast wörtlich die Auffassung der Beklagten, dazu schon oben in der Relation S. 666 (S. 103 der Akte).

5380 Der Schriftsatzverfasser Paul Christian Nicolaus Lembke.

Bei dieser Lage der Sache, da die eigenen Angaben und *producta* der Kläger gegen sie entscheiden, ist der Streit darüber, ob ihre Beweismittel formell zulässig seien und wieviel ihnen durch den gebrauchten Ausdruck „Bescheinigung" von den Erfordernissen des ordentlichen Beweises erlassen worden, durchaus müssig und überflüssig[5381].

Sie sind ferner mit Recht in die Kosten des Beweisverfahrens über den fraglichen Incidentpunkt verurtheilt, da sie ein *Factum* behauptet und einen Beweis darüber versucht haben, welches nach ihren jetzigen eigenen Angaben sich nicht so verhält, und haben die Kosten der gegenwärtigen Instanz gleichfalls zu erstatten.

Die Urtheilsgebühr beträgt, wie das vorige Mal[5382], 48 Mark.

[S. 114] Recht zweifelhaft ist es mir, ob nicht eine Strafe wegen Mißbrauchs des Rechtsmittels zu erkennen ist. Indessen will ich doch davon abstrahiren[5383], da bei den Appellanten, welche Kläger sind, eine Absicht, die Sache zu verschleifen, nicht unterliegen kann, und da das Bestreben der Beklagten, den sofortigen Gebrauch des neuen Attestates in der Appellationsinstanz aus formellen Gründen zu verhindern, während die Kläger damit doch am Ende in erster Instanz im Wege des besseren Beweises zugelassen werden müssen[5384], eben nicht zu billigen ist.

Urtheilsformel:
– –[5385] daß zwar die Formalien der eingewandten Appellation für gewahrt zu achten, Materialien anlangend aber das Erkenntniß des Obergerichts der Freien Hansestadt Lübeck vom 7. Julius 1831[5386], wie hiermit geschieht, unter Verurtheilung der Appellanten in die Kosten dieser Instanz lediglich zu bestätigen sei,

und wird nunmehr die Sache zum weiteren Verfahren an das Obergericht zurückverwiesen.

Von Rechts wegen[5387]

5381 Im Gegensatz zu den Schriftsatzverfassern der Parteien erspart sich der Referent mit dieser Begründung tatsächlich weitere Rechtsausführungen.

5382 Dazu oben S. 583 (S. 175 der Akte L I 122). Nach der Beratung erhöhte das Gericht die Urteilsgebühr auf 64 Mark, dazu sogleich.

5383 „Absehen".

5384 Dem Referenten ist bereits an dieser Stelle klar, dass der Rechtsstreit vom Obergericht wieder an das Niedergericht zurückwandern und dort ein neuer Anlauf des Beweisverfahrens beginnen würde.

5385 Der Referent verzichtet auf das Rubrum.

5386 Oben S. 623 (S. 41 der Akte).

5387 Abgekürzt *V. R. W.*

salvo meliori[5388]

Lübeck, 6 März 1832[5389].

G. du Roi[5390]

Urtheilsgebühr vierundsechzig Mark[5391].

AH GdR[5392]

5388 Abgekürzt *salv. mel.:* Bessere Erkenntnis vorbehalten. Auflösung bei Wilhelm Traugott Krug, Allgemeines Handwörterbuch der philosophischen Wissenschaften, nebst ihrer Literatur und Geschichte, 3. Band, 2. Aufl. Leipzig 1833, S. 572.

5389 Der Referent hatte die Akte am 10. November 1831 erhalten, benötigte also für die Anfertigung der Relation insgesamt knapp vier Monate.

5390 Georg August Wilhelm du Roi, Oberappellationsgerichtsrat 1826–1853, zu ihm: Katalin Polgar, Das Oberappellationsgericht der vier freien Städte Deutschlands (1820–1879) und seine Richterpersönlichkeiten (Rechtshistorische Reihe 330), Frankfurt am Main 2007, S. 233–234.

5391 Veränderte Urteilsgebühr von du Roi am Rand vermerkt. Er hatte zunächst 48 Mark vorgeschlagen.

5392 Handzeichen des Gerichtspräsidenten Arnold Heise und des Referenten Georg du Roi.

Relation von Arnold Heise

undatiert

Heises Relation liegt vorn in der Akte und vollzieht die gesamte Prozessgeschichte am Oberappellationsgericht nach. Er setzt sich mit der Rechtsauffassung des Referenten Georg du Roi auseinander, stimmt im Ergebnis zu, erhöht allerdings die Urteilsgebühr.

[S. 5] No. 15[5393] - September 1831.
Die Rhederey des Schiffes Dora und die Erben des Schiffers Georg Hinrich Haase, nemlich dessen Wittwe Anna Catharina, geborene Wenditz, jetzt verwittwete Hertel *cum Curatore*[5394], und Jürgen Heinrich Willrath und Adolph Hinrich Haase als Vormünder der Margarethe Elisabeth Haase, sämtlich zu Lübeck, Kläger, jetzt Appellanten

contra

Heinrich Diedrich Wildtfanck, Arnold Hornemann und Friedrich Ernst August Leuenroth daselbst, Beklagte, jetzt Appellaten,

wegen Schadensersatzes,

jetzt die Zulässigkeit eines Novi und deshalb auferlegten Beweises betreffend.

Siehe Causa 46 de[5395] 1821/22 und Causa 11. de 1829/30. Notabene: Dr. Hach keinen Antheil, weil filius[5396] früher als Sachführer gearbeitet[5397].
Durch unser letztes Erkenntniß[5398] hatten wir den Klägern Bescheinigung auferlegt, daß sie ein verspätet in Appellatorio[5399] beygebrachtes Beweismittel nicht früher sich hätten verschaffen können. Diese Bescheinigung jetzt beym Obergericht zu erbringen gesucht, dies aber erkannt, daß dieselbe völlig verfehlt, und daher das Novum[5400] nicht zu berücksichtigen sey[5401].
Dagegen jetzt an uns appellirt und verlangen, daß wir die Bescheinigung für geführt erklären und das Novum zulassen sollen[5402].

5393 Aktenzeichen.
5394 „Mit Geschlechtsvormund".
5395 Danach gestrichen *182/*.
5396 Eduard Hach. Er verfasste als Advokat im zweiten Appellationsverfahren mehrere Schriftsätze für die Beklagten, z. B. oben S. 536 (S. 107 der Akte L I 122).
5397 *NB. … gearbeitet* am Rand eingefügt. Zur Befangenheit von Johann Friedrich Hach, dem Korreferenten im zweiten Appellationsprozess, oben die Ausführungen von Heise S. 587 (S. 6 der Akte L I 122).
5398 Gemeint ist das Urteil des Oberappellationsgerichts im zweiten Verfahren, oben S. 593 (S. 179 der Akte L I 122).
5399 „In der Berufungsinstanz".
5400 „Das neue Beweismittel".
5401 Urteil des Obergerichts oben S. 623 (S. 41 der Akte).
5402 Berufungsbegründung oben S. 613 (S. 15 der Akte).

Fatalia[5403] richtig. Sententia a qua[5404] vom 7. Julius, insinuiert[5405] den 8. Einwendung den 15. Julius[5406], Einführung den 8. September[5407]. [S. 6] Vollmacht bedarf nicht, weil Dr. Schlüter noch von vorigen Appellationen her legitimirt. Siehe Fascikel 1 No. 3 und Fascikel 2 No. 16[5408]. – Insinuation[5409] für Appellaten muß aber durch Requisition[5410] geschehen, weil ihr Procurator Dr. Schröder gewesen ist[5411].

Quoad Materialia[5412] hat Instruction[5413] keinen Anstand. Also *communicetur libellus ad excipiendum*[5414] und zur Bestellung eines Procurators. *Requirantur Acta et insinuatio*[5415].

Uebrigens erst Erinnerung an Sachführer[5416], daß gegen unseren 2. Gemeinen Bescheid einen großen Theil der Sentenz eingerückt hat[5417].

---

den 10. September.

Appellatischerseits wird eine Vollmacht auf Dr. Faber eingereicht, die übrigens *bene*, aber bloß von Wildtfanck ausgestellt[5418].

Wird am besten seyn, wenn wir zwar Vollmacht *ad Acta* nehmen und den Libell dem Dr. Faber *ad excipiendum*[5419] mittheilen, ihm aber auflegen, sich binnen 8 Tagen auch für die übrigen beyden Litisconsorten[5420] zu legitimiren.

---

den 21. September.

Eingekommen: 1. Voracten vom Obergerichte, wobey nichts zu erinnern.

2. Die begehrten Vollmachten von Leuenroth und Hornemann[5421]. Uebriges *bene*. Aber für die Firma Hornemann haben drey andere Personen: Nöltingk, Behn und Feldtmann als [S. 7[5422]] Liquidatäre derselben unterschrieben, ohne diese Be-

---

5403 „Rechtsmittelfristen".
5404 „Vorinstanzliches Urteil".
5405 „Zugestellt, bekanntgegeben".
5406 Hierzu die Mitteilung des Obergerichts, oben S. 626 (S. 47 der Akte).
5407 Oben S. 613 (S. 15 der Akte).
5408 Verweis auf die beiden Vollmachtsurkunden für den Prokurator Adolph Schlüter, oben S. 188 (S. 224 der Akte L I 22 a) und S. 541 (S. 123 der Akte L I 122).
5409 „Zustellung".
5410 Vermutlich gemeint: Rechtshilfeersuchen an die Stadt Lübeck.
5411 Der Prokurator Schröder war für einige Jahre nach Amerika ausgewandert, dazu oben Anm. 4897.
5412 „Im Hinblick auf die Begründetheit".
5413 Vermutlich gemeint: Das weitere Verfahren.
5414 „Der Schriftsatz soll zum Zwecke, Einwendungen zu erheben, bekanntgegeben werden".
5415 „Die Akten und die Zustellung sollen (beim Obergericht) nachgesucht werden".
5416 Schriftsatzverfasser der Kläger.
5417 Hierzu oben S. 633 (S. 52 der Akte).
5418 Oben S. 628 (S. 49 der Akte).
5419 „Zum Zwecke der Berufungserwiderung".
5420 „Streitgenossen".
5421 Oben S. 635 (S. 55 der Akte).
5422 Oben am Rand *No. 15 – fol. 2.*

theiligung nachzuweisen. – Am besten den Gegnern[5423] in Abschrift mitzutheilen und zwar gleich, damit allenfalls bis zum Eingang der Vernehmlassung das Nöthige erinnern können.

Also communicetur[5424] Vollmacht, et notificetur[5425] zugleich Eingang der Voracten.

---

den 26. October.

Appellaten übergeben Vernehmlassung[5426]. Nichts zu erinnern als ein harter Ausfall gegen die Appellanten *paginae* 20–21 wegen Aeußerungen, die sie in den Voracten über ein paar Zeugen gemacht[5427]. – Indeß nicht zu leugnen, daß einigermassen *ad defensionem Causae*[5428] gehört. Würde daher passieren lassen.

Also *communicetur* zur Nachricht *et concludatur in Causa*[5429].

Loco Correlationis[5430]

Unsere Auflage, von deren Befolgung die Rede, lautete dahin:

> daß Kläger zu bescheinigen haben, daß sie gleich nach Publication des niedergerichtlichen Erkenntnisses vom 27. September 1828 den gebührenden Fleiß angewendet, um sich das nunmehr beygebrachte neue Attest – sobald als möglich und noch vor Ablauf der verlängerten Rechtfertigungsfrist – zu verschaffen[5431].

Diese Frist ging den 8. Januar 1829 zu Ende.

In Rationibus[5432] wurde bemerkt, würde bedenklich seyn [S. 8] zum Behuf dieser Bescheinigung den bloßen Eid der Parthey zuzulassen, deshalb sey eine ordentliche Bescheinigung auferlegt.

Zum Behuf[5433] dieser Bescheinigung Kläger die Correspondenz beygebracht, die zwischen Senator Platzmann und seinem Bruder in Petersburg über Auswirkung des Attestes quaestionati[5434] geführt. – Im Original, wiewohl diese jetzt noch versiegelt bey den Acten liegen, und nur Notariatsauszüge daraus vorgelegt sind. Originale sowohl von Senator Platzmann als seinem Bruder coram Notaris

---

5423 Danach gestrichen *künftig*.
5424 „Es werde mitgeteilt".
5425 „Es werde bekanntgegeben".
5426 Oben S. 641 (S. 63 der Akte).
5427 Oben S. 652 (S. 84–85 der Akte).
5428 „Zur Verteidigung der Sache". In einem späteren Fall ging Heise dagegen energisch gegen unsachliche Äußerungen der Schriftsatzverfasser vor, unten S. 935 (S. 298 der Akte L I 202).
5429 „Und es werde in der Sache beschlossen", also die Entscheidungsreife erklärt.
5430 „Anstelle der Korrelation". Heise zeigt damit, dass seine eigenen Ausführungen die Relation eines Korreferenten ersetzen.
5431 Tenor des oberappellationsgerichtlichen Urteils oben S. 594 (S. 180 der Akte L I 122).
5432 „In den Entscheidungsgründen", oben S. 598 (S. 186–187 der Akte L I 122).
5433 „Zweck".
5434 „Des fraglichen Attests".

recogniscirt[5435]. – Außerdem ist der Bruder Heinrich Platzmann bey seiner Anwesenheit hieselbst, August 1830 *coram Notario et testibus*[5436], doch ohne Eid, über bestimmte Fragepunkte abgehört: Aussage aber wohl nicht in Betracht, da alles, was angegeben, genauer und bestimmter aus den Briefen selbst hervorgeht. – Endlich haben Gegner sich noch vom Departement in Petersburg ein besonderes Attestat darüber geben lassen, wann Zeugniß nachgesucht und wie es damit zugegangen. Aus allem diesem ergiebt sich nun Folgendes: – Notabene: Alle Data nach neuem Styl angegeben:

1. Den 18. September 1828, neun Tage vor dem Niedergerichtsurtheil, schreibt Senator Platzmann an seinen Bruder:

„Wildtfanck will keinen Vergleich in der haasischen Sache. Die Sache wird also wohl weiter geführt werden müssen. Wir würden leichtes Spiel haben, wenn das Attest, was Du uns 1823 gebracht hast, conciser gewesen wäre. Wenngleich die erlaubten Waaren mit confiscirt sind, weil hiebey die unerlaubten beygepackt gewesen sind, so hat dies doch keinen Bezug auf das Schiff, und da wir nur das Generelle jeder Kisten haben, so wird man im Gerichte sagen, der Beweis sey nicht geführt. Es ist uns also in Beziehung [S. 9[5437]] auf jenes Document notwendig ein anderes Attestat zu haben, worin die erlaubten Waaren specificirt, auch Signis[5438] und Inhalt aufgenommen werden. – Siehe zu, daß Du mir ein solches Document noch per Mare heraus besorgst."

Diesen Brief durch Schiffsgelegenheit abgesandt.

2. Am 30. September 1828, gleich nach Empfang dieses Briefes, antwortete Heinrich Platzmann durch die Post:

„Also ist in der haasischen Sache noch ein Document nöthig. Ist es möglich, so werde ich es zu schaffen suchen und das Nähere darüber berichten."

3. Am 7. November 1828 schrieb Heinrich Platzmann ferner mit der Post:

„In Betreff der haasische Sache habe ich dir noch nichts geschrieben, sie aber demungeachtet nicht vernachlässigt. Die Sache ist, in einer Bittschrift das, was ich wünsche, an den Director des Handelsdepartements auseinanderzusetzen und um die Erfüllung meiner Bitte bey ihm nachzusuchen. Morgen gebe ich nun meine Bittschrift ein, und[5439] dann trachte ich das Document bald zu erhalten."

4. Am 12. November hat Heinrich Platzmann dem Departement wirklich eine Bittschrift überreicht und gebeten, ihm einen ausführlichen Auszug des Auctionsprotocolls der verkauften Waaren, welche Stücke namentlich erlaubter Waaren, aus

5435 „Von Notaren als echt anerkannt".
5436 „Vor Notar und Zeugen".
5437 Oben am Rand *No. 15 – fol. 3.*
5438 „Handelsmarken".
5439 Danach gestrichen *damit.*

welchen[5440] Packen, unter welchen Marken und Nummern und für welchen Preis sie verkauft seyn.

5. Den 16. November, abgesandt den 18. November, hat Senator Platzmann weiter an seinen Bruder[5441] per Post geschrieben:

„Ich glaube wohl, daß die haasische Sache dir einige Mühe macht, allein das Document ist nöthig."

6. Den 30. December, abgesandt den 12.[5442], schreibt Senator Platzmann ferner per Post an seinen Bruder:

[S. 10] „Wenn du noch nicht die Acte in der haasischen Sache abgeschickt hast, so muß ich sie mit der Post entgegennehmen. Vielleicht hast du dafür gesorgt, daß sie auf Postpapier geschrieben ist."

7. Am 8. Januar 1829, Tag, wo Frist ablief, und abgegangen mit Post vom 9., schrieb Senator Platzmann ferner:

„Das Document wegen Haase hätten wir gerne gehabt, weil unser Advocat einkommen mußte. Ich hätte sonst gerne dasselbe abgewartet, allein unsere Advocaten werden durch die Gerichte angehalten, mit ihren Schriftsätzen nicht in Rückstand zu bleiben. Sie werden sonst präcludirt[5443]."

8. Den 27. Januar 1829 schreibt Senator Platzmann per Post:

„Das haasesche Document wird nun sehr spät werden."

9. Endlich ist den 12. März 1829 Urkunde questionierlich[5444] vom Director unterschrieben, den 14. März dem Bevollmächtigten von Heinrich Platzmann zugestellt. Den 18. März nach Ansuchen der Kläger (II. No. 57 p. 5[5445]) von Petersburg über Warschau abgesandt. Den 9. Aprill angekommen, übersetzt und 29. Aprill exhibirt[5446].

Im Attestat des Departements, welches Beklagte beygebracht, noch besonders bezeugt: Der Sache nach zu urtheilen, würde das Document[5447] schon früher habe ausgefertigt werden können, wenn Heinrich Platzmann oder sein Bevollmächtigter dies gewünscht und das erforderliche Stempelpapier[5448] dazu eingeliefert.

Beklagte nun diese Bescheinigung als durchaus ungenügend, in formeller und materieller Hinsicht angegriffen. – Zeugniß des Heinrich Platzmann ohne allen Werth, als unbeeidigt, Bruder eines der Kläger, durch Schulden und wegen seines Unterhalts ganz von ihm abhängig und bey der Sache in Rathen und Tathen[5449].

5440 Danach gestrichen *Packeten*.
5441 Danach gestrichen *geschrieben*.
5442 Datumsangabe hier unklar, vermutlich Januar gemeint.
5443 „Wegen Fristablaufs ausgeschlossen".
5444 „Die fragliche Urkunde".
5445 Offenbar Verweis auf die Prozessakte des Obergerichts.
5446 „Vorgelegt, eingereicht". Deutsche Übersetzung oben S. 490 (S. 51 der Akte L I 122).
5447 Danach gestrichen *früher*.
5448 Die Verzögerung beruhte also darauf, dass Platzmann die fälligen Gebühren nicht im Voraus gezahlt hatte.
5449 Der Binnenreim am Ende verweist auf das Revidierte Lübecker Stadtrecht von 1586, 5. Buch, 7. Titel, Artikel 15.

Die Beweise seyen nicht [S. 11[5450]] anerkannte Privaturkunden, die *pro scribente*[5451] nichts beweisen könnten. – Materiell gehe aus allem Beygebrachten durchaus kein gebührender Fleiß, sondern nur sehr nachlässige Betreibung hervor, und bey fleissiger Betreibung würde Attestat längst zu rechter Zeit dagewesen seyn. Machen besonders die kurze Zeit geltend, worin sie ihr Attestat bey demselben Departement ausgewirkt. Den 23. September hier in Lübeck Order[5452] dazu ertheilt und den 31. October schon hier gewesen, worauf den 11. November exhibirt. – Dagegen Kläger aber bemerken, daß ihr Attestat soviel weitläuftiger und aus 12 Jahre alten Acten zu entnehmen.

Obergericht nun, ohne die formelle Beschaffenheit näher zu erweisen, aus materiellen Gründen Bescheinigung für durchaus verfehlt erklärt und Kläger in Kosten des Verfahrens verurtheilt. Kläger aber bey ihrer Appellation an uns fast nur die formelle Seite der Bescheinigung vertheidigt.

Ohne Anstand *cum Domino Referente* für *Confirmatoria*[5453]. Zwar würde A. es darauf ankömmen, wenn die formelle Seite wohl genügend halten. Fraglich 1. Heinrich Platzmann als Zeuge ein durchaus untauglicher wegen fehlender Beeidigung und da in Rathen und Thaten. Daher kann darauf, wenn er sagt, daß von Senator Platzmann öftern Anforderungen zur möglichsten Beeilung erhalten und daß er das Attestat in einem nach Petersburger Geschäftsgang ungewöhnlich kurzen Zeitraum erhalten, gar nichts ankommen. Aber 2. Correspondenz allerdings ein taugliches Beweismittel. Grundsatz, daß *scriptura privata pro scribente*[5454] nichts beweise, hier gar keine Anwendung. Gilt da, wo ein unabhängig von der Scriptur existirendes Factum durch das in dieser enthaltene Zeugniß bewiesen [S. 12] werden soll. Aber nach Natur der Sache[5455] nicht dann, wenn die Scriptur selbst das zu beweisende Factum

5450 Oben am Rand *No. 15 – fol. 4*.
5451 „Für den Aussteller".
5452 Danach gestrichen *dzu*.
5453 „Mit dem Herrn Referenten für die Urteilsbestätigung". Entscheidungsvorschlag des Referenten Georg du Roi oben S. 674 (S. 114 der Akte).
5454 „Eine Privaturkunde für den Aussteller", zum Rechtssprichwort oben Anm. 4977.
5455 Eine von Heise gern benutzte Redewendung, dazu Nachweise in: Heise's Handelsrecht. Nach dem Originalmanuscript hrsg. v. Agathon Wunderlich, Frankfurt am Main 1858, S. 2, 6, 10; John Karl-Heinz Montag, Die Lehrdarstellung des Handelsrechts von Georg Friedrich von Martens bis Meno Pöhls. Die Wissenschaft des Handelsrechts im ersten Drittel des 19. Jahrhunderts (Rechtshistorische Reihe 48), Frankfurt am Main 1986, S. 98–108; Christoph Bergfeld, Handelsrechtliche Entscheidungen des Oberappellationsgerichts der vier freien Städte Deutschlands, in: Karl Otto Scherner (Hrsg.), Modernisierung des Handelsrechts im 19. Jahrhundert (Abhandlungen aus dem gesamten Bürgerlichen Recht, Handelsrecht und Wirtschaftsrecht 66), Heidelberg 1993, S. 67–87 (81); Joachim Rückert, Handelsrechtsbildung und Modernisierung des Handelsrechts durch Wissenschaft zwischen ca. 1800 und 1900, in: Scherner, Modernisierung (wie eben), S. 19–66 (43–46) Kirsten Kraglund, Familien- und Erbrecht. Materielles Recht und Methoden der Rechtsanwendung in der Rechtsprechung des Oberappellationsgerichts der vier Freien Städte Deutschlands zu Lübeck (Rechtshistorische Reihe 93), Frankfurt am Main 1991, S. 136–141; Boto Kusserow, Das gemeinschaftliche Oberappellationsgericht der vier freien Städte Deutschlands zu Lübeck und seine Rechtsprechung in Handelssachen (Diss. jur. Kiel), Düsseldorf 1964, S. 214; Siegbert Lammel,

bildet, das heißt wenn bewiesen werden soll, daß Parthey oder ihr Mandatar[5456] zu der und der Zeit so und so geschrieben haben. Dann offenbar die Originalscriptur selbst das beste Beweismittel. Dabey freylich wichtig, theils daß Anschrift dargethan, theils daß auch wirklich zur angegebenen Zeit geschrieben. Allein für das Erstere ist Anmerkung durch Schreiber und Empfänger das natürlichste Beweismittel, welches nur allenfalls durch eidliche Erhärtung bestärkt werden muß. Für das Letzte aber ergeben theils die Poststempel, theils der Zusammenhang der Sache in concreto eine so dringende Vermuthung, daß es gar keinen Anstand haben dürfte, den Senator Platzmann und seinen Mandatar darüber zum Erfüllungseide[5457] zuzulassen. Also wird Bescheinigung mit hinzukommendem Suppletorio über Anschrift und Zeit formell genügen. – Mögte dies wohl *in Rationibus*[5458] wenn auch ohne genauere Ausführung erwähnen[5459]. – Aber

B. ganz *cum Domino Referente* daß[5460] Inhalt der Correspondenz durchaus nicht den gebührenden Fleiß, sondern vielmehr große Nachlässigkeit ergebe.

1. Freylich nur Schikane, wenn[5461] Beklagte sagen: Brief vom 18. September 1828 komme gar nicht in Betracht, weil vor dem Zeitpunkt geschrieben, worauf unser Erkenntniß die Sache gestellt. Wenn schon dieser Brief eine so dringende Aufforderung, als nöthig war und wie sie nach dem niedergerichtlichen Urtheil hätte ergehen müssen, enthalten hätte, so würde den Klägern nicht zur Last fallen, daß nun nach erfolgtem Urtheil nicht sogleich ein zweytes Mal geschrieben, sondern sich einstweilen auf den Erfolg des früheren Briefes verlassen hätten. Allein da

2. dieser Brief vom 18. September nur eine sehr laue Anforderung und [S. 13[5462]] von der nöthigen dringenden Beschleunigung nichts sagte, so wäre allerdings zu gebührendem Fleiße erforderlich gewesen, sogleich nach dem Urtheil noch einmal zu schreiben und dringende Eile anzustellen. Stattdessen aber bis zum 18. November ganz geschwiegen und selbst damals nichts davon, daß Eile nöthig. Erst am 12. December, also 2½ Monate *post Sententiam*[5463] ging ein Brief ab, der

---

Rechtsbildung durch Verträge und Vertragsbedingungen, in: Scherner, Modernisierung (wie eben), S. 89–117 (110–111); Nora Tirtasana, Der gelehrte Gerichtshof. Das Oberappellationsgericht Lübeck und die Praxis des Zivilprozesses im 19. Jahrhundert (Forschungen zur Neueren Privatrechtsgeschichte 33), Köln, Weimar, Wien 2012, S. 158–160.

5456 „Beauftragter".

5457 Sog. Suppletionseid, wenn schon mehr als ein halber Beweis geführt worden ist, dazu Thorsten Süß, Partikularer Zivilprozess und territoriale Gerichtsverfassung. Das weltliche Hofgericht in Paderborn und seine Ordnungen 1587–1720 (Quellen und Forschungen zur höchsten Gerichtsbarkeit im Alten Reich 69), Köln, Weimar, Wien 2017, S. 132–134.

5458 „In den Entscheidungsgründen".

5459 Heise spricht sich damit für ein obiter dictum aus, denn auf diesen Punkt kommt es nicht weiter an, wenn die Berufung schon aus inhaltlichen Gründen scheitert.

5460 Danach gestrichen *C.*

5461 Danach gestrichen *Kläger s*[sagen].

5462 Oben rechts *No. 15 – fol. 5.*

5463 „Nach dem Urteil".

einigermassen andeutete, daß Sache nicht nach Belieben Zeit habe. Aber auch diese enthält durchaus nichts, woraus Mandatar in Petersburg irgend auf dringende Eile hätte schliessen können. Also in der ganzen Zeit bis zum Ablauf der Frist auch nicht ein einziges Mal den Mandatar damit bekannt gemacht, daß Sache die höchste Beschleunigung erfordere. Schon dies allein reicht vollkommen hin, um Bescheinigung für verfehlt zu erklären.

3. Aber auch Mandatar in Petersburg im höchsten Grade säumig betrieben. a) Obgleich Auftrag schon den 30. September erhalten, doch erst den 12. November, also volle 6 Wochen hernach, die nöthige Supplik eingereicht. b) Nachdem dies geschehen, auch nicht das Mindeste gethan, um Ausfertigung zu beschleunigen, sondern bis 14. März, wo Document erhielt, also 4 Monate, ganz ruhig gewartet. – Freylich Mandatar gegen seinen Mandanten deshalb entschuldigt, weil dieser ihm die Sache gar nicht so eilig gemacht. Aber in Beziehung auf die Gegenparthey kömmt doch allerdings in Betracht, und umso mehr, da diese Säumigkeit Folgen von der eigenen Schuld des Mandanten.

Uebrigens wird *in Rationibus* bey Ausführung dieses Punktes auch noch zu erwähnen seyen, daß die Aussage des Heinrich Platzmann coram Notario, die oben erwähnt, gar nichts beweisen könne.

C. Kosten betreffend: Bey so offenbar verfehlten Beweisen mit Recht in [S. 14] die Kosten dieses unnützen Verfahrens verurtheilt, und dies um so mehr, da ja Kläger den Inhalt der Briefe kannten, also leicht zu voraus wissen konnten, daß sie ihren Beweis verfehlen würden. – Deshalb auch ohne Anstand in Kosten unserer Instanz zu verurtheilen. Von *poena* wegen Misbrauch des Rechtsmittels abstrahire ebenfalls[5464], da materielles Recht in der Hauptsache[5465] zur Entschuldigung gereicht. Allerdings sehr hart, daß Kläger aus bloß formellen Gründen mit einem Beweise nicht weiter gehört werden sollen, der die ganze Sache völlig klar zu ihren Gunsten entscheidet[5466].

Urtheilsgebühr freylich wie das Vorige[5467] aus dem[5468] jetzt schon liquidirten Capital von 12.640 Mark, wozu damals noch 4 Mark wegen der noch vorbehaltenen Posten. Aber da jetzt von anderer Taxe, auch höhere Urtheilsgebühr. 12.640 Mark gibt 59 Mark, dazu weiter 4 Mark, und da auch über Kosten besonders gravaminirt, noch 1 Mark, macht 64 Mark[5469]. – Wenigstens doch 60 Mark.

5464 Ebenso lautet der Vorschlag des Referenten, oben S. 674 (S. 114 der Akte).

5465 Im ersten Rechtsstreit hatte das Oberappellationsgericht den Anspruch der Kläger für im Kern begründet gehalten, oben S. 430 (S. 537 der Akte L I 22 a).

5466 Der Hinweis zeigt, dass Heise den Klägern wohlwollender gegenübersteht als du Roi. Bereits im zweiten Appellationsverfahren hatte das Gericht die von du Roi geplante völlige Abweisung der Appellation abgelehnt, dazu oben bei Anm. 4776.

5467 Schwer lesbar, vielleicht Scheibfehler im Wort *Vorigende*.

5468 Danach gestrichen *Capital*.

5469 Mit den 64 Mark setzt sich Heise gegenüber der ursprünglich von Georg du Roi geplanten niedrigeren Gebühr durch, dazu oben S. 674 (S. 113 der Akte).

Sitzungsprotokoll

1832 Juni 25

Auszug aus dem Sitzungsprotokoll des Oberappellationsgerichts für das Geschäftsjahr 1831/32 (AHL OAG A 13, nicht Teil der Prozessakte), geschrieben vom Gerichtssekretär Carl Wilhelm Pauli.

Actum im Oberappellationsgerichte.
Lübeck, den 25. Junius 1832.

Absente Domino Hach, welcher an der Sache, welche Gegenstand der heutigen Sitzung war,[5470] nicht Theil nehmen konnte, *confer* Protocoll vom 12. September 1831[5471].

Unter[5472] Aussetzung des Protocolls der Sitzung vom 23. des Monats

ward[5473] *in causa Lubecensi* der Rhederey des Schiffes Dora und der Erben des Schiffers G. H. Haase, Kläger, jetzt Appellanten, *contra* H. D. Wildtfanck und Consorten, Beklagte, jetzt Appellaten, wegen Schadensersatzes,[5474] nunmehr Bescheinigung über Zulässigkeit eines *novi* betreffend,
die von *Domino* du Roi erstattete schriftliche Relation[5475] sowie von *Domino Praeside* mündliche Correlation[5476] vorgetragen und nach vorgängiger Deliberation[5477]

beschlossen

per unanimia[5478]

1. Das angefochtene Erkenntniß des Obergerichts lediglich zu bekräftigen;
2. Appellanten auch in die Kosten dieser Instanz zu verurtheilen; und
3. indem sich auch *Dominus Referens* conformirte[5479], die Urtheilsgebühr auf vierundsechzig Mark zu bestimmen.

Actum ut supra
in fidem[5480]

C. W. Pauli

5470 Danach gestrichen *sein Amt.*
5471 Sitzungsprotokoll vom 12. September 1831, oben S. 630.
5472 Davor gestrichen *Nach verlesenem Protocolle des.*
5473 Davor ein Wort gestrichen.
5474 Danach gestrichen *j[etzt].*
5475 Relation von Georg du Roi oben S. 658 (S. 93 der Akte).
5476 Abermals übernimmt Heise die Korrelation, legt seine Ausarbeitung aber den anderen Richtern nicht vor.
5477 „Beratung".
5478 „Einstimmig".
5479 Georg zu Roi hatte zunächst eine Urteilsgebühr in Höhe von 48 Mark vorgeschlagen, oben S. 674 (S. 113 der Akte).
5480 „Verhandelt wie oben, beglaubigt".

Sitzungsprotokoll

1832 Juni 26

Auszug aus dem Sitzungsprotokoll des Oberappellationsgerichts für das Geschäftsjahr 1831/32 (AHL OAG A 13, nicht Teil der Prozessakte), geschrieben vom Gerichtssekretär Carl Wilhelm Pauli.

Actum im Oberappellationsgerichte.
Lübeck, den 26. Junius 1832.
Praesentibus omnibus[5481].

(...)

§ 1

producirte D. du Roi die Entwürfe des Erkenntnisses[5482] und der Entscheidungsgründe[5483] in Sachen der Rhederey des Schiffes Dora und der Erben des Schiffers Haase *contra* H. D. Wildtfanck und Consorten,[5484] und wurden dieselben nach vorgängiger Verlesung[5485] approbirt, auch das Erkenntniß unterzeichnet, welches lautete wie folgt:

(Hier ist *Sententia* einzuschalten)

Bey dieser Verhandlung war D. Hach nicht zugegen, *confer* Protocoll vom 12. September vorigen Jahres[5486].

5481 „In Anwesenheit aller".
5482 S. 686 (S. 117 der Akte).
5483 S. 688 (S. 121 der Akte).
5484 Danach gestrichen *wird*.
5485 *Nach ... Verlesung* am Seitenrand eingefügt.
5486 Oben S. 631.

Q 12 – Urteil des Oberappellationsgerichts

1832 Juni 26

Das Oberappellationsgericht weist die Berufung kostenpflichtig zurück und verweist das Verfahren zurück an das Obergericht der Stadt Lübeck.

[S. 117] Q 12

Expeditum & insinuatum[5487], den 28. Juni 1832
K. Insin. B. No. 487 und 488

Urtheil.
In Appellationssachen der Rhederei des Schiffes Dora und der Erben des Schiffers Georg Hinrich Haase, nämlich der Wittwe desselben, Anna Catharina, geborner Wenditz, jetzt verwittweter Hertel, *cum Curatore*[5488] und Jürgen Heinrich Willrath und Adolph Hinrich Haase als Vormünder der Margaretha Elisabeth Haase, sämmtlich zu Lübeck, Kläger, jetzt Appellanten, wider Heinrich Diedrich Wildtfanck, Arnold Hornemann und Friedrich Ernst August Leuenroth daselbst, Beklagte, jetzt Appellaten, wegen Schadensersatzes, nunmehr Bescheinigung über Zulässigkeit eines *novi*[5489] betreffend, erkennt das Oberappellationsgericht der vier freien Städte Deutschlands für Recht:

Daß zwar die Formalien der eingewandten Appellation für gewahrt zu achten, [S. 118] Materialien anlangend aber das Erkenntniß des Obergerichts der freien Hansestadt Lübeck vom 7. Julius 1831[5490], wie hiemit geschieht, unter Verurtheilung der Appellanten in die Kosten dieser Instanz lediglich zu bestätigen[5491] sei; und wird nunmehr die Sache zum weiteren Verfahren an das Obergericht zurückverwiesen.

Von Rechts wegen[5492].

Urkundlich pp.[5493] gegeben zu Lübeck, den 26. Junius 1832.

5487 „Ausgefertigt und zugestellt“.
5488 „Mit Geschlechtsvormund“.
5489 „Eines neuen Beweismittels“.
5490 Oben S. 623 (S. 41 der Akte).
5491 Christian August Thomas Bruhn (Hrsg.), Sammlung von Entscheidungen des Oberappellationsgerichts zu Lübeck in Lübecker Rechtssachen, erster Band, Lübeck 1858, Nr. 27, S. 130, mit kurzer Zusammenfassung der Prozessgeschichte und dem Hinweis, das Oberappellationsgericht habe die vorinstanzliche Entscheidung *pure bestätigt*.
5492 Abgekürzt *V. R. W.*
5493 Kürzung, in der Parteiausfertigung vermutlich ausformuliert.

Urtheilsgebühr: vierundsechzig Mark.[5494]

A. Heise G. S. Müller F. Cropp C. G. Overbeck G. du Roi I. M. Goll[5495]

[Kostenrechnung]

Urtheilsgebühr	64 Mark[5496]	
Stempel	3 Mark	
Stempel	3 Mark[5497]	
Stempel der Remission[5498]	2 Mark	
Copial	3 Mark	10 Schilling
Einpacken der Acten	1 Mark	
Insinuation	1 Mark	8 Schilling
	78 Mark	2 Schilling

C. W. Pauli[5499]
Secretarius

5494 Diese Zeile vom Sekretär Carl Wilhelm Pauli eingefügt.

5495 Eigenhändige Unterschriften der Richter. Es handelt sich um dieselben sechs Gerichtsmitglieder, die auch das Urteil vom 14. Juni 1830 unterzeichet hatten, oben S. 594 (S. 181 der Akte L I 122), dort auch biographische Hinweise.

5496 Kostenrechnung unten auf der Seite.

5497 Vermutlich zweimal aufgeführt, weil die Kosten auf beiden Seiten angefallen sind.

5498 Für die Rücksendung der Prozessakte an das Obergericht.

5499 Carl Wilhelm Pauli (1792–1879), 1820 Sekretär, 1843 Richter am Oberappellaitonsgericht, zu ihm Gerhard Ahrens, Art. Pauli, Carl Wilhelm, in: Alken Bruns (Hrsg.), Neue Lübecker Lebensläufe, Neumünster 2009, S. 484–488; Polgar, Oberappellationsgericht (wie Anm. 5390), S. 238–242.

Q 13 – Entscheidungsgründe des Oberappellationsgerichts

1832 Juni 26

Das Oberappellationsgericht begründet sein Urteil vom selben Tag (Aktenstück Q 12, oben S. 686) und folgt der vom Referenten vertretenen Rechtsansicht (oben S. 671). Abschrift der Originalausfertigung mit Handzeichen der Richter.

[S. 121] Q 13
Entscheidungsgründe
zum Urtheil vom 26. Junius 1832
in Appellationssachen
der Rhederey des Schiffes Dora und der Erben des Schiffers Georg Hinrich Haase, nämlich der Wittwe desselben, Anna Catharina, geb. Wenditz, jetzt verwittweter Hertel, *cum curatore*[5500] und Jürgen Heinrich Willrath und Adolph Hinrich Haase als Vormünder der Margaretha Elisabeth Haase, sämmtlich zu Lübeck,
Kläger, jetzt Appellanten,
wider
Heinrich Diedrich Wildtfanck, Arnold Hornemann und Friedrich Ernst August Leuenroth daselbst,
Beklagte jetzt Appellaten,
wegen Schadensersatzes, nunmehr Bescheinigung über Zuläßigkeit eines *novi*[5501] betreffend

---

Die Bestätigung des obergerichtlichen[5502] Erkenntnisses vom 7. Julius 1831[5503], durch welches die den Klägern in dem Erkenntnisse des Oberappellationsgerichts vom 14. Junius 1830[5504] nachgelassene Bescheinigung für verfehlt erklärt worden ist, konnte keinem Zweifel unterliegen.

Soviel zuvörderst das Zeugniß des Kaufmannes Heinrich Platzmann in St. Petersburg anbetrifft, so ist dasselbe formell ohne allen Werth, indem dieser Zeuge theils nicht beeidiget, theils bey der Sache in Rathen und Thaten gewesen ist.

Lüb. Stat. V, 7 Art. 15 –[5505]

Seine Aussage, daß er von seinem Bruder, dem Senator Platzmann, öftere Anforderungen zur möglichsten Beeilung der Sache erhalten habe und daß die Ertheilung

---

5500 „Mit Geschlechtsvormund".
5501 „Eines neuen Beweismittels".
5502 Am Rand *pagina 2.* Es handelt sich offenbar um eine Abschrift der Originalausfertigung.
5503 Oben S. 623 (S. 41 der Akte).
5504 Oben S. 593 (S. 179 der Akte L I 122).
5505 Revidiertes Lübecker Stadtrecht, 5. Buch, 7. Titel, Artikel 15. Arnold Heise hatte sich dafür eingesetzt, diesen Punkt in die Entscheidungsgründe aufzunehmen, oben S. 680 (S. 10 der Akte). Der Referent Georg du Roi hatte das nicht für notwendig gehalten, oben S. 674 (S. 113 der Akte).

des neuen Attestats in einem nach dem Petersburger Geschäftsgange ungewöhnlich kurzen[5506] Zeitraume beschafft worden sey, ist daher überall nicht zu beachten, wenn auch bey der ersteren[5507] Aussage seine Mei- [S. 122] nung gewesen seyn sollte zu behaupten, daß noch andere Anforderungen dieser Art außer den nachher producirten Briefen des Senators Platzmann stattgefunden hätten.

Die vorgelegte Corresponenz sodann, welche zwischen dem gemeinschaftlichen Mandatar[5508] der Kläger, Senator Platzmann[5509], und dessen Mandatar in St. Petersburg, dem genannten Kaufmanne Heinrich Platzmann, geführt worden ist, würde allerdings in formeller Hinsicht – sofern noch ein Erfüllungseid über deren Aechtheit und über die Richtigkeit der angegebenen Zeit hinzukäme – ein genügendes Bescheinigungsmittel seyn, indem der Grundsatz *scriptura non probat pro scribente*[5510], auf welchen sich die Beklagten berufen, auf einen Fall, wo nicht durch die Scriptur als Zeugniß ein anderes Factum bewiesen werden soll, sondern wo die Existenz der Scriptur selbst das zu[5511] beweisende Factum bildet, offenbar keine Anwendung findet.

Aber jene Correspondenz ist materiell nicht nur für die Kläger unbeweisend, sondern beweist vielmehr gegen sie.

Es lag ihnen nämlich ob zu bescheinigen, daß sie gleich nach Publication des niedergerichtlichen Erkenntnisses vom 27. September 1828 den gebührenden Fleiß angewendet hätten, um sich das neue Attestat sobald als möglich und noch vor Ablauf der – bis zum 8. Januar 1829 – verlängerten Rechtfertigungsfrist der Appellation zu verschaffen.

Nun war zwar schon vor der Publication des Erkenntnisses vom 27. September 1828, am 18. September desselben [S. 123] Jahres, an Heinrich Platzmann der Auftrag zur Besorgung des verbesserten Attestats ertheilt. Aber in diesem Briefe war natürlich nichts davon enthalten, daß die Rechtfertigungsfrist[5512], binnen welcher das neue[5513] Attestat bey Strafe der Präclusion[5514] beygebracht werden mußte, schon wirklich laufe und mit welchem Tage dieselbe zu Ende gehe. Und es war auch darin die Sache gar nicht besonders eilig und dringlich gemacht. Es war nicht etwa gesagt, daß die Publication eines Erkenntnißes noch bevorstehe, daß nach derselben eine Präclusivfrist und welche für die Beybringung des Attestes zu laufen anfange und daß Heinrich Platzmann dasselbe sobald als möglich erwirken und

5506 Verbessert aus *kurzem*.
5507 Am Rand *pagina 3*.
5508 „Beauftragten".
5509 Der Lübecker Ratsherr tritt als Wortführer der Kläger auf, wie auf Beklagtenseite Wildtfanck maßgeblich den Rechtsstreit betreibt.
5510 „Die Urkunde beweist nichts für den Aussteller", dazu oben Anm. 4977.
5511 Am Rand *pagina 4*.
5512 Am Rand *pagina 5*.
5513 Wort am Rand eingefügt.
5514 „Ausschluss wegen Fristversäumung".

übersenden möge. Sondern der Brief besagte nichts weiter, als daß die haasesche Sache, weil Wildtfanck sich nicht vergleichen wolle, wohl werde weitergeführt werden müssen, daß dabey ein anderes Attestat nothwendig sey und daß Heinrich Platzmann zusehen möge, ein solches Document noch *per mare*[5515] herauszubesorgen. Es konnte daher, als jene Präclusivfrist mit der Publication des Erkenntnisses vom 27. September 1828 zu laufen anfing, nicht genügen, daß der gedachte Brief bereits geschrieben war, sondern es hätte nunmehr dem Heinrich Platzmann angezeigt werden müssen, daß die Einsendung des verlangten Attestates binnen der ihm genau anzugebenden *successive*[5516] verlängerten Präclusivfrist erforderlich sey.

Dieses ist aber während des hier allein in Frage kommenden Zeitraumes bis zum 8. Januar 1829 nicht geschehen, und eben- [S. 124] sowenig dem Heinrich Platzmann auch nur im Allgemeinen eine besondere Beschleunigung der Sache anempfohlen worden. Sondern es ist von Seiten der Kläger während jener ganzen Zeit[5517] nichts weiter gethan, als daß der Mandatar derselben

1., nachdem Heinrich Platzmann ihm geschrieben hatte, daß er wegen des Attestates eine Bittschrift bey der Behörde in St. Petersburg eingeben[5518] müsse, demselben durch einen am 18. November 1828 abgesendeten Brief antwortete: „Ich glaube wohl, daß die haasesche Sache Dir einige Mühe macht, allein das Document ist nöthig"; und daß er

2. denselben in einem Briefe vom 10. December 1828 anwieß, das Attestat mit der Post zu übersenden, woraus, da dieser Brief in St. Petersburg mitten im Winter ankam, Heinrich Platzmann nichts weiter entnehmen konnte, als daß die Sache nicht bis zur Wiedereröffnung der Schiffahrt im Frühjahr 1829 Zeit habe.

Hierbey kommen außerdem noch die beyden besonderen Umstände in Erwägung:

einmal, daß sich aus dem Briefe des Heinrich Platzmann vom 7. November 1828, worin dieser schrieb, er werde die Bittschrift wegen der Ertheilung des Attestates am folgenden Tage übergeben, ergab, daß derselbe bis dahin, also fünf Wochen nach dem Empfange[5519] des Auftrages, noch gar nichts in der Sache gethan hatte, mithin solche durchaus nicht als eilig betrachtete;

zweytens, daß der Mandatar der Kläger laut seines Briefes vom 18. September 1828 selbst die Ansicht hatte, daß das zuerst producirte Attestat wegen seiner [S. 125] Mangelhaftigkeit nicht zum Beweise genügen dürfte, mithin das neue Attestat nicht wohl entbehrt werden könne, um in der Appellationsinstanz mit der Principalbeschwerde, daß der Beweis der Kläger nicht für geführt erkannt worden sey, vollständig durchzudringen.

5515 „Auf dem Seeweg".

5516 „Nach und nach".

5517 *Während … Zeit* am Rand eingefügt.

5518 Am Rand *pagina 7* (verbessert aus 8). Der Hinweis auf *pagina 6* fehlt.

5519 Am Rand *pagina 8*.

Daß nun in dem obigen Verfahren die Anwendung „eines gebührenden Fleißes, sich das neue Attestat sobald als möglich und noch vor Ablauf der Rechtfertigungsfrist zu verschaffen“[5520], nicht enthalten ist, bedarf keiner weiteren Ausführung. Und zugleich geht aus der vorgelegten Correspondenz eine große Säumniß des Mandatars in St. Petersburg hervor, indem derselbe die Bittschrift wegen[5521] des neuen Attestats erst sechs Wochen nach dem Empfange des Auftrages eingereicht und dann wiederum vier Monate nichts zur Beschleunigung der Ausfertigung gethan hat, welche Säumniß den Beklagten gegenüber allerdings in Betracht kommt, zumal da dieselbe eine Folge des eigenen Verfahrens von Seiten der Kläger war.

Unter diesen Umständen sind denn auch die Kläger mit Recht in die Kosten des die nachgelassene Bescheinigung betreffenden Verfahrens verurtheilt worden, da ihnen der ungenügende Inhalt der producirten Urkunden zum Voraus bekannt war.

AH GSM FC CGO GdR IMG[5522]

5520 Zitat aus dem Urteil des Oberappellationsgerichts, oben S. 594 (S. 180 der Akte L I 122).

5521 Am Rand *pagina 9*.

5522 Jeweils Handzeichen von Arnold Heise, Gottfried Samuel Müller, Friedrich Cropp, Christian Gerhard Overbeck, Georg du Roi und Ignatz Maria Goll, die auch den Urteilstenor unterschrieben hatten, oben S. 687 (S. 118 der Akte).

Q 14 – Remissionsschreiben des Oberappellationsgerichts
1832 Juni 29

Das Oberappellationsgericht sendet nach dem Ende des Verfahrens die vorinstanzlichen Akten an das Obergericht der Stadt Lübeck zurück. Konzept mit Ausgangsvermerk und Handzeichen des Gerichtspräsidenten Arnold Heise.

[S. 129] Q 14
An die zum Obergerichte der freien Hansestadt Lübeck verordneten Herren Bürgermeister, Syndici und Senatoren

Expeditum[5523] & besorgt, den 30. Juni 1832
K. Insin. B. No. 491

In Sachen der Rhederey des Schiffes Dora und der Erben des Schiffers Georg Hinrich Haase, Kläger, jetzt Appellanten, wider Heinrich Diedrich Wildtfanck, Arnold Hornemann und Friedrich Ernst August Leuenroth, Beklagte, jetzt Appellaten, wegen Schadensersatzes, nunmehr Bescheinigung über Zulässigkeit eines *novi*[5524] betreffend, worin wir das nebst den Entscheidungsgründen in Abschrift hier beyliegende Erkenntniß[5525] abgegeben haben, lassen wir nunmehr die uns übersandten Voracten an das Obergericht der freien Hansestadt Lübeck zurückgehen und bezeugen demselben zugleich unsere vorzügliche Hochachtung.

Lübeck, den 29. Junius 1832

Das Oberappellationsgericht der vier freien Städte Deutschlands[5526]

expediatur AH[5527]

5523 „Ausgefertigt".
5524 „Eines neuen Beweismittels".
5525 Oben S. 686 (S. 117 der Akte).
5526 Abgekürzt *Das OAG d 4 fr. St. D.*
5527 „Es werde ausgefertigt" von Arnold Heise hinzugefügt und von ihm mit Handzeichen unterschrieben.

Prozessakte OAG L I 181

Aktendeckel

Zeitgenössischer dünner blauer Kartonumschlag um das ungebundene Aktenkonvolut mit zeitgenössischen Aktenzeichen, Parteibezeichnungen, Anwaltsnamen und Laufzeit. Ursprünglich angelegt vom ersten Kanzlisten Georg Wilhelm Dittmer, später mehrfach aktualisiert.

Fascikel IV[5528] H Lübeck
No. 46[5529] M

Hanseatisches Oberappellationsgericht[5530]

Acta
in Sachen
der Rhederey des Schiffes Dora und der Erben des Schiffers Georg Hinrich Haase,
Kläger, jetzt Appellanten,
contra
Heinrich Diedrich Wildtfanck und Consorten[5531],
Beklagte, jetzt Appellaten,
wegen Schadensersatzes

1833

Dr. Schlüter für Appellanten[5532]
Dr. Faber für Appellaten

Sententia, den 31. October 1833[5533]

Archiv der Hansestadt Lübeck[5534]

No. 32 D[5535]

L I 181[5536]

5528 Es handelt sich um die vierte Akte der rechtlich voneinander getrennten, aber inhaltlich eng verbundenen Appellationsprozesse.

5529 Aktenzeichen, nach dem auch der Referent Georg du Roi die Akte zitiert, unten S. 736 (S. 89 der Akte).

5530 Gerichtsname aufgestempelt. Die Prozessakte wurde 1879 bei der Auflösung des Oberappellationsgerichts und der Verlegung nach Hamburg zunächst dorthin mitgenommen und erst 1903 an das Staatsarchiv Hamburg abgegeben. Von dort gelangte die Akte 1952 an das Archiv der Hansestadt Lübeck; kurze Bestandsgeschichte bei Klaus-Joachim Lorenzen-Schmidt (Bearb.), Gesamtinventar der Akten des Oberappellationsgerichtes der vier Freien Städte Deutschlands. Erster Band: Allgemeine Einführung, Köln, Weimar, Wien 1996, S. 15.

5531 „Streitgenossen".

5532 Namen der beiden Prokuratoren, die auch im dritten Verfahren vor dem Oberappellationsgericht schon tätig waren, oben S. 609 (Aktendeckel der Akte L I 161).

5533 Datum der oberappellationsgerichtlichen Entscheidung nachträglich mit hellerer Tinte hinzugefügt, Tenor unten S. 775 (S. 133 der Akte).

5534 Moderner Archivstempel.

5535 Zeitgenössische Signatur. Buchstabe D steht für den vierten Appellationsprozess in derselben Sache.

5536 Moderne Signatur per Hand hinzugefügt.

Inhaltsverzeichnis der Akte

undatiert

Das Inhaltsverzeichnis, die Designatio actorum, stammt vom ersten Kanzlisten Georg Wilhelm Dittmer. Innerhalb der fünf miteinander verbundenen Faszikel handelt es sich um diejenige Akte mit den wenigsten Quadrangeln. Der Ablauf des Oberappellationsgerichtsprozesses mit jeweils nur einem Schriftsatz für jede Seite und den Zwischenverfügungen des Gericht bis hin zum Urteil und den Entscheidungsgründen lässt sich hier besonders klar erkennen.

[S. 1] *Designatio actorum*
in Sachen
der Rhederey des Schiffes Dora und der Erben des Schiffers Georg Hinrich Haase,
Kläger, jetzt Appellanten,
contra
Heinrich Diedrich Wildtfanck und Consorten[5537],
Beklagte, jetzt Appellaten,
wegen Schadensersatzes, nunmehr außerordentliche Rechtsmittel behufs[5538] Zulassung eines *Novi*[5539] betreffend

---

Q 1 *Gravamina appellationis*[5540], praesentirt den 11. Januar 1833, mit:
Q 2 Anlage A. *Sententia a qua*[5541] vom 29. November *anni prioris*
Q 3 Anlage B. Interpositionsbescheid[5542] vom 13. December *anni prioris*
Q 4 Communicativdecret vom 17. Januar 1833[5543]
Q 5 Requisitionsschreiben *eodem*[5544]
Q 6 Schreiben des Obergerichts zu Lübeck, die Einsendung der Voracten betreffend, praesentirt den 30. Januar 1833[5545]
Q 7 Vernehmlassung, praesentirt den 22. April 1833[5546]
Q 8 Schlußdecret vom 4. May 1833[5547]
Q 9 Erkenntniß vom 31. October 1833[5548]

5537 „Streitgenossen".
5538 „Zum Zwecke".
5539 „Neuen Beweismittels".
5540 „Berufungsbeschwerden", unten S. 698 (S. 5 der Akte).
5541 „Vorinstanzliches Urteil", unten S. 709 (S. 33 der Akte).
5542 „Mitteilung über die Einlegung der Berufung", unten S. 713 (S. 41 der Akte).
5543 Unten S. 715 (S. 43 der Akte).
5544 Unten S. 717 (S. 45 der Akte).
5545 Unten S. 718 (S. 47 der Akte).
5546 Berufungserwiderung der Beklagten, unten S. 719 (S. 51 der Akte).
5547 Unten S. 734 (S. 87 der Akte).
5548 Unten S. 775 (S. 133 der Akte).

Q 10 Entscheidungsgründe[5549]
Q 11 Remissionsschreiben vom 5. November 1833[5550]

Finis designationis actorum

in fidem[5551]
Dr. G. W. Dittmer[5552]

5549 Unten S. 778 (S. 137 der Akte).
5550 Unten S. 791 (S. 161 der Akte).
5551 „Ende des Inhaltsverzeichnisses der Akte. Zur Beglaubigung".
5552 Georg Wilhelm Dittmer, „beider Rechte Dr., erster Canzlist des Ober-Appellations-Gerichts, und Notar", in: Lübeckisches Address-Buch 1832, S. 109.

Q 1 – Berufungsbegründung der Kläger

1833 Januar 11

Die Kläger begründen ihre Berufung gegen das Urteil des Lübecker Obergerichts vom 29. November 1832. Schriftsatz, verfasst vom Advokaten Paul Christian Nicolaus Lembke, beim Oberappellationsgericht eingereicht vom Prokurator Adolph Schlüter.

[S. 5[5553]] Q 1
No. 278 *praesentatum*[5554], den 11. Januar 1833
Gravamina appellationis[5555]
abseiten
der Rhederey des Schiffes Dora und der Erben des Schiffers Georg Heinrich Haase in Lübeck,
Kläger, jetzt Appellanten,
contra
Heinrich Diedrich Wildtfanck und Consorten[5556] daselbst,
Beklagte, jetzt Appellaten,
wegen
Schadensersatzes, nun außerordentliche Rechtsmittel behufs[5557] Zulassung eines *novi*[5558] betreffend
Mit 2 Anlagen[5559]

[S. 7]
An
die zum Oberappellationsgerichte der vier freyen Städte Deutschlands hochverordnete Herren Praesident und Räthe!
Gravamina Appellationis[5560]
abseiten
der Rhederey des Schiffes Dora und der Erben des Schiffers Georg Heinrich Haase,
Kläger, Appellanten,
wider
Heinrich Diedrich Wildtfanck und Consorten[5561],

5553 Stempelpapier mit eingeprägtem Stempel des Oberappellationsgerichts über 3 Mark, daneben Handzeichen *CWP* des Sekretärs Carl Wilhelm Pauli und *3 Mk*.
5554 „Eingereicht, vorgelegt".
5555 „Berufungsbeschwerden".
5556 „Streitgenossen".
5557 „Zum Zwecke der".
5558 „Neuen Beweismittels".
5559 Unten S. 709 und 713 (S. 33 und 41 der Akte).
5560 „Berufungsbeschwerden".
5561 „Streitgenossen".

Beklagte, Appellaten,
wegen Schadensersatzes, nun außerordentliche Rechtsmittel, behufs Zulassung
eines *Novi*[5562] betreffend

Anlagen A. B.

den Gegnern bekannt.
[S. 8] P. P.[5563]

Für die richtige Beurtheilung der in der außenbenannten Sache gegenwärtig allein in Frage stehenden außerordentlichen Rechtsmittel scheint es nicht unangemessen, zuförderst die denselben zum Grunde liegenden factischen Verhältniße voranzustellen.

Mittelst Erkenntnißes dieser höchsten Instanz vom 12. December 1822[5564] wurde den Klägern nachgelassen, besser als geschehen zu beweisen,

> daß der Schiffer Haase wegen der von den Beklagten verladenen, in der Klage specificirten Güter oder wegen welcher derselben durch das Erkenntniß des Revaler Zollamts vom 31. Januar 1818[5565] alten Stils verurtheilt worden sey und [S. 9[5566]] wie hoch sich die Strafe belaufe, die durch die von jedem einzelnen Beklagten verschifften Güter verwirkt worden sey.

Die Kläger traten diesen Beweis beym Niedergerichte an, und da auch die Beklagten zur Antretung des ihnen aufgegebenen Beweises schritten, demnächst aber Salvations- und Impugnationsschriften[5567] gewechselt wurden, so konnte das Beweisverfahren erst im September 1826 geschlossen werden. Das Niedergericht erkannte sodann, *per sententiam de*[5568] 27. September 1828 den klägerischen Beweis für verfehlt und entband die Beklagten von der Klage.

Hiergegen ergriffen Kläger die Appellation an das Obergericht, welche sie innerhalb des bis zum 8. Januar 1829 erstreckten Termins zu rechtfertigen versuchten.

Da indessen, nach Ablauf dieses Termins, eine Urkunde des Departements des auswärtigen Handels zu St. Petersburg eingetroffen war[5569], eine Urkunde, welche

5562 „Neuen Beweismittels".
5563 Die Ehrerbietungsformel ist wie in allen Schriftsätzen am Oberappellationsgericht weggelassen.
5564 Urteil des Oberappellationsgerichts im ersten Verfahren, oben S. 429 (S. 537 der Akte L I 22 a).
5565 Schreibfehler in der Vorlage: *1812*.
5566 Zeitgenössisch S. 3.
5567 Salvationsverfahren: Aufrechterhaltung der Beweisführung durch den Beweisführer; zum Verhältnis zur Impugnation und den Formulierungen in Schriftsätzen: Johann Caspar Gensler, Anleitung zur gerichtlichen Praxis in bürgerlichen Rechtsstreitigkeiten, verbunden mit theoretischen Darstellungen und Bemerkungen, 1. Theil, Heidelberg 1821, S. 268–271; Impugnationsverfahren: Bei sog. gemeinschaftlichen Beweismitteln kann der Beweisgegner mit dem vom Prozessgegner vorgelegten Beweis den Gegenbeweis führen, dazu Moriz Heyßler, Auch ein Votum über die Gemeinschaftlichkeit der Beweismittel im österreichischen Civilprocesse, in: Zeitschrift für österreichische Rechtsgelehrsamkeit und politische Gesetzkunde 1 (1844), S. 208–238 (228).
5568 „Durch Urteil vom".
5569 Übersetzung dieser Urkunde oben S. 490 (S. 51 der Akte L I 122).

den Klägern die Hofnung gewährte, [S. 10[5570]] allen nur erdenklichen Mängeln der bereits zu den Acten gebrachten Beweismittel abhelfen zu können, so säumten sie nicht, solche mittest einer nachträglichen Eingabe zu den Acten zu bringen.

Die Beklagten erregten aber dagegen einen Widerspruch, und erwirkten unter dem 11. Junius 1829 ein Erkenntniß des Obergerichts[5571], welches die Entfernung des Nachtrags nebst Anlagen von den Acten verordnete.

Das hochpreißliche Oberappellationsgericht, an[5572] welches dieser Incidentpunct[5573] durch die Berufung der Kläger wider die obgedachte obergerichtliche Entscheidung gelangt war, machte mittelst Erkenntnißes vom 14. Junius 1830[5574] die Zuläßigkeit des in Frage stehenden Documentes auf dem eingeschlagenen Wege abhängig von einer den Klägern auferlegten Bescheinigung darüber,

> daß sie gleich nach Publication des niedergerichtlichen Erkenntnisses vom 27. September 1828, den gebührenden Fleiß angewendet [S. 11[5575]] hätten, um sich das nunmehr beygebrachte Attest des Departements des auswärtigen Handels in St. Petersburg sobald als möglich und noch vor Ablauf der verlängerten Rechtfertigungsfrist ihrer an das Obergericht eingewandten Appellation zu verschaffen,

eine Bescheinigung, welche demnächst das Obergericht in seinem Erkenntnisse vom 7. Julius 1831[5576] für nicht erbracht erklärte, wovon denn die abermalige Zurückweisung des mehrgedachten Nachtrags nebst Anlagen die Folge war. Die höchste Instanz trat in seinem[5577] Urtheile vom 26. Junius 1832[5578] dieser Ansicht bey.

Auf diese Weise war denn in Beziehung auf den vorliegenden Incidentpunct soviel rechtskräftig festgestellt worden,

> daß das Begehren der Kläger, mit dem Nachtrage und dessen Anlagen, namentlich aber mit der nun erlangten Urkunde, noch zugelassen zu werden, nicht stattfinde, insoferne dasselbe [S. 12[5579]] lediglich auf die zu bescheinigenden Thatsachen begründet worden.

Anders aber müßte sich die Sache gestalten, wenn Kläger nunmehr zu solchen außerordentlichen Rechtsmitteln ihre Zuflucht nahmen, denen[5580] so wenig eine rechtskräftige Entscheidung als die Betrachtung,

---

5570 Zeitgenössisch S. 4.
5571 Oben S. 478 (S. 31 der Akte L I 122).
5572 Verbessert aus *in*.
5573 Justus Claproth (anonym), Ohnmasgeblicher Entwurf eines Gesetzbuchs, 1770, S. 160: „derjenige Streitpunct, welcher in einer bereits rechtshängigen Sache vorkommt, und ein besonderes Erkenntniß erfordert".
5574 Oben S. 593 (S. 179 der Akte L I 122).
5575 Zeitgenössisch S. 5.
5576 Oben S. 623 (S. 41 der Akte L I 161).
5577 Grammatikfehler in der Vorlage, es müsste *ihrem* heißen.
5578 Oben S. 686 (S. 117 der Akte L I 161).
5579 Zeitgenössisch S. 6.
5580 Verbessert aus *denn*.

ob Kläger sich bey Anschaffung der neusten Urkunde etwa eine Nachläßigkeit hatten zu Schulden kommen lassen,

im Wege stehen konnte.

Als solche benannten und rechtfertigten Kläger mehre außerordentliche Rechtsmittel, welche sie *salva appellatione contra sententiam judicii inferioris*[5581] *de 27*. September 1828 beim Obergerichte einführten, nemlich

1. die Befugniß zu neuem Vorbringen,
2. die Bitte um Restitution[5582] gegen den Ablauf der Justificationsfrist[5583],
3. die Bitte um Wiedereinsetzung in den vorigen Stand gegen richterliche, der Zeit nach rechtskräftige Urtheile und [S. 13[5584]]
4. die Bitte um Ertheilung der Restitution *ex capite minorennitatis*[5585].

Es wurde aber, wie die in der

Anlage A.[5586]

angebogene *Sententia a qua*[5587] ergibt, nur in Beziehung auf das unter No. 4. geltend gemachte Rechtsmittel ein Vorbehalt zu Gunsten der haaseschen Tochter gemacht und im Uebrigen abweisend erkannt. Kläger sahen sich deshalb gemüssigt, die Appellation an die höchste Instanz zu ergreifen, welcher denn auch vom *judicio a quo* deferirt[5588] worden ist.

Anlage B.[5589]

Die angefochtene Sentenz beschwert nun die Kläger:

Gravamen[5590] *1.*, weil dem Befugniße zu neuem Vorbringen nicht stattgegeben, solche auch

A. überhaupt an die Appellationsrechtfertigung gebunden und

B. *in concreto* deswegen zurückgewiesen worden, weil das in Frage stehende *novum*[5591] nicht als neu entstanden erscheine;

[S. 14[5592]] *Gravamen 2.*, weil, wenn jene[5593] Befugniß an der[5594] Appellationsfrist gebunden seyn sollte, den Appellanten die gebetene Restitution gegen deren Ablauf nicht ertheilt worden; dies aus dem unzuläßigen Grunde, daß die Appella-

5581 „Mit vorbehaltener Appellation gegen das Urteil des Niedergerichts".
5582 „Wiedereinsetzung".
5583 „Frist zur Berufungsbegründung".
5584 Zeitgenössisch S. 7.
5585 „Wegen Minderjährigkeit" von Haases Tochter.
5586 Auch am Rand *A.*, unten S. 709 (S. 33 der Akte).
5587 „Vorinstanzliches Urteil" des Obergerichts.
5588 Hier erkennt man noch die letzten Reste des gemeinrechtlichen Apostelbriefs.
5589 Auch am Rand *B.*, unten S. 713 (S. 41 der Akte).
5590 „Beschwernis".
5591 „Neues Beweismittel", gemeint ist jeweils das erneuerte Attest der russischen Zollbehörde, oben S. 490 (S. 51 der Akte L I 122).
5592 Zeitgenössisch S. 8.
5593 Wort nachträglich von anderer Hand mit Bleistift unterstrichen.
5594 Möglicherweise Grammatikfehler, es müsste *die* heißen.

tionsfrist an sich richtig eingehalten und die darin unterlassene Benutzung[5595] des *novi* auf dem eigenen Verschulden der Appellanten beruhe;

Gravamen 3., weil die gebetene Wiedereinsetzung in den vorigen Stand gegen rechtskräftige Urtheile vorliegend auf den Grund des Mangels der gesetzlichen Erforderniße abgeschlagen worden;

Gravamen 4., weil in Beziehung auf die minderjährige haasesche Tochter die gebetene Restitution nur vorbehalten und nicht mit den sie begleitenden Folgen ausgesprochen worden;

Gravamen 5., weil in Beziehung auf den rußischen Zolltarif von 1816 nicht *pro petito*[5596] erkannt und eventuell nur auf eine desfalsige Verfügung des Richters erster Instanz hingewiesen worden;

[S. 15[5597]] *Gravamen 6.*, weil die Verhandlung des gegenwärtigen Incidentverfahrens von den Acten des Hauptproceßes abgesondert und nebst der nunmehr abermals retradirten[5598] Schrift sammt Anlagen von der demnächstigen Transmission[5599] ausgeschlossen worden;

Gravamen 7., weil Kläger in die Kosten des Incidentverfahrens verurtheilt und diese nicht wenigstens compensirt worden.

Zur ersten Beschwerde:

Der § 130 der Oberappellationsgerichtsordnung[5600] – welche bekanntlich auch für die Untergerichte verbindende Kraft hat – verordnet, daß neue Thatumstände und darauf gegründete Einreden sowie neue Beweismittel alsdann zulässig seyen,

> wenn sie erst nach der Zeit, wo sie hätten beigebracht werden müssen, neu entstanden oder doch neu aufgefunden worden.

Daß die Vorlegung des *novi* innerhalb der Appellationsrechtfertigungsfrist [S. 16[5601]] geschehen müsse, davon sagt die Gerichtsordnung kein Wort; und jene Vorlegung war im vorliegenden Falle auch schon deshalb nicht zu beschaffen, weil, wie die Acten ergeben, das *novum,* wovon es sich hier handelt, erst geraume Zeit nach Ablauf der Rechtfertigungsfrist entstand. Nun kann aber keinem streitenden Theile das Recht benommen seyn, auch ein später erlangtes *novum* für sich geltend zu machen, und zwar in derjenigen Instanz, wo die Sache dermalen anhängig ist.

Das Attestat des St. Petersburger Departements des auswärtigen Handels wird ferner geradezu für eine nicht neu entstandene oder nicht neu aufgefundene Ur-

---

5595 Wort nachträglich von anderer Hand unterstrichen.

5596 „Antragsgemäß".

5597 Zeitgenössisch S. 9.

5598 „Zurückgegebenen".

5599 „Aktenversendung" an eine Juristenfakultät.

5600 Der Schriftsatzverfasser zitiert jetzt die definitive Gerichtsordnung von 1831; zuvor richtete sich das Verfahren nach der vorläufigen Gerichtsordnung von 1820; zur neuen Ordnung: Friedrich Blume (Hrsg.), Die Gerichtsordnung für das Oberappellationsgericht der vier Freien Städte Deutschlands, Hamburg 1843, § 130, S. 68–69.

5601 Zeitgenössisch S. 10.

kunde erklärt. Dies auf einen Augenblick zugegeben, so müßte sie, schon von dem Gesichtspuncte des besseren Beweises aus betrachtet, als zulässig erscheinen, weil die Beweisführung überhaupt in den Rechten begünstigt ist, wenigstens die Befugniß, in höheren Instanzen dasjenige, was bereits den unteren Instanzen vorgelegt war, [S. 17[5602]] besser und vollständiger zu deduciren[5603], mit den bekanntesten Gesetzen im Einklange steht. Einer solchen Deduction aber würde es wieder nicht entgegentreten, daß dasjenige Document, woraus sie entnommen wurde, nicht bey Ablauf der Rechtfertigungsfrist dem Gerichte zugestellt wurde, weil es, wie bemerkt, damals noch nicht vorhanden war.

Indessen die fragliche Urkunde ist auch in der That ein wahres *novum* im Sinne des Gesetzes, und die Behauptung, welche die *Sententia a qua* aufstellt,

> daß sie lediglich als eine Abschrift oder ein Auszug längst vorhandener und von den Klägern benutzter Acten erscheine,

nur zu sehr ohne Grund. Denn nie sind den Klägern die Acten des Departements des auswärtigen Handels zu St. Petersburg zugänglich gewesen, konnten es auch der Natur der Sache[5604] nach nicht seyn, sondern sie haben sich immer an einzelnen Ausfertigungen der Behörde genügen lassen müssen. Und je weniger diese Behörde [S. 18[5605]] wissen konnte, wie speciell sie solche Auszüge abzufassen habe, um die Kläger mit vollgültigen Beweismitteln zu versehen, je mehr mußten für diese die Schwierigkeiten der Erlangung eines alle mögliche Anstände beseitigenden Documentes wachsen. Wenn es ihnen aber endlich glückte, in den Besitz des ausführlichen Attestes der Petersburger Behörde zu gelangen, so war ihnen eben damit ein wirkliches mit den gesetzlichen Erfordernißen ausgestattetes *novum* zu Theil geworden.

Zur zweiten Beschwerde:

Wäre der Gebrauch eines *novi* an die Beobachtung der Appellationsrechtfertigungsfrist gebunden, so war wenigstens der Bitte der Appellanten um Ertheilung der Wiedereinsetzung in den vorigen Stand wider den Ablauf solcher Frist stattzugeben. Nach den Vorschriften über die *restitutio ex clausula praetoris generalis*[5606] nemlich, soll in allen Fällen gegen das strenge Recht restituirt werden, wo gerechte Gründe dazu [S. 19[5607]] vorliegen oder selbst nur die Billigkeit es erfordert. Nach den aus den Acten hinreichend bekannten Verhältnißen war gewiß vorliegend dazu der gerechteste Grund vorhanden. Und wenn man den Appellanten entge-

5602 Zeitgenössisch S. 11.
5603 „Auszuführen".
5604 Zur Natur der Sache als Argument am Oberappellationsgericht Lübeck oben bei Anm. 176.
5605 Zeitgenössisch S. 12.
5606 Allgemeine Wiedereinsetzung durch die Klausel des Prätors. Die Formulierung greift sprachlich auf die römische Aufgabe des Prätors zurück, den Parteien taugliche Klageformeln zuzuerkennen, zeitgenössisch Ferdinand Mackeldey, Lehrbuch des heutigen Römischen Rechts. Zweiter Band, 8. Aufl. Giessen 1829, § 758, S. 612.
5607 Zeitgenössisch S. 13.

genstellen will, daß sie ihres eigenen Verschuldens halber mit der nachträglichen Benutzung des Zeugnißes definitiv zurückgewiesen worden seyen, so erscheint dieser Vorwurf als den Acten ungemäß. Denn abgesehen davon, daß durch die bisherige rechtskräftige Entscheidung nichts weiter festgestellt worden ist, als

daß die Appellanten nicht die gehörige Diligenz[5608] angewendet hätten, sich das fragliche Document bis zum Ablaufe der in Betracht kommenden Rechtfertigungsfrist zu verschaffen,

abgesehen ferner davon, daß es sich damals nur davon handelte, das fragliche Document ohne vorgängige Restitution[5609] zu benutzen, so würde der Ausspruch,

daß jemand es an der gehörigen Diligenz hätte fehlen lassen,

noch nicht zu der Folge berechtigen, [S. 20[5610]]

daß er eine die Restitution ausschließende *culpa*[5611] verschuldet habe.

Gleichwohl würde nur eine *culpa lata*[5612] den Appellanten nachtheilig seyn können. Da indessen sie sich den Appellaten durch keinen Vortrag zur Diligenz in Anschaffung des fraglichen Documents verpflichtet, diese Anschaffung aber *culpose* nicht verzögert haben, so treffen die Gesetze hier nicht zu, welche den Schuldigen der Wohlthat der Restitution für unwürdig erklären.

Endlich müßte es jedenfalls hier noch in Betracht kommen, daß doch nie die Unschuldigen von solcher etwaigen *culpa* dessen, der allein die Besorgung des Documents auf sich hatte – sey es nun der Correspondent[5613], sey es der Anwald[5614] –, würden leiden können, und hätte also wenigstens ihnen jene Rechtswohlthat zuerkannt, zur weiteren Ausmittlung dessen aber die Sache an die erste Instanz zurückverwiesen werden müssen. [S. 21[5615]]

Zur dritten Beschwerde:

Die Wiedereinsetzung in den vorigen Stand gegen rechtskräftige Urtheile hat, nach § 180 der Oberappellationsgerichtsordnung auch dann statt, wenn neue Beweismittel aufgefunden sind. Zwar scheint der Zusatz „gegen einen nothwendigen Haupteid" die Regel beschränken zu wollen, allein der § 181[5616] belehrt uns, daß die Gerichtsordnung hier lediglich den gemeinrechtlichen Grundsätzen gefolgt ist und nur die Frist, innerhalb welcher das *Novum* vorgelegt werden soll, abkürzt. Das gemeine Recht gestattete nemlich einen Termin von 4 Jahren, die Gerichtsordnung substituirt[5617] dafür 8 Wochen, und den Bestimmungen beider ist die vor-

5608 „Sorgfalt". Von anderer Hand unterstrichen.
5609 „Wiedereinsetzung".
5610 Zeitgenössisch S. 14.
5611 „Fahrlässigkeit".
5612 „Grobe Fahrlässigkeit".
5613 Senator Conrad Platzmann als Wortführer der Klägerseite.
5614 Der Schriftsatzverfasser Paul Christian Nicolaus Lembke.
5615 Zeitgenössisch S. 15.
5616 Bei Blume, Gerichtsordnung (wie Anm. 5600), S. 94–95.
5617 „Ersetzen, ansetzen".

geschriebene Ableistung des Restitutionseides gemäß. Haben nun die Appellanten innerhalb jener 8 Wochen das neu aufgefundene Beweismittel eingeführt, so haben sie damit allein den gesetzlichen Erfordernißen genüget, indem die Ableistung des Eides eine *conditio sine qua non*[5618] ist, mithin es eines Erbietens dazu nicht einmal [S. 22[5619]] bedarf, obgleich auch dieses hinreichend in den Acten enthalten seyn wird.

Zur vierten Beschwerde.

Judicium a quo[5620] scheint es hiebey schon in Zweifel stellen zu wollen, daß dem Minderjährigen ein Anspruch auf Restitution gegen rechtskräftige Erkenntniße, die in einem durch seine Vormünder geführten Rechtsstreite gegen ihn ergangen sind, überall zustehe. Zur Beseitigung eines solchen Zweifels genügt es, auf klare gesetzliche Bestimmungen hinzuweisen, welche einerseits jene Rechtswohlthat dem Minderjährigen auch dann zusprechen, wenn die Vormünder für ihn gehandelt haben,

l. 47. pr. D. de minoribus (4, 4)[5621]

l. 3, 5, C si[5622] *tutor. vel curat. (2, 25.)*[5623]

andererseits es aber nicht für nöthig erklären, daß der Minderjährige erst seine Vormünder ausklage.

l. 3, 5. C. cit.

Hiergegen mag man auch kein Bedenken aus dem § 180 der Oberappellationsgerichtsordnung entnehmen, [S. 23[5624]] da die *restitutio ex capite minorennitatis*[5625] im gemeinen Rechte so sehr bevorzugt ist, daß es einer ausdrücklichen Angabe im § 180 bedurft hätte, wenn auch in der Minderjährigkeit kein Grund zu einer Restitution gegen rechtskräftige Urtheile hätte liegen sollen[5626].

War mithin die Bitte um Restitution für die haasesche Tochter begründet, so hätte der Richter sie auch aussprechen müssen und zwar mit denjenigen Folgen, welche daraus den bey dem gegenwärtigen Rechtsstreite betheiligten großjährigen Personen erwachsen. Sollte jedoch die Sache zu dem Ende noch nicht genug instruirt[5627] erscheinen, so würde es jedenfalls angemessen gewesen seyn, dahin zu erkennen, daß der Einfluß des *Novi* auf das künftige Erkenntniß in der Hauptsache

5618 „Notwendige Bedingung".
5619 Zeitgenössisch S. 16.
5620 „Das vorinstanzliche Urteil".
5621 Allegation aus dem römischen Recht: D. 4, 4, 47 principium (Titel: De minoribus viginti quinque annis). Die Allegationen zeigen die Modernisierung der Zitierweise. Im ersten Rechtsstreit hatte nur der Gerichtspräsident Heise das römische Recht numerisch zitiert (z. B. oben S. 399 (S. 581 der Akte L I 22 a)), jetzt auch die Anwälte.
5622 Verbessert aus *in*.
5623 C. 2, 24, 3 und 5 (Titel: Si tutor vel curator intervenerit), früher als Titel 25 gezählt.
5624 Zeitgenössisch S. 17.
5625 „Wiedereinsetzung wegen Minderjährigkeit".
5626 Der Sache nach argumentiert der Schriftsatzverfasser mit der Rechtsquellenlehre des gemeinen Rechts. Sofern kein ausdrückliches Spezialrecht vorhanden ist, folgt die Rechtslage dem römisch-gemeinen Recht.
5627 „Untersucht".

zu erwarten, sodann aber über die Wirkung der Restitution in Beziehung auf alle Theilhaber zu entscheiden sey. Ein bloßer Vorbehalt erscheint als völlig ungenügend bey den vorliegenden Sach- und Rechtsverhältnissen. [S. 24[5628]]

Zur fünften Beschwerde.

Wenn beide streitende Theile auf den rußischen Zolltarif von 1816 mehrfach in den Acten Bezug genommen haben und die Appellanten es für bedenklich halten mußten, daß den hiesigen Gerichtsbehörden das Gesetzbuch eines fremden Staates zugänglich sey, so brachten sie nunmehr auch den besagten Tarif zu den Acten[5629]. Bey der Nothwendigkeit, daß die richterliche Entscheidung alle Momente der Vertheidigung umfaße, konnte es daher die Appellanten nur befremden, wie das verehrliche *Judicium a quo*[5630] eine seiner Wissenschaft nothwendige Quelle des künftigen Spruches in der Hauptsache von den Acten wiederum entfernte, eine Maaßregel, die den Appellanten nicht minder zur gerechten Beschwerde gereicht. Die vom *Judicio a quo* aufgestellten Entscheidungsgründe,

> daß es rücksichtlich des Beweispuncts, worüber jetzt zu entscheiden sey, auf den Tarif nicht ankomme, wenigstens zuvor eine desfalsige [S. 25[5631]] Verfügung des in der Hauptsache erkennenden Richters[5632] zu erwarten sey,

sind durchaus unzureichend. Denn wenn es auch dem Richter überlassen bleiben muß zu ermessen, ob von einer Entscheidungsquelle Gebrauch zu machen sey oder nicht, so muß es doch der Parthey gestattet seyn, in jeder Lage des Rechtsstreits eine solche Quelle, der die Acten mehrfach gedenken, dem Richter zugänglich zu machen, ohne erst einer desfalsigen richterlichen Auflage entgegenzusehen.

Zur sechsten Beschwerde.

Warum die Verhandlungen über den gegenwärtigen Incidentstreit von den zu transmittirenden[5633] Acten getrennt werden sollen, ist den Appellanten durch keinen Entscheidungsgrund[5634] klar gemacht worden. Sie müssen daher dafürhalten, daß die Juristenfacultaet mit den vollständigen, bis jetzt verhandelten Acten zu versehen sey und davon kein Blatt getrennt werden dürfe. [S. 26[5635]]

Zur siebenten Beschwerde.

Die Verurtheilung der Appellanten in die Kosten des Incidentverfahrens kann bey den gewichtigen Gründen, welche den appellantischen Anträgen zur Seite stehen,

5628 Zeitgenössisch S. 18.

5629 Zur Behandlung ausländischer Rechtsquellen im 19. Jahrhundert: Peter Oestmann, Der Beweis von Rechtsnormen im Zivilprozeß – § 293 ZPO im Spiegel der wissenschaftlichen Diskussion des 19. Jahrhunderts, in: Jost Hausmann / Thomas Krause (Hrsg.), „Zur Erhaltung guter Ordnung". Beiträge zur Geschichte von Recht und Justiz. Festschrift für Wolfgang Sellert zum 65. Geburtstag, Köln, Weimar, Wien 2000, S. 467–512.

5630 „Vorinstanzliche Gericht", das Obergericht der Stadt Lübeck.

5631 Zeitgenössisch S. 19.

5632 Dies bedeutet einen Vorbehalt zugunsten des Lübecker Niedergerichts.

5633 „Zu versendenden".

5634 Verbessert aus *Entscheidung*.

5635 Zeitgenössisch S. 20.

nicht gerechtfertigt werden, und wollte *Judicium a quo* auch nicht in die Anträge selbst eingehen, so hatte es doch in der That Grund genug, eine Compensation[5636] der Kosten eintreten zu lassen, weil die Appellanten nur von gesetzlich gebilligten Rechtsmitteln Gebrauch machten, um ein Document zu den Acten zu bringen, welches sie[5637] gewiß mit Recht für sehr erheblich achten und welches ohnehin schon so bedeutende Kosten ihnen zu Wege gebracht habe.

Indem Appellanten nur zur weiteren Rechtfertigung der voranstehenden Beschwerden auf *ante acta*[5638] Bezug zu nehmen sich erlauben, die gegnerischen weitläuftigen Erörterungen in der Refutationsschrift[5639] voriger Instanz aber, soweit sie nicht in dem Bisherigen ihre völlige Erle- [S. 27[5640]] digung gefunden haben sollten, auf ihrem Unwerthe beruhen lassen und mit einem allgemeinen Widerspruche begegenen, richten sie ihre rechtliche Bitte dahin, ein hochpreißliches Oberappellationsgericht wolle zu erkennen geneigen,

> daß – sey es nun ohne vorgängige Restitution oder nach Ertheilung einer solchen – der appellantische Schriftsatz „Nachträgliche Aeußerung *ad Gravamina* pp.“[5641] nebst Anlagen sowie der rußische Zolltarif von 1816 den zu versendenden vollständigen Acten allerdings beyzufügen, *ad acta* zu registriren und soweit rechtens *in judicando*[5642] zu berücksichtigen sey; *idque compensatis expensis*[5643].

Die Beschwerde wegen der der haaseschen Tochter nur vorbehaltenen Restitution ist der Natur der Sache nach nur eventuell[5644], indem sie für sich allein ungerne eine Rechtswohlthat anspricht, die möglicherweise ihr Schicksal bey dem gegenwärtigen Rechtsstreite besser stellt als das der übrigen Litiscon- [S. 28[5645]] sorten[5646]. Sollten hingegen die übrigen Anträge der Appellanten als verwerflich erscheinen, so müßte sie dringend eine Rechtswohlthat schon itzt in Anspruch nehmen, die ihr manche Kosten erspart und ihr die Hofnung darbietet, endlich einmal ohne ferneren Anstand zu dem ihr gebührenden Antheil an dem Schadensersatze zu gelangen.

Da übrigens der in Frage stehende Schriftsatz und dessen Anlagen dem hochpreislichen Oberappellationsgerichte aus früheren Verhandlungen schon bekannt ist und den Appellanten vorlängst auch von dieser höchsten Instanz retradirt[5647]

5636 „Gegenseitige Aufhebung“.
5637 Verbessert aus *so*.
5638 „Vorinstanzliche Verhandlungen“.
5639 „Widerlegung der Berufungsbeschwerden“.
5640 Zeitgenössisch S. 21.
5641 Der Schriftsatz befindet sich als Abschrift oben S. 483 (S. 50 der Akte L I 122).
5642 „Bei der Entscheidung“.
5643 „Und dies unter gegenseitiger Kostenaufhebung“.
5644 „Hilfsweise“.
5645 Zeitgenössisch S. 22.
5646 „Streitgenossen“.
5647 „Zurückgegeben“.

wurde[5648], so glauben sie eine abermalige Ueberreichung vermeiden zu müssen, werden aber einer etwanigen Auflage zur Einreichung die schuldige Folge zu leisten nicht ermangeln. Sollte hingegen diese nicht begehrt werden, so dürfte der zu hoffenden *reformatoria*[5649] eine Bestimmung darüber anzuhängen seyn, daß und in welcher Frist die Appellanten jenen Schriftsatz zu den Acten des Obergerichts zu bringen haben werden.

Desuper pp.[5650]

concipit[5651] Lembke Dr.

produxit[5652] 11. Januar 1833
Schlüter Dr.[5653]

5648 Dazu die gerichtliche Verfügung oben S. 605 (S. 205 der Akte L I 122).

5649 „Urteilsabänderung".

5650 Die Ehrerbietungsformel fehlt wie immer. Sie lautet: „Desuper humillime implorando nobile officium judicis", dazu Besprechung zu Joachim Füger/Vincenz August Wagner, Das adelige Richteramt, 4. Aufl. Wien 1830, in: Jahrbücher der gesammten deutschen juristischen Literatur 24 (1834), S. 63–75 (65).

5651 „Ausgearbeitet".

5652 „Gerichtlich eingereicht".

5653 Eigenhändige Unterschriften des Advokaten und des Prokurators. Beide vertraten die Kläger seit Beginn des Rechtsstreits.

Q 2 – Urteil des Obergerichts

1832 November 29

Das Obergericht verwirft die von den Klägern eingeführten außerordentlichen Rechtsmittel und beschließt die sofortige Aktenversendung, um ein Endurteil einzuholen. Ausfertigung, unterzeichnet vom Ratssekretär Carl Ludwig Roeck, mit Zustellungsvermerk und Kostenrechnung.

[S. 33[5654]] Q 2

Anlage A[5655].

Auf die in Sachen und abseiten der Rhederey des Schiffes Dora und der Erben des Schiffers Georg Hinrich Haase, nämlich der Wittwe desselben, Anna Catharina, geb. Wenditz, jetzt verwittweten Hertel, *cum curatore*[5656] und der Vormünder der Margaretha Elisabeth Haase, Kläger, Appellanten, nun Supplicanten[5657], wider Heinrich Diedrich Wildtfanck, Arnold Hornemann und Friedrich Ernst August Leuenroth, Beklagte, Appellaten, nun Supplicaten, wegen Schadensersatzes, übergebene, so rubricirte „*Salva Appellatione contra sententiam judicii inferioris*[5658] *de* 27. *Septembris* 1828, Einführung mehrerer außerordentlicher Rechtsmittel, namentlich der Befugniß zu neuem Vorbringen, der Bitte um Restitution[5659] gegen den Ablauf der Justificationsfrist[5660], der Wiedereinsetzung in den vorigen Stand gegen richterliche, der Zeit nach rechtskräftige Urtheile und des Restitutionsgesuchs *ex capite minorennitatis*"[5661], nebst nachgeliefertem in dem Postscript gedachten Schriftsätze, rubricirt: „Nachträgliche Aüßerung *ad gravamina appellationis* [S. 34] *contra judicatum judicii inferioris de*[5662] 27. *Septembris* 1828[5663]", mit den Anlagen Litterae Z. a & b, und Littera T.z[5664], auch darauf abseiten der Supplicaten erfolgte Erklärung, hat das Obergericht der freien Hansestadt Lübeck

in Erwägung,[5665]

5654 Aufgedrückter Stempel mit Stadtwappen von Lübeck und *24 Schilling* oben links, darunter Unterschrift *Kröger*, darüber handschriftlich *24 s.*

5655 Anlage zur Berufungsbegründung, oben S. 698 (S. 5 der Akte).

5656 „Mit Geschlechtsvormund".

5657 „Bittsteller". Aufgrund des Zwischenstreits über die außerordentlichen Rechtsmittel zur Zulassung der neuen Beweismittel tituliert das Obergericht die Parteien als Supplikanten und Supplikaten. Damit zeigt bereits das Rubrum, dass es nicht um die Entscheidung des gesamten Rechtsstreits, sondern lediglich um eine abgetrennte Einzelfrage geht.

5658 „Zur offengehaltenen Appellation gegen das Urteil des Niedergerichts".

5659 „Wiedereinsetzung in den vorigen Stand".

5660 „Frist zur Berufungsbegründung".

5661 „Wegen Minderjährigkeit".

5662 „Zu den Berufungsbeschwerden gegen das Urteil des Niedergerichts".

5663 Abschrift dieses Schriftsatzes oben S. 483 (S. 50 der Akte L I 122).

5664 Anlagen, soweit noch in der Akte vorhanden, oben ab S. 490 (S. 51 der Akte L I 122).

5665 Die Entscheidung des Lübecker Obergericht folgt abermals dem französischen Urteilsstil.

daß in Folge rechtskräftiger Verfügung die „Nachträgliche Äußerung“ mit ihren Anlagen als bey Beurtheilung der wider das niedergerichtliche Erkenntniß vom 27. September 1828 erhobenen Appellationsbeschwerden nicht zu berücksichtigende Schriftstücke von den Acten entfernt und den Supplicanten zurückgestellt worden,

daß das supplicantische Beginnen, solche Schriftstücke durch versuchte Einführung außerordentlicher Rechtsmittel wiederum zu den Acten zu bringen, den richterlichen Beifall zu gewinnen nicht vermag, indem

a) theils von der Befugniß zu neuem Vorbringen in der Appellationsinstanz nur bey Rechtfertigung der Appellation Gebrauch zu machen, dies aber vorliegend nicht geschehen, theils das *benefici-* [S. 35] *um novorum*[5666] würkliche *nova* voraussetzt, das nachträglich beigebrachte Zeugniß des St. Petersburger Departements des auswärtigen Handels aber lediglich als eine Abschrift oder ein Auszug längst vorhandener und von den Supplicanten benutzter Acten erscheint, mithin für eine neu entstandene oder neu aufgefundene Urkunde nicht gelten mag,

b) von einer Restitution gegen den Ablauf der Appellationsrechtfertigungsfrist eigentlich nicht die Rede seyn kann, da diese Frist richtig eingehalten und nur die angeblichen *nova* von den Supplicanten darin nicht benutzt, über diese Nichtbenutzung aber bereits vollständig verhandelt und die Supplicanten mit dem Begehren, das vorgedachte Zeugniß nachträglich benutzen zu dürfen, ihrer eignen Verschuldung halber definitiv zurückgewiesen worden

c) nach unsern Gesetzen (Provisorische Oberappellationsgerichtsordnung § 55 und Oberappellationsgerichtsordnung *de* 1831 § 180, anwendbar [S. 36] auf das Obergericht[5667]) das ausserordentliche Rechtsmittel der Wiedereinsetzung in den vorigen Stand gegen rechtskräftige Urtheile nur in bestimmten Fällen und unter bestimmten Voraussetzungen, welche vorliegend nicht vorhanden, zulässig ist;

d) die für die minderjährige haasesche Tochter *ex capite minorennitatis* nachgesuchte Restitution, selbst[5668] als begründet dieselbe angenommen, den übrigen Supplicanten nur dann zustatten kommen würde, wenn sie mit ihr ein untheilbares Interesse hätten, hier aber ein in allen Beziehungen theilbares Interesse vorliegt, weshalb dann in gegenwärtiger Sache es an einem Vorbehalte der ihr etwa zuständigen Rechte genügen wird,

daß, den eingelieferten russischen Zolltarif *de* 1816 anlangend, es rücksichtlich des Beweispuncts, worüber itzt zu entscheiden, auf denselben nicht ankommt,

5666 „Rechtswohltat zu neuem Tatsachenvortrag und neuem Beweis“.

5667 Das Obergericht der Stadt Lübeck richtet sich also nach der Gerichtsordnung des überörtlichen Oberappellationsgerichts. Hier erscheinen die beiden Fassungen der Oberappellationsgerichtsordnung von 1820 und 1831 gleichrangig nebeneinander.

5668 Verbessert aus *setzt*.

wenigstens zuvor eine desfalsige Verfügung des in der Haupt- [S. 37] sache erkennenden Richters zu erwarten seyn dürfte,

decretirt[5669]:

Den eingeführten außerordentlichen Rechtsmitteln (wiewohl unter Vorbehalt der der haaseschen Tochter wegen der für sie *ex capite minorennitatis* nachgesuchten Restitution etwa zuständigen Rechte) sowie dem supplicantischen Gesuche um einstweilige Sistirung[5670] des gegen das niedergerichtliche Erkenntniß vom 27. September 1828 obschwebenden Appellationsverfahrens ist nicht stattzugeben. Vielmehr ist nach Inhalt Decrets vom heutigen Tage dieses Verfahren ohne weiteres geschlossen und sofortige Inrotulation der *ad extraneos*[5671] zu versendenden Acten verfügt worden. Die gegenwärtigen Incidentverhandlungen sind von den zu versendenden Acten abzusondern und zurückzubehalten, die neuerdings wiederholt eingereichte „Nachträgliche [S. 38] Äüßerung“ mit ihren Beilagen aber sowie der itzt sub Littera BB. beigebrachte rußische Zolltarif *de* 1816 den Supplicanten zu retradiren[5672]. Die Supplicanten werden in die Kosten dieser Incidentverhandlungen verurtheilt.

Decretum Lübeck im Obergerichte am 29. November 1832.

C. L. Roeck[5673]
Secretarius

Hiebey die *in fine decreti*[5674] aufgeführten Stücke.
R[5675], *Secretarius*
insinuirt[5676], den 30. November 1832

J. H. Burmester[5677]
Obergerichtsbote

5669 Außerhalb derartiger außerordentlicher Anträge heißt es in den Urteilen des Obergerichts, die entsprechende Entscheidung werde erkannt, so oben S. 624 (S. 43 der Akte L I 161).

5670 „Ruhen oder Aussetzen des Verfahrens“.

5671 „An auswärtige Urteilsverfasser“.

5672 „Zurückzugeben“.

5673 Carl Ludwig Roeck (1790–1869), Studium des französischen Rechts in Dijon, seit 1814 Senatssekretär, 1833 Senator, seit 1855 Bürgermeister von Lübeck, zu ihm Gerhard Ahrens, Art. Roeck, Carl Ludwig, in: Alken Bruns (Hrsg.), Neue Lübecker Lebensläufe, Neumünster 2009, S. 514–517; ders., Art. Roeck, Carl Ludwig, in: Biographisches Lexikon für Schleswig-Holstein und Lübeck, Band 13, Neumünster 2011, S. 411–414.

5674 „Am Ende des Beschlusses“.

5675 Handzeichen von Carl Ludwig Roeck.

5676 „Zugestellt, bekanntgegeben“.

5677 Johann Hermann Burmester, Hausdiener und Kassierer der Stadtgefälle, nachgewiesen in: Lübeckisches Address-Buch 1828, S. 92.

[Kostenrechnung]

[S. 40]
Rhederey des Schiffs Dora & Consorten[5678]
contra
Wildtfanck & Consorten
(hiebey 1 Paket mit Aktenstücken[5679])

Sententia[5680]	3 Mark	
chirographaria signatura[5681]	1 Mark	8 Schilling
Insinuation[5682]		8 Schilling
		5 Mark

Herrn Dr. Lembke[5683]

5678 „Streitgenossen".
5679 Der Hinweis bezieht sich auf die im Urteil des Obergerichts genannten Schriftstücke, die aus der Akte entfernt wurden.
5680 „Urteil". Urteilsgebühr des Obergerichts.
5681 „Handgeschriebene Unterschrift".
5682 „Zustellung".
5683 Es handelt sich um die Ausfertigung für die Kläger und Appellaten. Da die Kläger vor dem Obergericht verlieren, müssen sie die gesamten Kosten tragen.

Q 3 – Interpositionsbescheid des Obergerichts

1832 Dezember 13

Das Obergericht der Stadt Lübeck bestätigt, dass die Kläger gegen die Entscheidung vom 29. November 1832 (Aktenstück Q 2, oben S. 709) Berufung eingelegt haben. Ausfertigung, unterschrieben vom Ratssekretär Carl Ludwig Roeck.

[S. 41[5684]] Q 3

Anlage B.[5685]

Auf die am 7. des Monats übergebene Einwendung der Berufung an das Oberappellationsgericht der vier freien Städte Deutschlands gegen die Obergerichtsdecrete vom 29. November des Jahres in Sachen und von Seiten der Rhederey des Schiffes Dora und der Erben des Schiffers Georg Hinrich Haase, Kläger, jetzt Appellanten, wider Heinrich Diedrich Wildtfanck, Arnold Hornemann und Friedrich Ernst August Leuenroth, Beklagte, jetzt Appellaten, wegen Schadensersatzes, jetzt Incidentverhandlung betreffend, hat das Obergericht der freien Hansestadt Lübeck decretiret und die Einwendungsschrift zu den Akten zu nehmen, dieselbe auch den Gegnern zur Nachricht abschriftlich mitzutheilen verordnet.

Decretum Lübeck im Obergerichte am 13. December 1832

C. L. Roeck
Secretarius

Insinuirt[5686], den 13. December 1832

J. F. Olroch[5687]
Obergerichtsbote

5684 Aufgedrückter Stempel oben links mit Stadtwappen von Lübeck und *24 Schilling*, darunter Unterschrift, möglicherweise *J. Cron*, darüber handschriftlich *24 s.*

5685 Anlage B zur Berufungsbegründung, oben S. 698 (S. 5 der Akte). – Daneben zeitgenössische Addition *1 + 31 = 32 + 10.*

5686 „Zugestellt, bekanntgegeben".

5687 Johann Friedrich Olroch, Hausdiener, Kassierer der Stadtgefälle, nachgewiesen in: Lübeckisches Adress-Buch 1832, S. 242.

Sitzungsprotokoll

1833 Januar 17

Auszug aus dem Sitzungsprotokoll des Oberappellationsgerichts für das Geschäftsjahr 1832/33 (AHL OAG A 14, nicht Teil der Prozessakte), geschrieben vom Gerichtssekretär Carl Wilhelm Pauli.

Actum im Oberappellationsgerichte.
Lübeck, den 17. Januar 1833.

Praesentibus omnibus[5688].

Nach verlesnem Protocolle der Sitzung vom 15. des Monats
§ 1
referirte D. du Roi[5689] ad No. 278 P. B.[5690] über die in Sachen der Rhederey des Schiffes Dora und der Erben des Schiffers G. H. Haase in Lübeck, Kläger, jetzt Appellanten, *contra* H. D. Wildtfanck und Consorten daselbst, Beklagte, jetzt Appellaten, wegen Schadensersatzes, nun außerordentliche Rechtsmittel behufs[5691] Zulassung eines *novi*[5692], von Ersteren übergebene Appellationsschrift[5693].

Conclusum

Communicetur[5694] den Appellanten *ad excipiendum*[5695] und sey das lübeckische Obergericht um die Einsendung der Voracten zu ersuchen[5696], übrigens aber der gegenwärtige Bescheid für die[5697] Appellaten an deren bereits von der früheren Appellation her *ad acta* legitimirten Anwalt zu[5698] insinuiren[5699].

Bey dieser Verhandlung war D. Hach nicht zugegen, da dessen Sohn Dr. Eduard Hach früher für den appellatischen Sachführer die Feder[5700] geführt hatte, *confer* Protocoll vom 26. Juny[5701] vorigen Jahres[5702].

5688 „In Anwesenheit aller".
5689 Danach gestrichen *übe*.
5690 Unklare Abkürzung, möglicherweise *Posteingangsbuch* oder *Protocollbuch*.
5691 „Zum Zwecke der".
5692 „Neuen Beweismittels".
5693 Oben S. 698(S. 5 der Akte).
5694 „Sie werde mitgeteilt".
5695 „Um zu erwidern".
5696 Ersuchungsschreiben unten S. 717 (S. 45 der Akte).
5697 Verbessert aus *den*.
5698 Danach zwei Buchstaben gestrichen.
5699 „Zuzustellen".
5700 Worttrennung vor *geführt* nachträglich eingefügt.
5701 Danach gestrichen *d*.
5702 Oben S. 685.

Q 4 – Kommunikativdekret des Oberappellationsgerichts
1833 Januar 17

Das Oberappellationsgericht beschließt, die Berufungsbegründung den Beklagten zuzustellen und eine Berufungserwiderung anzufordern. Außerdem soll das Obergericht um die Übersendung der vorinstanzlichen Akten ersucht werden. Konzept, geschrieben vom Sekretär Carl Wilhelm Pauli, mit Handzeichen unterschrieben vom Gerichtspräsidenten Arnold Heise und vom Referenten Georg du Roi.

[S. 43] Q 4

Expeditum & insinuatum[5703], den 19. Januar 1833
W. Insin. B. No. 218 u. 219.

In Sachen der Rhederey des Schiffes Dora und der Erben des Schiffers Georg Hinrich Haase, nemlich der Wittwe desselben, Anna Catharina, geborner Wenditz, jetzt verwittweter Hertel, *cum Curatore*[5704], und Jürgen Heinrich Willrath und Adolph Hinrich Haase als Vormünder der Margaretha Elisabeth Haase, sämmtlich zu Lübeck, Kläger, jetzt Appellanten, wider Heinrich Diedrich Wildfanck, Arnold Hornemann und Friedrich Ernst August Leuenroth daselbst, Beklagte, jetzt Appellaten, wegen Schadensersatzes, nunmehr außerordentliche Rechtsmittel behufs[5705] Zulassung eines *novi*[5706] betreffend, wird die von ersteren hieselbst übergebene Appellationsschrift letzeren hieneben abschriftlich unter der Auflage mitgetheilt, sich darauf binnen Ordnungsfrist bey Vermeidung des Ausschlußes vernehmen zu lassen, und soll wegen Einsendung der in der Sache verhandelten Voracten behufiges Ersuchungsschreiben an das Obergericht der freien Hansestadt Lübeck erlaßen, übrigens aber der gegenwärtige Bescheid für[5707] die Ap- [S. 44] pellaten an deren von der vorigen Appellation her *ad acta* legitimirten Anwalt Dr. Faber[5708] insinuirt werden.

Lübeck, den 17. Januar 1833.
Das Oberappellationsgericht der vier Freien Städte Deutschlands[5709]

AH GdR[5710]

5703 „Ausgefertigt und zugestellt".
5704 „Mit Geschlechtsvormund".
5705 „Zum Zwecke der".
5706 „Eines neuen Beweismittels", nämlich des Attests des russischen Außenhandelsdepartements, oben S. 490 (S. 51 der Akte L I 122).
5707 Danach ein Wort gestrichen.
5708 Anwaltsvollmachten für den Prokurator Heinrich Ludwig Faber oben S. 628 und 635 (S. 49 und 55 der Akte L I 161).
5709 Abgekürzt *Das OAG. d. v. Fr. St. D.*
5710 Handzeichen des Präsidenten Arnold Heise und des Referenten Georg du Roi.

[Kostenrechnung]

Stempel	2 Mark	
Stempel des Requisition[5711]	2 Mark	
Collationirung[5712]		12 Schilling
Copial		4 Schilling
Insinuation	1 Mark	8 Schilling
	6[5713] Mark	8 Schilling

5711 Kosten, die durch die Anforderung der Akte beim Obergericht entstehen.
5712 „Textabgleich".
5713 Verbesserung in der Zahl.

Q 5 – Requisitionsschreiben des Oberappellationsgerichts

1833 Januar 17

Das Oberappellationsgericht fordert vom Obergericht der Stadt Lübeck die vorinstanzliche Prozessakte an. Konzept, geschrieben vom Sekretär Carl Wilhelm Pauli, mit Handzeichen unterschrieben vom Gerichtspräsidenten Arnold Heise und vom Referenten Georg du Roi.

[S. 45] Q 5

An die zum Obergerichte der Freien Hansestadt Lübeck verordneten Herren Bürgermeister, Syndici und Senatoren.

Expeditum[5714] & besorgt[5715], den 21. Januar 1833
K Insin. B. No. 205

In Sachen der Rhederey des Schiffes Dora und der Erben des Schiffers Georg Hinrich[5716] Haase, Kläger, jetzt Appellanten, wider Heinrich Diedrich Wildtfanck[5717] und Consorten[5718], Beklagte, jetzt Appellaten, wegen Schadensersatzes, nunmehr außerordentliche Rechtsmittel behufs Zulassung eines *novi*[5719] betreffend, worin erstere ihre wider das Erkenntniß vom 29. November vorigen Jahres[5720] eingewandte Appellation bey uns verfolgt haben[5721], ersuchen wir das Obergericht der Freien Hansestadt Lübeck um die gefällige Einsendung der in der Sache verhandelten Voracten.

Lübeck, den 17. Januar 1833.

Das Oberappellationsgericht der vier Freien Städte Deutschlands[5722]

AH GdR[5723]

5714 „Ausgefertigt".
5715 Die deutsche Entsprechung für die vollzogene Insinuation. An diesen kleinen Neuerungen zeigt sich der verstärkte Übergang zur deutschen Begrifflichkeit.
5716 Verbessert aus *Heinrich.*
5717 Verbessert aus *Wildtfrack.*
5718 „Streitgenossen".
5719 „Eines neuen Beweismittels".
5720 Oben S. 709 (S. 33 der Akte L I 181).
5721 Verbessert aus *hat.*
5722 Abgekürzt *Das OAG. d. v. Fr. St. D.*
5723 Handzeichen des Gerichtspräsidenten Arnold Heise und des Referenten Georg du Roi.

Q 6 – Schreiben des Obergerichts

1833 Januar 30

Das Obergericht der Stadt Lübeck übersendet dem Oberappellationsgericht auf dessen Ersuchen (Aktenstück 5, oben S. 717) die vorinstanzliche Prozessakte. Ausfertigung, unterschrieben vom Bürgermeister und Vorsitzenden des Obergerichts Adolph Heinrich Voeg und vom Lübecker Ratssekretär Carl Ludwig Roeck, Präsentationsvermerk des Oberappellationsgerichts durch den Präsidenten Arnold Heise.

[S. 47[5724]] Q 6

No. 310 praesentirt, den 30. Januar 1833[5725]

In Sachen der Rhederey des Schiffes Dora und der Erben des Schiffers Georg Hinrich Haase, Kläger, jetzt Appellanten, wider Heinrich Diedrich Wildtfanck und Consorten[5726], Beklagte, jetzt Appellaten, wegen Schadensersatzes, jetzt außerordentliche Rechtsmittel behufs[5727] Zulassung eines *Novi*[5728] betreffend, übersendet das Obergericht der freien Hansestadt Lübeck dem Oberappellationsgerichte der vier freien Städte Deutschlands auf dessen geehrtes Schreiben vom 17. des Monats[5729] hiedurch die verhandelten Vorakten, nachdem dieselben ordnungsmäßig inrotulirt[5730] worden.

Lübeck, den 30. Januar 1833.

Das Obergericht
der freien Hansestadt
Lübeck.

A. H. Voeg[5731]

An das Oberappellationsgericht der vier freien Städte Deutschlands hieselbst.

C. L. Roeck
Secretarius

5724 Aufgedrückter Stempel der Stadt Lübeck oben links mit Stadtwappen und *Zwey Marck*, darunter Unterschrift, möglicherweise *Germann.*

5725 Eigenhändiger Vermerk über den gerichtlichen Eingang am Oberappellationsgericht durch den Präsidenten Arnold Heise. Abgekürzt *praes.*, also vielleicht auch *praesentatum.*

5726 „Streitgenossen".

5727 „Zum Zwecke der".

5728 „Eines neuen Beweismittels".

5729 Oben S. 717 (S. 45 der Akte).

5730 „Auf Vollständigkeit geprüft und für den Versand verpackt".

5731 Eigenhändige Unterschrift von Adolph Heinrich Voeg (1766–1833), seit 1824/25 Bürgermeister der Stadt Lübeck und Präses des Obergerichts (1824, 1826, 1828, 1830, 1832–1833 im Wechsel mit Christian Heinrich Kindler), zu Voeg: Neuer Nekrolog der Deutschen. Elfter Jahrgang 1833, Weimar 1835, S. 294–295; Emil Ferdinand Fehling, Zur Lübeckischen Ratslinie 1814–1914 (Veröffentlichungen zur Geschichte der freien und Hansestadt Lübeck IV/1), Lübeck 1915, Nr. 19 S. 11; ders., Lübeckische Ratslinie von den Anfängen der Stadt bis auf die Gegenwart, Lübeck 1925 (Nachdruck Lübeck 1978), Nr. 961, S. 155.

Q 7 – Berufungserwiderung der Beklagten
1833 April 22

Die Beklagten antworten auf die Berufungsbegründung der Kläger (Aktenstück Q 1, oben S. 698) und beantragen die kostenpflichtige Zurückweisung des Rechtsmittels. Schriftsatz, verfasst von Eduard Hach als Vertreter des abwesenden Advokaten Carl August Buchholz, beim Oberappellationsgericht eingereicht durch den Prokurator Heinrich Ludwig Faber.

[S. 51[5732]] Q 7
No. 448 *praesentatum*[5733], den 22. April 1833

Stempelbogen
zur
Vernehmlassung
von Seiten
Heinrich Diedrich Wildtfank, Arnold Hornemann und Friedrich Ernst August Leuenroth, Beklagte,
Appellaten,
gegen
die Rhederey des Schiffes Dora und die Wittwe und Tochter des Schiffers Georg Hinrich Haase, Klägerinnen,
Appellantinnen,[5734]
wegen Schadensersatzes, jetzt Zulassung eines *novi*[5735].

[S. 53]
An die zum Oberappellationsgericht der vier freyen Städte Deutschlands hochverordneten Herren Präsident und Räthe

Vernehmlaßung
von Seiten
Heinrich Diedrich Wildtfank[5736], Arnold Horneman[5737] und Friedrich Ernst August Leuenroth, Beklagten, Appellaten,
gegen

5732 Stempelpapier mit eingeprägtem Stempel des Oberappellationsgerichts über 3 Mark, daneben Handzeichen *CWP* von Carl Wilhelm Pauli und *3 Mk.*
5733 „Gerichtlich eingereicht".
5734 Seltene und frühe geschlechtergerechte Bezeichnung der klägerischen Prozesspartei. „Die" Reederei und zwei weibliche Personen führen zu einer rein weiblichen Benennung als Klägerinnen.
5735 „Eines neuen Beweismittels".
5736 Ganz seltene Schreibweise von Wildtfanck ohne ck, hier von seinem eigenen Anwalt.
5737 Ebenfalls seltene Schreibweise von Hornemann ohne nn.

die Rhederey des Schiffes Dora und die Wittwe und Tochter des Schiffers Georg Hinrich Haase, Klägerinnen, Appellantinnen,

wegen Schadensersatzes, jetzt Zulassung eines *novi*.

[S. 54[5738]] P. P.[5739]

I. Zwischen dem rechtskräftigen Beweisinterlocut[5740] vom 12. December 1822[5741] und dem Erkenntniße des Niedergerichts über das Resultat der Beweisinstanz vom 27. September 1828 liegen sechs Jahre. Sie sind verzehrt worden theils durch eine mehr als neunmonatliche Befristung der Kläger für die Herbeischaffung ihrer Beweisdocumente, theils durch die Besprechung derselben, bey welcher ihre Mängel klar wurden, theils durch die urtheilende Thätigkeit des Richters[5742].

Das Niedergericht entschied, was die Kläger lange sich vorhersagen mußten und vorhergesagt haben – der Beweis sey nicht geführt. Die Kläger ergriffen das Rechtsmittel der Appellation und wurden mit seiner Ausführung [S. 55[5743]] länger als ein Vierteljahr befristet[5744].

Ihre Fristbitten beriefen sich ohne Bescheinigung auf „theilweise Abwesenheit der Kläger, Nothwendigkeit der Rücksprache mit allen Betheiligten, das Erforderniß näherer Information aus Rußland und die hohe Wichtigkeit des Gegenstandes“, später sogar auf „obwaltende Vergleichsverhandlungen“[5745]. Und jedesmal fanden Gründe und Bitten williges Gehör.

Nur zweimal wurden sie vorgetragen. Beim Ablaufe der zweiten Frist erschienen die Kläger im Obergerichte mit einer Rechtfertigungschrift[5746], welche aus den vorliegenden Acten eine Vollkommenheit ihrer Beweisführung zu deduciren[5747] versuchte und mit der Bemerkung schloß,

> daß wiederholte Schritte gethan seien, um von dem Petersburger Departement nähere Angaben und Bestimmungen in Betreff der erlaubten Waaren und der einzelnen Strafen zu erlangen. „Kläger erwarten sie posttäglich und behalten es sich ausdrücklich bevor, diese nachträglich dem Obergerichte [S. 56[5748]] in dieser Appellationsinstanz vorzulegen“.

5738 Zeitgenössisch S. 2 des Schriftsatzes.
5739 Die Höflichkeitsanrede ist wie immer weggelassen.
5740 „Zwischenurteil“.
5741 Urteil des Oberappellationsgerichts im ersten Rechtsstreit, oben S. 429 (S. 537 der Akte L I 22 a).
5742 Zur langsamen Arbeitsgeschwindigkeit des Niedergerichts bei der Vorbereitung der Entscheidung oben bei Anm. 5158.
5743 Zeitgenössisch S. 3.
5744 Gemeint sind die mehrfachen Fristverlängerungen des Obergerichts für die Berufungsbegründung.
5745 Hier taucht der erste Hinweis auf laufende Vergleichsverhandlungen auf. An früherer Stelle war im Briefwechsel zwischen Conrad und Heinrich Platzmann noch davon die Rede, der Beklagte Wildtfanck lehne einen Vergleich ab, oben S. 661 (S. 97 der Akte L I 161). Am Ende vermittelten Arnold Heise, Georg du Roi und Carl Wilhelm Pauli einen gerichtlichen Vergleich, unten S. 1009 (S. 451 der Akte L I 202).
5746 „Berufungsbegründung“, Übersetzung des älteren Begriffs Justifikationsschrift.
5747 „Auszuführen“. Schreibfehler in der Vorlage: *deduiiren*.
5748 Zeitgenössisch S. 4.

Zufällig verzögerte sich die Vernehmlassung[5749], und[5750] so geschah es, daß vor dem Actenschluße der zweiten Instanz, sieben Monate nach dem Erkenntniße des Niedergerichts, eine „Nachträgliche Aeußerung“[5751] der Kläger zu ihrer Beschwerdeschrift erschien; begleitet von einer Beweisurkunde, welche am 28. Februar 1829 zu St. Petersburg ausgefertigt war[5752]. Es ist interessant, wie unbefangen dieser Nachtrag zur Beweisführung vom 20. September 1823 im Jahre 1829 in die Acten einzurücken gedachte! „Er solle nur Nachtrag zu den Beschwerden vom 8. Januar 1829 sein. *Iudex a quo*[5753] habe noch einige nähere Angaben und Bestimmungen gewünscht. Deren Nachlieferung sey ausdrücklich und selbst in Form einer Beschwerde umso gerechter vorbehalten, als es hier keine neue Beweisführung, sondern nur eine Erläuterung und mehr präcise Bestimmung der vorigen gelte. Man werde sich gestehen müssen, daß nun der erforderte Beweis in hoher Vollkommenheit erbracht, daß wie *in gravaminibus*[5754] gebeten, nunmehr [S. 57[5755]] zu erkennen sey.“ –

So leicht glaubten Beklagte eine Verletzung ihres Rechts nicht nehmen zu dürfen. Sie forderten Entfernung des unbehörigen Nachtrags von den Acten und weigerten einstweilen ihre Vernehmlassung. Es wurde vom Obergerichte diese Entfernung erkannt[5756]. Die Kläger appellirten[5757]. Sie ließen von ihrer Unbefangenheit ab. Sie gingen auf die *beneficia nondum probata probandi, nondum deducta deducendi*[5758] zurück, erboten sich jetzt zu den nothwendigen Eiden, und baten nun um Wiedereinsetzung in den vorigen Stand. Das Oberappellationsgericht sprach aus, wenn ein wirkliches *novum*[5759] vorliege, welches ohne Verschulden der Partey nicht zeitiger habe geschafft werden können, so dürfe es zugelassen werden auch ohne Restitution[5760]. Diese Voraussetzungen zu begründen genüge nicht das *jusjurandum novorum*[5761]. Es müsse bescheinigt werden, daß die Kläger gleich nach der Publication das Niedergerichtserkenntnißes den gebührenden Fleiß angewendet

5749 „Berufungserwiderung“, hier geht es um eine von den Beklagten zu vertretende Prozessverschleppung. Ob während dieser Zeit tatsächlich Vergleichsverhandlungen stattfanden, geht aus den Schriftsätzen der Parteien nicht hervor.

5750 Wort über der Zeile eingefügt.

5751 Oben S. 483 (S. 50 der Akte L I 122).

5752 Deutsche Übersetzung oben S. 490 (S. 51 der Akte L I 122).

5753 „Der vorinstanzliche Richter“.

5754 „In der Berufungsbegründung“.

5755 Zeitgenössisch S. 5.

5756 Urteil des Obergerichts Lübeck vom 11. Juni 1829, oben S. 478 (S. 31 der Akte L I 122).

5757 Zweite Appellation an das Oberappellationsgericht, oben S. 467 (S. 11 der Akte L I 122).

5758 „Rechtswohltat, das nicht Bewiesene zu beweisen, das nicht Ausgeführte auszuführen“, zur zeitgenössischen Begrifflichkeit: Justin Timotheus Balthasar Linde, Ueber das neue Vorbringen in der höhern Instanz, in: Zeitschrift für Civilrecht und Prozeß 4 (1831), S. 460–494 (483).

5759 „Neues Beweismittel“.

5760 Urteil des Oberappellationsgerichts, oben S. 593 (S. 179 der Akte L I 122).

5761 Der sog. Noveneid, dazu Hinweise in den Entscheidungsgründen, oben S. 598 (S. 186–187 der Akte L I 122).

hätten, das im April 1829 producirte Document noch vor dem [S. 58[5762]] 8. Januar 1829 sich zu verschaffen[5763].

Die Bescheinigung ist den Klägern durchaus mislungen. Es hat sich ergeben, daß nicht fahrlässiger, nicht zögerender die Herbeischaffung der Urkunde betrieben werden konnte, als sie von den Klägern betrieben worden ist. Kurz es hat sich, wie das Obergericht zu seinem Erkenntniße vom 7. Juli 1831[5764] sagt, weder die Anwendung gebührenden Fleißes noch der Mangel einer Verschuldung des langen Ausbleibens der Urkunde noch die unverschuldete Unthunlichkeit einer Vorlegung derselben innerhalb der Rechtfertigungsfrist der Appellation, vielmehr von allem, was zu bescheinigen war, grade das Gegentheil ergeben und es ist rechtskräftig ausgesprochen,

> „daß die „Nachträgliche Aeußerung" mit ihren Beilagen wegen verschuldeter Verspätung von den Acten entfernt zu halten, mithin bey Beurtheilung der Appellationsbeschwerden nicht zu berücksichtigen sey."[5765]

Nachdem auf solche Weise das Recht [S. 59[5766]] der Beklagten anerkannt und geschätzt war, legten sie dem Obergerichte ihre Vernehmlassung vor, und erwarteten Actenschluß und Urtheil.

2. Allein beides wurde von neuem durch die Kläger gehemmt. Am Schluße der vierten Woche nach insinuirtem Erkenntniße des Oberappellationsgerichts vom 26. Juni 1832[5767] hatten sie dem Obergericht eine Schrift producirt mit dem *Rubro*:

> „Einführung mehrerer außerordentlicher Rechtsmittel"

und unter dem Schutze dieser Rechtsmittel die zurückgewiesenen Documente wieder in die Acten einzudrängen gesucht, auch ein drittes Document, einen Zolltarif von 1816, ihnen noch angeschlossen.

Der Versuch fand im Obergerichte kein Gehör. Die Acten wurden vom Eingedrängten gesäubert, geschlossen, inrotulirt und zur Versendung *ad extraneos*[5768] bereitet[5769]. Eine Appellation der Kläger gegen diese Proceßleitung ruft die Beklagten ins Oberappellationsgericht und hier sind sie genöthigt, [S. 60[5770]] die Zulässigkeit der Appellation und die Zulässigkeit und Wirksamkeit der benutzten außerordentlichen Rechtsmittel im Allgemeinen und Einzelnen zu prüfen.

Beklagte halten die Appellation für unzuläßig, theils weil sie gegen ein prozeßleitendes Decret gerichtet, theils weil dieses Decret auf vorangehende *res judicata*[5771]

5762 Zeitgenössisch S. 6.

5763 Fast wörtliche Anlehnung an den Tenor des oberappellationsgerichtlichen Urteils.

5764 Oben S. 623 (S. 41 der Akte L I 161).

5765 Zitat aus dem Urteil des Obergerichts.

5766 Zeitgenössisch S. 7.

5767 Entscheidung des Oberappellationsgerichts im dritten Appellationsverfahren, oben S. 686 (S. 117 der Akte L I 161).

5768 „An auswärtige Urteilsverfasser" einer Juristenfakultät.

5769 Entscheidung des Lübecker Obergerichts vom 29. November 1832, oben S. 709 (S. 33 der Akte).

5770 Zeitgenössisch S. 8.

5771 „Rechtskraft".

gebauet ist. Eine abgesonderte Erörterung dieser Meinung kann jedoch erspart werden, da *in materialibus*[5772] die Appellation erfolglos bleiben muß.

Vier Rechtsmittel benannten die Kläger und müssen sie zunächst allgemeiner Beschauung unterwerfen[5773]. Ein Rechtsmittel ist der Antrag, mittelst dessen die Partey einen durch Spruch oder Verfügung des Richters wirksam gewordenen Nachtheil abzuwenden oder wieder aufzuheben bemüht ist. Er ist ein ordentliches Rechtsmittel, wenn er zeitig gebraucht wird, die Rechtskraft des Spruches abzuwenden, ein außerordentliches, wenn er[5774] nach Ablauf der Nothfrist ordentli- [S. 61[5775]] cher *remedia*[5776] den Zweck hat wiederaufzuheben, was bereits rechtskräftig geworden war. Die Proceßgesetze Lübecks lassen in der Regel nur die Sprüche des Oberappellationsgerichts unbedingt in Rechtskraft treten[5777]. Die Sprüche des Nieder- und Obergerichts dagegen werden durch Ablauf einer Frist rechtskräftig, während welcher dem Beschwerten es gesetzlich freysteht, die Rechtskraft abzuwenden. Ordentliche Rechtsmittel greifen daher in kein schon existent gewordenes Recht des Gegners verletzend ein, außerordentliche bedürfen, weil sie einer solchen Verletzung sich schuldig machen, einer besondren Begründung. Diese wird gegeben durch Nichtigkeit des Verfahrens, welches den rechtskräftigen Nachtheil herbeyführte, und in diesem Falle kann der Gegner sich nicht beklagen, da sein *jus* als *nullum* sich ergiebt, – oder durch Umstände, welche den Richter nach gesetzlicher Erlaubniß bewegen, der Billigkeit den Sieg über das Recht zu geben[5778]. Es wird auch [S. 62[5779]] dem Laien einleuchten, daß hier die richterliche Befugniß in sehr enge Gränzen geschlossen, an bestimmte Voraussetzungen gebunden ist, daß keine Willkür stattfinden kann, wo die Rescission[5780] erworbener Rechte in Frage steht. Die Gesetze fordern, daß dem Antragenden ein wirklicher Nachtheil, eine Verletzung seines Rechts, eine *laesio*[5781] durch Rechtskraft bereitet sey, daß seine Bitte um Rescission derselben an einen gesetzlich aufgestellten Grund, an ein gesetzliches Motiv des Vorzuges der *aequitas* vor dem *jus*[5782] sich anschließe und drittens, daß er dieser richterlichen Begünstigung würdig erscheine, ein Satz, welcher von den Gesetzen in die Worte gefaßt wird:

5772 „In der Sache, in der Begründetheit".
5773 Der Schriftsatz geht an dieser Stelle in den Lehrbuchstil über und bringt allgemeine Definitionen und Abgrenzungen ähnlich wie bei der Herleitung der gegenseitigen Vertragspflichten im ersten Rechtsstreit, dazu oben S. 115 (S. 63 der Akte L I 22 a).
5774 Grammatisch auf „Antrag" bezogen.
5775 Zeitgenössisch S. 9.
5776 „Rechtsmittel".
5777 Gegen Entscheidungen des Oberappellationsgerichts war eine weitere Appellation nicht möglich.
5778 Anspielung auf die Lehre von der Äquitas. Das strenge Recht kann in Einzelfällen durch Billigkeit verdrängt werden, kurze Hinweise bei Christoph Becker, Art. Billigkeit, in: Handwörterbuch zur deutschen Rechtsgeschichte, Band I (2. Aufl. 2008), Sp. 587–592.
5779 Zeitgenössisch S. 10.
5780 „Aufhebung".
5781 „Verletzung, Schädigung".
5782 Es geht also um das Verhältnis von Billigkeit und Recht, soeben Anm. 5778.

„non negligentibus subvenitur, sed necessitate rerum impeditis.“[5783]

Treffen alle drey Bedingungen vollständig zusammen, dann und nur dann ist es dem Richter gestattet, das Recht, welches der Gegner aus seinem rechtskräftigen Spruche gewann, wieder zu vernichten.

Natürlich hat jedes einzelne Rechts- [S. 63[5784]] mittel dieser Klasse seine besondren gesetzlichen Bedingungen, doch gestattet sie[5785] noch folgende allgemeine Bemerkung. Was unter gewissen Voraussetzungen wieder aufgehoben und vernichtet werden soll, bleibt bis dahin wirksam. Das außerordentliche (rescindirende) Rechtsmittel gleicht der Resolutivbedingung[5786]. Folglich kann ein Suspensiveffect keinem solchen Rechtsmittel zugestanden werden[5787]. Aus rechtskräftigem Spruche gewannen Beklagte das Recht, daß die „Nachträgliche Aeusserung“ der Kläger mit ihren Anlagen von den Acten zurückgegeben, entfernt gehalten, diese aber nach beendigtem regelmäßigen Schriftwechsel geschlossen und zum Spruche gestellt würden. Das Recht begann zu wirken, aber das Obergericht hat sich bewogen gefunden, den weiteren Verlauf seiner Wirksamkeit zu hemmen, als die Kläger außerordentliche Rechtsmittel einbrachten und gegen ihren Abschlag appellirten. Dies erscheint nicht dem Wesen der Rechtsmittel gemäß, und es darf gehofft werden, daß die [S. 64[5788]] Bitte Gewährung findet,

> das höchstpreisliche Oberappellationsgericht geneige der Appellation den Suspensiveffect zu versagen und dem Obergerichte aufzugeben, die Acten der Hauptsache dem Schlußdecrete vom 29. November 1832[5789] gemäß ohne Weiteres wieder zu inrotuliren und *ad extraneos* zu versenden[5790].

3. Die einzelnen *remedia*[5791] betrachtend, müssen Beklagte das erste sofort aus der Reihe der wirklichen Rechtsmittel ausschließen.

Die Befugniß zu neuem Vorbringen ist unter gesetzlichen Voraussetzungen ein *beneficium*[5792] dessen, welcher sich ordentlicher Rechtsmittel bedient. Unter anderen

5783 „Nicht den Nachlässigen wird geholfen, sondern den durch Zwang der Verhältnisse Verhinderten“, nachgewiesen und übersetzt bei Detlef Liebs, Lateinische Rechtsregeln und Rechtssprichwörter, 7. Aufl. München 2007, S. 155 Nr. N 123.

5784 Zeitgenössisch S. 11.

5785 Unklarer Satz. Das *sie* kann sich auf *Klasse* beziehen oder einen Schreibfehler darstellen (statt *sei*).

5786 „Einer auflösenden Bedingung“, bei der die Rechtswirkungen mit Bedingungseintritt wieder wegfallen, Hinweis bei Max Kaser / Rolf Knütel / Sebastian Lohsse, Römisches Privatrecht. Ein Studienbuch, 21. Aufl. München 2017, § 10 Rn. 11, S. 80.

5787 Die ordentlichen Rechtsmittel sind dagegen durch den Suspensiveffekt gekennzeichnet. Bis zur Entscheidung über das Rechtsmittel darf das angefochtene Urteil nicht vollstreckt werden und erwächst nicht in Rechtskraft.

5788 Zeitgenössisch S. 12.

5789 Oben S. 709 (S. 33 der Akte).

5790 Nach dem Antrag der Beklagten soll also trotz und während des laufenden oberappellationsgerichtlichen Verfahrens der Rechtsstreit vor dem Obergericht durch Aktenversendung entschieden werden.

5791 „Rechtsmittel“.

5792 Gemeinrechtlich Rechtswohltat genannt, bei Samuel Oberländer (Hrsg.), Lexicon Juridicum Romano-Teutonicum, hrsg. und eingeleitet v. Rainer Polley, Nachdruck Köln, Weimar, Wien 2000 der 4. Aufl. Nürnberg 1753, S. 77: „Beneficium, eine Wohlthat, eine Freyheit, oder ein sonderbares Recht, von den

Voraussetzungen begründen *nova* ein außerordentliches Rechtsmittel. Selbständigkeit aber kann dem neuen Vorbringen nicht zugesprochen werden, und ein Blick in die Rechtfertigung der ersten Beschwerde beweiset, daß die Kläger eine Selbständigkeit ihm zu vindiciren[5793] nicht einmal versuchten, sondern auf ihre Appellation [S. 65[5794]] zurückgehen und als Appellanten das *beneficium nova deducendi et probandi*[5795] ansprechen.

Wir streichen folglich dies angebliche Rechtsmittel und mit ihm die erste Beschwerde, über welche die Kläger in den Entscheidungsgründen des Oberappellationsgerichts zum Urtheile vom 14. Junius 1830 volle Belehrung finden, wo es heißt:

„Da nach der lübeckischen Verordnung vom 4. Mai 1814 § 27 und 30 dem Appellanten in der Appellationsinstanz beim Obergerichte keine weitere Verhandlung als eine Rechtfertigungsschrift gestattet und für diese Verhandlung ein *fatale*[5796] festgesetzt ist, so kann auch die Ausübung des *benificii nondum probata probandi* auf keine andre Weise als in der Rechtfertigungsschrift[5797] und binnen des für diese bestimmten *fatale* geschehen, indem es sich bey jedem *fatale* von selbst versteht, daß diejenige Verhandlung, für welche es vorgeschrieben ist, binnen desselben nicht bloß angefangen, [S. 66[5798]] sondern vollendet werden muß."[5799]

4. Ein *fatale* also begränzt das *beneficium novorum* des Appellanten. Dies *fatale* ist unbenutzt verstrichen und das *beneficium* verloren, wenn nicht eine Wiedereinsetzung in den vorigen Stand diesen Nachtheil rescindiren kann. Denn ohne Restitution[5800] war nur ein Weg offen, und diesen Weg haben die Kläger, wie es die mit dem Erkenntniße vom 26. Junius 1832[5801] geendigten Incidentverhandlungen[5802] ergeben, sich selbst für immer abgeschnitten.

Sie führen deshalb ein zweites außerordentliches Rechtsmittel ein:

die Restitutionsbitte gegen den Ablauf der Rechtfertigungfrist.

gemeinen Regeln Rechtens abgesondert, entweder aus sonderbarer Gnade gegen eine Person, oder zu dem Gut, welchem es zum Vorteil und Nutzen geordnet ist."

5793 „Anzumaßen", ältere Bedeutung etwa in Pierer's Universal-Lexikon der Vergangenheit und Gegenwart, Band 18, 4. Aufl. Altenburg 1857/64, S. 601.

5794 Zeitgenössisch S. 13.

5795 „Die Rechtswohltat, Neues auszuführen und zu beweisen".

5796 „Frist".

5797 „Berufungsbegründung".

5798 Zeitgenössisch S. 14.

5799 Zitat aus den Entscheidungsgründen des Oberappellationsgerichts, oben S. 597 (S. 184–185 der Akte L I 122).

5800 „Wiedereinsetzung in den vorigen Stand".

5801 Urteil des Oberappellationsgerichts, oben S. 686 (S. 117 der Akte L I 161).

5802 Zum Inzidentpunkt Justus Claproth (anonym), Ohnmasgeblicher Entwurf eines Gesetzbuchs, 1770, S. 160: „derjenige Streitpunct, welcher in einer bereits rechtshängigen Sache vorkommt, und ein besonderes Erkenntniß erfordert".

Dies Rechtsmittel trifft zunächst der Einwand, daß die Frist der Justification[5803] nicht versäumt ist. Die Kläger hatten willige Prorogation[5804] gefunden, und bey der Leichtigkeit, mit welcher ihre unbescheinigte Bitte Gewährung fand, durften sie hoffen, daß eine dritte Prorogation nicht werde versagt werden. Auf die- [S. 67[5805]] se Prorogation verzichteten sie freywillig durch zeitige Justificirung ihrer Beschwerden. Sie verzichteten freiwillig zugleich auf das *beneficium novorum,* welches an die Rechtfertigungsschrift gebunden ist. *Ad renunciata non recurritur*[5806].

Ein anderer Einwand. Ginge man ab von den Worten und dächte sich das Rechtsmittel als die Bitte um Restitution gegen versäumte Verbindung von *novis* mit der Rechtfertigungschrift – welche Verbindung nicht versäumt, sondern freywillig aufgegeben ist –, so würde diese Bitte zum zweitenmale jetzt auftreten und zum zweiten Male ihre Beurtheilung verlangt werden. Das *petitum*[5807] der Appellationschrift, welche die Kläger am 8. September 1829 dem Oberappellationsgerichte vorlegten, lautet wörtlich:

> „zu erkennen, daß die „Nachträgliche Aeußerung“ *cum adjunctis*[5808] vom Obergerichte nach abgeleisteten Eiden und nach etwa ertheilter Wiedereinsetzung in den vorigen Stand *in judicando*[5809] aller- [S. 68[5810]] dings mitzuberücksichtigen sey.“[5811]

Über dies *petitum* ist entschieden und das Resultat war, daß es verworfen wurde[5812].

Auf Seite 21 der jetzigen Appellationsschrift[5813] findet sich dasselbe *petitum* wörtlich wiederholt. Die Kläger haben übersehen, daß eine abgeschlagene Restitution[5814] nicht zum zweitenmale gebeten werden darf, ausser für den *minor*[5815] aus neu entstandenen Gründen. Hier aber ist Minorennität nicht in Betracht gezogen und kein neu entstandener Grund vorgetragen.

Ein dritter Einwurf geht aus § 158 der Gerichtsordnung hervor, welcher bestimmt, daß wenn abermals die versäumte Frist „von der Zeit, da auf Wiedereinsetzung anzutragen war, verstrichen ist, das Gesuch nicht weiter zuläßig sey.“[5816]

5803 „Berufungsbegründung“.
5804 „Fristverlängerung“.
5805 Zeitgenössisch S. 15.
5806 „Auf das Verzichtete kommt man nicht zurück“, Anspielung auf den gemeinrechtlichen Merksatz „ad renunciata non datur regressus“, nachgewiesen bei Johann Baptist Sartorius, Erörterung der contumacia, der Contumacial-Principien, und Contumacial-Folgen, in: Zeitschrift für Civilrecht und Prozeß 17 (1842), S. 106 (69).
5807 „Antrag“.
5808 „Mit Anlagen“.
5809 „Bei der Entscheidung“.
5810 Zeitgenössisch S. 16.
5811 Zitat aus der Berufungsbegründung, oben S. 477 (S. 26–27 der Akte L I 122).
5812 Urteil des Oberappellationsgerichts oben S. 593 (S. 179 der Akte L I 122).
5813 Oben S. 707 (S. 27 der Akte).
5814 „Wiedereinsetzung in den vorigen Stand“.
5815 „Minderjährigen“.
5816 Etwas ungenau zitiert, Wortlaut der Vorschrift bei Blume, Gerichtsordnung (wie Anm. 5600), S. 84; dort Anm. k auf genau diesen Rechtsstreit: „Lübeck Dora contra Wildtfanck, October 1833“.

Am 8. September 1829 ist von Klägern Restitution gebeten. Zwischen diesem Gesuche und dem Schluße der Justificationsfrist, dem 8. Januar 1829, liegen acht Monate[5817], und will man auf die Production des [S. 69[5818]] angeblichen *novi* sehen, so liegen zwischen dem 8. September und 30. April mehr als vier Monate, während die Frist der Rechtfertigung sich auf vier Wochen beschränkt!

Sehen wir einmal davon ab, so ist die *laesio*[5819], die *causa*[5820], die Würdigkeit der auf Restitution Antragenden zu prüfen. Eine *laesio* finden sie darin, daß die Benutzung eines *novum* ihnen abgeschnitten sey. Allein das Document, welches sie einzubringen gedachten, ist kein *novum*, es ist ein Auszug längst bekannter Acten, welcher unter neuem Datum ausgefertigt wurde. Dieses neue Datum ist unwesentlich, es kann nicht den Karakter der Urkunde bestimmen, denn es hing rein von der Willkür der Kläger ab, ob sie im Jahre 1822 oder in irgend einem der folgenden Jahre sie entstehen lassen wollten. Das Beweismittel, die Acten, lag vor. Die Kläger hatten Kenntniß von ihm. Sie konnten jederzeit zu Auszügen gelangen, welche ganz ihrer Vorschrift gemäß ausgefertigt wurden. Ließen sie dennoch erst *elapso fatali*[5821] erst [S. 70[5822]] im Jahre 1829 die Urkunde entstehen, so gleichen sie dem Beweisführer, der Kenntniß von einem Zeugen hat und willkürlich ihn nicht benutzt[5823]. Als *recens*[5824] *repertum*[5825] kann das Document nicht gelten, darum ist das *beneficium novorum* auf dasselbe nicht anwendbar, darum auch eine *lasesio* nicht vorhanden.

Dann fragt man nach einer *causa restitutionis*[5826] vergebens. Die Kläger gehen auf die *clausula generalis*[5827] zurück, nach welcher in allen Fällen das strenge Recht vernichtet und aufgelöst werden solle, wo gerechte Gründe dazu vorliegen oder selbst nur die Billigkeit es erfordert. Gelte einmal diese Begriffbestimmung. Welche gerechten Gründe liegen hier vor und welche Forderung der Billigkeit läßt sich nachweisen? Daß eine Urkunde in die Hände der Kläger gekommen, welche sie den Acten zeitig hätten einverleiben mögen und jetzt noch einzuverleiben wünschen, ist kein Grund der Bitte, wie die Versagung keine [S. 71[5828]] Läsion, und andre Gründe enthalten die Acten nicht.

5817 Die Berechnung der Monate ist nicht nachvollziehbar.
5818 Zeitgenössisch S. 17.
5819 „Verletzung, Schädigung".
5820 „Ursache".
5821 „Nach der verstrichenen Frist".
5822 Zeitgenössisch S. 18.
5823 Zur Analogie zwischen Urkundenbeweis und Zeugenbeweis oben bei Anm. 4566.
5824 Verbessert aus *receus*.
5825 „Kürzlich gefunden".
5826 „Ursache für die Wiedereinsetzung in den vorigen Stand".
5827 „Generalklausel", hier wohl im juristisch-technischen Sinne gemeint, als „sonstige Billigkeitsgründe", hierzu Georg Christian Burchardi, Die Lehre von der Wiedereinsetzung in den vorigen Stand. Eine civilistische Abhandlung, Göttingen 1831, S. 52.
5828 Zeitgenössisch S. 19.

Prüft man endlich, ob die Kläger des Richters Milde und außerordentliche Hülfe gegen erworbene Rechte verdienen, so widerlegt der Incidentact, welcher mit dem Erkenntniße vom 26. Junius 1832[5829] schloß, die ganze Argumentation von der *culpa*[5830], die wir in der Kläger Libell lesen, vollständig und durchweg. Es ist überflüssig, die Verwechslung der Begriffe, welche dort herrscht, herauszuheben. Es handelt sich nicht um Rechte, welche aus einer *culpa* der Kläger entstehen und abgeleitet werden sollen, sondern es handelt sich um erworbene *jura* der Beklagten, deren Rescission *ex aequo*[5831] die Kläger begehren. Und gewiß ist es keine *aequitas*, sondern eine *injuria*[5832], bestehende Rechte einer *pars diligens*[5833] aus etwaigem Mitleid mit der *pars negligens*[5834] zu vernichten.

So fehlen alle Bedingungen der Restitution. Niemals, unter keinen Bedingungen, in keiner Instanz [S. 72[5835]] wird die Urkunde vom Februar 1829 in die Acten aufgenommen werden dürfen. Eine gültige und sichernde *res judicata*[5836] hält sie entfernt, und deren Vernichtung im Wege des *judicium rescindens*[5837] widerspräche der *aequitas*, auf welche die Kläger sich berufen. Leiden sie Nachtheil, so fühlen sie ihn nicht, denn verschuldeter Schaden schmerzt nicht, nach dem Worte des Gesetzes[5838]. Glauben sich einige der Kläger frey von Verschuldung, so mögen sie auf die Schuldigen zurückgehen. Daß der Correspondent[5839] und der Anwalt[5840] nicht allein die Schuldigen sind, ergeben die Acten[5841], und eine Verweisung der Frage an die erste Instanz wäre ebenso überflüßig als der Proceßlage fremd.

5. Das dritte außerordentliche Rechtsmittel nennen die Kläger eine Bitte um Restitution[5842] gegen rechtskräftige Urtheile wegen neu gefundener Beweismittel.

Fiele diese Bitte auch nicht deshalb schon zusammen, weil das Beweis- [S. 73[5843]] mittel nicht neu gefunden, weil seine verspätete Anschaffung verschuldet ist, so

5829 Oben S. 686 (S. 117 der Akte L I 161).
5830 „Fahrlässigkeit".
5831 „Verwerfung aus Billigkeitsgründen".
5832 „Rechtsverletzung".
5833 „Einer sorgfältigen Prozesspartei".
5834 „Mit der nachlässigen Prozesspartei".
5835 Zeitgenössisch S. 20.
5836 „Rechtskraft".
5837 „Urteilsaufhebung".
5838 Möglicherweise Anspielung auf das römische Recht: D. 50, 17, 203: „Quod quis ex culpa sua damnum sentit, non intelligitur damnum sentire. – Wenn Jemand in Folge eigenen Verschuldens Schaden leidet, so scheint er ihn nicht zu leiden", übersetzt bei: Carl Eduard Otto / Bruno Schilling / Carl Friedrich Ferdinand Sintenis (Hrsg.), Das Corpus Juris Civilis in's Deutsche übersetzt, 4. Band, Leipzig 1832 (Nachdruck Aalen 1984), S. 1285.
5839 Der Wortführer der Kläger, der Lübecker Senator Conrad Platzmann.
5840 Der Schriftsatzverfasser Paul Christian Nicolaus Lembke.
5841 Vermutlich Anspielung auf die Langsamkeit von Heinrich Platzmann, der sich um das Attest des russischen Ministeriums bemühte.
5842 „Wiedereinsetzung in den vorigen Stand".
5843 Zeitgenössisch S. 21.

bedarf es nur der Ansicht des § 180 der Gerichtsordnung vom August 1831[5844], um sie zu verwerfen. Die Interpretation, welche die Kläger jenem Paragraphen geben, gehört zu den Indicien, welche auf Misbrauch des Rechtsmittels der Appellation hindeuten. Verlangen sie zugleich, rechtskräftige Urtheile aufgehoben zu sehen, und heben sie selbst die gesetzliche Frist des außerordentlichen Rechtsmittels hervor, so wird Bitte und Beschwerde noch unverständlicher. Am 26. Julius 1832 führten sie das Rechtsmittel ein. Durchläuft man rückwärts die nächsten acht Wochen bis zum 1. Junius 1832, so entdeckt man nirgends ein neu gefundenes Beweismittel. Kein andres rechtskräftiges Urtheil ist in jener Zeit gesprochen als dasjenige, welches grade das Document, dem jener Karakter beigelegt werden soll, definitiv von den Acten ausscheidet.

Überhaupt sucht man vergebens [S. 74[5845]] nach einem Object des Rechtsmittels. Es ist im Obergericht eingeführt. Ein Erkenntniß des Obergerichts also muß zum Nachtheile der Kläger in Rechtskraft getreten seyn und auf falschen Urkunden, Zeugenaussagen, Gutachten, Eiden beruhet haben. So lange aber der Proceß auch währet, sind nur zwey Erkenntniße des Obergerichts *res judicatae*[5846] geworden; das eine vom 30. September 1819 verurtheilte die Kläger zur *legitimatio activa*[5847], das andre vom 16. December 1824 entschied über die Beweisantretung der Beklagten. Beide stehen mit der Kläger Beweisführung in keinem Zusammenhang. Das ganze Rechtsmittel ist folglich aus der Luft gegriffen und schwebt in der Luft, ohne Boden, ohne Ziel.

6. Die haasesche Tochter bittet Restitution wegen minderjährigen Alters. Die Einführung dieser Bitte im Obergerichte am 26. Juli 1832 ließ im Zweifel, wogegen sie restituirt seyn wollte. Ihre jetzige Beschwerde spricht es deutlicher aus: gegen rechtskräftige Urtheile, und [S. 75[5848]] es kann damit nur das Erkenntniß des Oberappellationsgerichts vom 26. Junius 1832[5849] gemeint seyn, welches die Petersburger Urkunde definitiv von den Acten ausschloß. Giebt die Klägerin dies zu, so ist mehr für sie geschehen, als sie verlangen durfte, und sie hat sich nicht zu beschweren.

Das Gesuch wäre nach der Vorschrift des § 181 der Gerichtsordnung im Oberappellationsgericht anzubringen gewesen und dürfte das Verfahren des Obergerichts nicht hemmen und aufhalten.

5844 Vorschrift über die Wiedereinsetzung in den vorigen Stand, bei Blume, Gerichtsordnung (wie Anm. 5600), S. 94.

5845 Zeitgenössisch S. 22.

5846 „Rechtskräftig".

5847 „Aktivlegitimation". Die Prozessakte der zweiten Instanz liegt nicht vor. Vermutlich ging es darum, die Eigentümerstellung am Schiff Dora sowie die Erbenstellung gegenüber dem verstorbenen Schiffer Haase klarzustellen.

5848 Zeitgenössisch S. 23.

5849 Oben S. 686 (S. 117 der Akte L I 161).

Dort angebracht mußte es verworfen werden, da es dem Oberappellationsgerichte nicht gestattet ist, seine Erkenntniße deshalb wieder aufzuheben, weil sie *intra minorem aetatem*[5850] gesprochen sind (§ 180).

Wäre es gestattet, so verneinen wir, daß die haasesche Tochter am 26. Junius 1832 minderjährig war. Über ihr Alter ergeben die Acten nichts[5851]. Als ihre Vormünder im Niedergericht am 23. Julius 1825 *ad Recessum* XLI[5852] in den Proceß eintra- [S. 76[5853]] ten, verhießen sie Einlieferung ihres *Tutorii*[5854], aber geliefert haben sie es nicht. Sechszehn Jahre sind verflossen, seit der Capitain Haase Lübeck verließ. Er sah es nicht wieder, und wenn die Mündel damals nur zehn Jahr gezählt hat, so fällt das Erkenntniß schon in ihr großjähriges Alter.

Bey der Bestimmtheit, mit welcher die haasesche Pupillin ihre Bitte *contra rem judicatam*[5855] richtet, kann nur beiläufig auf dasjenige zu antworten seyn, was sie über das Verhältniß zu ihren Vormündern sagt. Bey der Restitution eines Minderjährigen muß die *minor aetas*[5856] Ursache einer Verletzung gewesen seyn; entweder indem der *minor* selbst handelte oder für ihn seine Vormünder, welche ein Versehen oder Versäumniß begingen. Im Proceße namentlich, wo Verlust desselben *ob culpam tutorum*[5857] zu fürchten steht, ist dieser zu erwarten. Dann haften dem Pupillen zunächst die Vormünder. Handelten sie durch einen Mandatar[5858], [S. 77[5859]] so ist dieser in der Reihe der Verantwortlichen der erste. Der Pupill geht von ihm, bis er vollen Ersatz seines Schadens findet, zu den Vormündern über, und nur wenn Insufficienz[5860] aller dieser Haftenden noch einen Verlust übrig läßt oder, wie es die Kläger im Obergericht selbst andeuteten, wenn alle sonstigen Rechtsmittel gegen die Schuldigen erschöpft sind, steht der Weg der Restitution offen gegen die unschuldige dritte Partey.

l. 13 § 11 Cod. de judiciis[5861]

l. 23 de minoribus[5862].

Dies alles macht die Verhältniße der haaseschen Tochter zu einem Punkte, der *altioris indaginis*[5863] seyn würde. Bey theilbarem Interesse können ihre etwai-

5850 „Zum Zeitpunkt einer Minderjährigkeit".

5851 An dieser Stelle geht es zum ersten Mal im gesamten Rechtsstreit um das Alter von Margaretha Elisabeth Haase. Wann sie geboren wurde, blieb bis zum Ende des Verfahrens offen. Getauft wurde sie am 23. Juni 1816, in: Taufregister St. Marien Lübeck 1811–1816, S. 81 Nr. 130 (bei Ancestry).

5852 Verweis auf die Prozessakte des Niedergerichts.

5853 Zeitgenössisch S. 24.

5854 „Ihres Vormundschaftszeugnisses".

5855 „Gegen die Rechtskraft".

5856 „Die Minderjährigkeit".

5857 „Wegen des Verschuldens der Vormünder".

5858 „Durch einen Beauftragten".

5859 Zeitgenössisch S. 25.

5860 Hier: „Zahlungsunfähigkeit".

5861 Allegation aus dem römischen Recht: C. 3, 1, 13, 11 (Titel: De iudiciis).

5862 D. 4, 4, 23 (Titel: De minoribus viginti quinque annis).

5863 „Gegenstand höherer Forschung", Redewendung in: Herders Conversations-Lexikon, Band 1, 2. Aufl. Freiburg 1854/57, S. 141.

gen *beneficia,* wie das Obergericht so einleuchtend bemerkt, den übrigen Klägern nicht frommen. Das Verfahren kann nicht von der haaseschen Tochter allein und allgemein gehemmt werden, wenn auch die Gerichtsordnung nicht ausdrücklich dem Rechtsmittel den Suspensiveffect[5864] versagte. Sie ist [S. 78[5865]] deshalb nicht beschwert, wenn eine nähere Ausführung ihrer Ansprüche ihr vorbehalten ist, da sie ohne Weiteres hätte abgewiesen werden können.

7. Der Zolltarif von 1816 ist in den Acten nirgends in Bezug genommen und überhaupt den Beklagten ganz unbekannt. Man wird ihn ohnehin nur aus einem doppelten Gesichtspunkte auffaßen dürfen. Entweder soll er etwas zum Beweisthema von 1822 Gehöriges beweisen. Dann steht er auf gleicher Linie mit der „Nachträglichen Aeußerung" und ihren Anlagen und muß gleich diesen und aus gleichem Grunde von den Acten entfernt gehalten werden. Oder er soll nur beiläufiges, dorthin nicht Gehöriges erläutern. Dann ist er überflüßig, und man kann es erwarten, daß der entscheidende Richter die Vorlegung fordert, damit nicht in die Acten einschleiche, was nicht hinein gehört.

Die fünfte Beschwerde der Klä- [S. 79[5866]] ger erledigt sich aber auch deshalb, weil das Obergericht keineswegs, worüber doch gravaminirt wird, auf eine Verfügung des Richters erster Instanz, sondern auf die Verfügung der *Extranei*[5867], an welche *Acta* versendet werden sollen, hinwies. Natürlich, denn im Niedergerichte ist bereits entschieden, der aufgelegte Beweis sey mislungen, und *Extranei* werden zu erwägen haben, ob dieser Ausspruch als Resultat der in den Acten vereinigt und zeitig vorgelegten Beweismittel bestätigt werden müße. Jede Urkunde, welche den Karakter eines Beweismittels annehmen kann, muß folglich ausser den Acten bleiben, bis der Richter, falls ihn Proceßrechte dazu befugen, ihre Vorlegung zu seiner Aufklärung verlangt.

8. Die Acten der Appellationsinstanz sind mit Beschwerdeschrift und Vernehmlassung geschlossen. Ausserordentliche Rechtsmittel, welche versuchen, in diese Schranken Fremd- [S. 80[5868]] artiges einzudrängen, welche beym Obergerichte unbehörig angebracht, einen[5869] Suspensiveffect nicht genießen, lassen natürlich ihre Acten außerhalb dieser Schranken, und die einfache Folge ist, daß den *Extraneis,* welche in der Hauptsache zu sprechen haben, die Acten dieser Hauptsache vorzulegen sind, in dem Umfange, in welchem sie nach gesetzlicher Vorschrift zu erscheinen haben.

9. Die Ansicht, daß die Kosten zu compensiren gewesen, können Beklagte nicht theilen. Sie wüßten nicht, wodurch sie verschuldet hätten, von ungegründetsten

5864 „Vollstreckungshemmung" während des Rechtsmittelverfahrens.
5865 Zeitgenössisch S. 26.
5866 Zeitgenössisch S. 27.
5867 „Der auswärtigen Urteilsverfasser" bei der Aktenversendung.
5868 Zeitgenössisch S. 28.
5869 Verbessert aus *ei.*

Anträgen ausser dem Aufenthalte noch Kosten zu erleiden. Vielmehr dürfen sie mit Sicherheit erwarten, daß die jetzige Appellation auch dadurch gemisbilligt werde, daß der Ersatz sämmtlicher Kosten den Klägern zur Pflicht gemacht wird. Daß diese nicht ablaßen wollen von Versuchen, welche sie selbst als unbehörig und werthlos erkennen [S. 81[5870]] müßen, ist wahrlich kein Grund, ihnen eine gesetzliche Pflicht abzunehmen. Denn solche mitleidige mit *aequitas* verwechselte Nachsicht ist unbillige, gesetzwidrige Härte und Willkür gegen die Beklagten.

Mit Vertrauen dürfen die letzteren folglich überall *confirmatoriam cum expensis*[5871] sich erbitten.

Hierüber pp[5872].

concipit pro absente[5873] Dr. Buchholz
Eduard Hach Dr.[5874]

produxit[5875] Faber Dr.[5876]

5870 Zeitgenössisch S. 29.
5871 „Urteilsbestätigung unter Aufbürdung der Kosten".
5872 Die Höflichkeitsformel mit der Anrufung des hochadligen oder mildrichterlichen Amtes ist wie immer am Oberappellationsgericht Lübeck weggelassen.
5873 „Ausgearbeitet für den abwesenden".
5874 Eduard Hach, der Sohn des Oberappellationsgerichtsrates Johann Friedrich Hach, vertrat bereits bei früheren Gelegenheiten seinen abwesenden Kollegen Carl August Buchholz. Deswegen war Johann Friedrich Hach seit dem zweiten Oberappellationsprozess von den Beratungen des Richterkollegiums ausgeschlossen, dazu oben die Anmerkung von Arnold Heise, S. 587 (S. 6 der Akte L I 122).
5875 „Gerichtlich eingereicht".
5876 Heinrich Ludwig Faber, Anwaltsvollmachten der Beklagten oben S. 628 und 635 (S. 49 und 55 der Akte L I 161).

Sitzungsprotokoll

1833 Mai 4

Auszug aus dem Sitzungsprotokoll des Oberappellationsgerichts für das Geschäftsjahr 1832/33 (AHL OAG A 14, nicht Teil der Prozessakte), geschrieben vom Gerichtssekretär Carl Wilhelm Pauli.

Actum im Oberappellationsgerichte.
Lübeck, den 4. Mai 1833.

Praesentibus omnibus[5877].
(…)

§ 2

Ad No. 448[5878] P. B.[5879] referirte D. zu Roi über die in Sachen der Rhederey des Schiffes Dora *contra* H. D. Wildtfanck und Consorten (*confer* Protocoll vom 17. Januar des Jahres[5880]) von letzteren übergebene Vernehmlassung[5881].

Conclusum

Communicetur[5882] den Appellanten *ad notitiam*[5883] und sey den Parteien der[5884] erfolgte Eingang der Voracten[5885] zu notificiren, der[5886] *pagina* 12 der Vernehmlassung[5887] gestellte Antrag, der Appellation den Suspensiveffect zu versagen und dem Obergerichte aufzugeben, die Acten der Hauptsache ohne Weiteres wieder zu inrotuliren[5888] und *ad extraneos*[5889] zu versenden, aber[5890] als nicht nur jetzt, nachdem die Appellaten die Anhersendung der Acten ohne Erinnerung haben geschehen lassen, verspätet, sondern auch nach Lage der Sache unangemessen abzuschlagen, und vielmehr die Sache ohne Weiteres[5891] für beschlossen anzunehmen[5892].

Auch bey dieser Verhandlung war D. Hach nicht zugegen (*confer* Protocoll vom 17. Januar des Jahres[5893]).

5877 „In Anwesenheit aller".
5878 Letzte Ziffer schlecht lesbar, vielleicht auch *3*.
5879 Unklare Abkürzung, vielleicht *Posteingangsbuch* oder *Protocollbuch*.
5880 Oben S. 714.
5881 Oben S. 719 (S. 51 der Akte).
5882 „Sie werde mitgeteilt".
5883 „Zur Kenntnis".
5884 Danach gestrichen *Ei*.
5885 Dazu das Übersendungsschreiben des Lübecker Obergerichts, oben S. 718 (S. 47 der Akte).
5886 Danach gestrichen *Antrag des*.
5887 Oben S. 724 (S. 64 der Akte).
5888 „Zur Versendung vorzubereiten".
5889 „An auswärtige" Urteilsverfasser.
5890 Wort über der Zeile eingefügt.
5891 *Ohne Weiteres* am Rand eingefügt.
5892 Danach gestrichen *∫*.
5893 Oben S. 714.

Q 8 – Schlussdekret des Oberappellationsgerichts

1833 Mai 4

Das Oberappellationsgericht stellt den Klägern die Berufungserwiderung zu, lehnt den Antrag auf Versagung des Suspensiveffekts ab und erklärt den Rechtsstreit für entscheidungsreif. Das Gericht kündigt die Anfertigung der Relation an. Konzept, geschrieben vom Sekretär Carl Wilhelm Pauli, mit Verbesserungen des Gerichtspräsidenten Arnold Heise, unterschrieben mit Handzeichen von Heise und vom Referenten Georg du Roi.

[S. 87] Q 8

Expeditum & insinuatum[5894], den 9. May 1833
W. Insin. B. No. 308 und 309

In Sachen der Rhederey des Schiffes Dora und der Erben des Schiffers Georg Hinrich Haase zu Lübeck, Kläger, jetzt Appellanten, wider Heinrich Diedrich Wildtfanck und Consorten[5895] daselbst, Beklagte, jetzt Appellaten, wegen Schadensersatzes, nunmehr außerordentliche Rechtsmittel behufs[5896] Zulassung eines *novi*[5897] betreffend[5898], werden die Parteien hiedurch benachrichtigt, daß die vom Obergerichte der freien Hansestadt Lübeck[5899] requirirten[5900] Voracten bereits[5901] am 30. Januar[5902] des Jahres richtig[5903] eingegangen sind.

Zugleich wird die von den Appellaten übergebene Vernehmlaßung[5904] den[5905] Appellanten hieneben abschriftlich zur Nachricht mitgetheilt[5906], der pagina 12 gestellte Antrag aber[5907], der Appellation den Suspensiveffect zu versagen und[5908] dem Obergerichte aufzugeben, die Acten der Hauptsache ohne Weiteres wieder zu inrotulieren und *ad extraneos* zu versenden[5909], nicht nur als[5910] jetzt, nachdem die Appellaten die Anhersendung der sämmtlichen Acten ohne Erinnerung haben

5894 „Ausgefertigt und zugestellt".
5895 „Streitgenossen".
5896 „Zum Zwecke der".
5897 „Eines neuen Beweismittels".
5898 Danach gestrichen *wird die von*.
5899 Danach gestrichen *am*.
5900 „Erbetenen", dazu das Schreiben des Oberappellationsgerichts, oben S. 717 (S. 45 der Akte).
5901 Wort über der Zeile eingefügt.
5902 Dazu das Schreiben des Obergerichts, oben S. 718 (S. 47 der Akte).
5903 Wort über der Zeile eingefügt, darunter Streichung, vermutlich *allhier*.
5904 Oben S. 719 (S. 51 der Akte).
5905 Verbessert aus *dem*.
5906 Danach gestrichen *und da*.
5907 Wort am Seitenrand von Arnold Heise eingefügt.
5908 Danach gestrichen *die Acten*.
5909 *Zu versenden* von Arnold Heise am Seitenrand eingefügt, danach gestrichen *zu remittiren*; danach über der Zeile *aber* eingefügt und wieder durchgestrichen.
5910 Wort von Arnold Heise über der Zeile eingefügt.

geschehen laßen, [S. 88] verspätet[5911], sondern auch als der[5912] Lage der Sache[5913] nicht entsprechend[5914] abgeschlagen und vielmehr die Sache nunmehr ohne Weiteres für beschlossen angenommen, daher dieselbe zur Relation[5915] ausgestellt werden soll.

Lübeck, den 4. Mai 1833.

AH GdR[5916]

[Kostenrechnung]

Stempel	2 Mark[5917]	
Collationirung	1 Mark	
Copial		4 Schilling
Insinuation	1 Mark	
	4 Mark	4 Schilling

5911 Davor gestrichen *als*.
5912 *Auch als der* von Arnold Heise am Seitenrand eingefügt; danach gestrichen *nach*.
5913 Danach gestrichen *darauf als unangemeßen*.
5914 *Nicht entsprechend* von Arnold Heise am Seitenrand eingefügt.
5915 Relation von Georg du Roi unten S. 736 (S. 89 der Akte).
5916 Handzeichen des Gerichtspräsidenten Arnold Heise und des Referenten Georg du Roi.
5917 Kostenrechnung rechts unten auf der Seite, geschrieben vom Sekretär Carl Wilhelm Pauli.

Relation von Georg du Roi

1833 Juni 28

Der Oberappellationsgerichtsrat Georg du Roi fertigt die Relation und das Gutachten zur Vorbereitung der gerichtlichen Entscheidung an und schlägt vor, das obergerichtliche Urteil weitgehend zu bestätigen, den Klägern aber zu gestatten, den russischen Zolltarif von 1816 zu den Akten nachzureichen. Das Oberappellationsgericht folgt in seinem Urteil (unten S. 775) dem Vorschlag des Referenten.

[S. 89]

Relation
in Sachen Rhederei von Dora contra Wildtfanck.
Causa Lubecensis[5918] 46[5919] de 1832/33.

Erhalten 11. Mai 1833[5920].
abgegeben 28. Junius –

[S. 91]
Lectum in Consilio[5921], den 28. October 1833[5922].

Relation
in Appellationssachen der Rhederei des Schiffes Dora und der Erben des Schiffers Georg Hinrich Haase, nämlich der Wittwe desselben, Anna Catharina, geborener Wenditz, jezt verwittweter Hertel *cum Curatore*[5923], und Jürgen Heinrich Willrath und Adolph Hinrich Haase als Vormünder der Margaretha Elisabeth Haase, sämmtlich zu Lübeck, Kläger, jezt Appellanten, wider Heinrich Diedrich Wildfanck, Arnold Hornemann und Friedrich Ernst August Leuenroth daselbst, Beklagte, jetzt Appellaten, wegen Schadensersatzes, nunmehr außerordentliche Rechtsmittel behuf Zulassung eines *novi*[5924] betreffend.

Causa Lubecensis 46 de 1832/33[5925]

5918 Abgekürzt *C. Lubec.*
5919 Aktenzeichen des laufenden Jahres wie auf dem Aktendeckel.
5920 Vorangegangen war das Schlussdekret des Oberappellationsgerichts vom 4. Mai 1833, oben S. 734 (S. 87 der Akte).
5921 „Verlesen in der Ratssitzung“. Wie in den anderen Appellationsverfahren ist unklar, in welchem Umfang der Referent seine Relation tatsächlich vorlas oder nur dem wesentlichen Inhalt nach zusammenfasste und zur Diskussion stellte.
5922 Die Beratung fand vier Monate, nachdem der Referent die Relation fertiggestellt hatte, statt; Sitzungsprotokoll unten S. 769.
5923 „Mit Geschlechtsvormund“.
5924 „Eines neuen Beweismittels“.
5925 Aktenzeichen.

In dem obigen Rechtsstreite, in welchem jetzt zum vierten Male anher appellirt wird, ist gegenwärtig nicht über die Hauptsache, die noch beim Obergerichte *in appellatorio* pendent[5926] und in welcher von den Beklagten um Aktenversendung gebeten worden ist, sondern über einige Incidentpunkte, namentlich darüber zu erkennen, ob von den Klägern gewisse Urkunden, nämlich

ein neues Attestat des Departements des auswärtigen Handels zu St. Petersburg

und ein russischer Zolltarif von 1816,

nachträglich zu den Acten gebracht werden dürfen.

Hinsichtlich der Hauptsache ist die frühere Relation aus dem Fascikel II unserer Akten bis zu der Exception dritter Instanz der Beklagten – Bogen 4, pagina 3 in *medio*[5927] – wie auch das darauf erfolgte Erkenntniß des Oberappellationsgerichts vom 14. Junius 1830[5928] zu verlesen[5929]. In den Entscheidungsgründen zu dem letzteren[5930] wurde gesagt, das *beneficium nondum probata probandi*[5931] könne bei dem lübeckischen Obergerichte nur binnen des *fatale iustificandae appellationis*[5932], nach dessen Ablauf dem Appellanten kein weiterer Schriftsatz gestattet sei, ausgeübt werden, was die Kläger nicht gethan hätten, indem der in ihrem Appellationslibelle voriger Instanz enthaltene bloße Vorbehalt, das neue Attestat des Departements [S. 92] nachliefern zu wollen, unwirksam sei. Jene Regel leide jedoch in dem Falle eine Ausnahme, wenn sie nachweisen könnten, daß sie ohne ihr Verschulden nicht im Stande gewesen seien, das neue Attestat binnen des gedachten *fatale* zu den Akten zu bringen. Es bedürfe auch, wenn sie diese Nachweisung beschafften, keiner Restitution[5933] gegen den Ablauf des *fatale*, und würden sie alsdann nach Ableistung des *iuramenti novorum*[5934] allerdings befugt sein, das neue Attestat vermittelst des *beneficii nondum probata probandi* zu den Akten zu bringen.

Zur Führung des obigen Beweises legten nun die Kläger beim Obergerichte die Correspondenz vor, welche zwischen dem gemeinschaftlichen Mandatar der Kläger, Senator Platzmann, und dessen Mandatar in St. Petersburg, Kaufmann Heinrich Platzmann, wegen Herbeischaffung des neuen Attestates stattgefunden hat. Das Obergericht erkannte aber am 7. Julius 1831[5935],

5926 „In der Appellationsinstanz anhängig ist".
5927 Oben S. 569 (S. 155 der Akte L I 122).
5928 Oben S. 593 (S. 179 der Akte L I 122).
5929 Abermals ein Hinweis auf die mündliche Beratung. Die Formulierung lässt es offen, dass vielleicht auch ein anderes Gerichtsmitglied die ältere Relation verlesen sollte.
5930 Oben ab S. 597 (S. 183 der Akte L I 122).
5931 „Rechtswohltat, das nicht Bewiesene zu beweisen".
5932 „Innerhalb der Berufungsbegründungsfrist".
5933 „Wiedereinsetzung in den vorigen Stand".
5934 „Des Noveneides" in Anlehnung an die Formulierung des Jüngsten Reichsabschiedes von 1654, dazu oben Anm. 4635.
5935 Oben S. 623 (S. 41 der Akte L I 161).

daß der Beweis nicht geführt und daher die „Nachträgliche Aeußerung" der Kläger vom 29. April 1829[5936] nebst ihren Anlagen, namentlich das neue Attestat des Departements[5937], von den Akten entfernt zu halten und bei Beurtheilung der Appellationsbeschwerden nicht zu berücksichtigen sei;

welches Erkenntniss vom Oberappellationsgerichte am 26. Junius 1832[5938] bestätiget wurde. Dabei wurde in den Entscheidungsgründen des Obergerichts gesagt,

es gehe aus den eigenen Angaben und *productis*[5939] der Kläger weder die Anwendung eines gebührenden Fleißes noch der Mangel[5940] eines eigenen Verschuldens in Ansehung der verspäteten Vorlegung des neuen Attestates, vielmehr grade das Gegentheil hervor[5941],

und ebenso in den Entscheidungsgründen des Oberappellationsgerichts,

die vorgelegte Correspondenz sei nicht nur für die Kläger unbeweisend, sondern beweise vielmehr gegen sie[5942].

Die nähere Motivirung hiervon ist, da die- [S. 93] ser Punkt jetzt wieder in Frage steht, aus den letzteren Entscheidungsgründen

– im Fascikel III unserer Akten –

von pagina 4 an zu verlesen[5943].

Die Beklagten

übergaben hierauf beim Obergerichte ihre Exception auf den Appellationslibell in der Hauptsache,

– No.· 67[5944] –

worin sie, wie schon oben bemerkt ist, um Aktenversendung baten. Auf die Deduction im Appellationslibelle zur ersten Beschwerde, daß sich der Mangel des ersten Attestates aus dem russichen Zolltarife von 1816 – dessen betreffende Paginas dabei angeführt waren – ergänze,

– No. 42, pagina 16, 21, 22[5945] –

ist pagina 40 nur erwiedert, der Richter solle nach jener Deduction, um zu erkennen, daß die Beklagten verbotene Waaren verladen hätten, einen Zolltarif von 1816 zur Hand nehmen, der ihm nicht vorgelegt worden sei[5946], und solle den

5936 Oben S. 483 (S. 50 der Akte L I 122).
5937 Deutsche Übersetzung oben S. 490 (S. 51 der Akte L I 122).
5938 Oben S. 686 (S. 117 der Akte L I 161).
5939 „Schriftsätzen".
5940 Schwer lesbar, möglicherweise *Mängel*.
5941 Oben S. 624. (S. 42 der Akte L I 161).
5942 Oben S. 689 (S. 122 der Akte L I 161).
5943 Oben S. 689 (S. 122 der Akte L I 161), erneut ein Hinweis auf die mündlichen Beratungen im Richterkollegium unter Beiziehung der bereits vorliegenden früheren Urteile und Entscheidungsgründe des Oberappellationsgerichts.
5944 Verweis auf die Prozessakte des Obergerichts, die dem Referenten vorlag.
5945 Verweis auf die Prozessakte des Obergerichts.
5946 Im Hintergrund schwingt die Frage mit, wie ein Gericht Kenntnis ausländischer Rechtsnormen erhalten sollte.

angeblichen, übrigens nicht erwiesenen Inhalt der Collis[5947] von Hornemann und Leuenroth mit jenem Zolltarif, also einem ihm ganz fremden Factor, zusammenzustellen.

An demselben Tage, wo diese Exception einkam, am 6. September 1832, übergaben nun aber

die Kläger

einen neuen Schriftsatz

– No. 68 a) –

mit dem Rubrum

„*Salva appellatione contra sententiam iudicii inferioris*[5948] *de* 27. *Septembris* 1828 Einführung mehrer außerordentlicher Rechtsmittel, namentlich der Befugniss zu neuem Vorbringen, der Bitte um Restitution gegen den Ablauf der Justificationsfrist[5949], der Wiedereinsetzung in den vorigen Stand gegen richterliche, der Zeit nach rechtskräftige Urtheile und des Restitutionsgesuches *ex causa minorennitatis.*“[5950]

Im Eingange der Schrift ist gesagt, die Kläger müssten zwar anerkennen, daß es nach den Erkenntnissen des Obergerichts und respective Oberappellationsgerichts vom 11. Junius 1829[5951], 14. Junius 1830[5952], 7. Julius 1831[5953] und 26. Junius 1832[5954] rechtskräftig festste- [S. 94] he, daß die nachträgliche Aufnahme des neuen Attestates zu den Akten, insofern sie auf das mit der ordentlichen Appellation gesetzlich verbundene *beneficium non probata probandi* gestützt worden sei, durch den Ablauf der Frist der Appellationsrechtfertigung gehindert wurde:

– *pagina 2 in fine, 3, 6 in medio*[5955] –

Es frage sich aber, ob nicht noch außerordentliche Mittel und Wege vorhanden seien, um das gedachte Attestat zu den Akten zu bringen.

Die Kläger wollten daher

1. hiemit das außerordentliche Rechtsmittel der Befugniss zu neuem Vorbringen, unbeschadet der in der Hauptsache obschwebenden Appellation, einführen und rechtfertigen, welches in dem § 130 der Oberappellationsgerichtsordnung[5956]

5947 „Warenballen“.
5948 „Unter aufrechterhaltener Appellation gegen das Urteil des Niedergerichts“.
5949 „Berufungsbegründungsfrist“.
5950 „Wegen Minderjährigkeit“.
5951 Oben S. 478 (S. 31 der Akte L I 122).
5952 Oben S. 593 (S. 179 der Akte L I 122).
5953 Oben S. 623 (S. 41 der Akte L I 161).
5954 Oben S. 686 (S. 117 der Akte L I 161).
5955 Verweis auf den am Obergericht eingereichten Schriftsatz.
5956 Bei Blume, Gerichtsordnung (wie Anm. 5600), S. 68–69, hier S. 68 Anm. a) mit Hinweis auf genau diesen Fall: „Lübeck Dora contra Wildtfanck, October 1833“.

begründet und durch die Verordnung vom 13. August 1831[5957] gleichfalls für das Obergericht eingeführt sei. Der Fall dieses Rechtsmittels liege hier vor, da das neue Attestat erst am 4. März 1829, also lange nach Ablauf der Beweisfrist, in St. Petersburg ausgefertigt worden sei und nicht vor dem 29. April in Lübeck habe producirt werden können, mithin eine neu entstandene oder neu aufgefundene Urkunde sei, über welche Thatsachen, da sie schon aus den Vorakten klar seien, es einer weiteren Bescheinigung oder Beeidigung nicht bedürfe, wozu übrigens die Kläger sich bereit erklärten. Eine Restitution gegen irgendeine abgelaufene Frist werde dabei gleichfalls nicht erforderlich sein, *eventualiter*[5958] jedoch hiemit auch darum gebeten.

2. Da ferner zufolge der eingangs angeführten rechtskräftigen Erkenntnisse feststehe, daß von dem mit der ordentlichen Appellation verbundenen *beneficium non probata probandi*[5959] in dem vorliegenden Falle nicht anders Gebrauch gemacht werden könne als nach vorgängiger Restitution[5960] gegen den Ablauf der Justificationsfrist[5961], so richteten die Kläger nunmehr ihre Bitte

auf Restitution gegen den Ab- [S. 95[5962]] lauf der gedachten Frist,

welches Gesuch auf den nicht zu bezweifelnden späteren Empfang des *novi* gestützt werde; erklärten sich auch zur Ableistung des *iuramenti novorum*[5963] nach Vorschrift des § 130 der Oberappellationsgerichtsordnung bereit.

Weiter

3. nähmen die Kläger ihre Zuflucht zu dem außerordentlichen Rechtsmittel der Wiedereinsetzung in den vorigen Stand gegen richterliche Urtheile, welches nach den Reichsgesetzen[5964] in dem Falle anwendbar sei, wenn nach entschiedener Sache der unterliegende Theil in den Besitz eines Documents komme, das ihm den Obsieg verschafft haben würde, wenn er es vor dem Urtheile gekannt und es dem Richter vorzulegen für ersprießlich geachtet hätte. Dieses Rechtsmittel könne auch mit anderen nicht absolut unvereinbarlichen Rechtsmitteln verbunden

Juristische Abhandl. 2, p. 341.[5965]

5957 Bekanntmachung, betreffend die Gerichtsordnung für das gemeinschaftliche Ober-Appellationsgericht der vier freien Städte Deutschlands, nebst der Stempel- und Gebühren-Taxe und der Prokuratur-Ordnung vom 13. August 1831, in: Sammlung der Lübeckischen Verordnungen und Bekanntmachungen. Sechster Band. 1830. 1831. 1832, Lübeck 1833, Nr. 17 S. 55.

5958 „Hilfsweise".

5959 „Rechtswohltat, das nicht Bewiesene zu beweisen".

5960 „Wiedereinsetzung in den vorigen Stand".

5961 „Der Berufungsbegründungsfrist".

5962 Zeitgenössisch Bogen 2 der Relation.

5963 „Des Noveneides", dazu Wortlaut des Jüngsten Reichsabschiedes von 1654 oben Anm. 4635.

5964 Gemeint sind die Gesetze des Heiligen Römischen Reiches.

5965 Arnold Heise / Friedrich Cropp, Juristische Abhandlungen mit Entscheidungen des Oberappellationsgerichts der vier freien Städte Deutschlands. Zweiter Band, Hamburg 1830, S. 341.

und könne mit Ausschluß der vormaligen Reichsgerichte in einer jeden Instanz, also auch in der zweiten, wenn hier die Sache anhängig sei, angebracht werden, mit der Bitte, über die Zulässigkeit des neuen Beweismittels zu erkennen, jedoch mit dem Vorbehalte, das neue Urtheil in der Hauptsache dem Richter erster Instanz zu übertragen. Zugleich erböten sich Kläger und deren Anwalt zur Ableistung des im gemeinen Bescheide des Reichskammergerichts vom 7. Julius 1671[5966] vorgeschriebenen Eides.

In Folge dieses *remedii restitutionis ex capite novorum*[5967] gegen richterliche Urtheile bäten sie,

das Obergericht wolle den Fortgang der Appellation gegen das niedergerichtliche Erkenntniss vom 27. September 1828 einstweilen hemmem, dem neu eingewandten Rechtsmittel stattgeben und in Folge dessen die „Nachträgliche Aeußerung" der Kläger vom 29. April 1829 nebst dem neuen Attestate und der Erläuterung des letzteren nunmehr zu den Akten nehmen und auf den Grund dieser sowie der schon früher beigebrachten Beweismittel das niedergerichtliche Erkenntniss vom 27. Septem- [S. 96] ber 1828 dahin abändern, daß der Beweis vom 12. December 1822 vollständig erbracht, mithin die Beklagten zum Ersatz des liquidirten Schadens zu verurtheilen seien.

Sollte wider Verhoffen keines der obigen außerordentlichen Rechtsmittel den richterlichen Beifall gewinnen, so würde doch endlich

4. zu Gunsten der mitklagenden minderjährigen Tochter des Schiffers Haase die Restitution *ex capite minorennitatis*[5968] zur Aushülfe dienen müssen, welche auch da eintrete, wo andere ordentliche Rechtsmittel erschöpft worden, dann aber allgemein wirksam sei, selbst wenn dem Minderjährigen andere Klagen auf Entschädigung zu Gebote stehen sollten. Da nun auch die Competenz des Obergerichts, bei welchem zur Zeit die Hauptsache anhängig sei, für dieses Gesuch keinem Zweifel unterliege, so würden die Kläger *in omnem eventum*[5969] ihre Bitte hierauf richten dürfen.

Zugleich reichten die Kläger ihre mehrerwähnte „Nachträgliche Aeußerung" nebst dem neuen Attestate und der Erläuterung[5970] desselben abermals zu den Akten ein.

– Siehe Decret des Obergerichts vom 6. September 1832, No. 68 b)[5971] –

Außer den obigen, das neue Attestat betreffenden Anträgen führten die Kläger noch

5966 Nachgewiesen bei Peter Oestmann (Hrsg.), Gemeine Bescheide. Teil 1: Reichskammergericht 1497–1805 (Quellen und Forschungen zur höchsten Gerichtsbarkeit im Alten Reich 63/I), Köln, Weimar, Wien 2013, Nr. 184, S. 512–513, mit einer besonderen Eidesformel für die Wiedereinsetzung in den vorigen Stand.

5967 „Dieses Rechtsmittels der Wiedereinsetzung wegen neuer Beweismittel".

5968 „Wiedereinsetzung wegen Minderjährigkeit".

5969 „Auf alle Fälle" hilfsweise.

5970 Abschriften davon oben S. 483 und 490 (S. 50 und 51 der Akte L I 122).

5971 Verweis auf die zweitinstanzliche Prozessakte.

5. an, sie bemerkten bei dieser Gelegenheit, daß der russische Zolltarif von 1816, auf welchen beide Theile in den Vorakten Bezug genommen hätten, noch nicht zu den Akten gebracht sei. Dieser Tarif als ein Gesetz bedürfe nun zwar keiner Production[5972]. Da indessen die letztere, weil der Tarif ein Gesetz eines fremden Landes sei, immer dienlich und räthlich sein und durch dieselbe vielleicht einer besonderen desfallsigen Auflage zuvorgekommen werde, so lieferten die Kläger den gedachten Tarif hiemit zu den Akten[5973].

Die Beklagten,
welchen über diese Anträge eine Vernehmlassung aufgegeben wurde,
– No. 68 b)[5974] –
widersprachen in derselben
– No. 68 c) –
[S. 97] zuerst sämmtlichen Anträgen im Allgemeinen deshalb, weil es nach den Erkenntnissen des Obergerichts vom 7. Julius 1831[5975] und des Oberappellationsgerichts vom 26. Junius 1832[5976] rechtskräftig feststehe, daß die fraglichen *nova*[5977] von den Akten entfernt zu halten und bei Beurtheilung der Appellationsbeschwerden nicht zu berücksichtigen seien, weshalb denn jezt, ohne irgendeinen weiteren Einspruch der Kläger zuzulassen, mit der Transmission[5978] der durch die Exception[5979] der Beklagten in der Hauptsache beschlossenen[5980] Appellationsakten verfahren werden müsse. Durch Einwendung von außerordentlichen Rechtsmitteln könnten die Kläger die Vollziehung der gedachten Erkenntnisse nicht hindern, da Rechtsmittel dieser Art keinen Suspensiveffect hätten:

Clem. 1 de sentent. et re iudic.[5981]

Auch könnten letztere, da das confirmatorische Erkenntniss vom 26. Junius 1832 vom Oberappellationsgerichte abgegeben worden sei[5982], nicht beim Obergerichte angebracht werden.

Sodann wurde gegen die einzelnen Anträge folgendes eingewandt.

5972 Die Beweisbedürftigkeit ausländischen Rechts war im 19. Jahrhundert streitig, Hinweise bei Oestmann, Beweis (wie Anm. 5629).

5973 Es geht um das Spannungsverhältnis des *iura novit curia*-Grundsatzes und der Obliegenheit, ausländisches Recht zu beweisen. Der Referent gibt die Meinung der Appellanten wieder, wonach eine echte Vorlagepflicht nicht bestehe, die Vorlage aber sinnvoll sei.

5974 Hinweis auf die Akte des Obergerichts.

5975 Oben S. 623 (S. 41 der Akte L I 161).

5976 Oben S. 686 (S. 117 der Akte L I 161).

5977 „Die neuen Beweismittel“.

5978 „Aktenversendung“.

5979 „Klageerwiderung“.

5980 Hinweis auf die Entscheidungsreife. Die Parteien beschließen zum Urteil, wie es in der gemeinrechtlichen Sprache heißt.

5981 Allegation aus dem kanonischen Recht: Clem. 2, 11, 1 (Titel: De sententia et re iudicata).

5982 Oben S. 686 (S. 117 der Akte L I 161).

Ad 1. Die Befugniss zu neuem Vorbringen sei gar kein besonderes, selbstständiges Rechtsmittel, sondern komme nur bei gewissen anderen Rechtsmitteln vor; nämlich theils bei der Appellation, und in dieser Hinsicht sei sie durch die oben angeführten Erkenntnisse rechtskräftig verworfen, theils bei der Restitution *ex capite novorum*[5983], wo ihre Erfordernisse durch die lübeckischen Verordnungen vom 5. Julius 1820 § 13[5984] und vom 13. August 1831[5985] bestimmt seien und wovon unten die Rede sein werde.

Ad 2. Das Restitutionsgesuch gegen den Ablauf des *fatale iustificationis*[5986] sei

a) in der Maaße, wie es vorgebracht worden, nämlich gegen den Ablauf des genannten *fatale*, schon deshalb nicht zu beachten, weil dieses *fatale* ja nicht versäumt, vielmehr eingehalten und nur kein Gebrauch von dem *beneficium novorum* gemacht worden sei.

[S. 98] Ferner

b) sei dasselbe verspätet, da es nach der Verordnung vom 13. August 1831 und dem hier angezogenen § 158 der Oberappellationsgerichtsordnung binnen der ursprünglichen Justificationsfrist, also binnen 4 Wochen, hätte angebracht werden müssen.

c) Das Restitutionsgesuch gegen den Verlust des *beneficii novorum* sei von den Klägern schon in dem vorigen Incidentverfahren angebracht und nach vollständiger Verhandlung durch die oben angeführten Erkenntnisse verworfen worden, dürfe also nicht wiederhohlt werden.

d) Der Umstand, daß die Kläger das neue Attestat nicht hätten binnen der Justificationsfrist produciren[5987] können, sei eine Folge ihres eigenen Verschuldens, wie in den gedachten Erkenntnissen rechtskräftig entschieden sei, und werde hiedurch eine prätorische Restitution[5988] ausgeschlossen.

e) Die Kläger hätten auf den Gebrauch des *beneficii novorum* verzichtet, indem sie wissentlich binnen der Iustificationsfrist dasselbe nicht ausgeübt hätten.

f) Endlich würden die Kläger doch nicht dazu gelangen können, vermittelst des *beneficii novorum* das neue Attestat zu den Akten zu bringen, weil dasselbe kein neu entstandenes oder neu aufgefundenes Beweismittel sei, wie doch nach § 130 der Oberappellationsgerichtsordnung und der Verordnung vom 13. August 1831 bei der Ausübung des *beneficii novorum* erfordert werde. Denn das eigentliche Beweis-

---

5983 „Wiedereinsetzung wegen neuer Beweismittel".

5984 Nachtrag zu der Verordnung über das Gerichtswesen vom 4. May 1814, bekanntgemacht am 5. Juli 1820, § 13: Wiedereinsetzung in den vorigen Stand, in: Sammlung der Lübeckischen Verordnungen und Bekanntmachungen. Dritter Band. 1818. 1819. 1820. 1821, Lübeck 1823, S. 194.

5985 Bekanntmachung (wie Anm. 5957).

5986 „Ablauf der Berufungsbegründungsfrist".

5987 „Gerichtlich einreichen".

5988 Erläutert bei Johann Nepomuk von Wening-Ingenheim / Johann Adam Fritz, Lehrbuch des Gemeinen Civilrechtes, nach Heise's Grundriß eines Systems des gemeinen Civil-Rechts. Dritter Band, 5. Aufl. München 1838, S. 484.

mittel seien hier die Akten des Departements des auswärtigen Handels in St. Petersburg, nicht die davon genommene Abschrift. Jene Akten nun aber seien schon im Jahre 1823 sowohl vorhanden als auch den Klägern ihrem Inhalte nach bekannt gewesen, indem sie sich schon damals ein Attestat über denselben Gegenstand daraus hätten geben lassen, und die Kläger hätten selbst gewusst, wie die producirte Correspondenz[5989] ergebe, daß ein anderes [S. 99[5990]] Attestat erforderlich sei.

Ad 3. Das Rechtsmittel der Restitution *contra rem iudicatam ex capite novorum*[5991], welches ohne Zweifel gegen das Erkenntniss des Niedergerichts vom 27. September 1828 gerichtet sein solle, sei nicht nach den Reichsgesetzen, worauf sich die Kläger beriefen, sondern nach den lübeckischen Verordnungen vom 5. Julius 1820 § 13 und vom 13. August 1831 und den dort allegirten[5992] §§ der Oberappellationsgerichtsordnung zu beurtheilen.

Hiernach nun

a) sei das Rechtsmittel desert[5993], indem es hätte binnen 8 Wochen angebracht werden müssen.

b) Es könne nicht auf neue Beweismittel gegründet werden außer in dem hier nicht vorhandenen Falle eines abgeleisteten nothwendigen Eides.

c) Es könne nicht beim Obergerichte, sondern müsse beim Niedergerichte angebracht werden.

d) Das gedachte niedergerichtliche Erkenntniss sei ja auch nicht in Rechtskraft getreten.

e) Endlich habe jedenfalls das fragliche Rechtsmittel keinen Suspensiveffect.

Ad 4. Das Restitutionsgesuch *ex capite minoris aetatis*[5994] sei

a) dunkel abgefasst, indem die Kläger nicht angegeben hätten, wogegen es denn gerichtet sein solle, ob gegen den Ablauf der Beweisfrist oder gegen den Ablauf der Justificationsfrist oder gegen frühere Erkenntisse.

b) Demselben ständen in den beiden letztgedachten Fällen eben dieselben Einwendungen entgegen, welche *ad* 2 und 3 ausgeführt worden seien.

c) Es sei den Beklagten nicht bekannt, ob die haasesche Tochter noch minderjährig sei.

d) Da der Prozeß für dieselbe durch ihre Vormünder geführt und von diesen die Herbeischaffung des neuen Attestates wiederum einem Mandatar[5995] übetragen worden sei, auch es rechtskräftig feststehe, daß die verspätete Herbeischaffung des

5989 Gemeint ist der Briefwechsel zwischen dem Lübecker Ratsherrn Conrad Platzmann, dem Wortführer der Kläger, und seinem Bruder, dem in Russland lebenden Kaufmann Heinrich Platzmann.

5990 Zeitgenössisch Bogen 3.

5991 „Gegen die Rechtskraft wegen neuer Beweismittel".

5992 Durch die beiden angeführten Lübecker Verordnungen galten die Vorschriften zum Prozess des Oberappellationsgerichts weitgehend auch für das Verfahren vor dem Obergericht der Stadt Lübeck.

5993 „Verfristet", wörtlich: „verlassen".

5994 „Wiedereinsetzung wegen minderjährigen Alters".

5995 „Einem Beauftragten", nämlich Heinrich Platzmann.

neuen Attestates ihren [S. 100] Grund in einem Verschulden der Kläger und ihres Mantatars habe, so müsse die Minderjährige zuerst jenen Mandatar

L. 23 D. de minorib.[5996]

und hiernach ihre Vormünder ausklagen

L. 13 § 11 C. de iudiciis[5997]

und könne bei der bekannten Solvenz[5998] dieser Personen keine Restitution gegen den unschuldigen Dritten erlangen, weshalb dann auch erst der Ausgang des Prozesses abzuwarten sei.

e) Jedenfalls müsse dieser Punkt von dem Verfahren *in appellatorio*[5999] gesondert, in dem letzteren mit der sofortigen Aktenversendung vorgeschritten und die Minderjährige mit dem obigen Gesuch *ad reparatum*[6000] an die erste Instanz verwiesen werden, da eine ihr zu erteilende Restitution den majorennen[6001] Mitklägern nicht zu Gute kommen, also durch dieselbe das Verfahren gegen die letzteren nicht gehemmt oder belästigt werden dürfe.

Es werde demnach *ad* 1 bis 4 gebeten,

die sämmtlichen außerordentlichen Rechtsmittel der Kläger *refusis expensis*[6002] zu verwerfen, die „Nachträgliche Aeußerung" derselben mit deren Anlagen wiederum von den Akten zu removiren[6003], die Akten durch einen Inhäsivbescheid[6004] *non obstante aliquo remedio*[6005] zu schließen und *ad extraneos* zu transmittiren[6006].

Ad 5. wurde der Beibringung des Tarifs von 1816 ebenfalls widersprochen und dessen Remotion[6007] von den Akten verlangt. Denn

a) dieser Tarif, als Gesetz eines fremden Landes, sei ein dem Richter unbekanntes, factisches Beweismittel[6008], könne also nicht auf die Art, wie es die Kläger jetzt versuchten, außerhalb der Beweisfrist in die Akten eingeschoben werden.

b) Es befinde sich schon in den Akten des Obergerichts ein beglaubigter Auszug von demjenigen Theile des Tarifs, welcher den Richter interessire.

5996 Allegation aus dem römischen Recht: D. 4, 4, 23 (Titel: De minoribus viginti quinque annis).
5997 C. 3, 1, 13, 11.
5998 An früherer Stelle ist davon die Rede, Heinrich Platzmann, der Korrespondent der Kläger in Dorpat bzw. St. Petersburg, sei hoch verschuldet, oben S. 652 (S. 85 der Akte L I 161).
5999 „In der Berufungsinstanz".
6000 „Zur Wiederherstellung".
6001 „Den volljährigen".
6002 „Kostenpflichtig".
6003 „Entfernen".
6004 „Wiederholungsbescheid", dazu Justin Timotheus Balthasar Linde, Handbuch über die Lehre von den Rechtsmitteln nach Grundsätzen des deutschen gemeinen bürgerlichen Prozesses. Erster Theil, Gießen 1831, § 57, S. 201–205.
6005 „Ohne irgendein entgegenstehendes Rechtsmittel".
6006 „An auswärtige Urteilsverfasser zu versenden".
6007 „Entfernung".
6008 Hier taucht das Problem auf, ob ausländische Gesetze wie Tatsachen zu behandeln sind oder ob sie Rechtsnormen darstellen.

– (Hiermit kann nichts anderes gemeint sein, als No. 58 Anlage 9[6009], worin aber davon, welche Waaren nach [S. 101] dem Tarif von 1816 verboten sind, nichts vorkommt.) –

Dies sei genügend, sofern nicht der Richter selbst ein mehreres für nothwendig halte und deshalb eine Auflage mache.

Das Obergericht

hat hierauf durch ein Erkenntniss vom 29. November 1832[6010]

– No. 68 e) –

verfügt,

daß den Anträgen der Kläger unter 1 bis 4 nicht stattzugeben sei, jedoch der haaseschen Tochter die ihr etwa zuständigen Rechte wegen der für sie nachgesuchten Restitution *ex capite minoris aetatis*[6011] vorbehalten bliebe,

daß den Klägern die neuerdings eingereichte „Nachträgliche Aeußerung" nebst deren Anlagen sowie auch der Zolltarif von 1816 zu retradiren[6012]

daß das obschwebende Appellationsverfahren[6013] gegen das niedergerichtliche Erkenntniss vom 27. September 1828 ohne Weiteres zu schließen und mit Transmission der Akten *ad exteros*[6014] zu verfahren, dabei aber die gegenwärtige Incidentverhandlungen[6015] von den zu versendenden Akten abzusondern und zurückzubehalten,

endlich, daß die Kläger in die Kosten dieser Incidentverhandlungen zu verurtheilen seien.

Die Entscheidungsgründe sind zu verlesen[6016].

– No. 2 unserer Akten –[6017]

An demselben Tage wurde ein zweites, den zu versendenden Akten beizufügendes Decret abgegeben,

– No. 68[6018] –

worin ohne Erwähnung des letzten Incidentverfahrens auf die Exception der Beklagten in der Hauptsache *in causa* concludirt[6019] und die Transmission der Akten verfügt wird.

Die Kläger

6009 Anlagennummer sehr schwer lesbar. – Verweis auf die Prozessakte des Obergerichts.
6010 Oben S. 709 (S. 33 der Akte).
6011 „Wiedereinsetzung wegen minderjährigen Alters".
6012 „Zurückzugeben".
6013 Flüchtigkeitsfehler in der Vorlage: *Applationsverfahren*.
6014 Vermutlich Schreibfehler für *extraneos*.
6015 Zu Inzidentpunkten oben Anm. 5802.
6016 Bei solchen mehrfach auftauchenden Regiebemerkungen bleibt unklar, ob der Referent seine Ausarbeitung selbst verlesen wollte oder ob der Gerichtssekretär diese Aufgabe übernahm.
6017 Oben S. 709 (S. 33 der Akte). Da die obergerichtliche Entscheidung im französischen Stil gehalten ist, gibt es dort keinen Unterschied zwischen dem Urteil und den Entscheidungsgründen.
6018 Verweis auf die Akte des Obergerichts.
6019 „Zur Sache beschlossen" wird, das heißt, die Entscheidungsreife wurde vom Gericht ausdrücklich festgestellt.

interponirten[6020] gegen beide Decrete die Appellation,

– No. 68 f –

welcher vom Obergerichte deferirt[6021] wurde.

– No. 68 g[6022] –

Ihr Libell ist zwar nur gegen das Decret No. 68 e) gerichtet, indessen ist in [S. 102] diesem letzeren das andere Decret No. 68 allegirt und dessen Inhalt angegeben.

Die Kläger stellen folgende sieben Beschwerden auf, in welche zum Theil die Entscheidungsgründe der *sententia a qua*[6023] mit eingemischt sind.

1. Daß der Befugniß zu neuem Vorbringen nicht stattgegeben, solche auch

a) überhaupt an die Appellationsrechtfertigung gebunden,

und b) *in concreto* deswegen zurückgewiesen worden, weil das in Frage stehende *novum* nicht für neu entstanden zu achten sei.

Diese Befugniß als ein außerordentliches Rechtsmittel wird hier wieder auf den § 130 unserer Ordnung[6024] gegründet. In diesem § sei nichts davon enthalten, daß dieselbe binnen des *fatale iustificandae appellationis*[6025] ausgeübt werden müsse, was auch *in concreto* nicht möglich gewesen sei. Ob ferner das neue Attestat für ein neu entstandenes oder neu aufgefundenes Beweismittel zu achten sei, erscheine als unerheblich, da jedenfalls die Kläger mit demselben aus dem Gesichtspunkte einer Erläuterung des in erster Instanz producirten Attestates und eines besseren Beweises[6026] zugelassen werden müssten. Es sei aber jenes neue Attestat auch allerdings ein wahres *novum*, da die Akten des Departements selbst den Klägern nicht zugänglich gewesen seien und sie daraus nur einzelne Ausfertigungen von der Behörde hätten erhalten können, bei deren erster Nachsuchung sie nicht gewusst hätten, wie speciell dieselben sein müssten, um als genügendes Beweismittel angenommen zu werden.

2. *Eventualiter*[6027], wenn die Befugniß zu neuem Vorbringen an die Appellationsfrist gebunden sein sollte, daß den Klägern nicht die gebetene Restitution gegen deren Ablauf ertheilt worden sei, aus den unzulässigen Gründen, daß das *fatale iustificationis* an sich richtig [S. 103[6028]] eingehalten worden sei und die unterlassene Benutzung des *novi* binnen desselben auf dem eigenen Verschulden der Kläger beruhe.

6020 „Legten ein".
6021 „Stattgegeben".
6022 Sog. Interpositionsbescheid vom 13. Dezember 1832, oben S. 713 (S. 41 der Akte).
6023 „Des vorinstanzlichen Urteils".
6024 Definitive Gerichtsordnung des Oberappellationsgerichts von 1831, bei Blume, Gerichtsordnung (wie Anm. 5600), S. 68–69.
6025 „Innerhalb der Berufungsbegründungsfrist".
6026 Danach *damit*, aber mit Bleistift nachträglich durchgestrichen.
6027 „Hilfsweise".
6028 Zeitgenössisch Bogen 4.

Nach den Vorschriften über die *restitutio ex clausula praetoris generali*[6029] solle in allen Fällen gegen das strenge Recht restituirt werden, wo gerechte Gründe dazu vorliegen oder selbst nur die Billigkeit es erfordere. *In concreto* nun aber sei nach den aus den Akten bekannten Verhältnissen dazu gewiß der gerechteste Grund vorhanden. Es stehe auch den Klägern keineswegs eine *res iudicata*[6030] aus der vorigen Incidentverhandlung entgegen, daß ihnen ein die Restitution ausschließendes Verschulden zur Last falle. Denn

a) damals sei nur über die Benutzung des *novi* ohne Restitution verhandelt und erkannt worden.

b) Die *res iudicata* gehe nur dahin, daß die Kläger nicht die gehörige Diligenz[6031] angewandt hätten, um sich das *novum* binnen der Justificationsfrist zu verschaffen. Dies verhindere aber nicht die Restitution, da die Kläger gegen die Beklagten durch keinen Vertrag zu einer Diligenz verpflichtet seien, sondern die Restitution würde nur dann nicht stattfinden, wenn die Kläger durch eine *culpa*, und zwar eine *culpa lata*[6032], die zeitige Ankunft des *novi* verzögert hätten.

c) *Eventualiter* würde doch nur demjenigen, der die Anschaffung des neuen Attestats zu besorgen gehabt habe, dem Correspondenten oder Anwalte, ein Verschulden zur Last fallen, nicht aber den übrigen Klägern. Es hätte also die Restitution wenigstens diesen letzteren zuerkannt und die Sache zu dessen weiterer Ausmittelung an die erste Instanz remittirt werden müssen.

3. Daß die gebetene Wiedereinsetzung in den vorigen Stand gegen rechtskräftige Urtheile auf den Grund des Mangels der gesetzlichen Erfordernisse abgeschlagen worden sei.

Dieses Rechtsmittel sei auch nach der Oberappellationsgerichtsordnung wegen neu aufgefundener Beweismittel zulässig. Denn der Zusatz im § 180 „gegen einen [S. 104] nothwenigen Haupteid“[6033] könne nicht als eine Beschränkung verstanden werden, da, wie der § 181 zeige, durch die Oberappellationsgerichtsordnung bis auf die Abkürzung der Frist nur das gemeine Recht habe bestätigt werden sollen. Die im § 181 vorgeschriebene 8-wöchige Frist aber sei gewahrt, da die Kläger das *novum* binnen 8 Wochen eingeführt hätten.

4. *Eventualiter – pagina* 21 *in fine*[6034] –, daß in Beziehung auf die minderjährige haasesche Tochter die gebetene Restitution nur vorbehalten und nicht mit ihren Folgen ausgesprochen worden sei.

6029 „Wiedereinsetzung wegen der prätorischen Generalklausel“, dazu oben Anm. 5606.
6030 „Rechtskraft“.
6031 „Sorgfalt“.
6032 „Grobe Fahrlässigkeit“.
6033 Bei Blume, Gerichtsordnung (wie Anm. 5600), S. 94.
6034 Verweis auf die Berufungsbegründung der Kläger vor dem Oberappellationsgericht, oben S. 707 (S. 27–28 der Akte).

Das Obergericht scheine es hiebei schon in Zweifel ziehen zu wollen, daß dem Minderjährigen überall ein Anspruch auf Restitution gegen[6035] rechtskräftige Erkenntnisse zustehe, die in einem durch seine Vormünder geführten Rechtsstreite gegen ihn ergangen seien. Ein solcher Zweifel beseitige sich aber durch klare Gesetze und sei dabei auch keinesweges eine vorgängige Ausklagung der Vormünder erforderlich.

L. 3. L. 5 C. si tutor vel cur.[6036]

Aus dem § 180 der Oberappellationsgerichtsordnung könne hiergegen kein Bedenken entnommen werden, da die Restitution *ex capite minoris aetatis*[6037] im gemeinen Rechte so sehr bevorzugt sei, daß es einer ausdrücklichen Bestimmung im § 180 bedurft hätte, wenn auch in der Minderjährigkeit kein Grund zu einer Restitution gegen rechtskräftige Urtheile hätte liegen sollen. Wenn mithin die Bitte um Restitution für die haasesche Tochter begründet sei, so habe das Obergericht sie aussprechen müssen. Und zwar sei zugleich über die Folgen der Restitution für die majorennen[6038] Mitkläger zu erkennen oder doch das Erkenntniß über diese Folgen zum künftigen Haupterkenntnisse zu verstellen gewesen. Ein bloßer Vorbehalt hingegen sei nach den vorliegenden Sach- und Rechtsverhältnissen völlig ungenügend,

– *pagina 16, 17.*[6039] –

und die haasesche Tochter habe das Recht, ohne weiteren Anstand und fernere Kosten zu dem ihr gebührenden Anthei- [S. 105] le an dem Schadensersatze zu gelangen.

– *pagina 22.* –

5. Daß in Beziehung auf den russischen Zolltarif von 1816 nicht *pro petito*[6040] erkannt und eventuell nur auf eine desfalsige Verfügung des Richters erster Instanz hingewiesen worden sei.

– (Dies Letzte ist unrichtig, indem die Rationen der *sententia a qua* dahin lauten „wenigstens zuvor eine desfallsige Verfügung des in der Hauptsache erkennenden Richters zu erwarten sein dürfte“.[6041]) –

Beide Theile hätten sich in den Akten mehrfach auf den gedachten Tarif berufen, und derselbe sei ein Gesetz und eine nothwendige Entscheidungsquelle für das künftige richterliche Erkenntniß in der Hauptsache, weshalb es denn auch keiner

6035 *Restitution gegen* unter der Zeile eingefügt.
6036 Allegation aus dem römischen Recht: C. 2, 24, 3 und 5 (Titel: Si tutor vel curator intervenerit).
6037 „Wegen Minderjährigkeit“.
6038 „Erwachsenen“.
6039 Die Verweise beziehen sich immer auf die Seitenzahlen der Berufungsbegründung, oben Aktenstück Q 1, S. 705 (S. 22–23 der Akte).
6040 „Antragsgemäß“.
6041 Urteilsbegründung des Obergerichts oben S. 711 (S. 36–37 der Akte). Erneut zeigt der Referent, wie sorgfältig er die Akten kennt.

besonderen richterlichen Verfügung bedürfe, um die Kläger zu dessen Beibringung zu den Akten zu befugen.

6. Daß die Akten des gegenwärtigen Incidentverfahrens nebst der „Nachträglichen Aeußerung“ der Kläger und deren Anlagen von der Transmission[6042] der Akten ausgeschlossen worden seien.

Die Kläger hätten ein Recht auf die Versendung der vollständigen Akten, und dürfe davon nichts getrennt werden.

7. Endlich, daß die Kläger in die Kosten des Incidentverfahrens verurtheilt und solche nicht wenigstens compensirt[6043] seien.

Selbst wenn auf die Anträge der Kläger nicht einzugehen wäre, so sei doch kein Grund, sie in die Kosten zu verurtheilen, da die von ihnen ergriffenen Rechtsmittel an sich gesetzlich gebilligt und ihr Wunsch, ein für die Hauptsache erhebliches und von ihnen mit vielen Kosten angeschafftes Document zu den Akten zu bringen, sehr natürlich sei.

Das *petitum* geht dahin,

daß die „Nachträgliche Aeußerung“ der Kläger nebst deren Anlagen wie auch der russische Zolltarif von 1816, sei es nun ohne oder mit vor- [S. 106] gängiger Restitution, zu den Akten zu nehmen, den zu versendenden vollständigen Akten beizufügen und soweit rechtens *in iudicando*[6044] zu berücksichtigen seien, unter Compensation der Kosten,

wobei sie noch bemerken, daß im Erkenntnisse die Frist, binnen welcher sie die gedachten Aktenstücke zu den Akten des Obergerichts zu bringen hätten, zu bestimmen sein werde.

Die Beklagten

bestreiten *excipiendo*[6045] zunächst die Zulässigkeit der Appellation, weil das *decretum a quo*[6046] theils nur prozeßleitend, theils auf frühere *res iudicata* gegründet sei. Sie fügen jedoch eine weitere Ausführung hierüber nicht hinzu, sondern sagen, sie könnten sich dieselbe bei der materiellen Verwerflichkeit der Beschwerden ersparen.

In dieser letztern Hinsicht ist

ad gravamina[6047] 1 bis 5 das schon in der vorigen Instanz Vorgetragene wiederhohlt und noch Folgendes hinzugefügt:.

6042 „Versendung“ an eine Juristenfakultät.

6043 „Gegenseitig aufgehoben“. Das hätte bedeutet, dass jede Seite ihre eigenen außergerichtlichen sowie die Hälfte der gerichtlichen Kosten tragen muss.

6044 „Bei der Entscheidung“.

6045 „Einredeweise“, gemeint ist die Vernehmlassung, also die Berufungserwiderung.

6046 Die angefochtene Entscheidung war kein Urteil im förmlichen Sinne. Dann stellte sich immer die Frage nach der Zulässigkeit der Appellation, hierzu Nora Tirtasana, Der gelehrte Gerichtshof. Das Oberappellationsgericht Lübeck und die Praxis des Zivilprozesses im 19. Jahrhundert (Forschungen zur Neueren Privatrechtsgeschichte 33), Köln, Weimar, Wien, S. 199–203. Hier ging es nicht einmal um ein Beweisurteil, sondern lediglich um eine Verfügung des Gerichts.

6047 „Zu den Beschwerdegründen“.

Ad gravamen 2. Was das Verschulden der Kläger anlange, so beruhe der Unterschied, den sie jezt zwischen Diligenz[6048] und positiver *culpa*[6049] machen wollten, offenbar auf einer Begriffsverwechslung, indem hier nicht von den Beklagten ein Anspruch an die Kläger wegen eines Verschuldens der lezteren gemacht, sondern von den Klägern die Rescission[6050] eines erworbenen Rechts der Beklagten *ex aequitate*[6051] verlangt werde. Seien ferner einzelne Mitkläger von einem Verschulden frei, so möchten sie ihren Regreß an die Schuldigen nehmen. Übrigens ergäben die Akten, daß die Schuld nicht allein an dem Correspondenten oder Anwalt gelegen habe.

Sodann ist hier die in der vorigen Instanz vorgebrachte Einrede des Verzichts auf den Gebrauch des *beneficii novorum*[6052] dahin erläutert, es liege derselbe darin, daß die Kläger beim Obergerichte nicht um eine dritte Prorogation[6053] der Justificationsfrist, welche ihnen nicht verweigert sein würde, nachgesucht, sondern sofort nach Ablauf der zweiten Prorogation, ohne die Ankunft des *novi* abzuwarten, die Ju- [S. 107[6054]] stification überreicht hätten.

Ad gravamen 4. Nach dem Schriftsatze der Kläger in der vorigen Instanz sei es zweifelhaft gewesen, wogegen eigentlich die Restitution *ex capite minoris aetatis*[6055] gesucht werde. Jezt hätten aber die Kläger bestimmt erklärt, daß eine Restitution gegen ein ergangenes rechtskräftiges Urtheil verlangt sei, und hiermit könne kein anderes Urtheil gemeint sein als das des Oberappellationsgerichts vom 26. Junius 1832[6056], durch welches die Remotion[6057] des neuen Attestates von den Akten definitiv ausgesprochen worden. Dieses Gesuch sei nun eigentlich sofort gänzlich zu verwerfen gewesen. Denn

a) es hätte bei dem Oberappellationsgerichte selbst angebracht werden müssen, nach § 181 der Oberappellationsgerichtsordnung,

b) nach § 180 ebendaselbst finde überall keine Restitution gegen rechtskräftige Erkenntnisse aus dem Grunde der Minderjährigkeit statt.

c) Dann ist wiederhohlt, der Mandatar und die Vormünder müssten vorher ausgeklagt werden.

6048 „Sorgfalt".
6049 „Fahrlässigkeit, Verschulden".
6050 „Aufhebung, Vernichtung".
6051 „Aus Billigkeit".
6052 „Des Novenrechts", des Rechts zum Vortrag neuer Tatsachen und Beweismittel.
6053 „Verlängerung".
6054 Zeitgenössisch Bogen 5.
6055 „Wegen minderjährigen Alters".
6056 Oben S. 686 (S. 117 der Akte L I 161).
6057 „Entfernung".

d) Es werde übrigens geläugnet, daß die haasesche Tochter zur Zeit des gedachten Erkenntnisses des Oberappellationsgerichts, am 26. Junius 1832, noch minderjährig gewesen sei. Aus den Akten constire über ihr Alter nichts, und die Vormünder hätten nicht einmal ihr *tutorium*[6058] zu den Akten geliefert.

– (Das Letztere ist unrichtig, siehe Acten des Niedergerichts, *Recessus* 13, Anlage 7[6059]; indessen ist allerdings das Alter der haaseschen Tochter hieraus nicht zu ersehen.) –

Es gereiche daher den Klägern durchaus nicht zur Beschwerde, daß wegen jenes Gesuchs nur ein Vorbehalt gemacht worden sei. Jedenfalls aber habe ein Mehreres nicht geschehen können, da die eben angeregten Punkte wenigstens *altioris indaginis*[6060] seien, da ferner die Restitution den übrigen Mitklägern nicht zu Gute kommen, also auch hinsichtlich ihrer das Verfahren *in appellatorio*[6061] nicht hemmen könne und da nach der Gerichtsordnung das *remedium restitutionis* keinen Sus- [S. 108] pensiveffect habe.

Ad gravamen 5. Die Beklagten hätten nirgends in den Akten auf den russischen Zolltarif von 1816 Bezug genommen, und derselbe sei ihnen ganz unbekannt.

– (Hier ist nicht an No. 18, Anlage 1, der Akten des Obergerichts gedacht[6062].) –

Jener Tarif sei entweder ein Beweismittel für das *thema probandum*[6063] und dann sei er ebenso zu beurtheilen wie das neue Attestat, müsse also aus denselben Gründen von den Akten removirt werden. Oder er enthalte nichts zum Beweise Dienliches, und dann sei er überflüssig. Jedenfalls aber könne er nur auf Verlangen der in der Hauptsache erkennenden Facultät – von dieser und nicht von dem Richter erster Instanz, sei in den Rationen des Obergerichts die Rede – zu den Akten genommen werden.

Ad gravamen 6 ist erwiedert, die Akten der Appellationsinstanz seien mit dem Appellationslibell der Kläger und der Exception[6064] der Beklagten geschlossen. Die von den Klägern nachher versuchten außerordentlichen Rechtsmittel, welche sogar nicht einmal an das Obergericht erwachsen seien, seien etwas Fremdartiges und nicht zu den Akten der Appellationsinstanz Gehöriges, also an die Facultät, welche nur *in appellatorio* zu erkennen habe, nicht mit zu versenden.

Ad gravamen 7. Bei der Grundlosigkeit der Anträge der Kläger und bei der beständigen Wiederhohlung ihrer unbehörigen Versuche, das neue Attestat zu den Akten zu bringen, seien sie mit Recht in die Kosten verurtheilt worden.

6058 „Vormundschaftsbescheinigung".
6059 Erneut beweist der Referent seine umfassende Aktenkenntnis und verweist auf die Akte des Niedergerichts.
6060 „Gegenstand weiterer Nachforschung".
6061 „In der Berufungsinstanz".
6062 Mit seiner Übersicht über die gesamten Prozessakten deckt der Referent mehrere Widersprüche in den Äußerungen der Beklagten auf.
6063 „Beweisthema".
6064 „Berufungserwiderung".

Das *petitum*[6065] der Beklagten geht auf *confimatoria cum expensis*[6066].

Außerdem baten sie noch um Versagung des Suspensiveffects und sofortige Transmission der Akten ohne die *nova*, was ihnen aber *per decretum* des Oberappellationsgerichts vom 4. Mai 1833[6067] abgeschlagen ist.

[S. 111[6068]] Gutachten.

Die Zulässigkeit der Appellation, welche die Beklagten, wiewohl nur sehr obenhin, bestreiten wollen, unterliegt keinem Zweifel. Die Beklagten führen dagegen zwei Gründe an:

1. Das *decretum a quo*[6069] sei nur prozeßleitend.

Diese Behauptung wiederlegt sich sofort durch den Inhalt des Decrets – No. 68 e)[6070] –, worin nach einer contradictorischen[6071] Verhandlung Restitutionen abgeschlagen, Rechtsmittel verworfen und höchst erhebliche Urkunden von den Akten removirt sind.

2. Dasselbe sei ein bloßes *inhaesivum*[6072] früherer rechtskräftiger Entscheidungen. Die Meinung der Beklagten ist hier nämlich, wie man aus den Akten voriger Instanz sieht, durch die Erkenntnisse des Obergerichts vom 7. Julius 1831[6073] und des Oberappellationsgerichts vom 26. Junius 1832[6074] sei die Remotion des neuen Attestates von den Akten rechtskräftig ausgesprochen, mithin seien die jetzigen sogenannten außerordentlichen Rechtsmittel der Kläger, welche sämmtlich den Zweck hätten, das neue Attestat dennoch zu den Akten zu bringen, bloße Wiederhohlungen eines schon rechtskräftig verworfenen Antrages.

Dieser Grund ist aber gleichfalls unrichtig. Denn

einmal betreffen die Appellationsbeschwerden der Kläger nicht bloß das neue Attestat, sondern auch andere Punkte – den Zolltarif von 1816 und die Mitversendung der Akten über das jetzige Incidentverfahren –.

Zweitens besteht in Ansehung des neuen Attestates die vorhandene *res iudicata* nur darin, daß dasselbe nicht in dem Wege des *beneficii nondum probata probandi*[6075] zu den Akten gebracht werden könne, weil die hierzu bestimmte Frist – das *fatale iustificandae appellationis*[6076] – abgelaufen sei. Die jetzigen Anträge der Kläger aber, wodurch sie jenes Attestat zu den Akten bringen wollen, sind zum Theil wirklich

6065 „Antrag“.
6066 „Urteilsbestätigung unter Verurteilung der Kläger in die Kosten“.
6067 Oben S. 735 (S. 88 der Akte).
6068 Zeitgenössisch Bogen 6. Abermals beginnt das Gutachten mit einem neuen Bogen und ist auf diese Weise von der Prozessgeschichte deutlich getrennt.
6069 „Die angefochtene Verfügung“.
6070 Verweis auf die Prozessakte des Obergerichts, obwohl sich die Verfügung auch in der Akte des Oberappellationsgerichts befindet, oben S. 709 (S. 33 der Akte).
6071 „Streitigen“.
6072 „Wiederholungsverfügung“, oben Anm. 6004.
6073 Oben S. 623 (S. 41 der Akte L I 161).
6074 Oben S. 686 (S. 117 der Akte L I 161).
6075 „Der Rechtswohltat, das noch nicht Bewiesene zu beweisen“.
6076 „Die Berufungsbegründungsfrist“.

ganz andere Wege – die *remedia restitutionis contra rem iudicatam ex capite novorum*[6077] und *ex capite minoris aetatis*[6078] –, zum Theil werden sie [S. 112] wenigstens von den Klägern als andere Wege dargestellt, so daß über die Frage, ob die frühere *res iudicata* auf sie anwendbar sei, als über einen neuen Streitpunkt erst zu erkennen war, in welcher Form denn auch – mit neuen selbstständigen Entscheidungsgründen – das *decretum a quo* abgefaßt ist.

Bei den Materialien der Appellation kommt es in der Sache selbst auf drei Hauptpunkte an.

1. Die Kläger wollen das neue Attestat nebst der sich darauf beziehenden Deduction in dem jetzigen Stadium des Prozesses zu den Akten bringen und zwar auf einem vierfachen Wege unter dem Namen von außerordentlichen Rechtsmitteln.

Sie wollen sich nämlich zu jenem Zwecke bedienen

a) eines Rechtsmittels, „der Befugniß zu neuem Vorbringen", welches sie in dem Abschnitte der Oberappellationsgerichtsordnung XXII – § 130 bis 132 – finden, der nach der Verordnung vom 13. August 1831[6079] bei dem lübeckischen Obergerichte gleichfalls anzuwenden ist.

b) *Eventualiter* der *restitutio in integrum ex clausula generali*[6080] gegen den Ablauf des *fatale iustificandae appellationis*[6081] beim Obergerichte, um alsdann von dem ordentlichen *beneficium nondum probata probandi* Gebrauch machen zu können.

c) Des[6082] *remedii restitutionis in integrum ex capite novorum* gegen das niedergerichtliche Erkenntniß vom 27. September 1828. Daß nämlich dieses letztere Erkenntniß hier gemeint sei, ist klar, sowohl nach dem *petitum* in No. 68 a) voriger Instanz[6083], *pagina* 10 *in fine* und 11, worin vermöge jenes Rechtsmittels nur auf eine Abänderung dieses Erkenntnisses angetragen wird, als auch daraus, daß das neue Attestat, auf welches die Kläger das obige Rechtsmittel gründen, nur im Verhältnisse zu dem gedachten niedergerichtlichen Erkenntnisse ein *novum* ist, nicht aber im Verhältnisse zu den späteren Erkenntnissen des Obergerichts und Oberappellationsgerichts, bei deren Abgebung das [S. 113] neue Attestat schon producirt war und welche gerade dessen Zulassung betreffen.

6077 „Wiedereinsetzung in den vorigen Stand gegen ein rechtskräftiges Urteil wegen neuer Beweise".

6078 „Wegen Minderjährigkeit".

6079 Bekanntmachung, betreffend die Gerichtsordnung für das gemeinschaftliche Ober-Appellationsgericht der vier freien Städte Deutschlands, nebst der Stempel- und Gebühren-Taxe und der Prokuratur-Ordnung vom 13. August 1831, in: Sammlung der Lübeckischen Verordnungen und Bekanntmachungen. Sechster Band. 1830. 1831. 1832, Lübeck 1833, Nr. 17 S. 55.

6080 „Hilfsweise die Wiedereinsetzung in den vorigen Stand aufgrund der Generalklausel", hierzu Burchardi, Lehre von der Wiedereinsetzung (wie Anm. 5827), S. 52.

6081 „Der Berufungsbegründungsfrist".

6082 Grammatisch bezogen auf „bedienen".

6083 Verweis auf die Prozessakte des Obergerichts.

Endlich d) *in omnem eventum*[6084] der *restitutio in integrum ex capite minoris aetatis*[6085] für die mitklagende Tochter des Schiffers Haase.

Das Obergericht hat nun die drei ersten Anträge abgewiesen, und wegen des vierten der haaseschen Tochter nur ihre etwanigen Rechtszuständigkeiten vorbehalten; und ich trage hier durchgängig auf Bestätigung an[6086].

Hinsichtlich der drei ersten Anträge kann dieses nicht dem geringsten Zweifel unterliegen. Denn

der erste Antrag unter a) beruhet lediglich auf der Supposition, als sei durch den Abschnitt XXII unserer Ordnung ein besonderes Rechtsmittel der „Befugniß zu neuem Vorbringen" eingeführt, welches von dem bei der Appellation vorkommenden *beneficium novorum* verschieden und an dessen Bedingungen nicht gebunden sei. Indem nämlich die Kläger selbst ausdrücklich anerkennen, daß dem Gebrauche dieses letzteren *beneficii*, abgesehen von einer Restitution gegen den Ablauf der Justificationsfrist, die *res iudicata* aus den Erkenntnissen des Obergerichts vom 7. Julius 1831[6087] und des Oberappellationsgerichts vom 26. Junius 1832[6088] entgegenstehe.

– No. 68 a), *pagina* 2 *in fine*, 3, 6.[6089] –

Jene Supposition ist nun aber offenbar unrichtig, denn die Befugniß zu neuem Vorbringen, wovon der Abschnitt XXII handelt, ist nichts anderes als das gewöhnliche *beneficium novorum* in der Appellationsinstanz, wie sowohl der Inhalt des § 130 als auch der Umstand zeigt, daß der Abschnitt XXII eine bloße Unterabtheilung der Hauptabtheilung *littera* b) „Verfahren bei Appellationen" bildet[6090]. Damit fällt also der ganze obige Antrag weg und wird durch die über das *beneficium novorum* vorhandene *res iudicata* beseitiget.

Gegen den zweiten Antrag unter b) sind zwei Gründe entscheidend.

α) Das Restitutionsgesuch ist verspätet, denn es müßte von da an, [S. 114] wo die Kläger das neue Attestat produciren konnten – seit März oder April 1829 – binnen eben desselben Zeitraums angebracht werden, in welchem die ursprünglich zu dessen Production gegebene und versäumte Frist bestand,

nach dem R. Deput. Absch. von 1600, § 86,[6091]

mithin binnen 4 Wochen.

6084 „Hilfsweise für alle Fälle".

6085 „Wiedereinsetzung in den vorigen Stand wegen minderjährigen Alters".

6086 Der Referent benutzt den modernen Urteilsstil und stellt sein Ergebnis an den Anfang.

6087 Oben S. 623 (S. 41 der Akte L I 161).

6088 Oben S. 686 (S. 117 der Akte L I 161).

6089 Verweis auf die Akte des Obergerichts.

6090 Beispiel für eine systematische Auslegung: Die Norm wird in die Gliederung des Gesetzes eingepasst.

6091 Reichsdeputationsabschied aus Speyer von 1600 § 86, bei Johann Jacob Schmauß/Heinrich Christian von Senckenberg (Hrsg.), Neue und vollständigere Sammlung der Reichsabschiede, Teile I–IV, Nachdruck Osnabrück 1967 der Ausgabe Frankfurt am Main 1747, III. Teil, S. 488.

– Verordnung vom 4. Mai 1814 § 27[6092]. –

Und jedenfalls, wenn man auch die damalige praktische Gültigkeit dieser reichsgesetzlichen Bestimmung in Lübeck als zweifelhaft betrachten wollte[6093], hätten doch die Kläger jene Frist nach der Publication der Verordnung vom 13. August 1831 einhalten müssen, welche durch Anwendung des § 158 der Oberappellationsgerichtsordnung auf das Obergericht die obige Bestimmung der Reichsgesetze ausdrücklich bestätiget hat. Nun aber ist das jetzige Restitutionsgesuch erst am 8. September 1832 angebracht worden.

β) Ferner ist durch die Vorakten, nämlich durch das frühere Incidentverfahren über die Ausübung des *beneficii novorum* bereits constatirt, daß der Grund, weshalb die Kläger das neue Attestat erst nach dem Ablaufe der prorogirten Justificationsfrist erhalten haben, in einem Verschulden ihres gemeinschaftlichen Mandatars[6094] – des Senators Platzmann – und dessen Mandatars in St. Petersburg – des Kaufmanns Heinrich Platzmann – besteht, worüber in den Erkenntnissen des Obergerichts vom 7. Julius 1831[6095] und des Oberappellationsgerichts vom 26. Junius 1832[6096] eine *res iudicata* vorliegt und was aus der damals producirten Correspondenz klar hervorgeht. Nun aber setzen die Kläger bei dem jetzt in Frage stehenden Restitutionsgesuche die *causa restitutionis* lediglich in den verspäteten Empfang des neuen Attestates,

– No. 68 a), *pagina 6 in fine, 7 principium*[6097] –

und daher ist demselben nicht stattzugeben, da Majorenne gegen einen verschuldeten Nachtheil nicht restituirt werden.

L. 7 D. de in integr. rest.[6098] *L. 16 D. ex quib. caus. maior.*[6099]

[S. 115[6100]] Die völlige Unanwendbarkeit der Distinction zwischen *culpa in committendo*[6101] und *in omittendo*[6102], welche die Kläger hierbei machen wollen, ist schon von den Beklagten in der jetzigen Instanz nachgewiesen worden. Ebenso wenig ist aber auch auf den eventuellen Antrag der Kläger einzugehen, wenigstens den übrigen Mitklägern Restitution zu ertheilen, indem doch nur ein Verschulden des Correspondenten[6103] oder des Anwaltes vorliege. Denn von einem Verschulden des Anwaltes bei der Herbeischaffung des neuen Attestates ist überall nicht die Rede, da

6092 Verordnung, betreffend das Gerichtswesen, in Sachen der streitigen, peinlichen und willkührlichen Gerichtsbarkeit, wie auch Transitorische Verfügungen, nach dem Wiedereintritte der vor dem 20sten August 1811 hieselbst befolgten Gesetze, Rechte und rechtlichen Gewohnheiten, Lübeck 1814, § 27, S. 11.

6093 Die Bindungskraft der frühneuzeitlichen Reichsgesetze ist offenbar umstritten, jedenfalls in Lübeck.

6094 „Beauftragten".

6095 Oben S. 623 (S. 41 der Akte L I 161).

6096 Oben S. 686 (S. 117 der Akte L I 161).

6097 Verweis auf den Schriftsatz der Kläger vor dem Obergericht: „Seite 6 am Ende, 7 Anfang".

6098 Allegation aus dem römischen Recht: D. 4, 1, 7 (Titel: De in integrum restitutionibus).

6099 D. 4, 6, 16 (Titel: Ex quibus causis maiores viginti quinque annis in integrum restituuntur).

6100 Zeitgenössisch Bogen 7.

6101 „Verschulden bei der Begehung", also beim aktiven Tun.

6102 „Beim Unterlassen".

6103 Gemeint ist jeweils der Senator Conrad Platzmann, der Wortführer der Klägerseite.

nach Inhalt der producirten Correspondenz nicht dieser, sondern der Mitkläger Senator Platzmann als Mandatar[6104] der übrigen Kläger jene Herbeischaffung besorgt und es den letztern auch nicht an rechtlicher Instruction über die Nothwendigkeit des neuen Attestates und über die besorgliche Präclusion gefehlt hat, wie dessen Schreiben vom 18. September 1828 und vom 8. Januar 1829 zeigen.

– Relation in C[6105]. III, Bogen 1, *pagina* 3 und 4[6106]. –

Was aber den Mandatar anbetrifft, so läuft der obige Einwand der Mitkläger, daß ihnen dessen Verschulden nicht schaden könne, in dem vorliegenden Falle, wo sie ihren Restitutionsgrund lediglich in das Factum der verspäteten Ankunft des neuen Attestates setzen, dieses Factum aber Folge des Verschuldens ihres Mandatars ist, darauf hieraus, daß sie eine Restitution aus dem Grunde einer *culpa mandatarii* verlangen, welche bekanntlich nicht stattfindet.

L. 10 C. de procurator.[6107]

Der dritte Antrag unter c) endlich wird durch zwei ebenso entscheidende Gründe elidirt[6108].

α) Auch dieser Antrag ist verspätet. Denn das *remedium restitutionis in integrum ex capite novorum* müsste nach der Verordnung vom 5. Julius 1820[6109] binnen drei Wochen von da an, wo die Kläger das *novum* benutzen konnten, – März oder April 1829 – eingeführt werden, ist aber erst am 6. September 1832 [S. 116] angebracht; und jenes *fatale*[6110] ist natürlich dadurch nicht gewahrt worden, daß das neue Attestat früher zu einem ganz anderen Zwecke, nämlich um das *beneficium nondum probata probandi* in der Appellationsinstanz auszuüben, schon producirt ist.

β) Bei dem lübeckischen Obergerichte findet nach § 55 der provisorischen[6111] und § 180 der definitiven Oberappellationsgerichtsordnung, welche durch die mehrerwähnten Verordnungen auf das Obergericht ausgedehnt sind, überall keine Restitution *contra rem iudicatam* wegen neuer Beweismittel statt außer in dem Falle eines abgeleisteten nothwendigen Haupteides. Und die Behauptung der Kläger, daß diese letztere Bestimmung keine Beschränkung sei, verdient gar keine Beantwortung.

Soviel nun aber

6104 „Beauftragter".
6105 Auflösung unklar, *causa* oder *casus*.
6106 Hier verweist der Referent Georg du Roi auf seine eigene Ausarbeitung im dritten Appellationsprozess, oben S. 660–661 (S. 97–98 der Akte L I 161).
6107 C. 2, 12, 10 (Titel: De procuratoribus).
6108 „Getilgt", also beseitigt.
6109 Nachtrag zu der Verordnung über das Gerichtswesen vom 4. May 1814, bekanntgemacht am 5. Juli 1820, § 13: Wiedereinsetzung in den vorigen Stand, in: Sammlung der Lübeckischen Verordnungen und Bekanntmachungen. Dritter Band. 1818. 1819. 1820. 1821, Lübeck 1823, S. 194.
6110 „Frist".
6111 Die provisorische Gerichtsordnung von 1820 war 1831 außer Kraft getreten. Der Referent zitiert beide Gesetze nebeneinander, möglicherweise, weil sich die prozessualen Verwicklungen um das Attest des russischen Ministeriums bereits 1829 zugetragen hatten.

den vierten Antrag unter d) anlangt, so scheint mir hierbei alles darauf anzukommen,

ob es möglich ist, das Vorbringen des Anwaltes der Kläger so zu verstehen, daß es die Restitution *ex capite minoris aetatis* für die haasesche Tochter gegen den Ablauf der Justificationsfrist[6112] verlangt,

um nämlich alsdann für sie von dem *beneficium novorum*[6113] in der Appellationsinstanz Gebrauch zu machen.

Wäre das Restitutionsgesuch dahin gerichtet, so würde ich, sofern die Kläger vorgängig noch die fortdauernde Minderjährigkeit der haaseschen Tocher nachweisen[6114], die Beschwerde für gegründet halten. Denn

α) Die Competenz des Obergerichts für die obige, eine beim Obergerichte selbst in der Appellationsinstanz begangene Versäumniß betreffende Restitution leidet keinen Zweifel.

β) Das Gesuch ist durch die Minderjärigkeit rechtlich begründet, auch dabei keine vorgängige Ausklagung der Vormünder erforderlich,

L. 3 C. si tutor vel cur.,[6115]

indem die Vorschrift des

L. 11 § 3 C. de iudic.[6116]

nur eine singuläre Bestimmung für die [S. 117] dreijährige Peremtion[6117] der Prozesse ist.

γ) Die in § 158 der Oberappellationsgerichtsordnung bestimmte Frist würde bei fortdauernder Minderjährigkeit nicht gelaufen sein.

δ) Endlich könnte, wenn das Restitutionsgesuch zur Instruction[6118] der Appellationsinstanz selbst, nämlich zu dem Zwecke, um vermittelst des *beneficii novorum* ein in der Appellationsinstanz zu berücksichtigendes neues Beweismittel zu gebrauchen, angebracht wäre, von einem bloßen Vorbehalte der desfallsigen Rechtszuständigkeit bis nach Erledigung der Appellationsinstanz gar nicht die Rede sein, indem ja jenes *beneficium* nachher nicht mehr ausgeübt werden kann, sondern die Restitution würde sofort vor der Transmission[6119] der Akten zu ertheilen sein. Hierbei würde auch der haaseschen Tochter der Umstand nicht entgegenstehen, daß ihre Restitution wegen der Theilbarkeit des Klagobjekts den majorennen[6120]

6112 „Berufungsbegründungsfrist".

6113 „Recht zum neuen Beweisantritt".

6114 Das Alter von Margaretha Elisabeth Haase blieb bis zum Ende des Rechtsstreits ungeklärt. Sie wurde 1816 geboren, dazu oben Anm. 1848.

6115 Allegation aus dem römischen Recht: C. 2, 24, 3 (Titel: Si tutor vel curator intervenerit).

6116 C. 3, 1, 13, 11 (Titel: De iudiciis).

6117 „Verjährung", bei Johann Christian August Heyse, Kurzgefaßtes Fremdwörterbuch oder Handbuch zum Verstehen und Vermeiden der in unserer Sprache mehr oder minder gebräuchlichen fremden Ausdrücke, Hannover 1825, S. 513.

6118 „Untersuchung".

6119 „Versendung".

6120 „Volljährigen".

Mitklägern direct nicht zustattenkommen kann. Denn darin, daß von mehreren Litisconsorten[6121] ein Einzelner ein gewisses besonderes Recht hat – was häufig vorkommt, bei Einreden und dergleichen –, liegt kein Grund, über diesen Punkt in dem obschwebenden gemeinschaftlichen Verfahren nicht zu erkennen, am wenigsten, wenn durch eine Verweisung *ad separatum*[6122] das ganze Recht vereitelt würde.

Nun muß man freilich äußerst geneigt sein, den Anwalt der Kläger in dem obigen Sinne zu verstehen. Denn es ist fast unbegreiflich, wie er, der vorher in ebendemselben Schriftsatze für sämmtliche Kläger um eine Restitution gegen den Ablauf der Justificationsfrist *ex clausula generali* bittet und sich nachher zu einem eventuellen Restitutionsgesuche für die haasesche Tochter allein *ex capite minoris aetatis* wendet, dieses eventuelle Restitutionsgesuch nicht gleichfalls auf jenen so einfachen und von ihm selbst erkannten Punkt richte, sondern statt dessen bloß das schwierige [S. 118] und weit aussehende *remedium restitutionis contra rem iudicatam*[6123] gebrauchen sollte[6124]. Aber nach dem Vortrage des Anwaltes in der jetzigen Instanz *pagina* 16 und 17[6125] muß man demungeachtet dieses letztere annehmen. Denn da er hier zur 4. Beschwerde zuerst *in thesi* deducirt, daß durch die Minderjährigkeit eine Restitution gegen rechtskräftige Erkenntnisse begründet werde – wobei die letztere Bezeichnung zweimal vorkommt – und alsdann auf den concreten Fall übergehend fortfährt „War mithin die Bitte um Restitution für die haasesche Tochter begründet", so liegt darin eine bestimmte Erklärung, daß nur von der Restitution *contra rem iudicatam* die Rede sei, zumal da die Beklagten zuvor in ihrer Vernehmlassung erster Instanz die dunkele Fassung des Schriftsatzes No. 68 a)[6126] gerügt hatten, wonach man nicht wisse, ob eine Restitution gegen den Ablauf der Beweisfrist oder gegen den Ablauf der Justificationsfrist oder gegen *res iudicata* gemeint sei. Das Erkenntniß übrigens, wogegen dieses *remedium restitutionis ex capite minoris aetatis* gerichtet ist, soll ohne Zweifel gleichfalls das niedergerichtliche Urtheil vom 27. September 1828 sein, gegen welches die Kläger das andere *remedium restitutionis ex capite novorum* ergriffen haben; da sie zur Begründung ihrer sämmtlichen vier Rechtsmittel nur das neue Attestat nebst den Deductionen, daß durch dasselbe der Beweis in der Hauptsache erbracht sei, producirt haben, was nur zu einer Abänderung jenes niedergerichtlichen Urtheils, nicht aber der späteren Erkenntnisse des Obergerichts und Oberappellationsgerichts über die Ausübung des *beneficii novorum* führen kann,

6121 „Streitgenossen".
6122 „Zur getrennten Entscheidung".
6123 „Wiedereinsetzung in den vorigen Stand gegen eine rechtskräftige Entscheidung".
6124 Hier zeigen sich die Tücken der ausgeprägten Parteiherrschaft. Der Prozessbevollmächtigte der Kläger bzw. Appellanten stellt einen offensichtlich nicht sachdienlichen Antrag, obwohl ein besserer Rechtsbehelf auf der Hand gelegen hätte. Das Gericht verzichtet aber auf jede Art von richterlichem Hinweis.
6125 Verweis auf die Berufungsbegründung der Kläger, oben S. 705 (S. 22–23 der Akte).
6126 Verweis auf die Prozessakte des Obergerichts. Die Niedergerichtsakte wird nach Rezessen zitiert.

gegen welche in den jetzigen Schriftsätzen der Kläger überall keine Deduction vorkommt[6127].

Sobald nun aber die gebetene Restitution *ex capite minoris aetatis* das *remedium restitutionis* gegen das Erkenntniß erster Instanz sein soll, so erscheint der vom Obergerichte gemachte bloße Vorbe- [S. 119[6128]] halt aus zwei Gründen als völlig angemessen.

α) Weil jenes *remedium restitutionis* kein devolutives Rechtsmittel, sondern ein Rechtsmittel *coram eodem iudice* ist[6129], also nicht vor das Obergericht, sondern vor das Niedergericht gehört. Dieser Grundsatz ist durch die entschiedene Praxis der Reichsgerichte[6130],

Ludolf comment. de iure camerali, sect. 1 § 13 no. 2, et ibi cit.[6131]

Tafinger institut. iur camer. § 674.[6132]

mit welcher auch die Praxis der Territorialgerichte[6133] übereinstimmte,

Mevii decision. 2, 152.[6134]

festgestellt und ist durch unsere Ordnung dadurch *implicite* bestätiget, daß darin das *remedium restitutionis* nicht unter den devolutiven Rechtsmitteln gegen Erkenntnisse der Obergerichte, sondern nur als ein Rechtsmittel gegen eigene Erkenntnisse des Oberappellationsgerichts vorkommt.

§ 180–187.

Die minderjährige Mitklägerinn war auch nicht etwa deshalb, weil sie zugleich gegen das niedergerichtliche Erkenntniß die Appellation ergriffen hat, befugt, die Restitution mit der letzteren zu cumuliren und so an das Obergericht zu bringen, da eine solche Cumulation eines devolutiven und nicht devolutiven Rechtsmittels von Seiten einer und derselben Partei, ganz unstatthaft ist.

6127 Juristisch handelt es sich um außerordentlich schwierige Überlegungen. Es gibt mehrere Entscheidungen, gegen die sich das außerordentliche Rechtsmittel richten kann. Zudem kommen die von den Klägern geltend gemachten Restitutionsgesuche in mehreren verschiedenen Spielarten vor. Der Referent muss daher überlegen, was der Schriftsatzverfasser genau gemeint hat und wie die Voraussetzungen und Erfolgsaussichten dieser außerordentlichen Rechtsmittel beschaffen sind.

6128 Zeitgenössisch Bogen 8 der Relation.

6129 „Vor demselben Richter". Es gibt bei der Wiedereinsetzung keinen Instanzenzug mit dem Devolutiveffekt, der die normalen Rechtsmittel kennzeichnet. Das Verfahren bleibt auf derselben Stufe.

6130 Hier dient das 1806 erloschene Reichskammergericht mit seiner Rechtsprechung als Autorität für die Klärung dogmatisch-prozessualer Fragen.

6131 Georg Melchior von Ludolf, De Jure Camerali Commentatio Systematica, Frankfurt am Main 1730, § 13, No. 2 De Remediis (mit Literaturhinweisen), S. 163–164. Die benutzte Auflage ist unklar.

6132 Friedrich Wilhelm Tafinger, Institutiones Iurisprudentiae Cameralis, Sectio III et IIII, 2. Aufl. Tübingen 1776, § 674, S. 421.

6133 Anspielung auf das Wismarer Tribunal.

6134 David Mevius, Decisiones super causis praecipuis ad summum tribunal regium Vismariense delatis, 4. Aufl. (bearb. v. Johann Jacob von Ryssel), Frankfurt am Main, Leipzig 1698, pars II, Decisio CLII, S. 147: „Restitutio in integrum contra rem judicatam coram judice à quo, non apud judicem superiorem petenda est". Die benutzte Auflage bleibt wie bei vielen zitierten Werken unklar.

Martin Civilprozeß, § 276, not. x.[6135]

β) Ferner steht die Restitution zu der von der haaseschen Tochter früher ergriffenen und noch obschwebenden Appellation in dem Verhältnisse eines subsidiarischen Rechtsmittels, weshalb erst der Erfolg der Appellation abzuwarten ist. Denn auch Minderjährige können sich der Restitution nicht bedienen, solange ein anderes ordentliches Mittel vorhanden ist, welches zu demselben Ziele führen kann,

L. 16 pr. § 1. D de minorib.[6136]

– was bei ihnen nur die Ausnahme leidet, daß sie ihre Vormünder nicht vorher auszuklagen brauchen. Nun aber führt die obschwebende Appellation nach ihren [S. 120] *petitis*[6137] eben dahin wie die Restitution, sowohl nach dem Principalpetitum, welches dahin geht, den Beweis schon durch die in erster Instanz gebrauchten Beweismittel für erbracht zu erkennen, als auch nach dem – wahrscheinlich erfolgreichen – eventuellem *petitum* auf Nachlassung eines besseren Beweises, indem, wenn die Restitution beim Obergerichte ertheilt würde, das letztere doch nicht auf Grundlage des neuen Attestates reformiren könnte, sondern deshalb an die erste Instanz remittiren müsse,

– nach § 132 und 182 der Oberappellationsgerichtsordnung, angewandt auf das Obergericht durch die Verordnung vom 13. August 1831[6138]. –

wodurch die Sache in dieselbe Lage käme wie bei einem nachgelassenen besseren Beweise.

2. Der zweite Hauptpunkt besteht in dem Antrage der Kläger, daß der russische Zolltarif von 1816 zu den Akten genommen werden soll, welchem das Obergericht gleichfalls nicht stattgegeben hat.

Diesen Punkt sehe ich als recht zweifelhaft an, muß mich aber doch am Ende *pro reformatoria*[6139], nämlich für die Annahme des Tarifs zu den Akten, erklären[6140].

Wenn hierbei

a) das Obergericht als ersten Entscheidungsgrund gegen die Zulassung des Tarifs anführt, es komme auf denselben bei dem Beweise, worüber in der Appellationsinstanz zu erkennen sei, nichts an, so kann dies nur auf einem Irrthum beruhen. Denn die Kläger haben ja in ihrem Appellationslibelle gegen das niedergerichtliche Erkenntniß den Mangel des ersten beim Niedergerichte producirten Attestats, weshalb grade das Niedergericht den Beweis für verfehlt erklärt hatte, durch den Tarif von 1816 mittelst einer speciellen Nachweisung mit Angabe der Paginas zu

---

6135 Christoph Martin, Lehrbuch des Teutschen gemeinen bürgerlichen Processes, 10. Aufl. Heidelberg 1827, § 276 Anm. x, S. 456–457: „Denn dieselbe Partei ist nicht befugt, sich zugleich eines devolutiven und nicht devolutiven Rechtsmittels, wenn gleich wegen verschiedener Beschwerden zu bedienen"

6136 Allegation aus dem römischen Recht: D. 4, 4, 16, 1 (Titel: De minoribus viginti quinque annis).

6137 „Anträgen".

6138 Bekanntmachung der Stadt Lübeck, oben Anm. 5957.

6139 „Für die Abänderung des Urteils".

6140 Der Referent Georg du Roi folgt abermals dem Urteilsstil und beginnt seine Rechtsausführungen mit dem Ergebnis.

ergänzen und zu zeigen gesucht, daß durch das erste Attestat in Verbindung mit dem Tarif der Beweis vollständig erbracht sei[6141];

– No. 42, *pagina* 16, 21, 22.[6142] –

und der Erfolg hat auch ergeben, daß die- [S. 121] se Deduction ganz richtig gewesen ist, indem das nachher eingekommene neue Attestat mit dem Resultate derselben übereinstimmt, daß nämlich die sämmtlichen von Hornemann und Leuenroth abgeladenen Waaren verboten gewesen, mithin die 5.453 Rubel nicht verbotene Waaren von den Wildtfanckschen Waaren abzusetzen sind.

b) Ebenso verhält es sich mit dem einen von den Beklagten in der vorigen Instanz gebrauchten Grunde, daß sich schon ein beglaubigter Auszug aus dem Tarif von 1816, soweit dieser zur Sache gehöre, bei den Akten des Obergerichts befinde. Denn dieser Auszug

– No. 18, Anlage 1 –

enthält, wie schon oben bemerkt ist, über den Umstand, worauf es hier für die Kläger ankommt, nämlich welche Waaren nach dem Tarif von 1816 verboten sind, gar nichts.

c) Was dagegen die Sache zweifelhaft macht, ist der andere Grund der Beklagten, die Production des Tarifs in der Appellationsinstanz sei unstatthaft, weil die Kläger durch denselben ihren Beweis in erster Instanz nicht angetreten hätten.

Hier bin ich nun

α) allerdings der Meinung, daß die Kläger in erster Instanz ihren Beweis durch den Tarif mit antreten müssten, wenn der letztere berücksichtigt werden soll. Es war ihnen aufgegeben zu beweisen, wegen welcher von einem jeden einzelnen Beklagten verladenen Waaren die Geldstrafe erkannt worden sei und wieviel von der letzteren auf einen jeden einzelnen Beklagten falle[6143]. Das Attestat, durch welches sie diesen Beweis zu führen suchten, hatte den Mangel, daß es eine Summe von 5.453 Rubeln im Dunkeln ließ. Wollten sie also diesen Mangel durch den russischen Zolltarif von 1816 ergänzen, so mussten sie ihren Beweis durch das Attestat und den Tarif zusammen antreten. Denn ein auswärtiger Zolltarif verhält sich nicht als *ius*, sondern als factisches Beweismittel[6144]; und man kann es auch

6141 Hier eröffnet sich die Möglichkeit für die Kläger, den Rechtsstreit auch ohne das verspätet eingereichte neue Attest des russischen Außenhandelsdepartements zu gewinnen. Das ältere Attest war zwar unzureichend, konnte zusammen mit dem Zolltarif von 1816 aber alle Waren, die auf dem Schiff Dora 1817 vorhanden waren, eindeutig den erlaubten oder verbotenen Sachen zuordnen. Mit dieser Beweisführung standen die Kläger im nachfolgenden fünften Appellationsverfahren unmittelbar vor dem Prozesserfolg, dazu unten S. 819 (S. 59 der Akte L I 202).

6142 Verweis auf die Prozessakte des Obergerichts.

6143 Anspielung auf das erste Urteil des Oberappellationsgerichts in dieser Sache, oben S. 429 (S. 537 der Akte L I 22 a).

6144 Hier geht es wie mehrfach in diesem Rechtsstreit um die Frage, wie ausländische Normen zu behandeln sind. Jedenfalls für den Zolltarif gilt für den Referenten die Gleichstellung mit Tatsachen; zum mittelalterlichen Grundsatz „statutum est facti" Wolfgang Wiegand, Studien zur Rechtsanwendungslehre der Rezeptionszeit (Münchener Universitätsschriften. Juristische Fakultät – Abhandlungen zur rechtswissenschaftlichen

auf keine Weise als etwas für das Niedergericht Notorisches[6145] ansetzen, daß ein russischer Zolltarif grade vom Jahre 1816 [S. 122] existire, daß derselbe im Jahre 1817, als Schiffer Haase nach Reval kam, noch in allen seinen einzelnen Bestimmungen unverändert gewesen sei und daß es von demselben eine officielle Ausgabe in deutscher Sprache gebe. Die Kläger hatten auch hierzu die dringendste Veranlassung, da ihnen der fragliche Mangel des Attestates wohl bekannt

– Schreiben des Senators Platzmann[6146] vom 28. September 1828. –

und der Tarif ohne Zweifel schon damals in ihren Händen war.

Behuf[6147] dieser Beweisantretung kann ich es jedoch

β) nicht für erforderlich halten, daß der Tarif sofort wie eine andere Urkunde *sub poena desertionis*[6148] hätte producirt werden müssen; sondern es genügt, wenn nur die Kläger in der Beweisantretung auf den Tarif als eine Ergänzung des Attestates Bezug genommen und denselben dem Niedergerichte auf eine gehörige Art als Beweismittel angegeben haben. Denn

theils ist der Tarif, wie man aus dessen notarieller Beschreibung in No. 18, Anlage 1, der Obergerichtsakten sieht, officiell in deutscher Sprache gedruckt, verhält sich mithin als eine Druckschrift, die gewiß in Lübeck, dessen Haupthandel in dem russischen Handel besteht[6149], nicht nur zugänglich, sondern auch sehr verbreitet ist.

Theils hatten sich die Beklagten vor jener Beweisantretung schon selbst wegen eines anderen Punktes auf den Zolltarif von 1816 bezogen und denselben einem Notar behuf eines auszustellenden Attestates vorgelegt;

– No. 18, Anl. 1 citirt[6150] – –

es war also aktenmäßig constatirt, daß der Tarif sich bereits in ihren Händen befand und auch dessen deutsche Ausgabe von ihnen als officiell anerkannt war.

Grundlagenforschung 27), Ebelsbach 1977, S. 126–147; umfassend zur frühneuzeitlichen Diskussion Peter Oestmann, Rechtsvielfalt vor Gericht. Rechtsanwendung und Partikularrecht im Alten Reich (Rechtsprechung. Materialien und Studien 18), Frankfurt am Main 2002.

6145 Bei Notorietät entfiel die Beweisbedürftigkeit, Hinweise bei Wiegand, Studien (wie Anm. 6144), S. 152, 156, 179.

6146 Conrad Platzmann, der maßgebliche Wortführer auf Klägerseite.

6147 „Zum Zwecke".

6148 „Bei Androhung der Berufungsabweisung" wegen Untätigkeit der Appellanten.

6149 Wichtige wirtschaftsgeschichtliche Information zur Bedeutung des Russlandhandels im 19. Jahrhundert. Wegen des umfangreichen Handels mit Russland geht der Referent davon aus, dass die deusche Druckfassung des russischen Zolltarifs in mehreren Exemplaren in Lübeck vorhanden ist.

6150 Die Beklagten verhielten sich bezüglich dieses Zolltarifs von 1816 widersprüchlich, doch der Referent deckt diese Unklarheiten auf, dazu auch die Entscheidungsgründe unten S. 153 der Akte.

Unter diesen Umständen müsste das Niedergericht den Tarif auch ohne dessen Production binnen der Beweisfrist bei gehöriger Bezugnahme auf denselben von Seiten der Kläger als Beweismittel berücksichtigen[6151] und erforderlichenfalls den Klägern dessen nachträgliche Vorlegung aufgeben.

[S. 123[6152]] Es kommt also darauf an, ob sich in der Beweisantretung eine solche gehörige Bezugnahme findet.

Damit sieht es nun freilich sehr bedenklich aus. Denn in dem Schriftsatze selbst

– *Recessus 33.*[6153] –

kommt nicht ein Wort von dem Tarif von 1816 vor, und nur in dem damals producirten Attestate des Departements des auswärtigen Handels ist derselbe auf folgende Art erwähnt:

„In allen erwähnten Colli zeigte sich ein großer Theil Waaren, die nach dem Tarif von 1816, welcher auch für das Jahr 1817 in Wirksamkeit ist, zur Einfuhr zwar in Russland erlaubt, jedoch in den revalschen Hafen verboten; und deswegen sind sie nach der Handlungsverordnung von – 1811 und der Ukase[6154] – – von 1809 der Confiscation unterworfen".

– Anlage 8 b), *pagina* 33. –

Ferner waren auch die oben von mir angeführten Umstände, daß der Tarif sich in den Händen der Beklagten befand, diese sich darauf bezogen und denselben als eine officielle deutsche Ausgabe bezeichnet hatten, dem Niedergerichte nicht bekannt, da sich dies alles nur in den Akten des Obergerichts fand und die Kläger bei ihrer Beweisantretung darauf keinen Bezug nahmen.

Ich glaube indessen doch, daß durch die eben extrahirte Stelle des Attestats, worin der Tarif von 1816 als das Gesetz angegeben ist, aus welchem sich ersehen lasse, welche von den confiscirten Waaren verbotene gewesen seien und woraus daher von selbst folgte, daß der Mangel des Attestates aus jenem Gesetze ergänzt werden könne, der Beweis nothdürftig auch mit durch den Tarif angetreten worden ist; wenigstens im Verhältnisse zu den Beklagten, welche aktenmäßig den Tarif kannten und in Händen hatten, also nach Anleitung des Attestates die Ergänzung des letzteren aus dem Tarif selbst vornehmen konnten.

War nun aber schon in erster Instanz der Beweis durch den Tarif mit angetreten, so konnten [S. 124]

6151 Das dahinterstehende rechtliche Prinzip bleibt unklar. Ob eine Amtspflicht bestand, das russische Zollrecht zu ermitteln, sagt der Referent in dieser Schärfe nicht. Er bezieht sich stattdessen auf die besondere Situation, dass beide Prozessparteien sich auf dasselbe leicht zugängliche Druckwerk bezogen hatten.

6152 Zeitgenössisch Bogen 9 der Relation.

6153 Verweis auf die Prozessakte des Niedergerichts.

6154 Ukas: Erlass.

d) die Kläger denselben in der Appellationsinstanz zu den Akten bringen, ohne daß es dabei auf die im § 130 der Oberappellationsgerichtsordnung vorgeschriebenen Bedingungen des *beneficii novorum* ankam, eben weil hier von keinem neuen Beweismittel die Rede ist; und diese Production war auch

e) nicht nothwendig an die Frist der Justification[6155] gebunden, da das Obergericht dieselbe, wenn der Beweis durch den Tarif angetreten war, den Klägern zur Vervollständigung der Akten von Amts wegen aufgeben konnte und musste, mithin auch die Kläger solche von freien Stücken vornehmen konnten.

Dabei entsteht nun zwar

f) noch das Bedenken, daß die Beklagten in der Hauptsache um Aktenversendung gebeten haben und es sich daher fragt, ob nicht das Erkenntniß über den Antrag der Kläger, den Tarif in der Appellationsinstanz zu den Akten zu nehmen, den auswärtigen Urtheilsverfassern zu überlassen sei – welche letztere Ansicht in dem zweiten Entscheidungsgrunde des Obergerichts[6156] ausgesprochen ist.

Dieses Bedenken, welches ich an sich für gegründet halten würde, weil die Zulassung des Tarifs nach der Ausführung unter c) von der Frage abhängt, ob der Beweis in erster Instanz mit durch den Tarif angetreten worden sei, die Entscheidung dieser Frage aber tief in die Hauptsache eingreift, indem sie für den Principalantrag der Kläger, ihren Beweis schon durch die Beweisantretung erster Instanz für geführt zu erkennen, durchaus präjudiciell[6157] ist, beseitigt sich jedoch dadurch, daß die Beklagten in ihrer Vernehmlassung voriger Instanz – No. 68 c) – über den gedachten Antrag kein Erkenntniß von der Facultät, sondern von dem Obergerichte selbst verlangt haben[6158]. Sie begehren hier nämlich, daß der Tarif vor der Transmission von den Akten removirt[6159] werden soll und zwar aus den beiden Gründen, weil theils dadurch binnen der Beweisfrist kein Beweis angetreten, theils derselbe nicht zur [S. 125] Sache gehörig sei; und ebenso lautet ihr Antrag und ihre Decuction[6160] in der jetzigen Instanz. Wer nun aber bei einem Richter auf ein Erkenntniß über die *materialia causae*[6161] zu seinem Besten anträgt, der unterwirft sich dadurch natürlich auch einem Erkenntniße zum Besten des Gegners. Uebrigens hat auch das Obergericht, indem es als Principalentscheidungsgrund die Unerheblichkeit des Tarifs für die Entscheidung der Hauptsache angeführt und die

6155 „Berufungsbegründung".
6156 Oben S. 711 (S. 36 der Akte).
6157 „Vorentscheidend".
6158 Für Fragen der Rechts- und Tatsachenkenntnis kam es oftmals darauf an, ob das Gericht selbst oder ob im Rahmen der Aktenversendung eine Juristenfakultät über den Fall entschied. Für den speziellen vom Referenten benannten Punkt, inwieweit die Kläger den Beweis bereits geführt hatten, hatten die Beklagten auf die Aktenversendung verzichtet.
6159 „Entfernt".
6160 „Rechtsausführung".
6161 Dasjenige, was in der Hauptsache den Ausschlag gibt, kurz bei Anselm Debes, Einige Bemerkungen über die Sachlegitimation, in: Zeitschrift für Theorie und Praxis des Bayerischen Civil- Criminal- und öffentlichen Rechtes 3 (1838), S. 290–302 (295–296).

Retradition derselben nicht einstweilen, sondern unbedingt verfügt hat, den obigen Punkt nicht zur Entscheidung der Facultät verstellt, sondern selbst entschieden.

Wird nun der Tarif zu den Akten der Appellationsinstanz genommen, so dürfte es

g) angemessen sein, den Beklagten noch eine nachträgliche Erklärung[6162] über die Deduction aus demselben in dem Appellationslibelle voriger Instanz der Kläger

– No. 42, *pagina* 16, 21, 22. –

nachzulassen. Die Beklagten hätten freilich, da sie den Tarif besitzen und die Kläger die Paginas desselben allegirt hatten, in ihrer Exception recht gut speciell antworten können. Indessen sie haben es nicht gethan,

– No. 67, *pagina* 40. –

und es bleibt doch immer eine große Unregelmäßigkeit von Seiten der Kläger, daß sie den Tarif nicht früher zu den Akten gebracht haben.

3. Der Dritte zu entscheidende Hauptpunkt ist endlich, ob die Verhandlungen des gegenwärtigen Incidentverfahrens – No. 68 a) bis 68 g)[6163] – mit an die auswärtigen Urtheilsverfasser versandt werden sollen, was das Obergericht nicht gestatten will.

Auch hier trage ich auf eine *reformatoria*, nämlich auf Mitversendung der sämmtlichen gedachten Verhandlungen an.

Wenn das Collegium[6164] meinem Antrage, die Kläger mit der Production des Tarifs in der Appellationsinstanz zuzulassen, beitritt, so erscheint die obige Abänderung der *sententia a qua*[6165] als eine Selbstfolge. Denn die Zulassung der [S. 126] Kläger mit dem Tarif wird ja infolge jener Incidentverhandlung erkannt, und namentlich ist für die Facultät unser jetziges Erkenntniß mit den Entscheidungsgründen, wodurch der Tarif für einen Theil der Beweisantretung erster Instanz erklärt[6166], wegen des Einflusses dieses Umstandes auf die Hauptsache unentbehrlich, deren Mittheilung nicht ohne Beifügung der Vorakten geschehen kann. Auch ist in den fraglichen Verhandlungen nichts für die Beklagten Nachtheiliges in Ansehung des neuen Attestates enthalten, indem sich darin eine Abschrift dieses Attestates oder ein Auszug daraus nicht findet, dessen Existenz aber der Facultät aus den Verhandlungen des früheren Incidentverfahrens, welche mit versandt werden sollen, doch bekannt wird.

6162 Nach den Prozessgrundsätzen durften die Beklagten immer auf die Äußerungen der Kläger antworten. Im Zivilprozess vor dem Obersappellationsgericht und dem Lübecker Obergericht stand den Appellaten der letzte Schriftsatz zu.

6163 Verweis auf die Prozessakte des Obergerichts.

6164 Die Richter des Oberappellationsgerichts.

6165 „Der vorinstanzlichen Entscheidung".

6166 Genau hier liegt der Hebel, der den Rechtsstreit ganz deutlich zugunsten der Kläger verschiebt. Diese Weichenstellung ist dem Referenten so wichtig, dass bei der bevorstehenden Aktenversendung auch die Juristenfakultät darüber unterrichtet sein soll.

Würde aber auch der Tarif zur Zeit noch nicht zu den Akten genommen, so müsste ich doch die Mitversendung jener Verhandlungen für angemessen halten,

a) weil überhaupt die Kläger das Recht haben, die Versendung der vollständigen Akten der Appellationsinstanz zu verlangen, zu diesen letzten Akten nun aber die gedachten Verhandlungen, namentlich soweit sie Anträge auf die Zulassung von Beweismitteln in der Appellationsinstanz enthalten, unstreitig gehören,

b) außerdem aber auch aus dem besonderen Grunde, weil es sehr möglich ist, daß sich die Facultät grade durch jene Verhandlungen veranlassst finden könnte, die Production des Tarifs von Amts wegen zu verfügen[6167] und denselben bei der Entscheidung der Hauptsache zu berücksichtigen; auf welchen Fall das Obergericht selbst in den Rationen[6168] zu der *sententia a qua* hingedeutet hat und dennoch der Facultät alle Kenntniß von dem darauf bezüglichen Antrage der Kläger entziehen will.

Die Kosten dieser und der vorigen Instanz sind in Folge des obigen Votums in der Sache selbst zu compensiren[6169], und die Urtheilsgebühr ist, wie in [S. 127[6170]] der Causa III[6171], auf 64 Mark festzusetzen.

Entwurf der Urtheilsformel:

– –[6172] daß die Fatalien der eingewandten Appellation für gewahrt, auch letztere für anher erwachsen zu achten und, Materialien anlangend, das Erkenntniß des Obergerichts der Freien Hansestadt Lübeck vom 29. November 1832, wie hiemit geschieht, zwar im Uebrigen zu bestätigen, jedoch unter Vergleichung der durch das gegenwärtige Incidentverfahren in der vorigen Instanz verursachten Kosten dahin abzuändern sei,

> daß dem Antrage der Kläger, den russischen Zolltarif vom Jahre 1816 zu den Akten bringen zu dürfen, stattzugeben, sodann aber den Beklagten eine nachträgliche Erklärung über die in dem Appellationslibell der Kläger (No. 42 der Akten des Obergerichts) enthaltene Deduction aus dem gedachten Tarife nachzulassen, beides binnen der vom Obergerichte dafür festzusetzenden Fristen;
>
> ferner, daß den hierauf zu versendenden Akten die Verhandlungen des jetzigen Incidentverfahrens No. 68 a) bis 68 g) beizufügen seien.

6167 An dieser Stelle erscheint der Zolltarif eher als Rechtsquelle, die man von Amts wegen ermitteln darf, wenn auch nicht muss. Die Einschätzung des Referenten zu diesem Punkt schwankt und belegt die noch unsichere Handhabung der Frage im 19. Jahrhundert.

6168 „In den Entscheidungsgründen".

6169 „Gegenseitig aufzuheben". Jede Seite trägt danach ihre außergerichtlichen Kosten selbst und die gerichtlichen Kosten je zur Hälfte. Im Tenor des Gericht scheinen die Kläger aber einen höheren Anteil tragen zu müssen, unten S. 776 (S. 135 der Akte).

6170 Zeitgenössisch Bogen 10 der Relation.

6171 Oben S. 686 (S. 118 der Akte L I 161).

6172 Das Rubrum lässt der Referent an dieser Stelle weg.

Die Kosten dieser Instanz werden gleichfalls gegeneinander aufgehoben, und wird nunmehr die Sache zum weiteren Verfahren an das Obergericht zurückverwiesen.

Von Rechts wegen[6173].

Salvo meliori[6174]

Lübeck, 28. Junius 1833[6175].
G. du Roi[6176].

Urtheilsgebühr vierundsechig Mark.[6177]
AH GdR[6178]

6173 Abgekürzt *V. R. W.*

6174 Abgekürzt *salv. mel.*: Bessere juristische Erkenntnis vorbehalten. Aufgelöst bei Wilhelm Traugott Krug, Allgemeines Handwörterbuch der philosophischen Wissenschaften, nebst ihrer Literatur und Geschichte, 3. Band, 2. Aufl. Leipzig 1833, S. 572.

6175 Schreibfehler in der Vorlage *1832*. Der Referent hatte die Akte am 11. Mai 1833 erhalten, oben S. 736 (S. 89 der Akte). Das Urteil des Oberappellationsgerichts erging am 31. Oktober 1833, unten S. 775 (S. 133 der Akte).

6176 Der Oberappellationsgerichtsrat Georg du Roi hatte ebenfalls die Relationen im zweiten und dritten Appellationsverfahren ausgearbeitet, dazu oben S. 557 und 658 (S. 139 der Akte L I 122 und S. 93 der Akte L I 161). Im fünften Verfahren brauchte er keine Relation zu verfassen, weil die Parteien am Ende einen Vergleich schlossen. Am Vergleichsschluss war er aber gemeinsam mit Arnold Heise und Carl Wilhelm Pauli beteiligt, unten S. 1009 (S. 451 der Akte L I 202).

6177 Am rechten Seitenrand vermerkt.

6178 Handzeichen des Präsidenten Arnold Heise und des Referenten Georg du Roi.

Sitzungsprotokoll
1833 Oktober 28

Auszug aus dem Sitzungsprotokoll des Oberappellationsgerichts für das Geschäftsjahr 1833/34 (AHL OAG A 15, nicht Teil der Prozessakte), geschrieben vom Gerichtssekretär Carl Wilhelm Pauli.

Actum im Oberappellationsgerichte.
Lübeck, den 28. October 1833.
Absente[6179] *Domino* Hach, welcher an der Sache, welche Gegenstand der heutigen Sitzung war, keinen Theil nehmen konnte[6180].

Nach verlesenem Protocolle der Sitzung vom 26. des Monats[6181] ward *in causa Lubecensi* der Erben des Schiffers G. H. Haase und der Rhederey des Schiffes Dora, Kläger, jetzt Appellanten, *contra* H. D. Wildtfanck und Consorten, Beklagte, jetzt Appellaten, wegen Schadensersatzes nunmehr außerordentliche Rechtsmittel behufs Zulassung eines *novi* betreffend[6182]

die von *Domino* du Roi erstattete schriftliche[6183] Relation[6184] vorgetragen. Auch machte *Dominus Praeses*[6185] bereits den Anfang mit dem Vortrage der[6186] mündlichen Correlation[6187], und ward[6188] bereits heute

beschlossen

1. *per unanimia*[6189] die Einwendungen der Beklagten gegen die Zulässigkeit der Appellation als unbegründet zu verwerfen; das Weitere in der Sache aber wegen Ablaufs der Zeit bis morgen[6190] ausgesetzt[6191].

Actum ut supra
in fidem C. W. Pauli, *Secretarius*.

6179 Davor gestrichen *P[raesentibus]*.
6180 Hachs Sohn Eduard Hach war als Advokat für die Beklagten tätig.
6181 Danach gestrichen *§ 1*.
6182 *Nunmehr … betreffend* am Rand eingefügt. Danach gestrichen *jetzt die Zulässigkeit eines novi betr.*
6183 Am Wortanfang großes S gestrichen.
6184 Relation von Georg du Roi oben S. 736 (S. 89 der Akte).
6185 Der Gerichtspräsident Arnold Heise.
6186 Wort über der Zeile eingefügt.
6187 Eine schriftliche Ausarbeitung von Heise befindet sich, anders als in den anderen Prozessen, nicht in der Akte.
6188 Wort über der Zeile eingefügt.
6189 „Einstimmig". Danach gestrichen *den Einwand gegen die.*
6190 Sitzungsprotokoll vom 29. Oktobert 1833, sogleich S. 770.
6191 *Appellation als … ausgesetzt* am Rand eingefügt.

Sitzungsprotokoll

1833 Oktober 29

Auszug aus dem Sitzungsprotokoll des Oberappellationsgerichts für das Geschäftsjahr 1833/34 (AHL OAG A 15, nicht Teil der Prozessakte), geschrieben vom Gerichtssekretär Carl Wilhelm Pauli.

Actum im Oberappellationsgerichte.
Lübeck, den 29. October 1833.

Praesentibus omnibus[6192].

Nach verlesenem Protocolle der gestrigen Sitzung[6193]

§ 1

ward *in causa Lubecensi* der Erben des Schiffers G. H. Haase und der Rhederei des Schiffes Dora, Kläger, jetzt Appellanten, *contra* H. D. Wildtfanck und Consorten, Beklagte, jetzt Appellaten wegen Schadensersatzes, nunmehr außerordentliche Rechtsmittel behufs Zulassung eines *Novi* betreffend,

von *Domino Praeside* der Vortrag der mündlichen Correlation beendigt und nach vorgängier Deliberation[6194] weiter

beschlossen

per unanimia[6195]

2. a) das sobenannte[6196] Rechtsmittel der Befugniß zu neuem Vorbringen sowie nicht weniger b) die nachgesuchte *restitutio in integrum ex clausula generali*[6197] gegen den Ablauf des *fatale iustificandae appellationis*[6198] beym Obergerichte[6199] und c) das *remedium restitutionis in integrum ex capite novorum*[6200] gegen das Niedergerichtserkenntniß vom 27. September 1828 sämmtlich[6201] als unstatthaft und unbegründet mit den vorigen Richtern zu verwerfen;

und[6202] die Gründe[6203], soweit das Rechtsmittel *sub* b) betrifft, im Wesentlichen dahin zu stellen, daß ganz abgesehen davon, ob hier eine bloße *restitutio contra lapsum*

6192 „In Anwesenheit aller".
6193 Sitzungsprotokoll vom 28. Oktober 1833, oben S. 769.
6194 „Beratung".
6195 „Einstimmig".
6196 Verbessert aus *sogenannte*.
6197 „Wiedereinsetzung in den vorigen Stand wegen der allgemeinen Klausel".
6198 „Berufungsbegründungsfrist".
6199 *Gegen den … Obergerichte* am Rand eingefügt.
6200 „Rechtsmittel der Wiedereinsetzung in den vorigen Stand wegen neuer Tatsachen".
6201 Wort über der Zeile eingefügt, darunter gestrichen *samm*.
6202 Danach gestrichen *was*.
6203 Danach gestrichen *betrifft derselben*.

fatalium[6204] überall[6205] zum Ziele führen könne[6206] und es dahin nicht für versäumt zu achten,[6207] was allerdings der Fall sey, derselben schon die frühere rechtskräftig ausgesprochene[6208] Negligenz[6209] dessen, dem Kläger die[6210] Herbeischaffung des fraglichen Attestes überlassen, entgegenstehe; soweit aber das *remedium sub* c) betrifft, für deßen Verwerflichkeit neben den beiden Gründen des Herrn Referenten auch den von *Domino Praeside* geltend gemachten Grund[6211] auszuführen, daß das Urtheil, wogegen das Rechtsmittel gerichtet worden[6212], noch zur Zeit[6213] nicht[6214] rechtskräftig sey;

3.[6215] auch in Betreff der für die haasesche Tochter nachgelassenen *restitutio ex capite minoris aetatis*[6216] es lediglich bey dem vom Obergerichte dieserhalb gemachten Vorbehalte zu belassen,

und zwar[6217] sich *in rationibus*[6218] nicht blos[6219] auf den Grund[6220] zu beschränken, daß diese[6221] Restitution, als gegen das Niedergerichtserkenntniß vom September 1828 gerichtet, zu frühzeitig ergriffen sey, sondern auch auszuführen, daß selbst dann, wenn[6222] man eine *restitutio contra lapsum termini*[6223] in der[6224] 2. Instanz[6225] annehmen wollte, die Verfügung des Obergerichts sich aus dem doppelten Grunde als angemessen darstellen würde, weil nicht nur auch dann die Zulässigkeit der Restitution *altioris indaginis*[6226] seye[6227], sondern auch, wann man darauf eingehen wollte, zu einer völligen Trennung der haaseschen Tochter von den itzigen[6228]Klägern und zu einer Verweisung der Sache rücksichtlich ihrer an

---

6204 „Wiedereinsetzung wegen Fristablaufs".
6205 Wort am Rand eingefügt.
6206 Danach gestrichen *und.*
6207 Danach gestrichen *bey.*
6208 *Rechtskräftig ausgesprochene* am Rand eingefügt.
6209 „Sorglosigkeit".
6210 Danach gestrichen *bisherige.*
6211 Wort über der Zeile eingefügt.
6212 Wort über der Zeile eingefügt.
6213 Danach gestrichen *zu.*
6214 Verbessert aus *nichts.*
6215 Danach gestrichen *per unanimia.*
6216 „Wiedereinsetzung wegen Minderjährigkeit".
6217 Wort erst gestrichen, dann wieder unterstrichen.
6218 „In den Entscheidungsgründen". Wort über der Zeile eingefügt, darunter gestrichen *den Gründen.*
6219 Danach gestrichen *darauf.*
6220 *Auf den Grund* am Rand eingefügt.
6221 Verbessert aus *dieses.*
6222 Danach gestrichen *eine.*
6223 „Wiedereinsetzung gegen den Fristablauf".
6224 Danach gestrichen *Appel.*
6225 *In der … Instanz* am Rand eingefügt.
6226 „Gegenstand höherer Forschung", Redewendung in: Herders Conversations-Lexikon, Band 1, 2. Aufl. Freiburg 1854/57, S. 141.
6227 Danach ein Wort gestrichen.
6228 Danach gestrichen *Beklagt.*

die erste Instanz führen würde, was jetzt[6229], so lange die Sache noch *in appellatorio* pendent[6230] sey, nicht als angemessen erscheine;
dagegen

4. soviel den Antrag der Kläger betrifft, den russischen Zolltarif von 1816 noch zu den Acten zu nehmen, reformatorie[6231] diesem Antrage stattzugeben und zwar aus dem doppelten Grunde, weil

a) dieser *in actis* vielfach in Bezug genommene[6232] Tarif, vom dem es[6233] ausgemacht[6234], daß er[6235] das *in concreto* einschlagende Gesetz sey[6236], nicht als ein[6237] unpünctliches Beweismittel[6238] betrachtet werden könne, sondern[6239] vom[6240] Richter[6241] *ex officio* berücksichtigt[6242] werden dürfe und müsse[6243]; und weil

b) auch wenn man denselben als Beweismittel ansehen wolle, er doch zeitig genug[6244] vor Ablaufe der Beweisfrist[6245] in Bezug genommen worden sey, um auch als solches berücksichtigt[6246] werden zu können;
desgleichen

5. ebenfalls reformatorisch dahin zu erkennen, daß auch die Acten des gegenwärtigen Incidentverfahrens nebst dem jetzt abzugebenden Urtheile und dessen Entscheidungsgründen, jedoch, wie sich von selbst verstehe, ohne die retradirten Actenstücke[6247], den zu retradirenden Acten beizufügen seyen;
indeßen

6. zu verfügen, daß den Beklagten noch eine nachträgliche Erklärung über die in dem Appellationslibelle der Kläger in voriger Instanz enthaltene Deduction aus dem Tarife nachzulassen sei;
übrigens

6229 Danach gestrichen *so lange noch über die Zulassung des novi noch in ca. appellationis verhandelt werden, nicht.*
6230 „In der Berufungsinstanz rechtshängig ist".
6231 „Unter Abänderung des vorinstanzlichen Urteils".
6232 *In actis … genommene* am Rand eingefügt.
6233 *Von dem es* über der Zeile eingefügt, darunter drei Wörter gestrichen.
6234 Danach gestrichen *sey.*
6235 Wort über der Zeile eingefügt, darunter gestrichen *derselbe.*
6236 Wort über der Zeile eingefügt.
6237 Danach gestrichen *solches.*
6238 Danach gestrichen *zu betrachten seye.*
6239 *Betrachtet … könne* am Rand eingefügt.
6240 Wort über der Zeile eingefügt, darunter gestrichen *sondern welches der.*
6241 Danach gestrichen *nicht.*
6242 Wort am Rand eingefügt, danach gestrichen *berücksichtigen dürfe und müßte.*
6243 Hier bekennt sich das Gericht zur Pflicht, einschlägige Rechtsnormen von Amts wegen anzuwenden, auch wenn es sich um ausländische Gesetze handelt.
6244 Wort über der Zeile eingefügt.
6245 *Vor Ablaufe … Beweisfrist* am Rand eingefügt.
6246 Danach gestrichen *zu.*
6247 Hinweis auf die zurückgegebenen Aktenstücke in der Designatio actorum im zweiten Prozess, oben S. 462–463 (S. 1–2 der Akte L I 122).

7. *per majora*[6248]
die Kosten dieser und der vorigen[6249] Instanz zur Hälfte zu compensiren, in die Hälfte derselben aber die Kläger zu verurteilen.

Dissentiunt Dominus Praeses und *Dominus* Overbeck, welche dafür stimmten, die Kosten durchweg zu compensiren,

endlich, *per unanimia*[6250]

8. die Urtheilsgebühr auf vierundsechzig Marck zu bestimmen.
Bei dieser Verhandlung war uebrigens *Dominus* Hach nicht zugegen, *confer* Protocoll vom 28. des Monats[6251].
(...)
Actum ut supra
in fidem

C. W. Pauli, *Secretarius*.

6248 „Mit Mehrheit".
6249 *Und der vorigen* am Rand eingefügt.
6250 „Einstimmig".
6251 Sitzungsprotokoll vom 28. Oktober 1833, oben S. 769.

Sitzungsprotokoll

1833 Oktober 31

Auszug aus dem Sitzungsprotokoll des Oberappellationsgerichts für das Geschäftsjahr 1833/34 (AHL OAG A 15, nicht Teil der Prozessakte), geschrieben vom Gerichtssekretär Carl Wilhelm Pauli.

Actum im Oberappellationsgerichte.
Lübeck, den 31. October 1833.

Praesentibus omnibus[6252].

(...)
§ 4
D. du Roi producirte und verlas den Entwurf des Erkenntnisses[6253] in Sachen[6254] der Erben des Schiffers Haase und Consorten *contra* H. D. Wildtfanck und Consorten, welches approbirt und unterzeichnet ward, lautend wie folgt:

(Hier ist *Sententia* einzuschalten)

Bey dieser Verhandlung war D. Hach nicht zugegen, *confer* Protocoll vom 28. des Monats[6255].

Actum ut supra[6256]
in fidem[6257]

C. W. Pauli
Secretarius

6252 „In Anwesenheit aller".
6253 Unten S. 775 (S. 133 der Akte).
6254 Danach gestrichen *des Schif*.
6255 Oben S. 769.
6256 „Verhandelt wie oben", Verweis auf den Sitzungstag und die teilnehmenden Richter.
6257 „Beglaubigt".

Q 9 – Urteil des Oberappellationsgerichts
1833 Oktober 31

Das Oberappellationsgericht folgt dem Vorschlag des Referenten (oben S. 767), bestätigt im Wesentlichen die Entscheidung des Obergerichts (Aktenstück Q 2, oben S. 709), gestattet es den Klägern aber, den russischen Zolltarif von 1816 zu den Akten zu reichen, und verweist das Verfahren ans Obergericht zurück mit der Maßgabe, bei der Aktenversendung die vollständige Akte zu verschicken. Ausfertigung, unterschrieben von sechs Gerichtsmitgliedern, mit Vermerken des Sekretärs Carl Wilhelm Pauli.

[S. 133] Q 9
Expeditum & insinuatum[6258], den 6. November 1833
W Insin. B. No. 101 und 102[6259]

Urtheil.
In Appellationssachen der Rhederei des Schiffes Dora und der Erben des Schiffers Georg Hinrich Haase, nämlich der Wittwe desselben, Anna Catharina, geb. Wenditz, jetzt verwittweter Hertel *cum Curatore*[6260], und Jürgen Heinrich Willrath und Adolph Hinrich Haase als Vormünder der Margaretha Elisabeth Haase, sämmtlich zu Lübeck, Kläger, jetzt Appellanten, wider Heinrich Diedrich Wildtfanck, Arnold Hornemann und Friedrich Ernst August Leuenroth, daselbst, Beklagte, jetzt Appellaten, wegen Schadensersatzes, nunmehr außerordentliche Rechtsmittel und Zulassung neuer Urkunden betreffend, erkennt das Oberappellationsgericht der vier freien Städte Deutschlands für Recht:

Daß die Fatalien[6261] der eingewandten Appellation für gewahrt, auch letztere für anher erwachsen zu achten, und, Materialien anlangend, [S. 134] das Erkenntniß des Obergerichts der freien Hansestadt Lübeck vom 29. November 1832[6262], wie hiemit geschieht, zwar[6263] in Ansehung der ergriffenen außerordentlichen Rechtsmittel zu bestätigen, im Uebrigen jedoch[6264] dahin abzuändern,

daß binnen der vom Obergerichte dafür festzusetzenden Fristen annoch der russische Zolltarif vom Jahre 1816 von den Klägern zu den Acten zu bringen

6258 „Ausgefertigt und zugestellt".
6259 Vermerk oben rechts auf der Seite.
6260 „Mit Geschlechtsvormund".
6261 „Fristen, Zulässigkeitsvoraussetzungen".
6262 Oben S. 709 (S. 33 der Akte).
6263 Hier beginnt der Teilabdruck bei Christian August Thomas Bruhn (Hrsg.), Sammlung von Entscheidungen des Oberappellationsgerichts zu Lübeck in Lübecker Rechtssachen, erster Band, Lübeck 1858, Nr. 28, S. 131: *daß zwar die sententia a qua*, mit ausführlicher Zusammenfassung der Prozessgeschichte.
6264 Bruhn, Sammlung I (wie Anm. 6263), S. 131: *aber*.

und denselben zu adjungieren[6265], sodann aber den Beklagten eine nachträgliche Erklärung über die in dem Appellationslibelle der Kläger (Nr. 42 der Acten des Obergerichts[6266]) enthaltene Deduction aus dem Inhalte des gedachten Tarifs nachzulassen;
ferner, daß den hierauf zu versendenden Acten auch die mit No. 68 a bis 68g bezeichneten Verhandlungen[6267] voriger Instanz über das jetzige Incidentverfahren [S. 135] nebst dem gegenwärtigen Erkenntnisse und dessen Entscheidungsgründen beizufügen seien, wogegen es hinsichtlich der den Klägern retradirten[6268] „Nachträglichen Aeußerung *ad gravamina appellationis contra iudicatum iudicii inferioris*[6269] *de* 27. September 1828" und der drei Anlagen[6270] derselben bei deren Remotion von den Acten sein Verbleiben hat[6271];
endlich, daß die durch dieses Incidentverfahren beim Obergerichte verursachten Kosten zwar zur Hälfte den Beklagten von den Klägern zu erstatten, zur anderen Hälfte aber zu compensiren seien[6272].
Die Kosten der jetzigen Instanz werden in eben diesem Verhältnisse compensirt und den Klägern an die Beklagten zu erstatten auferlegt, und wird nunmehr die Sache zum weiteren Verfahren an das Obergericht zurückverwiesen.

Von Rechts wegen[6273]

[S. 136] Urkundlich pp[6274]

gegeben zu Lübeck, den 31. October 1833[6275].

Urtheilsgebühr: vierundsechzig Mark.[6276]

6265 „Beizufügen".
6266 Der Verweis auf die Akte fehlt bei Bruhn, Sammlung I (wie Anm. 6263), S. 132.
6267 Bruhn, Sammlung I (wie Anm. 6263), S. 132: *Acten auch die Verhandlungen*.
6268 „Zurückgegebenen".
6269 „Zu den Berufungsbeschwerden gegen das Urteil des Niedergerichts", oben S. 483 (S. 50 der Akte L I 122).
6270 Zwei Anlagen in Abschrift, oben S. 490 und 507 (ab S. 51 der Akte L I 122).
6271 Hier endet der Teilabdruck des Tenors bei Bruhn, Sammlung I (wie Anm. 6263), S. 132.
6272 Hier ist unklar, ob die Kläger zusätzlich zu ihren eigenen Kosten noch einen Teil der den Beklagten entstandenen Kosten tragen müssen. Die Aufschlüsselung findet sich in der Kostenaufstellung von Pauli am Ende des Tenors.
6273 Abgekürzt *V. R. W.*
6274 Die Schlussfloskel ist weggelassen. In den für die Parteien enthaltenen Ausfertigungen war sie höchstwahrscheinlich vorhanden.
6275 Der Referent Georg du Roi hatte seine Relation am 28. Juni 1833 beendet, oben S. 736 (S. 89 der Akte).
6276 Diese Zeile geschrieben von Carl Wilhelm Pauli.

A. Heise G. S. Müller C. G. Overbeck[6277] G. dú Roi. J. M. Goll[6278] F. Blume[6279]

[Kostenrechnung]

Urtheilsgebühr	64 Mark	
Stempel	3 Mark	
Stempel	3 Mark	
1/1 Stempel der Remission[6280]	2 Mark	
Copial	11 Mark	
Einpacken der Akten	1 Mark	
Insinuation	1 Mark	8 Schilling
	85 Mark	8 Schilling

Hiervon Kläger ¾ – Mark 64, 2 Schilling
Hiervon Beklagte ¼ – Mark 21, 6 Schilling

C. W. Pauli[6281]
Secretarius

6277 Danach gestrichen *Dr.* Die Gerichtsmitglieder verzichteten bei ihren Unterschriften auf ihre jeweiligen akademischen Grade.

6278 Heise, Müller, Overbeck, du Roi und Goll hatten auch das Urteil vom 26. Juni 1832 gefällt. Damals war Friedrich Cropp noch beteiligt, doch dann starb er am 8. August 1832 an der Cholera, dazu Katalin Polgar, Das Oberappellationsgericht der vier freien Städte Deutschlands (1820–1879) und seine Richterpersönlichkeiten (Rechtshistorische Reihe 330), Frankfurt am Main 2007, S. 220.

6279 Friedrich Blume (1797–1874), Oberappellationsgerichtsrat 1833–1842, Herausgeber der kommentierten definitiven Gerichtsordnung, zu ihm Polgar, Oberappellationsgericht (wie Anm. 6278), S. 235–238.

6280 „Rücksendung" der Akten an das Obergericht.

6281 Unterschrift zur Bestätigung der Kostenrechnung.

Q 10 – Entscheidungsgründe des Oberappellationsgerichts
1833 Oktober 31

Das Oberappellationsgericht begründet sein Urteil vom selben Tag (Aktenstück Q 9, oben S. 775) und folgt der Rechtsauffassung des Referenten. Abschrift der Originalausfertigung mit Handzeichen der sechs beteiligten Richter.

[S. 137] Q 10

Entscheidungsgründe
zum Urtheil vom 31. October 1833
in Appellationssachen
der Rhederei des Schiffes Dora und der Erben des Schiffers Georg Hinrich Haase, sämmtlich zu Lübeck,
Kläger, jetzt Appellanten,
wider
Heinrich Diedrich Wildtfanck und Consorten[6282], daselbst,
Beklagte, jetzt Appellaten,
wegen Schadensersatzes, nunmehr ausserordentliche Rechtsmittel und Zulassung neuer Urkunden betreffend.

Wenn[6283] zuvörderst die Beklagten die Zulässigkeit der jetzigen Appellation deshalb bestreiten wollen, weil das obergerichtliche Decret vom 29. November 1832[6284] theils nur prozeßleitend, theils ein bloßes *inhaesivum*[6285] früherer rechtskräftiger Entscheidungen sey, [S. 138] so sind diese beiden Behauptungen ungegründet. Denn die erste widerlegt[6286] sich sofort durch den Inhalt jenes Decrets, worin nach einer contradictorischen[6287] Verhandlung Restitutionen abgeschlagen, Rechtsmittel verworfen und erhebliche Urkunden von den Acten zurückgewiesen worden sind. Was aber die zweite Behauptung anlangt, so sind einige der jetzt in Frage stehenden Punkte, nämlich die Befugniß der Kläger, den russischen Zolltarif von 1816 zu den Acten zu bringen, und die Mitversendung der Verhandlungen über das gegenwärtige Incidentverfahren, überall kein Gegenstand der früheren Erkenntnisse[6288] vom 7. Julius 1831[6289] und 26. Junius 1832[6290] gewesen; und auch

6282 „Streitgenossen".
6283 Am Rand *pagina 2*. Die Seitenzahlen beziehen sich auf die Originalausfertigung der Entscheidungsgründe.
6284 Oben S. 709 (S. 33 der Akte).
6285 „Wiederholung".
6286 Ab hier sehr eng wörtlich an die Ausführungen des Gutachtens von Georg du Roi angelehnt, oben S. 753 (S. 111 der Akte).
6287 „Streitigen".
6288 Am Rand *pagina 3*.
6289 Oben S. 623 (S. 41 der Akte L I 161).
6290 Oben S. 686 (S. 117 der Akte L I 161).

in Ansehung des neuen Attestates des Departements des auswärtigen Handels zu St. Petersburg vom 28. Februar 1829[6291] alten Stils beschränkt sich die *res iudicata*[6292] aus jenen Erkenntnissen auf die damals allein verhandelte Frage, ob das gedachte Attestat in dem Wege des *beneficii nondum probata probandi*[6293] zu den Acten gebracht werden könne, während jetzt die Kläger zu diesem Zwecke auch noch andere Wege – die Restitution *ex capite novorum*[6294] und *ex capite minoris aetatis*[6295] gegen das nie- [S. 139] dergerichtliche Urtheil vom 27. September 1828 – versuchen wollen.

Soviel hiernächst die Materialien der Appellation anbetrifft, so haben die Beschwerden der Kläger

1. die von ihnen beim Obergerichte angebrachten sogenannten „außerordentlichen[6296] Rechtsmittel" zum Gegenstande, welche sämmtlich den Zweck haben, das oben erwähnte neue Attestat des Departements des auswärtigen Handels in dem jetzigen Stadium des Prozesses zu den Acten zu bringen.

Von diesen Rechtsmitteln sind die drei ersten für alle Kläger gemeinschaftlich ergriffen worden.

Sie wollen sich nämlich eines Rechtsmittels „der Befugniß zu neuem Vorbringen" bedienen, welches sie in dem Abschnitte XXII der Ordnung des Oberappellationsgerichts – § 130 bis 132 – finden, der nach der Verordnung vom 13. August 1831 bei dem lübeckischen Obergerichte gleichfalls anzuwenden ist[6297].

Sie bitten ferner 2. um *restitutio in integrum ex clausula generali*[6298] gegen den Ablauf der Rechtfertigungsfrist der Appellation gegen das niedergerichtliche[6299] Urtheil vom 27. September 1828 beim Obergerichte, um sodann von dem ordentlichen *beneficium nondum probata probandi* in der Appellationsinstanz Gebrauch machen zu können. [S. 140]

Endlich bringen sie 3. das *remedium restitutionis in integrum ex capite novorum*[6300] gegen das ebengedachte niedergerichtliche Erkenntniß an. Daß nämlich dieses dritte Rechtsmittel gegen das letztere Erkenntniß und nicht etwa gegen die Erkenntnisse des Obergerichts und Oberappellationsgerichts vom 7. Julius 1831[6301] und 26. Junius 1832[6302] gerichtet seyn soll, leidet keinen Zweifel; theils nach dem

6291 Deutsche Fassung oben S. 490 (S. 51 der Akte L I 122).
6292 „Rechtskraft".
6293 „Der Rechtswohltat, das noch nicht Bewiesene zu beweisen".
6294 „Wiedereinsetzung in den vorigen Stand wegen neuer Beweise".
6295 „Wegen minderjährigen Alters".
6296 Am Rand *pagina 4*.
6297 Hinweis auf diese Rechtsquellen auch in der Relation, oben Anm. 6079.
6298 „Wiedereinsetzung in den vorigen Stand aufgrund der Generalklausel", nämlich aufgrund sonstiger Billigkeitsgründe, hierzu Georg Christian Burchardi, Die Lehre von der Wiedereinsetzung in den vorigen Stand. Eine civilistische Abhandlung, Göttingen 1831, S. 52.
6299 Am Rand *pagina 5*.
6300 „Wiedereinsetzung in den vorigen Stand wegen neuer Beweismittel / Tatsachen".
6301 Oben S. 623 (S. 41 der Akte L I 161).
6302 Oben S. 686 (S. 117 der Akte L I 161).

petitum[6303] der Kläger in No. 68 a der Acten des Obergerichts, *pagina* 10 *in fine* und 11, worin vermöge jenes Rechtsmittels nur auf eine Abänderung des Urtheils vom 27. September 1828 angetragen wird, theils weil das[6304] neue Attestat vom 28. Feburar 1829, auf welches sie das Rechtsmittel gründen, nur im Verhältnisse zum Erkenntnisse vom 27. September 1828, nicht aber zu denen vom 7. Julius 1831 und 26. Junius 1832 ein *novum* ist.

Dahingegen ist

das 4. Rechtsmittel, die *restitutio in integrum ex capite minoris aetatis,* für die mitklagende haasesche Tochter allein angebracht worden.

Das Obergericht hat nun die drei ersten Rechtsmittel verworfen, wegen des vierten aber der haaseschen Tochter nur ihre etwanigen Rechtszuständig- [S. 141] keiten vorbehalten; und in dieser Hinsicht war dessen Erkenntniß durchgängig zu bestätigen.

Denn

der Antrag der Kläger unter 1. beruhet lediglich auf der Supposition[6305], als sey durch den Abschnitt[6306] XXII[6307] der Ordnung des Oberappellationsgerichts[6308] ein besonderes Rechtsmittel der „Befugniß zu neuem Vorbringen" eingeführt worden, welches von dem bei der Appellation vorkommenden *beneficium novorum* verschieden und an dessen Bedingungen nicht gebunden sey; indem sie selbst es ausdrücklich anerkennen, daß dem Gebrauche dieses letzteren *beneficii*, abgesehen von der unter 2. gebetenen Restitution, die *res judicata* aus den Erkenntnissen vom 7. Julius 1831 und 26. Junius 1832 entgegenstehe.

– Acten des Obergerichts No. 68 a, *pagina* 2 *in fine* 3, 6. –

Jene[6309] Supposition ist nun aber offenbar unrichtig[6310]; denn die Befugniß zu neuem Vorbringen, wovon der Abschnitt[6311] XXII handelt, ist nichts[6312] anderes als das gewöhnliche *beneficium novorum* in der Appellationsinstanz, wobei nur theils gewisse[6313] Controversen des gemeinen Rechts entschieden worden sind[6314], theils das letztere in einzelnen Punkten abgeändert ist, wie sich dieses aus dem ganzen [S. 142] Inhalte der §§ 130 bis 132 und auch aus dem Umstande ergiebt, daß der Abschnitt XXII eine bloße Unterabtheilung der Hauptabtheilung *littera* b. „Verfahren

6303 „Antrag".
6304 Am Rand *pagina 6*.
6305 „Annahme". – Hier beginnt die Wiedergabe der Entscheidungsgründe bei Bruhn, Sammlung I (wie Anm. 6263), S. 132: *Die Supposition.*
6306 Am Rand *pagina 7*.
6307 Verbessert aus *XII*.
6308 Bruhn, Sammlung I (wie Anm. 6263), S. 132: *der O.-A.-Gerichts-Ordnung.*
6309 Die Entscheidungsgründe folgen über ganze Abschnitte wörtlich dem Gutachten des Referenten, oben S. 755 (S. 113 der Akte).
6310 Bruhn, Sammlung I (wie Anm. 6263), S. 132: *„Vorbringen" eingeführt worden, ist offenbar unrichtig.*
6311 Danach gestrichen *XII*.
6312 Bruhn, Sammlung I (wie Anm. 6263), S. 132: *denn diese Befugniß ist nichts.*
6313 Am Rand *pagina 8*.
6314 Wort fehlt bei Bruhn, Sammlung I (wie Anm. 6263), S. 132.

bei Appellationen“ bildet. Hiemit fällt also der obige[6315] Antrag von selbst hinweg und wird durch die über die Unstatthaftigkeit des *beneficii novorum* vorhandene *res judicata* beseitiget.

Wenn die Kläger ferner unter 2. um Restitution gegen den Ablauf der Rechtfertigungsfrist *ex clausula generali* nachsuchen, so steht diesem Verlangen, abgesehen davon, ob nicht theils dasselbe nach dem

§ 86 des R. Dept. Absch von 1600[6316]

und[6317] dem

§ 158 der Ordnung des Oberappellationsgerichts,

welcher nach der Verordnung vom 13. August 1831 auch für das lübeckische[6318] Obergericht gilt, für verspätet zu achten ist, theils in der jetzigen Lage der Sache, da infolge des Ablaufs jener Frist durch rechtskräftige Erkenntnisse – vom 7. Julius 1831[6319] und 26. Junius 1832[6320] – die Remotion des neuen Attestates von den Acten ausgesprochen worden, eine bloße Restitution gegen den Ablauf der Frist ohne Restitution gegen diese [S. 143] Erkenntnisse als ungenügend und unnütz erscheint, jedenfalls der entscheidende Umstand entgegen, daß es durch die Verhandlungen des früheren Incidentverfahrens – wegen Ausübung des *beneficii novorum* – völlig constatirt ist und durch die damaligen Erkenntnisse vom 7. Julius 1831 und 26. Junius 1832[6321] rechtskräftig feststeht, daß der verspätete Empfang des neuen Attestates von klägerischer Seite selbst verschuldet sey, nun aber die Kläger bei ihrem jetzigen Restitutionsgesuche die *causa restitutionis* lediglich in diesen verspäteten Empfang des neuen Attestates setzen,

– Acten des Obergerichts No. 68 a *pagina 6 in fine, 7 principium.*[6322] –

und nach bekannten Rechten Majorenne[6323] gegen einen selbst verschuldeten Nachtheil nicht restituirt werden.

L. 7. D. de in integr. restit.[6324]

*L. 16. D. ex quib. caus. ma*ior.[6325]

6315 Bruhn, Sammlung I (wie Anm. 6263), S. 132: *desfallsige*.
6316 Speyerer Deputationsabschied von 1600, Belegstelle oben Anm. 6091.
6317 Am Rand *pagina 9*.
6318 Bruhn, Sammlung I (wie Anm. 6263), S. 133: *Lübsche*.
6319 Oben S. 623 (S. 41 der Akte L I 161).
6320 Oben S. 686 (S. 117 der Akte L I 161).
6321 Am Rand *pagina 10*.
6322 Querverweis fehlt bei Bruhn, Sammlung I (wie Anm. 6263), S. 133.
6323 „Volljährige“.
6324 Allegation aus dem römischen Recht: D. 4, 1, 7 (Titel: De in integrum restitutionibus).
6325 D. 4, 6, 16 (Titel: Es quibus causis maiores viginti quinque annis in integrum restituuntur). Beide Allegationen stammen aus dem Gutachten des Referenten, oben S. 756 (S. 114 der Akte). Der Text stimmt weitgehend mit dem Gutachten überein. – Bruhn, Sammlung I (wie Anm. 6263), S. 133, jeweils mit den Titelangaben *4, 1* und *4, 6*.

Die völlige Unanwendbarkeit der Distinction zwischen einer *culpa in committendo* und *in omittendo*[6326], welche die Kläger hiebei machen wollen, auf[6327] ein Restitutionsgesuch ist schon von den Beklagten in der jetzigen Instanz genugsam[6328] nachgewiesen worden; und eben- [S. 144] so wenig ist auch[6329] auf den eventuellen Einwand der Kläger einzugehen, daß das Verschulden nur von einem von ihnen als ihrem gemeinschaftlichen Mandatar[6330] begangen worden und also wenigstens doch den übrigen Mitklägern Restitution zu ertheilen sey. Denn dieser Einwand der Mitkläger, daß ihnen das Verschulden ihres Mandatars nicht schaden könne, läuft in dem vorliegenden Falle, wo sie selbst zur Herbeischaffung des Attestates nichts gethan haben, nur darauf hinaus, daß sie eine Restitution aus dem Grunde einer *culpa mandatarii* verlangen, was[6331] bekanntlich unstatthaft ist.

L. 10. C. de procurator.[6332]

Das Rechtsmittel unter 3.[6333] hiernächst ist aus drei Gründen völlig unzulässig[6334].

a) Weil das niedergerichtliche Erkenntniß vom 27. September 1828, wogegen[6335] die Restitution gesucht wird, noch[6336] nicht rechtskräftig, sondern dawider eine von den Klägern selbst ergriffene Appellation obschwebend ist; mithin das wesentliche Erforderniß einer *restitutio contra rem judicatam*[6337] noch nicht existirt und überdieß durch eine [S. 145] gleichzeitige Cumulation[6338] der Restitution mit der Appellation die gesetzlichen Vorschriften über die Erfordernisse des Gebrauchs des *beneficii novorum* in der Appellationsinstanz sowie *in concreto* die Wirkungen der *res judicata* über die Unzulässigkeit dieses *beneficii* umgangen werden würden.

b) Weil das gedachte Rechtsmittel desert[6339] ist, indem dasselbe nach der Verordnung vom 5. Julius 1820 § 13 binnen drei Wochen von da an, wo die Kläger das neue Attestat benutzen konnten, also seit März oder April 1829, hätte eingeführt

6326 „Verschulden bei der Begehung und beim Unterlassen".

6327 Verbessert aus *an*.

6328 Am Rand *pagina 11*.

6329 Statt *und eben so wenig ist auch* heißt es im Gutachten des Referenten *ebenso wenig ist aber auch*. Die Unterschiede beschränken sich also auf geringe stilistische Änderungen.

6330 „Dem Beauftragten", also dem Senator Conrad Platzmann.

6331 *Die völlige Unanwendbarkeit … verlangen, was* fehlt bei Bruhn, Sammlung I (wie Anm. 6263), S. 133, dafür: *sowie auch eine Restitution aus dem Grunde einer culpa mandatarii bekanntlich unstatthaft ist.*

6332 C. 2, 12, 10 (Titel: De procuratoribus). – Bruhn, Sammlung I (wie Anm. 6263), S. 133, mit der älteren Titelangabe *2, 13*.

6333 Ab hier unterscheiden sich die Entscheidungsgründe im Aufbau etwas vom Gutachten, oben S. 757 (S. 115 der Akte).

6334 Bruhn, Sammlung I (wie Anm. 6263), S. 133: *Das 3) wider das niedergerichtliche Erkenntniß vom 27. Sept. 1828 eigewandte remedium restit. in int. ex capite novorum ist aus drei Gründen unzulässig.*

6335 Am Rand *pagina 12*.

6336 Bruhn, Sammlung I (wie Anm. 6263), S. 133: *weil dies Erkenntniß noch.*

6337 „Wiedereinsetzung trotz entgegenstehender Rechtskraft".

6338 Bruhn, Sammlung I (wie Anm. 6263), S. 133: *Cumulirung.*

6339 Hier: „verfristet".

und gerechtfertigt werden[6340] müssen, statt dessen aber erst am 26. Julius 1832 angebracht worden ist,

– Acten des Obergerichts No. 68 a[6341] –

und da natürlich jenes *fatale*[6342] nicht dadurch als gewahrt betrachtet werden kann, daß die Kläger früher ohne Einführung des gedachten Rechtsmittels das fragliche Attestat zu einem ganz anderen Zwecke, nämlich um das *beneficium novorum* in der Appellationsinstanz auszuüben, beim Obergerichte producirt haben.

c) Weil bei den lübekischen[6343] Gerichten nach § 55 der proviso- [S. 146] rischen und § 180 der definitiven Ordnung des Oberappellationsgerichts[6344] und den Verordnungen vom 5. Julius 1820 § 13 und vom 13. August 1831 eine Restitution *contra rem judicatam* wegen neuer Beweismittel nur in dem besonderen, hier nicht vorliegenden Falle eines abgeleisteten nothwendigen[6345] Haupteides stattfindet.

Soviel entlich

ad 4. die Restitution der haaseschen Tochter *ex capite minoris aetatis* anlangt, so ist nach der Fassung des jetzigen Appellationslibells der Kläger, *pagina* 16 und 17, nicht anders anzunehmen, als daß damit keine Restitution gegen den Ablauf der Rechtfertigungsfrist beim Obergerichte, sondern eine Restitution *contra rem judicatam* gemeint ist, welche denn ohne Zweifel ebenso wie die Restitution *ex capite novorum* unter 3. gegen das niedergerichtliche Erkenntniß vom 27. September 1828 gerichtet seyn soll[6346], da die sämmtlichen vier Rechtsmittel der Kläger immer nur auf das neue Attestat und auf die Deduction, daß durch dasselbe der Beweis in der Hauptsache [S. 147] erbracht würde, gegründet sind, was nur zu einer Abänderung des Erkenntnisses vom 27. September 1828, nicht aber der späteren Erkenntnisse vom 7. Julius 1831 und 26.[6347] Junius 1832, welche die Ausübung des *beneficii novorum* betreffen, führen kann. Nach dieser Auslegung des Restitutionsgesuches nun aber rechtfertigt sich die desfallsige Verfügung[6348] in der *sententia a qua*[6349] durch den schon oben bei der Restitution[6350] *ex capite novorum* angeführten Grund, daß die Restitution auch der Minderjährigen im Ganzen genommen nur ein subsidiarisches Rechtmittel ist,

6340 Am Rand *pagina 13*.
6341 Der Verweis fehlt bei Bruhn, Sammlung I (wie Anm. 6263), S. 134.
6342 „Die Rechtsmittelfrist".
6343 Bruhn, Sammlung I (wie Anm. 6263), S. 134: *Lübschen*.
6344 Doppeltes Zitat beider Gerichtsordnungen auch im Gutachten des Referenten, oben S. 757 (S. 116 der Akte). – Bruhn, Sammlung I (wie Anm. 6263), S. 134: *O.-A.-Gerichts-Ordnung*.
6345 Am Rand *pagina 14*.
6346 Wegen der Vielzahl der ergangenen Urteile von drei Gerichten verschiedener Instanzen musste das Oberappellationsgericht jeweils klären, gegen welche Entscheidungen sich die Rechtsmittel der Kläger richteten.
6347 Am Rand *pagina 15*.
6348 Danach gestrichen *der Restitution*.
6349 „Der vorinstanzlichen Entscheidung".
6350 *Der Restitution* am Rand eingefügt.

L. 12. L.[6351] *16. pr. et § 1 D. de minorib.*[6352]
mithin nicht vor Erledigung der für die haasesche Tochter mit ergriffenen Appellation begehrt werden kann. Diese Appellation führt nämlich nach den dabei aufgestellten *petitis* eben dahin wie die Restitution; sowohl nach dem Principalpetitum, welches dahin geht, den Beweis schon durch die in erster Instanz gebrauchten Beweismittel für erbracht zu erkennen, als auch nach dem even- [S. 148] tuellen Petitum[6353] auf Nachlassung eines besseren Beweises, indem, wenn jetzt die Restitution ertheilt würde, doch nicht in zweiter Instanz auf Grundlage des neuen Attestates reformirt werden könnte, sondern die Sache nach Analogie der §§ 132 und 182 der Ordnung des Oberappellationsgerichts und der Verordnung vom 13. August 1831 zum Erkenntnisse hierüber an das Niedergericht remittirt werden müsste[6354], wodurch sie denn in dieselbe Lage kommen würde wie bei einem nachgelassenen besseren Beweise.

Könnte man aber auch den obigen Antrag so auslegen, daß für die haasesche Tochter um Restitution gegen den Ablauf der Rechtfertigungsfrist beim Obergerichte nachgesucht werde, um sodann das *beneficium novorum* in der Appellationsinstanz ausüben zu können, so würde doch der vom Obergerichte gemachte bloße Vorbehalt gleichfalls als völlig angemessen[6355] erscheinen, denn abgesehen von dem schon unter 2. angeregten Bedenken, ob hier eine Restitution gegen den Ablauf der Rechtfertigungsfrist allein ohne Restitution gegen die nachher ergangenen rechtskräftigen Erkenntnisse von Wirksamkeit seyn könnte, so [S. 149] brauchen sich auf der einen Seite die[6356] Beklagten die große Verzögerung nicht gefallen zu lassen[6357], welche das Verfahren gegen die vielen majorennen Mitkläger, auf die bei der Theilbarkeit des Klagobjects[6358] eine Restitution der haaseschen Tochter ohne Einfluß ist, durch das jetzige Eingehen auf diese Restitution erleiden würde, indem nicht nur die Frage, ob die letztere zu ertheilen sey, *altioris indaginis*[6359] ist – da nämlich theils die Minderjährigkeit der haaseschen Tochter zur Zeit der versäumten Frist erst nachgewiesen werden müsste[6360], theils es zweifelhaft erscheint, ob hier

---

6351 *L.* über der Zeile eingefügt, darunter gestrichen *u*[nd].
6352 D. 4, 4, 12 und 16 principium und 16, 1 (Titel: De minoribus viginti quinque annis).
6353 „Hilfsantrag". Am Rand *pagina 16.*
6354 Verbessert aus *müsse.* Die Oberappellationsgerichtsordnung galt aufgrund der mehrfach zitierten Bekanntmachungen und Verordnungen der Stadt Lübeck in ihren wesentlichen Grundzügen auch für das Verfahren vor den Gerichten der Stadt Lübeck.
6355 Am Rand *pagina 17.*
6356 *Soviel endlich ad 4. die Restitution … auf der einen Seite die* fehlt bei Bruhn, Sammlung I (wie Anm. 6263), S. 134, dafür: *4) Der in der sent. a qua ausgesprochene Vorbehalt der Rechte der minderjährigen Haase'schen Tochter genügte, weil einerseits die.*
6357 Bruhn, Sammlung I (wie Anm. 6263), S. 134: *Verzögerung sich nicht gefallen zu lassen brauchen.*
6358 Bruhn, Sammlung I (wie Anm. 6263), S. 134: *Objects.*
6359 „Gegenstand weiterer Untersuchungen".
6360 Verbessert aus *müsse.*

ein Fall vorliege, wo die[6361] Läsion[6362] ihren Grund in der Minderjährigkeit und in einem Verschulden der Vormünder gehabt habe, und ob nicht das Restitutionsgesuch nach § 158 der Ordnung des Oberappellationsgerichts[6363] verspätet sey –, sondern auch nach ertheilter Restitution die Sache zum Erkenntnisse über das *novum* nach § 132 der Ordnung an das Niedergericht würde zurückgehen, mithin die Appellationsinstanz und der ganze Prozeß gegen die majorennen Mitkläger so [S. 150] lange liegen bleiben müssen[6364]. Und auf der anderen Seite gereicht der haaseschen Tochter die Aussetzung[6365] des Restitutionspunktes bis nach erledigter Appellation[6366] zu keinem Nachtheile[6367], da nach dem eben angeführten § 132 doch nicht wie nach gemeinem Rechte in der Appellationsinstanz selbst auf Grundlage des *novi* reformirt[6368] werden könnte, mithin sie durch die Abgebung des Appellationserkenntnisses ohne vorgängige Zulassung des *novi*[6369] nichts verliert.

Bei der Verwerfung und respective dermaligen Nichtberücksichtigung der obigen vier Rechtsmittel mußte es denn auch bei der Remotion der „Nachträglichen Aeußerung der Kläger *ad gramvamina appellationis contra judicatum*[6370] *judicii inferioris*[6371] *de* 27. September 1828“[6372] und der drei Anlagen derselben, nämlich des neuen Attestates vom 28. Februar 1829[6373], der deutschen Uebersetzung des letzteren[6374] und der kaufmännischen Darstellung[6375], von den Acten sein Verbleiben haben, welche den Klägern schon früher retradirte Urkunden nur durch Hülfe jener Rechtsmittel wieder zu den Acten gebracht werden konnten[6376]. [S. 151]

Dahingegen

II. war die Beschwerde der Kläger für gegründet zu achten, daß ihrem Antrage, den zu versendenden Acten den russischen Zolltarif vom Jahre 1816 zu adjungiren[6377], nicht stattgegeben[6378] worden sey.

Daß es bei dem Beweise, über welchen jetzt in zweiter Instanz zu erkennen ist, auf diesen Tarif ankommt, leidet keinen Zweifel, da die Kläger in ihrem Appel-

6361 Am Rand *pagina 18.*
6362 „Verletzung, Schädigung“. – Bruhn, Sammlung I (wie Anm. 6263), S. 134: *ob hier die Läsion.*
6363 Bruhn, Sammlung I (wie Anm. 6263), S. 134: *der O.-A.-Gerichts-Ordnung.*
6364 Die Entscheidungsgründe fallen durch ihre überlangen Bandwurmsätze besonders auf. Der Referent Georg du Roi hatte in seinem Gutachten teilweise kürzere Sätze gewählt.
6365 Bruhn, Sammlung I (wie Anm. 6263), S. 135: *bleiben müssen, während andererseits die Aussetzung.*
6366 Bei Bruhn, Sammlung I (wie Anm. 6263), S. 135, eingefügt: *der Minderjährigen.*
6367 Bei Bruhn, Sammlung I (wie Anm. 6263), S. 135, eingefügt: *gereicht.*
6368 „Das Urteil geändert“.
6369 Am Rand pagina *19.*
6370 Verbessert aus *judicatam.*
6371 „Zu den Berufungsbeschwerden gegen das Urteil des Niedergerichts“.
6372 Abschrift des oft erwähnten Schriftsatzes oben S. 483 (S. 50 der Akte L I 122).
6373 Das russische Original fehlt in den Akten.
6374 Oben S. 490 (S. 51 der Akte L I 122).
6375 Oben S. 507 (S. 67 der Akte L I 122).
6376 *Mithin sie durch die Abgebung … werden konnten* fehlt bei Bruhn, Sammlung I (wie Anm. 6263), S. 135. Ab hier sehr große Auslassung bei Bruhn.
6377 „Beizufügen“.
6378 Am Rand *pagina 20.*

lationslibelle gegen das niedergerichtliche Erkenntniß vom 27. September 1828 denjenigen Mangel des ersten beim Niedergerichte producirten Attestates vom 10. August 1823, wegen dessen das Niedergericht den Beweis für verfehlt erklärt hat, durch den Tarif von 1816 mittelst einer speciellen Nachweisung unter Angabe der Seiten zu ergänzen und zu zeigen gesucht haben, daß durch[6379] das erste Attestat in Verbindung mit dem Tarif der Beweis vollständig erbracht sey.

– Acten des Obergerichts No. 42, *paginae* 16, 21, 22. –

Er ist ferner ganz ungegründet, wenn die Beklagten in der vorigen Instanz behauptet haben, es befinde sich schon ein beglaubigter Auszug aus[6380] jenem Tarif, soweit letzterer jetzt zur Sache gehöre, bei den Acten des Obergerichts: Denn [S. 152] der hier gemeinte Auszug

– Anlage 1 zu No. 18 der Acten des Obergerichts –

enthält gar nichts über den Umstand, auf welchen es für die Kläger ankommt, nämlich, welche von den *confiscirten* Waaren zu den verbotenen und welche zu den an sich erlaubten gehören.

Beide Theile haben sich nun in den Acten zu wiederhohlten Malen auf den gedachten Tarif berufen.

Zuerst führten die Kläger in ihrem Appellationslibelle gegen das niedergerichtliche Erkenntniß vom 27. Januar 1821 denselben bei Gelegenheit der Frage, ob in Rußland die Einfuhr von Waaren auf an Order lautende Connossemente[6381] verboten gewesen sey, als dasjenige Zollgesetz an, welches im Jahre 1817 in Rußland gegolten habe, wobei sie[6382] dessen Titel in deutscher und französischer Sprache[6383] angaben.

– Acten des Obergerichts No. 12, *pagina* 27 –

Hierauf producirten die Beklagten mit ihrer Vernehmlassung in Beziehung auf eben dieselbe Frage ein Attestat von zwei lübeckischen Notarien über den Inhalt des frag- [S. 153] lichen Tarifs, worin die letzteren unter Angabe des deutschen Titels anführten, daß ihnen derselbe von dem Anwalte der Beklagten vorgelegt worden sey.

– Ebendaselbst No. 18, *pagina* 3, und Anlage 1 –

Mit dem Appellationslibelle gegen das Erkenntniß zweiter Instanz vom 1. November 1821[6384] producirten die Beklagten wiederum zum Beweise, daß die Einfuhr der Baumwollenwaaren im Jahre 1817 erlaubt gewesen sey, einen von einem lübecki-

6379 Wort über der Zeile eingefügt.
6380 Am Rand *pagina 21*.
6381 „Frachtbriefe".
6382 Am Rand *pagina 22*.
6383 Von der französischen Übersetzung des russischen Zolltarifs ist hier erstmals die Rede.
6384 Oben S. 134 (S. 99 der Akte L I 22 a).

schen Notar beglaubigten Auszug aus dem Tarif von 1816, welcher[6385] letztere dem Notar von ihrem Anwalte vorgelegt worden war.

– Acten des Oberappellationsgerichts Fascikel I No. 1, *pagina* 18 und Anlage F. –[6386]

In der Vernehmlassung der Kläger wurde zweimal auf denselben Bezug genommen, hinsichtlich der Connossemente an Order und mit Angabe der Seite wegen der Einfuhr der Baumwollenwaaren.

– Ebendaselbst No. 10, *paginae* 11, 28[6387]. –

Sodann haben die Kläger in ihrer Beweisantretung beim Niedergerichte ein Attestat des russischen Departements des auswärtigen Handels als Be- [S. 154] weismittel producirt, in welchem grade in Ansehung desjenigen Punktes, wegen dessen sie jetzt die Beifügung des Tarifs zu den Acten verlangen, nämlich welche von den confiscirten Waaren zu den verbotenen gehören, auf diesen verwiesen wird[6388].

– Acten des Niedergerichts Anlage 8 b *ad recessum* 33, *pagina* 33. –

Und in ihrem Appellationslibelle voriger Instanz haben sie, wie schon oben bemerkt ist, eine specielle Nachweisung über jenen Punkt aus dem Tarif mit Angabe der Seiten hinzugefügt.

– Acten des Obergerichts No. 42, *paginae* 16, 21, 22. –

Endlich findet sich auch noch in den Aussagen der Zeugen der Beklagten eine Bezugnahme auf denselben.

– Acten des Niedergerichts Anlage +[6389] *ad recessum* 48, *deposita ad interrogatoria*[6390] 2 und 3 zum *Articul* 5;

Anlage C ebendaselbst, *deposita ad interrogatoria 10 ad Articul 1*. –

Unter diesen Umständen kann es nun an sich kein Bedenken haben, daß der Tarif von 1816 als ein in die[6391] Sache einschlagendes, so vielfach ange- [S. 155] zogenes und in deutscher Sprache publicirtes Gesetz auf den Antrag der Kläger den Acten zu adjungiren ist[6392], zumal gegenwärtig, wo die Acten auf Verlangen der Beklagten an eine auswärtige Facultät versandt werden sollen, welcher derselbe muthmaßlich nicht zu Gebote steht[6393]; und es kommt nur auf den Einwand der Beklagten an,

---

6385 Am Rand *pagina 23*.

6386 Oben S. 95 und 152 (S. 22 und 141 der Akte L I 22 a).

6387 Oben S. 235 und 243 (S. 305 und 322 der Akte L I 22 a).

6388 Am Rand *pagina 24*.

6389 Sonderzeichen: gemaltes Kreuz.

6390 „Hinterlegungen zu den Befragungen". Im gemeinen Recht bezeichneten Interrogationen vorformulierte Fragen, über welche die Zeugen zu verhören waren, dazu Martin, Lehrbuch (wie Anm. 6135), § 198, S. 337–339.

6391 Am Rand *pagina 25*.

6392 Ob es sich prozessual um einen Tatsachenbeweis oder um eine Rechtsbeibringung handelt, bleibt in der Schwebe. Das Gericht entscheidet sich wenige Zeilen später dafür, dass es nicht um ein „eigentliches" Beweismittel geht.

6393 Es geht also nicht um die Information der Lübecker Gerichte, sondern darum, der später zuständigen Juristenfakultät die Entscheidungsgrundlage mitzuteilen.

daß solches deshalb nicht stattfinde, weil die Kläger dadurch ihren Beweis nicht zeitig angetreten hätten.

Dieser Einwand ist aber aus zwei Gründen unerheblich:

1. Weil der fragliche Tarif als ein[6394] – wenngleich auswärtiges – publicirtes Gesetz nicht die Natur eines eigentlichen Beweismittels hat[6395], dessen Benutzung an die Fristen und Formen der Beweisantretung gebunden wäre, sondern[6396] von dem Richter, wenn demselben von dessen Existenz und Einfluß auf die Sache Kunde gegeben ist[6397] auch von Amtswegen berücksichtigt werden muß[6398]; welche Kunde nach den obigen Actenstellen genugsam und zwar auch dem Niedergerichte – in [S. 156] der angeführten Stelle des Attestats Anlage 8 b *ad Recessessum* 33 – ertheilt war.

2. Weil ferner, wenn man eine Beweisantretung durch den Tarif für erforderlich halten wollte, dieselbe gleichfalls durch die Bezugnahme auf denselben in dem ebengedachten Attestate, durch welches der Beweis der Kläger zeitig angetreten wurde, geschehen seyn würde. Denn diese Bezugnahme, aus welcher deutlich hervorging, daß aus dem Tarif zu ersehen sey, welche von den confiscirten Waaren zu den im Jahre 1817 verbotenen gehört hätten, war zur Beweisantretung genügend, und es bedurfte dazu keiner sofortigen Production des Tarifs: da theils die letztere überhaupt bei gedruckten Gesetzen[6399] nicht als ein *formale* der Beweisantretung erforderlich ist[6400], theils die russischen Zollverordnungen insbesondere den Gerichten zu Lübeck bei den dortigen Handelsverbindungen leicht zugänglich sind[6401], theils endlich nach den oben angeführten Actenstellen die Beklagten den Tarif in Händen und denselben wiederhohlt als [S. 157] Beweismittel gebraucht hatten. Es hätte daher auch aus diesem Gesichtspunkte schon das Niedergericht, wenn dasselbe das Attestat allein ungenügend fand und keine Gelegenheit hatte, den

6394 Bruhn, Sammlung I (wie Anm. 6263), S. 135: Der gesamte Abschnitt zum russischen Zolltarif ist knapp zusammengefasst: *Die Zulassung des Tarifs von 1816 mußte erkannt werden, weil auf denselben von den Klägern schon in erster Instanz mehrmals Bezug genommen worden und weil derselbe, als ein.*

6395 Hier geht es erneut um die rechtliche Einordnung ausländischer Gesetze als Rechtsquellen oder Tatsachen.

6396 Bruhn, Sammlung I (wie Anm. 6263), S. 135: *vielmehr.*

6397 Am Rand *pagina 26.*

6398 Hier folgen die Entscheidungsgründe der damals modernen strengen Auffassung, wonach der Richter alle ihm bekannten Rechtsquellen anwenden muss. Die Pflicht zur Amtsermittlung ist damit nicht verbunden. Aber wenn beide Parteien das Gericht über den Zolltarif von 1816 unterrichtet haben, besteht die richterliche Pflicht, diese Normen auch anzuwenden. – Bruhn, Sammlung I (wie Anm. 6263), S. 135: *Richter, wenn er davon Kunde erhält, auch von Amtswegen benutzt werden muß.* Danach folgt ein kurzer Hinweis auf den Vergleichsschluss am Ende des fünften Appellationsprozesses.

6399 Am Rand *pagina 27.*

6400 Der Beweis unbekannter, aber gedruckter Gesetze, ist nach dieser Ansicht also vom Urkundenbeweis verschieden.

6401 Hier geht es immer um die Frage nach der Beweisbedürftigkeit ausländischen Rechts. Die leichte Zugänglichkeit gedruckter Gesetze und die spezifische Kenntnis der Lübecker Gerichte wegen des intensiven Handels mit Russland sprechen nach Ansicht des Oberappellationsgerichts gegen überzogene Beweisanforderungen; Hinweis auf den umfangreichen Russlandhandel auch oben S. 763 (S. 122 der Akte).

Tarif einzusehen, von Amts wegen den Klägern dessen nachträgliche Beibringung aufgeben müssen[6402].

Hiernach kann dann auch den Klägern der Umstand nicht entgegenstehen, daß sie den Tarif in der vorigen Instanz erst nach dem Ablaufe der Rechtfertigungsfrist der Appellation producirt haben, indem die Beibringung desselben als eine[6403] Vervollständigung der Acten von Amtswegen hätte verfügt werden können, mithin auch durch die Kläger freiwillig ohne Präclusion[6404] geschehen konnte; zumal da gegenwärtig durch das Verlangen der Beklagten in ihrer Vernehmlassung, die Acten an eine auswärtige Facultät zu versenden, noch eine besondere Veranlassung zu der Adjunction entstanden seyn würde, wenn solche nicht schon ohnehin gebeten gewesen wäre.

Es ist demnach der mehrgedachte Tarif als ein bei der Abgebung des Erkennt- [S. 158] nisses zweiter Instanz zu berücksichtigendes Actenstück den zu versendenden Acten zu adjungiren. Und das Erkenntniß über diesen Punkt war auch nicht etwa der auswärtigen Facultät zu überlassen, sondern von dem Oberappellationsgerichte zu ertheilen, da auch die Beklagten[6405] über denselben kein Urtheil von der ersteren, sondern von dem Obergerichte und Oberappellationsgerichte selbst verlangt haben, indem sie in ihrer Vernehmlassung voriger Instanz (No. 68 c) und ebenso in der jetzigen Instanz die definitive Remotion[6406] des Tarifs von den Acten aus den Gründen begehren, weil derselbe theils ein verspätetes Beweismittel sey, theils nicht zur Sache gehöre, sie sich also einer Entscheidung über diese Gründe, mithin über die Frage, ob der Tarif zu berücksichtigen sey, unterwerfen[6407].

Dabei erschien es jedoch angemessen, den Beklagten noch eine nachträgliche Erklärung über die oben erwähnte Deduction aus dem Inhalte des Tarifs in dem Appellationslibelle der Kläger

– Acten des Obergerichts No. 42, *paginae* 16, 21, 22. –

nachzulassen, wodurch nachgewiesen werden soll, daß die [S. 159] sämmtlichen, von den Beklagten Hornemann und Leuenroth verladenen[6408] und confiscirten Waaren verbotene gewesen, mithin die 5.453 Rubel für an sich erlaubte Waaren von denen des Beklagten Wildtfanck abzusetzen seyen, indem die Beklagten diese Erklärung aus dem formellen Grunde, weil der Tarif nicht zu den Acten gebracht sey, bis jetzt abgelehnt haben; welche Nachlassung theils der Billigkeit entspricht, theils der materiellen Aufklärung der Sache förderlich seyn dürfte.

Aus dieser Entscheidung in Ansehung des Tarifs von 1816 folgt dann von selbst,

---

6402 Bezogen auf die Rechtslage gilt insofern nicht die Dispositionsmaxine. Hier muss das Gericht aus eigener Anstrengung die einschlägigen Normen ermitteln und die Parteien auffordern, daran mitzuwirken.
6403 Am Rand *pagina 28.*
6404 „Ausschluss wegen Fristversäumung".
6405 Am Rand *pagina 29.*
6406 „Entfernung".
6407 Verbessert aus *unterworfen.*
6408 Am Rand *pagina 30.*

III. daß auch dem Antrage der Kläger, den zu versendenden Acten die Verhandlungen über das jetzige Incidentverfahren

– No. 68 a bis 68g, der Acten des Obergerichts –

beizufügen, stattzugeben war, da der auswärtigen Facultät, welche nach dem gegenwärtigen Erkenntnisse den Tarif *in judicando*[6409] zu berücksichtigen[6410] hat, nothwendig dieses Erkenntniß nebst dessen Entscheidungsgründen mitgetheilt werden muß, hierzu aber jene Verhandlungen die Voracten sind. [S. 160]

Die Kosten dieser sowie der vorigen Instanz endlich waren zur Hälfte von den Klägern den Beklagten zu erstatten, zur anderen Hälfte hingegen zu compensiren, da die auf das neue Attestat bezüglichen Rechtsmittel in beiden Instanzen respective verworfen und nicht berücksichtiget worden, in Ansehung des Zolltarifs aber verschieden erkannt ist.

AH GSM CGO GdR IMG Bl.[6411]

6409 „Bei der Entscheidungsfindung".
6410 Am Rand *pagina 31*.
6411 Jeweils eigenhändige Handzeichen der sechs Richter, die auch den Urteilstenor unterschrieben, oben S. 777 (S. 136 der Akte).

Q 11 – Remissionsschreiben des Oberappellationsgerichts
1833 November 5

Das Oberappellationsgericht sendet nach abgeschlossenem Verfahren die vorinstanzlichen Akten an das Obergericht der Stadt Lübeck zurück. Konzept mit Ausfertigungsvermerk und Handzeichen des Gerichtspräsidenten Arnold Heise.

[S. 161[6412]] Q 11
An die zum Obergerichte der freien Hansestadt Lübeck verordneten Herren Bürgermeister, Syndici und Senatoren.

Expeditum[6413] & besorgt, den 6. November 1833
W Insin. B. No. 103.

In Sachen der Rhederey des Schiffes Dora und der Erben des Schiffers Georg Hinrich Haase, Kläger, jetzt Appellanten, wider Heinrich Diedrich Wildtfanck und Consorten[6414], Beklagte, jetzt Appellaten, wegen Schadensersatzes, nunmehr außerordentliche Rechtsmittel und Zulassung neuer Urkunden betreffend, worin wir das nebst den Entscheidungsgründen[6415] in Abschrift hier beyliegende Erkenntniß[6416] abgegeben haben, lassen wir nunmehr die uns übersandten Voracten an das Obergericht der freien Hansestadt Lübeck zurückgehen und bezeugen demselben zugleich unsere vorzügliche Hochachtung.

Lübeck, den 5. November 1833
Das Oberappellationsgericht der vier freien Städte Deutschlands[6417]

expediatur AH[6418]

6412 Im Gegensatz zu zahlreichen anderen Verfügungen ist dieses Schreiben nicht vom Sekretär Carl Wilhelm Pauli verfasst.
6413 „Ausgefertigt“.
6414 „Streitgenossen“.
6415 Oben S. 778 (S. 137 der Akte).
6416 Oben S. 775 (S. 133 der Akte).
6417 Abgekürzt *Das OAG d v fr St. D.*
6418 „Es werde ausgefertigt“. Handzeichen des Gerichtspräsidenten Arnold Heise.

Prozessakte OAG L I 202

Aktendeckel

Zeitgenössischer dünner blauer Kartonumschlag um das ungebundene Aktenkonvolut mit zeitgenössischen Aktenzeichen, Parteibezeichnungen, Anwaltsnamen, Laufzeit und Hinweis auf das Erledigungsdekret. Ursprünglich angelegt vom ersten Kanzlisten Georg Wilhelm Dittmer, später mehrfach aktualisiert und mit neuen Bestandsbezeichnungen und Signaturnummern versehen.

Fascikel V[6419] H[6420] Lübeck No. 38[6421] – M

Hanseatisches Oberapellationsgericht[6422]

Acta[6423]
in Sachen
der Rhederey des Schiffes Dora und der Erben des Schiffers Georg Hinrich Haase,
Kläger, jetzt Appellanten
und respective Appellaten,

contra
Heinrich Diedrich Wildtfanck und Consorten[6424],
Beklagte, jetzt Appellaten
und respective Appellanten,
wegen Schadensersatzes

Dr. Schlüter für Kläger
Dr. Faber für Beklagte[6425]

Erledigt *per decretum*, 13. Juli 1835[6426]

Archiv der Hansestadt Lübeck[6427]

No. 32 E[6428]

L I 202[6429]

6419 Fünftes Faszikel der fünf zusammenhängenden Prozessakten.
6420 Anfangsbuchstabe der Kläger und Appellanten.
6421 Zeitgenössisches Aktenzeichen, so auch in der Relation von Arnold Heise, unten S. 1015 (S. 5 der Akte).
6422 Gerichtsname gestempelt. Die Prozessakte wurde 1879 bei der Auflösung des Oberappellationsgerichts und der Verlegung nach Hamburg zunächst an das Oberlandesgericht mitgenommen und erst 1903 an das Staatsarchiv Hamburg abgegeben. Von dort gelangte die Akte 1952 an das Archiv der Hansestadt Lübeck; kurze Bestandsgeschichte bei Klaus-Joachim Lorenzen-Schmidt (Bearb.), Gesamtinventar der Akten des Oberappellationsgerichtes der vier Freien Städte Deutschlands. Erster Band: Allgemeine Einführung, Köln, Weimar, Wien 1996, S. 15.
6423 Weiterhin im Plural ausgedrückt: „Die Verhandlungen".
6424 „Streitgenossen".
6425 Die beiden Prokuratoren Adolph Schlüter und Heinrich Ludwig Faber hatten die Parteien bereits im dritten und vierten Appellationsprozess vertreten. Schlüter war auf Seiten der Kläger sogar seit dem ersten Verfahren beteiligt: Anwaltsvollmacht für Schlüter oben S. 188 (S. 224 der Akte L I 22 a), für Faber oben S. 628 und 635 (S. 49 und 55 der Akte L I 161).
6426 Hinweis auf den gerichtlich bestätigten Vergleichsschluss, unten S. 1020 (S. 459 der Akte).
6427 Moderner Archivstempel.
6428 Das Aktenzeichen 32 zieht sich durch alle Faszikel. Buchstabe E bezeichnet den fünften Band der mehrbändigen Akten.
6429 Moderne Signatur mit Filzstift.

Inhaltsverzeichnis der Akte

undatiert

Die Akte beginnt wie immer mit dem Inhaltsverzeichnis, zeitgenössisch Designatio actorum. Nach der Parteibezeichnung folgen die Schriftsätze mit dem Datum, an dem sie beim Oberappellationsgericht eingereicht wurden. Im Gegensatz zum ersten Faszikel sind alle Anlagen mit eigenen Nummern nachgewiesen. Die Quadrangel (Quadrate) sind um die Nummern der Schriftsätze herumgezeichnet. Die Anwälte und Gerichtsmitglieder sprachen fast immer lediglich von Nummern. Die Designatio actorum ist anders als in den übrigen Konvoluten nicht unterschrieben. Da es einen Vergleichsschluss gab, fehlt ebenso die Relation eines vom Gericht bestellten Referenten. Eine Ausarbeitung von Arnold Heise befindet sich dennoch in der Akte (unten S. 1015), ist wie immer in der Designatio actorum aber nicht verzeichnet.

[S. 1]

Designatio actorum

in Sachen

der Rhederey des Schiffes Dora und der Erben des Schiffers Georg Hinrich Haase,

Kläger, jetzt Appellanten

und respective Appellaten,

contra

Heinrich Diedrich Wildtfanck und Consorten[6430],

Beklagte, jetzt Appellaten und

respective Appellanten,

wegen Schadensersatzes,

jetzt geführten Beweis und Gegenbeweis betreffend

Q 1 Appellationslibell der Kläger, *praesentatum*[6431] den 18. December 1834[6432] mit:

Q 2 Anlage AA. *Sententia a qua*[6433] vom 6. November *anni currentis*[6434]

Q 3 Anlage BB. Entscheidungsgründe[6435] zu derselben

Q 4 Anlage CC. Interpositionsbescheid[6436] vom 13. November *anni currentis*[6437]

Q 5 Anlage DD. Tabellarische Vergleichung des revalschen Zollattestes vom 19. Julius 1823 mit dem Atteste des Departements des auswärtigen Handels zu St. Petersburg vom 10. August 1823[6438]

6430 „Streitgenossen".
6431 „Gerichtlich vorgelegt".
6432 Unten S. 799 (S. 9 der Akte).
6433 „Vorinstanzliches Urteil".
6434 „Laufenden Jahres", unten S. 819 (S. 59 der Akte).
6435 Unten S. 821 (S. 63 der Akte).
6436 Bestätigung über die Einlegung der Berufung.
6437 Unten S. 851 (S. 135 der Akte).
6438 Unten S. 853 (S. 137 der Akte).

Q 6 Anlage EE. Klägerische Schadensrechnung[6439]
Q 7 Appellationslibell der Beklagten, *praesentatum* den 18. December 1834[6440] mit:
Q 8 Anlage 1. *Sententia a qua* vom 6. November *anni currentis*[6441]
Q 9 Anlage 2. Entscheidungsgründe zu derselben[6442]
Q 10 Interpositionsbescheid vom 13. November *anni currentis*[6443]
Q 11 Communicativdecret[6444] vom 22. December 1834[6445]
Q 12 Requisitionsschreiben[6446] *eodem*[6447]
Q 13 Schreiben des Obergerichts zu Lübeck, die Einsendung der Voracten betreffend, *praesentatum* den 12. Januar 1835[6448]
Q 14 Vernehmlassung der Kläger, *praesentatum* den 17. Februar 1835[6449]
Q 15 Vernehmlassung der Beklagten, *praesentatum* den 19. Februar 1835[6450]
Q 16 Communicativdecret, worin in Betreff der von den Beklagten gebetenen Actenversendung die weiteren Auflagen an beyde Theile erlassen werden, vom 24. Februar 1835[6451] [S. 2]
Q 17 Anzeige der Beklagten, *praesentatum* den 7. Martius 1835[6452]
Q 18 Schein über deponierte Transmissionsgelder[6453] vom 7. Martius 1835[6454]
Q 19 Ausnahme zweyer Spruchcollegien abseiten Kläger, *praesentatum* den 13. Martius 1835[6455]
Q 20 Schlußdecret, wodurch zugleich *terminus inrotulationis*[6456] auf den 23. des Monats angesetzt wird, vom 17. Martius 1835[6457]
Q 21 Protokoll über die Wahl der Facultät vom 17. Martius 1835 (versiegelt)[6458]
Q 22 Protokoll *in termino inrotulationis* aufgenommen, worin Antrag beyder Theile auf Anordnung eines Güteversuchs, vom 23. Martius 1835[6459]

6439 Unten S. 870 (S. 157 der Akte).
6440 Unten S. 875 (S. 165 der Akte). Beide Seiten hatten gegen das Urteil des Obergerichts Rechtsmittel eingelegt. Deswegen enthält die Akte für jeden Abschnitt des Verfahrens jeweils zwei Schriftsätze der beiden Parteien.
6441 Unten S. 901 (S. 223 der Akte).
6442 Unten S. 903 (S. 227 der Akte).
6443 Unten S. 931 (S. 295 der Akte).
6444 Verfügung des Oberappellationsgerichts zur Mitteilung der Berufungsbegründung an die jeweilige Gegenseite.
6445 Unten S. 934 (S. 297 der Akte).
6446 Anforderung der vorinstanzlichen Akten vom Obergericht.
6447 „Vom selben Tage", unten S. 936 (S. 299 der Akte).
6448 Unten S. 937 (S. 301 der Akte).
6449 Unten S. 938 (S. 305 der Akte).
6450 Unten S. 963 (S. 373 der Akte).
6451 Unten S. 982 (S. 409 der Akte).
6452 Unten S. 984 (S. 411 der Akte).
6453 „Die hinterlegte Gebühr für die Aktenversendung".
6454 Unten S. 986 (S. 419 der Akte).
6455 Unten S. 987 (S. 421 der Akte).
6456 „Inrotulationstermin", um die Akte für die Versendung vorzubereiten.
6457 Unten S. 991 (S. 427 der Akte).
6458 Unten S. 993 (S. 429 der Akte).
6459 Unten S. 995 (S. 433 der Akte).

Q 23 Decret, worin Ernennung der Herren Commissarien und Anberaumung eines Termins auf den 3. April, vom 24. Martius 1835[6460]

Q 24 Kommissionsprotokoll vom 3. April 1835[6461]

Q 25 Decret, worin anderweiter Termin zur Fortsetzung der Verhandlungen auf den 8. des Monats angesetzt wird, vom 4. Julius 1835[6462]

Q 26 Commissionsprotokoll vom 8. Julius 1835[6463]

Q 27 Anzeige der Kläger, *praesentatum* 11. Julius 1835[6464]

Q 28 Decret, wodurch die Sache für erledigt angenommen wird, vom 13. Julius 1835[6465]

Q 29 Remissionsschreiben *eodem*[6466]

6460 Unten S. 998 (S. 437 der Akte).
6461 Unten S. 1000 (S. 439 der Akte).
6462 Unten S. 1007 (S. 449 der Akte).
6463 Unten S. 1009 (S. 451 der Akte).
6464 Unten S. 1013 (S. 455 der Akte).
6465 Unten S. 1020 (S. 459 der Akte).
6466 Rücksendung der Akten an das Obergericht am selben Tage, unten S. 1022 (S. 461 der Akte).

Q 1 – Berufungsbegründung der Kläger
1834 Dezember 18

Die Kläger begründen ihre Berufung gegen das Urteil des Obergerichts vom 6. November 1834 (Aktenstück Q 2, unten S. 819). Schriftsatz, ausgearbeitet vom Advokaten Paul Christian Nicolaus Lembke, beim Oberappellationsgericht eingereicht vom Prokurator Adolph Schlüter.

[S. 9[6467]] Q 1

No. 273 *praesentatum*, den 18. December 1834

Rechtfertigung der Appellationsbeschwerden
abseiten
der Rheder des Schiffes Dora und der Erben des Schiffers G. H. Haase, hieselbst,
Kläger, jezt Appellanten,
contra
Heinrich Diedrich Wildtfanck, Arnold Hornemann und Friedrich Ernst August Leuenroth, hieselbst,
Beklagte, jezt Appellaten,
wegen
Schadensersatzes

Mit 5 Anlagen

[S. 10]

An
die zum hochpreislichen Oberappellationsgerichte der vier freien Städte Deutschlands hochverordnete Herren Präsident und Räthe

Rechtfertigung der Appellationsbeschwerden
abseiten
der Rheder des Schiffes Dora und der Erben des Schiffers G. H. Haase, hieselbst, Kläger, Appellanten,
wider
Heinrich Diedrich Wildtfanck, Arnold Hornenann und Friedrich Ernst August Leuenroth, hieselbst, Beklagte, Appellaten,

wegen Schadensersatzes

Mit Anlagen *sub*

6467 Stempelpapier, eingeprägter Stempel des Oberappellationsgerichts mit *6 Mark*, daneben Handzeichen *CWP* von Carl Wilhelm Pauli und *6 Mk*.

Litteris AA[6468], BB[6469], CC[6470], DD[6471], EE[6472], wovon die ersten drei den Gegnern bekannt.

[S. 11] P.P.[6473]
Das hieselbst im Jahre 1817 nach Reval befrachtete vom Schiffer G. H. Haase geführte Schiff Dora wurde im Bestimmungshafen, weil sich zu mehreren Gütern, worüber Connossemente an Ordre[6474] gezeichnet waren, keine Empfänger meldeten, mit Ar- [S. 12[6475]] rest belegt. Die im Zollen vorgenommene Oeffnung der Ballen ergab deren verbotenen Inhalt und hatte die Condemnation[6476] des Schiffes, die Arretirung des Schiffers und die Confiscation sämmtlicher Güter zur Folge. Das Eigenthum des Schiffers unterlag nebst dem Schiffer selbst der Strafe, welche durch die Verletzung der russischen Zollgesetze verwirkt war und wurde, nachdem der Werth auf gesetzliche Weise festgestellt worden, auf Abschlag der Strafe einbehalten.

Diese Vorgänge veranlaßten demnächst die Rheder des Schiffes Dora und die Erben des vorlängst im Arrest[6477] verstorbenen Schiffers Haase zur Anstellung einer Schadensklage gegen diejenigen Befrachter, durch deren widergesetzliche Handlung die Verurtheilung des Schiffers herbeigeführt worden war. Sie forderten von denselben nach der ersten Aufgabe (No. 2 zur Klage[6478])

1. den Werth des Schiffes mit [S. 13[6479]] Banco-Assignaten Rubel[6480]	14.950,–
2. die aufgewendeten Unkosten mit	2.029,79
Banco-Assignaten Rubel	16.979,79
und	
3. die Unterhaltungskosten für Schiffer, Matrosen und dergleichen Mark	1.357, 5 Schilling
sowie den Werth der confiscirten Privat-Effecten	915, 14
Courant-Mark	2.273, 3 Schilling

6468 Unten S. 819 (S. 59 der Akte).
6469 Unten S. 821 (S. 63 der Akte).
6470 Unten S. 851 (S. 135 der Akte).
6471 Unten S. 853 (S. 137 der Akte).
6472 Unten S. 870 (S. 157 der Akte).
6473 „Praemissis Praemittendis". Die eigentlich vorgesehene Ehrerbietungsformel und Anrede ist wie immer am Oberappellationsgericht weggelassen. Die Abkürzung P. P. deutet immerhin an, dass dem Schriftsatzverfasser die alten Höflichkeitsfloskeln noch bekannt sind.
6474 „Frachtbriefe, in die kein namentlich benannter Empfänger eingetragen war".
6475 Zeitgenössisch S. 2.
6476 Hier: Beschlagnahme und spätere Versteigerung.
6477 Die genauen Todesumstände des Schiffers Haase sind in der Akte unterschiedlich überliefert, dazu oben bei Anm. 1070, 1440, 1508, 2241.
6478 Vermutlich Verweis auf die Prozessakte des Niedergerichts.
6479 Zeitgenössisch S. 3.
6480 Abkürzung *B^co.A.R^b.*

alles dies mit den gesetzlichen Zinsen.

Das Niedergericht fand diese Schadensansprüche nicht begründet und entband mittelst Erkenntnisses vom 27. Januar 1821 die Beklagten von der Klage. Das Obergericht hingegen verurtheilte sie, den Klägern die geklagten Schäden, Verlüste und Nachteile, wenn diese gehörig erwiesen worden, mit den Zinsen seit erhobener Klage zu ersetzen, und verstatteten den Beklagten nur den Beweis,

> es hätten der Schiffer Haase [S. 14[6481]] und die klagenden Interessenten oder welche unter denselben davon Kenntniß gehabt, von dem Umstande nemlich, daß die Verladung mit Waaren geschehen sey, deren Einfuhr nach den Gesetzen Rußlands verboten gewesen[6482].

Das hochpreisliche Oberappellationsgericht endlich erkannte zwar mittels Abspruchs vom 12. December 1822[6483] ebenfalls die Klage für statthaft, legte jedoch den Klägern annoch den Beweis auf,

> daß Schiffer Haase wegen der von den Beklagten verladenen in der Klage specificirten Güter oder wegen welcher derselben durch das Erkenntniß des Revaler Zollamts vom 31. Januar 1818 alten Stils verurtheilt worden sey und wie hoch sich die Strafe belaufe, welche durch die von jedem einzelnen Beklagten ver- [S. 15[6484]] schifften Güter verwirkt worden;

wogegen den Beklagten nachgelassen bleibe, darzuthun:

> entweder, daß die Strafe gegen den Schiffer Haase wegen der von ihnen oder welchen derselben abgesandten Waaren mit Unrecht erkannt worden oder aber, daß dem Schiffer Haase die unfreie Qualitaet der in Frage stehenden Waaren bei Uebernahme derselben bekandt gewesen sey.

Zur Erbringung des den Klägern aufgelegten Beweises, beriefen sich Kläger:

1. auf früher zu den Akten gebrachten[6485] Beweismittel, sie producirten[6486] ferner

2. ein Attestat der Revaler Zollbehörde vom 19. Juli 1823 sowie

3. ein Zeugniß des Departements [S. 16[6487]] des auswärtigen Handels vom 10. August 1823 und verbanden damit

4. eine nach dem Laufe der Zeit und näherer Kenntniß vervollständigte, durch Belege unterstützte Schadensberechnung.

6481 Zeitgenössisch S. 4.
6482 Urteil des Obergerichts vom 1. November 1821, oben S. 134 (S. 99 der Akte L I 22 a).
6483 Oben S. 429 (S. 537 der Akte L I 22 a).
6484 Zeitgenössisch S. *5*.
6485 Verbessert aus *gebrachte*.
6486 „Legten gerichtlich vor“.
6487 Zeitgenössisch S. 6.

Anlagen 7, 8, a, b, und q *cum subadjunctis*[6488] AA, B, B[6489], CC, zur klägerischen Beweis-Antretung *ad Recessum* XXXIII[6490]

Die Beklagten ihrerseits verzichteten auf die Führung der ihnen nachgelassenen ersten Beweisalternative und traten den zweiten Beweissatz mittelst Zeugen, Urkunden und Eidesdelation[6491] an.

ad Recessum XXXIX

Ihre eventuell zur Hand genommene Eidesdelation war dahin gerichtet,

> daß Kläger nicht wüßten, auch nach sorgfältiger Erwägung der vorkommenden Umstände nicht glaubten, [S. 17[6492]] daß dem Schiffer die unfreie Qualitaet der auf der libellirten[6493] Reise verladenen Waaren bei Uebernahme derselben bekannt gewesen,

eine Formel, welche sie später dahin geändert wissen wollten,

> Kläger sollten sämmtlich schwören, wie sie nicht wüßten, auch nach sorgfältiger Erwägung der vorkommenden Umstände und ungeachtet der Erklärung und Bekräftigung der Beklagten, dem Schiffer die contrabande[6494] Eigenschaft der Waaren selbst angezeigt zu haben, nicht glaubten, daß dem Schiffer die unfreie Qualitaet der auf der libellirten Reise verladenen Waaren bei Uebernahme derselben bekannt gewesen.

ad Recessum LV[6495].

[S. 18[6496]] Nach beendigtem Beweis- und Gegenbeweisverfahren erging in erster Instanz am 27. September 1828 wiederum ein die Beklagten entbindendes Erkenntniß, wogegen die Kläger die Berufung an die zwote Instanz verfolgten. Die Entscheidung über diese Appellation wurde demnächst durch einige hier nicht weiter in Betracht kommende Incidentpuncte verzögert, und nachdem Acta auf den Antrag der Appellaten versandt worden, publicirte das Obergericht am 6. November 1834[6497], diejenige Sentenz, welche die Veranlassung zu der gegenwärtigen Appellation gegeben hat.

6488 „Mit Unteranlagen“.

6489 Wohl Schreibfehler, muß „BB“ heißen.

6490 Verweis auf die Prozessakte des Niedergerichts.

6491 „Eideszuschiebung an die Gegenseite“; zur Dogmatik im 19. Jahrhundert Christoph Martin, Lehrbuch des Teutschen gemeinen bürgerliches Processes, 10. Aufl. Heidelberg 1827, § 224, S. 374; zum späteren 19. Jahrhundert Anett Kwaschik, Die Parteivernehmung und der Grundsatz der Waffengleichheit im Zivilprozess. Zugleich ein Beitrag zur Konkretisierung von Rechtsprinzipien (Veröffentlichungen zum Verfahrensrechts 35), Tübingen 2004, S. 77–79.

6492 Zeitgenössisch S. 7.

6493 „Streitgegenständlichen“.

6494 „Eigenschaft als Schmuggelgut“.

6495 Verweis auf die Prozessakte des Niedergerichts.

6496 Zeitgenössisch S. 8.

6497 Unten S. 819 und 901 (S. 59 und 223 der Akte).

Obgleich nemlich dadurch der klägerische Beweis in der Hauptsache für geführt, der von den Beklagten versuchte indirecte Gegenbeweis[6498] aber für verfehlt erklärt worden, so ist es dennoch den Klägern beschwerend,

1. weil die Kläger sich demungeachtet auf den ihnen *ad* [S. 19[6499]] *Recessum* XXXIX[6500] deferirten Eid[6501] bei Strafe der Verweigerung erklären sollen;
2. weil die zweite Beschwerde voriger Instanz unberücksichtigt geblieben ist;
3. *eventualiter*[6502], weil das vorbehaltene Liquidationsverfahren[6503] allgemein angeordnet und, wenn annoch nöthig, nicht lediglich auf die in der Klage specificirten Schäden, Verlüste und Nachtheile beschränkt worden.

Es hat daher wider dieses Obergerichtserkenntniß die Berufung an die höchste Instanz eingereicht werden müssen, und indem Kläger nunmehr in den Anlagen

AA, BB und CC[6504]

die *Sententia a qua*, die Entscheidungsgründe zu derselben sowie das Decret über die geschehene zeitige Einwendung des Rechtsmittels überreichen, den gegenwärtigen [S. 20[6505]] Schriftsatz aber innerhalb gesetzlicher Frist durch den bereits früher legitimirten[6506] Procurator, Herrn Dr. Schlüter, übergeben, haben sie die Förmlichkeiten des Rechtsmittels gewahrt und schreiten sofort

zur Rechtfertigung der ersten Beschwerde

Judices a quo[6507] haben es anerkannt, daß die Appellaten den ihnen auferlegten indirecten Gegenbeweis nicht insoweit geführt haben, um darüber zum Erfüllungseide zugelassen zu werden, oder auch nur insoweit, um den Appellanten den Reinigungseid aufzuerlegen[6508]. Sie haben, wie solches auch den Gesetzen gemäß

6498 Direkte und indirekte Gegenbeweise zählen zur Beweisdogmatik der gesetzlichen Beweistheorie. Der direkte Gegenbeweis bedurfte „einer eigenen Bestimmung des Beweissatzes nicht, und ist nie Pflicht, sondern nur ein Recht des Gegenbeweisführers". Im Gegensatz dazu war der indirekte Gegenbeweis „alsdann Pflicht, wenn der Gegner zuvor dasjenige dargethan hat, was ihm als Beweis oblag", bei Christoph Martin, Lehrbuch des Teutschen gemeinen bürgerlichen Processes, Göttingen 1800, S. 165–166 § 141; ders., 10. Aufl. Heidelberg 1827, S. 235, § 135: Der Beweis „bezweckt die Ueberzeugung des Gerichts von der Wahrheit einer eignen Behauptung des, zu deren Bewirkung verpflichteten Beweisführers"; der Gegenbeweis „hingegen eigentlich das (nur erlaubte, nicht aber schuldige) Darthun der Unwahrheit einer Behauptung des Gegners. Der Sprachgebrauch dehnt jedoch den Begriff von Gegenbeweis, auch auf den indirecten aus, welcher eigentlich die Beweisführung über ein anderes Angriffsmittel ist, als dasjenige, welches den Gegenstand des Beweises ausmacht".

6499 Zeitgenössisch S. 9.

6500 Verweis auf die Prozessakte des Niedergerichts.

6501 „Den von den Gegnern zugeschobenen Eid".

6502 „Hilfsweise".

6503 „Verfahren zur Schadens- und Forderungsberechnung".

6504 Auch am Rand *Anlagen AA, BB, CC*; unten S. 819, 821 und 851 (S. 59, 63 und 135 der Akte).

6505 Zeitgenössisch S. 10.

6506 Vollmacht für den Prokurator Adolph Schlüter oben S. 188 (S. 224 der Akte L I 22 a).

6507 „Die Richter voriger Instanz", am Rand: *S. 6 der Entscheidungsgründe.*

6508 Die verschiedenen gemeinrechtlichen Eidesarten zeigen abermals die weiterhin maßgebliche gesetzliche Beweistheorie. Das ging bis zu einer haarspalterischen Erklärung, wann der Reinigungseid und der Erfüllungseid anwendbar waren, wenn der Hauptbeweis oder der indirekte Gegenbeweis mehr bzw. weniger als zur Hälfte geführt waren: Johann Caspar Gensler / Karl Eduard Morstadt, Vollständiger Commentar über Martin's Civilproceß-Lehrbuch. Erster Band, Heidelberg 1825, § 181, S. 341–343.

ist, den Appellaten das Recht, von der Eidesdelation[6509] Gebrauch zu machen, für den Fall abgesprochen, wenn sich annehmen ließe, daß die Appellanten bereits das Gegentheil dessen, was ihnen zu beschwören angesonnen werde[6510], erbracht hätten. Sie haben aber in [S. 21[6511]]dieser Hinsicht so wenig

a) auf die erwiesene Thatsache, welchergestalt Appellaten Connossemente[6512] mit der Clausel „Inhalt mir unbekannt"[6513] vom Schiffer Haase an- und zu sich genommen, als

b) auf das appellantische Anführen, wie über *facta aliena*[6514] eine Eideszuschiebung unzulässig sey –

einiges Gewicht gelegt. Sie haben überdies

c) ein anderes entscheidendes Beweismittel ganz unberücksichtigt gelassen und überhaupt

d) unzulässigerweise sogar in der Person der mitklagenden Rheder eine Verpflichtung, sich über den fraglichen Eid zu erklären, behauptet.

Ad A.

Daß Gebinde oder Pakete, welche von den Verladern dem [S. 22[6515]] Schiffer behändigt und worüber von diesem keine Connossemente, aber absichtlich Recieve (geschriebene Empfangsscheine) und nur diese gezeichnet worden, Waaren enthalten haben, deren Einfuhr in Rußland oder für gewiße Häfen ganz verboten oder hoch verpoent war;

daß ferner die gegen Recieve mitgenommenen Waaren keine Veranlassung zur Untersuchung und Confiscation gegeben haben, erhellet aus den vorigen Acten; und so bleiben denn für diesen Streit nur diejenigen Waaren, welche auf Connossemente verladen waren und eben dadurch die Untersuchung und Verurtheilung erregt haben, der nunmehrigen Beurtheilung vorbehalten. Die Frage ist demnach diese:

Ist von den annoch betheiligten Verladern der Schiffer unterrichtet worden, daß die Gebinde, worüber er Connossemente zeichnete, ganz oder [S. 23[6516]] theilweise contrabande Waaren enthielten?

Diese Frage ist zum Beweise der Beklagten gestellt, den Klägern der Gegenbeweis vorbehältlich. Und diesen Gegenbeweis haben Kläger in den Umstand gelegt,

---

6509 „Eideszuschiebung" an den Prozessgegner.
6510 Am Rand *daselbst S. 147*.
6511 Zeitgenössisch S. 11.
6512 „Frachtbriefe" über die vom Schiff Dora 1817 transportierten Waren.
6513 Beispiel eines vom Schiffer Haase unterschriebenen Konnossements oben S. 158 (S. 155 der Akte L I 22 a).
6514 „Fremde Tatsachen". Die Eideszuschiebung war nur erlaubt, wenn es zumindest möglich war, dass der Eidesleistende die zu beweisende Tatsache kennen konnte.
6515 Zeitgenössisch S. 12.
6516 Zeitgenössisch S. 13.

daß der Schiffer in jeden[6517] der Connossemente ausdrücklich die schriftliche Bemerkung gemacht habe, wie der Inhalt der Gebinde ihm nicht bekannt sey, und

daß die Verlader diese dergestalt clausulirten Connossemente entgegengenommen haben.

Da es gewiß und in den Rechten[6518] vorgeschrieben ist, daß kein verständlicher Ausdruck und keine bestimmte Vorschrift, welche ein Contract enthält, als müssig dastehend angesehen werden dürfe, da bei einer Verladung von Stückgütern das Connossement gerade das ist, was bei Häuerung [S. 24[6519]] ganzer Schiffe die Certepartie[6520] bedeutet; da die Connossemente nur nach Vorschrift und Aufgabe der einzelnen Verlader geformt und gewöhnlich an deren Comtoiren[6521] von ihnen selbst ausgefüllt und vom Schiffer gezeichnet werden; und da endlich die Verlader von den so gestalteten Connossementen *in concreto* thatsächlich Gebrauch gemacht und darüber verfügt haben, so ließ sich kaum erwarten, daß Beklagte diesem Gegenbeweise einiges entgegenstellen würden. Und schwerer noch ließ sich begreifen, wie *Judices a quo* auf den Gedanken rathen konnten, es sey jene Clausul wohl nur für den russischen Zoll und zur Täuschung[6522] desselben berechnet gewesen, welche Absicht, wenn sie erwiesen wäre, der Clausul die Einrede der Simulation[6523] entgegenbringen und den daraus abgeleiteten Beweis schwächen würde. Allein nur Unkunde des Handels und namentlich der Zolleinrichtungen hat eine solche Idee aufkommen [S. 25[6524]] lassen; denn

1. schon die Unbedeutsamkeit der in den Connossementen verzeichneten Frachtsumme für so werthvolle Waaren, als sich aus dem Verkaufsprotocolle ergeben haben, liefert die Gewißheit, daß der Schiffer die Waare für unverboten hielt oder *quod idem*[6525] daß der Inhalt der Gebinde dem Schiffer nicht mitgetheilt war, weil er sonst statt des geringen Lohnes gewöhnlicher freier Güter einem mehrfachen sich ausbedungen haben würde[6526].

2. Die Clausul selbst, wie sie lautet, konnte dem Schiffer im russischen Zollen von keinem Nutzen seyn. Was ihn allein retten konnte, war einzig, wenn er die Namen der Empfänger in Reval aufzugeben von den Verladern wäre in Stand

6517 Vermutlich Grammatikfehler, es müsste *jedem* heißen.
6518 Es fehlt ein Hinweis auf die nach Auffassung der Kläger maßgeblichen Rechtsvorschriften.
6519 Zeitgenössisch S. 14.
6520 Auch Chartepartie: besonderer Frachtvertrag zwischen dem Schiffer bzw. der Reederei und dem Versender der Waren bei Vertragsgestaltungen, für die ein einfaches Konnossement nicht genügte, erläutert in Pierer's Universal-Lexikon der Vergangenheit und Gegenwart, Band 3, Altenburg 1857, S. 877.
6521 „Handelsniederlassungen".
6522 Hierzu in den Entscheidungsgründen unten S. 847 (S. 125 der Akte).
6523 „Scheingeschäft".
6524 Zeitgenössisch S. 15.
6525 „Was dasselbe ist".
6526 Nach Auffassung der Kläger erhielt der Schiffer bei einverständlichen Schmuggeleigeschäften also einen Risikozuschlag.

gesetzt worden. Hätten diese Verlader auch nur auf die ihnen deshalb gewordene Notarialanfrage[6527] ihre Pflicht [S. 26[6528]] zur Aufgabe der Empfänger erfüllt, so wäre dieser Proceß nicht entstanden und das Schiff neben den Effecten[6529] des Schiffers sofort freigegeben worden. Als aber die Ablader den im Ordreconnossemente liegenden Vertrag,

> sich entweder selbst oder ihren Mandatar in Reval zum Waarenempfange zu stellen,

nicht gehalten hatten, vielmehr bei dringender Aufforderung für zweckmäßiger hielten zu schweigen und Rheder und Schiffer ins Unglück zu stürtzen, so gab es für diese keinen weitern Ausweg. Der Schiffer, welcher im russischen Zollen für jede auf Connossement eingeführte Waare persönlich solange haftet, bis ihn der Empfänger ablöset, wird das Opfer der Wortbrüchigkeit der Ablader oder designirten Empfänger, und die ersichtliche Unkenntniß des Inhalts der Gebinde kann dem Schiffer höchstens nur ein unfruchtba- [S. 27[6530]] res Mitleid erwirken. Die Clausul im Connossemente – für den Revaler Zollen ohne Werth – sicherte also lediglich den Recurs gegen die wortbrüchigen Ablader.

Hätten Verlader sogar den wirklichen Einhalt[6531] der Gebinde im Connossemente verzeichnet, so würde dennoch der Schiffer die nemliche Clausul eingerückt haben, weil er für dasjenige, was der Ablader hineinschreibt und für dessen Wahrheit nicht aufkommen kann und will. Ein anders wäre, wenn die verpackten Gegenstände dem Schiffer offen vorgezeigt und in seiner Gegenwart verpackt wären. In dem Falle würden aber auch die Verlader sich die Insertion[6532] der Clausul nicht haben gefallen lassen und der Schiffer kein Recht gehabt haben, darauf zu bestehen. Nothwendig folgert sich also für den vorliegenden Fall:

> Es hatten Ablader ihre Grün- [S. 28[6533]] de, das Geheimniß des Inhalts vorwalten zu lassen,

weil sie theils gar keinen, theils einen falschen Inhalt in die Connossemente eintrugen.

Dem Gesagten zufolge hatten die Richter der vorigen Instanz Unrecht, der den Ladungsscheinen eingerückten, bestimmten, verständlichen Clausul den gerichtlichen unbedingten Werth und die volle Beweiskraft zu versagen. Sie würden richtiger und den Gesetzen entsprechender gehandelt haben

---

6527 Hinweis auf die Rückfrage bei den Verladern im Herbst 1817, zur Chronologie oben S. 253 (S. 342 der Akte L I 22 a).
6528 Zeitgenössisch S. 16.
6529 „Vermögensgegenständen".
6530 Zeitgenössisch S. 17.
6531 So auch die Schreibweise in dem von Haase unterzeichneten Connossement, oben S. 158 (S. 155 der Akte L I 22 a).
6532 „Einfügung".
6533 Zeitgenössisch S. 18.

den von Klägern[6534] als Beweismittel gewählten Antrag eines Glaubenseides ganz zu verwerfen,

weil

1. dieser Glaube oder das Dafürhalten in der Person der klagenden Rheder und Erben jener Clausul keine größere oder mindere Wahrheit beilegt, mithin jedenfalls überflüssig ist; weil [S. 29[6535]]

2. der in Frage gestellte Glaube – geschieden vom bloßen Wahne[6536] – das wirkliche Wissen bestimmter Thatsachen voraussetzt und ohne solche dem Wahnsinne sich nähert;

Malblanc d jurejur. § 44[6537]

Thibaut § 1154 not. 9[6538]

und

3.[6539] höchstens dazu dienen kann, einige Vermutungen zu begründen. Nun hat dies höchste Tribunal früherhin schon ausgesprochen, daß die Appellanten in vorliegender Hinsicht eine *Praesumtio juris*[6540] für sich haben und zwar eine solche, die sich gerade auf die gewählte Form der Connossemente gründe.

Ad B.

Es findet der Antrag eines Glaubenseides über *facta aliena*[6541] nur dann statt, wenn beide streitenden Theile dazu stimmen, zwar nicht sowohl in der Form einer [S. 30[6542]] strengen Beweisführung als vermöge eines freiwilligen zweiseitigen Transacts[6543]. Wo letzterer nicht bestimmt eintritt, da kann der Glaubenseid auch nur über das

Nichtwissen

begehrt und geleistet werden. Hiervon ab- und auf die vorliegende Sache gesehen, können Appellanten – nach der Natur der Sache[6544] – keine Wissenschaft von dem zu beschwörenden *factum* haben. Nur wenn eine Charteparti[6545] mit einem Ablader geschlossen wird, ist die Rhederei einwürkend auf Fracht und Bedingungen. Nicht so, wenn der Schiffer auf Stückgut anlegt, da er dann weder seine Rheder

6534 Schwer verständliche Argumentation. Der Schriftsatz stammt von den Klägern, die hier vorbringen, das vorinstanzliche Gericht hätte ihren eigenen Antrag verwerfen müssen. Höchstwahrscheinlich Schreibfehler und *von Beklagten* gemeint; derselbe Fehler unten bei Anm. 6549.

6535 Zeitgenössisch S. 19.

6536 „Dafürhalten, Vermutung".

6537 Julius Friedrich Malblanc, Doctrina de jurejurando. Tomus primus, Yverdon 1785, § XLIV, S. 103–107.

6538 Anton Friedrich Justus Thibaut, System des Pandekten-Rechts, 5. Aufl. Jena 1818, Band 3, § 1154, S. 79: Die zitierte Auflage ist unklar. Thibaut enthält an dieser Stelle eine Anm. g), nicht jedoch die Anm. 9. Dort weist er ausdrücklich darauf hin, dass er eine andere Auffassung als Malblanc vertritt.

6539 Am Rand *Entscheidungsgründe zum Erkenntnisse vom 12. December 1822, S. 17–22.*

6540 „Rechtsvermutung".

6541 „Fremde Tatsachen".

6542 Zeitgenössisch S. 20.

6543 „Übereinstimmung".

6544 Zur Natur der Sache als Argument am Oberappellationsgericht Lübeck oben Anm. 176.

6545 Soeben Anm. 6520.

und weniger noch seine Familie von der Art und dem Umfange der von ihm hinsichtlich einzelner Gebinde eingegangenen Verbindungen oder Verpflichtungen in Kenntnis setzt. Gleichwohl hat hier der zur Hand genommene Eidesantrag die [S. 31[6546]] Eigenschaft eines Beweismittels, und zwar in Ermangelung anderer unterstützender Momente die eines alleinstehenden Beweismittels. Da nun aber aller Beweis nur darauf abzweckt, den Richter von der Wahrheit der zu beweisenden Thatsache zu überzeugen, eine solche Ueberzeugung indessen durch einen bloßen Glaubenseid dritter, höchstwahrscheinlich ganz ununterrichteter Menschen nicht bewirkt werden kann[6547], zumal über Vorgänge, die nach dem gewöhnlichen Laufe der Dinge und allen vorkommenden Verhältnissen ohne Weiteres für wahr angenommen werden dürfen: So stellt[6548] sich die appellatische[6549] Eideszuschiebung wiederum als verwerflich dar.

Ad C.

Es ist von den vorigen Urtheilsverfassern aber auch unbeachtet geblieben, daß die Appellanten [S. 32[6550]] in der Anlage 6 *ad Replicas*[6551] einen von dem weiland[6552] Schiffer vor dem Revaler Magistrate abgelegten Protest zu den Acten gebracht haben, worin derselbe namentlich hervorgehoben hat,

> daß ihm der Inhalt der in seinem Schiffe an Ordre verladen gewesenen Stückgüter unbekannt gewesen sey.

Wollte man nun auch unter anderen Umständen dieser Erklärung kein Gewicht beilegen, so kann sie doch hier nicht unbeachtet bleiben, wo sie durch eine erwiesene Thatsache, daß nemlich Befrachter die Connossemente mit der Clausul „Inhalt mir unbekannt" wirklich und ohne Widerspruch angenommen, solche auch in dieser Gestalt versandt haben, verstärkt wird, und wo auch die Erwägung hinzutritt, daß der Schiffer jene Erklärung zu einer Zeit ablegte, da er überall nicht wußte, ob es zu einem Processe mit den Einladern kommen [S. 33[6553]] oder gar, daß dessen glücklicher Ausgang wesentlich von seiner Unkenntniß der unfreien Eigenschaft der verladenen Güter abhängig seyn werde[6554].

6546 Zeitgenössisch S. 21.

6547 Hier folgt der Schriftsatz deutlich der gesetzlichen Beweistheorie. Der Richter kann seine Überzeugung nicht frei bilden, sondern ist an die jeweiligen Voraussetzungen und Grenzen der Beweismittel gebunden. Genau das ist schwierig, denn diejenigen, die den Eid leisten sollen, kennen die zu beweisenden Tatsachen gar nicht. Der Sache nach geht es darum, ob der Schiffer Haase wusste, dass er Schmuggelgut auf der Dora mitführte. Ein Eid seiner Verwandten und Erben war für diese Frage ein schwaches Beweismittel.

6548 Danach gestrichen *stellt.*

6549 Verbessert aus *appellantische.* Oben sind ebenfalls Kläger und Beklagte verwechselt, oben Anm. 6534.

6550 Zeitgenössisch S. 22.

6551 Replik: Antwort der Kläger auf die Klageerwiderung (Exzeptionsschrift) der Beklagten. Hier ist es unklar, ob sich der Verweis auf die erst- oder zweitinstanzliche Akte bezieht.

6552 „Dem verstorbenen".

6553 Zeitgenössisch S. 23.

6554 Tatsächlich starb der Schiffer Georg Hinrich Haase kurz darauf in Reval, dazu die Chronologie oben S. 253 (S. 341–343 der Akte L I 22 a).

Ad D.

Wenn endlich sogar den mitklagenden Rhedern gleichfalls die Verpflichtung aufgebürdet wird, sich auf den fraglichen Eid zu erklären, so hat es zwar keinen Zweifel, daß den Rhedern, wenn sie gegen den Befrachter aus den[6555] mit dem Schiffer abgemachten Bedingungen klagen, dieselben Einreden entgegengesetzt werden können, welche dem Schiffer entgegenstehen. Allein daraus folgt keineswegs ihre Verbindlichkeit, sich von den Handlungen ihres Schiffers bei Annahme einzelner Gebinde oder Stückgüter in Kenntniß zu setzen. Mithin haben sie sich auch darüber nicht zu erklären, ob es ihnen be-[S. 34[6556]] kannt gewesen, daß dem Schiffer Haase die unfreie Qualitaet der fraglichen Güter angezeigt worden sey oder nicht.

Demzufolge würde der angetragene Glaubenseid

a) nur von den Erben des Schiffers Haase;

b) wenn *per inconcessum*[6557] auch von den Rhedern, doch nur von dem correspondierenden[6558], der allein mit dem Schiffer im Verkehre steht, und einige Wissenschaft haben kann*)[6559] abzuleisten seyn. Endlich würde

c) mit Ausschluß alles dessen, was Beklagte hiebei einzuschwärzen[6560] suchen (*ad Recessum* LV[6561]), die Eidesformel dahin zu fassen seyn:

> daß in Betreff der auf Connossemente**)[6562] verladenen Waaren, dem Schwörenden nicht bekannt sey, was dem Inhalt der Connossemente und ihrer Clausul widerspreche; der Schwörende [S. 35[6563]] auch nicht wisse, daß dem Schiffer Haase die unfreie Qualitaet der in Frage stehenden, auf Connossemente verladenen Waaren bei deren Übernahme bekannt gewesen sey.

Appellanten glauben, durch Vorstehendes ihre erste Beschwerde gerechtfertigt zu haben und den gehorsamsten Antrag stellen zu dürfen, ein hochpreisliches Oberappellationsgericht wolle mit Abänderung der *Sententia a qua*[6564] zu erkennen geruhen:

6555 Schreibfehler in der Vorlage: *dem*.

6556 Zeitgenössisch S. 24.

6557 „Im ungestandenen Fall". Der Schriftsatzverfasser äußert sich zu einer tatsächlichen bzw. rechtlichen Situation, deren Vorliegen er zuvor bestritten hat.

6558 „Vom wortführenden Reeder". Gemeint ist vermutlich der Senator Conrad Platzmann.

6559 Fußnote in der Vorlage *Außer demselben sind auch fast nur Wittwe und Waisen vorhanden.* – Der Schriftsatz zeigt, wie nach und nach Fußnoten in der juristischen Auseinandersetzung immer gebräuchlicher werden. In den ersten Verfahren in dieser Sache kamen derartige Anmerkungen nicht vor.

6560 „Einschleusen, einschmuggeln". Die Kläger werfen den Beklagten an dieser Stelle prozessuale Tricks bei der Formulierung ihrer Beweisanträge vor.

6561 Verweis auf die Prozessakte des Niedergerichts.

6562 Fußnote in der Vorlage *Was auf Recieve verladen worden, gehört nicht hierher, denn in dessen Hinsicht ist die Wissenschaft des Schiffers pro persona außer Streite*; hierbei *pro persona* unter der Zeile eingefügt.

6563 Zeitgenössisch S. 25.

6564 „Des vorinstanzlichen Urteils".

daß der von den Appellaten zur Hand genommene Antrag des Glaubenseides zu verwerfen, somit der ihnen im Erkenntniße vom 12. Dezember 1822[6565] nachgelassene indirecte Gegenbeweis für gänzlich verfehlt zu erachten ;
eventualiter[6566], daß auf den Glaubenseid nur die Erben des Schiffers Haase sich zu erklären schuldig; und [S. 36[6567]] wenn auch *per inconcessum*[6568] die Schiffsrheder, nur der Correspondirende;
daß endlich jedenfalls die Eidesformel dem Beweissatze gemäß wie diesseits vorgezeichnet zu fassen sey.

Zur zweiten Beschwerde

Wenn die vorigen Richter[6569] als Grund der unterlassenen sofortigen Verurtheilung der Beklagten zum Schadensersatze überhaupt es geltend machen, daß erst das Ergebniß des von den Beklagten angetretenen indirecten Gegenbeweises und namentlich der von ihnen ergriffenen Eidesdelation zu erwarten sey, so ist die Widerlegung schon in der vorstehenden Ausführung enthalten. Es war nemlich den Beklagten bei dem Mangel sonstiger tüchtiger Beweismittel die Zuschiebung des Glaubenseides nicht mehr zu gestatten und darnach die zu einer *Definitiva*[6570] völlig [S. 37[6571]] reife Sache nicht mehr aufzuhalten.

Ebensowenig durchgreifend ist der fernere Grund (*pagina* 131[6572]) daß erst das künftige Liquidationsverfahren[6573] ergeben könne, ob gerade die drei Beklagten und Appellaten es seyen, denen allein ein Beitrag zu dem fraglichen Schaden obliege. Denn es steht einmal rechtskräftig[6574] fest, daß obschon die Appellaten für den durch ihre unregelmäßige Handlung verursachten Schaden nicht eben solidarisch, dennoch jeder von ihnen

principaliter[6575] und ohne Zinsen, Schaden und Kosten vorläufig in Anschlag zu bringen eine Summe, welche dem Ertrage der von ihm verschifften Contrabande in der zu St. Petersburg gehaltenen Auction gleichkommt,

den Appellanten zu ersetzen habe, nur mit der Beschränkung, daß von ihnen zusammengenommen nie mehr, als der von Klägern erlittene Scha- [S. 38[6576]] den beträgt, gefordert werden könne.

6565 Oben S. 429 (S. 537 der Akte L I 22 a).
6566 „Hilfsweise".
6567 Zeitgenössisch S. 26.
6568 „Im ungestandenen Fall".
6569 Am Rand *Siehe Seite 132 der Entscheidungsgründe*; hierbei *132* aus *1832* verbessert.
6570 „Endurteil".
6571 Zeitgenössisch S. 27.
6572 Verweis auf die Originalausfertigung der Entscheidungsgründe der Kieler Juristenfakultät, unten die Abschrift S. 844 (S. 118 der Akte). – Am Rand *Seite 131 der Entscheidungsgründe.*
6573 „Verfahren zur Berechnung der Schadens- und Anspruchshöhe".
6574 Am Rand *Siehe Rationes decidendi ad sententiam Judicii superioris de 12. Decembris 1822, S. 23. pp.*, oben S. 445 (S. 556 der Akte L I 22 a).
6575 „In der Hauptsache".
6576 Zeitgenössisch S. 28.

Hiernach ist es denn eine gleichgültige und diesem Rechtsstreite ganz fremde Sache, ob etwa – außer den drei Appellaten – noch andere Einlader auf der fraglichen Reise mit dem Schiffer Haase Contrabande verschifft haben, insofern nur von den drei Appellaten nicht mehr gefordert wird, als die von ihnen allein verwirkte Zollstrafe beträgt. Diese Strafe bildet einen Gegenstand für sich, und so wenig die Appellaten für andere Uebertreter der russischen Zollgesetze haften sollen, so wenig kann ihnen der zufällige Umstand zustatten kommen, daß die russischen Behörden in Ermangelung eines hinreichenden Objects, dessen Werth dem Betrage der von allen Einladern verwirkten Strafen gleichkam, sich mit einer geringeren Summe begnügten. Die Appellanten dürfen sich also nicht mit einem Theile ihrer Ersatzforderung an etwanige [S. 39[6577]] andere *socios delicti*[6578] verweisen lassen. Glauben die Appellaten indessen, durch eine Concurrenz anderer Einlader ihre Verbindlichkeit gegen die Appellanten ermäßigen zu können, so mögen sie die zum Beitrage rechtlich verbundenen Theilnehmer selbst aufsuchen und sehen, wie weit sie mit ihrem Regreß gegen dieselben durchdringen.

Abgesehen von den soeben entwikelten Gründen, bedarf es aber auch deswegen keines besonderen Liquidationsverfahrens mehr, weil die Appellanten anerkanntermaßen dasjenige erwiesen haben, was ihnen zu beweisen nur oblag. Soviel in dieser Hinsicht nemlich die Beweisauflage betrifft,

> daß Schiffer Haase in Folge bei ihm vorgefundenen verbotenen Waaren vom Revaler Zollamt verurteilt worden,

so wird darüber eine bloße Beziehung auf die Voracten und [S. 40[6579]] auf die Entscheidungsgründe zur *Sententia a qua*[6580] genügen.

Nicht minder haben Appellanten erwiesen,

> daß Schiffer Haase wegen der in der Klage specificirten Güter und wegen welcher derselben condemnirt worden ist[6581].

Obgleich nun auch in solcher Hinsicht es nur einer Bezugnahme auf frühere Verhandlungen bedürfte, so will es den Appellanten doch nicht unräthlich scheinen, die Ergebniße jener Beweise, namentlich die in der Klage specificirten Güter betreffend, hier in einigen Sätzen zusammenzufassen.

1. In den Motiven des Erkenntnißes dritter Instanz[6582] wird es anerkannt, daß schon aus dem Protocollextracte des Revaler Zollamts und ebenso aus dem in seinen allgemeinen Angaben völlig glaubhaften Atteste des Zollverwalters Wrangel genugsam hervorgehe, wie unter den von den Beklagten an Ordre verla- [S. 41[6583]]

6577 Zeitgenössisch S. 29.
6578 „Mittäter".
6579 Zeitgenössisch S. 30.
6580 Entscheidungsgründe der Juristenfakultät Kiel, unten S. 821 (S. 63 der Akte).
6581 Anspielung auf das Beweisurteil des Oberappellationsgerichts, oben S. 429 (S. 537 der Akte L I 22 a).
6582 Entscheidungsgründe des Oberappellationsgerichts im ersten Appellationsprozess, oben S. 445 (S. 555 der Akte L I 22 a).
6583 Zeitgenössisch S. 31.

denen Gütern unfreie Waaren befindlich gewesen und daß dadurch, nicht aber durch anderweitig von dem Schiffer etwa heimlich eingeschwärzte Contrabande, die Confiscation[6584] des Schiffes sowie der Effecten[6585] des Schiffers herbeigeführt worden sey.

2. Aus dem im Beweisverfahren demnächst vorgelegten Atteste des Revaler Zollamts vom 19. Juli 1823

Anlage 7 zur Beweisführung[6586]

bewährt sich:

a) der Grund und die Veranlassung der Condemnation des Schiffes Dora;

b) die Größe der verwirkten Strafe von 43.805 Rubel 67 ¾ Copeken;

c) die Sequestration[6587] des Schiffes;

d) die Oeffnung, Besichtigung und Confiscirung der dort nach Marken, Nummern, Gebinden und Fracht specificirten Colli[6588];

e) die Absendung dieser Güter an den St. Petersburger Hafen- [S. 42[6589]] zoll zum öffentlichen Verkauf;

f) die verweigerte Entrichtung von Fracht und Caplaken[6590] für solche Güter;

g) die Confiscation des Schiffes, Taxirung desselben und seine Ablieferung an den Schiffer *Ahudinof* zum Besten der Krone[6591];

3. Das fernere vorgelegte Zeugniß des Departements des auswärtigen Handels zu St. Petersburg vom 10. August 1823

Anlage 8 daselbst

besagt,

a) daß in den Gebinden, welche vom Schiffer Haase im Jahre 1817 mit dem Schiffe Dora auf Ordreconnossemente zu Reval eingeführt und in der diesseitigen Klage nach Mark[6592], Nummern usw. bezeichnet worden, die einzeln in der Urkunde aufgeführten Waaren enthalten gewesen;

b) daß diese Waaren und zu welchen Preisen versteigert wor- [S. 43[6593]] den;

c) daß in allen diesen Gebinden absolut oder doch relativ verbotene Waaren befindlich waren und der gesetzlichen Strafe der Confiscation unterlagen;

6584 „Beschlagnahme und Versteigerung".
6585 „Vermögensgegenstände".
6586 Vermutlich Verweis auf die Prozessakte des Niedergerichts.
6587 „Sicherstellung".
6588 „Warenballen".
6589 Zeitgenössisch S. 32.
6590 Kaplaken: Sondervergütung des Kapitäns durch die Empfänger der Waren, bei: August Schiebe, Das französische Seerecht. Frei übersetzt nach der vierten Auflage von „Pardessus, Cours de Droit Commerciel" und mit Noten begleitet, Bremen 1840, S. 56 § 658, S. 90 § 708.
6591 „Zum wirtschaftlichen Nutzen des Russischen Reiches".
6592 „Handelsmarke".
6593 Zeitgenössisch S. 33.

d) daß die Versteigerungssumme der absolut verbotenen Waaren 41.665 Rubel 47¾ Copeken, die der relativ verbotenen 5.453 Rubel, 47¾ Copeken, zusammen 47.118 Rubel 95½ Copeken betragen habe;

e)daß die Urheber solcher Einfuhr in eine dem Werthe der Waaren gleichkommende Strafe verfallen seyen;

f) daß der Schiffer Haase für diese Waareneigner oder Verlader verantwortlich gemacht worden;

g) daß zur Eintreibung der Strafsumme im obgedachten Belaufe das Schiff Dora mit Zubehör arrestirt, erst nach Verlauf mehrer Jahre zu [S. 44[6594]] Rubel 3.227, 27 Copeken taxirt und zu dieser Summe an das Admiralitaetsgericht[6595] abgegeben worden; und endlich

h) daß auch das Eigenthum des Schiffers in Abrechung jener Strafe einbehalten worden und bei der öffentlichen Versteigerung den Ertrag von 687 Rubel 90 Copeken abgeworfen habe.

Durch diese hervorgehobenen besonderen Beweismittel ist das den Appellanten aufgegebene *thema probandum*[6596] nicht nur nothdürftig, sondern in der That zur Genüge erbracht worden. Denn soviel insonderheit noch

4. das Verhältniß der verschiedenen diesseits beigebrachten Urkunden zueinander anbetrifft, so ist es klar, daß unter ihnen der größte Einklang herrscht, wie ein hochpreisliches Oberappellationsgericht aus der bereits hiebevor zu solchem Zwecke entworfenen, und

in der Anlage DD[6597]

hier angefügten Uebersicht zu er- [S. 45[6598]] sehen geneigen wolle. Diese Anfuge legt es auch zu Tage, daß von jedem der drei Appellaten folgende Strafen nach dem Werthe der Waaren verwirkt worden:

A. von dem Appellaten Wildtfanck

Mark[6599] der Gebinde			Versteigerungswerth	
No 1 und 2	Rubel	2.337, 27½		
	2.008, 41¼		4.345 Rubel	68¾ Copeken
No. 1103			1.930	15
No 117			3.726	25

6594 Zeitgenössisch S. 34.

6595 Johann Samuel S. Ersch / Johann Gottfried Gruber (Hrsg.), Allgemeine Encyclopädie der Wissenschaften und Künste. Erster Theil, Leipzig 1818, S. 425: „In Rußland steht zwar die ganze Marine unter einem Ministerium; daneben findet sich aber ein Admiralitäts-Collegium für die Verwaltung des Seewesens".

6596 „Beweisthema", aufgegeben durch das Urteil des Oberappellationsgerichts im ersten Verfahren, oben S. 430 (S. 537 der Akte L I 22 a).

6597 Unten S. 853 (S. 137 der Akte). – Auch am Rand *Anlage DD.*

6598 Zeitgenössisch S. 35.

6599 „Handelsmarke".

 No. 484		3.030	18¾
 No 1		2.758	81
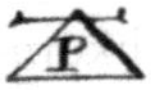 No. 7 a 9	Rubel 751, 25		
	1.751, 97		
	2.480, 55	4.983	77
 No 1		783	5
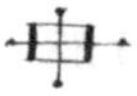 No. 1		4.559	10
 No. 1 à 6	Rubel 533		
	523, 62½		
	291,–		
	308, 50		
	372, 50		
	424, 30	2.452	92½
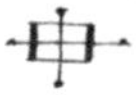 No 2		862	90
 No. 20		416	–
 No. 2, 3		12.032	10
Latus[6600]		41.880 Rubel	93 Copeken.
[S. 46[6601]] Transport[6602]		41.880 Rubel	93 Copeken.
 N. 151		1.194	7½

 N. 30 a 35 6 Colli, welche den zum
 N. 19 Empfange später sich Meldenden
abgeliefert wurden

Summa 43.075 Rubel ½ Cop.

B. von dem Mitappellaten Leuenroth

 No. 124 3.569 Rubel 75 Copeken

C. von A. Hornemann

 474 Rubel 20 Copeken

Alle diese einzelnen Pöste der benannten 3 Verlader bilden die Gesamtstrafsumme von 47.118 Rubel 95½ Copeken.

6600 „Seite", also Zwischensumme.
6601 Zeitgenössisch S. 36.
6602 „Übertrag".

5. Die erlittenen Schäden, Verlüste und Nachteile sind – mit den erforderlichen Belegen unterstützt

(in der Anlage 9 zur diesseitigen Beweisantretung[6603])

und mit Rücksicht auf die neueren Ergebniße (bis 1823) – ganz genau liquidirt worden.

Demgemäß begehren die klagenden Rheder einen Betrag von Courantmark 12640, 1 Schilling,

die Erben des Schiffers Haase

Latus Courantmark 12.640, 1 Schilling

[S. 47[6604]] Transport Courantmark 12.640, 1 Schilling

hingegen einen Betrag von Courantmark 915, 14 Schilling,

wodurch sich die Forderung collectiv auf Courantmark 13.555, 15 Schilling stellt. Und bleiben ihnen dabei noch diejenigen Ansprüche vorbehalten, welche am Fuße der eben gedachten Berechnung namentlich aufgeführt sind.

Dieses im Jahre 1823 aufgestellte Resultat erhält sich auch noch itzt im Jahre 1834 nur mit Ausnahme der für Fracht und Caplaken[6605] reclamirten kleinen Pöste von Banco-Assignaten Rubel[6606] 52, 80 Copeken und Silberrubel 81, 40 Copeken, welche sich durch Entlassung der Mitbeklagten Mentze[6607] und Gebrüder Müller[6608] auf Banco-Assignaten Rubel 33,– und Silberrubel 67, 65 mindern, mithin auf das Ganze eine Differenz von Courantmark 55, 7½ Schilling veranlassen, laut der

sub Littera EE[6609]

angefügten speciellen Berechnung.

Bleibt man, wie man muß, bei diesem Beweisresultate stehen, so ist vorerst soviel klar, daß, [S. 48[6610]] da der klagend geforderte Schaden nicht die Höhe der von den Appellaten verwirkten Strafe erreicht, der Unterschied allerdings den Appellaten zugutekommen müsse. Auch ist es ferner dem Mitappellaten Wildtfanck schon früher zugestanden worden, den Werth der ebenfalls von ihm verladenen

---

6603 Vermutlich Verweis auf die Prozessakte des Niedergerichts.

6604 Zeitgenössisch S. 37.

6605 Erläutertung oben Anm. 6590.

6606 Zu den beiden russischen Rubelarten: Banco-Assignaten Rubel waren Papiergeld. Seit 1840 entsprachen 3,5 Rubel Papiergeld einem Silberubel. Davor schwankte der Kurs leicht, dazu Peter Reber, Tabellen über Längen-, Flächen- und Körpermaße, über den innern und gangbaren Werth der Münzen (…) und zu verschiedenen Anwendungen geordnet u. nach der II. Abtheilung des mathematischen Werkes, Kempten 1843, S. 44. Zahlreiche Hinweise auf B. A. Rubel im hier interessierenden Zeitraum in: Politisches Journal nebst Anzeige von gelehrten und andern Sachen. Jahrgang 1820. Erster Band. Viertes Stück. April 1820, S. 315.

6607 Nicolaus Barward Mentze hatte offenbar nur zollfreie Ware verladen, oben S. 94, 102, 113 (S. 19, 36, 58 der Akte L I 22 a).

6608 Die Warenlieferung der Gebrüder Müller war angeblich von der Firma Gardau empfangen worden, dazu oben S. 102, 284, 449 (S. 35, 429, 560 der Akte L I 22 a).

6609 Unten S. 870 (S. 157 der Akte). – Am Rand Anlage EE.

6610 Zeitgenössisch S. 38.

und der Confiscation unterzogenen, jedoch nur relativ verbotenen Güter, deren Verkauf einen Betrag von 5.453 Rubel 47 ¾ Copeken ausmacht, von den obigen 43.075 Rubel abzuziehen, so daß nur der Rest der 37.621 Rubel 52 ¼ Copeken zum Maasstabe seiner Verurtheilung im gegenwärtigen Rechtsstreite dienen würde.

Die Proportion der Strafgelder zum geforderten Schaden würde demnach seyn:

1. für Wildfanck	90 30/100 pro Cent
2. für Leuenroth	8 56/100 pro Cent
3. für Hornemann	1 14/100 pro Cent
	100 pro Cent

Das hochpreisliche Oberappella- [S. 49[6611]] tionsgericht wird in der bisherigen Ausführung das Bestreben der Appellanten erkennen, die diesseitigen, in den Akten zerstreuten Beweismomente zu einer lichtvollen Darstellung zusammenzureihen, und sie zweifeln nicht, daß ihnen diese Absicht gelungen sey. Gerne würden sie noch die zuletzt von St. Petersburg erhaltene Urkunde des Departements des auswärtigen Handels *de dato* Petersburg, den 4. März 1829[6612] – dieselbe, welche Appellanten früher zu den Acten bringen wollten – vorlegen, wenn sie nicht, obgleich auch das Document nur zur Unterstützung des bereits Dargelegten dient, besorgen müßten, wiederum damit zurückgewiesen zu werden. Gleichwohl wollen sie sich zur Edition schuldigst erboten und sich deren Benutzung bei anderen paßlichen Gelegenheiten allgemein vorbehalten haben, für itzt jedoch der weiteren Decretur des Oberap- [S. 50[6613]] pellationsgerichts in Bezug auf deren Edition entgegensehen.

Aber auch ohne deren Einsicht halten die Appellanten sich zu der gehorsamsten Bitte berechtigt,

das hochpreisliche Oberappellationsgericht geneige, unter Abänderung der *Sententia a qua* dahin zu erkennen,

daß die Appellanten den ihnen auferlegten Beweis in seinem ganzen Umfange geführt haben; daß demzufolge die von den Appellaten zusammen und einzeln verwirkte Strafe, wie vorstehend näher angegeben, festzustellen, auch Appellaten schuldig seyen, die eingeklagten Schäden und Verlüste – vorbehältlich die weiter reservirten klägerischen Ansprüche – mit Courantmark 13.555, 15 Schilling nach den eben- [S. 51[6614]] falls angegebenen Proportionen, mit Zinsen und Kosten zu ersetzen.

6611 Zeitgenössisch S. 39.
6612 Deutsche Fassung oben S. 490 (S. 51 der Akte L I 122).
6613 Zeitgenössisch S. 40.
6614 Zeitgenössisch S. 41.

Zur dritten Beschwerde

Könnte der eben vorgetragenen Bitte nicht in ihrem ganzen Umfange stattgegeben werden, sondern[6615] würde sich vielleicht fragen, ob und welche Erörterungen einem künftigen Liquidationsverfahren[6616] vorzubehalten seyen, so müßte doch jedenfalls davon gänzlich ausgeschlossen werden:

1.[6617] Der Umstand, ob etwa auch dritte Personen seinerzeit im Schiffe Dora verbotene Waaren geladen hatten und wie hoch sich die deshalb erkannte Strafe belaufen habe,

2. der Umstand, ob etwa der Schiffer selbst oder ein einzelner Rheder Güter verladen habe, welche der Confiscation unterworfen [S. 52[6618]] worden[6619];

3.[6620] der Umstand, wie hoch sich die von jedem der Mitappellaten verwirkte Strafe auf jedes einzelne Colli[6621] belaufe, sowie alle die Einreden, welche dieses höchste Gericht in seinen Entscheidungsgründen zum Erkenntniße vom 12. December 1822, S. 38[6622]. annoch zum künftigen Liquidationsverfahren verweiset.

Die Lage der Sache ist jetzt wesentlich verschieden von der früheren[6623]; und namentlich ist in dem ersten Satze den Appellaten eine Befugniß beigelegt worden, die ihnen nimmermehr zu gestatten ist. Auch sind in jenen verschiedenen Reservationen den Appellaten Behauptungen beigemessen worden, die sie zum Theil gar nicht einmal vorgeschützt haben und deren Beweisführung gerade ihnen zu Last fallen würde. Höchstens dürfte man zugeben können, daß die einzelnen Ansätze der klägerischen Schadensrechnung von den Appellaten bestritten worden, [S. 53[6624]] und daß dieselbe ungeachtet der nachgelieferten Beweisurkunden noch an kleinen Unvollständigkeiten leide.

Appellanten erlauben sich demzufolge, ihre eventuelle Bitte dahin auszusprechen,

> ein hochpreisliches Oberappellationsgericht wolle unter Abstellung der *Sententia a qua* erkennen,
>
> daß das vorbehaltene Liquidationsverfahren auf die Prüfung der Ansätze in der klägerischen Schadensrechnung zu beschränken sey; daß es hingegen in Ansehung der von den Appellaten verwirkten Strafen einer solchen Liquidation nicht mehr bedürfe, vielmehr Appellaten zu dem zu liquidirenden Scha-

6615 Danach gestrichen *sondern.*

6616 „Verfahren zur Schadensberechnung".

6617 Am Rand *Siehe Entscheidungsgründe zur Sententia a qua, Seite 68*, unten S. 91 der Akte.

6618 Zeitgenössisch S. 42.

6619 Im ersten Rechtsstreit finden sich Hinweise, dass auch die Reeder selbst verbotene Waren auf der Dora verladen hatten. Das gilt für die Mitkläger Platzmann und Reddelien, dazu oben S. 88 (S. 10 der Akte L I 22 a).

6620 Am Rand *Siehe ebendort Seite 70*, unten S. 91–92 der Akte.

6621 *Auf …Colli* am Rand eingefügt.

6622 Entscheidungsgründe zum ersten Urteil des Oberappellationsgerichts oben S. 454 (S. 566 der Akte L I 22 a).

6623 Man merkt dem Schriftsatz an, wie nah sich die Kläger am vollständigen Gewinn des Rechtsstreits fühlen.

6624 Zeitgenössisch S. 43.

den nach Verhältniß der bereits liquidirten Strafen wie angegeben beizutragen schuldig[6625].

[S. 54[6626]] Da es übrigens leicht seyn kann, daß die Appellanten bei dem Umfange der Acten und der Entscheidungsgründe zur *Sententia a qua* irgendetwas übersehen hätten, welches man zu einer ihnen nachtheiligen Ansicht benutzen mögte, so wollen sie es nicht unterlassen, demselben hiermit einen allgemeinen Widerspruch zu widmen und schließlich den Kostenpunct dem Ermessen des hochpreislichen Oberappellationsgerichts lediglich anheimzustellen.

Desuper pp.[6627]

concipit[6628] Lembke Dr.[6629]

produxit[6630], den 18. December 1834
Schlüter Dr.[6631]

6625 Die Kläger versuchen, durch ihre Anträge ihr eigenes Beweisrisiko zu verringern. Soweit wie möglich soll das Gericht die in Russland 1817/18 gezahlten Strafen als bereits erwiesen ansehen.

6626 Zeitgenössisch S. 44.

6627 Die Höflichkeitsformel mit der Anrufung des hochadligen, mildrichterlichen Amtes fehlt wie immer. Sie lautet: „Desuper humillime implorando nobile officium judicis", dazu Besprechung zu Joachim Füger / Vincenz August Wagner, Das adelige Richteramt, 4. Aufl. Wien 1830, in: Jahrbücher der gesammten deutschen juristischen Literatur 24 (1834), S. 63–75 (65).

6628 „Vorbereitet, erstellt".

6629 Paul Christian Nicolaus Lembke, Advokat der Kläger seit dem Beginn des Verfahrens.

6630 „Gerichtlich eingereicht".

6631 Adolph Schlüter, Prokurator der Kläger seit dem ersten Verfahren am Oberappellationsgericht, Vollmacht oben S. 188 (S. 224 der Akte L I 22 a).

Q 2 – Urteil des Obergerichts

1834 November 6

Das Obergericht der Stadt Lübeck verkündet die von der Juristenfakultät Kiel gefällte Entscheidung im eigenen Namen, erklärt den Hauptbeweis der Kläger für geführt, gibt ihnen aber auf, sich über den von den Beklagten zugeschobenen Eid zu erklären. Ausfertigung für die Kläger, unterschrieben vom Ratssekretär Carl Hermann Gütschow, mit Zustellungsvermerk und Kostenrechnung.

[S. 59[6632]] Q 2
Anlage Littera AA[6633]

producirt[6634], den 15. November 1834

Urtheil.

In Niedergerichts- jezt Appellationssachen der Rhederei des Schiffes Dora und der Erben des Schiffers G. H. Haase, Kläger, jezt Appellanten, an einem, entgegen und wider Heinrich Diedrich Wildfanck in Lübeck und Konsorten[6635], Beklagte, jezt Appellaten, am andern Theile, wegen Schadensersatzes,

erkennt[6636] das Obergericht der freien Hansestadt Lübeck nach gepflogenem Rathe auswärtiger Rechtsgelehrter[6637], den verhandelten Akten gemäß für Recht:

Daß es bei dem vom Niedergerichte unter dem 27. September 1828 abgegebenen Erkenntniße

ad Recessum LXVI. der Niedergerichtsakten

[S. 60] zur Zeit noch nicht zu belassen, vielmehr der von den Klägern und Appellanten versuchte Beweis für nothdürftig[6638] geführt zu erachten sei. Was aber den von den Beklagten und Appellaten versuchten indirekten Gegenbeweis betrifft, so sind Kläger und Appellanten schuldig, sich über den ihnen von den Beklagten und Appellaten in deren Beweisantretung vom 17. April 1824

ad Recessum XXXIX[6639].

6632 Aufgedrückter Stempel der Stadt Lübeck oben links mit Wappen und *24 Schilling*, darunter Handzeichen *D. W. Voigts*, daneben per Hand *24 s*.
6633 Anlage zur Berufungsbegründung der Kläger, oben S. 799 (S. 9 der Akte).
6634 „Gerichtlich vorgelegt".
6635 „Streitgenossen".
6636 Das Urteil folgt im Gegensatz zu den älteren Obergerichtsdekreten nicht dem französischen Stil, sondern der deutschen Tradition mit Tenor und abgesonderten Entscheidungsgründen. Der Wortlaut und der Aufbau der Entscheidung stammen von der Juristenfakultät Kiel, die den französischen Stil nicht benutzte.
6637 Entscheidungsgründe der Kieler Juristenfakultät unten S. 821 (S. 63 der Akte).
6638 „Notdürftig" hier im älteren Sinne ohne abwertenden Unterton, also „so geführt, wie es notwendig war".
6639 Verweis auf die Prozessakte des Niedergerichts.

eventuell zugeschobenen Eid binnen vier Wochen von der Rechtskraft dieses Urtheiles an gerechnet bei Strafe der Verweigerung zu erklären, welchemnächst über den von Beklagten und Appellaten versuchten indirekten Gegenbeweis erkannt werden [S. 61] und in der Hauptsache sowohl als der Kosten halber fernere rechtliche Verfügung ergehen wird. Jedoch sind die Kosten dieser Appellationsinstanz mit Ausnahme der von den Beklagten und Appellaten als bittender Partei allein zu tragenden[6640] Verschickungskosten vorkommenden Umständen nach gegeneinander zu vergleichen. Und sollen nach beschrittener Rechtskraft dieses Urtheils die Akten zum weiteren Verfahren an das Niedergericht zurückgesandt werden.

Von Rechts wegen

Publicatum Lübeck im Obergerichte am 6. November 1834.

C. H. Gütschow[6641]
Secretarius.

Beiden Theilen insinuirt[6642] am 7. November 1834

J. F. Olroch[6643]
Obergerichtsbote

[Kostenrechnung]

[S. 62[6644]]
Rhederei des Schiffes Dora & Consorten
contra
Wildfanck & Consorten

Sententia[6645]	6 Mark	
Chirographaria signatura[6646]	1 Mark	8 Schilling
Insinuation[6647]		8 Schilling
	8 Mark	

Herrn Dr. Lembke[6648]

6640 Danach gestrichen *den*.
6641 Carl Hermann Gütschow, Sekretär des Lübecker Rates, erwähnt in: Lübeckisches Adress-Buch 1834, S. 146; zu ihm Friedrich Bruns, Die Lübecker Syndiker und Ratssekretäre bis zur Verfassungsänderung von 1851, in: Zeitschrift des Vereins für Lübeckische Geschichte und Altertumskude 29 (1938), S. 91–168 (166–167).
6642 „Zugestellt, bekanntgegeben".
6643 Johann Friedrich Olroch, Hausdiener und Kassierer der Stadtgefälle, nachgewiesen in: Lübeckisches Adress-Buch 1834, S. 240.
6644 Dorsalvermerk auf dem Kopf stehend.
6645 Urteilsgebühr des Obergerichts.
6646 „Eigenhändige Unterschrift" des Sekretärs Gütschow.
6647 „Zustellung".
6648 Die Ausfertigung geht an den Bevollmächtigten der Kläger, der vermutlich in der ersten und zweiten Instanz zugleich als Prokurator tätig war.

Q 3 – Entscheidungsgründe der Juristenfakultät Kiel

1834 Oktober 27

Die Juristenfakultät Kiel begründet das vom Lübecker Obergericht erbetene Urteil (Aktenstück Q 2, oben S. 819). Abschrift beglaubigt vom Ratssyndikus Carl Hermann Gütschow.

[S. 63[6649]] Q 3

Anlage Littera BB[6650]

Darstellung der Sache
und deren Verhandlung
nebst
den Entscheidungsgründen zum Urtheil[6651]

In Niedergerichts- jezt Appellationssachen der Rhederei des Schiffes Dora und der Erben des Schiffers Haase, Kläger, jezt Appellanten,
entgegen und
wider
Heinrich Diedrich Wildfanck in Lübeck und Konsorten[6652], jezt Appellaten,
wegen Schadensersatzes

[S. 65]

Darstellung der Sache und deren Verhandlung.

Die[6653] gegenwärtige Sache betrifft Schadensersatz aus der Befrachtung eines Schiffes mit verbotenen Waaren.

Sie steht in der Appellationsinstanz bei dem Obergerichte der freien Hansestadt Lübeck zur Entscheidung, wobei es hauptsächlich darauf ankommen wird,[6654] ob und inwiefern ein rechtskräftig auferlegter Beweis für geführt zu halten ist.

Der[6655] Schiffer G. H. Haase, welcher das Schiff Dora führte, lud im Juni 1817 in Lübeck Stückgüter und Packen von verschiedenen lübischen Kaufleuten, na-

6649 Stempelpapier mit aufgedrucktem Stadtwappen, darin handschriftlich *2m 2s*, darunter Handzeichen *J. Cron* und ausgeschrieben *Zwei Mk zwei s.*

6650 Anlage zur Berufungsbegründung der Kläger, oben S. 799 (S. 9 der Akte).

6651 Die Dreiteilung in Tatbestand, Prozessgeschichte und Entscheidungsgründe ist bis heute üblich für den richterlichen Urteilsstil.

6652 „Streitgenossen".

6653 Am Rand *pagina 3*. Die Seitenzahlen verweisen auf die Originalausfertigung. In der Akte befindet sich lediglich die vom Lübecker Ratssekretär Carl Hermann Gütschow beglaubigte Abschrift.

6654 Am Rand *pagina 4*.

6655 An mehreren Stellen der fünf Aktenkonvolute gibt es ausführliche Zusammenfassungen des Sachverhalts. Der Berichterstatter der Kieler Juristenfakultät greift bei seiner Darstellung auf die gesamten bisher vorliegenden Verhandlungen der ersten und zweiten Instanz zurück.

mentlich auch von den jetzigen Beklagten H. D. Wildfanck und Konsorten, um in Reval zu löschen. Über die verladenen Güter[6656] stellte der Schiffer Haase theils Recieve[6657] aus, theils empfing und unterschrieb er Konnossemente an Ordre[6658], so daß er die Güter in Reval denjenigen überliefern sollte, welche die Verlader durch Aushändigung [S. 66] des zweiten Konnossementes legitimiren würden. Theils endlich empfing und unterschrieb er Konnossemente, die auf eine namhafte Person lauteten[6659]. Daß der Schiffer gewußt, daß diejenigen Packen, worüber er bloße Recieve ausgestellt, Kontrabande[6660] enthielten, darüber ist kein Streit. Ebenso wenig bestritten ist es, daß in den Kollis[6661], Kisten und Gebinden, worüber Konnossemente an Ordre gegeben worden, auch dergleichen Waaren sich befunden haben, welche entweder zu den in Rußland verbotenen oder doch zu den hochverzollbaren[6662] gehörten. Aber bestritten ist es, ob der Schiffer davon gewußt hat, daß solche auf Konnossemente an Ordre verladenen Kollis, Kisten usw. wirklich Kontrabande enthielten. Nachdem nun das Schiff und zum Theil die Ladung von dem Zollamte in Reval angehalten und der Schiffer Haase während der Untersuchung[6663] dort gestorben war, erhob die Rhederei des Schiffes Dora nebst den Erben des Schiffers Haase bei dem Gerichte[6664] der Stadt Lübeck am 20. März 1819 eine Klage wider die Lübecker [S. 67] Handlungshäuser Wildtfanck, Leuenroth, Hornemann, Mentze, Behrens und Müller.

In der Klage wurde darauf Bezug genommen[6665], daß die verzeichneten Güter, wie sich zu Reval im Zollamte laut eines Attestes des Zollverwalters Wrangel ausgewiesen, aus Kontrabande bestanden, daß sich dazu kein Empfänger gemeldet und daß der Schiffer, da er keinen Empfänger anzugeben vermogt, mit den gesetzlichen Strafen belegt sei. Außer der Konfiskation der Waaren selbst sei er unter Arrest gesetzt und darin vor Gram gestorben[6666]. Sein Eigenthum sei eingezogen, das Schiff konfiscirt, keine Fracht von den eingeladenen Gütern ihm bezahlt und Kosten mancherlei Art seien daraus für ihn und seine Rhederei entstanden. Der Belauf des Schadens wurde zu 16.979 Rubel 79 Kopeken Bankassignaten und 2.273 Mark 3 Schilling Courant berechnet. Die Kläger meinten, daß Schiffer und Rheder von denjenigen müßten entschädigt werden[6667], die durch ihre den Gesetzen des Bestimmungsortes widerstrebende Handlungsweise [S. 68] und deren Verheimlichung

6656 Am Rand *pagina 5*.
6657 Bloße „Empfangsscheine".
6658 „Frachtbriefe ohne namentlich genannten Empfänger".
6659 Am Rand *pagina 6*.
6660 „Schmuggelware".
6661 „Warenballen".
6662 Am Rand *pagina 7*.
6663 Am Rand *pagina 8*.
6664 Gemeint ist das Niedergericht.
6665 Am Rand *pagina 9*.
6666 Zum Tod des Schiffers Georg Hinrich Haase auch oben S. 287 (S. 433 der Akte L I 22 a). – Am Rand *pagina 10*.
6667 Am Rand *pagina 11*.

gegen den Schiffer zu solchem Unglücke die Veranlassung gegeben hätten, und daß sie deshalb solidarisch hafteten. Gegen die Beklagten als Ablader wurde der Antrag auf Entschädigung gerichtet.

ad Recessum I. der Niedergerichtsakten[6668]

Nachdem die Sache durch mehrere, jezt unwichtig gewordene Inzidentpunkte aufgehalten war, übergaben die Beklagten am 2. September 1820 ihre Exceptionen. Sie bestritten theils überhaupt die Verbindlichkeit, als Spediteur wegen der speditirten Waaren zu haften, theils die Verbindlichkeit im vorliegenden Falle, weil sie nicht zeitig[6669] in Kenntniß gesetzt worden, um Maßregeln zur Befreiung von Schiff und Ladung ergreifen zu können. Daneben läugneten die Beklagten, daß die Konfiskation des Schiffes, wenn überhaupt geschehen, darum erfolgt sei, weil die von den Beklagten verladenen Waaren unfreier Qualität gewesen und deren Empfänger in Rußland [S. 69] von dem Schiffer nicht haben aufgegeben[6670] werden können. Verschweigung eingeführter Waaren am Zollamte und falsche Deklaration falle ihm gewichtiger zur Last. Von vielen andern Kaufleuten habe er Waaren mitgenommen, und daß er wissentlich kontrabandirt, beweise sich aus einer Mehrzahl von ihm gezeichneter Recieve. Unwahr sei ferner, daß die Waaren unfreier Qualität gewesen[6671], daß die Empfänger in Rußland insgesamt nicht genannt werden können, daß sämmtliche Waaren nicht wirklich emfangen worden, daß die Konfiskation der Privateffecten[6672] des Schiffers erfolgt und daß diese und das Schiff den angegebenen Werth gehabt. Beklagte baten also nun Entbindung von der Klage.

ad Recessum XVI.[6673]

Nach eingereichter Replik[6674], welcher ein Auszug aus dem Journal des revalschen Zollamtes vom 30. Januar 1818 beigefügt wurde,

ad Recessum XVII.

und darauf überreichter Duplik[6675],

ad Recessum XVIII.

[S. 70] wurde vom Niedergerichte unterm 27. Januar 1821 erkannt, daß Beklagte von der wider sie angestellten Klage, immaaßen sie angebracht, unter Verurtheilung der Kläger[6676] in die taxmäßigen Proceßkosten zu entbinden, weil das Gericht die Ansicht hegte, daß zwar die bedungene Fracht samt Kaplaken[6677] gefordert,

6668 Am Rand *pagina 12*.
6669 Am Rand *pagina 13*.
6670 Am Rand *pagina 14*.
6671 Am Rand *pagina 15*.
6672 „Des Privatvermögens".
6673 Verweis auf die Prozessakte des Niedergerichts.
6674 Replik: Antwort der Kläger auf die Klageerwiderung (Exzeptionsschrift) der Beklagten. – Am Rand *pagina 16*.
6675 Duplik: Antwort der Beklagten auf die Replikschrift der Kläger. Im Gegensatz zum Obergerichts- und Oberappellationsgerichtsprozess hatten die beiden Parteien im Verfahren vor dem Niedergericht also nicht nur einen Schriftsatz zur Verfügung, um ihre Darstellung der Sache zu formulieren.
6676 Am Rand *pagina 17*.
6677 Oben Anm. 6590.

aber kein anderer Schadensersatz begehrt werden könne, da die Bekanntschaft des Schiffers mit den Zollgesetzen derjenigen Länder und Plätze, wohin er Waarentransporte übernehme, rechtlich vorauszusetzen sei und der Schiffer, welcher jenen Gesetzen[6678] zuwider einlade oder nach dem Inhalte der ihm übergebenen Kollis sich beim Befrachter zu erkundigen unterlasse, etwanige Schäden sich selbst beizumessen habe, den Fall eines *doli*[6679], der hier nicht behauptet worden, ausgenommen.

ad Recessum XIX.

Dieses Urtheil wurde in der Appellationsinstanz durch ein von Jena eingeholtenes Erkenntniß[6680], von dem Obergerichte am 1. November [S. 71] 1821[6681] dahin reformirt, daß[6682]

> Beklagte mit Ausnahme derjenigen, zu deren von ihnen verladenen Waaren sich die Empfänger im Zollen zu Reval erweislich gemeldet und die ihnen als solchen obliegenden Pflichten erfüllt haben, die geklagten Schäden, Verlüste und Nachtheile zu Banco-Assignaten Rubel 16.979, 79 Copeken und Courantmark 2.273, 3 Schilling[6683], wenn sie von den Klägern gehörig erweislich gemacht worden, nebst Zinsen hiervon seit erhobener Klage denenselben zu ersetzen, auch die in erster Instanz erwachsenen Kosten nach vorgängiger richterlicher Ermässigung zu erstatten und respective allein zu tragen schuldig[6684]; es könnten und wollten denn Beklagte, daß der Schiffer G. H. Haase und die klagenden Interessenten oder welche unter denenselben davon, daß die Verladung mit Waaren, deren Einfuhr nach den[6685] Gesetzen Rußlands verboten gewesen, geschehen sei, Kennt- [S. 72] niß gehabt haben, binnen vier Wochen peremtorischer Frist[6686], der Kläger Gegenbeweis in gleicher Frist vorbehältlich, wie Recht erweisen.

ad Recessum XX.[6687]

Allein auch dieses Erkenntniß beschritt nicht die Rechtskraft, wurde vielmehr auf beiderseits eingewandte Appellation von dem Oberappellationsgerichte der vier freien Städte unter dem 12. December 1822[6688] dahin reformirt,

> daß .... Kläger[6689] annoch besser als geschehen zu beweisen schuldig,

6678 Am Rand *pagina 18*.
6679 „Vorsatz, Arglist".
6680 Aktenversendung an die Juristenfakultät Jena, Entscheidungsgründe oben S. 137 (S. 107 der Akte L I 22 a).
6681 Urteil des Obergerichts oben S. 134 (S. 99 der Akte L I 22 a).
6682 Am Rand *pagina 19*.
6683 Am Rand *pagina 20*.
6684 Am Rand *pagina 21*.
6685 Schreibfehler in der Vorlage: *dem*.
6686 Am Rand *pagina 22*.
6687 Verweis auf die Prozessakte des Niedergerichts.
6688 Oben S. 430 (S. 537 der Akte L I 22 a).
6689 Am Rand *pagina 23*.

daß der Schiffer G. H. Haase wegen der von den Beklagten verladenen, in der Klage specificirten Güter oder wegen welcher derselben durch das Erkenntniß des Revaler Zollamtes vom 31. Januar 1818 alten Stils verurtheilt worden sei[6690] und wie hoch sich die Strafe belaufe, die durch die von jedem einzelnen Beklagten verschiften Güter verwirkt worden ist;

[S. 73] wogegen den Beklagten nachgelassen wird dazuthun, entweder

daß die Strafe gegen den Schiffer wegen der von ihnen[6691] oder welcher derselben abgesandten Waaren mit Unrecht erkannt worden sei,

oder aber

daß dem verstorbenen Schiffer Haase die unfreie Qualität der in Frage stehenden Waaren bei Übernahme derselben bekannt gewesen sei,

wobei beiden Theilen wechselseitig der Gegenbeweis[6692] sowie die Benutzung des bereits zu den Akten Gebrachten gestattet, dem Niedergerichte der freien Hansestadt Lübeck aber die Ansetzung der Beweisfristen überlassen wird, und ist sodann, der Beklagten Einlassung auf den Betrag des geforderten Schadens vorbehältlich[6693], weiter zu erkennen, was rechtens.

Die Kosten der ersten Instanz wurden bis zum künftigen Haupterkenntnisse ausgesetzt.

[S. 74] *ad Recessum XXI.*

Dieses Erkenntniß ist rechtskräftig geworden.

Soviel nun den den Klägern auferlegten bessern Beweis betrifft, so wurde derselbe angetreten

a)[6694] durch Bezugnahme auf früher zu den Akten gebrachte Beweismittel; b) durch Produktion eines Attestes der Revaler Hafenzollbehörde (Port-Tamoschna[6695]) vom 19. Juli 1823 sowie eines Zeugnisses des Departements des auswärtigen Handels zu St. Petersburg vom 10. August 1823; c) durch die eventuelle Eidesdelation, soweit sie rechtlich anwendbar.

ad Recessum XXIII.

Nach[6696] eingereichter Antwort der Beklagten

ad Recessum XXV.

und nachdem bereits am 15. November 1823 dem Processe gegen die mitbeklagten Gebrüder Müller war entsagt worden,

Recessus XXXIIII.

6690 Am Rand *pagina 24.*
6691 Am Rand *pagina 25.*
6692 Am Rand *pagina 26.*
6693 Am Rand *pagina 27.*
6694 Am Rand *pagina 28.*
6695 Die russische Bezeichnung für die Hafenzollbehörde wurde auch vom Revaler Rat verwendet, z. B. in der Revidierten Fisch-Wraker-Ordnung von 1823, Art. 5/11, bei: Friedrich Georg von Bunge (Hrsg.), Die Quellen des Revaler Stadtrechts, 3. Lieferung, Dorpat 1844, S. 418.
6696 Am Rand *pagina 29.*

entband das Niedergericht am 7. Februar 1824 die Mitbeklagten Behrens und Mentze von der Klage, ersteren jedoch unter Vorbehalt des [S. 75] Anspruchs[6697] auf etwa noch unberichtigte Fracht und Reklamkosten[6698]. Hingegen die noch übrigen Beklagten Wildtfanck, Hornemann und Leuenroth wurden zuvörderst schuldig erkannt, den ihnen auferlegten indirekten Gegenbeweis anzutreten.

ad Recessum XXXVI.

Nunmehr treten die Beklagten von den ihnen alternativ nachgelassenen indirekten Gegenbeweisen den an, daß dem Schiffer Haase die unfreie Qualität der Waaren[6699] bei Übernahme derselben bekannt gewesen sei. Sie überreichten zu dem Zweck mehrere Urkunden, beriefen sich auf zwei zum ewigen Gedächtniß bereits abgehörte Zeugen[6700], baten um gerichtliche Vernehmung und Beeidigung einiger schon notariell vernommener Zeugen und schoben eventuell den Glaubenseid[6701] zu.

ad Recessum XXXIX.[6702]

Hierüber wurden die Kläger vernommen[6703].

ad Recessum XXXX.

Zugleich aber wollten die Kläger den Gegenbeweis wider diesen indirekten Ge- [S. 76] genbeweis durch die Ladungsscheine führen, welche der Schiffer Haase den beklagten Verladern ausgestellt und in ihren Händen zurückgelassen habe, seien es nun Konnossemente oder Recieve.

ad Recessum XXXX.

Zur Herausgabe[6704] dieser Ladungsscheine wurden die Beklagten schuldig verurtheilt, auch mehrere ihrer Beweisartikel als irrelevant verworfen. Der deshalb am 4. September 1824 abgegebene Bescheid

ad Recessum XXXXII.

wurde durch das obergerichtliche Erkenntniß vom 16. December 1824 bestätigt[6705].

ad Recessum XXXXIII.

6697 Am Rand *pagina 30*.

6698 Kosten für die Freigabe eines Schiffes, in: Journal für Fabrik, Manufaktur, Handlung und Mode. 31. Band, 2. Stück, Leipzig, August 1806, S. 148; Christian Daniel Voß, Die Zeiten oder Archiv für die neueste Staatengeschichte oder Politik, 11. Band, Halle 1807, S. 179.

6699 Am Rand *pagina 31*.

6700 Gemeinrechtlicher Beweis *ad perpetuam rei memoriam*, ein Beweissicherungsmittel insbesondere bei langen Rechtsstreitigkeiten, wenn der Tod eines Zeugen zu befürchten war.

6701 Beim Glaubenseid sollte der Eidespflichtige erklären, dass er „trotz sorgfältiger Nachforschung nicht anders wisse und glaube, als daß etc.", in: Meyers Großes Konversations-Lexikon, Band 5, Leipzig 1906, S. 432; zeitgenössisch Ferdinand Hartter, Ueber den Glaubenseid als Beweisergänzungsmittel; eine civilistische Abhandlung, Regensburg 1831.

6702 Jeweils Verweise auf die Prozessakte des Niedergerichts. Die einzelnen Beweisantritte sind in den Akten des Oberappellationsgerichts nicht vollständig ersichtlich.

6703 Am Rand *pagina 32*.

6704 Am Rand *pagina 33*.

6705 Dieser Abschnitt des Verfahrens ist in den Akten des Oberappellationsgerichts besonders schlecht belegt. Erst im Sommer 1829 fand die zweite Berufung an das Oberappellationsgericht statt.

Wie nun demgemäß die Beklagten die in Händen habenden Originalkonnossemente dem Gerichte übergeben hatten[6706],

ad Recessum XXXXIV.

ad Recessum XXXXVII.

auch die Eröffnung der Zeugenrotul[6707] geschehen war,

ad Recessum XXXXVIII.

wurde die Beweisführung der Beklagten [S. 77] zu den Akten gebracht,

ad Recessum LV.

desgleichen eine Erklärung der Kläger in Betreff des von ihnen angetretenen Gegenbeweises,

ad Recessum LVIII.

ferner die Impugnation[6708] des Beweises[6709] und Beantwortung der Beweisführung von Seiten der Kläger,

ad Recessum LIX.

endlich die Antwort der Beklagten auf die Gegenbeweisausführung,

ad Recessum LX.

auf welche Verhandlungen zulezt dasjenige Erkenntniß eröffnet wurde, welches dermalen noch zur Beurtheilung steht, nämlich das Erkenntniß des Niedergerichts[6710] vom 27. September 1828, wodurch

Beklagte von der wider sie angestellten Klage unter Vergleichung der Kosten, soweit bisher nicht darüber erkannt worden, entbunden wurden.

ad Recessus LXVI.[6711]

[S. 78] Wider dieses Erkenntniß haben die Kläger die Appellation an das Obergericht zeitig eingebracht und eingeführt,

Q 38 der Obergerichtsakten

auch nach mehreren Befristungen[6712] gerechtfertigt. Ihre Beschwerden sind folgende:

I. Daß die Thatsachen für unerwiesen erklärt sind, die den Klägern zum Beweise auferlegt waren.

II. Daß die Verurtheilung der von der Klage annoch ergriffenen drei Verlader[6713] nicht allgemein ausgesprochen ist, unter etwanigem Vorbehalte näherer Liquidation

---

6706 Am Rand *pagina 34*.

6707 Rotul, teilweise auch Rodel oder Rödel genannt: Vernehmungsprotokoll mit Zeugenaussagen.

6708 Impugnationsverfahren: Bei sog. gemeinschaftlichen Beweismitteln kann der Beweisgegner mit dem vom Prozessgegner vorgelegten Beweis den Gegenbeweis führen, dazu Moriz Heyßler, Auch ein Votum über die Gemeinschaftlichkeit der Beweismittel im österreichischen Civilprocesse, in: Zeitschrift für österreichische Rechtsgelehrsamkeit und politische Gesetzkunde 1 (1844), S. 208–238 (228).

6709 Am Rand *pagina 35*.

6710 Am Rand *pagina 36*.

6711 Alle Verweise bisher beziehen sich auf die Prozessakten des Niedergerichts.

6712 Am Rand *pagina 37*.

6713 Wildtfanck, Leuenroth und Hornemann.

des Schadens und der Vertheilung des Ersatzes[6714] unter die drei bekannten Verlader, nach Maaßgabe des Quanti[6715] der von ihnen verladenen verbotenen Waaren.

III. Daß der Richter voriger Instanz die Beweismittel übersehen, deren Daseyn sich erst aus den Zeugenaussagen entwickelt, und daß er deren Edition, obschon von dem Klägern begehrt, dem Appellaten Wildtfanck nicht aufgelegt hat[6716].

IIII. Daß die eventuelle Eideszuschiebung, deren Kläger und Appellanten sich bedient, [S. 79] verworfen worden.

Der Antrag ist darauf gerichtet,

> in der Hauptsache und in Betreff der Kosten der der Klage angefügten Bitte gemäß folgeweise also die drei noch übrigen Beklagten zum Schadens- und Kostenersatze[6717] allgemein *praevia liquidatione et divisione*[6718] und sonach zur Einlassung[6719] auf die klägerische Schadensforderung schuldig zu erkennen unter Erstattung der Kosten dieser Instanz.

Q 42[6720]

Bevor die den Appellaten auferlegte Vernehmlassung auf den Appellationslibell einging, erhob sich ein Incidentstreit. Es hatten nämlich die[6721] Appellanten in einer „Nachträglichen Aeußerung *ad gravamina appellationis*[6722]"

Q 44[6723]

noch drei Beweismittel beigebracht: a) ein Certifikat des Departements des auswärtigen Handels zu St. Peterburg, ausgestellt am 28. Februar 1829 auf Bitten des dorpatschen Kaufmanns Heinrich Platzmann[6724]; b) einen Extrakt aus dieser Urkunde[6725]; c) eine [S. 80] nach derselben[6726] entworfene kaufmännische Darstellung[6727]. Nach Vernehmung der Appellaten aber

Q 45

erkannte das Obergericht am 11. Juni 1829[6728],

6714 Am Rand *pagina 38*.
6715 Gemeint ist die Höhe des in Russland angefallenen Strafgeldes.
6716 Am Rand *pagina 39*.
6717 Am Rand *pagina 40*.
6718 „Nach vorausgehender Schadensberechnung und -teilung".
6719 Hier erkennt man noch die Nachwirkungen der gemeinrechtlichen Lehre von der Streitbefestigung, dazu Steffen Schlinker, Litis Contestatio. Eine Untersuchung über die Grundlagen des gelehrten Zivilprozesses in der Zeit vom 12. bis zum 19. Jahrhundert (Studien zur europäischen Rechtsgeschichte 233), Frankfurt am Main 2008, S. 521–634.
6720 Verweis auf die Prozessakte des Obergerichts.
6721 Am Rand *pagina 41*.
6722 „Zu den Berufungsbeschwerden".
6723 Abschrift dieses Schriftsatzes oben S. 483 (S. 50 der Akte L I 122).
6724 Deutsche Übersetzung oben S. 490 (S. 51 der Akte L I 122).
6725 Eine Zusammenfassung des Attestats befindet sich nicht in der Akte des Oberappellationsgerichts.
6726 Am Rand *pagina 42*.
6727 Oben S. 507 (S. 67 der Akte L I 122).
6728 Oben S. 478 (S. 31 der Akte L I 122).

daß die gedachte Eingabe der Appellanten als verspätet *in judicando*[6729] nicht zu berücksichtigen, vielmehr nebst deren Anlagen von den Akten zu trennen und den Appellanten zuückzugeben[6730] sei.

Q 46

Dieses Erkenntniß wurde jedoch durch das Urtheil des Oberappellationsgerichtes vom 14. Juni 1830[6731] dahin abgeändert,

daß Kläger zuvörderst annoch binnen einer von dem Obergerichte festzusetzenden Frist zu bescheinigen haben, daß sie gleich nach Publikation des niedergerichtlichen Erkenntnisses[6732] vom 27. September 1828 den gebührenden Fleiß angewendet, um sich das nunmehr eingebrachte neue Attest des Departements des auswärtigen Han- [S. 81] dels zu St. Petersburg sobald als möglich und noch vor Ablauf der verlängerten Rechtfertigungsfrist ihrer an das Obergericht eingewandten Appellation zu verschaffen[6733].

Q 49[6734]

Nachdem die Appellanten die ihnen aufgelegte Bescheinigung beizubringen versucht hatten,

Q 57

auch die Appellaten gehört waren,

Q 61

erkannte das Obergericht am 7. Juni[6735] 1831[6736]:

Die den Klägern und Appellanten auferlegte Bescheinigung ist als nicht geführt zu betrachten[6737]. Die nachträgliche Aeußerung derselben vom 29. April 1829 nebst ihren Anlagen, namentlich dem neuen Zeugnisse aus dem St. Petersburger Departement des auswärtigen Handels vom 28. Februar (12. März[6738]) 1829, ist von den Akten entfernt zu halten, mithin bei Beurtheilung der Appellationsbeschwerden nicht[6739] zu berück- [S. 82] sichtigen.

Q 63

Dieses Erkenntniß wurde durch das Oberappellationsgericht unterm 26. Juni 1832 bestätigt.

Q 66[6740]

6729 „Bei der Entscheidung".
6730 Am Rand *pagina 43*.
6731 Oben S. 593 (S. 179 der Akte L I 122).
6732 Am Rand *pagina 44*.
6733 Am Rand *pagina 45*.
6734 Die Juristenfakultät Kiel verweist hierfür auf die Prozessakte des Obergerichts, weil die Akten des Oberappellationsgerichts nicht mit versendet worden waren.
6735 Vermutlich Schreibfehler, das Urteil erging am 7. Juli 1831.
6736 Oben S. 623 (S. 41 der Akte L I 161).
6737 Am Rand *pagina 46*.
6738 Alter Stil und neuer Stil.
6739 Am Rand *pagina 47*.
6740 Oben S. 686 (S. 117 der Akte L I 161). – Erneuter Verweis auf die Urteilsfassung in der Akte des Obergerichts.

Als auf die Weise der Incidentstreit erledigt war, überreichten die Beklagten und Appellaten am 6. September 1832 die ihnen aufgegebene Widerlegung der Appellationsbeschwerden und baten zugleich um Verschickung der Akten,

Q 67

welchem Gesuche[6741] durch den Bescheid vom 29. November 1832 stattgegeben wurde.

Q 68

Inzwischen hatte sich ein neuer Incidentpunkt erhoben. An demselben Tage nämlich, da die Appellaten die Widerlegung der Appellation übergeben hatten, führten die Appellanten und Kläger mehrere ausserordentliche Rechtsmittel ein unter Beifügung des russischen Zolltarifs vom Jahre 1816[6742]. Sie bezweckten, das oben [S. 83] erwähnte neue Zeugniß aus dem St. Petersburger Departement des auswärtigen Handels vom 28. Februar 1829[6743] annoch zu den Akten zu bringen.

Q 68 a

Nach eingegangener Erklärung der Beklagten,

Q 68 c

erging am 29. November 1832 der Bescheid[6744]:

> Den eingeführten außerordentlichen Rechtsmitteln[6745] (wiewohl unter Vorbehalt der der haaseschen Tochter wegen der für sie *ex capite minorennitatis*[6746] nachgesuchten Restitution[6747] etwa zuständigen Rechte) sowie dem supplicantischen Gesuche um einstweilige Sistirung[6748] des gegen das niedergerichtliche Erkenntniß vom 27. September 1828 obschwebenden Appellationsverfahrens ist nicht stattzugeben[6749]. Vielmehr ist nach Inhalt Dekrets vom heutigen Tage dieses Verfahren ohne weiteres geschlossen und sofortige Inrotulation der *ad extraneos*[6750] zu versendenden Akten verfügt worden. [S. 84] Die gegenwärtigen Incidentverhandlungen sind von den[6751] zu versendenden Akten abzusondern und zurückzubehalten, die neuerdings[6752] wiederholt eingereichte „Nachträgliche Aueßerung“[6753] mit ihren Beilagen aber sowie der jezt ….[6754] beigebrachte russische Zolltarif *de* 1816 den Supplikanten zu retradiren[6755].

6741 Am Rand *pagina 48*.
6742 Am Rand *pagina 49*.
6743 Deutsche Fassung oben S. 490 (S. 51 der Akte L I 122).
6744 Oben S. 709 (S. 33 der Akte L I 181).
6745 Am Rand *pagina 50*.
6746 „Wegen Minderjährigkeit“.
6747 „Wiedereinsetzung in den vorigen Stand“.
6748 „Einstweiliges Ruhen des Verfahrens“.
6749 Am Rand *pagina 51*.
6750 „Zusammenstellung der an auswärtige Urteilsverfasser…“.
6751 Wort über der Zeile eingefügt.
6752 Am Rand *pagina 52*.
6753 Abschrift oben S. 483 (S. 50 der Akte L I 122).
6754 Auslassung in der Vorlage.
6755 „Zurückzugeben“.

Q 68 e[6756]

Hierwider bedienten sich die Kläger der Appellation an das Oberappellationsgericht, welches unter dem 31. Okober 1833[6757] erkannte:

daß[6758] …[6759] das Erkenntniß des Obergerichts der freien Hansestadt Lübeck vom 29. November 1832 … zwar in Ansehung der ergriffenen außerordentlichen Rechtsmittel zu bestätigen, im Uebrigen jedoch dahin abzuändern:

daß …. annoch der russische Zolltarif vom Jahre 1816 von den Klägern zu den Akten[6760] zu bringen [S. 85] und denselben zu adjungiren[6761], sodann aber den Beklagten eine nachträgliche Erklärung über die in dem Appellationslibelle der Kläger … enthaltene Deduktion[6762] aus dem[6763] Inhalte des gedachten Tarifs nachzulassen;

ferner, daß den hierauf zu versendenden Akten auch die mit No. 68 a bis 68 g[6764] bezeichneten Verhandlungen voriger Instanz über das jetzige Incidentverfahren nebst dem gegenwärtigen Erkenntniße und dessen Entscheidungsgründen beizufügen seien, wohingegen es hinsichtlich der den Klägern retradirten „Nachträglichen Aeusserung *ad gravamina appellationis*[6765] *contra judicatum judicii inferioris de*[6766] *27. Septembris 1828*" und der drei Anlagen derselben bei deren Remotion[6767] von den Akten sein Verbleiben hat.

Q 69

[S. 86] Der in diesem Erkenntnisse erwähnte russische Zolltarif vom Jahre 1816 ist nun wirklich von den Klägern zu den Akten gebracht

Q 71 Anlage A.[6768]

Aber bevor die Kläger dieses gethan[6769], hatten die Beklagten ebenfalls einen russischen Zolltarif eingeliefert,

Q 70

und als die Kläger diese Einlieferung für unzulässig zu erklären gebeten hatten, wurde diese Bitte zwar durch den Bescheid vom 30. Januar 1834 verworfen,

Q 71/72

6756 Schwer lesbar, vielleicht auch *Q 68 l.*
6757 Oben S. 775 (S. 133 der Akte L I 181).
6758 Am Rand *pagina 53.*
6759 Auslassungen jeweils in der Vorlage (gekürzte Zitate aus dem Urteil des Oberappellationsgerichts).
6760 Am Rand *pagina 54.*
6761 „Beizufügen".
6762 „Rechtsausführung".
6763 Schreibfehler in der Vorlage: *den.*
6764 Am Rand *pagina 55.*
6765 Am Rand *pagina 56.*
6766 „Zu den Berufungsbeschwerden gegen das Urteil des Niedergerichts".
6767 „Entfernung".
6768 In der Akte des Oberappellationsgerichts ist dieser Zolltarif nicht vorhanden.
6769 Am Rand *pagina 57.*

allein jezt baten die Beklagten selbst um Zurückgabe[6770] des von ihnen übergebenen Tarifs,

Q 73

und nachdem die Kläger mit der ihnen darüber nachgelassenen Erklärung waren präkludiert[6771] worden, erfolgte die Zurückgabe dieses von den Beklagten eingelieferten Tarifs in Gemäßheit des Bescheides vom 3. April 1834.

Q 76

[S. 87] Wie endlich die Beklagten mit der ihnen nachgelassenen Erklärung[6772] über die in dem Appellationslibelle der Kläger enthaltene Deduktion aus dem Inhalte des von ihnen überreichten Tarifs eingekommen waren,

Q 77

nachdem sie von dieser Erklärung den Zusatz einer weitern Erörterung über den Appellationslibell hatten entfernen müssen,

Q 72

wurden mittelst Bescheides[6773] vom 10. April 1834 die Akten für beschlossen angenommen und mit dem Schreiben vom 18. desselben Monats an unsre Fakultät zur Einhohlung eines rechtlichen Erkenntnisses versandt.

Urtheilsgründe[6774].

Weil wir so wenig in Betreff der Legitimation als der Förmlichkeiten halber etwas zu erinnern gefunden haben[6775], so kann uns sofort die Hauptsache beschäftigen.

[S. 88] Die

erste Beschwerde

der Kläger und Appellanten wider das niedergerichtliche Erkenntniß vom 27. September 1828, wodurch Beklagte von der Klage entbunden worden, besteht darin,

daß die Thatsachen für unerwiesen erklärt sind, die den Klägern zum Beweise auferlegt waren[6776].

Der Beweissatz beruht auf dem rechtskräftigen Erkenntnisse des Oberappellationsgerichtes vom 12. December 1822[6777] und umfaßt zwei Punkte:

1. Daß der Schiffer Haase wegen der von den Beklagten verladenen Güter oder wegen welcher derselben durch das Revaler Zollamt verurtheilt worden sei.

6770 Am Rand *pagina 58*.
6771 „Wegen Fristversäumung ausgeschlossen".
6772 Am Rand *pagina 59*.
6773 Am Rand *pagina 60*.
6774 Im Gegensatz zu den Relationen und Gutachten des Oberappellationsgerichts sind die Entscheidungsgründe und die Prozessgeschichte hier nicht getrennt. Die am Rand angegebene Seitenzählung der Originalausfertigung zeigt den nahtlosen Fortgang des Textes an.
6775 Am Rand *pagina 61*.
6776 Am Rand *pagina 62*.
6777 Oben S. 430 (S. 537 der Akte L I 22 a).

2. Wie hoch sich die Strafe belaufe[6778], die durch die von jedem einzelnen Beklagten verschifften Güter verwirkt worden ist.

Dagegen begehrte das Beweisurtheil noch keinen Beweis in Ansehung des [S. 89] Schadens, welchen die Kläger erlitten und welchen die Beklagten zu erstatten schuldig seyn mögten. Vielmehr wurde ein Liquidationsverfahren[6779], namentlich eine Einlassung der Beklagten auf den Betrag des geforderten Schadens, vorbehalten. Der Beweis darüber, wie hoch die Strafe wegen der verladenen Güter sich belaufe, wurde nur deshalb sofort mit erfordert, weil das Oberappellationsgericht in seinen Entscheidungsgründen annahm, daß dieser Beweis sich von der Frage, welche Beklagte[6780] zum Schadensersatze pflichtig seien, nicht füglich trennen lasse und durch solchen Beweis das künftige Liquidationsverfahren eine sichere Grundlage gewinne.

ad Q 26 am Ende[6781]

Dieses Zurückführen auf den eigentlichen Umfang des Beweissatzes und den Sinn des Interlokuts[6782] ist nothwendig, um der Darstellungsweise der Beklagten und Appellaten zu begegnen, [S. 90] welche meinen, daß der Beweis verfehlt wäre[6783], wenn die Appellanten nicht bewiesen hätten, daß nur wegen der von den Appellaten verladenen Güter eine Strafe erkannt sei. Die Appellaten behaupten nämlich, daß außer den von ihnen verladenen Gütern noch Güter von einer Menge anderer Personen mit dem Schiffe Dora seien verladen worden und daß nicht blos wegen der von den Appellaten in Fracht genommenen Güter Strafe[6784] und Konfiskation stattgefunden habe. Unter Voraussetzung der Richtigkeit dieser Behauptung, worüber wir freilich eine Erklärung von Seiten der Appellanten vermissen, jedoch in dem von denselben selbst mit ihrer Replik eingereichten Proteste zum Theil den Beweis antreffen,

ad Recessum XVII. Anlagen 4 u. 5[6785].

würde zwar nicht zu bezweifeln seyn, daß der Schaden, welchen die Appellanten durch die Konfiskation[6786] des Schiffes [S. 91] und auf andre Weise erlitten, nicht blos von den Appellaten zu tragen wäre, mithin auch durch Ausmittelung der für die Güter der Appellaten eingetretenen Strafe sich die Größe des von denselben zu ersetzenden Schadens nicht feststellen ließe. Vielmehr würde es nothwendig

6778 Am Rand *pagina 63*.
6779 Am Rand *pagina 64*.
6780 Am Rand *pagina 65*.
6781 Verweis auf die Entscheidungsgründe des Oberappellationsgerichts in der Akte des Obergerichts. Das Oberappellationsgericht schickte nach abgeschlossenem Rechtsstreit nicht nur die Akten an die Vorinstanz zurück, sondern überreichte zugleich das Urteil (Urteilstenor) und die Entscheidungsgründe.
6782 „Des Zwischenurteils".
6783 Am Rand *pagina 66*.
6784 Am Rand *pagina 67*.
6785 Verweis auf die Prozessakte des Niedergerichts.
6786 Am Rand *pagina 68*.

seyn zu wissen, welche von dritten Personen verladenen Güter gleichfalls konfiscirt worden[6787] und wie hoch die deshalb erkannte Strafe sich belaufe.

Allein dieser Punkt steht gegenwärtig noch gar nicht zur Frage. Es gehören vielmehr die darauf bezüglichen Ausstellungen der Appellaten in das vorbehaltene Liquidationsverfahren, sowie umgekehrt die Darstellungsweise der Appellanten, wonnach sie allen Schaden lediglich den Appellaten verrechnen, vor der Hand keine Beachtung verdient[6788]. Dasselbe ist auch in Ansehung derjenigen verbotenen Güter zu sagen, welche etwa der Schiffer selbst oder ein einzelner Rheder mit eingenommen und wegen [S. 92] welcher eine Konfiskation stattgefunden hat. Das Interlokut hat in den Entscheidungsgründen hierauf ausdrücklich Rücksicht genommen, indem dasselbe sagt, in dem künftigen Liquidationsverfahren[6789] mögten die Beklagten darthun, daß von einzelnen der klagend aufgetretenen Rheder selbst Strafen verwirkt und deshalb die Konfiskationen mit eingetreten seien. Sie mögten kurz alles, was sie über die Schadensrechnung zu erinnern fänden, alsdann vorlegen.

ad Q 26 am Ende

Nach diesen Vorbemerkungen wird zu untersuchen seyn,

1.[6790] ob und inwieweit der Beweis geführt worden, daß die Verurtheilung des Schiffers Haase wegen der von den Appellaten verladenen Güter oder wegen welcher derselben geschehen sei. Das russische Departement des auswärtigen Handels hat nun in seinem Atteste vom 10. August 1823 die von den Appellaten verladenen Kollis unter [S. 93] genauer Angabe ihrer Marken, ihres Inhalts und des dafür in öffentlicher Versteigerung gelöseten Preises[6791] für solche erklärt, welche wegen Uebertretung der Zollgesetze konfiscirt worden und wegen welcher zugleich, da sich kein Empfänger gemeldet, die Konfiskation des Schiffes Dora und der Sachen des Schiffers Haase stattgefunden habe. Das Niedergericht hat dessen ungeachtet diesen Theil des Beweissatzes für nicht geführt erachtet, weil das Petersburger Attestat[6792] aus dem Departement des auswärtigen Handels einen Theil der von den Appellaten verladenen Waaren im Belaufe von 5.453 Rubel 47 ¾ Kopeken ausdrücklich für erlaubt erklärt und von der Geldstrafe ausgenommen habe, ohne jedoch diese erlaubten Waaren selbst näher zu bezeichnen. Zur Widerlegung dieses Entscheidungsgrundes haben die Appellanten[6793] darauf Bezug genommen, daß von den 24 Kollis Waaren, welche das Petersburger Attest aufgeführt, dem Mitappellaten Leuenroth nur eine Kiste, [S. 94] gemarkt  No. 124, angeblich mit Sämereien, dem Mitappellaten Hornemann ebenfalls nur eine Kiste, gemarkt ,

6787 Am Rand *pagina 69.*
6788 Am Rand *pagina 70.*
6789 Am Rand *pagina 71.*
6790 Am Rand *pagina 72.*
6791 Am Rand *pagina 73.*
6792 Am Rand *pagina 74.*
6793 Am Rand *pagina 75.*

angeblich mit Sämereien, gehört haben, die übrigen 22 Kollis aber dem Mitappellaten Wildtfanck. Nun sei es aber dem Attestate[6794] und dem später beigebrachten Tarife zufolge ganz gewiß, daß die leuenrothsche wie die hornemannsche Kiste entweder durchaus verbotene Waaren oder doch zur Einfuhr in Reval verbotene Waaren statt der Sämereien enthalten haben und daß der Verkaufspreis für die Waaren in der leuenrothschen Kiste mit 3.569 Rubel 75 Kopeken[6795], für die in der hornemannschen Kiste mit 474 Rubel 20 Kopeken sich aufgeführt finde, wogegen von den wildtfanckschen Gütern 43.075 Rubel ½ Kopeke gelöset worden. Es müßten also die erlaubten Waaren auf Wildtfancks Rechnung kommen, mithin ihr Betrag zu 5.453 Rubel 47 ¾ Kopeken von dieser letzten Summe der 43.075 Rubel ½ Kopeke abge-[S. 95] setzt werden, so daß Wildtfancks Güter mit 37.621 Rubel 52 ¾ Kopeken in Rechnung bleiben.

Q 42, S. 19 und folgende

Diese Ausführung[6796] muß man, vorläufig von der Beweiskraft des mehrerwähnten Attestes abgesehen, für bündig erkennen, und die Appellaten selbst haben dagegen nichts Sachdienliches vorzubringen vermogt. Allein die Appellanten haben mehr eingeräumt, als sie nach Anleitung des Attestes einzuräumen verbunden waren, wenn sie den Verkaufspreis der erlaubten Waaren dem Mitappellaten Wildtfanck[6797] abrechnen und dieses unter der Voraussetzung thun, daß wegen der erlaubten Waaren keine Konfiskation eingetreten sei. Denn das Petersburger Departement des auswärtigen Handels führt

ad Recesum XXXIII., Anlage 8 b, S. 33.

ausdrücklich an, daß in den verzeichneten Kollis sich ein großer Theil von [S. 96] Waaren vorgefunden habe, welche zur Einfuhr in Rußland[6798] zwar erlaubt, jedoch in dem revalschen Hafen verboten und deshalb nach den dortigen Gesetzen der Konfiskation unterworfen gewesen seien. „Wenn auch," so heißt es ferner, „in einigen Kollis außer den verbotenen sich einige zur Einfuhr in den revalschen Hafen erlaubte Waaren befanden, so sind auch diese gleichfalls der Konfiskation unterworfen nach Grundlage des 37. Punktes[6799] des Seezoll-Reglements[6800], weil sie in einem Kollo mit den verbotenen Waaren eingeführt, deren richtige Benennung im Konnossement nicht angegeben und selbst die erlaubten nicht angezeigt waren." Wenn also das Attest von dem Verkaufspreise der erlaubten Waaren spricht, so kann dieses nicht so verstanden werden, als wenn solche Waaren nicht wären konfiscirt

6794 Am Rand *pagina 76*.
6795 Am Rand *pagina 77*.
6796 Am Rand *pagina 78*.
6797 Am Rand *pagina 79*.
6798 Am Rand *pagina 80*.
6799 Am Rand *pagina 81*.
6800 Neues See-Zoll-Reglement, Auf allergnädigsten Befehl Ihro Kayserl. Maj. durch den Druck zu Moscau publiciret. Nach dem Rußischen Original übersetzet, und mit einem Register versehen, St. Petersburg 1731, Art. 37, S. 40–41: „Von Waaren die in andere verdecket".

worden, umso weniger[6801], da nirgends im Atteste [S. 97] eines blos mit erlaubten Waaren angefüllten und nach seinem erlaubten Inhalte richtig im Konnossement bezeichneten Gebindes Erwähnung geschieht.

Es sollten die Appellanten in Gemäßheit des Interlokuts

2. beweisen, wie hoch sich die Strafe belaufe, welche durch die von jedem einzelnen Beklagten verschifften Güter verwirkt worden ist[6802]. Zu diesem Zweck hatten die Appellanten hauptsächlich auf das mehrerwähnte Attest des Departements des auswärtigen Handels vom 10. August 1823 Bezug genommen. Dieses Attest verzeichnet, wie oben bereits angeführt, die von den Beklagten und Appellaten verladenen Kollis, Kisten und Gebinde Stück vor Stück nach Marken, Inhalt und Verkaufspreis. Sodann bemerkt es[6803]: „Nach Grundlage der Handelsverordnung vom Jahre 1811 § 29, 30, 31[6804] sind die Urheber der Einfuhr von verbotenen Waaren einer Geldstrafe von gleichem Werthe der verbotenen Waaren unterworfen."

[S. 98] *ad Recessum XXXIII*, Anlage 8 b, S. 34[6805].

Da nun der Werth der konfiscirten Waaren durch den dafür in öffentlicher Versteigerung[6806] erlangten Preis ausgemittelt erscheint, die Strafe aber dem Werthe gleichkommt, so würde durch jenes öffentliche Attest auch dieser zweite Beweissatz erschöpft seyn. Dagegen hält das vorige Urtheil diesen Theil des Beweissatzes für nicht bewiesen, weil jenes Petersburger Attest keinesweges die Waarenballen, in welchen die erlaubten Waaren vorgefunden, speciell angebe, den Umstand also, von welchem der Beklagten diese erlaubten[6807], von welchen die verbotenen Waaren abgesandt worden, völlig im Dunkeln lasse, mithin auch, wie hoch die gegen jeden einzelnen Beklagten erkannte Strafe sich belaufen habe. Es ist aber bereits oben gezeigt, daß das oft erwähnte Petersburger Attest gar nicht von solchen Waaren redet, die von Konfiskation und Strafe wären ausgenommen gewesen[6808], wenn [S. 99] es gleich den Verkaufspreis der verbotenen von dem der erlaubten sondert und diesen zu 5.453 Rubel 47 ¾ Kopeken, jenen zu 41.665 Rubel 47 ¾ Kopeken angiebt; daß vielmehr die erlaubten Waaren theils deshalb, weil ihre Einfuhr in Reval verboten gewesen, theils darum, weil selbige, mit verbotenen Waaren verpackt oder im Konnossement nicht gehörig verzeichnet worden, das Schicksal der verbotenen Waaren[6809] getheilt haben. Es kommt hinzu, daß, wenn hierüber noch ein Zweifel obwalten könnte, nach der bereits oben mitgetheilten Ausführung der Appellanten

6801 Am Rand *pagina 82*.
6802 Am Rand *pagina 83*.
6803 Am Rand *pagina 84*.
6804 Die Bestimmungen sind zitiert in der Relation von Friedrich Cropp zum ersten Prozess am Oberappellationsgericht, oben S. 280 (S. 424 der Akte L I 22 a).
6805 Verweis auf die Akte des Niedergerichts.
6806 Am Rand *pagina 85*.
6807 Am Rand *pagina 86*.
6808 Am Rand *pagina 87*.
6809 Am Rand *pagina 88*.

der Preis der erlaubten Waaren blos dem Appellaten Wildtfanck zu Gute zu rechnen wäre. Zwar würde bei dieser Berechnungsart und unter der Voraussetzung, daß wegen der zu 5.453 Rubel 47¾ Kopeken verkauften erlaubten Waaren[6810] überall keine Strafe stattgefunden hätte, es im Dunkeln bleiben, wieviel Strafe für jeden einzelnen von Wildtfanck verladenen Waarenballen, verwirkt worden wäre, da man nur die für alle von [S. 100] demselben verschifften Güter verhängte Strafe, im Ganzen zu 37.621 Rubel 52¾ Kopeken kannte[6811]. Allein es ist sehr richtig von den Appellanten bemerkt, daß das Interlokut[6812] nicht zum Beweise verstellt hat, wie hoch die Strafe jedes einzelnen Ballen sich belaufe, sondern daß es nur den Beweis begehrt, wieviel die Strafe betrage, welche jeder einzelne Beklagte durch die von ihm verschifften Güter verwirkt hat. Einen andern Sinn dürfte man dem Beweisurtheile nicht beilegen, da dasselbe die Verbindlichkeit der Beklagten[6813], für ihre Person wegen der verladenen Güter den Klägern zu haften und ohne Rücksicht auf das etwanige Verhältniß der Beklagten als Spediteure zu ihren Kommittenten[6814] anerkannt hat.

Wenn solchemnach diejenigen Gründe, worauf das Erkenntniß des Niedergerichts sich stützt, keine Prüfung aushalten, so wird es nun darauf noch ankommen[6815], die sonst noch in den Akten [S. 101] liegenden Zweifel an der nothdürftigen Erschöpfung des den Appellanten auferlegten Beweises zu entfernen und namentlich den von den Appellaten in diesem Punkte vorgebrachten Ausstellungen zu begegnen. Vorzüglich ist

a) gegen das Zeugniß des Petersburger Departements des auswärtigen Handels vom 10. August 1823 angeführt worden[6816], daß dasselbe der Unterstützung durch die in Bezug genommenen Protokolle bei Sequestrirung[6817] und Eröffnung der Gebinde entbehre, daß es die Auktionsprotokolle der Petersburger Port-Tamoschna[6818] nicht aufgenommen und die Decision des Departements über die Gesammtsumme der von dem Schiffer zu erlegenden Strafe nicht beigebracht habe. Die Appellaten legen hierauf besonders deshalb Gewicht[6819], weil sie von der Voraussetzung ausgehen, als wäre es jezt schon nothwendig auszumitteln, welche

6810 Am Rand *pagina 89*.
6811 Schwer lesbar, möglicherweise auch *kennte*.
6812 Am Rand *pagina 90*.
6813 Am Rand *pagina 91*.
6814 Es bleibt bis zum Schluss des Verfahrens unklar, ob die Beklagten eigene Waren auf der Dora eingeladen hatten oder ob sie als Spediteure für andere Handelshäuser tätig geworden waren. Die Rechtsbeziehungen der Beklagten zu ihren etwaigen Lieferanten spielten im Rechtsstreit keine Rolle und waren für die Entscheidung des Falles auch unerheblich.
6815 Am Rand *pagina 92*.
6816 Am Rand *pagina 93*.
6817 „Beschlagnahme, Sicherstellung".
6818 Port Tamoschna, die Hafenzollbehörde, oben Anm. 6695.
6819 Am Rand *pagina 94*.

anderen Waaren außer den von [S. 102] ihnen selbst verladenen zu der Konfiskation Anlaß gegeben haben.

Q 67, S. 32–33[6820].

Daß es aber darauf in der gegenwärtigen Lages des Processes nicht ankommt, haben wir bereits oben mit Rückblick auf das rechtskräftige Beweisurtheil nachgewiesen. Mithin ist es auch dermalen von keinem Einfluß,[6821] daß das gedachte Petersburger Attest selbst und zwar in den Worten

„Auf dem ... Schiffe Dora ... sind unter anderen ... Waarenkolli ..... eingeführt“[6822]

darauf hinweiset, daß außer den in Frage befangenen Waaren der Appellaten noch andere Waaren in dem Schiffe Dora sich befunden haben.

Im Übrigen[6823] kann auf die gerügten Mängel nichts ankommen. Es ist nicht nur zu vermuten, sondern auch nach allen vorliegenden Umständen nicht zu bezweifeln, daß das [S. 103] Departement des auswärtigen Handels sein Attest auf die ihm vorliegenden Akten gegründet habe. Die Protokolle über die Sequestrierung und Eröffnung der Waarenballen sowie das Protokoll über den öffentlichen Verkauf der Waaren[6824] müssen dem Departement vorgelegen haben, wenn es rechtlicher Weise, was bei einer öffentlichen und hohen Behörde zu vermuten ist, das besagte Attest auszustellen sich im Stande fühlen sollte. Daß aber die Protokolle, woraus das Attest seine Angaben geschöpft, nicht beigebracht sind, ist darum unerheblich, weil in der jetzigen Lage des Processes der Überblick über die volle, der Konfiskation[6825] etwa unterworfen gewesene Ladung des Schiffes Dora nicht nothwendig wird und weil hievon abgesehen weder die Kläger noch die Beklagten befugt sind, aus den Akten des Departements des auswärtigen Handels ein Mehreres zu erfahren, als was sie selbst betrifft. Den hier aber [S. 104] in Frage befangenen Auszug aus den Protokollen liefert das Attest, indem es[6826] die Waarenballen nach Signatur, Inhalt und Auktionspreis Stück vor Stück angiebt.

b) Gegen diejenigen Urkunden, welche die Kläger außer dem bisher erörterten Atteste des Departements des auswärtigen Handels beigebracht, sind mehrfache Einwendungen vorgetragen. Diese Urkunden sind: Das Journal der revalschen Tamoschna vom 31. Januar 1818, das Attestat des Zollverwalters Wrangel[6827] vom 21. März 1818 und das Zeugniß der revalschen Tamoschna vom 19. Juli 1823 nebst dem russischen Zolltarif vom Jahre 1816. Da indessen das Attestat des Departements des auswärtigen Handels als derjenigen Behörde, welche in höchster

6820 Verweis auf die Akte des Obergerichts.
6821 Am Rand *pagina 95*.
6822 Alle Auslassungen in der Vorlage.
6823 Am Rand *pagina 96*.
6824 Am Rand *pagina 97*.
6825 Am Rand *pagina 98*.
6826 Am Rand *pagina 99*.
6827 Am Rand *pagina 100*.

Instanz über die in Frage befangene Ladung zu verfügen gehabt hat, den Beweissatz nothdürftig erschöpft, indem selbiges [S. 105] die konfiscirten Waaren[6828] verzeichnet und durch die Angabe des dafür gelöseten Auktionspreises die von dem Schiffer Haase in Ermangelung von Empfängern verwirkte Strafe feststellt, so erscheinen die wider jene übrigen Urkunden vorgeschützten Bemerkungen nur von geringerer Bedeutung. Die revalschen Attestate rühren blos von untergeordneten Behörden her. Die Waaren selbst[6829] wurden nicht einmal in Reval verkauft. Nach der ersten Beschlagnahme blieb alles Übrige, namentlich die Entscheidung über die Konfiskation und den Verkauf der konfiscirten Güter, dem Petersburger Departement des auswärtigen Handels vorbehalten. Wenn nun allerdings die Zeugnisse der revalschen Zollbehörde geeignet sind, das Petersburger Attest darin, daß das Schiff Dora[6830] und der größte Theil der Ladung konfiscirt worden, zu unterstützen, so sind sie doch nach der Natur des Verhältnisses, in welchem [S. 106] die Revaler Tamoschna zu dem Handelsdepartement steht, und nach dem Geschäftskreise, welchen selbige in der vorliegenden Sache zu beobachten hatte, gar nicht geeignet, die Angaben des Handelsdepartements über die konfiscirten Waarenballen und deren Verkaufspreis zu entkräften[6831]. Was nun aber die einzelnen Ausstellungen betrifft, so ist aa) das Journal der Revaler Tamoschna vom 31. Januar 1818 zwar nur in einer deutschen Übersetzung beigebracht. Allein es ist kaum anzunehmen, daß selbige von einem unbeeidigten Übersetzer herrühre[6832], da der öffentliche Notar Pindol nicht blos die Übereinstimmung mit dem ihm vorgelegten russischen Original bezeugt, sondern zugleich seine Anstellung[6833] für die auswärtigen Geschäfte in der Residenz St. Petersburg. Seinem Inhalte nach bekräftigt das Journal unverkennbarerweise das Attest des Departements des auswärtigen Handels, indem daraus die Sequestration des Schiffes Dora mit dessen Ladung hervor- [S. 107] geht, wenn es auch im Übrigen über die einzelnen Ballen weder nach Inhalt noch nach Werth[6834], auch nicht über die endliche Entscheidung der obern Behörde Auskunft giebt.

bb) Das Attest des Zollverwalters Wrangel vom 21. März 1818[6835] bestätigt das, was im Journale der Tamoschna bezeugt wird, nämlich die Konfiskation des Schiffes und derjenigen Waaren, deren Eigentümer der Schiffer nicht nahmhaft

6828 Am Rand *pagina 101*.
6829 Am Rand *pagina 102*.
6830 Am Rand *pagina 103*.
6831 Am Rand *pagina 104*.
6832 Hier geht es um die Anforderungen der gesetzlichen Beweistheorie.
6833 Am Rand *pagina 105*.
6834 Am Rand *pagina 106*.
6835 Das Attest von Johann von Wrangel spielt im ersten Verfahren vor dem Oberappellationsgericht eine besondere Rolle, Hinweise schon oben bei Anm. 120.

gemacht, desgleichen, daß nach der Handelsverordnung vom 26. Juni 1817[6836] § 29, 30 und 32[6837] ebensoviel an Strafe zu erlegen sei, als der Werth der zu verkaufenden Waaren betrage, ein Umstand, welcher gleichmäßig auch in dem Petersburger Atteste bezeugt wird. Daß das Wrangelsche Attest aber nicht sagt, daß nur die darin aufgeführten Gebinde mit verbotenen Waaren angefüllt gewesen, ebensowenig, daß ihr Inhalt wirklich verboten gewesen, schwächt nicht die Beweiskraft[6838] an sich. Ebenfalls unerheblich ist die Ausstellung, daß in dem Atteste auch einige an namhafte[6839] Personen [S. 108] addressirte Kollis sich aufgeführt finden. Denn wenngleich das Attest sein Verzeichniß der angehaltenen Kollis mit der Bemerkung anfängt, dieselben hätten sich in Konnossementen an Ordre befunden, so hat es doch bei den einzelnen Kollis jedesmal gesagt, ob sie an Ordre verladen oder an namhafte Personen[6840] addressirt gewesen sind, mithin eben dadurch selbst die vorangestellte Bemerkung auf eine zureichende Weise beschränkt. Auch ist es keine Unrichtigkeit, wenn es darin heißt, daß der Schiffer Haase dem Gerichte übergeben gewesen sei. Dieses ist ebenfalls durch das Journal der revalschen Zollbehörde bezeugt, wenn es darin S. 6 am Ende heißt:

> „Da aber keines[6841] von den hiesigen Handelshäusern die lübeckischen Schiffer Haase und Adler[6842] in Bürgschaft zu nehmen sich erboten hat, so hat das Zollamt ...[6843] sich den 3. October an den hiesigen Polizeimeister, den Oberstlieutenant Tolle, gewandt, damit die Schiffer [S. 109] Haase und Adler unter Aufsicht der Polizey genommen würden[6844], damit sie bis zur Entscheidung der Sache über die von ihnen auf Ordre aus Lübeck gebrachten verbotenen Waaren sich nirgends aus der Stadt entfernen oder verbergen könnten und jedesmal, wenn es erforderlich wäre, zur Erscheinung im Zollamte bereit waren."

Es wird hinzugesetzt:

> „Hierauf[6845] erhielt das Zollamt den 15. October von der Hafenexpedition einen Rapport, daß der lübeckische Schiffer Haase, führend das Schiff Dora, indem er sich auf demselben befand, den 14- plötzlich (nach Aussage eines Arztes) am Schlage gestorben sei."

6836 Unklarer Hinweis. Ansonsten geht es in den Schriftsätzen immer um ein Zollgesetz von 1811 und einen Zolltarif von 1816. Die Jahreszahl 1817 findet sich ebenfalls in der zweiten Abschrift der Kieler Entscheidungsgründe, unten S. 920 (S. 268 der Akte).

6837 Am Rand *pagina 107*.

6838 Am Rand *pagina 108*.

6839 „Namentlich bekannte" Personen.

6840 Am Rand *pagina 109*.

6841 Am Rand *pagina 110*.

6842 Mehrfache Hinweise auf den Schiffer Johann Diedrich Adler im ersten Verfahren vor dem Oberappellationsgericht, insbesondere oben S. 215 (S. 265 der Akte L I 22 a).

6843 Auslassung in der Vorlage.

6844 Am Rand *pagina 111*.

6845 Am Rand *pagina 112*.

ad Recessum XVII, Anlage 3[6846].

Mithin läßt sich die Wrangelsche Bemerkung[6847] recht füglich in dem Sinne verstehen, daß der Schiffer Haase zur gerichtlichen Verantwortung gezogen [S. 110] gewesen ist, welche dann aber, weil er bald nachher gestorben, keinen Fortgang gehabt hat[6848].

Dagegen haben die Beklagten mit Grund eine andre Unrichtigkeit hervorgehoben. In dem Wrangelschen Atteste vom 21. März 1818

ad Recessus I, Anlage 1, S. 3.

werden unter den[6849] konfiscirten verbotenen, in St. Petersburg zu verkaufenden Waaren aufgeführt: drei Kisten, gemäß  No. 1–3, abgeladen von Jacob Behrens in Lübeck an Ordre. Hingegen in einem von den Beklagten beigebrachten Zeugnisse des Zollverwalters Wrangel vom 16. April 1819 wird bescheinigt, daß drei Kisten, gem.  No. 1–3, welche das Schiff Dora geladen, von dem Kaufmann Nottbeck[6850] angegeben und von ihm in Empfang genommen worden.

ad Recessum XVI., Anlage 2.

Daß hier dieselben Kisten gemeint sind, stellen die Kläger nicht in Abrede, [S. 111] und daß unter dieser Voraussetzung das erste Zeugniß etwas Unrichtiges attestirt, ergiebt sich aus dem zweiten, weil dieses besagt, daß Nottbeck bereits am 28. August 1817 die Waaren, welche sich in jenen Kisten vorgefunden, empfangen habe[6851], mithin längst vor dem 21. März 1818, dem Tage des ersten Wrangelschen Zeugnisses. So erheblich aber auch dieser Widerspruch unter den beiden wrangelschen Zeugnissen ist, so wäre darum doch nicht aller Glaube dem ersten, von den Klägern beigebrachten Atteste abzusprechen, weil ein Irrthum in einzelnen Stücken möglich bleibt, selbst wenn im Ganzen an der Wahrheit des Bezeugten[6852] nicht zu zweifeln ist, auch die Beklagten, denen es doch möglich geworden, die hier erörterte Unrichtigkeit aufzuklären, nichts beigebracht haben, um die übrigen Angaben des Zollverwalters Wrangel zu entkräften. Allein es [S. 112] kommt auf diese Angaben nichts an, da das Petersburger Attest zur Vollführung des den Klägern auferlegten Beweises genügt und dieses wrangelsche Attest[6853] nur insofern noch zur Sprache kommt, als es dazu geeignet ist, das Petersburger Attest zu unterstützen oder doch den etwanigen Zweifel, ob dieses auch in der Wahrheit gegründet sei, zu entfernen.

cc) Daß[6854] Zeugnis der revalschen Port-Tamoschna vom 19. Juli 1823, in öffent-

---

6846 Verweis auf die Akte des Niedergerichts.

6847 Am Rand *pagina 113*.

6848 Mit diesem Hinweis auf die russische Urkunde versucht die Juristenfakultät Kiel die bis dahin unklaren Andeutungen auf den Arrest des Schiffers und seine Todesumstände aufzuhellen.

6849 Am Rand *pagina 114*.

6850 Am Rand *pagina 115*.

6851 Am Rand *pagina 116*.

6852 Am Rand *pagina 117*.

6853 Am Rand *pagina 118*.

6854 Offensichtlich Schreibfehler für *Das*.

licher Form von dem Kollegienrathe Koch, Mitglied der Tamoschna, ausgestellt, bekräftigt ebenfalls das[6855] Attest des Departements des auswärtigen Handels in Betreff der Konfiskation der hier in Frage befangenen Ladung und des Schiffes. Widersprüche, wie die Beklagten vorgeben, enthält dieses Zeugniß nicht. Denn daß es unter denjenigen Waarenballen, [S. 113] welche an Ordre verladen gewesen, einige an Gerdau et Comp.[6856] addressirte Kollis mit aufführt, ist nur eine Art von Fehler[6857] in der Fassung, aber sonst in jedem Betracht ohne Nachteil, da der Umstand, daß jene Kollis an Gerdau et Comp. addressirt gewesen, ausdrücklich angeführt wird.

Außer diesen die einzelnen Documente betreffenden Rügen haben die Beklagten und Appellaten noch mehrere Ausstellungen aus der Vergleichung der Dokumente miteinander abgeleitet.

Q 67, S. 33 folgende[6858]

Allein[6859] es ist nichts angeführt, um die Beweiskraft des hauptsächlich hier in Betracht kommenden Dokumentes, des Attestes des Departements des auswärtigen Handels, wankend zu machen. Auch sind die Vorwände gegen die übrigen Urkunden nicht von der Erheblichkeit, um diesen alle adminikulirende[6860] Beweiskraft zu [S. 114] nehmen, obgleich es nicht einmal nöthig ist[6861], daß das Petersburger Attest annoch durch andere Beweismittel unterstützt werde. In der Hauptsache kommen die Appellaten immer wieder auf den Satz zurück, daß die vorliegenden Urkunden nicht volle Ladung des Schiffes Dora angeben und daß die Appellaten, da sie nicht solidarisch für die übrigen Ablader hafteten, nicht einzig und allein den durch die Konfiskation des Schiffes verursachten Schaden zu tragen haben. Doch dieser Satz ist in seiner[6862] Unerheblichkeit für die dermalige Proceßlage bereits oben zureichend beleuchtet worden.

Endlich

dd) den russischen Zolltarif betreffend, welchen die Appellanten in der jetzigen Instanz zu den Akten gebracht haben,

Q 71. Anlage A.[6863]

so ist derselbe von den Appellanten [S. 115] dazu benutzt worden um nachzuweisen, welche Waaren theils überhaupt, theils zur Einfuhr in Reval im Jahre 1817

6855 Am Rand *pagina 119*.

6856 Zahlreiche Hinweise auf die Firma Gerdau bzw. Gardau im ersten Verfahren vor dem Oberappellationsgericht, z. B. oben S. 102 (S. 36 der Akte L I 22 a).

6857 Am Rand *pagina 120*.

6858 Verweis auf die Akte des Obergerichts.

6859 Am Rand *pagina 121*.

6860 „Unterstützende, zur Hand gehende".

6861 Am Rand *pagina 122*.

6862 Am Rand *pagina 123*.

6863 Der Zolltarif befindet sich nur in den Akten des Obergerichts und nicht in denen des Oberappellationsgerichts.

verboten gewesen sind[6864], eine Nachweisung, welche zwar zur Bestimmung des Verhältnisses zwischen den noch übrigen drei Beklagten und Appellaten benutzt werden[6865], im Grunde genommen aber nach dem oben unter No. 1 und 2 Ausgeführten von keiner Bedeutung, am wenigsten nothwendig ist, da das Petersburger Attest ausreicht. Allein gesetzt, es wäre der Zolltarif noch zur Unterstützung des den Klägern obliegenden Beweises nothwendig[6866], so würden doch die dawider gemachten Einwendungen nicht von dem Gehalte seyn, um dem Tarife die nothdürftige Beweiskraft zu nehmen. Es liegt in der Natur der Druckschriften, daß sie den Stempel der Echtheit nicht an sich tragen, wenn nicht geschriebene Schrift und Siegel hinzukommt[6867]. Dagegen ist es üblich, Druckschriften für das zu [S. 116] nehmen, wofür sie sich ankündigen[6868], und wenn auch der von den Appellanten eingereichte Abdruck weder den Druckort enthält noch als officielle Ausgabe sich darstellt, so ist doch nicht zu vermuten, daß der Abdruck etwas Falsches in sich faßt, namentlich daß das hintenan gedruckte Imprimatur des Censors Hofrath Sohr eine Fälschung enthält, da der Drucker im Fall einer Arglist im Abdruck eines Zolltarifs[6869] sich eines schweren Verbrechens schuldig gemacht haben würde. Selbst die Anonymität des Verfassers und des Druckers ist bei Schriften dieser Art[6870] nicht ganz ungewöhnlich. Hauptsächlich aber ist zu erwägen, daß die Appellaten die Falschheit oder Irrigkeit der in dem Tarife enthaltenen Angaben, soweit die Appellanten darauf Gewicht gelegt haben, nicht behaupten und daß es ihnen ein Leichtes[6871] gewesen wäre, eine solche Behauptung, wäre sie nur [S. 117] vorgetragen und gegründet, darzuthun. Freilich könnte das Gericht schon von richterlichen Amts wegen wie auch in den Gründen des Erkenntnisses, welches die Beibringung dieses Tarifes gestattete, ausgesprochen ist, die russischen Zollgesetze ermitteln[6872]. Allein es ist nach Lage der Sache eine solche officielle Ermittelung, die mit erheblichen Kosten[6873] und mit Verzögerung verknüpft seyn würde, als überflüssig zu vermeiden.

Dieser Ausführung zufolge haben wir die erste Beschwerde der Appellanten für begründet und den denselben auferlegten Beweis für notdürftig geführt gehalten,

---

6864 Am Rand *pagina 124*.
6865 Offenbar Grammatikfehler.
6866 Am Rand *pagina 125*.
6867 Abermals ein Hinweis auf die gesetzliche Beweistheorie. Es geht um die Frage, ob die üblichen formalen Anforderungen an beweiskräftige Urkunden auch gegenüber Druckschriften angelegt werden dürfen.
6868 Am Rand *pagina 126*.
6869 Am Rand *pagina 127*.
6870 Halbamtliche Ausgaben von Gesetzestexten erschienen oft ohne namentlich genannten Herausgeber.
6871 Am Rand *pagina 128*.
6872 Das Gericht ist also berechtigt, ausländische Rechtsnormen selbständig zu erforschen, ist dazu aber nicht verpflichtet.
6873 Am Rand *pagina 129*.

versteht sich, mit vorläufiger Ausschliessung desselben, was zum Liquidationsverfahren[6874] gehört und darin zu beweisen seyn wird.

Anlangend die[6875]

zweite Beschwerde,

daß die Verurtheilung der von der Klage annoch ergriffenen drei Verlader nicht allgemein [S. 118] ausgesprochen ist, unter etwanigem Vorbehalte näherer Liquidation des Schadens und der Vertheilung des Ersatzes unter die drei bekannten Verlader nach Maaßgabe des Quanti[6876] der von ihnen verladenen verbotenen[6877] Waaren[6878],

so kann eine Verurtheilung in[6879] diesem Sinne, obwohl der den Klägern und Appellanten zur Zeit obgelegene Beweis für geführt erachtet worden, nicht erfolgen. Abgesehen nämlich davon, daß es erst in dem künftigen Liquidationsverfahren müßte ermittelt werden, ob gerade die drei Beklagten und Appellaten[6880] es sind, denen allein ein Beitrag zu dem fraglichen Schaden obläge, so bleibt doch die Verurtheilung zum Schadensersatze selbst unter Vorbehalt der Liquidation von der Frage abhängig, ob und inwiefern der den Appellaten vorbehaltene[6881] indirekte Gegenbeweis geführt worden. Die Appellaten haben nun, wie oben in der Proceßgeschichte bemerkt, [S. 119] den Theil des Gegenbeweises, daß die fragliche Strafe[6882] mit Unrecht erkannt worden, nicht angetreten. Hingegen haben sie zu beweisen versucht,

daß dem Schiffer Haase die unfreie Qualität der in Frage stehenden Waaren bei Uebernahme derselben bekannt gewesen sei[6883].

Diesen Beweis haben die Appellaten zunächst durch Zeugen, eventuell[6884] durch Eideszuschiebung zu führen unternommen[6885]. Das vorige Urtheil[6886], indem es den den Klägern und Appellanten auferlegten Beweis für mislungen erklärte, sprach sich dahin aus, daß es auf jenen Beweis der Einrede nicht weiter ankomme, ließ jedoch mit einfliessen, daß eben dieser Beweis,

6874 „Schadensberechnungsverfahren".
6875 Am Rand *pagina 130*.
6876 Am Rand *pagina 131*.
6877 Wort über der Zeile eingefügt.
6878 Gemeint ist eine Verurteilung der Beklagten, bei der die anteilige Schadensersatzsumme gegenüber den Klägern dem Verhältnis der in Reval und St. Petersburg angefallenen Strafgelder entspricht.
6879 Wort über der Zeile eingefügt.
6880 Am Rand *pagina 132*.
6881 Wort über der Zeile eingefügt.
6882 Am Rand *pagina 133*.
6883 Falls der Schiffer Haase gewusst hatte, dass er Schmuggelgut mit sich führte, hätten die Beklagten ihre Aufklärungspflichten nicht verletzt oder wäre dies zumindest nicht ursächlich für den eingetretenen Schaden geworden.
6884 „Hilfsweise".
6885 Am Rand *pagina 134*.
6886 Urteil des Lübecker Niedergerichts.

insofern er durch Zeugen versucht ist, selbst abgesehen von den die Glaubwürdigkeit dieser Zeugen schwächenden[6887] Thatsachen und abgesehen von den Widersprüchen, die aus einer Vergleichung [S. 120] der Aussage des einen mit den Depositionen des andern Zeugen sich entwikkele, schon um deswillen für verfehlt zu achten, weil beide Zeugen nicht zu behaupten vermögen, daß die unfreie Qualität der gerade hier in Frage stehenden Waaren dem Schiffer[6888] bekannt gemacht oder bekannt gewesen sei.

Daß aber diese Aeußerung des *Iudicii a quo*[6889] zum Nachtheil der Appellaten nicht in Rechtskraft übergehen könne, wie die Appellanten meinen, bedarf keiner ausführlichen Entwickelung. Entscheidungsgründe können unter Umständen zwar ebensowohl die Rechtskraft beschreiten[6890] als der dispositive Theil der Sentenz[6891], dem sie zur Unterstützung dienen. Hier aber verhält sich jene Aeußerung nicht als ein Grund dessen, was der Richter erkannt hat, denn das Erkenntniß geht dahin, daß es auf den Beweis der Einrede nicht weiter ankommt, und zwar deshalb nicht weiter ankommt, weil der Beweis der Klage für mislungen erklärt wurde[6892]. Jene Aeußerung [S. 121] schweift also offenbar über das Erkenntniß hinaus, kann folglich auf keine Weise als ein nothwendiger Vordersatz eines richterlichen Spruches angesehen und deshalb der Rechtskraft unterworfen werden[6893].

Bleibt demnach in der gegenwärtigen Instanz der indirekte Gegenbeweis noch immer zu würdigen, so ergiebt sich doch, daß er nicht so weit geführt worden[6894], um die Appellaten zum Erfüllungseide zuzulassen oder auch nur den Reinigungseid den Appellanten aufzuerlegen. Die vorgeschlagenen zwei Zeugen Minlos[6895] und Petersen[6896] haben zwar ausgesagt, daß dem Schiffer Haase bekannt gewesen, daß die fragliche Ladung des Mitappellaten Wildtfanck theilweise in Kontrabande bestanden habe und daß ein Theil der Waaren ausgepackt und dem Schiffer vorgelegt worden. Allein beide Zeugen[6897] erinnern sich nicht mehr[6898] der Nummern und Marken der einzelnen Kollis, welche gerade in diesem Processe in Frage stehen.

6887 Am Rand *pagina 135*.
6888 Am Rand *pagina 136*.
6889 „Des vorinstanzlichen Gerichts".
6890 Am Rand *pagina 137*.
6891 Gemeint ist der Urteilstenor. Zur zeitgenössischen Diskussion um die Funktion von Entscheidungsgründen und ihr Verhältnis zum Tenor bereitet Clara Günzl eine größere Untersuchung vor.
6892 Am Rand *pagina 138*.
6893 Modern gesprochen erkennt die Juristenfakultät ein obiter dictum und spricht ihm die maßgebliche Bedeutung für die Entscheidung des Falles ab.
6894 Am Rand *pagina 139*.
6895 Die Zeugenaussagen von Minlos und Petersen sind nicht in der Akte des Oberappellationsgerichts überliefert. Der Hinweis auf den Kaufmann Minlos findet sich bereits in der Berufungserwiderung der Beklagten in einem früheren oberappellationsgerichtlichen Verfahren, oben S. 652 (S. 84 der Akte L I 161).
6896 Vermutlich der oben erwähnte Kontorgehilfe Petersen, oben S. 652 (S. 85 der Akte L I 161).
6897 Am Rand *pagina 140*.
6898 Die Vorfälle, um die es geht, spielten sich 1817 ab und lagen zum Zeitpunkt der Zeugenvernehmung viele Jahre zurück.

Testis I. *ad Interrogationes.* 4. 7.[6899]

ad articulum 1.

ad Interrogationem 5. ad articulum 2.

ad Interrogationem 3. ad articulum 3.

ad Recessum XXXXVIII in der Anlage +

[S. 122] *Testis* 2. *ad Interrogationes* 4. 7. *ad articulum* 1.

ad Interrogationem 2. ad articulum 2.

ad Interrogationes 1–5. ad articulos 1 et 2.

ad interrogationem 5. ad articulum 3.

ad Recessum XXXXVIII. in der Anlage[6900].

Daß nicht alle von Wildtfanck[6901] verladenen Waaren ausgepackt worden, sagen beide Zeugen.

Testis 1 ad Interrogationem 1. ad articulum 4.

Testis 2 ad Interrogationem 1. ad articulum 2.

Daß einzige Kollo, dessen sich der Zeuge Minlos nach Mark und Nummer als eines ausgepackten und dem Schiffer vorgelegten erinnert, ist gerade ein solches, welches nicht mehr in Betracht kommt, weil dasselbe an Gerdau addressirt, zu der Konfiskation[6902] nicht beigetragen hat, nämlich das Kollo  No. 19.

Testis 1 ad Interrogationem 2. ad articulum 4.

vergleiche mit *Interrogatione 7. ad articulum 1.*

Dem Zeugen Petersen ist es sogar wahrscheinlich, daß die ausgepackten und dem Schiffer vorgelegten Waaren (welche derselbe in Paketen und kleinen Kisten mitgenommen und worüber er bloße Recieve[6903] ausgestellt) nicht zu [S. 123] den in Frage befangenen größeren Kollis und Gebinden gehört hätten[6904].

ad Interrogationem 5. ad articulos 1. et. 2.

Da es nun nach der Natur der Sache[6905] und in Gemäßheit der ausdrücklichen Worte des Interlokuts auf den Beweis ankommt, daß dem Schiffer Haase die unfreie Qualität „der in Frage stehenden Waaren" bekannt gewesen sei, so haben die genannten beiden Zeugen in der Hauptsache zu Gunsten des Mitappellaten Wildtfanck nichts Erhebliches[6906] ausgesagt; daher es auch einer Prüfung dessen, was gegen die Glaubwürdigkeit der Zeugen vorgebracht ist, nicht weiter bedarf.

6899 Das Zeugenverhör ist nicht Teil der Akte. Die Verweise beziehen sich auf die Akte des Niedergerichts. Um welche Fragen es genau geht, erschließt sich nicht. Im gemeinen Recht unterschied man zwischen Interrogationen und Beweisartikeln. Hierbei stammten die Beweisartikel vom Beweisführer, dem sog. Produzenten, die Interrogatorien vom Beweisgegner, dem sog. Produkten, dazu Christoph Martin, Lehrbuch des Teutschen gemeinen bürgerlichen Processes, 10. Aufl. Heidelberg 1827, § 196, S. 333–334, § 198, S. 337–338.

6900 Danach ein Sonderzeichen für die Anlage.

6901 Am Rand *pagina 141.*

6902 Am Rand *pagina 142.*

6903 „Empfangsbekenntnisse".

6904 Am Rand *pagina 143.*

6905 Zur Natur der Sache als zeitgenössischem Argument oben Anm. 176.

6906 Am Rand *pagina 144.*

Über die von den beiden Mitappellaten Leuenroth und Hornemann verladenen Waaren sind jene Zeugen gar nicht vernommen, können also für selbige gar nicht einmal angeführt werden. Und was noch durch mehrere andere[6907] Zeugen ausgesagt ist, theils daß der Schiffer Haase schon im Jahre 1815 wegen Kontrabandirens aus Rußland habe flüchten müssen, theils daß derselbe im Jahre 1817 heimlich in der Nacht Waaren nach Reval eingebracht,[6908]

ad Recessum XXXIX. in der Anlage

verdient keine sonderliche Beachtung, weil es einestheiles nicht darauf ankommt, ob Haase schon in frühern [S. 124] Zeiten sich mit dem Einschmuggeln abgegeben[6909], andherntheils es selbst von den Appellanten nicht in Abrede gestellt wird, daß er von den Appellaten kleinere Pakete und Kisten, worüber er Recieve ausgestellt, zum[6910] möglichen Einschwärzen mitgenommen hat.

ad Recessum LIX, S. 57.

Daß aber, worauf hier alles beruht, gerade die in Frage befangenen Kollis und Gebinde nach ihrem verbotenen Inhalte dem Schiffer Haase bekannt gewesen[6911], diesen Umstand hat kein einziger Zeuge zu erhärten vermogt.

Solchemnach würde den Appellaten zur Führung des indirekten Gegenbeweises nur noch die eventuell zur Hand genommene Eideszuschiebung zu Gebote stehen. Diese würde nicht zulässig seyn, wenn die Appellanten bereits das Gegentheil dessen, was ihnen zu beschwören angesonnen wird, dargethan hätten[6912]. Nun ergiebt sich zwar aus den von den Appellaten edirten[6913] Konnossementen über die verladenen Waarenballen, daß selbige von dem Schiffer Haase mit der Bemerkung unterzeichnet worden, daß ihm der Inhalt unbekannt sei.

ad Recessum XXXXIV.

ad Recessum XXXXVII[6914].

[S. 125] Allein eine solche Bemerkung[6915] ist nicht geeignet, für ausgemacht wahr zu gelten, selbst wenn wie hier die Konnossemente mit einer solchen Bemerkung von den Appellaten als Verladern angenommen sind. Ihrer Natur nach dienen Konossemente zu einem Gebrauche, der sich über die Personen des Abladers und des Schiffers hinaus erstreckt. Ist namentlich eine Einschmuggelei beabsichtigt, so ist nichts natürlicher[6916], als daß der Schiffer, welcher mit den Zollbehörden am Orte der Bestimmung zu thun hat, sich für den Fall der Entdeckung der Kontrabande als

6907 Am Rand *pagina 145*.
6908 Weitere Zeugenaussagen zu diesen Vorfällen oben ab S. 208 (S. 253 der Akte L I 22 a).
6909 Am Rand *pagina 146*.
6910 Wort über der Zeile eingefügt.
6911 Am Rand *pagina 147*.
6912 Am Rand *pagina 148*.
6913 „Gerichtlich vorgelegten“.
6914 Alle Verweise auf Rezesse beziehen sich auf die Akte des Niedergerichts.
6915 Am Rand *pagina 149*.
6916 Am Rand *pagina 150*.

unschuldig darzustellen sucht, daß er also die Konnossemente mit der Bemerkung unterzeichnet, ihm sei der Inhalt der Kollis unbekannt[6917]. Ob nun die in Frage befangene Bemerkung eine wahrhafte oder eine zum Schein geschriebene ist, wird sich durch den Eid ausweisen[6918]. An sonstigen Gründen aber, weshalb der den Appellanten angetragene Glaubenseid unzulässig seyn sollte, mangelt es durchaus. Denn wenn auch die Appellanten kurz berühren, daß die Eideszuschiebung über *facta aliena*[6919] unzulässg sei,

ad Recessum LIX, S. 58.

so ist es doch ein in der Praxis unbezweifelt herrschender Grundsatz, daß über die Handlungen [S. 126] des Erblassers wie des Mandatars[6920] oder eines solchen, der in einem ähnlichen Verhältnisse sich befand, ein Glaubenseid kann zugeschoben werden. Die Appellanten aber sind theils die Erben, theils die Rheder des verstorbenen Schiffers Haase. Doch hier kann überall nur die Rede davon seyn, ob die fragliche Eideszuschiebung überhaupt nicht stattfindig erscheine. Über die Art und Weise der Fassung des Eides[6921] wird erst nach eingezogener Erklärung der Appellanten dürfen geurtheilt werden.

Solchemnach ist zuvörderst eine Erklärung über den Glaubenseid, welchen die Appellaten eventuell den Appellanten zugeschoben, aufzuerlegen gewesen, ehe ein Erkenntniß in der Sache selbst, wie es die Appellanten[6922] in ihrer zweiten Beschwerde wünschen, stattfinden kann.

Mit der

dritten Beschwerde

daß der Richter voriger Instanz die Beweismittel übersehen, deren Daseyn sich erst aus den Zeugenaussagen entwickelt und daß er deren Edition, obschon von den Klägern begehrt, dem Appellaten Wildtfanck [S. 127] nicht aufgelegt hat[6923],

konnten die Appellanten einen doppelten Zweck verbunden haben. Insofern diese eventuelle Beschwerde darauf gerichtet ist, den Appellanten für den Fall, daß ihre erste Beschwerde keinen Beifall fände, noch mehrere Beweismittel zur Führung des Hauptbeweises zu verschaffen, erscheint selbiger nunmehr von selbst hinfällig, nachdem wir den den Appellanten[6924] auferlegten Hauptbeweis für geführt erachtet haben. Es könnte aber auch zur Frage gelangen, ob jene Beweismittel, deren

6917 Der Referent der Kieler Juristenfakultät zeigt hier seine Kenntnis der Handelspraxis, wonach der Schiffer sich bei Schmuggeleigeschäften im Voraus schützen musste.
6918 Am Rand *pagina 151*. Der Schiffer selbst war bereits seit Jahren tot, es ging lediglich um einen Eid seiner Hinterbliebenen und ggf. der Reeder.
6919 „Fremde, nicht selbst wahrgenommene Tatsachen“.
6920 „Des Beauftragten“. – Am Rand *pagina 152*.
6921 Am Rand *pagina 153*.
6922 Am Rand *pagina 154*.
6923 Am Rand *pagina 155*.
6924 Am Rand *pagina 156*.

Edition noch begehrt wird, vielleicht dazu geeignet wären, die Eideszuschiebung zu beseitigen. Dieses wäre blos in dem Falle denkbar, da sie den vollkommensten Beweis enthielten[6925], daß der Schiffer Haase mit der unfreien Eigenschaft der verladenen Waarenballen unbekannt geblieben sei. Allein einerseits haben die Appellanten selbst die zu edirenden Papiere blos für den Beweis, der ihnen oblag, als wichtig betrachtet, zunächst um darzuthun, daß die Wildtfankschen Kollis verbotene Waaren enthalten haben.

Q 42, S. 36, 37[6926].

Andererseits ist nicht abzusehen[6927], wie die angeregten Papiere[6928] zum Besten der Appellanten [S. 128] gegenbeweislich darzuthun vermögten, daß der Schiffer Haase bei der Verladung keine Kenntniß davon, daß die Kollis verbotene Waaren enthielten, gehabt habe. Die desiderirten[6929] Papiere sind nämlich theils eine Instruction an den Schiffer oder vielmehr, wie der Zeuge Minlos sagt, eine Specification[6930] der verladenen Kollis mit der Anweisung, diese oben aufzuladen, um sie gleich löschen zu können, theils Briefe, welche dem Schiffer verschlossen mitgegeben und wovon Abschriften im Wildtfanckschen Comtoir angeblich zurückgeblieben sind. Jene Specifikation würde zum Gegenbeweise, daß der Schiffer um die unfreie Eigenschaft der Waaren nicht gewußt[6931], umso weniger dienen können, als der Zeuge Minlos geradezu behauptet, daß mit der Specifikation die Bemerkung verbunden gewesen sei, daß die Kollis theilweise verbotene Waaren enthielten.

ad Interrogationem 7 ad articulum 1
ad Recessum XXXXVIII.

Und von den Briefen vermissen wir nicht blos bei den Appellanten, sondern auch bei den Zeugen jede Andeutung, daß ihr Inhalt etwa zum Gegen- [S. 129] beweise[6932], welcher[6933] hier in Frage steht, daß nämlich der Schiffer Haase von dem Inhalte der Waarenballen ununterrichtet geblieben sei, dienlich seyn könnte.

Vergleiche die Aussage des Zeugen Minlos
ad articulum 3 und *ad interrogationem* 1.
articulus 3.
des Zeugen Petersen
ad articulum 4.

6925 Am Rand *pagina 157.*
6926 Verweis auf die Akte des Obergerichts.
6927 Der Sache nach betreibt die Juristenfakultät hier eine vorweggenommene Beweiswürdigung. Weil das beantragte Beweismittel höchstwahrscheinlich unergiebig sein wird, braucht es nicht weiter verfolgt zu werden.
6928 Am Rand *pagina 158.*
6929 „Die begehrten" Papiere.
6930 Am Rand *pagina 159.*
6931 Am Rand *pagina 160.*
6932 Am Rand *pagina 161.*
6933 Wort über der Zeile eingefügt.

Da also die Appellanten selbst kein jezt noch in Betracht kommendes Interesse an der Vorlegung der fraglichen Papiere angegeben[6934], vielweniger wahrscheinlich gemacht haben, so erscheint die dritte Beschwerde, selbst von den übrigen gegen die Editionsverbindlichkeit streitenden Umständen abgesehen, als hinfällig und ungegründet.

Endlich die

vierte Beschwerde

daß die eventuelle Eideszuschiebung, deren die Appellanten sich bedient, verworfen worden[6935],

kann nicht mehr zur Erwägung gelangen, nachdem wir die erste Beschwerde für gegründet erkannt haben, mithin die Eideszuschiebung der Appellanten unnöthig geworden ist[6936].

Was schließlich den Kostenpunkt betrifft, [S. 130] so sind die Kosten der gegenwärtigen Instanz schon deshalb, weil die Appellaten das vorige Urtheil für sich gehabt haben, zu vergleichen gewesen[6937]. Jedoch haben die Appellaten als bittende Partei die Verschickungskosten allein zu tragen. Die Entscheidung über die frühern Kosten, soweit darüber noch kein rechtskräftiges Erkenntniß eine Bestimmung getroffen hat, ist nothwendig bis zur Aburtheilung der Hauptsache auszusetzen gewesen.

Aus allen diesen Gründen haben wir uns, wie im Urtheil[6938] enthalten[6939], zu erkennen bewogen gefunden.

Alles von Rechts wegen[6940].

Locus Sigilli[6941].

Urkundlich unsers Fakultätsinsiegels. Im versammelten Collegio beschlossen, Kiel, den 27. Oktober 1834.

Ordinarius, Senior und gesammte *Assessores* der[6942] Juristenfakultät hieselbst.

in fidem copiae[6943]

C. H. Gütschow[6944]
Secretarius

6934 Am Rand *pagina 162*.
6935 Am Rand *pagina 163*.
6936 In diesem Punkt sind die Kläger bzw. Appellanten gar nicht beschwert.
6937 Am Rand *pagina 164*.
6938 Sprachlich sind die Entscheidungsgründe bei dieser Formulierung kein Teil des Urteils. Das Urteil selbst beschränkt sich auf den Tenor. Dem entspricht die konsequent doppelte Quadrangulierung von Urteilen und Entscheidungsgründen in den Akten.
6939 Am Rand *pagina 165*.
6940 In der Vorlage jedes Wort groß geschrieben.
6941 Abgekürzt *L. S.* mit Kreis, der den Sitz des Siegels, den *Locus Sigilli*, andeutet.
6942 Am Rand *pagina 166*.
6943 „Beglaubigung der Abschrift“.
6944 Carl Hermann Gütschow, Ratssekretär, zu ihm oben Anm. 547, 6641.

Q 4 – Interpositionsbescheid des Obergerichts

1834 November 13

Das Obergericht bestätigt die beiderseitige Einlegung der Berufung und verfügt, dies dem jeweiligen Prozessgegner mitzuteilen. Ausfertigung für die Kläger, unterschrieben vom Ratssekretär Carl Hermann Gütschow, mit Zustellungsvermerk.

[S. 135[6945]] Q 4
Anlage *Littera* CC[6946].

Auf die in Sachen der Rhederey des Schiffes Dora und der Erben des Schiffers G. H. Haase, Kläger, jetzt Appellanten und Appellaten, wider Heinrich Diedrich Wildtfanck, Arnold Hornemann und Friedrich Ernst August Leuenroth, Beklagte, jetzt Appellaten und Appellanten, wegen Schadensersatzes, gegen das Obergerichtserkenntniß vom 6. des Monats November[6947] von beiden Theilen am 12. des Monats übergebene Berufung an das Oberappellationsgericht der vier freien Städte Deutschlands, hat das Obergericht decretiret und beide Einwendungsschriften unter gegenseitiger nachrichtlicher Mittheilung derselben zu den Acten zu nehmen verordnet.

Decretum Lübeck im Obergerichte am 13. November 1834.
C. H. Gütschow
Secretarius

Beiden Theilen insinuirt[6948], den 14. November 1834
J. H. Burmester[6949]
Obergerichtsbote

6945 Aufgedruckter Stempel der Stadt Lübeck oben links mit Stadtwappen und *24 Schilling*, darunter schwer lesbare Unterschrift, möglicherweise *Wemberg*.
6946 Anlage zur Berufungsbegründung der Kläger, oben S. 799 (S. 9 der Akte).
6947 Oben S. 819 (S. 59 der Akte). – *November* über der Zeile eingefügt.
6948 „Zugestellt, bekanntgegeben".
6949 Johann Hermann Burmester, Hausdiener und Cassirer der Stadtgefälle, nachgewiesen in: Lübeckisches Adress-Buch 1834, S. 95.

[Kostenrechnung]

[S. 136[6950]] Rhederey des Schiffes Dora & Consorten[6951]
contra
Wildtfanck & Consorten

Decretum	1 Mark	8 Schilling
Chirographaria signatura[6952]	1 Mark	8 Schilling
Collationirung[6953]		4 Schilling
Insinuation		8 Schilling
	3 Mark	12 Schilling

Herrn Dr. Lembcke[6954].

6950 Dorsalvermerk auf der Rückseite des ursprünglich gefalteten Dokuments, deswegen jetzt auf dem Kopf stehend.
6951 „Streitgenossen“.
6952 „Handschriftliche Unterschrift“.
6953 „Textabgleich“.
6954 Es handelt sich um das für den Vertreter der Kläger bestimmte Exemplar.

Q 5 – Vergleich zweier Zollattestate

undatiert

Von den Klägern erstellte tabellarische Übersicht über die Angaben im Attest des Revaler Zollamts vom 19. Juli 1823 und die Angaben im Attest des russischen Außenhandelsdepartements vom 10. August 1823. Doppelseitige Tabelle ohne Angabe des Verfassers.

[S. 137] Q 5
Anlage *Littera* D. D[6955].

6955 Anlage zur Berufungsbegründung der Kläger, oben S. 799 (S. 9 der Akte).

[S. 138]

Specification der Klage.	Inhalt des revalschen Zollattests vom 19. Juli 1823 *sub* No. 7 zur Beweisantretung		
Marke und Nummern – Art der Gebinde – Ablader in Lübeck – Empfänger in Reval	Marke und Nummern – Art der Gebinde – Ablader in Lübeck – Empfänger in Reval	Fracht.	Inhalt.
 No. 1 u 2 2 Colly H. D. Wildtfanck an Ordre	 No. 1 a 2 2 Colly H. D. Wildtfanck an Ordre	ist bedungen zu 4 Rubel S. M.[6956] und 10 p. Ct.[6957] Caplaken[6958]	3 Stück[6959] Sammt, 36 Stück kleine farbige 12 Stück Merino-Tücher 1 Stück Petinett[6960] 6 Kisten bunte Stoffe 10 Stück ungeschorner Sammt
 No. 1103 1 Kiste H. D. Wildtfanck an Ordre	 No. 1103 1 Kiste H. D. Wildtfanck an Ordre	Ist bedungen zu 2 Rubel S. M. und 10 p. Ct. Caplaken	60 Stück Dames-Strohhüte 36 Stück Bouquets-Strohblumen 34 Stück Strohfedern

6956 Unklare Abkürzung, möglicherweise *Rubel Silbermünzen*.

6957 Prozent.

6958 Kaplaken: Sondervergütung des Kapitäns durch die Empfänger der Waren, bei: August Schiebe, Das französische Seerecht. Frei übersetzt nach der vierten Auflage von „Pardessus, Cours de Droit Commerciel" und mit Noten begleitet, Bremen 1840, S. 56 § 658, S. 90 § 708.

6959 Unklare Abkürzung in der Vorlage: *Stk*.

6960 Pettinet: dünner Stoff aus Seide oder Baumwolle, verarbeitet in Kopfbedeckungen, teilweise auch für Damenbekleidung, in: Johann Georg Krünitz, Oekonomische Encyklopädie (http://kruenitz1.uni-trier.de/cgi-bin/getKRSearchText.tcl?sexp=pettinet+mode=0+start=0+loc=art+from=+til=+sa=0), besucht am 2. Januar 2019.

[S. 155/139[6961]]

Inhalt des Zeugnisses des Departements des auswärtigen Handels in St. Petersburg vom 10. August 1823.			
Marke und Nummern – Art der Gebinde – Ablader in Lübeck – Empfänger in Reval	Fracht	Inhalt	Erfolg
 No. 1 a 2. 2 Colly H. D. Wildtfanck an Ordre	ist bedungen zu 4 Rubel S. M. und 10 p. Ct. Caplaken	im Connessement ist die Quantitaet und Eigenschaft der Waare nicht angegeben Inhalt des ersten Collo 3 Stück schwarzer ungeschorner Sammt = 71 ⅛ Allness[6962]. oder 67½ Arschinen[6963] 36 Stück seidne Damstücher[6964] von verschiedenen Farben, kleine Sorte 12 Stück große Merinos-Damstücher von verschiedenen Farben 1 Stück weiß Petinett = 53 ¼ Allness oder 73 Arschine 6 Kisten seidne unächte Gold- oder Silberstoffe, enthaltend 37 ½ Arschine Inhalt des zwoten Collo 10 Stück ungeschorner Sammt in 9 Päckel, enthaltend 138½ Allness	Diese Waaren sind bei der Zollbehörde zu St. Petersburg öffentlich versteigert für Rubel 2.337, 27 ½ Copeken ist zu St. Petersburg öffentlich versteigert für Rubel 2.008. 41 Copeken
 No. 1103 1 Kiste H. D. Wildtfanck an Ordre	ist bedungen zu 4 Rubel S. M. und 10 p. Ct. Caplaken (nach dem Connossement nur 2 Rubel Silber)	im Connossement ist die Qualitaet und Eigenschaft der Waare nicht angegeben Inhalt 60 Stück weiße Dams-Strohhüte 36 Stück Bouquets-Strohblumen in 3 Schachteln, jede zu 12 Bouquets 34 Stück Strohfedern zu Damshüten	diese erwähnten Waaren sind in St. Petersburg öffentlich versteigert für Rubel 1.930, 50 Copeken

6961 Die Überschrift befindet sich auf dem Mantelbogen bzw. Umschlag des Heftes (S. 155), die Tabellenspalten sind kleinformatiger eingebunden.

6962 Abkürzung A. für russische Ellen, Verhältnis zu Arschinen oben S. 491 (S. 52 der Akte L I 122).

6963 Arschinen: russisches Längenmaß, etwa 71 cm.

6964 Möglicherweise Schreibfehler, gemeint sind offenbar Damentücher.

[S. 138/140]

Specification der Klage	Inhalt des revalschen Zollattests vom 19. Juli 1823 sub No. 7 zur Beweisantretung		
Marke und Nummern – Art der Gebinde – Ablader in Lübeck – Empfänger in Reval	Marke und Numern – Art der Gebinde – Ablader in Lübeck – Empfänger in Reval	Fracht	Inhalt
 No. 30 a 35 6 Colly H. D. Wildtfanck an Ordre	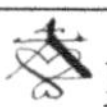 No. 30 a 35 6 Colly H. D. Wildtfanck an Ordre	ist bedungen zu 12 Rubel S. M. und 10 p. Ct. Coplaken	31 Pud Zucker in Töpfen 16 Pud[6965] diverse Gewürzwaaren 35 Pfund Bleiweiß 14 Pud 33 Pfund Sandelholz 3 Pud 30 Pfund Lorbeerblätter
 No. 124 1 Kiste F. E. A. Leuenroth an Ordre	 No. 124 1 Kiste F. E. A. Leuenroth in Lübeck an Ordre	ist bedungen zu 3½ Rubel S. M. und 10 p. Ct. Caplaken	123 Stück Dams-Strohhüte
 1 Kistel Arnold Hornemann an Ordre	 1 Kiste Arnold Hornemann an Ordre	ist bedungen zu 1 Rubel S. M. und 10 p. Ct. Caplaken	6 Stück feine Dams-Strohhüte 6 Stück Tüll zu Hüten 12 Bouquets Blumen 4 Aufsätze mit Petinett 38 Arschine Grodetour-Band[6966]
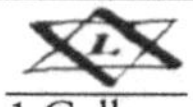 No. 117. 1 Colly H. D. Wildtfanck an Ordre			

6965 1 russisches Pud = 16,38 kg.
6966 Gros de Tours oben bei Anm. 3922.

[S. 155/141]

Inhalt des Zeugnisses des Departements des auswärtigen Handels in St. Petersburg vom 10. August 1823			
Marke und Nummern – Art der Gebinde – Ablader in Lübeck – Empfänger in Reval.	Fracht	Inhalt	Erfolg
 No. 124 1 Kiste mit Sämereien F. E. A. Leuenroth an Ordre	ist bedungen zu 3 ½ Rubel S. M. und 10 p. Ct. Caplaken	im Connossemente angezeigt mit Sämereien, enthalten jedoch 123 Stück Dams-Strohhüte	in öffentlicher Auction verkauft für Rubel 3.569, 76 Copeken
 1 Kistel in Leinewand mit Sämereien Arnold Hornemann an Ordre	ist bedungen zu 1 Rubel S. M. und 10 p. Ct. Caplaken	im Connossement sind Sämereien angezeigt, enthaltend jedoch: 6 Stück feine Dams-Strohhüte 3 Stück feinen Tüll 1 Schachtel Damsblumen mit 12 Bouquets 4 Aufsätze für Damen mit Petinettputz 2 Stück Grodetour-Band, enthaltend 38 Arschine 9 weiße Straußfedern	diese Kiste mit Waaren ist in öffentlicher Auction verkauft für 474 Rubel 20 Copeken
 No. 117. 1 Päckel H. D. Wildtfanck an Ordre	ist bedungen zu 3 Rubel S. M. und 10 p. Ct. Coplaken	130 Stück weiße Dams-Strohhüte	sind in öffentlicher Auction verkauft für Rubel 3.726, 25 Copeken

[S. 138/142]

Specification der Klage	Inhalt des revalschen Zollattests vom 19. Juli 1823 sub N. 7 zur Beweisantretung		
Marke und Nummern – Art der Gebinde – Ablader in Lübeck – Empfänger in Reval	Marke und Nummern – Art der Gebinde – Ablader in Lübeck – Empfänger in Reval	Fracht	Inhalt
No. 484 1 Colly H. D. Wildtfanck an Ordre	No. 484 1 Päckel H. D. Wildtfanck an Ordre	ist bedungen zu 2½ Rubel S. M. und 10 p. Ct. Caplaken	105½ Brabander[6967] Allness diverse farbige und schwarze Tücher
DW/R DW R No. 1. 1 Collo H. D. Wildtfanck an Ordre	DW/R DW R No. 1. 1 Collo H. D. Wildtfanck an Ordre	ist bedungen zu 2 Rubel S. M. und 10 p. Ct. Caplaken	diverse Quinquallerien[6968] Galanteriewaaren
P No. 7 a 9. 3 Colly H. D. Wildtfanck an Ordre	P No. 7 a 9. 3 Colly H. D. Wildtfanck an Ordre	ist bedungen zu 8 Rubel S. M. und 10 p. Ct. Caplaken	der Inhalt besteht: aus Sonnenschirmen, Lampen, Uhren, und anderen mechanischen Arbeiten, Körben, Kämmen, Brillen, Siegellack, Spiegel, Pettschaften, Uhrketten und Ohrgehängen, Brustnadeln, unächten Tressen, Taschenbüchern, mathematischen Bestecken, Schreibzeugen, Hygrometern, Inhalts näherer Bezeichung dieser Acte

6967 Abgekürzt *Brbdr.*

6968 Typische Ware von Kurzwarenhändlern wie Knöpfe, Schnallen, Ketten etc., in: Brockhaus Conversations-Lexikon Band 8 (Nachträge II), Leipzig 1811, S. 308.

[S. 155/143]

Inhalt des Zeugnisses des Departements des auswärtigen Handels in St. Petersburg vom 10. August 1823			
Marke und Nummern – Art der Gebinde – Ablader in Lübeck – Empfänger in Reval	Fracht	Inhalt	Erfolg
No. 484 1 Päckel H. D. Wildtfanck an Ordre	ist bedungen zu 2 ½ Rubel S. M. und 10 p. Ct. Caplaken	im Connossemente sind angezeigt: 3 Stück dunkelbraunes Laken = 105½ Brabander Ellen nemlich: 1 Stück feines blaues Laken = 36¼ Brabander Ellen 1 Stück feines schwarzes Tuch = 33½ Brabander Ellen 1 Stück feines schwarzes Laken = 35¾ Brabander Ellen	erwähntes Collo ist öffentlich versteigert für Rubel 3.030, 18¾ Copeken
DW/R DW/R No. 1 1 Kiste H. D. Wildtfanck an Ordre	ist bedungen zu 2 Rubel S. M. und 10 p. Ct. Caplaken	Es enthält diese Kiste in 7 Schachteln: Galanteriewaaren, Quinqualleries, Spielwaaren, Putzwaaren und dergleichen laut der in der Acte enthaltenen Specification	Erwähnte Waaren sind in öffentlicher Auction verkauft für 2.758 Rubel 81 Copeken
P No. 7 a 9. 3 Kisten H. D. Wildtfanck an Ordre	ist bedungen zu 8 Rubel S. M. und 10 p. Ct. Caplaken	Die Acte enthält den Inhalt jeder Kiste specificirt in Übereinstimmung mit dem Revaler Zollatteste	in öffentlicher Auction verkauft: die Effecten[6969] der Kiste No. 7 für 751 Rubel, No. 8 für 1.751 Rubel, 97 Copeken, No. 9 für 2.480 Rubel, 55 Copeken

6969 „Wertgegenstände“.

[S. 138/144]

Specification der Klage	Inhalt des revalschen Zollattests vom 19. Juli 1823 sub N. 7 zur Beweisantretung		
Marke und Nummern – Art der Gebinde – Ablader in Lübeck – Empfänger in Reval	Marke und Nummern – Art der Gebinde – Ablader in Lübeck – Empfänger in Reval	Fracht	Inhalt
J H W No. 1 1 Kiste H. D. Wildtfanck an Ordre	J H W No. 1 1 Kiste H. D. Wildtfanck an Ordre	ist bedungen zu 2 Rubel S. M. und 10 p. Ct. Caplaken	16 Dutzend 2 Stück Töpfe Pomade 20 Gläser wohlriechende Wasser 7½ Dutzend wohlriechende Spiritus
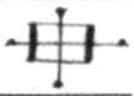 No. 1 1 Colly H. D. Wildtfanck an Ordre	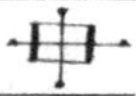 No. 1 1 Colly H. D. Wildtfanck an Ordre	ist bedungen zu 10 Rubel Banco und 10 p. Ct. Caplaken	13 Stück baumwolln Zeuge = 188 Arschine 48 Stück Zeitz = 1.728 Arschine 72 Nesseltücher 2 Stück weiß Piqué
 No. 1 a 6 Sechs Packen H. D. Wildtfanck an Ordre	 No. 1 a 6. Sechs Packen H. D. Wildtfanck an Ordre	ist bedungen zu 12 Rubel S. M. und 10 p. Ct. Caplaken	Rauchtabak, in Knaster und Wagstaff

[S. 155/145]

Inhalt des Zeugnisses des Departements des auswärtigen Handels in St. Petersburg vom 10. August 1823			
Marke und Nummern – Art der Gebinde – Ablader in Lübeck – Empfänger in Reval	Fracht	Inhalt	Erfolg
J H W 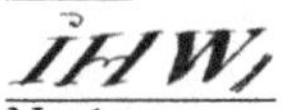 No. 1 1 Kiste H. D. Wildtfanck an Ordre	ist bedungen zu 2[6970] Rubel S. M. und 10 p. Ct. Caplaken	im Connossemente sind $^{69}/_{2}$ und $^{69}/_{4}$ Bouteil wohlriechende Wasser angegeben, außerdem haben sie enthalten: 24 Kruken[6971] Pomade 18 Kruken Pomade große 104 Kruken Pomade gewöhnliche 48 Kruken Pomade kleinere 20 Bouteillen wohlriechende Wasser 60 Gläser wohlriechende Spiritus 18 Gläser wohlriechende Spiritus 12 Gläser wohlriechende Spiritus	erwähnte Kiste mit Waaren ist in öffentlicher Auction verkauft für Rubel 783, 5 Copeken
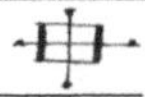 No. 1 1 Päckel H. D. Wildtfanck an Ordre	ist bedungen zu 10 Rubel Banco-Assignaten und 10 p. Ct. Caplaken	im Connossemente ist die Qualität und Eigenschaft der Waare nicht angezeigt Es enthält: 13 Stück baumwollne Zeuge = 188 Arschine 48 Stück Zeitz = 1.728 Arschine 12 Stück Nesseltücher = 72 Tücher	erwähntes Collo ist in öffentlicher Auction verkauft für 4.559 Rubel 10 Copeken
 No. 1 a 6 6 Packen H. D. Wildtfanck an Ordre	ist bedungen zu 12 Rubel S. M. und 10 p. Ct. Caplaken	28 Kisten geschnittenen Taback laut Connossement und Factura[6972]. Die von Joh. Justus unterschriebene Factura ist vom 31. Mai 1817, das Connossement vom 6. Juni; der wahre Inhalt war jedoch: im Packen No. 1, darin 4 Kisten In der 1. 50 Pfund Pakete Rauchtaback, Knaster	in öffentlicher

6970 Zahl über der Zeile eingefügt.
6971 Gefäße aus Porzellan oder Steingut.
6972 „Rechnung".

[S. 138/146]

Specification der Klage	Inhalt des revalschen Zollattests vom 19. Juli 1823 sub N. 7 zur Beweisantretung		
Marke und Nummern – Art der Gebinde – Ablader in Lübeck – Empfänger in Reval	Marke und Nummern – Art der Gebinde – Ablader in Lübeck – Empfänger in Reval	Fracht	Inhalt
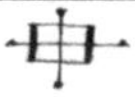 No. 2 1 Colly H. D. Wildfanck an Ordre	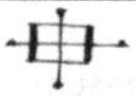 No. 2 1 Colly H. D. Wildtfanck in Lübeck an Ordre	ist bedungen zu 6 Rubel Banco-Assignaten und 10 p. Ct. Caplaken	12 Dutz Nesseltücher 21 Stück gestreift Nesseltuch = 210 Yard 3 Stück Petinett-Nesseltuch = 30 Yard

[S. 155/147]

Inhalt des Zeugnisses des Departements des auswärtigen Handels in St. Petersburg vom 10. August 1823			
Marke und Nummern – Art der Gebinde – Ablader in Lübeck – Empfänger in Reval	Fracht	Inhalt	Erfolg
		in der 2. 50 Pfund dergleichen, in der 3. 50 Pfund dergleichen Wagstaff, in der 4. 50 Pfund dergleichen im Packen No. 2 1 Kiste Rauchtabak, Wagstaff $^{42}/_{2}$ Pfund Pakete und $^{90}/_{4}$ Pfund Pakete 4 Kisten dergleichen zu 50 Pfund Paketen Im Packen No. 3 4 Kisten dergleichen zu 50 Pfund Paketen Im Packen No. 4 4 Kisten dergleichen, in jeder zu 50 Pfund Paketen Im Packen No. 5 2 Kisten Rauchtabak Wagstaff, in jeder zu 50 Pfund Pakete 3 Kisten Rauchtabak Wagstaff in jeder zu $^{100}/_{2}$ Pfund Pakete Im Packen No. 6 1 Kiste Rauchtabak Wagstaff, 50 Pfund Pakete 3 Kisten dergleichen Tabak, worin $^{580}/_{4}$ Pfund Pakete 1 Kiste, worin 5 kleine Kisten Zigarren mit dem Holze 1 Pud 5 Pfund	Auction verkauft für Rubel 533 in öffentlicher Auction verkauft für Rubel 523, 62 ½ Copeken in öffentlicher Auction verkauft für Rubel 291 in öffentlicher Auction verkauft für Rubel 308, 50 Copeken in öffentlicher Auction verkauft für Rubel 372, 50 Copeken in öffentlicher Auction verkauft für Rubel 424, 30 Copeken
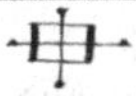 No. 2 1 Päckel H. D. Wildtfanck An Ordre	Ist bedungen zu 8 Rubel Banco-Assignaten und 10 p. Ct. Caplaken (nach Connessement nur 6 Rubel)	Im Connessement ist die Quantitaet und Eigenschaft der Waaren nicht angezeigt Das Päckel enthält: 12 Dutz Nesseltücher 21 Stück gestreift Nesseltuch = 210 Yard 3 Stück Petinett-Nesseltuch = 30 Yard	Der Packen mit Waaren ist versteigert zu Rubel 862, 90 Copeken

[S. 138/148]

Specification der Klage	Inhalt des revalschen Zollattests vom 19. Juli 1823 sub N. 7 zur Beweisantretung		
Marke und Nummern – Art der Gebinde – Ablader in Lübeck – Empfänger in Reval	Marke und Nummern – Art der Gebinde – Ablader in Lübeck – Empfänger in Reval	Fracht	Inhalt
 No. 20 1 Colly H. D. Wildtfanck an Ordre	 No. 20 1 Colly H. D. Wildtfanck an Ordre	ist bedungen zu 4[6973] Rubel Banco-Assignaten und 10 p. Ct. Caplaken	3 Stück bunt gemalt Zeug = 27 Arschine 5 Stück gestreift Westenzeug = 45 Arschine 2 weiße Bettdecken 6 St. baumwollne Zeug = 54 Arschine
 No. 19 1 Colly H. D. Wildtfanck J. M. Gardau & Co. in St. Petersburg	 No. 19 1 Colly H. D. Wildtfanck J. G. M. Gardau & Co. in St. Petersburg	ist bedungen zu 10 Rubel Banco-Assignaten und 10 p. Ct. Caplaken	5 Stück Levantin[6974] 872 Arschine Moor[6975] 2942 Arschine farbiges Taft 38 Allness Sammt 624 Allness seidene Grodetour-Band
 No. 75 1 Fass Nicolaus Barward Mentze an Ordre	 No. 75 1 Fass Nicolaus Barward Mentze an Ordre	ist bedungen zu 8 Rubel Banco-Assignaten und 10 p. Ct. Caplaken	Einschlagemesser Scheeren Federmesser Schaafscheeren 10.250 Stück Strickspieße 9.000 Nähnadeln 8 Dutz Fingerhüte[6976] 250 Schusterahle 85 Stück Feuerstahl 30 Stück Kneifzangen 6 Paar Schlittschuhe und andere Handwerksgeräthe

6973 Verbesserung in der Zahl.

6974 Levantine: Seidengewebe.

6975 Auch Mohr oder Moir: derbe und dichte Seide, in: Oekonomische Encyklopädie von J. G. Krünitz (WB Krünitz online), besucht am 13. März 2019.

6976 Schreibfehler in der Vorlage: *Finderhüte*.

[S. 155/149]

Inhalt des Zeugnisses des Departements des auswärtigen Handels in St. Petersburg vom 10. August 1823			
Marke und Nummern – Art der Gebinde – Ablader in Lübeck – Empfänger in Reval	Fracht	Inhalt	Erfolg
 No. 20 1 Päckel H. D. Wildtfanck an Ordre	ist bedungen zu 4 Rubel Banco-Assignaten und 10 p. Ct. Caplaken	im Connessement ist die Quantitaet und Eigenschaft der Waaren nicht angegeben Enthaltend: 3 Stück bunten Piqué = 27 Arschine 5 Stück gestreift Westenzeug = 45 Arschine 1 weiße zweischläfrige Piquédecke 1 dito[6977] einschläfrige 6 baumwollne Nachtmützen 2 Stück weiß Parchend[6978] = 34 Arschine	Diese Waaren sind in öffentlicher Auction verkauft für 416 Rubel

6977 „Dasselbe wie zuvor“.
6978 Barchent: Mischgewebe aus Baumwolle und Leinen.

[S. 138/150]

Specification der Klage	Inhalt des revalschen Zollattests vom 19. Juli 1823 sub N. 7 zur Beweis-antretung		
Marke und Nummern – Art der Gebinde – Ablader in Lübeck – Empfänger in Reval	Marke und Nummern – Art der Gebinde – Ablader in Lübeck – Empfänger in Reval	Fracht	Inhalt
No. 1 a 3 3 Kisten Jacob Behrens an Ordre			
No. 23 und No. 1 2 Kisten Gebrüder Müller J. G. M Gardau & Co. in St. Petersburg	No. 23 und No. 1 2 Colly Gebrüder Müller J. G. M Gardau & Co. in St. Petersburg	ist bedungen zu 15 Rubel S. M. und 10 p. Ct. Caplaken	Seiden-Atlaene und Grodetour-Bänder
No. 2 Colly H. D. Wildtfanck an Ordre	No. 2 a 3 2 Colly H. D. Wildtfanck an Ordre	ist bedungen zu 10 Rubel S. M. und 10 p. Ct. Caplaken	Dams-Strohhüte & cetera
No. 157 1 Colly H. D. Wildtfanck an Ordre	No. 157 1 Colly H. D. Wildtfanck an Ordre	ist bedungen zu 10 Rubel Banco-Assignaten und 10 p. Ct. Caplaken (richtiger 2 ½ Rubel Silbert)	4 Stück Baumwollen Zeug = 104 Arschine 6 Stück Piqué = 105 Arschine 8 Bettdecken 7 Dutz baumwollne Nachtmützen 14 Dutz dito Strümpfe 4 Dutz dito Halbstrümpfe

[S. 155/151]

Inhalt des Zeugnisses des Departements des auswärtigen Handels in St. Petersburg vom 10. August 1823			
Marke und Nummern – Art der Gebinde – Ablader in Lübeck – Empfänger in Reval	Fracht	Inhalt	Erfolg
 No. 2 a 3 2 Colly H. D. Wildtfanck an Ordre	ist bedungen zu 10 Rubel Banco-Assignaten und 10 p. Ct. Caplaken	in Connessement ist die Quantitaet und Eigenschaft der Waaren nicht angegeben Es waren enthalten: in der Kiste No. 2–354 weiße Dams-Strohhüte in der Kiste No. 3–144 weiße dito 36 dergleichen schwarze 120 weiße Hüte 60 unächte Blätter	Diese beiden Kisten sind versteigert für Rubel 12.032, 10 Copeken
 No. 157 1 Colly H. D. Wildtfanck an Ordre	ist bedungen zu 2 ½ Rubel Silber und 10 p. Ct. Caplaken	im Connessement ist die Quantitaet und Eigenschaft der Waaren nicht angegeben. Es waren enthalten: 4 Stück weiße Bargred[6979] = 104 Arschine 6 Stück dito Piqué = 105 Arschine	Erwähnte Kiste mit Waaren ist

6979 Bedeutung unklar.

[S. 138/152]

Specification der Klage	Inhalt des revalschen Zollattests vom 19. Juli 1823 sub N. 7 zur Beweisantretung		
Marke und Nummern – Art der Gebinde – Ablader in Lübeck – Empfänger in Reval	Marke und Nummern – Art der Gebinde – Ablader in Lübeck – Empfänger in Reval	Fracht	Inhalt

[S. 155/153]

Inhalt des Zeugnisses des Departements des auswärtigen Handels in St. Petersburg vom 10. August 1823			
Marke und Nummern – Art der Gebinde – Ablader in Lübeck – Empfänger in Reval	Fracht	Inhalt	Erfolg
		4 Stück dito dito Bettdecken 4 Stück dito dito Bettdecken kleine 7 Dutz baumwollne Nachtmützen 11 Dutz dito Strümpfe 3 Dutz dito dito kleine 7 Dutz dito dito halbe	öffentlich versteigert für 1.194 Rubel, 7 ½ Copeken

Q 6 – Schadensrechnung der Kläger

undatiert

Die Kläger schlüsseln ihre erlittenen Schäden nach den Angaben der russischen Zollatteste von 1823 und 1824 auf. Abschrift der bereits vor dem Niedergericht eingereichten Tabelle.

[S. 157] Q 6
Anlage Littera EE[6980].
Unterm 20. September 1823 producirten Kläger im Stadtgerichte, *ad Recessum* XXXIII[6981], eine so rubricirte

„Beweisantretung, Antrag zur Bestimmung einer den Beklagten zu setzenden peremptorischen Frist zum Beweise, Gegenbeweise und zur Einlassung auf die klägerische Schadensforderung",

und

derselben Schrift hatten sie in der Anlage No. 9 angefügt:

eine Berechnung des Verlustes, den die Rhederei des Schiffes Dora, geführt vom Capitain G. H. Haase, durch einige der Ablader, welche Contrabandewaaren abgesandt hatten, im Juni des Jahres 1817 erlitten hat.

Eben diese Berechnung reproduciren sie nun abermals sub Littera EE., jedoch berichtigt nach den seit solcher Zeit erlangten festen Bestimmungen und neuen Kenntnissen.

6980 Anlage zur Berufungsbegründung, oben S. 799 (S. 9 der Akte).
6981 Verweis auf die Akte des Niedergerichts.

	Banco-Assignaten Rubel	Copeken		Banco-Assignaten Rubel	Copeken
Darnach war 1823 der geschätzte Werth der $^{13}/_{16}$ Part des Schiffes Dora	12.146	87	Jetzt im Jahre 1824 bleibt auch der geschätzte Werth der $^{13}/_{16}$ Part wie nebig	12.146	87
Fracht und Caplaken für 6 confiscirte Colli nach Angabe der Herren Th. Clayhills & Sohn in Reval (C.C.[6982]) Fracht und Caplaken für 27 confiscirte Colli Silberrubel 81, 40 Copeken à 385 Copeken	52 313	80 39	Dagegen aber ist die zu fordernde Fracht und Caplaken laut angebogener Tabelle geringer, indem von den Rubeln 52, 80 abzuziehen sind: a) wegen 1824 erfolgter actenmäßiger Entlassung[6983] des Herrn N. B. Mentze für das durch ihn verladene Colli  No. 15 an Fracht und Caplaken Rubel 8, 80 Copeken b) und früher irrthümlich aufgeführte Fracht und Caplaken für das Colli  No. 151, die laut Connossement Silberrubel 2, 75 Copeken betragen und unten angezogen sind: 11,-: 19, 80	33	
Latus[6984]	12.513	6	Latus	12.179	87
[S. 158] Transport	12.513	6	Transport	12.179	87
			Dagegen kommen zu den Silberrubeln 81, 40 obige Fracht und Caplaken für  No. 151 Silberrubel 2, 75 Silberrubel 84, 15		

6982 Offenbar Verweis auf eine vor dem Oberappellationsgericht nicht mit vorgelegte Anlage.
6983 „Klagerücknahme“; Mentze schied aus dem Rechtsstreit aus.
6984 Seitenende in der Vorlage.

			abzuziehen wegen 1824 erfolgter actenmäßiger Entlassung der Herren Gebrüder Müller[6985] 16, 50 ——— Silberrubel 67, 65 a 386 Copeken	260	45
Advocaturkosten in St. Petersburg	275		Advocaturkosten in St. Petersburg bleibt	275	
Ausgehende Hauer[6986] für 2 Matrosen und 1 Jungen	144		" " "	144	
Banco-Assignaten Rubel	12.932	6	Banco-Assignaten Rubel	12.859	32
reducirt zum derzeitigen Cours[6987] von 9 ¾ Schilling HL[6988] Banco[6989] Mark	7.880	8	a 9 ¾ Schilling Banco Mark		
a 125% Courantmark	9.850	10	a 125% Courantmark	9.795	2 ½
Kostgeld	582			582	
Ausgehende Hauer	707	7		707	7
für Proteste	50			50	
für Porto einer Vollmacht	3	4		3	4
für Briefporto	14	10		14	10
die Rechnung der Herren Ths. Clayhills & Sohn Banco-Rubel 2036, 73 a 9 Schilling & 25 %	1.432	2		1.432	2
Courantmark	12.640	1	Courantmark	12.584	9 ½

[S. 159] Berechnung der Fracht und Caplaken, welche die Rhederei des Schiffes Dora, geführt vom Capitain G. H. Haase, von den beklagten Abladern noch zu fordern hat.

6985 Auch die zuvor verklagten Gebrüder Müller waren aus dem Rechtsstreit ausgeschieden.
6986 Ungewöhnliche Schreibweise für *Heuer*.
6987 Nur an wenigen Stellen der Akte werden die Wertschwankungen zwischen dem Rubel und der lübischen Mark deutlich. Die Forderungssumme der Kläger veränderte sich deswegen ständig.
6988 Unklare Abkürzung, vielleicht: *Hansestadt Lübeck*.
6989 Im Gegensatz zum Banco-Assignaten Rubel war die Banco-Mark mehr wert als die Courantmark.

Signo[6990]	Nro.	Zahl der Colli		Ablader	Fracht				Bemerkung
					SR	Cop	BAR	Cop[6991]	
	124	1 Collo	confiscirt	Leuenroth	3	50			
	124	1 dito	dito	A. Hornemann	1	"[6992]			
	182	2 dito	dito	H. D. Wildtfanck	4	"			
	1103	1 dito	dito	dito	2	"			
	484	1 dito	dito	dito	2	50			
	1	1 dito	dito	dito	2	"			
	7 à 9	3 dito	dito	dito	8	"			
	1	1 dito	dito	dito	2	"			
	1	1 dito	dito	dito	"	"	10	"	
	1 a 6	6 dito	dito	dito	12	"			
	2	1 dito	dito	dito	"	"	6	"	
	20	1 dito	dito	dito	"	"	4	"	

6990 „Handelsmarke".
6991 Abkürzungen für die Währungen: Silberrubel, Copeken; Banco-Assignaten-Rubel, Copeken.
6992 Es ist unklar, ob die Striche null bedeuten oder die 50 aus der oberen Zeile wiederholen. Höchstwahrscheinlich sind Leerzeichen gemeint.

	2 & 3	2 dito	dito	dito	10	"			
	151	1 dito	dito	dito	2	50			
	117	1 dito	dito	dito	3	"			Kläger fordern diese Fracht nicht, da sie in dem Clayhill-schen Documente sub CC nicht aufgenommen ist.
		24 Colli	confiscirt						
	30 a 35	6 dito	in St. Petersburg freigegeben, aber ohne daß Kläger die Fracht erhielten	dito	12	"			
	19	1 dito	dito	dito	"	"	10	"	
					61	50	30	"	
				Caplaken 10 %	6	15	3		
				Silberrubel	67	65	Banco-Rubel 33	"	

Q 7 – Berufungsbegründung der Beklagten

1834 Dezember 18

Die Beklagten begründen ihre Berufung gegen das Urteil des Obergerichts vom 6. November 1834 (Aktenstück Q 8, unten S. 901). Schriftsatz, erstellt vom Advokaten Carl Christian Friedrich Steche, beim Oberappellationsgericht eingereicht durch den Prokurator Heinrich Ludwig Faber.

[S. 165[6993]] Q 7
No. 274, praesentirt[6994] den 18. December 1834

Stempelbogen
zur
Appellationsrechtfertigung
abseiten
Heinrich Diedrich Wildtfanck und Consorten[6995],
Beklagte, Appellanten
contra
die Rheder des Schiffes Dora und die Erben des Schiffers G. H. Haase,
Kläger, Appellaten

mit drey Anlagen[6996].

[S. 167] An
die zum Oberappellationsgerichte der vier freien Städte Deutschlands hochverordneten Herren Praesident und Räthe

Einführung und Rechtfertigung
der Appellation
in Sachen und von Seiten
Heinrich Diedrich Wildfanck, Arnold Hornemann und Friedrich Ernst August Leuenroth, Beklagten, Appellaten, itzt Appellanten
wider
die Rhederei des Schiffes Dora und die Erben des Schiffers Georg Heinrich[6997] Haase, Kläger, Appellanten, jetzt Appellaten,
Schadensersatz, jetzt Beweis betreffend.

6993 Stempelpapier, eingeprägter Stempel des Oberappellationsgerichts mit *6 Mark*, daneben Handzeichen *CWP* von Carl Wilhelm Pauli und *6 Mk*.
6994 „Gerichtlich eingereicht“.
6995 „Streitgenossen“.
6996 Unten S. 901, 903 und 931 (S. 223, 227 und 295 der Akte).
6997 Seltene Schreibweise, meistens wird er Hinrich genannt.

cum adjunctis[6998] No. I & II & III[6999]
Gegnern bekannt.

[S. 168] P. P.[7000]

Seit[7001] die Regierungen der nordeuropaeischen Reiche und unter ihnen besonders Rußlands Alleinherrscher ihre Häfen dem Kunstfleiße des Auslandes fast gänzlich geschlossen, die wenigen erlaubten Artikel aber mit Zöllen belastet haben, die zu dem Werthe der Waare in gar [S. 169[7002]] keinem Verhältnisse stehen, seitdem müssen Rhedereien und Schiffer derjenigen Ostseeplätze, von wo aus der früher erlaubte Verkehr betrieben ward, auch zu Unternehmungen ihre Fahrzeuge gebrauchen lassen, welche die Umgehung von Einfuhrverboten, die Defraudation[7003] unmäßiger Zölle, mit einem Worte die Schmuggeley bezielen. Wir sagen, sie müssen ihre Fahrzeuge auch solchen allerdings gefährlichen Expeditionen widmen, weil sie nur dann auf Frachten rechnen können, statt daß bey strenger Befolgung entgegengesetzter Maximen ihre Schiffe unthätig im Hafen liegen und zwecklos dem Verderb geweiht sein würden.

Nach Lübecks Befreiung vom französischen Joche gewannen dergleichen Unternehmungen einen desto lebhaftern Aufschwung, je größer nach einer fast achtjährigen Handelssperre der Bedarf an Luxusartikeln im großen russischen Reiche sich darstellte. Kein nach Rußland bestimmter lübeckischer Schiffer verließ die Heimath, ohne verbotene oder mit hohen Zöllen belegte Waaren für Rechnung seiner Rheder und anderer Kaufleute mit sich zu nehmen, ja er trieb Schmuggelhandel zum eigenen Nutzen und [S. 170[7004]] duldete das Contrabandiren seiner Schiffsbesatzung, um dem Verrathe seiner nächsten Umgebungen zu steuern[7005].

Unter den hiesigen Schiffern spielte in dieser Hinsicht eine Hauptrolle der Capitaine Georg Heinrich Haase, führend das Schiff Dora. Lief gleich seine Expedition nach St. Petersburg im Jahre 1815 unglücklich ab, mußte er gleich seine Rettung in schleuniger Flucht suchen, so fand er doch bald in andern Häfen ein neues Feld für seinen kühnen Unternehmungsgeist. Heimgekehrt von Reval im Frühjahr 1817, wo man bis dahin die Aufmerksamkeit der Regierung glücklich zu

6998 „Mit Anlagen".
6999 Unten S. 901, 903 und 295 (S. 223, 227 und 295 der Akte).
7000 Die Höflichkeitsanrede ist wie immer weggelassen.
7001 Der Schriftsatzverfasser liefert in den ersten Absätzen ein farbiges Bild der wirtschaftlichen Situation im Russlandhandel. Solche allgemeinen, nicht juristisch-dogmatischen Ausführungen sind im Rechtsstreit selten und daher besonders wertvoll.
7002 Zeitgenössisch S. 3.
7003 Defraudation: „die vorsätzliche Nichtverzollung zollpflichtiger Waaren etc. bei der Ein- oder Ausfuhr derselben", in: Carl Courtin, Allgemeiner Schlüssel zur kaufmännischen Terminologie oder vollständiges Wörterbuch, Stuttgart und Wien 1834, S. 226.
7004 Zeitgenössisch S. 4.
7005 Rechtlich folgt hieraus für die spätere Argumentation der Beklagten die Annahme, der Schiffer Haase habe selbstverständlich gewusst, dass die Beklagten Schmuggelgut auf der Dora eingeladen hatten.

täuschen gewußt hatte, wo Kaufleute und Zöllner im geheimen Bunde die Einfuhr verbotener Waaren sowohl als sonstige Beeinträchtigungen des Zolls auf alle nur mögliche Weise begünstigten, weil ein reichlicher Gewinn dabey abfiel, überreichte er namentlich dem Beklagten Wildfanck mehrere Briefe, worin vorgeschrieben war, wie es in Ansehung der committirten[7006] verbotenen Waaren bey deren Verladung gehalten, daß der Schiffer von allem, insbesondere von der verbotenen Eigenschaft, von der Art der Verladung, von den bey seiner Ankunft in Reval [S. 171[7007]] zu beobachtenden Vorsichtsmaaßregeln unterrichtet werden solle, und bereitwillig übernahm dieser alles, was man zur Beförderung nach Reval ihm antrug, mogte es dabey auf Einschwärzung verbotener Waaren oder auf Verletzung sonstiger ihm wohlbekannter Handels- und Zollgesetze Rußlands abgesehn seyn. Er unterzog sich diesem Geschäfte, weil er in jenem Bündnisse die sicherste Schutzwehr gegen jede Gefahr erblickte.

Was inzwischen seinen Combinationen und Berechnungen fremd geblieben war, trat während seiner kurzen Abwesenheit von Reval ein. Die höhere Behörde zu St. Petersburg war den Malversationen[7008] des revalschen Zollamts auf die Spur gekommen. Absetzung und schwere körperliche Strafen hatten seine geschmeidigen Officianten ereilt[7009]. Zwar gelang es dem Schiffer Haase noch, einen Theil der übergeführten Contrabande auf der Rhede bey nächtlicher Weile auszuschiffen und an der Brandwache[7010] in Sicherheit zu bringen *(depositio testium ad Recessum actorum XXIX[7011])*. Allein bey seiner Ankunft im Hafen fand er ein ganz verändertes Zollpersonal, einen Delegaten des Departements des auswärtigen Handels aus St. Petersburg [S. 172[7012]] vor. An ein Unterschieben von Connoissementen, das Mittel, dessen man sich fast[7013] unter den Augen der nun abgesetzten Zollbeamten bedient hatte, war nicht mehr zu denken. Kein Waarenempfänger meldete sich, und was nun verfügt ward, wie man das Schiff sequestrirte[7014], seinen Inhalt

---

7006 „Zur Verschiffung beauftragten".

7007 Zeitgenössisch S. 5.

7008 „Misswirtschaft".

7009 Zum historischen Hintergrund Henning von Wistinghausen, Die Revaler Zollaffäre von 1817. Eine historisch-genealogische Miszelle, in: Jürgen von Hehn / Csaba János Kenéz (Hrsg.), Reval und die baltischen Länder. Festschrift für Hellmuth Weiss zum 80. Geburtstag, Marburg 1980, S. 375–413; Karsten Brüggemann / Ralph Tuchtenhagen, Tallinn. Kleine Geschichte der Stadt, Köln, Weimar, Wien 2011, S. 165–166.

7010 In Reval diente im 18. Jahrhundert eine Fregatte als Brandwache, in: Friedrich Georg von Bunge, Die Quellen des Revaler Stadtrechts, Band II, Heft 3, Dorpat 1846, S. 412. Um 1821 soll die Brandwache ein großer alter Dreimaster gewesen sein, der ständig vor dem Hafen lag und kein Schiff ungeprüft vorbeifahren ließ. Angeblich soll jede Brandwache der russischen Häfen Kanonen und etwa 100 Mann Besatzung gehabt haben, hierzu ein Bericht aus Reval in: Christian Carl André (Hrsg.), Hesperus. Encyclopädische Zeitschrift für gebildete Leser, Band 29, Nr. 13, Juni 1821, S. 104.

7011 „Zeugenverhör" zum Rezess 29 der Niedergerichtsakte. Übersetzung von *depositio testium* auch in: Heinrich Kuppermann, Juristisches Wörterbuch zur Verbesserung des Aktenstils und Einführung einer reinen deutschen Schreibart in gerichtlichen und aussergerichtlichen Geschäften, Leipzig 1792, S. 611.

7012 Zeitgenössisch S. 6.

7013 Wort über der Zeile eingefügt.

7014 „Beschlagnahmte, sicherstellte".

genau untersuchte und constatirte[7015], wie polizeyliche Haft gegen Capitain Haase verhängt ward und wie dieser bereits am 14. October verschied, darüber geben die Acten hinlängliche Kunde.

In einem auf Requisition[7016] des Schiffers Haase[7017] am 8. November 1817 hieselbst aufgenommenen, zur Replik[7018] *sub* No. 4[7019] beigebrachten Notarialproteste sind 13 hiesige Handlungshäuser genannt, welche *collective*[7020] 230 Collys auf Connoissemente an Ordre verladen haben sollten, und obgleich nur einige der Befragten ihre Ladungsempfänger in Reval aufgaben, die meisten aber und unter diesen zwey Mitrheder C. Platzmann Söhne und J. D. Reddelien & Co.[7021] jede Auskunft verweigerten, auch auf die ihnen am 26. November durch denselben, nun auf eine Requisition der Herren Conrad Platzmann Söhne sich berufenden Notar gemachte Anzeige, daß dem Schiffe, welches jene Waaren überbrachte, Confiscation[7022] drohe, einstim- [S. 173[7023]] mig erwidert hatten,

sie nähmen von dieser Anzeige keine Notiz*[7024]

wurden dennoch anderthalb Jahre später am 20. März 1819 auf Betreiben und unter specieller Leitung eben jener Herren C. Platzmann Söhne, welche nun ihre gedoppelte Qualität auf alle Weise vergessen zu machen suchten, nur 6 Einlader

Jacob Behrens
N. B. Mentze
Gebrüder Müller
F. E. A. Leuenroth
A. Hornemann
H. D. Wildfanck[7025]

von der Rhederey des confiscirten Schiffs Dora auf Schadensersatz in Anspruch genommen. Nicht ohne Grund mogte die Rhederey mit dieser monströsen Procedur so lange gewartet haben! Erst mußte ja jede Spur der nur zu gewissen Theilnahme klagender Mitrheder an dem die Confiscation des Schiffs veranlassenden Unternehmen ihres Schiffers getilgt seyn, bevor man gegen die zum Opfer ausersehenen Verlader den mit eigner Schuld unverträglichen Ton anstimmen konnte.

7015 „Feststellte".
7016 „Ersuchen".
7017 Genau genommen geht es um die Reeder des Schiffes und die Erben. Der Schiffer war zu diesem Zeitpunkt bereits verstorben.
7018 Antwort der Kläger auf die Klageerwiderung (Exzeptionsschrift) der Beklagten.
7019 Offenbar Verweis auf die Prozessakte des Niedergerichts.
7020 „Gemeinschaftlich".
7021 Rhetorisch geschickt unterstreicht der Schriftsatzverfasser die Untätigkeit von Platzmann und Reddelien, die später beide auf Klägerseite in den Rechtsstreit eintraten.
7022 Gemeint ist die bevorstehende Versteigerung.
7023 Zeitgenössisch S. 7.
7024 Fußnote in der Vorlage: *Auch Platzmann Söhne gaben sich selbst diese Antwort! – !*
7025 Bis auf Behrens waren die genannten Handelshäuser zugleich die Appellanten im ersten Verfahren am Oberappellationsgericht.

[S. 174[7026]] Das Niedergericht wies, geleitet von dem Grundsatze, daß der Schiffer die Zollgesetze des Landes, wohin er Waarentransporte übernahm, kennen müsse, daß, wenn er zur Verletzung derselben die Hand biete und dabey ertappt werde, etwanige Schäden sich selbst beizumessen, auf deren Ersatz mithin – den Fall eines vom Einlader verübten *doli*[7027] allein ausgenommen – kein Recht habe, mittelst Erkenntnisses vom 27. Januar 1821 die Klage zurück.

Andere Ansichten hegte die in der zweiten Instanz erkennende[7028] Juristenfakultät in Jena[7029], noch andere das Oberappellationsgericht der vier freien Städte Deutschlands, welche *per sententiam de*[7030] 12. December 1822[7031] die Pflicht der Beklagten zur Einlassung auf die einzelnen Ansätze der Schadensberechnung abhängig machte

I. von dem gedoppelten Beweise der klagenden Rhederey,

daß der Schiffer G. H. Haase wegen der von den Beklagten verladenen, in der Klage specificirten Güter oder wegen welcher derselben durch das Erkenntniß des Revaler Zollamts *de* 31. Januar 1818 er verurtheilt

[S. 175[7032]] und

wie hoch sich die Strafe belaufe, die durch die von jedem einzelnen Beklagten verschifften Güter verwirkt worden sey,

II. vom indirecten Gegenbeweise[7033] (Beweise der Einrede)

entweder

daß die Strafe gegen den Schiffer wegen der von ihnen (den Beklagten) oder welchen derselben abgesandten Waaren mit Unrecht erkannt worden

oder

daß dem verstorbenen Schiffer Haase die unfreie Qualitaet der in Frage stehenden Waaren bey Uebernahme derselben bekannt gewesen sey.

Nachdem diese Beweise – vom[7034] Beklagten jedoch nur der zweite Satz des *alternative* vorgeschriebenen Themas – angetreten und die Resultate *hinc inde*[7035] zusammengestellt waren, erkannte das Niedergericht, wiewohl lediglich auf den Grund des unzutreffenden Hauptbeweises und ohne den rechtlichen Werth des

7026 Zeitgenössisch S. 8.
7027 „Vorsatz, Arglist".
7028 Schreibfehler in der Vorlage: *erkennde*.
7029 Entscheidungsgründe der Juristenfakultät Jena oben S. 137 (S. 107 der Akte L I 22 a).
7030 „Durch Urteil vom".
7031 Oben S. 429 (S. 537 der Akte L I 22 a).
7032 Zeitgenössisch S. 9.
7033 Zum indirekten Gegenbeweis oben Anm. 6498.
7034 Möglicherweise Schreibfehler, denn es handelte sich in jedem Abschnitt des Rechtsstreits um mehrere Beklagte.
7035 „Beiderseits".

indirecten Gegenbeweises im dispositiven Theile[7036] seiner Entscheidung zu bestimmen, mithin [S. 176[7037]] nach dem Principe

„actore non probante reus absolvitur“[7038]

unterm 27. September 1828 (*ad Recessum LXVI actorum*[7039]):

Beklagte sind von der wider sie angestellten Klage unter Vergleichung der Kosten, soweit bisher nicht darüber erkannt worden, zu entbinden.

Die Kläger fochten dieses Erkenntniß mittelst des von ihnen eingelegten und verfolgten ordentlichen Rechtsmittels der Appellation an. Nur zu gut mogte inzwischen *judex a quo*[7040] sie von den Lücken ihres Beweisversuchs und folgeweise von der Richtigkeit seines Urtheils überzeugt haben, denn bevor die Beklagten, nun Appellaten, auf den am 8. Januar 1829 eingereichten Appellationslibell sich hatten vernehmen lassen, folgte am 29. April *eiusdem anni*[7041] diesem Libelle eine sogenannte „Nachträgliche Aeußerung“[7042], deren Zweck kein anderer war, als ein für Geld und gute Worte vom Departement des auswärtigen Handels zu St. Petersburg ertheiltes neues Attestat und mit demselben eine kaufmännische Darstellung[7043] *sine die & consule*[7044] in die Acten einzuschwärzen. Doch dieser Versuch, wie oft und auf welchem Wege er auch [S. 178[7045]] versucht ward, mußte an der peremtorischen[7046] Natur des längst abgelaufenen Beweistermins scheitern. Obergericht und Oberappellationsgericht[7047] verwarfen ihn, verfügten die Remotion aller darauf bezüglichen Schriftstücke *ab actis*, und fest steht seitdem,

daß die Frage, ob Kläger bewiesen, was im rechtskräftigen Beweisinterlocute vom 12. December 1822[7048] zu beweisen ihnen auferlegt worden, lediglich aus den *intra probationis terminum*[7049] producirten Urkunden zu beantworten ist.

Umso überraschender aber war es, daß die *ab extraneis*[7050] eingeholte, am 6. November laufenden Jahrs publicirte Entscheidung zweiter Instanz,

Anlagen No. I und II[7051].

ungeachtet der lichtvollen Darstellung in diesseitiger Widerlegung der Appellationsbeschwerden abweisend ausfiel, den Beweis der Klage für nothdürftig geführt

7036 „Im Tenor“.
7037 Zeitgenössisch S. 10.
7038 „Wenn der Kläger den Beweis nicht geführt hat, wird der Beklagte von der Klage entbunden“.
7039 Die Verweise auf Rezesse beziehen sich immer auf die Akte des Niedergerichts.
7040 „Der Richter voriger Instanz“.
7041 „Desselben Jahres“.
7042 Abschrift oben S. 483 (S. 50 der Akte L I 122).
7043 Oben S. 507 (S. 67 der Akte L I 122).
7044 „Ohne Angabe des Datums und Ausstellers“.
7045 Zeitgenössisch S. 11.
7046 „Festen, nicht verlängerbaren“.
7047 Entscheidungen des Obergerichts und des Oberappellationsgerichts zu der „Nachträglichen Äußerung“ oben S. 478 und 593 (S. 31 und 179 der Akte L I 122).
7048 Urteil des Oberappellationsgerichts, oben S. 430 (S. 537 der Akte L I 22 a).
7049 „Innerhalb der Beweisfrist“.
7050 „Von auswärtigen Urteilsverfassern“, Aktenversendung an die Juristenfakultät Kiel.
7051 Unten S. 901 und 903 (S. 223 und 227 der Akte).

erklärte und sogar die richterliche Würdigung des indirecten Gegenbeweises durch ein unzeitiges Urtheil der ersten Instanz entzog.

Die Beklagten haben dieses Judicat seinem gan- [S. 179[7052]] zen Inhalte nach von der Rechtskraft suspendiert[7053]

Anlage No. III.[7054]

und stellen dagegen die nachfolgenden Beschwerden auf:

1. daß der Beweis, soweit es den Klägern oblag, für nothdürftig geführt erachtet und nicht vielmehr dessen in erster Instanz ausgesprochene Verwerfung *pure* bestätigt worden ist,

2. daß *judex a quo*[7055] schon itzt über den indirecten Gegenbeweis der Beklagten abgesprochen,

eventualiter[7056]

3. daß er alle diesen Beweis bezielenden Zeugenaussagen und Documente für unkräftig und nicht vielmehr wenigstens unter dem Hinzutritt eines Erfüllungseides[7057] für zureichend erklärt,

endlich

4. daß er die Kosten der zweiten Instanz compensirt[7058] hat.

Rechtfertigung der Beschwerden.

Gravamen[7059] *1.*

Die Pflicht zum Schadensersatze wird durch unerlaubte Handlungen[7060] bedingt, welche als einzig [S. 180[7061]] veranlassende Ursache des Schadens sich darstellen, mit andern Worten, der Causalnexus[7062] zwischen der verbotenen Handlung und dem Schaden, wofür Ersatz begehrt wird, bildet das Haupterforderniß jedes desfalsigen Anspruchs, ist wesentliches Fundament der Klage.

7052 Zeitgenössisch S. 12.

7053 Umschreibung dafür, dass sich die Appellation gegen die gesamte Entscheidung richtet, die deswegen nicht in Rechtskraft erwachsen kann.

7054 Unten S. 931 (S. 295 der Akte).

7055 „Der Richter der vorigen Instanz".

7056 „Hilfsweise".

7057 Sog. Suppletionseid, also die „eidliche Erhärtung" „erheblicher Thatsachen", so Martin, Lehrbuch, 10. Aufl. (wie Anm. 6899), S. 129, S. 216.

7058 „Gegeneinander aufgehoben", so dass jede Seite ihre außergerichtlichen Kosten selbst und die Gerichtskosten zur Hälfte zu tragen hat.

7059 „Beschwerde".

7060 Im Rechtsstreit ging es zunächst um einen vertraglichen Schadensersatzanspruch, dazu die Überlegungen der Referenten und die Entscheidungsgründe des Oberappellationsgerichts im ersten Rechtsstreit, S. 320–321 (S. 489–490 der Akte L I 22 a).

7061 Zeitgenössisch S. 13.

7062 „Ursachenzusammenhang".

Ist nun die den Befrachtern des Schiffs Dora in der Klage angesonnene Correalobligation[7063] rechtskräftig verworfen, so springt sofort in die Augen, daß vor allen Dingen die Schuldigen auszumitteln sind und daß, wenn im Widerspruch mit den aus producirten Urkunden sich entwickelnden Vermuthungen, ja im Widerspruch mit actenkundigen Thatsachen – wir verweisen hier auf die vom Schiffer Haase gegen Rußlands Zollverordnungen importirten 14 Anker[7064] Rumm, eine Waare, die laut *pagina* 33 des jenseits producirten Tarifs[7065] zu den absolut verbotenen gehört – einige wenige Verlader als Schuldige für den Gesammtschaden haften sollen, ihre angebliche Privativschuld zum Wesen der Klage gehört[7066], mithin, wenn geleugnet, gleich dem Schaden von Klägern erwiesen werden muß. Sowohl zur Begründung der Ersatzpflicht im allgemeinen als zur Bestimmung ihres quantita- [S. 181[7067]] tiven Gehalts[7068] ist Gewißheit beider Thatsachen, ist Beweis des Schadens und der veranlassenden Ursache erforderlich. Bevor diese letztere erwiesen ist, giebt es keine Pflicht des Beschuldigten zur Einlassung auf die Schadensforderung, und jeder Unterschied, den man vorliegend aus der Natur eines getrennten Verfahrens abzuleiten sucht, führt zu Begriffsverwirrungen und in seinen Folgen zur Verletzung der unbestrittensten Regeln über die Beweislast.

Daß aber der interloquirende[7069] Richter wie *judex a quo in rationibus decidendi*[7070] auszuführen strebt, nicht dazu die Hand hat bieten, daß er vielmehr den Klaggrund in seine Bestandtheile hat auflösen und als einen dieser Bestandtheile den Causalnexus zwischen verbotener Handlung und Schaden hat bezeichnen wollen, würde selbst dann keinem Zweifel unterliegen, wenn er sich minder deutlich als *in rationibus decidendi* zum Erkenntnisse vom 12. December 1822[7071] geschehn, ausgedrückt hätte. Einen gedoppelten Beweis begehrte dieser Richter. Er verlangte, Kläger mögten die juristische Ueberzeugung ihm schaffen,

> daß die Verurtheilung des Schiffers Haase [S. 182[7072]] im Erkenntnisse des Zollamts zu Reval *de* 31. Januar 1818 durch die in der Klage specificirten oder durch welche derselben sie veranlaßt worden
>
> und

7063 „Gesamtschuld", kurze zeitgenössische Erläuterung in: Johann August Ludwig Fürstenthal, Real-Encyclopädie des gesammten in Deutschland geltenden gemeinen Rechts, oder Handwörterbuch. Erster Band, Berlin 1827, S. 255–256.

7064 Hohlmaß, in Lübeck entsprach 1 Anker 36,4 Liter.

7065 Der Zolltarif befindet sich nicht in den Akten des Oberappellationsgerichts.

7066 Hinweis auf die Beweislast: Der Kläger muss bei einer deliktischen Klage das individuelle Verschulden jedes Beklagten beweisen.

7067 Zeitgenössisch S. 14.

7068 Haftungsbegründende und haftungsausfüllende Klausalität.

7069 „Der Richter, der ein Zwischenurteil fällt".

7070 „Der vorinstanzliche Richter in den Entscheidungsgründen".

7071 Oben ab S. 432 (S. 541 der Akte L I 22 a).

7072 Zeitgenössisch S. 15.

wie hoch die verwirkte Strafe für die von jedem einzelnen Beklagten verschifften Güter sich belaufe.

Wie diese Ueberzeugung nur ihm gewährt werden könne, deutet der Richter gerade dadurch an, daß er in seiner Beweisauflage speziell Bezug nimmt auf das Erkenntniß des Zollamts zu Reval. Aus der diesem Judicate vorangehenden Geschichtserzählung nämlich erfahren wir, daß schon vor dem 23. Juny 1817 alten Stils die vom Schiffer Haase bey seiner Ankunft in Reval declarirten Waaren in den Packhäusern des Zollamts untersucht worden, daß in den declarirten Ballen und Gütern größtentheils Waaren sich gefunden haben, deren Einfuhr in Rußland verboten ist. Nun lehrt uns aber der von den Klägern selbst zu den Acten gebrachte und zum hiesigen Prahmschreiberattestate[7073] stimmende Protest (*ad Recessum* XVII[7074]), lehrt uns die Declaration[7075] des Schiffer[7076] Haase im Zollamte zu Reval (*Littera* B zur [S. 183[7077]] Appellationseinführung und Rechtfertigung 3. Instanz *sub productum*[7078] *de* 13. December 1821[7079]), daß diese declarirten, untersuchten und ihrem Inhalte nach constatirten Frachtgüter nicht in einigen und zwanzig Ballen, sondern in einer beynah sechsfach größern Anzahl bestanden. Dürfte man sich *per inconcessum*[7080] aber auch berechtigt halten, die Waaren derjenigen Befrachter auszuscheiden, welche dem protestirenden Notar ihre Revaler Landungsempfänger genannt haben, so blieben doch noch eine Menge anderer Güter als jene Kleinigkeit übrig. Was aber aus diesen Waaren geworden, darüber fehlt jegliche Auskunft. Daß ein besseres Schicksal sie traf, dagegen streiten die dringendsten Vermuthungen. Einstweilen also mußte der interloquirende Richter annehmen, daß allen vom Schiffer Haase an Ordre verladenen, beym Zollamt zu Reval declarirten, in dessen Packhäusern untersuchten Waaren oder doch dem größten Theile derselben ein gleiches Loos geworden. Und da nach der umfänglich entwickelten Ansicht eben dieses Richters eine solidarische[7081] Verbindlichkeit sämmtlicher Einlader, wie schon vorhin bemerkt, nicht anzunehmen steht, so folgt von selbst, daß nicht ein aus der Reihe der Verhand- [S. 184[7082]] lungen willkürlich gerissenes Stück ihn zu überzeugen vermag, daß vielmehr diese gesammten Verhandlungen ihm vorgelegt

7073 Prahmschreiber: Hafenbediensteter, der die eingehende Ware u. a. für die Verzollung verzeichnet. Ursprünglich bezeichnete Prahm eine schwimmende Landungsbrücke oder ein Fährschiff, vgl. Peter Oestmann, Rückblick auf die Hanse. Der Streit um die Abgaben an das Novgorod-Kontor, in: Rolf Hammel-Kiesow / Michael Hundt (Hrsg.), Das Gedächtnis der Hansestadt Lübeck. Festschrift für Antjekathrin Graßmann zum 65. Geburtstag, Lübeck 2005, S. 545–556 (546); Deutsches Rechtswörterbuch, Band 10 (1997–2001), Sp. 1193, 1195.

7074 Verweis auf die Akte des Niedergerichts.

7075 „Zollerklärung".

7076 Möglicherweise Schreibfehler, es fehlt das Genitiv-*s*.

7077 Zeitgenössisch S. 16.

7078 „Anlage zum Schriftsatz".

7079 Oben S. 130 (S. 91 der Akte L I 22 a).

7080 „Im ungestandenen Fall".

7081 „Gesamtschuldnerische".

7082 Zeitgenössisch S. 17.

werden müssen, weil aus ihnen nur zu ersehn seyn würde, ob die Frachtgüter der Beklagten und nur diese den Schaden veranlaßt haben, wofür die Rhederey Ersatz begehrt, oder ob, was wahrscheinlicher ist, ja kaum zu bezweifeln steht, die übrigen bekannten Einlader und unter ihnen sogar einige Mitrheder ihr Scherflein zu jenem Unfall beigetragen haben, dessen Folgen itzt einigen wenigen Verladern ausschließlich zugeschoben werden sollen.

Das wrangelsche Zeugniß[7083] vom 21. März 1818 genügte dem Richter nicht, weil es abgesehn von seinen offenbaren Unrichtigkeiten nur über den kleinsten Theil der Ladung sich verbreitet, weil es ungewiß läßt, welche Strafe von sämmtlichen Einladern verwirkt worden, ein Grund, der diesseits in der Appellationseinführung und Rechtfertigung 3. Instantz *sub productum*[7084] *de* 13. December 1821[7085] ausdrücklich geltend gemacht und *in rationibus decidendi*[7086] zum mehrerwähnten Beweisinterlocute gebilligt worden ist.

Vollständige Acten[7087] also begehrte der Richter, Acten, [S. 185[7088]] aus denen das einzig haltbare Fundament jenseitiger Ansprüche sich ergeben kann. Er begehrte sie und mußte sie begehren, weil ihre Existenz aus dem Straferkenntnisse des Revaler Zollamts sich nachweist und weil erst in Verbindung mit diesen Verhandlungen, insbesondere mit den Sequestrations-[7089] und Untersuchungsprotocollen das Straferkenntniß diejenige rechtliche Bedeutung gewinnen kann, woran es vorliegend nicht fehlen darf.

Was haben nun aber die Kläger innerhalb der ihnen vorgeschriebenen Beweisfrist beigebracht, um ihren vermeintlich geführten, aber vom Oberappellationsgerichte verworfenen Beweis zu verstärken? Nicht jene vollständigen Acten, weil vermutlich sie zu Verräthern an denjenigen werden würden, die nur zum eigenen Vortheil sich ihrer bedienen wollen[7090], nicht jene Sequestrations- und Untersuchungsprotocolle, weil ohne allen Zweifel Namen darin vorkommen, welche zu manifestiren nicht im Interesse der Kläger liegen kann.

Zwey Attestate sind es, womit ergänzt werden soll, was der interloquirende Richter am anticipirten[7091] Beweise vermißte: [S. 186[7092]]

7083 Zahlreiche Hinweise auf den Kollegienassessor und Packhausaufseher Johann von Wrangel im ersten Verfahren vor dem Oberappellationsgericht, z. B. oben Anm. 120.

7084 „Im Schriftsatz".

7085 Berufungsbegründung der Beklagten im ersten Verfahren vor dem Oberappellationsgericht, oben ab S. 90 (S. 12 der Akte L I 22 a). Der Schriftsatz stammt tatsächlich vom 12. Dezember 1821, oben S. 86 (S. 5 der Akte L I 22 a).

7086 „In den Entscheidungsgründen" des Oberappellationsgerichts, oben S. 445 (S. 555–556 der Akte L I 22 a).

7087 Hier im Sinne von „schriftliche Unterlagen".

7088 Zeitgenössisch S. 18.

7089 „Beschlagnahme-".

7090 Mehrfach enthält der Schriftsatz Spitzen gegen diejenigen Mitkläger, die 1817 zugleich Schmuggelgut auf der Dora verladen hatten und nun dennoch Schadensersatz wegen der Versteigerung des Schiffes verlangen.

7091 „Vorweggenommenen".

7092 Zeitgenössisch S. 19.

a) das Zeugniß der revalschen Port Tamoschna[7093] vom 19. July 1823 (Anlage No. 7 *ad Recessum XXXIII*[7094])

b) das Zeugniß des Departements des auswärtigen Handels in St. Petersburg *de* 10. August 1823 (Anlage 8 ebendaselbst.)

Eine gedoppelte Aufgabe sollen diese Urkunden lösen, sie sollen außer Zweifel setzen,

a) daß die Verurtheilung des Schiffers Haase durch das Erkenntniß des Revaler Zollamts vom 31. Januar 1818 einzig in der Verladung von Waaren der Beklagen beruhe.

Sie sollen ferner und zwar neben dem ebengedachten Beweise, also *cumulative*[7095] mit demselben, *ad liquidum*[7096] bringen

b) das *quantum*[7097] der Strafe, welche von jedem einzelnen Beklagten und für welche Waaren sie verwirkt sey.

Daß der Sinn der ersten *copula*[7098] des Beweissatzes kein anderer ist als der vorstehend ausgesprochene, daß nicht es genügt, nachgewiesen zu haben, wie diese oder jene Waaren eines einzelnen Beklagten als verboten erkannt und confiscirt worden, ist bereits im Vorhergehenden gezeigt worden. Welche Bedeutung dem zweiten Abschnitte des Beweisthemas beiwohnt, ergeben [S. 187[7099]] dessen Worte, und ließen sie noch einen Zweifel übrig, so würde er schwinden müssen vor den unzweideutigsten Erklärungen, welche der interloquirende Richter in seinen Entscheidungsgründen gegeben hat. Es fehlt, so heißt es daselbst *pagina* 24[7100], an jeder Nachweisung über den Auctionspreis der einzelnen Waaren, mithin über das von jedem einzelnen Beklagten verwirkte Strafquantum. Dargelegt muß also werden, heißt es *pagina* 23 *ibidem*[7101], wieviel die Strafgelder, wozu der Schiffer wegen der Waaren der einzelnen Beklagten verurtheilt worden ist, betragen haben. Nun bedarf es wohl kaum der Bemerkung, daß bei dem Ausdrucke „Waaren" deren Eigenschaft als verbotene, als Contrabande subintelligirt[7102] werden muß, weil nur der Auctionspreis verbotener Waaren bey Berechnung der Strafe in Anschlag gebracht wird, wie das die russischen Zollgesetze, namentlich das Manifest über den Einfuhr- und Ausfuhrhandel des Russischen Reichs vom Jahre 1810 § 29[7103]

7093 „Hafenzollbehörde".
7094 Verweis auf die Akte des Niedergerichts. Beide Zeugnisse von 1823 befinden sich nicht in der Akte des Oberappellationsgerichts.
7095 „Gleichzeitig, zusätzlich".
7096 „Vollständig".
7097 „Die Höhe".
7098 „Verknüpfung". Gemeint ist der hier sog. Beweissatz a).
7099 Zeitgenössisch S. 20.
7100 Oben S. 446 (S. 556–557 der Akte L I 22 a).
7101 „Ebenda".
7102 „Darunter verstanden", Worterklärung bei Johann Friedrich Heigelin, Allgemeines Fremdwörter-Handbuch für Teutsche, Tübingen 1819, S. 138.
7103 Wortlaut oben in der Relation von Friedrich Cropp zum ersten Verfahren am Oberappellationsgericht, S. 280 (S. 424 der Akte L I 22 a).

und folgende außer Zweifel setzen und wie auch *in rationibus decidendi pagina*[7104] 24 ausdrücklich erwähnt worden ist.

Diese Bemerkungen geben den einzig richtigen Maßstab für die Würdigung der beiden Documen- [S. 188[7105]] te, womit jetzt wir uns zu beschäftigen haben. Wir enthalten uns dabey, um Wiederholungen zu vermeiden, jenes umfänglichen Details über die Mängel, Widersprüche und Unrichtigkeiten, welche in den bisher zu den Acten gebrachten diesseitigen Schriftsätzen, besonders in der Antwort *in paritorio*[7106] *ad Recessum XXXV*[7107], in der Widerlegung jenseitiger Appellationsbeschwerden *ad Decretum judicii superioris*[7108] *de* 6. September 1832 und in der diesseitigen Schlußerklärung *ad Decretum judicii superioris de* 10. April 1834 umfänglich hervorgehoben sind. Wir beziehen uns auf diese Schriftsätze ausdrücklich, erklären jenes Detail für einen Theil unserer gegenwärtigen Appellationsrechtfertigung und fügen demselben noch folgende Bemerkungen hinzu.

1. In der Geschichtserzählung der Revaler Port-Tamoschna[7109], wie sie uns deren Journal vom 31. Januar 1818 giebt, heißt es ausdrücklich:

> Schiffer Haase habe in seiner Declaration[7110] unter anderer Ladung Ballen mit Gütern auf ordre[7111] angezeigt, in welchen nach Untersuchung in den Packhäusern des Zollamts mit nicht gethaner Anzeige im 14tägigen Termine größtentheils Waaren [S. 189[7112]] gefunden worden, deren Einfuhr in Rußland verboten sey.

Am 9. Juny 1817 kam Schiffer Haase im Revaler Hafen an. Selbigen Tages übergab er seine Declaration (Anlage *Littera* B zur diesseitigen Einführung und Rechtfertigung dritter Instanz *de praesentato de*[7113] 12. December 1821[7114]). Der 14tägige Termin lief also am 23. Juny ab. Daß Capitain Haase aber fast nur an ordre lautende Connoissemente ausgestellt hatte, davon giebt er selbst den schlagendsten Beweis durch die beinah 5 Monath später Namens seiner *per Notarium* geschehene Umfrage bey den hiesigen Befrachtern, welche mit 230 Collys oder doch nach etwanigem Abzug derjenigen, wofür die Addressen bey der Umfrage aufgegeben wurden, mit 209 und, recurrirt[7115] man auf die Declaration des Schiffers, mit einer etwas geringern Zahl unter jener Rubrik betheiligt waren.

Kein Zweifel also kann darüber gehegt werden,

7104 „In den Entscheidungsgründen auf Seite"; oben S. 446 (S. 556–557 der Akte L I 22 a).
7105 Zeitgenössisch S. 21.
7106 „Zur Befolgung" einer gerichtlichen Auflage.
7107 Verweis auf die Akte des Niedergerichts.
7108 „Auf die Verfügung des Obergerichts".
7109 „Hafenzollbehörde".
7110 „Zollerklärung".
7111 „An namentlich nicht benannte Empfänger".
7112 Zeitgenössisch S. 22.
7113 „Vorgelegt am".
7114 Oben S. 130 (S. 91 der Akte L I 22 a).
7115 „Bezieht man sich auf".

daß die von den itzigen Beklagten mit dem Schiffe Dora nach Reval versandten Waaren nur einen geringen Theil derjenigen Kisten, Ballen und Gebinde ausmachten, welche aus diesem Schiffe in die Packhäuser [S. 190[7116]] des Zollamts zu Reval geschafft worden,

und ebensowenig mag vernünftigerweise in Abrede gestellt werden,

daß der bei weiten größere Theil der haaseschen Ladung an Ordre noch vier bis fünf Monath später in jenen Packhäusern sich befand.

Wie läßt sich nun der Widerspruch auch nur scheinbar lösen, worin sich die Port-Tamoschna zu Reval verstrickt, indem sie am 31. Januar 1818 certificirt[7117],

in den von Capitain Haase an Ordre importirten, in den Packhäusern des Zollamts untersuchten Ballen (also in mindestens 190 Collys) seyen größtentheils verbotene Waaren gefunden worden,

fünf Jahre später, am 19. July 1823, aber attestirt,

nur in 28 von H. D. Wildtfanck, in 1 von Leuenroth, in 1 von Arnold Hornemann, in 1 von N. B. Mentze und in 2 von Gebrüder Müller abgeladenen Kisten, Ballen und Gebinden wären verbotene Waaren entdeckt, diese Collys seyen daher confiscirt.

Eins jener gerühmten Documente kann nur [S. 191[7118]] die Wahrheit sprechen, entweder das Straferkenntniß und dann berichtet der spätere Auszug eine Unwahrheit, oder dieser Auszug und dann logen die dem Straferkenntnisse vorausgeschickten Untersuchungsprotokolle.

Bestanden aber auch alle diese Gründe die Probe nicht, so brechen doch die bereits actenkundigen Unwahrheiten,

daß ein von H. D. Wildtfanck an J. G. M. Gardau zu St. Petersburg abgeladenes Colly  No. 19,

daß zwey von Gebrüder Müller an dieselbe Addresse verladene Collys  No. 23 und  No. 1 confiscirt,

daß ein Faß  No. 75 von N. B. Mentze an Ordre verladen,

daß die zu erlegende Strafe 43.805 Rubel 67 ¾ Copeken betrage,

jenem Auszuge den Stab. Er läßt die vom interloquirenden Richter *in rationibus decidendi ad*[7119] *sententiam de* 12. December 1822, *pagina* 25–26[7120], bestimmt ausgesprochenen, seine Ansicht von den nothwendigen Beweisresultaten hinlänglich

7116 Zeitgenössisch S. 23.
7117 „Bestätigt".
7118 Zeitgenössisch S. 24.
7119 Wort über der Zeile eingefügt.
7120 Entscheidungsgründe zum Urteil des Oberappellationsgerichts, oben S. 446 (S. 557–558 der Akte L I 22 a).

andeutenden Erwartungen unerfüllt, vermag also davon nicht zu überzeugen, was zu wis- [S. 192[7121]] sen begehrt ward.

2. Der dorpatsche Kaufmann Heinrich Platzmann zu St. Petersburg, ein Bruder desjenigen Mitklägers[7122], welcher den gegenwärtigen Rechtsstreit leitet, betrieb die Ausfertigung des vom Departement des auswärtigen Handels daselbst unterm 10. August 1823 ertheilten Attests. Nicht ganz gleichgültig für die Beurtheilung derselben[7123] dürfte dieser Umstand und ebensowenig der Zeitaufwand seyn, dessen es bedurfte, um ein Document zu bekommen, was nicht zu viel und nicht zu wenig zu bezeugen, sondern nur die itzigen Beklagten als Schuldige darstellen, zugleich aber einen Maaßstab für die ihnen angesonnenen Opfer liefern sollte.*[7124]

Ließe sich aber auch übersehn, was in dieser Beziehung mindestens auffallend erscheint, so gewährt doch der Inhalt auch dieses Documents nicht, was damit bezweckt wurde,

nicht den Beweis, daß Beklagte und nur sie die wider den Schiffer Haase verhängten Strafen veranlaßt haben,

nicht den Preis, wozu die einzelnen verbotenen Waaren verkauft und folgeweise nicht das Maaß der Strafe, welche [S. 193[7125]] von den Verladern solcher Waaren verwirkt worden.

Jener Beweis wird dadurch nicht hergestellt, weil das Document nicht stimmt zum Journal der Revaler Port Tamoschna *de* 31. Januar 1818, in Stelle des größtentheils der an Ordre verladenen, 14 Tage nach ihrer Ankunft in Reval geöffneten, untersuchten und confiscirten Waaren nur eine geringe Anzahl solcher angeblichen Collys und wiederum weniger als das Revaler Zeugniß vom 19. July 1823 bezeichnet. Statt 28 Kisten und Packen, für welche das Revaler Attest H. D. Wildtfanck als Einlader aufgiebt, sind es nach dem Petersburger Zeugniß nur 22 Collys, für welche man diesen Mitbeklagten als Urheber der Einfuhr bezeichnet. Ja unter diesen 22 findet sich sogar ein Päckel  No. 117, wovon das Revaler Attest nichts weiß, und verschwunden sind auf einmahl die beiden Collys der Gebrüder Müller  No. 23,  No. 1, verschwunden das Faß von N. B. Mentze  No. 75. Das Petersburger Document erwähnt ihrer nicht weiter, obgleich die Revaler Urkunde sie in den Packhäusern des Zollamts öffnen, untersuchen und confisciren läßt. [S. 194[7126]] Doch nicht hierin allein weichen beide Zeugnisse voneinander ab. Sie

7121 Zeitgenössisch S. 25.

7122 Gemeint ist der Lübecker Senator Conrad Platzmann. Zu seiner Beziehung zu seinem Bruder oben S. 652 (S. 85 der Akte L I 161).

7123 Möglicherweise Schreibfehler, der Bezug ist unklar.

7124 Fußnote in der Vorlage: *Man vergleiche den Brief des Herrn H. Platzmann an C. Platzmann Söhne de 26. Juny 1823 ad Recessum XXX actorum.*

7125 Zeitgenössisch S. 26.

7126 Zeitgenössisch S. 27.

widersprechen sich auch in Ansehung des Inhalts der Waaren, sie widersprechen sich in Betreff der Strafsumme. Documente aber, die obleich aus einer Quelle geflossen, in ihren wesentlichen Resultaten schroff einander gegenüberstehen, Documente, die bezeugen, was durch die That widerlegt wird, verdienen keine Rücksicht, es gilt von ihnen, was *Julianus in fragmento* 13 § 3. *D. de rebus dubiis* mit den Worten andeutet,

sicut e contrario duae orationes pugnantia continentes, simul falsae sunt … id accidit, quia significatio sumitur ex universo, in quo si aliquid falsum est, totam orationem falsam efficit[7127],

imgleichen, was kaiserliche Constitutionen und päbstliche Satzungen dispositiv ordnen.

L. 14 C. de fide instr. (4, 21)[7128]
C. 13 X de fide instr. (2, 22)[7129]

Lassen sich mit diesen klaren Vorschriften, lassen sich mit actenkundigen Thatsachen Argumente reimen, wie sie der Verfasser des angefochtenen Erkenntnisses[7130] mittelst der Bemerkungen:

Das Petersburger Attest sey genau und voll- [S. 195[7131]] ständig, es bedürfe daher der Unterstützung anderer Urkunden nicht,
die Revaler Acten rührten von untergeordneten Behörden her, vermögten die Angabe des Handelsdepartements über die confiscirten Waarenballen und deren Verkaufspreis nicht zu entkräften, kämen vielmehr nur sofern in Betracht, als sie das Petersburger Attest darin, daß das Schiff Dora mit dem größten Theil (?)[7132] der Ladung confiscirt worden, unterstützten,

in *rationibus decidendi* aufstellt?

Wir unseres Theils vermissen in diesem Raisonnement[7133] alle Consequenz. Wir erblicken darin nur Willkühr und Leichtgläubigkeit, deren am wenigsten der Richter sich schuldig machen sollte, zu dessen Pflicht es vielmehr steht, nach beendigtem Beweisverfahren alles zu prüfen, was, um zu überzeugen, die Partheien ihm vorlegten, der aber auch nur, wenn alles ineinander greift und zutrift, seinen

7127 Allegation aus dem römischen Recht: D. 34, 5, 13, 3 (Titel: De rebus dubiis); Übersetzung in: Carl Eduard Otto / Bruno Schilling / Carl Friedrich Ferdinand Sintenis, Das Corpus Juris Civilis in's Deutsche übersetzt. Dritter Band, Leipzig 1831 (Nachdruck Aalen 1984), S. 579: „Sowie umgekehrt zwei Widersprechendes enthaltende Sätze zugleich falsch sein können (…) und zwar darum, weil der Begriff vom Allgemeinen entnommen wird, wobei es nothwendig ist, dass wenn daran etwas falsch ist, der ganze Satz falsch sein müsse".

7128 C. 4, 21, 14 (Titel: De fide instrumentorum et amissione eorum et antapochis faciendis et de his quae sine scriptura fieri possunt).

7129 Allegation aus dem kanonischen Recht: X. 2, 22, 13 (Titel: De fide instrumentorum).

7130 Die Argumentation richtet sich gegen die Entscheidungsgründe der Juristenfakultät Kiel, unten S. 919 (S. 266–267 der Akte).

7131 Zeitgenössisch S. 28.

7132 Fragezeichen in der Vorlage.

7133 „In diesen Überlegungen".

Glauben für sattsam[7134] befestigt achten darf, fortwährend dagegen zweifeln muß, wo Widersprüche und Mängel als Resultat einer den Gesammtbeweis umfassenden Prüfung sich ihm aufdringen.

[S. 196[7135]] Wären inzwischen diese Einwürfe minder erheblich, ließen sie sich folgerechter, als dies in den Entscheidungsgründen des *judicati a quo*[7136] geschehn ist, aus dem Wege räumen, untauglich stets würden doch beide bisher beleuchteten Urkunden für die Ermittelung des Strafquantums als Gegenstand des zweiten Abschnitts der Beweisauflage bleiben.

Der Preis der einzelnen verbotenen Waaren jedes Beklagten soll nachgewiesen werden, so will es das Oberappellationsgericht. Welches andere Beweismittel ließ sich hier denken als ein Versteigerungsprotocoll, worin verbotene von unverbotenen Waaren getrennt, der Preis der einen abgesondert von dem der andern bemerkt seyn mußte? Was legen uns dagegen die Kläger vor?

> ein bereits in anderer Beziehung von aller Glaubwürdigkeit entkleidetes Zeugniß des Zollamts zu Reval, welches die vermeintliche Strafe en blocq zu 43.805 Rubel 47 ¾ Copeken angiebt,
>
> ein nicht glaubwürdigeres Attestat des zu St. Petersburg für den auswärtigen Handel bestehenden Departements, worin [S. 197[7137]] der für den gemischtesten und heterogensten Inhalt jedes einzelnen Collys erzielte Gesammtpreis bemerkt, die Strafe aber abweichend angegeben ist.

Daß die Revaler Urkunde, abgesehen selbst von ihren anderweitigen Mängeln, für den zweiten Beweisabschnitt nicht den geringsten Werth hat, bedarf kaum der Bemerkung. Aber auch die Petersburger Acte hat ihn nicht. Denn wer mögte sich wohl getrauen, den Auctionspreis einer einzelnen Waarengattung im allgemeinen, wer sich getrauen, das Provenue[7138] der verbotenen Gegenstände daraus zu ermitteln? Diese Aufgabe zu lösen, dürfte kein Sterblicher fähig seyn. Fühlte der Stimmführer[7139] der Kläger dies doch selbst, als er schon unterm 18. September 1828, also noch ehe der die jenseitigen Beweise würdigende Ausspruch des Richters erster Instanz den Partheien im officiellen Wege verkündet ward, an seinen Bruder in St. Petersburg schrieb,

> er bedürfe zur Fortsetzung der Sache eines andern (als des damahls schon beigebrachten vorstehend geprüften) Attestats[7140].

7134 Wort über der Zeile eingefügt.
7135 Zeitgenössisch S. 29.
7136 „Des vorinstanzlichen Urteils".
7137 Zeitgenössisch S. 30.
7138 „Ersatzleistung für versicherte Gegenstände".
7139 Senator Conrad Platzmann.
7140 Zahlreiche Auszüge aus dem Briefwechsel von Conrad und Heinrich Platzmann oben ab S. 660 (S. 96 der Akte L I 161).

Glaubt man aber dem Ziele mittelst eines Schlus- [S. 198[7141]] ses sich nähern zu können, der also lautet:

das Attestat des Departements des auswärtigen Handels giebt den Gesammtertrag der Auction zu 47.118 Rubel 95 ½ Copeken, den Erlös der erlaubten Waaren aber zu 5.453 Rubel 47 ¾ Copeken an,

Arnold Hornemanns und Leuenroths Güter bestanden ausschließlich in verbotenen Waaren,

also

kommen jene 5.453 Rubel 47 ¾ Copeken allein dem Mitbeklagten Wildtfanck zugute, und die angebliche Strafe für seine Waaren beträgt die Summe des Gesammtpreises seiner Packen, Kisten, und Gebinde *minus* 5.453 Rubel 47 ¾ Copeken,

so vergißt man, daß ein solcher Schluß des unwandelbaren Vordersatzes entbehrt, eines Vordersatzes, dessen Beweis weder aus dem Revaler Zeugniß, worin für 34 Kisten und Gebinde einer Strafe von 43.805 Rubel 67 ¾ Copeken gedacht wird, noch aus der Petersburger Acte, worin die *Mulct*[7142] für 24 Collys, also für 10 Ballen weniger, zu 41.665 Rubel 47 ¾ Copeken angegeben ist, geschöpft werden kann. Man vergißt ferner, daß der interloquirende Richter mittelst des Nachweises über den [S. 199[7143]] Preis der einzelnen verbotenen Waaren *Data*, nicht Hypothesen begehrt hat, man vergißt endlich, daß Vermuthungen, die der rechtlichen Basis entbehren, nicht ausreichen, wo bewiesen und jeder, auch der leiseste Zweifel zerstreut werden soll.

Vergeblich berufen sich Kläger, um diesen Einwürfen zu begegnen, auf den russischen Zolltarif von 1816. Könnte die von ihnen zu den Acten gebrachte[7144], jenen Titel führende Druckschrift, bey deren Ansicht wir alles vermissen, was zum Wesen eines Gesetzes gehört und dessen Authenticitaet verbürgt, dennoch dafür gelten, wofür sie ausgegeben wird, so würde sie doch immer nicht ergänzen, was daraus ergänzt werden soll, ja noch mehr, sie würde,

weil darin weder Tüll noch Blumenbouquets, die eben in der von Arnold Hornemann verladenen Kiste MN vorgefunden seyn sollen, unter den *paginae* 30–34 specificirten verbotenen Waaren genannt sind, in Ansehung ihrer also gelten würde, was *pagina* 19 von der gegen 25 pro Cent Zoll erlaubten Einfuhr aller nicht als verboten bezeichneten Waaren gesagt ist,

7141 Zeitgenössisch S. 31.
7142 „Geldstrafe, Geldbuße".
7143 Zeitgenössisch S. 32.
7144 Der Zolltarif befindet sich nur in den vorinstanzlichen Akten, nicht in den Akten des Oberappellationsgerichts.

[S. 201[7145]] die *propositio minor*[7146] des kühnen Schlusses und damit diesen Schluß gänzlich vernichten.

Ob dessen ungeachtet, wie in *rationibus decidendi judicati a quo*[7147] behauptet wird, der klägerische Schluß bündig ist, ob Beklagte, wie eben daselbst bemerkt wird, dagegen nichts Sachdienliches vorgetragen haben, diese Frage mag ohne Weiteres zum Ermessen des künftigen Richters verstellt werden. Ihm wird schwerlich entgehn, daß sein Vorgänger nicht einmahl das Strafgesetz, wonach die Folgen der Einfuhr verbotener Waaren sich bestimmen, – wir meinen das Manifest[7148] des auswärtigen Handels von 1810 – eines prüfenden Blicks gewürdigt hat[7149]. Ihm wird nicht entgehn, daß sein Vorgänger im klarsten Widerspruche mit diesem Gesetze die Confiscation von Waaren, mögen diese verboten oder zur Einfuhr erlaubt und letztere, falls nur saisirt[7150] seyn, weil sie mit Contrebande zusammengepackt waren, als einzig entscheidendes Merkmahl bezeichnet hat, wonach die Bestimmung des Strafquantums sich richten soll. Gerade aber in dieser Ungenauigkeit, in diesem Irrthume, wovon sich der vorige Referent auch durch das von ihm so hoch gestellte Petersbur- [S. 202[7151]] ger Attestat hätte überzeugen können, dürfte der Schlüssel zu jener kurzen Abfertigung gesucht werden müssen, welche den diesseitigen Gründen gegenüber gestellt wird.

Gravamen 2.

Wenn das Niedergericht, von den bisher entwickelten Ansichten geleitet, aus der Prüfung des Hauptbeweises gleiche Resultate zog, wenn es weder zu der Ueberzeugung gelangt zu seyn erklärte,

> daß die Beklagten durch die in der Klage specificirten Waaren oder durch einige derselben die Verurtheilung des Schiffers Haase veranlaßt haben,

noch für juristisch wahr anzunehmen sich berechtigt achtete,

> wie hoch sich die verwirkte Strafe für die von jedem einzelnen Beklagten verschifften Güter belaufe,

so hatte es damit für die Entscheidung in der Hauptsache eine ausreichende Basis gewonnen. Es bedurfte, um die Beklagten von der Klage zu entbinden, der Materialien des indirecten Gegenbeweises nicht, sie sind dem dispositiven Theile[7152] der Sentenz *de* 27. September 1828 völlig fremd geblie- [S. 203[7153]] ben, und sogar

7145 Zeitgenössisch S. 33.
7146 Begriff aus der Logik für eine Ableitung aus dem Hauptsatz, Definition bei Johann Georg Walch / Justus Christian Hennings, Philosophisches Lexicon, 4. Aufl. Leipzig 1775, Band 1, Sp. 206.
7147 „In den Entscheidungsgründen des vorinstanzlichen Urteils".
7148 Zahlreiche Zitate aus dem russischen Gesetz in der Relation von Friedrich Cropp zum ersten Verfahren vor dem Oberappellationsgericht, oben ab S. 280 (S. 423 der Akte L I 22 a).
7149 Die Urteilsbegründung der Juristenfakultät Kiel enthält keine Rechtsquellenangaben.
7150 „Beschlagnahmt".
7151 Zeitgenössisch S. 34.
7152 „Dem Tenor".
7153 Zeitgenössisch S. 35.

ausdrücklich ward vom Richter erster Instanz erklärt, es komme auf den Beweis der Einrede nicht weiter an. Damit war der etwa wider dieses Erkenntniß einzulegenden Appellation und folgeweise der oberrichterlichen Prüfung und Beurtheilung eine feste Gränze gesteckt.

Wie die beiläufige Aeußerung[7154] des Unterrichters über den indirecten Gegenbeweis nach dem eigenen Zugeständnisse des Oberrichters *in rationibus decidendi* die Rechtskraft nicht beschreiten konnte[7155], so durfte der Letztere diese Aeußerung auch nicht in den Kreis seiner Prüfung ziehn und weniger noch durfte er seine Ueberzeugung vom Werthe des indirecten Gegenbeweises in einem Erkenntnisse aussprechen, was lediglich mit der Entscheidung des vorigen Richters über den Beweis der Klage sich zu beschäftigen hatte.

Ging *judex a quo*[7156] dennoch weiter, knüpfte er an seinen den Hauptbeweis für nothdürftig geführt erklärenden Ausspruch – dessen Unhaltbarkeit übrigens *sub gravamine*[7157] *1* sattsam dargelegt ist – ein dispositives Urtheil über den indirecten Gegenbeweis, so verletzte er damit das Recht der Beklagten auf die erste Instanz[7158], er maaßte eine Entscheidung sich an, deren nothwen- [S. 204[7159]] dige Bedingung überall noch nicht vorhanden war und die, hätte es des indirecten Gegenbeweises überhaupt noch bedurft, zunächst dem Unterrichter zu überlassen gewesen seyn würde.

Gravamen 3.

Ließe sich inzwischen, was wir bestreiten[7160], jene Entscheidung gegen den Vorwurf einer Nichtachtung processualischer Formen retten, immer würde doch ihr materieller Inhalt, dessen Prüfung das Thema der eventuellen 3. Beschwerde bildet, die Probe nicht bestehn.

Der Schiffer Georg Heinrich Haase hatte schon vor jener Krisis, die den Seehandel des europaeischen Continents zu vernichten drohte, mit der Frachtfahrt zwischen Lübeck und den russischen Häfen ausschließlich sich beschäftigt. Er widmete sich derselben Fahrt, als unser Hafen dem freien Verkehr mit Rußland wieder geöfnet war. Diese vieljährige Praxis machte ihn bekannt mit allen den Einfuhr- und Ausfuhrhandel der russischen Ostseeplätze beschränkenden Verfügungen, machte besonders ihn bekannt mit den für solche Häfen gegebenen Zollgesetzen.

7154 Gemeint ist ein obiter dictum im Gegensatz zu den tragenden Entscheidungsgründen.
7155 Zu diesem Argument der Juristenfakultät Kiel unten S. 924 (S. 280–281 der Akte).
7156 „Der vorinstanzliche Richter".
7157 „Unter dem Beschwerdepunkt".
7158 Nach dieser Auffassung darf das Berufungsgericht also nur über Fragen entscheiden, die bereits in der ersten Instanz zur Sprache kamen.
7159 Zeitgenössisch S. 36.
7160 Bei diesem Hinweis handelt es sich im Folgenden um eine Hilfsausführung. Nur falls das Oberappellationsgericht den Ausgangspunkt der Beklagten nicht teilt, kommt es auf die dritte Beschwerde überhaupt noch an.

Verborgen konnte ihm nicht bleiben das im Vorhergehenden wiederholt angezogene Manifest von [S. 205[7161]] 1810, womit der erste Schritt zu einem bis dahin unerhörten Prohibitivsystem[7162] geschah, verborgen nicht jene spätern, dieses System immer weiter ausdehnenden legislativen Verfügungen, verborgen endlich nicht diejenigen Vorschriften, welche eben den Schiffern zur Richtschnur dienen sollten und wodurch eben sie mit bedeutenden Nachtheilen, mit schweren Strafen bedroht sind, falls sie einer Contravention[7163] sich schuldig machen. Was namentlich Rußlands Zollgesetze über die nothwendigen Requisite[7164] der Connossemente enthalten, verkündete mittelst der betrefffenden Auszüge aus diesen Gesetzen das russische Consulat hieselbst[7165] zu einer Zeit, als der Schiffer Haase, nachdem er kaum einer freiwillig übernommenen Gefahr entronnen war, zu neuen Wagstücken sich anschickte.

Diese Geläufigkeit des Schiffers Haase in der Verletzung fremder Einfuhrverbote bezeichnet ihn als einen Mann, zu dem man auch itzt wiederum der That sich wohl versehn darf[7166]. Er beging aber auch die That wirklich. Er beging sie in vollem Bewußtseyn der Gefahr, die er damit übernahm. Wir dürfen dies folgern

A) aus actenkundigen Thatsachen, und jeder [S. 206[7167]] Zweifel, der etwa durch Schlüsse nicht zu beseitigen wäre, findet seine Erledigung

B) in den unzweideutigen Aussagen abgehörter Zeugen.

Bevor wir in dieser gedoppelten Beziehung die Beweismaterialien näher ins Auge fassen, fragen wir billig:

Was begehrte der Richter mittelst der hier in Frage stehenden Beweisauflage? Diese Frage ist umso wichtiger, je mehr man sich jenseits bemüht, dem interloquirenden Richter[7168] Absichten unterzuschieben, die er sicher nicht gehegt hat, und je auffallender der Einfluß erscheint, den diese Bemühungen auf die Ansichten des letzten Richters geäußert haben.

Von der bloßen Bekanntschaft des Schiffers Haase mit der unfreien Qualitaet der zum Transport nach Reval übernommenen Waaren will jener erste Richter überzeugt seyn. Ihm ist es gleichgültig, woraus der Schiffer seine Kenntniß geschöpft hat, und namentlich erklärt er in den Entscheidungsgründen zum Interlocute vom 12. December 1822[7169], daß eine von den Beklagten ausgegangene Anzeige der

7161 Zeitgenössisch S. 37.
7162 Maßnahmen des russischen Staates, um die Wareneinfuhr zu verbieten bzw. zu beschränken.
7163 „Zuwiderhandlung".
7164 „Bestandteile, Erfordernisse".
7165 Offenbar wurden die russischen Gesetze durch die russische Vertretung in Lübeck offiziell bekanntgemacht.
7166 Der Wechsel in der Zeitform führt zu einer Vergegenwärtigung des bereits lange zurückliegenden Geschehens.
7167 Zeitgenössisch S. 38.
7168 „Dem Richter, der das Zwischenurteil fällte".
7169 Entscheidungsgründe zum Urteil des Oberappellationsgerichts, oben S. 438–439 (S. 547–548 der Akte L I 22 a). Dort spricht das Oberappellationsgericht aber ausdrücklich von der Pflicht der Beklagten, dem Schiffer die unfreie Qualität der Ware anzuzeigen.

unfreien Eigenschaft jener Waare dem Beweissatze völlig fremd sey. [S. 207[7170]] Diese Erklärung des Richters zieht seiner Absicht bestimmte Gränzen. Sie schließt namentlich die Vermuthung aus, als habe er specielle Kunde des Schiffers vom Inhalte jedes einzelnen Collys von jeder einzelnen Waarengattung begehrt. Denn diese Kunde vermogte nur der hiesige Absender ihm zu geben, und wenn der Richter eine Anzeige dieses letztern vom Wesen des Beweishemas ausschloß, so erklärte er damit zugleich, daß nicht auf jene, in das kleinste Detail gehende Wissenschaft, sondern nur auf die Bekanntschaft des Schiffers mit dem verbotenen Inhalte im allgemeinen es ankomme.

Nach dieser von selbst sich rechtfertigenden Interpretation des Beweissatzes wenden wir uns

A) zu den actenkundigen Thatsachen, aus welchen die zum Beweise verstellte Kenntniß des Schiffers als nothwendiges Product hervorgeht.

Er verstand sich zur Ausstellung gesetzwidriger und verpönter Ladungsscheine, worin kein Empfänger genannt, kein Inhalt der Stückgüter verzeichnet war. Er verstand sich dazu 13 Einladern [S. 208[7171]] gegenüber für 230 Collys von größern Umfange. Der Beweis liegt in dem namens seiner[7172] gegen diese 13 Einlader am 8. November 1817 *notarialiter*[7173] aufgenommenen Proteste (*ad Recessum* XVII No. 4[7174]). Indem man ihm[7175] eine solche Contravention zumuthete, mußte er, der vernünftige Mann, der erfahrene Schiffer, der routinirte Contrebandier[7176], die Frage sich vorlegen, welchen Zweck die Verlader dabey hatten, welcher Grund sie bewog, ihr oder das ihnen anvertraute fremde Eigenthum einer so bedeutenden Gefahr auszusetzen. Die Antwort konnte keinen Augenblick zweifelhaft seyn. Nicht gänzliche oder theilweise Ersparung hoher Zölle allein konnte zum Motive ihnen dienen, denn bey der Verfolgung dieses Ziels würde man für mögliche Entdeckungsfälle den Schiffer durch Aufgabe geeigneter Addressen im Bestimmungshafen zur Rettung der Waaren gegen Erlegung des einfachen oder doppelten Zolls und etwaniger auf Zolldefraudationen[7177] stehender Strafen in den Stand gesetzt haben. Um ein größeres Risiko also mußte es sich handeln, daran konnte der Schiffer nicht zweifeln, um ein Risiko, wobey[7178] kein russischer Unterthan, kein Revaler Kaufmann [S. 209[7179]] durch schriftliche Beweise inculpirt[7180] seyn durfte, weil sein Vermögen, seine Freiheit, seine ganze bürgerliche Existenz aufs Spiel

7170 Zeitgenössisch S. 39.
7171 Zeitgenössisch S. 40.
7172 Der Schiffer Haase selbst war zu diesem Zeitpunkt bereits verstorben.
7173 „Durch einen Notar".
7174 Verweis auf die Akte des Niedergerichts.
7175 Gemeint ist der Schiffer Haase. – Verbessert aus *ihnen*.
7176 „Schmuggler".
7177 Hierzu Anm. 7003.
7178 Wort am Seitenrand eingefügt.
7179 Zeitgenössisch S. 41.
7180 „Beschuldigt".

gesetzt seyn würde. Darum blieben dem Schiffer die Ladungsempfänger verborgen. Er konnte sie nicht aufsuchen, weil seine Connossemente[7181] sie ihn[7182] nicht nannten, weil Addreßbriefe mit Namen ihm nicht zugestellt waren. Der Beweis dieses Umstandes liegt wiederum in jenem Proteste, dessen Zweck ja eben in der Ausmittelung der Empfänger sich aussprach. Was anders konnte nun die Absender vermögen, den Inhalt der Kisten, Ballen und Gebinde gegen bestehende gesetzliche Vorschriften dem Papiere nicht zu vertrauen; was sie vermögen, auch dem Schiffer gegenüber das tiefste Geheimniß in Ansehung der Personen zu bewahren, von welchen, sobald die Gefahr glücklich umgangen seyn würde, die Waaren entgegengenommen werden sollten? Der verbotene Inhalt verladener Collys, die unfreie Qualitaet verschiffter Waaren stellt als einzig haltbarer Grund sich dar. Die Befrachter setzten ihr Eigenthum, der Schiffer sein Schiff einer Gefahr aus. Wohl war auch letzterer sich deren bewußt, denn noch ehe er am Ziel seiner Reise [S. 210[7183]] anlangte, bereitete er die Mittel vor, ihr zu begegnen, schmiedete ein falsches Manifest, was nur von einem Theile seiner Ladung Kunde gab, was mindestens 36 größere Collys gänzlich verschwieg. Ein solches Wagstück, ein offenbares *falsum*[7184], wozu der Schiffer aus freiem Antriebe sich entschloß, beruht auf einer andern Basis, als die Absicht, den Zoll zu ersparen, sie darbietet. Es stützt sich vielmehr ohne allen Zweifel auf die Ueberzeugung, auf die Wissenschaft des Schiffers, es befinde verbotenes Gut sich in jenen Collys, deren Transport er auf so gefährliche Bedingungen übernahm.

Wodurch hätten aber auch wohl die Beklagten, wodurch hätte insbesondere der am meisten betheiligte Wildtfanck sich bestimmen lassen können, dem Schiffer Haase zu verheimlichen, was zu dessen specieller Belehrung

über die verbotene Eigenschaft der einzelnen Waarenballen,
über die ein schleuniges Entlöschen vorbereitende Art der Verladung,
über die nach erfolgter Ankunft des Schiffs in Reval zu beobachtenden Vorsichtsmaaßregeln

[S. 211[7185]] von dortigen Committenten[7186] in Briefen vorgeschrieben war, die Haase größtentheils selbst mitgebracht hatte? Wahrlich man müßte diesen Beklagten die gewöhnlichste Klugheit absprechen, man müßte sie fähig halten, sich auf die muthwilligtste Weise einer bedeutenden Verantwortlichkeit preiszugeben, wollte man ein Benehmen ihnen zutrauen, was den erhaltenen Weisungen schnurstracks entgegen gewesen seyn würde!

7181 „Frachtbriefe".
7182 Möglicherweise Grammatikfehler, gemeint ist *ihm*.
7183 Zeitgenössisch S. 42.
7184 „Unwahrheit".
7185 Zeitgenössisch S. 43.
7186 „Auftraggebern".

Gäbe es aber wirklich noch jemand, der die Lebensgeschichte des Schiffers Haase soweit vergessen könnte, um in ihm einen arglistig getäuschten Mann oder, was hier gleichbedeutend erscheint, einen ausgemachten Dummkopf zu erblicken, den verweisen wir, um sich vom Gegentheil zu überzeugen

B) auf den gelieferten Zeugenbeweis.

Kläger haben alles versucht, die Person der abgehörten Zeugen zu verdächtigen. Sie haben als abhängig von dem Beklagten Wildtfanck, als von ihm und seinem hiebevorigen Anwalde zum Zeugnisse beredet, ja als dazu instruirt diese Zeugen dargestellt. Sie haben Fehltritte und Verbrechen ersonnen, deren der eine dieser Zeugen, Petersen[7187], sich schuldig gemacht habe. Kurz sie haben kein [S. 212[7188]] Mittel verachtet, um den Richter gegen die Zeugen einzunehmen. Das einzige jedoch, wodurch die Glaubwürdigkeit derselben geschwächt werden könnte, bescheinigte *data*, vermissen wir gänzlich und erblicken statt dessen in den Depositionen[7189] eine seltene Gewissenhaftigkeit, die unverkennbarste Gewähr der lautern Wahrheit.

Was hätte auch die Zeugen vermögen sollen, die Wahrheit zu verhehlen? Ihr bereits seit vielen Jahren aufgelöstes Dienstverhältniß zum Producenten[7190], ihre fortdauernde Achtung gegen einen Mann, dessen Ruf zu beflecken noch niemand gewagt hat und dessen an die Zeugen gelangte Aufforderung, in einer ihn angehenden Streitsache Zeugniß abzulegen, dem Unbefangenen eben deshalb nicht auffallen wird? Ein unerhebliches Schuldverhältniß, worin der eine Zeuge, Petersen, zu diesem Manne stand? Wahrlich, diese durch allgemeine und besondere Fragstücke einzig ermittelten Umstände bieten keine Motive zum Mistrauen dar, nur derjenige mag sie darin erblicken, zu dessen Ansichten das *quilibet praesumitur malus*[7191] stimmt oder der sich selbst nicht stark genug fühlt, höherer Pflicht und Gewissen seine Stellung in der bürgerlichen Gesellschaft, seine conventionellen Verhältnisse [S. 213[7192]] unterzuordnen.

Diese Zeugen nun sagen aus:

Schiffer Haase habe auf seiner im Juny 1817 nach Reval unternommenen Reise für den Mitbeklagten Wildtfanck eine bedeutende Parthey[7193] Waaren mitgenommen, deren theilweise Contrebande-Eigenschaft ihm bekannt gewesen.

Nicht allein zur Einschwärzung kleiner Pakete mit unfreien Waaren, worüber Recieve[7194] von ihm ausgestellt worden, habe er sich verstanden,

---

7187 Die Einzelheiten dieser Auseinandersetzung um die Zeugen gehen aus der Akte des Oberappellationsgerichts nicht hervor.

7188 Zeitgenössisch S. 44.

7189 „Aussagen".

7190 Zu demjenigen, der die Zeugen benannt hat, also wohl zum Beklagten Wildtfanck.

7191 „Was es auch sei, wird das Schlechte vermutet".

7192 Zeitgenössisch S. 45.

7193 Vielleicht Schreibfehler für *Parthie*.

7194 „Empfangsscheine".

sondern auch zur Beförderung größerer, theilweise mit verbotenen, zum Beispiel mit Bijouterien und Galanteriewaaren angefüllt gewesenen Ballen und Kisten, worüber Connossemente ohne Inhaltsverzeichniß an Ordre ausgestellt seyen, habe er sich bereitwillig finden lassen.

Mit dem theilweise verbotenen Inhalte sey der Schiffer Haase ausdrücklich bekannt gemacht.

In seiner Gegenwart seyen einige dieser Collys geöffnet und ausgepackt, wobey man zu seiner Wahl verstellt habe, ob er die ihm vorgelegten theilweise als verboten bezeichneten Waaren in kleinern Paketen gegen Recieve oder [S. 214[7195]] in ihrer ursprünglichen Emballage[7196] gegen Connossemente an Ordre mitnehmen wolle. Bestimmt habe er sich für die letztere Verladungsart.

Dem Schiffer Haase sey ein Verzeichniß sämmtlicher für Wildtfanck auf Ordreconnossemente verladenen Waaren, es seyen ihm zu sämmtlichen Collys entsprechend marquirte versiegelte Briefe mitgegeben und entweder schriftlich oder mündlich die Instruction ihm ertheilt, alle diese Collys oben aufzuladen, um sie bey seiner Ankunft in Reval sofort löschen zu können.

Endlich habe jener Schiffer sich verpflichtet, sämmtliche Collys beym Zoll nicht anzugeben.

So äußert bestimmt sich der Zeuge Minlos, welcher vermöge seiner durch eine vierjährige Uebung erworbenen Gewandtheit zu wichtigern Geschäften von seinem Principal gebraucht wurde, welcher mit dem Schiffer Haase alles auf die Ladung Bezügliche ordnete, die Connossemente ausfüllte, Verzeichniß und Instruction entwarf. Seinen Aussagen fehlt es also in keiner Beziehung an der vollgültigsten *ratio scientiae*[7197]. Weicht auch in einigen, größtentheils Nebenpunc- [S. 215[7198]] ten *testis*[7199] Petersen ab, so mag dies bey einem Burschen, der kaum ein Jahr in untergeordneten Sphären am Wildtfankschen Comptoir[7200] gearbeitet hatte, weniger auffallen. Immer bleibt auch nach seinen Aussagen soviel gewiß, daß der Schiffer Haase zu einem gefährlichen Transport von Waaren, deren theilweise verbotene Qualitaet ihm nicht nur nicht verhehlt, sondern ausdrücklich bekannt gemacht wurde und die nicht allein in kleinen Paketen, sondern auch in größern Ballen und Kisten verpackt waren, aus eigenem Antriebe und im völligem Bewußtseyn dessen, was er unternahm, sich verstand.

Ob sich die Zeugen der äußern Bezeichnung dieser Kisten und Ballen noch erinnern, bleibt gleichgültig für die Ueberzeugung des Richters, der bey Würdigung

7195 Zeitgenössisch S. 46.
7196 „Verpackung", also als Warenballen.
7197 „Grund des Wissens".
7198 Zeitgenössisch S. 47.
7199 „Zeuge".
7200 „Kontor, Handelshaus".

des Beweises nicht am Einzelnen hängen, sondern aus der Gesammtheit aller sich darbietenden Erscheinungen seinen Glauben schöpfen soll[7201]

L. 3 § 2 D. de testibus

hoc ergo solum tibi rescribere possum summatim, non utique ad unum[7202] *probationis specium*[7203] *cogitationem statim alligari debere, sed ex sententia animi tui te aestimare oportere, quit aut credas, aut parum probatum tibi opinaris.*[7204]

An solchen Erscheinungen fehlt es hier nicht, sie stimmen alle darin überein,

daß dem Schiffer Haase, als ihm gegen Connossemente an Ordre die Güter des Mitbeklagten Wildtfanck zur Ueberfahrt nach [S. 216[7205]] Reval vertraut wurden, nichts verborgen blieb, wonach er die freiwillig übernommene Gefahr berechnen konnte,

daß namentlich von der unfreien Qualitaet dieser Güter ihm die speciellste Kunde gegeben ward.

Fügte er dennoch seiner Unterschrift unter den Ladungsscheinen die Clausel hinzu

„Inhalt mir unbekannt"[7206],

so sprach er damit hier wie in hundert andern Fällen eine Lüge aus. Er bediente sich einer den Schiffern gar geläufigen bedeutungslosen Form, auf welche die Kläger vergeblich im Gegenbeweise sich berufen.

Ist hiernach von Seiten Wildtfancks mindestens bis zum anerbotenen Erfüllungseide erwiesen[7207], was zu beweisen ihm auferlegt ward, so hat die eventuelle Eidesdelation[7208] über dasselbe *thema probandum*[7209] nur noch in Ansehung der Beklagten Hornemann und Leuenroth eine bedingte Bedeutung. Nur sie hätten seinerzeit der Erklärung sämmtlicher Kläger auf den zugeschobenen Eid entgegenzusehn, wenn hinsichtlich des Beweises der Klage ein mit der angefochtenen Entscheidung zweiter Instanz übereinstimmendes Erkenntniß dritter [S. 217[7210]] Instanz als möglich sich denken ließe.

7201 In der Vorlage ist die Allegation als Fußnote eingefügt.

7202 Schreibfehler, es heißt *unam*.

7203 Schreibfehler, es heißt *speciem*.

7204 Allegation aus dem römischen Recht: D. 22, 5, 3, 2 (Titel: De testibus). Übersetzung bei: Rolf Knütel / Berthold Kupisch / Hans Hermann Seiler / Okko Behrends (Hrsg.), Corpus Iuris Civilis. Text und Übersetzung IV. Digesten 21–27, Heidelberg 2005, S. 124: „Ich kann dir daher grundsätzlich nur antworten, daß du deine Untersuchung keinesfalls sofort an eine Beweisart binden darfst, sondern nach bestem Wissen und Gewissen beurteilen mußt, was dich überzeugt oder wovon du meinst, daß es dir nicht ausreichend bewiesen ist." – Der Grundsatz ist nach der Argumentation der Beklagten wohl nicht auf die freie Beweiswürdigung bezogen.

7205 Zeitgenössisch S. 48.

7206 Ein Beispiel befindet sich oben S. 158 (S. 155 der Akte L I 22 a).

7207 Solche Auffassungen zeigen, dass auch die Beklagten der gesetzlichen Beweislehre folgen. Ihre Indizien erbringen ihrer Ansicht nach mehr als den halben Beweis, und daher wollen sie zum Erfüllungseid zugelassen werden.

7208 „Eideszuschiebung an die Gegenseite".

7209 „Beweisthema".

7210 Zeitgenössisch S. 49.

Wir besorgen diesen Fall nicht. Wir vertrauen dem Richter gegenwärtiger Instanz, welcher von Leichtgläubigkeit und Skepticismus gleichweit sich entfernt halten, auf diesem Wege aber zu einem Resultate gelangen wird, was sowohl in der Hauptsache als hinsichtlich der den Kostenpunct betreffenden, von selbst sich rechtfertigenden 4. Beschwerde mit der unter wiederholter Bezugnahme auf *ante acta*[7211] vorgetragenen gehorsamsten Bitte übereinstimmt,

unter Aufhebung des angefochtenen Erkenntnisses vom 6./7. November[7212] des Jahres *reformatorie*[7213] dahin zu erkennen, daß Beklagte von der wider sie angestellten Klage zu entbinden, Kläger auch in sämmtliche Kosten des Processes, soweit nicht in anderer Weise rechtskräftig darüber erkannt worden, zu verurtheilen seyen.

Beklagte, itzt Appellanten, erbitten sich auch itzt wieder das Erkenntniß von einer auswärtigen Juristenfakultaet[7214].

Hierüber pp[7215].

concipit[7216] C. C. Steche Dr.[7217]
produxit[7218] Faber Dr.[7219]

7211 Die Prozessakten der ersten und zweiten Instanz.

7212 Ungewöhnliche Zitierweise von Gerichtsentscheidungen, hier nach Verkündung und Zustellung, Ausfertigung für die Beklagten sogleich unten S. 901 (S. 223 der Akte).

7213 „Abändernd, verbessernd".

7214 Eine weitere Aktenversendung fand wegen des späteren Vergleichsschlusses nicht mehr statt, Rücknahme des Antrags unten S. 995 (S. 433 der Akte).

7215 Die Höflichkeitsformel, die Anrufung des hochadligen und mildrichterlichen Amtes, fehlt wie immer.

7216 „Ausgearbeitet".

7217 Carl Christian Friedrich Steche, Niedergerichtsprokurator, nachgewiesen in: Lübeckisches Adress-Buch 1834, S. 49, 301. Er taucht hier das erste Mal als Schriftsatzverfasser in der Akte des Oberappellationsgerichts auf.

7218 „Gerichtlich eingereicht".

7219 Vollmacht für Heinrich Ludwig Faber als Prokurator der Beklagten oben S. 628 und 635 (S. 49 und 55 der Akte L I 161).

Q 8 – Urteil des Obergerichts

1834 November 6

Urteil des Lübecker Obergerichts, vorformuliert von der Juristenfakultät Kiel. Dieselbe Entscheidung reichten die Kläger am Oberappellationsgericht ein (Aktenstück Q 2, oben S. 819). Da die Beklagten ebenfalls appellieren, fügen auch sie den Tenor und die Entscheidungsgründe (Aktenstück Q 9, unten S. 903) zu ihrer Berufungsbegründung (Aktenstück Q 7, oben S. 875) hinzu. Ausfertigung für die Beklagten, unterschrieben vom Ratssekretär Carl Hermann Gütschow, mit Zustellungsvermerk. Alle Sachanmerkungen befinden sich oben S. 819–820.

[S. 223[7220]] Q 8

No. I[7221]

Urtheil

In Niedergerichts- jezt Appellationssachen der Rhederei des Schiffes Dora und der Erben des Schiffers G. H. Haase, Kläger, jezt Appellanten, an einem, entgegen und wider Heinrich Diedrich Wildtfanck in Lübeck und Konsorten, Beklagte, jezt Appellaten, am andern Theile, wegen Schadensersatzes,

erkennt das Obergericht der freien Hansestadt Lübeck nach gepflogenem Rathe auswärtiger Rechtsgelehrter den verhandelten Akten gemäß für Recht,

daß es bei dem vom Niedergerichte unter dem 27. September 1828 abgegebenen Erkenntnisse

ad Recessum LXVI der Niedergerichtsakten

[S. 224] zur Zeit noch nicht zu belassen, vielmehr der von den Klägern und Appellanten versuchte Beweis für nothdürftig geführt zu erachten sei. Was aber den von den Beklagten und Appellaten versuchten indirekten Gegenbeweis betrifft, so sind Kläger und Appellanten schuldig, sich über den ihnen von den Beklagten und Appellaten in deren Beweisantretung vom 17. April 1824

ad Recessum XXXIX

eventuell zugeschobenen Eid binnen vier Wochen von der Rechtskraft dieses Urtheiles an gerechnet bei Strafe der Verweigerung zu erklären; welchemnächst über den von Beklagten und Appellaten versuchten indirekten Gegenbeweis erkannt werden [S. 225] und in der Hauptsache sowohl als der Kosten halber fernere rechtliche Verfügung ergehen wird. Jedoch sind die Kosten dieser Appellationsinstanz mit Ausnahme der von den Beklagten und Appellaten als bittender Partei allein zu

7220 Stempelpapier mit aufgedrucktem Stempel der Stadt Lübeck mit Stadtwappen und *24 Schilling*, darunter Unterschrift *D. W. Voigts*, darüber handschriftlich *24 s.*

7221 Anlage 1 zur Berufungsbegründung der Beklagten, oben S. 875 (S. 165 der Akte).

tragenden[7222] Verschickungskosten vorkommenden Umständen nach gegeneinander zu vergleichen. Und sollen nach beschrittener Rechtskraft dieses Urtheils die Akten zum weitern Verfahren an das Niedergericht zurückgesandt werden.

Von Rechts wegen.

Publicatum Lübeck im Obergerichte am 6. November 1834.

C. H. Gütschow
Secretarius

Beiden Theilen insinuirt am 7. November 1834
J. F. Olroch
Obergerichtsbote

7222 Verbessert aus *tragen*, danach gestrichen *den*.

Q 9 – Entscheidungsgründe der Juristenfakultät Kiel

1834 Oktober 27

Die Juristenfakultät Kiel begründet das vom Lübecker Obergericht erbetene Urteil (Aktenstück Q 8, oben S. 901). Abschrift, beglaubigt vom Ratssyndikus Carl Hermann Gütschow. Dieselben Entscheidungsgründe legten auch die Kläger zusammen mit ihrer Berufung am Oberappellationsgericht vor (Aktenstück Q 3, oben S. 821). Alle Sachanmerkungen befinden sich dort.

[S. 227[7223]] Q 9 Abschrift

No. II[7224]

Darstellung der Sache und deren Verhandlung
nebst
den Entscheidungsgründen zum Urtheil

In Niedergerichts- jezt Appellationssachen der Rhederei des Schiffes Dora und der Erben des Schiffers Haase, Kläger, jezt Appellanten,
entgegen und
wider
Heinrich Diedrich Wildtfanck in Lübeck und Konsorten, Beklagte, jezt Appellaten,
wegen Schadensersatzes

[S. 229]

Darstellung der Sache und deren Verhandlung.

Die gegenwärtige Sache betrifft Schadensersatz aus der Befrachtung eines Schiffes mit verbotenen Waaren.

Sie steht in der Appellationsinstanz bei dem Obergerichte der freien Hansestadt Lübeck zur Entscheidung, wobei es hauptsächlich darauf ankommen wird[7225], ob und inwiefern ein rechtskräftig auferlegter Beweis für geführt zu halten ist.

Der Schiffer G. H. Haase, welcher das Schiff Dora führte, lud[7226] im Junii[7227] 1817 in Lübeck Stückgüter und Packen von verschiedenen lübischen Kaufleuten, namentlich auch von den jetzigen Beklagten H. D. Wildtfanck und Konsorten, um in Reval zu löschen[7228]. Über die verladenen Güter stellte der Schiffer Haase theils Recieve aus, theils empfing und unterschrieb er Konnossemente an Ordre, so daß er

7223 Stempelpapier der Stadt Lübeck mit aufgedrucktem Stempel mit Stadtwappen, darunter handschriftlich *zwei Mark & zwei Schilling*, darunter Unterschrift.
7224 Anlage 2 zur Berufungsbegründung der Beklagten, oben S. 875 (S. 165 der Akte).
7225 Am Rand *pagina 4*.
7226 Verbesserung im Wort.
7227 Möglicherweise auch *Junü*.
7228 Am Rand *pagina 5*.

die Güter in Reval denjenigen überliefern sollte, welche die Verlader durch Aushändigung des zweiten Konnossementes legitimiren würden. Theils endlich empfing und unterschrieb er Konnos- [S. 230] semente[7229], die auf eine namhafte Person lautenden[7230]. Daß der Schiffer gewußt, daß diejenigen Packen, worüber er bloße Recieve ausgestellt, Kontrebande enthielten, darüber ist kein Streit. Ebensowenig bestritten ist es, daß in den Kollis, Kisten und Gebinden, worüber Konnossemente an Ordre gegeben wurden[7231], auch dergleichen Waaren sich befunden haben, welche entweder zu den in[7232] Rußland verbotenen oder doch zu den hochverzollbaren gehörten. Aber bestritten ist es, ob der Schiffer darum gewußt hat, daß solche auf Konnossemente an Ordre verladenen Kollis, Kisten usw. wirklich Kontrabande enthielten. Nachdem nun das Schiff und zum Theil die Ladung von dem Zollamte in Reval angehalten und der Schiffer Haase während der Untersuchung dort gestorben war[7233], erhob die Rhederei des Schiffers Haase bei dem Gerichte der Stadt Lübeck am 20. März 1819 eine Klage wider die Lübecker Handlungshäuser Wildtfanck, Leuenroth, Hornemann, Mentze, Behrens und Müller.

In der Klage wurde darauf Bezug genommen[7234], daß die verzeichneten Güter, wie sich zu Reval im Zollamte laut eines Attestes des [S. 231] Zollverwalters Wrangel ausgewiesen, aus Kontrabande bestanden, daß sich dazu kein Empfänger gemeldet und daß der Schiffer, da er keine Empfänger anzugeben vermogt, mit den gesetzlichen Strafen belegt sei. Außer der Konfiskation der Waare selbst sei er unter Arrest gesetzt[7235] und darin vor Gram gestorben. Sein Eigenthum sei eingezogen, das Schiff konfiscirt, keine Fracht von den eingeladenen Gütern ihm bezahlt, und Kosten mancherlei Art seien[7236] daraus für ihn und seine Rhederei entstanden. Der Belauf des Schadens wurde zu 16.979 Rubel 79 Kopeken Bankassignaten und 2.273 Mark 3 Schilling Courant berechnet. Die Kläger meinten, daß Schiffer und Rheder von denjenigen[7237] müßten entschädigt werden, die durch ihre den Gesetzen des Bestimmungsortes widerstrebende Handlungsweise und deren Verheimlichung gegen den Schiffer zu solchem Unglücke die Veranlassung gegeben hätten, und daß sie deshalb solidarisch hafteten. Gegen die Beklagten als Ablader wurde der Antrag auf Entschädigung gerichtet.

ad[7238] *Recessum* I der Niedergerichtsakten.

7229 Am Rand *pagina 6*.
7230 Schreibfehler, es heißt *lauteten*, so auch oben S. 822 (S. 66 der Akte).
7231 Schreibfehler in der Vorlage *werden*.
7232 Am Rand *pagina 7*.
7233 Am Rand *pagina 8*.
7234 Am Rand *pagina 9*.
7235 Am Rand *pagina 10*.
7236 Schreibfehler in der Vorlage: *seinen*.
7237 Am Rand *pagina 11*.
7238 Am Rand *pagina 12*.

Nachdem die Sache durch mehrere jezt unwichtig [S. 232] gewordene Incidentpunkte aufgehalten war, übergaben die Beklagten am 2. September 1820 ihre Exceptionen. Sie bestritten theils überhaupt die Verbindlichkeit, als Spediteure wegen der speditirten Waaren zu haften, theils die Verbindlichkeit im vorliegenden Falle, weil sie[7239] nicht zeitig in Kenntniß gesetzt worden, um Maaßregeln zur Befreiung von Schiff und Ladung ergreifen zu können. Daneben läugneten die Beklagten, daß die Konfiskation des Schiffes, wenn überhaupt geschehen, darum erfolgt sei, weil die von den Beklagten verladenen Waaren unfreier Qualität gewesen und deren Empfänger in Rußland von dem Schiffer[7240] nicht haben aufgegeben werden können. Verschweigung eingeführter Waaren am Zollamte und falsche Deklaration falle ihm gewichtiger zur Last. Von vielen andern Kaufleuten habe er Waaren mitgenommen, und daß er wissentlich kontrabandirt, beweise sich aus einer Mehrzahl von ihm gezeichneter Recieve. Unwahr sei ferner, daß die Waaren[7241] unfreier Qualität gewesen, daß die Empfänger in Rußland insgesammt nicht genannt [S. 233] werden können, daß sämmtliche[7242] Waaren nicht wirklich empfangen worden, daß die Konfiscation der Privateffekten des Schiffers erfolgt und daß diese und das Schiff den angegebenen Werth gehabt. Beklagte baten also um Entbindung von der Klage.

ad Recessum XVI.

Nach[7243] eingereichter Replik, welcher ein Auszug aus dem Journal des revalschen Zollamtes vom 30. Januar 1818 beigefügt wurde,

ad Recessum XVII.

und darauf überreichter Duplik

ad Recessum XVIII.

wurde vom Niedergerichte unterm 27. Januar 1821 erkannt, daß Beklagte von der wider sie angestellten Klage, immaaßen sie angebracht, unter Verurtheilung der Kläger in[7244] die taxmäßigen Proceßkosten zu entbinden, weil das Gericht die Ansicht hegte, daß zwar die bedungene Fracht samt Kaplaken[7245] gefordert, aber kein anderer Schadensersatz begehrt werden könne, da die Bekanntschaft des Schiffers mit den Zollgesetzen derjenigen Länder und Plätze, wohin er Waaren- [S. 234] transporte übernehme, rechtlich vorauszusetzen sei und der Schiffer, welcher jenen Gesetzen[7246] zuwider einlade oder nach dem Inhalte der ihm übergebenen Kollis sich beim Befrachter zu erkundigen unterlasse, etwanige Schäden sich selbst beizumessen habe, den Fall eines *doli*, der hier nicht behauptet worden, ausgenommen.

7239 Am Rand *pagina 13*.
7240 Am Rand *pagina 14*.
7241 Am Rand *pagina 15*.
7242 Schreibfehler in der Vorlage: *sämmliche*.
7243 Am Rand *pagina 16*.
7244 Am Rand *pagina 17*.
7245 Auch Primgeld genannt, dazu oben bei Anm. 434.
7246 Am Rand *pagina 18*.

ad Recessum XIX.

Dieses Urtheil wurde in der Appellationsinstanz durch ein von Jena eingeholtes Erkenntniß von dem Obergerichte am 1. November 1821[7247] dahin reformirt, daß

Beklagte, mit Ausnahme derjenigen, zu deren von ihnen verladenen Waaren sich die Empfänger im Zollen zu Reval erweislich gemeldet und die ihnen als solchen obliegenden Pflichten erfüllt haben, die geklagten Schäden, Verluste und Nachtheile zu Banko-Assignaten[7248] 16.979, 79 Copeken und Courantmark 2.273, 3 Schilling, wenn sie von den Klägern gehörig erweislich gemacht werden, nebst Zinsen hiervon seit erhobener Klage [S. 235] denenselben zu ersetzen, auch die in erster Instanz erwachsenen Kosten nach vorgängiger richterlicher Ermässigung zu erstatten und respective allein zu tragen schuldig[7249]; es könnten und wollten denn Beklagte, daß der Schiffer G. H. Haase und die klagenden Interessenten oder welche unter denenselben davon, daß die Verladung mit Waaren, deren Einfuhr nach den Gesetzen Rußlands verboten gewesen, geschehen sei, Kenntniß gehabt haben[7250], binnen vier Wochen peremtorischer Frist, der Kläger Gegenbeweis in gleicher Frist vorbehältlich, wie Recht erweisen.

ad Recessum XX.

Allein auch dieses Erkenntniß beschritt nicht die Rechtskraft, wurde vielmehr auf beiderseits eingewandte Appellation von dem Oberappellationsgerichte der vier freien Städte unter dem 12. December 1822[7251] dahin reformirt,

daß[7252] …[7253] Kläger annoch besser als geschehen zu beweisen schuldig,

daß der Schiffer G. H. Haase wegen der [S. 236] von den Beklagten verladenen, in der Klage specificirten Güter oder wegen welcher derselben durch das Erkenntniß des Revaler Zollamtes vom 31. Januar 1818 alten Stils[7254] verurtheilt worden sei und wie hoch sich die Strafe belaufe, die durch die von jedem einzelnen Beklagten verschifften Güter verwirkt worden ist,

wogegen den Beklagten nachgelassen wird darzuthun, entweder

daß die Strafe gegen den Schiffer wegen der[7255] von ihnen oder welchen derselben abgesandten Waaren mit Unrecht erkannt worden sei,

oder aber

daß dem verstorbenen Schiffer Haase die unfreie Qualität der in Frage stehenden Waaren bei Übernahme derselben bekannt gewesen sei;

7247 Am Rand *pagina 19*.
7248 Am Rand *pagina 20*.
7249 Am Rand *pagina 21*.
7250 Am Rand *pagina 22*.
7251 Oben S. 430 (S. 537 der Akte L I 22 a).
7252 Am Rand *pagina 23*.
7253 Leerzeichen (Kürzungen) in der Vorlage.
7254 Am Rand *pagina 24*.
7255 Am Rand *pagina 25*.

wobei[7256] beiden Theilen wechselseitig der Gegenbeweis sowie die Benutzung des bereits zu den Akten Gebrachten gestattet, dem Niedergerichte der freien Hansestadt [S. 237] Lübeck aber die Ansetzung der Beweisfristen überlassen wird, und ist sodann, der Beklagten Einlassung auf den Betrag des[7257] geforderten Schadens vorbehältlich, weiter zu erkennen, was Rechtens.

Die Kosten der ersten Instanz wurden bis zum künftigen Haupterkentnisse ausgesetzt.

ad Recessum XXI.

Dieses Erkenntniß ist rechtskräftig geworden.

Soviel nun den den Klägern auferlegten bessern Beweis betrifft, so wurde derselbe angetreten

a)[7258] durch Bezugnahme auf früher zu den Akten gebrachte Beweismittel; b) durch Produktion eines Attestes der Revaler Hafen-Zollbehörde (Port-Tamoschna) vom 19. Juli 1823 sowie eines Zeugnisses des Departements des auswärtigen Handels zu St. Petersburg vom 10. August 1823; c) durch die eventuelle Eidesdelation, soweit sie rechtlich anwendbar.

ad Recessum XXXIII.

Nach[7259] eingebrachter Antwort der Beklagten

[S. 238] *ad Recessum* XXXV.

und nachdem bereits am 15. November 1823 dem Processe gegen die mitbeklagten Gebrüder Müller war entsagt worden,

Recessus XXXIIII.

entband das Niedergericht am 7. Februar 1824 die Mitbeklagten Behrens und Mentze von der Klage, ersteren jedoch unter Vorbehalt des Anspruchs[7260] auf etwa noch unberichtigte Fracht und Reklamkosten. Hingegen die noch übrigen Beklagten Wildtfanck, Hornemann und Leuenroth wurden zuvörderst schuldig erkannt, den ihnen auferlegten indirekten Gegenbeweis anzutreten.

ad Recessum XXXVI.

Nunmehr traten die Beklagten von den ihnen alternativ nachgelassenen indirekten Gegenbeweisen den an, daß dem Schiffer Haase die[7261] unfreie Qualität der Waaren bei Übernahme derselben bekannt gewesen sei. Sie überreichten zu dem Zweck mehrere Urkunden, beriefen sich auf zwei zum ewigen Gedächtnis bereits abgehörte Zeugen, baten um gerichtliche Vernehmung und Beeidigung einiger schon notariell vernommenen Zeugen und [S. 239] schoben eventuell den Glaubenseid zu.

7256 Am Rand *pagina 26*.
7257 Am Rand *pagina 27*.
7258 Am Rand *pagina 28*.
7259 Am Rand *pagina 29*.
7260 Am Rand *pagina 30*.
7261 Am Rand *pagina 31*.

ad Recessum XXXIX.

Hierüber[7262] wurden die Kläger vernommen.

ad Recessum XXXX.

Zugleich aber wollten die Kläger den Gegenbeweis wider diesen indirekten Gegenbeweis durch die Ladungsscheine führen, welche der Schiffer Haase den beklagten Verladern ausgestellt und in ihren Händen zurückgelassen habe, seien es nun Konnossemente oder Recieve.

ad Recessum XXXX.

Zur[7263] Herausgabe dieser Ladungsscheine wurden die Beklagten schuldig verurtheilt, auch mehrere ihrer Beweisartikel als irrelevant verworfen. Der deshalb am 4. September 1824 abgegebene Bescheid

ad Recessum XXXXII.

wurde durch das obergerichtliche Erkenntniß vom 16. December 1824 bestätigt.

ad Recessum XXXXIII.

Wie nun demgemäß die Beklagten die in Händen habenden Originalkonnossemente dem[7264] Gerichte übergeben hatten, [S. 240]

ad Recessum XXXXIV.

ad Recessum XXXXVII.

auch die Eröffnung der Zeugenrotul geschehen war,

ad Recessum XXXXVIII.

wurde die Beweisausführung der Beklagten zu den Akten gebracht,

ad Recessum LV.

desgleichen eine Erklärung der Kläger in Betreff des von ihnen angetretenen Gegenbeweises,

ad Recessum LVIII.

ferner[7265] die Impugnation des Beweises und Beantwortung der Beweisausführung von Seiten der Kläger,

ad Recessum LIX.

endlich die Antwort der Beklagten auf die Gegenbeweisausführung,

ad Recessum LX.

Auf welche Verhandlungen zulezt dasjenige Erkenntniß eröffnet wurde, welches dermalen noch zur Beurtheilung steht, nämlich das Erkenntniß[7266] des Niedergerichtes vom 27. September 1828, wodurch [S. 241]

Beklagte von der wider sie angestellten Klage unter Vergleichung der Kosten, soweit bisher nicht darüber erkannt worden, entbunden wurden.

ad Recessum LXVI.

7262 Am Rand *pagina 32.*
7263 Am Rand *pagina 33.*
7264 Am Rand *pagina 34.*
7265 Am Rand *pagina 35.*
7266 Am Rand *pagina 36.*

Wider dieses Erkenntniß haben die Kläger die Appellation an das Obergericht zeitig eingewandt und eingeführt,

Q 38 der Obergerichtsakten

auch[7267] nach mehreren Befristungen gerechtfertigt.

Ihr Beschwerden sind folgende:

I. daß die Thatsachen für unerwiesen erklärt sind, die den Klägern zum Beweise auferlegt waren,

II. daß die Verurtheilung der von der Klage annoch ergriffenen drei Verlader nicht allgemein ausgesprochen ist, unter etwanigem Vorbehalte näherer Liquidation des Schadens[7268] und der Vertheilung des Ersatzes unter die drei bekannten Verlader nach Maaßgabe des Quanti der von ihnen verladenen verbotenen Waaren,

III. daß der Richter voriger Instanz die Beweismittel übersehen, deren Daseyn sich erst aus [S. 242] den Zeugenaussagen entwickelt, und daß er deren Edition, obschon von den Klägern begehrt, dem Appellaten Wildtfanck nicht aufgelegt[7269] hat,

IIII. daß die eventuelle Eideszuschiebung, deren Kläger und Appellaten sich bedient, verworfen worden.

Der Antrag ist darauf gerichtet:

in der Hauptsache und in Betreff der Kosten der der Klage angefügter Bitte gemäß folgeweise also die drei noch übrigen Beklagten zum Schadens- und Kostenersatze allgemein, *praevia liquidatione et divisione*[7270] und sonach zur Einlassung auf die klägerische Schadensforderung schuldig zu erkennen, unter Erstattung der Kosten dieser Instanz.

Q 42.

Bevor die den Appellaten auferlegte Vernehmlassung auf den Appellationslibell einging, erhob sich ein Incidentstreit. Es hatten nämlich die Appellanten[7271] in einer „Nachträglichen Aeußerung *ad gravamina appellationis*"

Q 44

[S. 243] noch drei Beweismittel beigebracht: a) ein Certifikat des Departements des auswärtigen Handels zu St. Petersburg, ausgestellt am 28. Februar 1829 auf Bitten des dorpatschen Kaufmanns Heinrich Platzmann; b) einen Extract aus dieser Urkunde[7272]; c) eine nach derselben entworfene kaufmännische Darstellung. Nach Vernehmung der Appellaten aber

Q 45

erkannte das Obergericht am 11. Juni 1829,

7267 Am Rand *pagina 37*.
7268 Am Rand *pagina 38*.
7269 Am Rand *pagina 39*.
7270 Am Rand *pagina 40*.
7271 Am Rand *pagina 41*.
7272 Am Rand *pagina 42*.

daß die gedachte Eingabe der Appellanten als verspätet *in judicando* nicht zu berücksichtigen, vielmehr nebst deren Anlagen von den Akten zu trennen und den Appellanten[7273] zurückzugeben sei.

Q 46

Dieses Erkenntniß wurde jedoch durch das Urtheil des Oberappellationsgerichtes vom 14. Juni 1830 dahin abgeändert,

daß Kläger zuvörderst annoch binnen einer von dem Obergerichte festzusetzenden Frist zu bescheinigen haben, daß sie gleich nach Publikation des niedergerichtlichen[7274] Erkenntnisses vom 27. September [S. 244] 1828 den gebührenden Fleiß angewendet, um sich das nunmehr beigebrachte neue Attest des Departements des auswärtigen Handels zu St. Petersburg sobald als möglich und noch vor Ablauf der verlängerten Rechtfertigungsfrist ihrer an das Obergericht eingewandten Appellation[7275] zu verschaffen.

Q 49.

Nachdem die Appellanten die ihnen aufgelegte Bescheinigung beizubringen versucht hatten,

Q 57.

auch die Appellaten gehört worden,

Q 61.

erkannte das Obergericht am 7. Juni 1831:

Die den Klägern und Appellanten auferlegte Bescheinigung ist als nicht geführt[7276] zu betrachten. Die „Nachträgliche Aeußerung" derselben vom 29. April 1829 nebst ihren Anlagen, namentlich dem neuen Zeugnisse aus dem St. Petersburger Departement des auswärtigen Handels vom 28. Februar (12. März) 1829, ist von den Akten entfernt zu [S. 245] halten, mithin bei Beurtheilung der Appellationsbeschwerden nicht zu berücksichtigen[7277].

Q 63.

Dieses Erkenntniß wurde durch das Oberappellationsgericht unterm 26. Juni 1832 bestätigt.

Q 66.

Als auf die Weise der Incidentstreit erledigt war, überreichten die Beklagten und Appellaten am 6. September 1832 die ihnen aufgegebene Widerlegung der Appellationsbeschwerden und baten zugleich um Verschickung der Akten,

Q 67.

7273 Am Rand *pagina 43*.
7274 Am Rand *pagina 44*.
7275 Am Rand *pagina 45*.
7276 Am Rand *pagina 46*.
7277 Am Rand *pagina 47*.

welchem[7278] Gesuche durch den Bescheid vom 29. November 1832 stattgegeben wurde.

Q 68.

Inzwischen hatte sich ein neuer Incidentpunkt erhoben. An demselben Tage nämlich, da die Appellaten die Widerlegung der Appellation übergeben hatten, führten die Appellanten und Kläger mehrere ausserordentliche Rechtsmittel ein, unter Beifügung des russischen Zolltarifs[7279] vom Jahre 1816. Sie bezweckten, das obenerwähnte neue Zeugniß aus dem Peters- [S. 246] burger Departement des auswärtigen Handels vom 28. Februar 1829 annoch zu den Akten zu bringen.

Q 68 a

Nach eingezogener[7280] Erklärung der Beklagten,

Q 68 c

erging am 29. November 1832 der Bescheid:

> Den eingeführten außerordentlichen Rechtsmitteln[7281] (wiewohl unter Vorbehalt der der haaseschen Tochter wegen der für sie *ex capite minorennitatis* nachgesuchten Restitution etwa zuständigen Rechte) sowie dem supplikantischen Gesuche um einstweilige Sistirung des gegen das niedergerichtliche Erkenntniß vom 27. September 1828 obschwebenden Appellationsverfahrens[7282] ist nicht stattzugeben. Vielmehr ist nach Inhalt Dekrets vom heutigen Tage dieses Verfahren ohne weiteres geschlossen und sofortige Inrotulation der *ad extraneos* zu versendenden Akten verfügt worden. Die gegenwärtigen Incidentverhandlungen sind von den zu versendenden Akten abzusondern [S. 247] und zurückzubehalten, die neuerdings wiederholt[7283] eingereichte „Nachträgliche Aeußerung“ mit ihren Beilagen aber sowie der jetzt …[7284] beigebrachte russische Zolltarif *de* 1816 den Supplikanten zu retradiren.

Q 68 e

Hierwider bedienten sich die Kläger der Appellation an das Oberappellationsgericht, welches unter dem[7285] 31 Oktober 1833 erkannte,

> daß[7286] … das Erkenntniß des Obergerichts der freien Hansestadt Lübeck vom 29. November 1832 … zwar in Ansehung der ergriffenen außerordentlichen Rechtsmittel zu bestätigen, im Uebrigen jedoch dahin abzuändern:

7278 Am Rand *pagina 48*.
7279 Am Rand *pagina 49*.
7280 Verbesserung im Wort.
7281 Am Rand *pagina 50*.
7282 Am Rand *pagina 51*.
7283 Am Rand *pagina 52*.
7284 Auslassung in der Vorlage.
7285 Schreibfehler in der Vorlage: *den*.
7286 Am Rand *pagina 53*. Die Auslassungen der folgenden Zitate sind in der Vorlage enthalten.

daß … annoch der russische Zolltarif vom Jahre 1816 von den Klägern[7287] zu den Akten zu bringen und denselben zu adjungiren, sodann aber den Beklagten eine nachträgliche Erklärung über die in dem Appellationslibelle der Kläger … enthaltene Deduktion aus dem Inhalte des gedachten [S. 248] Tarifs nachzulassen;

ferner, daß den hierauf zu versendenden Akten auch die mit No. 68 a–68 g[7288] bezeichneten Verhandlungen voriger Instanz über das jetzige Incidentverfahren nebst dem gegenwärtigen Erkenntnisse und dessen Entscheidungsgründen beizufügen seien, wohingegen es hinsichtlich der den Klägern retradirten „Nachträglichen Aeusserung *ad*[7289] *gravamina appellationis contra judicatum judicii inferioris de* 27. September 1828" und der drei Anlagen derselben bei deren Remotion von den Akten sein Verbleiben hat.

Q 69.

Der in diesem Erkenntnisse erwähnte russische Zolltarif vom Jahre 1816 ist nun wirklich von den Klägern zu den Akten gebracht.

Q 71 Anlage A.

Aber[7290] bevor die Kläger dieses gethan, hatten die Beklagten ebenfalls einen russischen Zolltarif eingeliefert, [S. 249]

Q 70.

und als die Kläger diese Einlieferung für unzulässig zu erklären gebeten hatten, wurde diese Bitte zwar durch den Bescheid vom 30. Januar 1834 verworfen,

Q 71/Q 72

allein jezt baten die Beklagten selbst um Zurückgabe[7291] des von ihnen übergebenen Tarifs.

Q 73

Und nachdem die Kläger mit der ihnen darüber nachgelassenen Erklärung waren präkludirt worden, erfolgte die Zurückgabe dieses von den Beklagten eingelieferten Tarifs in Gemäßheit des Bescheides vom 3. April 1834.

Q 76.

Wie endlich die Beklagten mit der ihnen nachgelassenen[7292] Erklärung über die in dem Appellationslibelle der Kläger enthaltene Deduktion aus dem Inhalte des von ihnen überreichten Tarifs eingekommen waren,

Q 77.

nachdem sie von dieser Erklärung den Zusatz einer weitern Erörterung über den [S. 250] Appellationslibell hatten entfernen müssen,

---

7287 Am Rand *pagina 54*.
7288 Am Rand *pagina 55*.
7289 Am Rand *pagina 56*.
7290 Am Rand *pagina 57*.
7291 Am Rand *pagina 58*.
7292 Am Rand *pagina 59*.

Q 72.

wurden[7293] mittelst Bescheides vom 10. April 1834 die Akten für beschlossen angenommen und mit dem Schreiben vom 18. desselben Monats an unsre Fakultät zur Einholung eines rechtlichen Erkenntnisses versandt.

Urtheilsgründe.

Weil wir so wenig in Betreff der Legitimation als der Förmlichkeiten halber etwas zu[7294] erinnern gefunden haben, so kann uns sofort die Hauptsache beschäftigen.

Die

erste Beschwerde

der Kläger und Appellanten wider das niedergerichtliche Erkenntniß vom 27. September 1828, wodurch Beklagte von der Klage entbunden worden, besteht darin,

daß die Thatsachen für unerwiesen erklärt sind, die den Klägern zum Beweise[7295] auferlegt waren.

Der Beweissatz beruht auf dem rechtskräftigen Erkenntnisse des Oberappellations- [S. 251] gerichtes vom 12. December 1822 und umfaßt zwey Punkte:

1. daß der Schiffer Haase wegen der von den Beklagten verladenen Güter oder wegen welcher derselben durch das Revaler Zollamt verurtheilt worden sei;

2.[7296] wie hoch sich die Strafe belaufe, die durch die von jedem einzelnen Beklagten verschifften Güter verwirkt worden ist.

Dagegen begehrte das Beweisurtheil noch keinen Beweis in Ansehung des Schadens, welchen die Kläger erlitten und welchen die Beklagten zu erstatten schuldig seyn mögten. Vielmehr[7297] wurde ein Liquidationsverfahren, namentlich eine Einlassung der Beklagten auf den Betrag des geforderten Schadens, vorbehalten. Der Beweis darüber, wie hoch die Strafe wegen der verladenen Güter sich belaufe, wurde nur deshalb sofort mit erfordert, weil das Oberappellationsgericht in seinen Entscheidungsgründen annahm, daß dieser Beweis sich von der Frage, welche Beklagte [S. 252] zum[7298] Schadensersatze pflichtig seien, nicht füglich trennen lasse, und durch solchen Beweis das künftige Liquidationsverfahren eine sichere Grundlage gewinne.

ad Q 26 am Ende.

Dieses Zurückführen auf den eigentlichen Umfang des Beweissatzes und den Sinn des Interlokuts ist nothwendig, um der Darstellungsweise der Beklagten und Appellaten zu begegnen, welche meinen, daß der Beweis[7299] verfehlt wäre, wenn die Appellanten nicht bewiesen hätten, daß nur wegen der von den Appellaten

---

7293 Am Rand *pagina 60*.
7294 Am Rand *pagina 61*.
7295 Am Rand *pagina 62*.
7296 Am Rand *pagina 63*.
7297 Am Rand *pagina 64*.
7298 Am Rand *pagina 65*.
7299 Am Rand *pagina 66*.

verladenen Güter eine Strafe erkannt sei. Die Appellaten behaupten nämlich, daß außer den von ihnen verladenen Gütern noch Güter von einer Menge anderer Personen mit dem Schiffe Dora seien verladen worden und daß nicht blos wegen der von den Appellaten in Fracht genommenen[7300] Güter Strafe und Konfiskation stattgefunden habe. Unter Voraussetzung der Richtigkeit dieser Behauptung, worüber wir freilich eine Erklärung von Seiten der Appellanten vermissen, jedoch in den von denselben [S. 253] selbst mit ihrer Replik eingereichten Proteste zum Theil den Beweis antreffen,

ad Recessum XVII, Anlagen 4 und 5.

würde zwar nicht zu bezweifeln seyn, daß der Schaden, welchen die Appellanten durch die[7301] Konfiskation des Schiffes und auf andre Weise erlitten, nicht blos von den Appellaten zu tragen wäre, mithin auch durch Ausmittelung der für die Güter der Appellaten eingetretenen Strafe sich die Größe des von denselben zu ersetzenden Schadens nicht festellen ließe. Vielmehr würde es nothwendig seyn zu wissen, welche von dritten Personen verladenen Güter[7302] gleichfalls konfiscirt worden und wie hoch die deshalb erkannte Strafe sich belaufe. Allein dieser Punkt steht gegenwärtig noch gar nicht zur Frage. Es gehören vielmehr die darauf bezüglichen Ausstellungen der Appellaten in das vorbehaltene Liquidationsverfahren, so wie umgekehrt die Darstellungsweise der Appellanten, worauf sie allen Schaden lediglich den Appellaten anrechnen, vor der[7303] Hand keine Beachtung verdient[7304]. Dasselbe ist auch in Ansehung derjenigen verbotenen [S. 254] Güter zu sagen, welche etwa der Schiffer selbst oder ein einzelner Rheder mit eingenommen und wegen welcher eine Konfiskation stattgefunden hat. Das Interlokut[7305] hat in den Entscheidungsgründen hierauf ausdrücklich Rücksicht genommen, indem dasselbe sagt, in dem künftigen Liquidationsverfahren mögten[7306] die Beklagten darthun, daß von einzelnen der klagend aufgetretenen Rheder selbst Strafen verwirkt und deshalb die Konfiskationen mit eingetreten seien. Sie mögten kurz alles, was sie über die Schadensrechnung zu erinnern fänden, alsdann vorlegen.

ad Q 26 am Ende.

Nach diesen Vorbemerkungen wird zu untersuchen seyn,

1.[7307] ob und inwieweit der Beweis geführt worden, daß die Verurtheilung des Schiffers Haase wegen der von den Appellaten verladenen Güter oder wegen welcher derselben geschehen sei. Das russische Departement des auswärtigen Handels hat nun in seinem Atteste vom 10. August 1823 [S. 255] die von den

---

7300 Am Rand *pagina 67*.
7301 Am Rand *pagina 68*.
7302 Am Rand *pagina 69*.
7303 Am Rand *pagina 70*.
7304 Unterstreichung *worauf ...verdient* in der Vorlage mit Bleistift.
7305 Schreibfehler in der Vorlage: *Interlekut*.
7306 Am Rand *pagina 71*.
7307 Am Rand *pagina 72*.

Appellaten verladenen Kollis unter genauer Angabe ihrer Marken, ihres Inhalts und des dafür in öffentlicher Versteigerung[7308] gelöseten Preises für solche erklärt, welche wegen Uebertretung der Zollgesetze konfiscirt worden und wegen welcher zugleich, da sich kein Empfänger gemeldet, die Konfiskation des Schiffes Dora und der Sachen des Schiffers Haase stattgefunden habe. Das Niedergericht hat dessen ungeachtet diesen Theil des Beweissatzes für nicht geführt erachtet, weil das Petersburger[7309] Attestat aus dem Departement des auswärtigen Handels einen Theil der von den Appellaten verladenen Waaren im Belaufe von 5.453 Rubel 47 ¾ Kopeken ausdrücklich für erlaubt erklärt und von der Geldstrafe ausgenommen habe, ohne jedoch diese erlaubten Waaren selbst näher zu bezeichnen. Zur Widerlegung dieses Entscheidungsgrundes[7310] haben die Appellanten darauf Bezug genommen, daß von den 24 Kollis Waaren, welche das Petersburger Attest aufführt, dem Mitappellaten Leuenroth nur eine Kiste, [S. 256] gemarkt  No 124, angeblich mit Sämereien, dem Mitappellaten Hornemann ebenfalls nur eine Kiste, gemarkt , angeblich mit Samereien[7311], gehört habe, die übrigen 22 Kollis aber dem Mitappellaten Wildtfanck. Nun sei es aber dem Attestate[7312] und dem später beigebrachten Tarife zufolge ganz gewiß, daß die leuenrothsche wie die hornemannsche Kiste entweder durchaus verbotene Waaren oder doch zur Einfuhr in Reval verbotene Waaren statt der Sämereien enthalten habe und daß der Verkaufspreis für die Waaren in der leuenrothschen Kiste mit 3.569 Rubel 75 Kopeken, für die in der hornemannschen[7313] Kiste mit 474 Rubel 20 Kopeken sich aufgeführt finde, wogegen von den wildtfanckschen Gütern 43.075 Rubel ½ Kopeken gelöset worden. Es müßten also die erlaubten Waaren auf Wildtfancks Rechnung kommen, mithin ihr Betrag zu 5.453 Rubel 47 ¾ Kopeken von dieser leztern Summe der 43.075 Rubel ½ Kopeke abgesetzt werden, so daß Wildtfancks Güter mit 37.621 Rubel 52 ¾ Kopeken in Rechnung [S. 257] blieben.

Q 42, S. 19 und folgende

Diese[7314] Ausführung muß man, vorläufig von der Beweiskraft des mehrerwähnten Attestes abgesehen, für bündig erkennen[7315], und die Appellaten selbst haben dagegen nichts Sachdienliches vorzubringen vermogt. Allein die Appellanten haben mehr eingeräumt, als sie nach Anleitung des Attestes einzuräumen verbunden waren, wenn sie den Verkaufspreis der erlaubten Waaren dem Mitappellaten[7316]

7308 Am Rand *pagina 73*.
7309 Am Rand *pagina 74*.
7310 Am Rand *pagina 75*.
7311 Ohne ä-Striche in der Vorlage.
7312 Am Rand *pagina 76*.
7313 Am Rand *pagina 77*.
7314 Am Rand *pagina 78*.
7315 Bleistiftanstreichung am Rand.
7316 Am Rand *pagina 79*.

Wildtfanck abrechnen und dieses unter der Voraussetzung thun, daß wegen der erlaubten Waaren keine[7317] Konfiskation eingetreten sei. Denn das Petersburger Departement des auswärtigen Handels führt

ad Recessum XXXIII, Anlage 8-6, S. 33.

ausdrücklich an, daß in den verzeichneten Kollis sich ein großer Theil von Waaren vorgefunden habe, welche zur Einfuhr in Rußland zwar[7318] erlaubt, jedoch in dem revalschen Hafen verboten und deshalb nach den dortigen Gesetzen Konfiskation unterworfen gewesen seien. „Wenn auch", so heißt es ferner [S. 258], „in einigen Kollis außer den verbotenenen sich einige zur Einfuhr in den revalschen Hafen erlaubte Waaren befanden, so sind auch diese gleichfalls der Konfiskation unterworfen nach Grundlage des 37. Punktes des[7319] Seezollreglements, weil sie in einem Kollo mit den verbotenenen Waaren eingeführt, deren richtige Benennung im Konnossement nicht angegeben und selbst die erlaubten nicht angezeigt waren." Wenn also das Attest von dem Verkaufspreise der erlaubten Waaren spricht, so kann dieses nicht so verstanden werden, als wenn solche Waaren nicht wären konfiscirt worden, um[7320] so weniger, da nirgends im Atteste eines blos mit erlaubten Waaren[7321] angefüllten und nach seinem erlaubten Inhalte richtig im Konossement bezeichneten Gebindes Erwähnung geschieht.

Es sollten die Appellanten in Gemäßheit[7322] des Interlokuts

2. beweisen, wie hoch sich die Strafe belaufe, welche durch die von jedem einzelnen Beklagten verschifften Güter verwirkt worden [S. 259] ist[7323]. Zu diesem Zweck[7324] hatten die Appellanten hauptsächlich auf das mehrerwähnte Attest des Departements des auswärtigen Handels vom 10. August 1823 Bezug genommen. Dieses Attest verzeichnet wie oben bereits angeführt die von den Beklagten und Appellaten verladenen Kollis, Kisten und Gebinde, Stück vor Stück nach Marken, Inhalt und Verkaufspreis[7325]. Sodann bemerkt es:

„Nach Grundlage der Handelsverordnung vom Jahre 1811 § 29, 30, 31 sind die Urheber der Einfuhr von verbotenen Waaren einer Geldstrafe von gleichem Werthe der verbotenen Waaren unterworfen."

ad Recessum XXXIII, Anlage 8. b, S. 34.

Da nun der Werth der konfiscirten Waaren durch den dafür in öffentlicher Versteigerung erlegten[7326] Preis ausgemittelt erscheint, die Strafe aber dem Werthe

7317 Wort doppelt mit Bleistift unterstrichen. Am Rand mit Bleistift hinzugefügt: *allerdings aber keine Einwirkung auf die Strafbestimmung*.
7318 Am Rand *pagina 80*.
7319 Am Rand *pagina 81*.
7320 Am Rand *pagina 82*.
7321 Randbemerkung mit Bleistift: *Vermischung der Begriffe – confiscirte -*.
7322 Schreibfehler in der Vorlage: *Gemaßheit*.
7323 Am Rand *pagina 83*.
7324 Wort über der Zeile eingefügt.
7325 Am Rand *pagina 84*.
7326 Am Rand *pagina 85*.

gleichkommt, so würde durch jenes öffentliche Attest auch dieser zweite Beweissatz erschöpft seyn. Dagegen hält das vorige Urtheil diesen Theil des Beweissatzes für nicht bewiesen, weil jenes Petersburger Attest keinesweges die Waaren- [S. 260] ballen, in welchen die erlaubten Waaren vorgefunden, speciell angebe, den Umstand also[7327], von welchem der Beklagten diese erlaubten, von welchem die verbotenen Waaren abgesandt worden, völlig im Dunkeln lasse, mithin auch, wie hoch die gegen jeden einzelnen Beklagten erkannte Strafe sich belaufen habe. Es ist aber bereits oben gezeigt, daß das oft erwähnte Petersburger Attest gar nicht von solchen Waaren redet, die von Konfiskation und Strafe[7328] wären[7329] ausgenommen gewesen, wenn es gleich den Verkaufspreis der verbotenen von dem der erlaubten sondert und diesen zu 5.453 Rubel 47 ¾ Kopeken, jenen zu 41.665 Rubel 47 ¾ Kopeken angiebt. Daß vielmehr die erlaubten Waaren theils deshalb, weil ihre Einfuhr in Reval verboten gewesen, theils darum, weil selbige mit verbotenen Waaren verpackt oder im Konnossement nicht gehörig verzeichnet worden, das Schicksal der verbotenen Waaren[7330] getheilt haben[7331]. Es kommt hinzu, daß, wenn hierüber noch ein Zweifel obwalten könnte, nach der bereits oben mit- [S. 261] getheilten Ausführung der Appellanten der Preis der erlaubten Waaren blos dem Appellaten Wildtfanck zu Gute zu rechnen wäre. Zwar würde bei dieser Berechnungsart und unter der Voraussetzung, daß wegen der zu 5.453 Rubel 47 ¾ Kopeken verkauften erlaubten[7332] Waaren überall[7333] keine Strafe stattgefunden hätte, es im Dunkeln bleiben, wieviel Strafe für jeden einzelnen von Wildtfanck verladenen Waarenballen verwirkt worden wäre, da man nur die für alle von demselben verschifften Güter verhängte Strafe im Ganzen zu 37.621 Rubel 52 ¾ Kopeken kennte. Allein es ist sehr richtig von den Appellanten bemerkt[7334], daß das Interlokut nicht zum Beweise verstellt hat, wie hoch die Strafe jedes einzelnen Ballen sich belaufe, sondern daß es nur den Beweis begehrt, wieviel die Strafe betrage, welche jeder einzelne Beklagte durch die von ihm verschifften Güter verwirkt hat. Einen andern Sinn dürfte man dem Beweisurtheile nicht beilegen, da dasselbe die Verbindlichkeit der[7335] Beklagten, für ihre Person wegen der [S. 262] verladenen Güter den Klägern zu haften, und ohne Rücksicht auf das etwanige Verhältniß der Beklagten als Spediteure zu ihren Kommittenten anerkannt hat.

Wenn solchemnach diejenigen Gründe, worauf das Erkenntniß des Niedergerichts sich stützt, keine Prüfung aushalten, so wird es nur darauf noch ankommen,

7327 Am Rand *pagina 86*.
7328 Unterstreichung mit Bleistift.
7329 Am Rand *pagina 87*.
7330 Am Rand *pagina 88*.
7331 Unterstreichung mit Bleistift.
7332 Wort über der Zeile eingefügt.
7333 Am Rand *pagina 89*.
7334 Am Rand *pagina 90*.
7335 Am Rand *pagina 91*.

die sonst[7336] noch in den Akten liegenden Zweifel an der nothdürftigen Erschöpfung des den Appellanten auferlegten Beweises zu entfernen und namentlich den von den Appellaten in diesem Punkte vorgebrachten Ausstellungen zu begegnen. Vorzüglich ist

a) gegen das Zeugniß des Petersburger Departements des auswärtigen Handels vom[7337] 10. August 1823 angeführt worden, daß dasselbe der Unterstützung durch die in Bezug genommenen Protokolle bei Sequestrirung und Eröffnung der Gebinde entbehre, daß es die Auktionsprotokolle der Petersburger Port-Tamoschna nicht aufgenommen und die Decision des Depar- [S. 263] tements über die Gesammtsumme der von dem Schiffer zu erlegenden Strafe nicht beigebracht habe. Die Appellaten legen[7338] hierauf besonders deshalb Gewicht, weil sie von der Voraussetzung ausgehen, als wäre es jezt schon nothwendig auszumitteln, welche anderen Waaren außer den von ihnen selbst verladenen zu der Konfiskation Anlaß gegeben haben.

Q 67, S. 32–33.

Daß es aber darauf in der gegenwärtigen Lage des Processes nicht ankommt, haben wir bereits oben mit Rückblick auf das rechtskräftige Beweisurtheil nachgewiesen. Mithin[7339] ist es auch dermalen von keinem Einfluß, daß das gedachte Petersburger Attest selbst und zwar in den Worten

„Auf dem ...[7340] Schiffe Dora ... sind unter anderen ... Waarenkolli ... eingeführt“

darauf hinweiset, daß außer den in Frage befangenen Waaren der Appellaten noch andre Waaren in dem Schiffe Dora sich befunden haben.

[S. 264] Im[7341] Übrigen kann auf die gerügten Mängel nichts ankommen. Es ist nicht nur zu vermuten, sondern auch nach allen vorliegenden Umständen nicht zu bezweifeln, daß das Departement des auswärtigen Handels sein Attest auf die ihm vorliegenden Akten gegründet habe. Die Protokolle über die Sequestrirung und Eröffnung der Waarenballen sowie das Protokoll über den öffentlichen Verkauf der[7342] Waaren müssen dem Departement vorgelegen haben, wenn es rechtlicher Weise, was bei einer öffentlichen und hohen Behörde zu vermuten ist, das besagte Attest auszustellen sich im Stande fühlen sollte. Daß aber die Protokolle, woraus das Attest seine Angaben geschöpft, nicht beigebracht sind, ist darum unerheblich, weil in der jetzigen Lage des Processes der Überblick[7343] über die volle, der Konfiskation etwa unterworfen gewesene Ladung des Schiffes Dora nicht nothwendig

7336 Am Rand *pagina 92.*
7337 Am Rand *pagina 93.*
7338 Am Rand *pagina 94.*
7339 Am Rand *pagina 95.*
7340 Auslassungen in der Vorlage.
7341 Am Rand *pagina 96.*
7342 Am Rand *pagina 97.*
7343 Am Rand *pagina 98.*

wird und weil hievon abgesehen weder die Kläger noch die Beklagten befugt sind, aus den [S. 265] Akten des Departements des auswärtigen Handels ein Mehreres zu ersehen, als was sie selbst betrifft. Den hier aber in Frage befangenen Auszug aus den Protokollen liefert[7344] das Attest, indem es die Waarenballen nach Signatur, Inhalt und Auktionspreis Stück vor Stück angiebt.

b) Gegen diejenigen Urkunden, welche die Kläger[7345] außer dem bisher erörterten Atteste des Departements des auswärtigen Handels beigebracht, sind mehrfache Einwendungen vorgetragen. Diese Urkunden sind das Journal der revalschen Tamoschna vom 31. Januar 1818, das Attestat des Zollverwalters[7346] Wrangel vom 21. März 1818 und das Zeugniß der revalschen Tamoschna vom 19. Juli 1823 nebst dem russischen Zolltarif vom Jahre 1816. Da indessen das Attestat des Departements des auswärtigen Handels als derjenigen Behörde, welche in höchster Instanz über die in Frage befangene Ladung zu verfügen gehabt hat, den Beweissatz nothdürftig erschöpft[7347], indem selbiges die konfiscirten Waaren verzeichnet und durch die Angabe des [S. 266] dafür gelöseten Auktionspreises die von dem Schiffer Haase in Ermangelung von Empfängern verwirkte Strafe feststellt, so erscheinen die wider jene übrigen Urkunden vorgeschützten Bemerkungen nur von geringerer Bedeutung. Die revalschen Attestate rühren blos von untergeordneten Behörden her[7348]. Die Waaren selbst wurden[7349] nicht einmal in Reval verkauft. Nach der ersten Beschlagnahme blieb alles Übrige, namentlich die Entscheidung über die Konfiskation und der Verkauf der konfiscirten Güter, dem Petersburger Departement des auswärtigen Handels vorbehalten. Wenn nun allerdings die Zeugnisse der revalschen Zollbehörde geeignet sind, das Petersburger Attest darin, daß das Schiff Dora und der größte[7350] Theil der Ladung konfiscirt worden, zu unterstützen, so sind sie doch nach der Natur des Verhältnisses, in welchem die Revaler Tamoschna zu dem Handelsdepartement steht, und nach dem Geschäftskreise, welchen selbige in der vorliegenden Sache zu beobachten hatte[7351], gar nicht geeignet, die Angaben [S. 267] des Handesdepartements über die konfiscirten Waarenballen und deren Verkaufspreis zu[7352] entkräften. Was nun aber einzelne[7353] Ausstellungen betrifft, so ist aa) das Journal der Revaler Tamoschna vom 31. Januar 1818 zwar nur in einer deutschen Übersetzung beigebracht. Allein es ist kaum anzunehmen, daß selbige von einem unbeeidigten Übersetzer herrühre, da der öffentliche Notar Pindol

7344 Am Rand *pagina 99*.
7345 Schreibfehler in der Vorlage: *Klager*.
7346 Am Rand *pagina 100*.
7347 Am Rand *pagina 101*.
7348 Am Rand Anstreichung mit Bleistift und Fragezeichen.
7349 Am Rand *pagina 102*.
7350 Am Rand *pagina 103*.
7351 Schreibfehler in der Vorlage: *halte*.
7352 Am Rand *pagina 104*.
7353 Schreibfehler in der Vorlage: *einzelnen*.

nicht blos die Übereinstimmung mit dem ihm vorgelegten russischen Original bezeugt, sondern[7354] zugleich seine Anstellung für die auswärtigen Geschäfte in der Residenz St. Petersburg. Seinem Inhalte nach bekräftigt das Journal unverkennbarer Weise das Attest des Departements des auswärtigen Handels, indem daraus die Sequestration des Schiffes Dora mit dessen Ladung hervorgeht, wenn es auch im Übrigen über die einzelnen Ballen weder nach Inhalt noch nach Werth[7355], auch nicht über die endliche Entscheidung der obern Behörde Auskunft giebt.

bb) Das Attest des Zollverwalters Wrangel vom 21. März 1818 bestätigt das, was im Journale [S. 268] der Tamoschna bezeugt wird, nämlich die Konfiskation des Schiffes und derjenigen Waaren, deren Eigenthümer der Schiffer nicht namhaft gemacht, desgleichen, daß nach der Handelsverordnung vom 26. Juni 1817 § 29, 30[7356] und 32 ebensoviel an Strafe zu erlegen sei, als der Werth der zu verkaufenden Waaren betrage, ein Umstand, welcher gleichmäßig auch in dem Petersburger Atteste bezeugt wird. Daß das Wrangelsche Attest aber nicht sagt, daß nur die darin aufgeführten Gebinde mit verbotenen Waaren angefüllt gewesen, ebensowenig, daß ihr Inhalt wirklich verboten gewesen[7357], schwächt nicht die Beweiskraft an sich. Ebenfalls unerheblich ist die Ausstellung, daß in dem Atteste auch einige[7358] namhafte Personen addressirte Kollis sich aufgeführt finden. Denn wenngleich das Attest sein Verzeichniß der angehaltenen Kollis mit der Bemerkung anfängt, dieselben hätten sich in Konnossementen an Ordre befunden, so hat es doch bei den einzelnen Kollis jedesmal gesagt, ob sie an Ordre verladen, [S. 269] oder[7359] an namhafte Personen addressirt gewesen sind, mithin eben dadurch selbst die vorangestellte Bemerkung auf eine zureichende Weise beschränkt. Auch ist es keine Unrichtigkeit, wenn es darin heißt, daß der Schiffer Haase dem Gerichte übergeben gewesen sei. Dieses ist ebenfalls durch das Journal der revalschen Zollbehörde bezeugt, wenn es darin Seite 6[7360] am Ende heißt:

> „Da aber keines von den hiesigen Handelshäusern die lübeckischen Schiffer Haase und Adler in Bürgschaft zu nehmen sich erboten hat, so hat das Zollamt …[7361] sich den 3. October an den hiesigen Polizeimeister, den Oberstlieutenant Tolle, gewandt, damit die Schiffer Haase und Adler unter Aufsicht der Polizei genommen[7362] würden, damit sie bis zur Entscheidung der Sache über die von ihnen auf Ordre aus Lübeck gebrachten verbotenen Waaren sich

7354 Am Rand *pagina 105*.
7355 Am Rand *pagina 106*.
7356 Am Rand *pagina 107*.
7357 Am Rand *pagina 108*.
7358 Möglicherweise Fehler in der Vorlage. Es fehlt das Wort *an*; in der ersten Abschrift oben S. 840 (S. 107 der Akte) ist das Wort vorhanden.
7359 Am Rand *pagina 109*.
7360 Am Rand *pagina 110*.
7361 Auslassung in der Vorlage.
7362 Am Rand *pagina 111*.

nirgends aus der Stadt entfernen oder verbergen könnten, und jedesmal, wenn es erforderlich wäre, zur Erscheinung [S. 270] im Zollamte bereit wären."

Es wird hinzugesetzt:

„Hierauf[7363] erhielt das Zollamt den 15. October von der Hafenexpedition einen Rapport, daß der lübeckische Schiffer Haase, führend das Schiff Dora, indem er sich auf demselben befand, den 14. plötzlich (nach Aussage eines Arztes) am Schlage gestorben sei."

ad Recessum XVII, Anlage 3

Mithin läßt sich die Wrangelsche Bemerkung recht[7364] füglich in dem Sinne verstehen, daß der Schiffer Haase zur gerichtlichen Verantwortung gezogen gewesen ist, welche denn aber, weil er bald nachher gestorben, keinen Fortgang gehabt hat.

Dagegen haben die Beklagten mit Grund eine andre Unrichtigkeit hervorgehoben. In dem Wrangelschen Atteste vom 21. März 1818

ad Recessum I, Anlage 1, S. 3.

werden[7365] unter den konfiscirten verbotenen in St. Petersburg zu verkaufenden Waaren aufgeführt: drei Kisten gemäß  No. 1–3, abgeladen von Jacob Behrens in Lübeck [S. 271] an Ordre. Hingegen in einem von den Beklagten beigebrachten Zeugnisse des Zollverwalters Wrangel vom 16. April 1819 wird bescheinigt, daß drei Kisten gemäß  No. 1–3, welche das Schiff Dora geladen, von dem Kaufmann[7366] Nottbeck angegeben und von ihm in Empfang genommen worden.

ad Recessum XVI, Anlage 2.

Daß hier dieselben Kisten gemeint sind, stellen die Kläger nicht in Abrede, und daß unter dieser Voraussetzung das erste Zeugniß etwas Unrichtiges attestirt, ergiebt sich aus dem zweiten, weil dieses besagt, daß Nottbeck bereits am 28. August 1817 die Waaren, welche sich in jenen Kisten vorgefunden[7367], empfangen habe, mithin längst vor dem 21. März 1818, dem Tage des ersten wrangelschen Zeugnisses. So erheblich aber auch dieser Widerspruch unter den beiden wrangelschen Zeugnissen ist, so wäre darum doch nicht aller Glaube dem ersten von den Klägern beigebrachten Atteste abzusprechen, weil ein Irrthum in einzelnen Stücken möglich bleibt, selbst wenn im [S. 272] Ganzen[7368] an der Wahrheit des Bezeugten nicht zu zweifeln ist, auch die Beklagten, denen es doch möglich geworden, die hier erörterte Unrichtigkeit aufzuklären, nichts beigebracht haben, um die übrigen Angaben des Zollverwalters Wrangel zu entkräften. Allein es kommt auf diese Angaben nichts an, da das Petersburger Attest zur Vollführung des den Klägern auferlegten Be-

---

7363 Am Rand *pagina 112.*
7364 Am Rand *pagina 113.*
7365 Am Rand *pagina 114.*
7366 Am Rand *pagina 115.*
7367 Am Rand *pagina 116.*
7368 Am Rand *pagina 117.*

weises genügt, und dieses[7369] wrangelsche Attest nur insofern noch zur Sprache kommt, als es dazu geeignet ist, das Petersburger Attest zu unterstützen oder doch den etwanigen Zweifel, ob dieses auch in der Wahrheit gegründet sei, zu entfernen.

cc) Das Zeugniß der revalschen Port-Tamoschna vom 19. Juli 1823, in öffentlicher Form von dem Kollegienrathe Koch, Mitgliede der Tamoschna, ausgestellt, bekräftigt[7370] ebenfalls das Attest des Departements des auswärtigen Handels in Betreff der Konfiskation der hier in Frage befangenen Ladung und des Schiffes. [S. 273] Widersprüche, wie die Beklagten vorgeben, enthält dieses Zeugniß nicht. Denn daß es unter denjenigen Waarenballen, welche an Ordre verladen gewesen, einige an Gerdau et Comp. addressirte Kollis mit aufführt, ist nur[7371] eine Art von Fehler[7372] in der Fassung, aber sonst in jedem Betracht ohne Nachtheil, da der Umstand, daß jene Kollis an Gerdau et Cp. addressirt gewesen, ausdrücklich angeführt wird.

Außer diesen die einzelnen Dokumente betreffenden Rügen haben die Beklagten und Appellaten noch mehrere Ausstellungen aus der Vergleichung der Dokumente miteineinander abgeleitet.

Q 67, S. 33 folgende

Allein[7373] es ist nichts angeführt, um die Beweiskraft des hauptsächlich hier in Betracht kommenden Dokumentes, des Attestes des Departements des auswärtigen Handels, wankend zu machen. Auch sind die Vorwände gegen die übrigen Urkunden nicht von der Erheblichkeit, um diesen alle adminikulirende Beweiskraft zu nehmen, [S. 274] obgleich es nicht einmal nöthig ist, daß[7374] das Petersburger Attest annoch durch andere Beweismittel unterstützt werde. In der Hauptsache kommen die Appellaten immer wieder auf den Satz zurück, daß die vorliegenden Urkunden nicht die volle Ladung des Schiffes Dora angeben und daß die Appellaten, da sie nicht solidarisch für die übrigen Ablader hafteten, nicht einzig und allein den durch die Konfiskation des Schiffes verursachten Schaden zu tragen haben. Doch dieser Satz[7375] ist in seiner Unerheblichkeit für die dermalige Proceßlage bereits oben zureichend beleuchtet worden.

Endlich

dd) den russischen Zolltarif betreffend, welchen die Appellanten in der jetzigen Instanz zu den Akten gebracht haben,

Q 71, Anlage A

7369 Am Rand *pagina 118.*
7370 Am Rand *pagina 119.*
7371 Verbesserung im Wort.
7372 Am Rand *pagina 120.*
7373 Am Rand *pagina 121.*
7374 Am Rand *pagina 122.*
7375 Am Rand *pagina 123.*

so ist derselbe von den Appellanten dazu benutzt worden um nachzuweisen, welche Waaren theils überhaupt, theils zur Einfuhr in Reval im Jahre 1817 ver- [S. 275] boten[7376] gewesen sind; eine Nachweisung, welche zwar zur Bestimmung des Verhältnisses zwischen den noch übrigen drei Beklagten und Appellaten benutzt worden, im Grunde genommen aber nach dem oben unter No. 1 und 2 Ausgeführten von keiner Bedeutung, am wenigstens nothwendig ist, da das Petersburger Attest ausreicht. Allein gesetzt, es wäre der Zolltarif noch zur Unterstützung des[7377] den Klägern obliegenden Beweises nothwendig, so würden doch die dawider gemachten Einwendungen nicht von dem Gehalte seyn, um dem Tarife die nothdürftige Beweiskraft zu nehmen. Es liegt in der Natur der Druckschriften, daß sie den Stempel der Echtheit nicht an sich tragen, wenn nicht geschriebene Schrift und Siegel hinzukommt. Dagegen ist es üblich, Druckschriften für das zu nehmen, wofür[7378] sie sich ankündigen, und wenn auch der von den Appellanten eingereichte Abdruck weder den Druckort enthält noch als offizielle Ausgabe sich darstellt, [S. 276] so ist doch nicht zu vermuten, daß der Abdruck etwas Falsches in sich faßt, namentlich daß das hinten an gedruckte *Imprimatur* des Censors, Hofrath Sohn[7379], eine Fälschung enthält, da der Drucker im Fall[7380] einer Arglist im Abdruck eines Zolltarifs sich eines schweren Verbrechens schuldig gemacht haben würde. Selbst die Anonymität des Verfassers und des Druckers ist bei Schriften dieser Art nicht ganz ungewöhnlich. Hauptsächlich aber ist zu erwägen, daß die Appellaten die Falschheit oder Irrigkeit der in dem Tarife enthaltenen Angaben, soweit die Appellanten darauf Gewicht gelegt haben, nicht behaupten und daß es[7381] ihnen ein Leichtes gewesen wäre, eine solche Behauptung, wäre sie nur vorgetragen und gegründet, darzuthun. Freilich könnte das Gericht schon von richterlichen Amtswegen, wie auch in den Gründen des Erkenntnisses, welches die Beibringung dieses Tarifes gestattete, ausgesprochen ist, die russischen [S. 277] Zollgesetze ermitteln. Allein es ist nach Lage der Sache eine solche officielle Ermittelung, die[7382] mit erheblichen Kosten und mit Verzögerung verknüpft sein würde, als überflüssig zu vermeiden.

Dieser Ausführung zufolge haben wir die erste Beschwerde der Appellanten für begründet und den denselben auferlegten Beweis für nothdürftig geführt gehalten, versteht sich, mit vorläufiger Ausschließung dessen, was zum Liquidationsverfahren gehört und darin zu beweisen seyn wird.

Anlangend[7383] die

7376 Am Rand *pagina 124*.
7377 Am Rand *pagina 125*.
7378 Am Rand *pagina 126*.
7379 Letzter Buchstabe schwer lesbar, in der ersten Abschrift offenbar *Sohr*, oben S. 843 (S. 116 der Akte).
7380 Am Rand *pagina 127*.
7381 Am Rand *pagina 128*.
7382 Am Rand *pagina 129*.
7383 Am Rand *pagina 130*.

zweite Beschwerde,

daß die Verurtheilung der von der Klage annoch ergriffenen drei Verlader nicht allgemein ausgesprochen ist unter etwanigem Vorbehalte näherer Liquidation des Schadens und der Vertheilung des Ersatzes unter die drei bekannten Verlader nach[7384] Maaßgabe des *Quanti* der von ihnen verladenen verbotenen Waaren,

[S. 278] so kann eine Verurtheilung in diesem Sinne, obwohl der den Klägern und Appellanten zur Zeit obgelegene Beweis für geführt erachtet worden, nicht verfolgen. Abgesehen nämlich davon, daß es erst in dem künftigen Liquidationsverfahren[7385] müßte ermittelt werden, ob gerade die drei Beklagten und[7386] Appellaten es sind, denen allein ein Beitrag zu dem fraglichen Schaden obläge, so bleibt doch die Verurtheilung zum Schadensersatze selbst unter Vorbehalt der Liquidation von der Frage abhängig, ob und inwiefern der den Appellaten vorbehaltene indirekte Gegenbeweis geführt worden. Die Appellaten haben nun, wie oben in der Proceßgeschichte bemerkt, den Theil des Gegenbeweises, daß die fragliche Strafe[7387] mit Unrecht erkannt worden, nicht angetreten. Hingegen haben sie zu beweisen versucht,

daß dem Schiffer Haase die unfreie Qualität der in Frage stehenden [S. 279] Waaren bei Uebernahme derselben bekannt gewesen sei.

Diesen Beweis haben die Appellaten zunächst durch Zeugen, eventuell durch Eideszuschiebung zu führen unternommen[7388]. Das vorige Urtheil, in dem es den den Klägern und Appellanten auferlegten Beweis für mislungen erklärte, sprach sich dahin aus, daß es auf jenen Beweis der Einrede nicht weiter ankomme, ließ jedoch mit einfliessen, daß eben dieser Beweis,

insofern er durch Zeugen versucht ist, selbst abgesehen von den die Glaubwürdigkeit dieser Zeugen schwächenden[7389] Thatsachen und abgesehen von den Widersprüchen, die aus einer Vergleichung der Aussage des einen mit den Depositionen des andern Zeugen sich entwikkeln, schon um deswillen für verfehlt zu achten, weil beide Zeugen nicht zu behaupten vermögen, daß die unfreie [S. 280] Qualität der gerade hier in Frage stehenden[7390] Waaren dem Schiffer bekannt gemacht oder bekannt gewesen sei.

Daß aber diese Aeußerung des *Judicii a quo* zum Nachtheil der Appellaten nicht in Rechtskraft übergehen könne[7391], wie die Appellanten meinen, bedarf keiner ausführlichen Entwickelung. Entscheidungsgründe können unter Umständen

7384 Am Rand *pagina 131*.
7385 Danach gestrichen *verfahren*.
7386 Am Rand *pagina 132*.
7387 Am Rand *pagina 133*.
7388 Am Rand *pagina 134*.
7389 Am Rand *pagina 135*.
7390 Am Rand *pagina 136*.
7391 Anstreichung am Rand mit Bleistift.

zwar ebensowohl die Rechtskraft[7392] beschreiten, als der dispositive Theil der Sentenz[7393], dem sie zur Unterstützung dienen. Hier aber verhält sich jene Aeußerung nicht als ein Grund dessen, was der Richter erkannt hat, denn das Erkenntniß geht dahin, daß es auf den Beweis der Einrede nicht weiter ankommt, und zwar deshalb nicht weiter ankommt, weil der Beweis der Klage für mislungen erklärt[7394] wurde. Jene Aeusserung schweift also offenbar über das Erkenntniß hinaus, kann folglich auf keine Weise als [S. 281] ein nothwendiger Vordersatz eines richterlichen Spruches angesehen und deshalb der Rechtskraft unterworfen werden.

Bleibt demnach in der gegenwärtigen Instanz der indirekte Gegenbeweis noch immer zu würdigen, so ergiebt sich doch, daß er nicht so weit geführt worden[7395], um die Appellaten zum Erfüllungseide zuzulassen oder auch nur den Reinigungseid den Appellanten aufzuerlegen. Die vorgeschlagenenen zwei Zeugen Minlos und Petersen haben zwar ausgesagt, daß dem Schiffer Haase bekannt gewesen, daß die fragliche Ladung des Mitappellaten Wildtfanck theilweise in Kontrabande bestanden habe und daß ein Theil der Waaren ausgepackt und dem[7396] Schiffer vorgelegt worden. Allein beide Zeugen erinnern sich nicht mehr der Nummern und Marken der einzelnen Kollis, welche gerade in diesem Processe in Frage stehen.

Testis 1. *ad Interrogationes* 4, 7.
[S. 282] *ad articulum* 1.
ad Interrogationem 5 *ad articulum* 2.
ad Interrogationem 3 *ad articulum* 3.
ad Recessum XXXXVIII in der Anlage †
Testis 2 *ad Interrogationes* 4, 7 *ad articulum* 1.
ad Interrogationem 2 *ad articulum* 2.
ad Interrogationes 1, 5 *ad articulos* 1 *et* 2.
ad Interrogationem 5 *ad articulum* 3.
ad Recessum XXXXVIII in der Anlage[7397].

Daß[7398] nicht alle von Wildtfanck verladenen Waaren ausgepackt worden, sagen beide Zeugen.

Testis 1 ad Interrogationem 1 ad articulum 4.
Testis 2 ad Interrogationem 1 ad articulum 2.

Das einzige Kollo, dessen sich der Zeuge Minlos nach Mark und Nummer als eines ausgepackten und dem Schiffer vorgelegten erinnert, ist gerade ein solches,

7392 Am Rand *pagina 137.*
7393 Unterstreichung mit Bleistift.
7394 Am Rand *pagina 138.*
7395 Am Rand *pagina 139.*
7396 Am Rand *pagina 140.*
7397 Danach Sonderzeichen für die Anlage.
7398 Am Rand *pagina 141.*

welches nicht mehr in Betracht kommt, weil dasselbe, an Gerdau addressirt, zu der Konfiskation[7399] nicht beigetragen hat, nämlich das Kollo  No. 19.

Testis 1 ad Interrogationem 2 ad articulum 4.

vergleiche mit *Interrogatio 7 ad articulum 1.*

[S. 283] Dem Zeugen Petersen ist es sogar wahrscheinlich, daß die ausgepackten und dem Schiffer vorgelegten Waaren (welche derselbe in Paketen und kleinen Kisten mitgenommen und worüber er bloße Recieve ausgestellt) nicht zu den in Frage befangenen größern Kollis und Gebinden gehört[7400] hätten.

ad Interrogationem 5 ad articulos 1 et 2.

Da es nun nach der Natur der Sache und in Gemäßheit der ausdrücklichen Worte des Interlokuts auf den Beweis ankommt, daß dem Schiffer Haase die unfreie Qualität „der in Frage stehenden Waaren" bekannt gewesen sei, so haben die genannten beiden Zeugen in der Hauptsache zu Gunsten des Mitappellaten Wildtfanck[7401] nichts Erhebliches ausgesagt; daher es auch einer Prüfung dessen, was gegen die Glaubwürdigkeit der Zeugen vorgebracht ist, nicht weiter bedarf. Über die von den beiden Mitappellaten Leuenroth und Hornemann verladenen Waaren sind jene Zeugen [S. 284] gar nicht vernommen, können also für selbige gar nicht einmal angeführt werden. Und was noch durch mehrere andere Zeugen[7402] ausgesagt ist, theils daß der Schiffer Haase schon im Jahre 1815 wegen Kontrabandirens aus Rußland habe flüchten müssen, theils daß derselbe im Jahre 1817 heimlich in der Nacht Waaren nach Reval eingebracht,

ad Recessum XXXIX in den Anlagen

verdient keine sonderliche Beachtung, weil es einestheiles nicht darauf ankommt, ob Haase schon in frühern Zeiten sich mit dem[7403] Einschmuggeln abgegeben, anderntheils es selbst von den Appellanten nicht in Abrede gestellt wird, daß er von den Appellaten kleinere Pakete und Kisten, worüber er Recieve ausgestellt, zum möglichen Einschwärzen mitgenommen hat.

ad Recessum LIX, S. 57.

Daß aber, worauf hier alles beruht, gerade die in Frage befangenen Kollis und Gebinde nach ihrem verbotenen Inhalte dem [S. 285] Schiffer[7404] Haase bekannt gewesen, diesen Umstand hat kein einziger Zeuge zu erhärten vermogt.

Solchemnach würde den Appellaten zur Führung des indirekten Gegenbeweises nur noch die eventuell zur Hand genommene Eideszuschiebung zu Gebote stehen. Diese würde nicht zulässig seyn, wenn die Appellanten bereits das Gegentheil

7399 Am Rand *pagina 142.*
7400 Am Rand *pagina 143.*
7401 Am Rand *pagina 144.*
7402 Am Rand *pagina 145.*
7403 Am Rand *pagina 146.*
7404 Am Rand *pagina 147.*

dessen, was[7405] ihnen zu beschwören angesonnen wird, dargethan hätten. Nun ergiebt sich zwar aus den von den Appellaten edirten Konnossementen über die verladenen Waarenballen, daß selbige von dem Schiffer Haase mit der Bemerkung unterzeichnet worden, daß ihm der Inhalt unbekannt sei.

ad Recessus XXXXIV.

ad Recessus XXXXVII.

Allein eine solche Bemerkung[7406] ist nicht geeignet[7407], für ausgemacht wahr zu gelten, selbst wenn wie hier die Konnossomente mit einer solchen Bemerkung von den Appellaten als Verladern angenommen sind. Ihrer [S. 286] Natur nach dienen Konnossemente zu einem Gebrauche, der sich über die Personen des Abladers und des Schiffers hinaus erstreckt. Ist namentlich eine Einschmuggelei beabsichtigt, so ist nichts natürlicher, als daß[7408] der Schiffer, welcher mit den Zollbehörden am Orte der Bestimmung zu thun hat, sich für den Fall der Entdeckung der Kontrabande als unschuldig darzustellen sucht, daß er also die Konnossemente mit der Bemerkung unterzeichnet, ihm sei der Inhalt der Kollis unbekannt. Ob nun die in Frage befangene Bemerkung eine wahrhafte oder eine zum Schein geschriebene ist, wird sich durch den[7409] Eid ausweisen. An sonstigen Gründen aber, weshalb der den Appellanten angetragene Glaubenseid[7410] unzulässig seyn sollte, mangelt es durchaus. Denn wenn auch die Appellanten kurz berühren, daß die Eideszuschiebung über *facta aliena* unzulässig sei,

ad Recessum LIX, S. 58.

so ist es doch ein in der Praxis unbezweifelt herrschender Grundsatz, daß über die Handlungen [S. 287] des[7411] Erblassers wie des Mandatars oder eines solchen, der in einem ähnlichen Verhältnisse sich befand, ein Glaubenseid kann zugeschoben werden. Die Appellanten aber sind theils die Erben, theils die Rheder des verstorbenen Schiffers Haase. Doch hier kann überall nur die Rede davon seyn, ob die fragliche Eideszuschiebung überhaupt nicht stattfindig erscheine; über die Art und Weise[7412] der Fassung des Eides wird erst nach eingezogener Erklärung der Appellanten dürfen geurtheilt werden.

Solchemnach ist zuvörderst eine Erklärung über den Glaubenseid, welchen die Appellaten eventuell den Appellanten zugeschoben, aufzuerlegen gewesen, ehe ein Erkenntniß in der Sache selbst, wie es die Appellanten in ihrer zweiten[7413] Beschwerde wünschen, stattfinden kann.

7405 Am Rand *pagina 148*.
7406 Drei gestrichene Buchstaben im Wort.
7407 Am Rand *pagina 149*.
7408 Am Rand *pagina 150*.
7409 Am Rand *pagina 151*.
7410 Verbessert aus *Glaubeneid*.
7411 Am Rand *pagina 152*.
7412 Am Rand *pagina 153*.
7413 Am Rand *pagina 154*.

Mit der

dritten Beschwerde

daß der Richter voriger Instanz die Beweismittel übersehen, deren [S. 288] Daseyn sich erst aus den Zeugenaussagen entwickelt, und daß er deren Edition, obschon von den Klägern begehrt, dem Appellaten Wildtfanck nicht[7414] aufgelegt hat,

könnten die Appellanten einen doppelten Zweck verbunden haben. Insofern diese eventuelle Beschwerde darauf gerichtet ist, den Appellanten für den Fall, daß ihre erste Beschwerde keinen Beifall fände, noch mehrere Beweismittel zur Führung des Hauptbeweises zu verschaffen, erscheint selbige nunmehr von selbst hinfällig[7415], nachdem wir den den Appellanten auferlegten Hauptbeweis für geführt erachtet haben. Es könnte aber auch zur Frage gelangen, ob jene Beweismittel, deren Edition noch begehrt wird, vielleicht dazu geeignet wären, die Eideszuschiebung zu beseitigen? Dieses wäre blos in dem Falle denkbar, da sie den vollkommensten Beweis enthielten, daß der Schiffer Haase mit der unfreien[7416] Eigenschaft der verladenen [S. 289] Waarenballen unbekannt geblieben sei. Allein einerseits haben die Appellanten selbst die zu edirenden Papiere blos für den Beweis, der ihnen oblag, als wichtig betrachtet, zunächst um darzuthun, daß die wildfanckschen Kollis verbotene Waaren enthalten haben,

Q 42, S. 36, 37.

andererseits ist nicht abzusehen, wie die angeregten[7417] Papiere zum Besten der Appellanten gegenbeweislich darzuthun vermögten, daß der Schiffer Haase bei der Verladung keine Kenntniß davon, daß die Kollis verbotene Waaren enthalten, gehabt habe. Die desiderirten Papiere sind nämlich theils eine Instruktion an den Schiffer oder vielmehr, wie der Zeuge Minlos sagt, eine Specifikation der[7418] verladenen Kollis mit der Anweisung, diese oben aufzuladen, um sie gleich löschen zu können, theils Briefe, welche dem Schiffer verschlossen mitgegeben und wovon Abschriften im wildtfanckschen Comtoir angeblich zurückgeblieben sind. Jene Specifikation würde zum Gegenbeweise, daß der Schiffer um die unfreie Eigenschaft der Waaren [S. 290] nicht[7419] gewußt, umso weniger dienen können, als der Zeuge Minlos geradezu behauptet, daß mit der Specifikation die Bemerkung verbunden gewesen sei, daß die Kollis theilweise verbotene Waaren enthielten.

ad Interrogationem 7 – ad articulum 1.

ad Recessum XXXXVIII.

7414 Am Rand *pagina 155.*
7415 Am Rand *pagina 156.*
7416 Am Rand *pagina 157.*
7417 Am Rand *pagina 158.*
7418 Am Rand *pagina 159.*
7419 Am Rand *pagina 160.*

Und von den Briefen vermissen wir nicht blos bei den[7420] Appellanten, sondern auch bei den Zeugen jede Andeutung, daß ihr Inhalt[7421] etwa zum Gegenbeweise, welcher hier in Frage steht, daß nämlich der Schiffer Haase von dem Inhalte der Waarenballen ununterrichtet geblieben seyn könnte[7422].

Vergleiche die Aussage des Zeugen Minlos
ad articulum 3 und *interrogationem* 1, *articulus* 3.
des Zeugen Petersen
ad articulum 4.

Da also die Appellanten selbst kein jezt noch in Betracht kommendes Interesse an der Vorlegung[7423] der fraglichen Papiere angegeben, vielweniger wahrscheinlich gemacht haben, so erscheint die dritte Beschwerde, selbst von den übrigen gegen die [S. 291] Editionsverbindlichkeit streitenden Umständen abgesehen, als hinfällig und ungegründet.

Endlich die

vierte Beschwerde

daß die eventuelle Eideszuschiebung, deren die Appellanten sich[7424] bedient, verworfen worden,

kann nicht mehr zur Erwägung gelangen, nachdem wir die erste Beschwerde für gegründet erkannt haben, mithin die Eideszuschiebung der Appellanten unnöthig geworden ist.

Was schließlich den Kostenpunkt betrifft, so sind die Kosten der gegenwärtigen Instanz schon deshalb, weil[7425] die Appellaten das vorige Urtheil für sich gehabt haben, zu vergleichen[7426] gewesen. Jedoch haben die Appellaten als bittende[7427] Partei die Verschickungskosten allein zu tragen. Die Entscheidung über die frühern Kosten, soweit darüber noch kein rechtskräftiges Erkenntniß eine Bestimmung getroffen hat, ist nothwendig bis zur Aburtheilung der [S. 292] Hauptsache auszusetzen gewesen.

Aus allen diesen Gründen haben wir uns[7428] wie im Urtheil enthalten zu erkennen bewogen gefunden.

Alles Von Rechts Wegen

Locus Sigilli[7429]

7420 Schreibfehler in der Vorlage: *dem*.
7421 Am Rand *pagina 161*.
7422 Unvollständiger Satz, vermutlich Abschreibfehler des Kopisten.
7423 Am Rand *pagina 162*.
7424 Am Rand *pagina 163*.
7425 Danach gestrichen *weil*.
7426 Am Rand *pagina 164*.
7427 Verbessert aus *bittender*.
7428 Am Rand *pagina 165*.
7429 Eingekreist, um die Stelle des Siegels in der Originalausfertigung anzudeuten.

Urkundlich unsers Fakultätsinsiegels. Im versammelten Collegio beschlossen. Kiel, den 27. Oktober 1834.

Ordinarius[7430], Senior und gesammte Assessores der Juristenfakultät hieselbst.

in fidem copiae

C. H. Gütschow
Secretarius

7430 Am Rand *pagina 166*.

Q 10 – Interpositionsbescheid des Obergerichts
1834 November 13

Das Obergericht der Stadt Lübeck bestätigt die beiderseitige Einlegung der Berufung und verfügt, dies dem jeweiligen Prozessgegner mitzuteilen. Ausfertigung für die Beklagten, unterschrieben vom Ratssekretär Carl Hermann Gütschow, mit Zustellungsvermerk. Auch diesen sog. Interpositionsbescheid legten ebenfalls die Kläger zusammen mit ihrer Berufungsbegründung vor (Aktenstück Q 4, oben S. 851). Alle Sachanmerkungen befinden sich dort.

[S. 295[7431]] Q 10

No. III[7432]

Auf die in Sachen der Rhederey des Schiffes Dora und der Erben des Schiffers G. H. Haase, Kläger, jetzt Appellanten und Appellaten, wider Heinrich Diedrich Wildtfanck, Arnold Hornemann und Friedrich Ernst August Leuenroth, Beklagte, jetzt Appellaten und Appellanten, wegen Schadensersatzes, gegen des Obergerichts Erkenntniß vom 6. des Monats von beiden Theilen am 12. des Monats übergebene Berufung an das Oberappellationsgericht der vier freien Städte Deutschlands hat das Obergericht decretiret und beide Einwendungsschriften unter gegenseitiger nachrichtlicher Mittheilung derselben, zu den Acten zu nehmen verordnet.

Decretum Lübeck im Obergerichte am 13. November 1834.

C. H. Gütschow
Secretarius

Beiden Theilen insinuirt den 14.[7433] November 1834.

J. H. Burmester
Obergerichtsbote

7431 Stempelpapier der Stadt Lübeck mit aufgedrucktem Stempel mit Stadtwappen und *24 Schilling*, darunter Unterschrift, möglicherweise *Wennberg*.

7432 Anlage Nr. 3 zur Berufungsbegründung der Beklagten, oben S. 875 (S. 165 der Akte).

7433 Schreibfehler in der Vorlage: *4. Novbr.*, richtig dagegen in der Ausfertigung oben S. 851 (S. 135 der Akte).

Sitzungsprotokoll

1834 Dezember 22

Auszug aus dem Sitzungsprotokoll des Oberappellationsgerichts für das Geschäftsjahr 1834/35 (AHL OAG A 16, nicht Teil der Prozessakte), geschrieben vom Gerichtssekretär Carl Wilhelm Pauli.

Actum im Oberappellationsgerichte
Lübeck, den 22. December 1834.

Praesentibus omnibus[7434],

(...)
§ 7
Ad No. 273–274 P. B. referirte[7435] D. du Roi über die in Sachen der Rhederei des Schiffes Dora und der Erben des Schiffers Haase zu Lübeck, Kläger, jetzt Appellanten und respective[7436] Appellaten, *contra* Heinrich Diedrich Wildtfanck[7437] und Consorten daselbst, Beklagte, jetzt Appellaten und[7438] respective Appellanten, wegen Schadensersatzes, nunmehr geführten Beweis betreffend, von beiden Theilen übergebenen Appellationslibelle[7439].

Conclusum

Communicetur[7440] der Libell der Kläger nebst Anlagen DD. und CC. den Beklagten, der Libell der Beklagten hingegen den Klägern *ad excipiendum*[7441], und sei das lübeckische Obergericht um die Einsendung der Voracten zu ersuchen[7442], übrigens der[7443] Sachführer der Beklagten wegen der in[7444] seinem Libell vorkommenden Aeußerungen zu erinnern sei, jederzeit in den Grenzen der Mäßigung zu halten. Uebrigens hielt das Collegium dafür, daß D. Hach, welcher[7445] früher aus dem im Protocolle vom 12. September 1831[7446] vermerkten Grunde[7447] an der Sache

7434 „Im Beisein aller".
7435 Danach gestrichen *du*.
7436 Danach gestrichen *d*.
7437 Danach gestrichen *das*[elbst].
7438 Danach gestrichen *Ap*.
7439 Oben S. 799 (S. 9 der Akte) und S. 875 (S. 167 der Akte).
7440 „Es werde bekanntgegeben".
7441 „Um zu erwidern".
7442 Ersuchungsschreiben unten S. 936 (S. 299 der Akte).
7443 Verbessert aus *dem*, danach gestrichen *Appellan*.
7444 Wort über der Zeile eingefügt.
7445 Wort über der Zeile eingefügt, darunter gestrichen *der*.
7446 Oben S. 631.
7447 Verbessert aus *Gründen*.

keinen Theil genommen hatte, bei[7448] bewandten Umständen nach[7449] dieser Theilnahme auch gegenwärtig zu enthalten habe, und war derselbe daher auch bei der heutigen Verhandlung darin nicht zugegen.

Actum ut supra[7450]
in fidem[7451]

C. W. Pauli
Secretarius

7448 Danach gestrichen *dieser*.
7449 Wort über der Zeile eingefügt.
7450 „Verhandelt wie oben", Verweis auf den Sitzungstag und die anwesenden Richter.
7451 „Beglaubigt".

Q 11 – Kommunikativdekret des Oberappellationsgerichts

1834 Dezember 22

Das Oberappellationsgericht beschließt, den Parteien die Berufungsbegründungen der jeweiligen Gegenseite (Aktenstück Q 1 und Q 7, oben S. 799 und 875) zuzustellen und die Prozessakte des Obergerichts anzufordern. Entwurf, geschrieben vom Gerichtssekretär Carl Wilhelm Pauli, mit Verbesserungen des Gerichtspräsidenten Arnold Heise und Handzeichen des Präsidenten sowie des Referenten Georg du Roi.

[S. 297] Q 11

Expeditum & insinuatum[7452], den 27. December 1834
K Insin. B. No. 208 und 209

In Sachen der Rhederey des Schiffes Dora und der Erben des Schiffers Georg Hinrich Haase, nämlich der Wittwe desselben Anna Catharina, geb. Wenditz, jetzt verwittweter Hertel *cum Curatore*[7453], und Jürgen Heinrich Willnach und Adolph Hinrich Haase als Vormünder der Margaretha Elisabeth Haase, sämmtlich zu Lübeck, Kläger, jetzt Appellanten und respective Appellaten, wider Heinrich Diedrich Wildtfanck[7454], Arnold Hornemann und Friedrich Ernst August Leuenroth, daselbst, Beklagte, jetzt Appellaten und respective Appellanten, wegen Schadensersatzes, jetzt geführten Beweis und Gegenbeweis[7455] betreffend, wird die von den Klägern hieselbst übergebene Appellationsschrift[7456] nebst den[7457] Anlagen DD[7458] und EE[7459] den Beklagten, die von diesen übergebene Appellationsschrift[7460] hingegen den Klägern hieneben abschriftlich mitgetheilt und jedem[7461] Theile[7462] aufgegeben, sich auf die gegnerische Appellation binnen Ordnungsfrist bei Vermeidung des Ausschlusses vernehmen zu lassen.

Uebrigens soll wegen Einsendung der in der Sache verhandelten Voracten behufiges Ersuchungsschrei- [S. 298] ben[7463] an das Obergericht der Freien Hansestadt Lübeck erlassen werden, und[7464] wird schließlich der Sachführer der Beklagten in

7452 „Ausgefertigt und zugestellt".
7453 „Mit Geschlechtsvormund".
7454 Danach gestrichen *und Consorten.*
7455 *Und Gegenbeweis* von Arnold Heise am Rand eingefügt.
7456 Oben S. 799 (S. 9 der Akte).
7457 Wort von Arnold Heise am Rand eingefügt.
7458 Oben S. 853 (S. 137 der Akte).
7459 Oben S. 870 (S. 157 der Akte).
7460 Oben S. 875 (S. 165 der Akte). – Danach gestrichen *nebst.*
7461 Wort über der Zeile eingefügt, darunter gestrichen *beiden.*
7462 Verbessert aus *Theilen.*
7463 Unten S. 936 (S. 299 der Akte).
7464 Danach ein Wort gestrichen.

Beziehung auf einige in seinem Libell vorkommenden Aeußerungen[7465] an die in gerichtlichen Verhandlungen jederzeit zu beobachtende Mäßigung[7466] erinnert.

Lübeck, den 22. December 1834.

Das Oberappellationsgericht der vier Freien Städte Deutschlands[7467].

AH GdR[7468]

[Kostenrechnung]

Kläger[7469]

Stempel	2 Mark	
½ Stempel der Requisition[7470]	1 Mark	
Collationirung[7471]	2 Mark	2 Schilling
Insinuation[7472]		12 Schilling
	5 Mark	14 Schilling

Beklagte

Stempel	2 Mark	
½ Stempel der Requisition	1 Mark	
Collationirung[7473]	1 Mark	10 Schilling
Insinuation		12 Schilling
	5 Mark	6 Schilling

7465 Danach gestrichen *hierdurch*.

7466 *An die ... Mäßigung* von Arnold Heise am Rand eingefügt; dafür gestrichen *sich in seiner Schreibart jederzeit in den Grenzen der Mäßigung zu halten*. Heises Empörung über den aufgebrachten Schreibstil geht aus seiner Relation deutlich hervor, unten bei Anm. 8182, 8190, 8194.

7467 Abgekürzt *Das OAG. d. v. Fr. St. D.*

7468 Handzeichen des Präsidenten Arnold Heise und des Referenten Georg du Roi. Du Roi brauchte im fünften Berufungsverfahren keine Relation anzufertigen, weil die Parteien am Ende einen Vergleich schlossen. Er hatte aber seit dem zweiten oberappellationsgerichtlichen Rechtsstreit alle Relationen geschrieben (oben S. 557 (S. 139 der Akte L I 122), 658 (S. 93 der Akte L I 161) und 736 (S. 89 der Akte L I 181)) und kannte von allen Gerichtsmitgliedern die Akte am besten.

7469 Kostenrechnung rechts am Seitenrand, geschrieben von Carl Wilhelm Pauli.

7470 „Anforderung der untergerichtlichen Akten".

7471 „Textabgleich".

7472 „Zustellung".

7473 Der Betrag für die Beklagten fällt geringer aus, weil die Kläger zusammen mit ihrer Berufungsbegründung sehr schwierig abzugleichende Tabellen eingereicht hatten, oben S. 853 und 870 (S. 137 und 157 der Akte).

Q 12 – Requisitionsschreiben des Oberappellationsgerichts
1834 Dezember 22

Das Oberappellationsgericht fordert vom Obergericht der Stadt Lübeck die vorinstanzliche Prozessakte an. Entwurf, geschrieben vom ersten Kanzlisten Georg Wilhelm Dittmer, mit Verbesserungen des Präsidenten Arnold Heise und Handzeichen von Heise sowie vom Referenten Georg du Roi.

[S. 299] Q 12

Expeditum[7474] & besorgt, den 27. December 1834
K. Insin. B No. 211.

An die zum Obergerichte der Freien Hansestadt Lübeck verordneten Herren Bürgermeister, Syndici und Senatoren

In Sachen der Rhederey des Schiffes Dora und der Erben des Schiffers Georg Hinrich Haase, Kläger, jetzt Appellanten und respective Appellaten, wider Heinrich Diederich Wildtfanck, Arnold Hornemann und Friedrich Ernst August Leuenroth, Beklagte, jetzt Appellaten und respective Appellanten, wegen Schadensersatzes, jetzt geführten Beweis[7475] und Gegenbeweis betreffend[7476], worin beyde Theile ihre wider das Erkenntniß vom 6. vorigen Monats[7477] eingesandten Appellationen[7478] bey uns verfolgt haben, ersuchen wir das Obergericht der Freien Hansestadt Lübeck, uns gefälligst die in der Sache verhandelten Voracten einzusenden.
Lübeck, den 22. December 1834

Das Oberappellationsgericht der vier Freien Städte Deutschlands[7479].

AH GdR[7480]

7474 „Ausgefertigt".
7475 Danach gestrichen *betreffend.*
7476 *Und Gegenbeweis betreffend* von Arnold Heise am Rand eingefügt.
7477 Oben S. 819, 901 (S. 59 und 223 der Akte).
7478 Berufungsbegründungen oben S. 799 und 875 (S. 9 und 165 der Akte).
7479 Abgekürzt *Das OAG d. v. Fr. St. D.*
7480 Handzeichen des Präsidenten Arnold Heise und des Referenten Georg du Roi.

Q 13 – Schreiben des Obergerichts

1835 Januar 12

Das Obergericht der Stadt Lübeck sendet die zweitinstanzliche Prozessakte auf Ersuchen vom 22. Dezember 1834 an das Oberappellationsgericht. Schreiben unterzeichnet vom präsidierenden Bürgermeister Bernhard Heinrich Frister und vom Ratssekretär Carl Hermann Gütschow.

[S. 301[7481]] Q 13

No. 321, praesentirt[7482] den 12. Januar 1835[7483].

In Sachen der Rhederey des Schiffes Dora und der Erben des Schiffers Georg Hinrich Haase, Kläger, jetzt Appellanten und respective Appellaten, wider Heinrich Diedrich Wildfanck, Arnold Hornemann und Friedrich Ernst August Leuenroth, Beklagte, jetzt Appellaten und respective Appellanten, wegen Schadensersatzes, jetzt geführten Beweis und Gegenbeweis betreffend, übersendet das Obergericht der freien Hansestadt Lübeck dem Oberappellationsgerichte der vier freien Städte Deutschlands auf deßen geehrtes Schreiben vom 22. vorigen Monats[7484] hiedurch die verhandelten Voracten, nachdem selbige ordnungsmäßig inrotulirt[7485] wurden.

Lübeck, den 12. Januar 1835.

Das Obergericht
der freien Hansestadt
Lübeck.

B. H. Frister[7486]
praesidierender Bürgermeister

An
das Oberappellationsgericht
der vier freien Städte Deutschlands
hieselbst

C. H. Gütschow[7487]
Secretarius

7481 Stempelpapier der Stadt Lübck mit aufgedrucktem Stempel mit Stadtwappen oben links mit *Zwei Marck*, darunter Unterschrift, möglicherweise *A. Nanz*.

7482 „Gerichtlich eingereicht".

7483 Präsentationsvermerk von Arnold Heise eingefügt.

7484 Oben S. 936 (S. 299 der Akte).

7485 „Zusammengestellt und zur Versendung geprüft".

7486 Bernhard Heinrich Frister (1778–1861), seit 1833 Bürgermeister, in: Emil Ferdinand Fehling, Lübeckische Ratslinie von den Anfängen der Stadt bis auf die Gegenwart, Nachdruck Lübeck 1978 der Ausgabe Lübeck 1925, Nr. 971, S. 156.

7487 Gütschow unterzeichnete auch die Urteile des Obergerichts, etwa oben S. 820 (S. 61 der Akte).

Q 14 – Berufungserwiderung der Kläger

1835 Februar 17

Die Kläger antworten auf die Berufungsbegründung der Beklagten (Aktenstück Q 7, oben S. 875). Schriftsatz, verfasst vom Advokaten Paul Christian Nicolaus Lembke, gerichtlich eingereicht vom Prokurator Adolph Schlüter.

[S. 305[7488]] Q 14

No. 395, praesentirt den 17. Februar 1835[7489].

Refutationsschrift[7490]
abseiten
der Rheder des Schiffes Dora und der Erben des Schiffers G. H. Haase in Lübeck,
Kläger, Appellaten,
contra[7491]
Heinrich Diedrich Wildtfanck und Consorten[7492],
Beklagte, Appellanten,
wegen
Schadensersatzes

[S. 307]
An
die zum hochpreislichen Oberappellationsgerichte der vier freien Städte Deutschlands hochverordneten Herren Praesident und Räthe

Refutationsschrift
abseiten
der Rheder des Schiffes Dora und der Erben des Schiffers G. H. Haase, hieselbst, Kläger, Appellaten,
wider
Heinrich Diedrich Wildtfanck, Arnold Hornemann und Friedrich Ernst August Leuenroth, hieselbst, Beklagte[7493], Appellanten,
wegen Schadensersatzes.

[S. 308] P. P.[7494]

7488 Stempelpapier, eingeprägter Stempel des Oberappellationsgerichts mit *6 Mark*, daneben Handzeichen *CWP* des Gerichtssekretärs Carl Wilhelm Pauli und handschriftlich *6 Mk.*
7489 Präsentationsvermerk des ersten Kanzlisten Georg Wilhelm Dittmer.
7490 „Zurückweisungsschrift, Widerlegungsschrift".
7491 Lediglich mit *c* angedeutet.
7492 „Streitgenossen".
7493 Verbessert aus *Beklagten*.
7494 Die Höflichkeitsanrede ist wie immer weggelassen.

Die Beklagten haben ihrem Appellationslibelle eine historische Einleitung vorangeschickt und darin namentlich zwei Puncte berührt, welche einer Berichtigung bedürfen mögten.

Nachdem sie nemlich ein allgemeines Bild des hiesigen Handels [S. 309[7495]] zu den russischen Ostseehäfen, wie es ihren Ansichten zusagt, entworfen und dabei die gar befremdende Behauptung aufgestellt haben,

daß hiesige Rhedereien und Schiffer zum Contrabandiren[7496] gewissermaaßen gezwungen seyen,

gehen sie

1.[7497] zu ihrem in den Acten mehrfach vorgetragenen Lieblingsthema über und nennen den Schiffer Haase gradezu einen Hauptschmuggler, der sich als solcher schon bei anderen Gelegenheiten durch seinen Unternehmungsgeist ausgezeichnet habe.

Daß die Beklagten so gerne alle Schuld ihrer verunglückten Speculation nach Reval dem Schiffer aufbürden, sich selbst hingegen als die schuldlosen Opfer darstellen mögten, ist begreiflich genug. Sie werden aber hierin keinen Glauben finden. Denn der Schiffer ist nur Mittelsperson zwischen Kaufmann und Kaufmann, führt nur aus, was dieser unternimmt. Und wenn zur Begründung einer gegen den Kaufmann erhobenen Schadensklage, die [S. 310[7498]] Thatsache der – man merke – durch ihn (Beklagten) veranlaßten Uebertretung fremder Zollgesetze – ohne Hinzutritt anderer Umstände – für zureichend nicht erachtet wird,

Siehe Entscheidungsgründe zum Erkenntnisse des Oberappellationsgerichts vom 12. December 1822, S. 4 und folgende[7499]

so darf noch weniger eben diese Uebertretung, dem bloßen Vermittler des Geschäfts, dem Schiffer, zum Vorwurfe gemacht werden.

Ueberdies ist es für die Entscheidung des vorliegenden Rechtssstreits gleichgültig, ob etwa Schiffer Haase sich einigen Contrabandirens verdächtig gemacht und ob vielleicht – was jedoch nicht zugegeben wird – sogar seine Rheder dergleichen Schmuggeleien begünstigt haben. Denn alles kommt hier – wie die Beklagten selbst nicht verkennen – lediglich auf die concrete Wissenschaft des Schiffers an.

Nun[7500] versuchen zwar die Beklagten, auch in dieser Hinsicht dem künftigen Rich- [S. 311[7501]] ter[7502] eine ungünstige Meinung von dem Schiffer Haase einzuflüstern, indem sie die Behauptung,

---

7495 Zeitgenössisch S. 2.
7496 „Schmuggelhandel".
7497 Am Rand *Gravamina appellationis der Beklagten, S. 4–6*, oben S. 876 (S. 170 der Akte).
7498 Zeitgenössisch S. 3.
7499 Entscheidungsgründe oben ab S. 434 (S. 543 der Akte L I 22 a).
7500 Am Rand *Gravamina appellationis, S. 4, 5*, oben S. 876 (S. 170 der Akte).
7501 Zeitgenössisch S. 4.
7502 Die Beklagten hatten die Aktenversendung beantragt, oben S. 900 (S. 217 der Akte). Der künftige Richter stand zu diesem Zeitpunkt also noch nicht fest.

Schiffer Haase habe gegen den Mitbeklagten Wildtfanck ausdrücklich die Einschwärzung verbotener Waaren oder die Verletzung der russischen Zollgesetze übernommen,

ohne Weiteres als wahr annehmen, zu deren Begründung sich jedoch nur auf die ebenso unerwiesene als zum Beweise untaugliche Thatsache berufen,

Schiffer Haase habe dem Mitbeklagten Wildtfanck mehrere[7503] Briefe gezeigt, worin eine Anweisung über die Art der Verladung verbotener Waaren und die dabei sowohl hier als auch zu Reval zu beobachtenden Vorsichtsmaaßregeln enthalten gewesen.

Die Wahrheit einer solchen Angabe vorausgesetzt, würde immer noch die Frage, worauf hier alles ankommt, [S. 312[7504]] unentschieden bleiben:

Ob und inwieweit der Schiffer Haase von dem Mitbeklagten Wildtfanck demnächst über die contrabande Eigenschaft der wirklich verladenen Güter unterrichtet worden sey und deren Verschiffung und Einführung in Reval auf seine alleinige Gefahr übernommen habe.

2.[7505] Die Beklagten rügen es, daß die Klage nur gegen sechs Einlader gerichtet worden, während doch der Notarialprotest

Anlage 4 *ad Replicas*[7506].

dreizehn hiesige Handlungshäuser benenne, welche collective[7507] 230 Colli auf Connossemente an Ordre verladen und von denen namentlich C. Platzmann Söhne und J. D. Redlien[7508] & Co. die *notarialiter* begehrte Auskunft ebenfalls verweigert hätten. Sie werfen es sodann den Mitklägern C. Platzmann Söhnen vor, daß sie ihre gedoppelte Qualitaet als Einlader und [S. 313[7509]] Rheder in jeder Hinsicht in Vergessenheit zu bringen gesucht haben und reden sogar von einem monströsen Verfahren, welches durch die Vertilgung jeder Spur einer den klagenden Rhedern am Unternehmen des Schiffers beiwohnenden Wissenschaft bedingt gewesen sei. Auf diese und ähnliche zur Verkleinerung der Ehre eines höchst achtbaren hiesigen Handlungshauses gereichenden beleidigenden Ausfälle diene zur Anwort:

Kläger konnten nicht eher zur Klage schreiten, bevor der Schaden erwachsen, also Schiff und Gut condemnirt und verkauft, auch über den ganzen Vorgang ihnen die nöthige documentirte Aufklärung zutheil geworden war. Hieraus ergab sich nun die Ersatzpflicht[7510] der sechs belangten Befrachter, und auf sie mußte sich die Klage beschränken. Ob noch mehrere und welche andere Einlader unter dieselbe

7503 Schreibfehler in der Vorlage *mehre*.
7504 Zeitgenössisch S. 5.
7505 Am Rand *Gravamina appellationis, S. 6, 7*, oben S. 878 (S. 173 der Akte).
7506 Vermutlich Verweis auf die Prozessakte des Niedergerichts.
7507 „Gemeinschaftlich".
7508 Ungewöhnliche Schreibweise, sonst meistens *Reddeli(e)n*.
7509 Zeitgenössisch S. 6.
7510 Verbessert aus *Erbschaftspflicht*.

Ordnung gehören, steht hier überall nicht zur Erörterung, zumal [S. 314[7511]] die Klage rechtskräftig bereits in angebrachter Weise für zulässig erklärt und dabei nur die Voraussetzung ausgesprochen worden ist,

daß von dem einzelnen Beklagten nicht mehr begehrt werden dürfe, als der Schaden beträgt, welcher durch dessen Schuld verursacht worden.

Hätten die Kläger, wie sie ohne Zweifel dazu berechtigt waren, jeden Einlader mittelst besonderer Klage in Anspruch genommen, so würde auf jeden derselben anzuwenden gewesen sein, was – nach Inhalt des einmal rechtskräftig Erkannten – gegen die in Streit befangenen Beklagten zusammen gelten soll, nemlich

daß sie soviel zu ersetzen haben, als die Strafe beträgt, welche von jedem unter ihnen verwirkt worden ist.

Die Kläger hätten folglich eher Dank verdient, daß sie die mehrfachen Klagen zu einer einzigen [S. 315[7512]] verbanden. Zum Uebrigen mögte noch sachgehörig sein: die Ableugnung der wahrlich erlogenen[7513] Thatsache,

es habe Schiffer Haase schon im November 1816 Briefe über die Expeditionen, welche erst im folgenden Jahre 1817 ausgerichtet werden sollen, hieher gebracht; zu einer Zeit, da man noch gar nicht wissen konnte, ob die Rhederei das Schiff im Frühjahr nach Reval anlegen würde, denn von deren Willen hing es ab, dem Fahrzeuge diese oder eine andere Bestimmung zu geben.

Eine zweite Bemerkung:

Wenn C. Platzmann Söhne dem Notar eine unbestimmte Antwort gaben, so geschah dies nicht ohne Grund und Folge. Sie, die bedeutendsten Ablader[7514], konnten nicht wissen, ob die mehren Empfänger im nunmehrigen Besitze der Connossemente die Einclarirung[7515] selbst besorgen oder an- [S. 316[7516]] deren übertragen würden. Aber sie schrieben sogleich nach Reval. Da sie nur erlaubte Waaren abgesandt hatten, durften sie sich der Hoffnung hingeben, daß der Empfang bereits beschafft sei, und eben davon erhielten sie sofort die Gewißheit. Der Schiffer Haase wurde also ihrentwegen beruhigt und blieb ohne Verantwortung. Der Protest war gegen alle Ablader gerichtet, welche auf Ordreconnossemente abgeladen hatten, und hatte die Sicherung des Schiffers und seiner Regreßnahme zum Zwecke. Wenn C. Platzmann Söhne dies Mittel mit einleiteten, erfüllten sie nur die ihnen als correspondirenden[7517] Rhedern gegen die Rhederei obliegende

7511 Zeitgenössisch S. 7.

7512 Zeitgenössisch S. 8.

7513 Nur ganz selten werfen sich die Parteien ausdrücklich vor, in ihren Schriftsätzen zu lügen. Gerade im fünften und letzten Verfahren vor dem Oberappellationsgericht nimmt die Schärfe der Auseinandersetzung spürbar zu.

7514 Gleichzeitig war der Senator Conrad Platzmann der Wortführer auf Klägerseite.

7515 Sog. Clarirungsbrief bei der Schiffsverzollung, in: Johann Gottfried Flügel, Triglott, or Commercial Dictionary in three Languages English – French – German, Leipzig 1838, S. 64.

7516 Zeitgenössisch S. 9.

7517 „Wortführenden“.

Pflicht. Hätten C. Platzmann Söhne unerlaubte Waaren abgeladen, so würden diese ihnen ebenso abgenommen sein, wie es den Schuldigen geschah. Geschah dies nun nicht, so darf man zurückschliessen, daß die Inhaber der Connossemente – die platzmannschen Mandatare[7518] – sich [S. 317[7519]] rechtzeitig zur Einclarirung gestellt haben[7520].

Der[7521] übrige Theil der gegnerischen Geschichtserzählung mag auf sich beruhen und die Prüfung seiner Richtigkeit dem künftigen Herrn Referenten überlassen bleiben.

In der Hauptsache tragen die Beklagten gegen das jüngst ergangene Urtheil zweiter Instanz[7522] vier Beschwerden vor, die sich freilich alsdann von selbst erledigen, wenn die Kläger, wie sie hoffen, mit ihrer gegen das nemliche Urtheil gerichteten Appellation[7523] durchdringen sollten.

Für den Fall indessen, daß ihre dort umfänglich begründeten Anträge kein Gehör finden könnten[7524], wollen sie hier noch den übrigen Vortrag der Beklagten einer Prüfung unterziehen.

Bei der ersten gegnerischen Beschwerde[7525],

daß die *sententia a qua*[7526] den [S. 318[7527]] diesseitigen Beweis als nothdürftig geführt erkläre,

verlieren die Beklagten sich in Erörterungen, welche theils gar nicht zur Sache gehören, theils aber durch rechtskräftige Bescheide vorlängst ihre Erledigung gefunden haben, und auf welche abermals weitläuftig zurückzukommen die Kläger keinen Beruf fühlen. Dies gilt namentlich

1.[7528] von dem gegnerischen Verlangen, daß vor allen Dingen die Schuldigen auszumitteln seien.

Soweit die Ersatzpflicht des Schadens durch eine veranlassende Ursache bedingt worden, ist es von den Beklagten nicht geleugnet, auch gegen sie erwiesen worden, daß sie Contrabande mit Schiffer Haase nach Reval verschifft haben und daß eben dadurch die nachtheiligen Maaßregeln gegen Schiff und Gut herbeigeführt worden sind. Die Schuld der Beklagten vermindert sich aber darum nicht, daß vielleicht noch andere Befrachter durch eine gleiche [S. 319[7529]] Handlung zur Ver-

7518 „Die Beauftragten".
7519 Zeitgenössisch S. 10.
7520 Die Einzelheiten der von Platzmann versandten Waren gehen aus der Akte nicht hervor.
7521 Am Rand *Gravamina appellationis, S. 8–11*, oben S. 879 (S. 174–178 der Akte).
7522 Gemeint ist die von der Juristenfakultät Kiel vorbereitete Entscheidung des Obergerichts, oben S. 819 (S. 59 der Akte).
7523 Berufungsbegründung der Kläger oben S. 799 (S. 9 der Akte).
7524 Bei den folgenden Ausführungen handelt es sich um Hilfserwägungen, die nach dem Willen der Kläger nur dann erheblich sind, wenn ihre eigene Berufung erfolglos bleibt.
7525 Am Rand *Gravamina appellationis, S. 13*, oben S. 881 (S. 179–180 der Akte).
7526 „Das vorinstanzliche Urteil".
7527 Zeitgenössisch S. 11.
7528 Am Rand *Gravamina appellationis, S. 13*, oben S. 882 (S. 180 der Akte).
7529 Zeitgenössisch S. 12.

vielfältigung oder Vergrößerung der verwirkten Strafen beigetragen haben, indem der Schaden, welchen jeder einzelne Befrachter den Rhedern und dem Schiffer zugefügt hat, dem Strafquantum[7530] gleich ist. Diese Strafsätze ermitteln sich aber – nach Vorschrift der hier anzuwendenden russischen Zollgesetze – einfach nach dem Werthe der Waare.

So gleichgültig also der Umstand ist, ob etwa noch andere Einlader sich mit den Beklagten in gleicher Schuld befinden, so wenig kann dieser Einwand jetzt einiger Berücksichtigung gewürdigt werden. In *Exceptionibus*[7531], wo es allein an der Zeit war, haben Beklagte keine Einreden dieser Art vorgetragen[7532]. Die darin von ihnen vorgetragenen sind in den Entscheidungsgründen zum Erkenntnisse des Oberappellationsgerichts vom 12. December 1822[7533] für unerheblich geachtet, und es steht endlich rechtskräftig fest,

> daß die Klage in angestellter Maaße begründet sey und [S. 320[7534]] nur der Klagegrund noch eines mehreren Beweises bedürfe,
> Entscheidungsgründe. a. a. O., S. 21[7535].

2.[7536] Die Beklagten finden es actenkundigen Thatsachen widersprechend, daß einige wenige Verlader für den Gesammtschaden haften sollen, und deuten hiebei auf die Importation einer Parthei Rum durch Schiffer Haase. Hierauf möge mit den gedachten Entscheidungsgründen S. 22 geantwortet werden:

> „Aus den[7537] in seinen allgemeinen Angaben völlig glaublichen Atteste des Zollverwalters Wrangel geht genugsam hervor, daß unter den von den Beklagten verladenen Gütern unfreie Waaren befindlich gewesen sind und daß dadurch, nicht aber durch anderweitige von dem Schiffer heimlich eingeschwärzte Contrabande, die Confiscation pp." herbeigeführt worden ist.

Näher zu dem von Beklagten gewählten Beispiele: Mag es gerne sein, daß [S. 321[7538]] daß der Schiffer einigen Rum mitgenommen habe. Es steht ihm aber auch frei, eine gewiße Quantitaet desselben für jeden Kopf seiner Besatzung als Schiffsproviant[7539] mit sich zu führen. Hat der Schiffer nun Rum mit sich gehabt,

---

7530 Unabhängig von der Zahl der seinerzeitigen Verlader haftet jeder Beklagte also nur für den Schaden, der durch seine eigene Warenlieferung entstanden ist. Deswegen kommt es nach klägerischer Auffassung auf die Gesamtzahl der Verfrachter nicht an.

7531 „Klageerwiderung", vermutlich Verweis auf die Prozessakte des Niedergerichts.

7532 Danach gestrichen *haben*.

7533 Tenor und Entscheidungsgründe oben S. 429 und 432 (S. 537 und 541 der Akte L I 22 a).

7534 Zeitgenössisch S. 13.

7535 Die Seitenzahlen beziehen sich jeweils auf die Originalausfertigung des Urteils. Diese Seitenzahlen sind in der Abschrift jeweils mit angegeben, oben S. 444 (S. 554 der Akte L I 22 a).

7536 Am Rand *Gravamina appellationis, S. 13*, oben S. 882 (S. 180 der Akte).

7537 Vermutlich Grammatikfehler, gemeint ist *dem*.

7538 Zeitgenössisch S. 14.

7539 Eine originelle Behauptung. Georg Hinrich Haase hatte 14 Anker Rum an Bord, das entspricht 509,6 Litern. Die Besatzung bestand aus weniger als zehn Personen. Wenn es sich um Proviant gehandelt haben sollte, hätte jedes Besatzungsmitglied über 50 Liter Rum erhalten. Liste der Besatzungsmitglieder oben S. 133 (S. 95 der Akte L I 22 a).

ist er – wie *acta* zeigen – in keine Strafe oder Confiscation deshalb verfallen. So wird das wahre Verhältniß jedem, der sich belehren lassen will, erklärbar sein; und arge Folgerungen lassen sich daraus nicht entnehmen.

3.[7540] Unverständlich ist nach allem Vorstehenden, was die Beklagten von einer zu erweisenden Privativschuld als wesentlichen Bestandtheil der Klage auszuführen suchen, insofern sie darunter etwas anderes verstehen als den Beweis der Thatsache, daß jeder einzelne Beklagte namhafte Contrabande-Güter in das Schiff Dora verladen und dadurch eine dem Werthe solcher Güter entsprechende Strafe dem Ueberbringer – Schiffer Haase – zugezogen habe. [S. 322[7541]]

4.[7542] Hinsichtlich der Prüfung der klägerischen Beweisurkunden beschränken die Beklagten sich

a) bei dem Erkenntniß des Revaler Zollamts vom 23. Juni 1817 alten Stils auf die einzige Bemerkung, daß die historische Einleitung dieses Judicats uns belehre, wie in den declarirten Ballen und Gütern größtentheils Waaren sich gefunden, deren Einfuhr in Rußland verboten sey. Davon besagt indessen die Einleitung nichts, sondern sie spricht vielmehr nur mit dürren Worten aus,

> daß das Schiff Dora deshalb der Confiscation unterworfen worden, weil der Schiffer Haase die wirklichen Eigenthümer mehrerer mit diesem Schiffe an Ordre eingeführten verbotenen Waaren nicht namhaft gemacht hatte.

Sie erläutert demnächst die Bezeichnung „mehrere Waaren" durch eine genaue Specification der Gebinde nach Mark[7543], Num- [S. 323[7544]] mern und Inhalt unter Angabe der Befrachter.

So[7545] unrichtig die Beklagten den Inhalt dieser Urkunde bezeichnen, so unzulässig ist zugleich die Anwendung, welche sie von derselben machen. Denn daß Schiffer Haase außer den im revalschen Zollen saisirten[7546] Gütern noch andere geladen hatte, kommt hier nicht in Betracht, da das revalsche Erkenntniß mit größter Klarheit angiebt, welche Güter das Schicksal des Schiffers entschieden. Wo eine solche Gewißheit vorliegt, bedarf es keiner Vermuthung. Am wenigsten aber wäre im zweifelhaften Falle anzunehmen gewesen,

> daß allen beim Revaler Zollen declarirten Gütern ein gleiches Loos zu Theil geworden sei,

da wie bemerkt die mehren Güter, welche zur Confiscation des Schiffes pp. Anlaß gaben, ausführlich benannt worden sind. Der sicherste Beweis, daß die übrigen nicht confiscirten Güter zu den erlaubten gehören und folgeweise [S. 324[7547]] den

7540 Am Rand *Gravamina appellationis, S. 13, 14*, oben S. 882 (S. 180 der Akte).
7541 Zeitgenössisch S. 15.
7542 Am Rand *Gravamina appellationis, S. 15*, oben S. 883 (S. 181–182 der Akte).
7543 „Handelsmarke".
7544 Zeitgenössisch S. 16.
7545 Am Rand *Gravamina appellationis, S. 16*, oben S. 883 (S. 183 der Akte).
7546 „Beschlagnahmten".
7547 Zeitgenössisch S. 17.

Eignern derselben nicht genommen sind, liegt gerade in dem Stillschweigen des Zollamts.

Die ganze hierauf sich beziehende gegnerische Argumentation hat, wie man sieht, auch nur den Grund, die Nothwendigkeit der Angabe mehrerer Auctoren[7548] zu zeigen, deren es indessen, wie bereits wiederholt bemerkt worden, nach Lage der Sache nicht mehr bedarf.

b)[7549] Dem Zeugnisse des Zollverwalters Wrangel wird der Vorwurf gemacht, daß es, abgesehen von einzelnen Unrichtigkeiten, sich nur über einen kleinen Theil der Ladung verbreite und die von sämmtlichen Einladern verwirkten Strafen ungewiß lasse.

Dabei ist jedoch übersehen, daß die allgemeine Glaubwürdigkeit dieses Attestes bereits richterlich anerkannt worden ist,

Entscheidungsgründe a. a. O., S. 22[7550].

daß es also nicht darauf ankommt, dessen etwanige Unrichtigkeiten zu beseitigen oder daraus das Schicksal der ganzen [S. 325[7551]] Ladung des Schiffes Dora nachzuweisen, sondern nur darauf, durch fernere Beweismittel darzuthun,

daß es die in der Klage specificirten Waaren oder welche derselben gewesen, wegen deren der Schiffer Haase verurtheilt worden und wie hoch sich die Strafgelder belaufen haben.

Daß[7552] aber der Richter zu solchem Behuf[7553] von den Klägern die Beibringung vollständiger Acten des Zollamts sollte begehrt haben, beruht auf der bloßen Erfindung der Beklagten, die auch in dem zufälligen Umstande,

daß das Straferkenntniß des Revaler Zollamts im Eingange der „vorhandenen Acten“ erwähnt,

keine Unterstützung findet, weil nach dem früheren Ausspruche dieses höchsten Gerichts

Entscheidungsgründe a. a. O., S. 22 am Ende und S. 23

[S. 326[7554]] jenes Erkenntniß in der Form, in welcher es vorlag, die Praesumtion der Legalitaet[7555] für sich hat und es Sache der[7556] Beklagten gewesen wäre, in dem ihnen vorbehaltenen indirecten Gegenbeweise,

daß die Strafe gegen den Schiffer Haase wegen der von ihnen oder welchen derselben abgesandten Waaren mit Unrecht erkannt worden sei[7557],

7548 Schreibfehler in der Vorlage *Auctotoren*.
7549 Am Rand *Gravamina appellationis, S. 17*, oben S. 884 (S. 184 der Akte).
7550 Oben S. 445 (S. 555 der Akte L I 22 a).
7551 Zeitgenössisch S. 18.
7552 Am Rand *Gravamina appellationis, S. 18,* oben S. 884 (S. 184–185 der Akte).
7553 „Zweck“.
7554 Zeitgenössisch S. 19.
7555 „Vermutung der Rechtmäßigkeit“.
7556 Verbessert aus *des*.
7557 Zitat aus dem Urteil des Oberappellationsgerichts, oben S. 430 (S. 538 der Akte L I 22 a).

die vollständigen Acten vorzulegen, welche, wie sie sprechen, an der Sache der Kläger[7558] zu Verräthern werden.

Hiernächst[7559] muß es durchaus geleugnet werden, daß die den Klägern gestellte Beweisauflage außer Zweifel habe setzen sollen,

welchergestalt die Verurtheilung des Schiffers Haase durch das Erkenntniß des Revaler Zollamts vom 31. Januar 1818 einzig in der Verladung der Waaren der[7560] Beklagten beruhe.

Denn sie lautet nur dahin, Kläger seien zu beweisen schuldig,

[S. 327[7561]] daß Schiffer Haase wegen der von den Beklagten verladenen, in der Klage specificirten Güter oder wegen welcher derselben durch das Erkenntniß des Revaler Zollamts vom 18. Januar 1818 alten Stils verurtheilt worden sei.

Unter beiden Formula ist ersichtlich ein gar großer Unterschied, indem die letztere den Klägern sogar die Befugniß giebt, den Beweis auf einige der in der Klage specificirten Güter zu beschränken. Sie sind daher keineswegs gesonnen, sich statt des einen Beweises den anderen unterschieben zu lassen.

Die[7562] Fassung des Beweissatzes aber ist zu deutlich, als daß man noch nöthig hätte, nach dem Sinne desselben zu fragen, da dem Interlocute ohne Zweifel genügt worden, wenn Kläger erwiesen haben,

daß eine bestimmte von einem einzelnen Beklagten verladene Waare als verboten erkannt und confiscirt [S. 328[7563]] worden sei.

Wenn[7564] sodann die Beklagten wegen der angeblichen Mängel, Widersprüche und Unrichtigkeiten, welche sich in den klägerischen Beweisurkunden vorfinden sollen, auf ihre früheren Schriftsätze Bezug nehmen, so haben die Kläger sich darüber bereits zur Genüge ausgesprochen, als daß es noch eines Mehreren bedürfte. Ueberdies sind die gerügten Mängel in den Entscheidungsgründen zur *Sententia a qua*, S. 93 und folgende[7565], so umständlich und klar widerlegt, daß es in der That befremden muß, wie die Beklagten neuerdings auf dies Thema zurückkommen mögen.

Um indessen ein Uebriges zu thun, wollen die Kläger die von den Gegnern hinzugefügten Bemerkungen noch in der Kürze beleuchten und dabei nur bevorworten, daß sie sich dabei fest an das Beweisthema halten, wodurch vieles in der Deduction[7566] der Beklagten von selbst [S. 329[7567]] hinfällig wird.

7558 Unverständlich, vielleicht soll es *Beklagten* heißen.
7559 Am Rand *Gravamina appellationis, S. 19*, oben S. 885 (S. 186 der Akte).
7560 Verbessert aus *des*.
7561 Zeitgenössisch S. 20.
7562 Am Rand *Gravamina appellationis, S. 19, 20*, oben S. 885 (S. 186–187 der Akte).
7563 Zeitgenössisch S. 21.
7564 Am Rand *Gravamina appellationis, S. 21*, oben S. 886 (S. 188 der Akte).
7565 Entscheidungsgründe der Juristenfakultät Kiel, oben S. 918 (S. 262–263 der Akte).
7566 „Abhandlung, Rechtsausführung".
7567 Zeitgenössisch S. 22.

Ad 1.[7568] In Ansehung der Geschichtserzählung der Revaler Port-Tamoschna erlauben sich die Beklagten schon die unrichtige Angabe,

in den untersuchten Ballen hätten sich größtentheils Waaren gefunden, deren Einfuhr in Rußland verboten sei.

Es heißt aber dort ganz allgemein:

„Die von ihm, Schiffer Haase, eingebrachten verbotenen Waaren, deren Eigenthümer sich nicht einfanden und welche nach Ablauf des 14-tägigen Termins hieselbst eröffnet, besichtigt und confiscirt wurden, befanden sich in nachfolgenden Collis pp."

Welchen[7569] Theil der ganzen Ladung des Schiffes Dora die saisirten[7570] Colli ausmachten, das ist hier ebenso gleichgültig als die Frage müssig, wieviel der Güter sonst noch im Zollen gelagert haben und wie lange sie da- [S. 330[7571]] selbst aufbewahrt wurden, weil alles dies dem Beweise der Kläger fremd ist. Es mag auch nicht begehrt werden, daß eine Urkunde noch weiter reiche, als der Beweissatz nur erheischt. Ueberdies liegt darin[7572] an und für sich kein Widerspruch, wenn eine Behörde einmal attestirt,

eine Waareneinfuhr habe größtentheils verbotene Waaren zum Gegenstande gehabt,

und dann wieder,

gewisse Ballen hätten Contrabande enthalten,

weil das eine durch das andere erläutert wird, also beide Attestate die Wahrheit sprechen.

Ebensowenig[7573] hat es einige Bedeutung, wenn die Revaler Port-Tamoschna gewisse Colli als an Ordre verladen bezeichnet hat, zu welchen sich doch nachher die Empfänger meldeten. Bekanntlich darf man Waaren ein Jahr lang im Zollpackhause liegen lassen, der hohen Zollgefälle hal- [S. 331[7574]] ber[7575]. Nur muß die Angabe des Inhalts in rechter Zeit eingereicht sein. Es folgt aus der Beklagten Anführen also nur soviel, daß nach der späteren Erläuterung diese Befrachter, eben weil sie die ihnen bestimmten Colli bezogen haben, zum Schadensersatze nicht beigetragen haben. Es folgt keineswegs die Beweisunfähigkeit der Urkunde selbst.

Eine gleiche Bewandniß hat es endlich mit der Verschiedenheit der Angabe des Strafquantums, welches die Revaler Port-Tamoschna auf 43.805 Rubel 67 ¾ Copeken stellt, während das St. Petersburger Departement des auswärtigen Handels statt jener Summe vielmehr mit Unterscheidung der verbotenen und erlaubten Waaren

7568 Am Rand *Gravamina appellationis, S. 21, 22*, oben S. 886 (S. 188–189 der Akte).
7569 Am Rand *Gravamina appellationis, S. 22*, oben S. 886 (S. 189 der Akte).
7570 „Beschlagnahmten".
7571 Zeitgenössisch S. 23.
7572 Am Rand *Gravamina appellationis, S. 23*, oben S. 887 (S. 190 der Akte).
7573 Am Rand *Gravamina appellationis, S. 23, 24*, oben S. 887 (S. 190–191 der Akte).
7574 Zeitgenössisch S. 24.
7575 Der Schriftsatzverfasser zeigt hier genaue Kenntnis der Revaler Zollpraxis.

einen Betrag von 47.118 Rubel 95½ Copeken angiebt. Denn hier ist soviel von selbst klar, daß, da in St. Petersburg die Auction der saisirten Güter gehalten wurde, das Zeugniß des dortigen Handelsdepartements den Vorzug verdienen müsse und dies umso mehr, [S. 332[7576]] da hier der Auctionspreis eines jeden einzelnen Waarenballens angegeben ist und deren Gesammtsumme zu dem obigen Betrage stimmt.

Ad 2[7577]. Gegen die vom Departement des auswärtigen Handels zu St. Petersburg erhaltene Urkunde wollen die Beklagten deshalb einen Verdacht erregen, weil sie durch Sieur[7578] Platzmann in St. Petersburg erst nach langem Zeitaufwande erwirkt und „gewissermaaßen fabricirt sei, um nicht zuviel und zu wenig zu bezeugen." Die Kläger enthalten sich billig hierüber jeder Bemerkung, weil es sowohl aller Erfahrung als der Ehre öffentlicher Behörden widerstreitet, daß diese auf solche Weise den Leidenschaften der Partheien die Hand bieten sollten, Kläger aber sich nicht veranlaßt finden, eine so hochstehende Behörde wie das kaiserliche russische Departement des auswärtigen Handels [S. 333[7579]] gegen dergleichen Seitenhiebe zu vertheidigen.

Nicht minder unerheblich ist[7580], was die Gegner aus dem Inhalte dieser Urkunde folgern. Der Beweis,

> daß Schiffer Haase wegen der von den Beklagten verladenen, in der Klage specificirten Güter durch das Revaler Erkenntniß verurtheilt worden sei,
> und
> wie hoch sich die verwirkte Strafe belaufe,

ergiebt sich daraus schon beim ersten Anblicke, während es des Beweises,

> daß nur die Beklagten die Strafverfügung veranlaßt haben,

überall nicht bedarf.

Daß das St. Petersburger Document einige unwesentliche Abweichungen von dem Revaler enthält, thut demselben keinen Abbruch, insofern nur die Verschiedenheit keine Umstände berührt, welche beiden Behörden *ex officio*[7581] bekannt waren. [S. 334[7582]] Denn über die Anhaltung des Schiffes, die Besichtigung und Untersuchung der Colli pp. wird man die Revaler Port-Tamoschna für ausschließlich competent erachten müssen und deren Zeugniß, bis zum Beweise des Gegentheils, für richtig anzunehmen haben. Hingegen für den Verkauf der Waaren und deren

7576 Zeitgenössisch S. 25.
7577 Am Rand *Gravamina appellationis, S. 25*, oben S. 888 (S. 192 der Akte).
7578 „Durch Herrn". – Abgekürzt *Sr.* Gemeint ist Heinrich Platzmann. Französische Bezeichnung der Firma als „Sieurs Platzmann et fils" in: Alexandre Auguste Ledru-Rolin (Hrsg.), Journal du Palais. Recueil le plus ancien et le plus complet de la Jurisprudence française. Troisième Éditiòn. Tome XXIV (1831/32), Paris 1841, zum 4. April 1832, S. 931.
7579 Zeitgenössisch S. 26.
7580 Am Rand *Gravamina appellationis, S. 25, 26*, oben S. 888 (S. 192–193 der Akte).
7581 „Von Amts wegen".
7582 Zeitgenössisch S. 27.

Erlös bildet einzig die Angabe des St. Petersburger Handelsdepartements die beweisende Norm, welche durch die abweichende Angabe einer anderen auswärtigen Behörde nicht geschwächt werden kann. Wenn also Beklagter Wildtfanck früherhin 28 Colli hatte, wovon nur 22 nach St. Petersburg gekommen sind, so wird er durch seinen Correspondenten[7583] erfahren haben, daß die minderen 6 gegen eine Zollabgabe in Empfang genommen sind.

Auf[7584] diese Weise ergänzen sich die von den Klägern vorgelegten Urkunden gegenseitig. Wir stoßen hier auf keine *„oratio pugnantia continens"*[7585], keine *„diversae scripturae"*[7586], dürfen also mit Recht die Anwendbarkeit der angezogenen Ge- [S. 335[7587]] setzstellen[7588] auf den concreten Fall bestreiten und die in den Entscheidungsgründen[7589] zur *Sententia a qua* über diesen Gegenstand ausgesprochenen Ansichten für richtig halten.

Zwar vermeinen die Beklagten, es fehle noch aus einem anderen Grunde an dem Beweise des Strafquantums, weil nemlich durch kein Versteigerungsprotocoll der Preis der verschiedenen Waaren nachgeweisen sei, das Revaler Attest aber die Strafe en bloc zu 43.805 Rubel 47¾ Copeken angebe und das St. Petersburger Zeugniß den Auctionsertrag nur nach Colli aufstelle, auch in der Totalsumme von der Revaler Angabe abweiche.

Daß durch solche vage Erinnerungen die Glaubwürdigkeit der von öffentlichen Behörden ausgestellten Urkunden nicht im geringsten geschwächt werden könne, ist einem Zweifel nicht unterworfen. Und wenn die Kläger bemüht gewesen sind, zum Behuf der Führung des ihnen auferlegten Beweises noch vollständi- [S. 336[7590]] gere Mittel sich zu erwirken, als sie schon besaßen, so wollen sie dies nicht in Abrede sein, auch bemerken, daß es ihnen gelungen ist, eine Urkunde zu erhalten, welche den Auctionspreis einer jeden einzelnen Waare benennt und im Resultate mit der schon beigebrachten des St. Petersburger Handelsdepartements völlig übereinstimmt[7591]. Sie wollen sich indessen dagegen ausdrücklich verwahrt haben, daß sie zu diesem Schritte dadurch bewogen worden, weil sie die früheren Documente selbst für beweisunkräftig gehalten haben.

7583 Gemeint ist ein in Reval oder St. Petersburg ansässiger fester Geschäftspartner.

7584 Am Rand *Gravamina appellationis, S. 27, 28*, oben S. 889 (S. 194–195 der Akte).

7585 „Sich widersprechende Rede", Anspielung auf das römische Recht: D. 34, 5, 13, 3.

7586 „Verschiedenen Urkunden".

7587 Zeitgenössisch S. 28.

7588 D. 34, 5, 13, 3 sowie C. 4, 21, 14 und aus dem kanonischen Recht X. 2, 22, 13, zitiert oben S. 889 (S. 194 der Akte).

7589 Oben ab S. 903 (S. 227 der Akte).

7590 Zeitgenössisch S. 29.

7591 Hier spielt der Schriftsatzverfasser auf das spätere Attestat des russischen Außenhandelsdepartements an, das allerdings für die Entscheidung des Rechtsstreits wegen verspäteter Vorlage nicht herangezogen werden durfte, deutsche Übersetzung oben S. 490 (S. 51 der Akte L I 122).

Endlich[7592] bestreiten die Beklagten noch die Authenticitaet des zu den Acten gebrachten russischen Zolltarifs, jedoch nur in ganz allgemeinen Ausdrücken. Sie vergessen dabei, daß sie sich selbst früherhin wiederholt darauf bezogen, daß sie selbst einen gleichlautenden Tarif zu den obergerichtlichen Acten gebracht und demnächst zurückempfangen haben und daß eine Druckschrift, welche den Namen des Kaisers an [S. 337[7593]] der Spitze trägt, die Vermuthung der Authenticitaet in einem ganz vorzüglichen Grade in Anspruch nehmen dürfe[7594].

Die Behauptung aber,

> daß darin weder Tüll noch Blumenbouquets als verbotene Waaren bezeichnet seien,

würden sie nicht vorgebracht haben, wenn sie sich mit dem Inhalte des Tarifs genau bekannt gemacht hätten. Hieraus ergiebt sich nemlich, daß im Haven[7595] von Reval alle ausgenähete „baumwollne“ Waaren, auch mit Gold und Silber gefärbte Zitze, Decken vom weissen Piqué, Entoilagen[7596] und Blonden[7597]; daß seidne und halbseidne Waaren, Damenputz und Hüte aller Art, ja sogar Schachteln, worin z. B. die Blumenbouquets gelegt waren (siehe Tarif *pagina* 33[7598]) zu den absolut verbotenen Gegenständen gehören. Auch wird man unbedenklich dem Ausspruche der Localbehörde, welche den Inhalt des von A. Hornemann ver- [S. 338[7599]] ladenen Colli MN als verboten bezeichnete, vollen Glauben schenken müssen, da es wenigstens bis zu dem hier fehlenden Beweise des Gegensatzes anzunehmen ist, daß hiebei gesetzmäßig verfahren sei. Um jedoch dem Richter eine noch stärkere Ueberzeugung von der Wahrheit dessen zu geben, was Kläger auch schon in ihrer

> Rechtfertigung der Appellationsbeschwerden gegen das obergerichtliche Erkenntniß vom 6. November 1834,

Seite 30–39[7600], dargelegt haben, gestatten Kläger sich annoch eine nähere Hinweisung auf den *ad acta*[7601] liegenden Zolltarif.

Bekanntlich bezeugen der Revaler sowie der Petersburger Attest vom Jahre 1823, daß bestimmt angegebene Waaren confiscirt und verkauft seien, ohne bei Aufzählung der Waaren, bei jeder einzelnen Gattung anzugeben, ob sie laut Tarifs

7592 Am Rand *Gravamina appellationis, S. 32*, oben S. 891 (S. 199 der Akte).
7593 Zeitgenössisch S. 30.
7594 Solche Schlussfolgerungen beruhen auf der gesetzlichen Beweistheorie. Zur Beweiskraft von Druckschriften ohne Siegel und Verfasserangaben oben S. 843 (S. 115–116 der Akte).
7595 Ungewöhnliche Schreibweise.
7596 „Klebeeinlagen“.
7597 „Borten“ oder Ränder von Damenkleidung, vgl. Berlinisches Archiv der Zeit und ihres Geschmacks. Jahrgang 1796. Zweiter Band, Berlin 1796, IX. Neue Modeartikel, S. 400–401 (mit Abbildung).
7598 Der russische Zolltarif befindet sich nicht in der Akte des Oberappellationsgerichts.
7599 Zeitgenössisch S. 31.
7600 Oben S. 811–816 (S. 40–49 der Akte).
7601 Es ist unklar, ob sich der Hinweis auf die Akte des Niedergerichts oder des Obergerichts bezieht.

verboten oder erlaubt gewesen [S. 339[7602]] seien. Erst am Schlusse jener Atteste heißt es allgemein:

„Die verbotenen[7603] Waren sind verkauft für Rubel 41.665, 47 ¾ Copeken, die erlaubten für Rubel 5.453, 47 ¾ Copeken.“

Beklagte suchten diesen Mangel der näheren Aufgabe zu benutzen und stellten,

um ein künftiges Liquidationsverfahren[7604] einzuleiten und zu verwirren, auch wohl gar unmöglich zu machen,

die Frage auf:

Wem sind nun die erlaubten Waaren zuzuzählen?

Diese Frage veranlaßte die Kläger, die neue Petersburger Acte kommen zu lassen, welche bei jedem Collo genau aufgiebt,

wie sich der Verkaufspreis der im Gebinde enthaltenen verbotenen oder erlaubten Waaren verhält.

[S. 340[7605]] Gleichzeitig hatten Kläger schon fest erklärt,

daß sämmtliche erlaubte Waaren dem Beklagten Wildtfanck als von ihm verladen zuzurechnen seien.

Dieser Erklärung zeigte sich nun die neue Pertersburger Acte vom Jahre 1829 überall gleichstimmig.

Doch es ward diese Urkunde nicht zu den Acten gelassen. Um nun diesen Uebelstand zu ersetzen, zeigen Kläger aus dem Tarif selbst,

1. wie wirklich alle erlaubten Waaren nur in den wildtfanckschen Gebinden enthalten waren,

2. daß dagegen die Ablader Leuenroth und Hornemann nur verbotene Waaren verladen haben.

Nun folge denn dieser Beweis durch Vergleichung des Attestes vom 10. [S. 341[7606]] August 1823, *sub* No. 7, 8 a, b zur Beweisantretung mit dem Tarif.

Pagina des Attestes	Mark[7607] und Nummer der Colli	Inhalt	Bemerkungen
10	 No. 484 Ein Colli	Darin sollten laut Connossements (siehe *pagina* 3) enthalten sein: 3 Stück dunkelblaues Tuch; es fanden sich aber darin 1 Stück feines blaues Tuch 3 Stück feine schwarze dito	 Einfuhr erlaubt, laut Tarifs, *pagina* 7 Einfuhr verboten laut Tarifs, pagina 34

7602 Zeitgenössisch S. 32.
7603 Wort über der Zeile eingefügt, darunter gestrichen *erlaubten*.
7604 „Schadensberechnungsverfahren“.
7605 Zeitgenössisch S. 33.
7606 Zeitgenössisch S. 34.
7607 „Handelsmarke“.

10	DW R No. 1 Ein Colli	Darin war unter andern enthalten: 1 Kasten N° 5. Dieser enthielt unter andern laut pagina 17. 500 kleine Nähnadeln[7608]; Nadeln verschiedener Größe in Papier	*vide* Nadeln ohne Einfassung. Einfuhr erlaubt (Tarif, *pagina* 10)
20	P No. 7 Eine Kiste	Diese enthielt, unter andern [S. 342[7609]] 600 Stück stählerne Strickstícken verschiedener Gattung	*vide* Nadeln ohne Einfassung, Einfuhr erlaubt (Tarif, pagina 10)
21 & 22	P No. 9 Eine Kiste	Enthielt, unter andern: 35 Stück große schildpattne Damenkämme zu Chignons[7610], desgleichen 72 Stück kleine Damenkämme 5 Brillen in schildpattner Einfassung & Pappfutteral; eine dergleichen beschädigte Brille 2000 Nähnadeln[7611]	laut Tarifs *pagina* 32, sind nur hörnene Kämme verboten, die Einfuhr anderer erlaubt erlaubt (Tarif, *pagina* 3)
24	[wie vor[7612]]	Mathematische Bestecke zu zwei Zirkeln 2 Stück Hydrometer	Einfuhr erlaubt, laut Tarif, *pagina* 10 Einfuhr erlaubt, laut Tarif, *pagina* 14; unter mathematischen und hydraulischen Instrumenten. Einfuhr erlaubt
25	[wie vor] IHW No. 1 Eine Kiste	Enthielt unter andern 20 Bouteillen wohlriechende Wasser 60 Gläser Spirituösen 18 dito dito 12 dito dito	Einfuhr erlaubt, laut Tarif, *pagina* 12
[S. 343[7613]] 30	No. 2 Ein Ballen	Darin unter andern: gestreiftes Nesseltuch, 21 Stück = 210 Yard. petinett Nesseltuch, 3 Stück = 30 Yard. weisser Piqué, 2 Stück = 35 Arschinen Enthielt unter andern: 1 Kiste Rauchtabak, Knaster, 50 Pfund Pakete 1 Kiste desgleichen	laut Tarif, *pagina* 3, sind alle Baumwollenzeuge erlaubt; nur ausgenähetes Nesseltuch – was dieses nicht ist – ist laut *pagina* 32 verboten. erlaubt, laut Tarif, *pagina* 6
28	No. 1 Ein Packen	Worin unter andern: 1 Kiste mit 5 kleinen Kisten Cigarren	erlaubt, laut Tarif, *pagina* 6
30	No. 6 Ein Packen	Enthielt, unter andern:	erlaubt, laut Tarif, *pagina* 3, unter weissen Baumwollenzeugen

7608 Schreibfehler in der Vorlage *Nahnadeln.*
7609 Zeitgenössisch S. 35.
7610 „Haarknoten, Hochsteckfrisuren“.
7611 Schreibfehler in der Vorlage: *Nahnadeln.*
7612 In der Vorlage Gänsefüße.
7613 Zeitgenössisch S. 36.

31	No. 20 Ein Ballen No. 151 Eine Kiste	weissen Barchend Enthielt unter andern: 4 Stück weissen Barchend = 104 Arschinen 6 Stück weissen Piqué = 105 Arschinen 11 Dutzend baumwollne Strümpfe 3 Dutzend kleine dito 4 Dutzend halbe dito oder Socken	erlaubt als Baumwollenzeug, weiß (Tarif, *pagina* 3) erlaubt, laut Tarif, *pagina* 6

[S. 344[7614]] Die hier bezeichneten erlaubten Waaren sind sämmtlich vom Beklagten Wildtfanck abgeladen, und war deren Erlös, wie *paginae* 45 & 46 dieser Schrift angeführt ist, Rubel 3.454, 35¼ Copeken und der Erlös der 2 Stück confiscirten schwarzen Tuche Rubel 1.999, 12½ Copeken, [Summe[7615]] Rubel 5.453, 47¾ Copeken.

Alle übrigen im Petersburger Atteste aufgeführten und hier nicht genannten Waaren sind zur Einfuhr in Reval verboten, als z. B.

No. 124 Eine Kiste, abgeladen von Leuenroth	Im Conossemente auf Sämereien gestellt, enthielt jedoch: 123 Stück weisse Damenhüte; Hüte aller Art. Deren Erlös war	Verboten, laut Tarifs, *pagina* 32 Banco Rubel 3.569, 75 Copeken
No __ Eine Kiste, abgeladen von Hornemann	Im Connossement auf Sämereien gestellt, enthielt jedoch: 6 Stück feine Damenhüte von Stroh 3 Stück feinen Tüll zu Hüten [S. 345[7616]] 12 Bouquets Damenblumen in einer Schachtel, Aufsätze für Damen mit Petinett-Putz 2 Stück Gros de Tours-Band 9 Sück weisse Straußfedern Deren Erlös war	verboten, laut Tarifs, pagina 32 verboten, laut Tarifs, pagina 32: „Putzsachen für Frauen und Anzüge“ Einfuhr in Reval verboten; nur in Petersburg und Odessa erlaubt. (siehe Tarif, *pagina* 16, 17) Banco Rubel 474, 20 Copeken

Aus diesen Beweisen ergiebt sich nun von selbst der Schluß,

daß, weil die erlaubten Waaren nur in den wildtfanckschen Gebinden befindlich gewesen, solche nur ihm, Wildtfanck, zuzutheilen seien;

daß ferner die in der diesseitigen Rechtfertigung der Appellationsbeschwerden *ad Sententiam*[7617] des Obergerichts vom 6. November 1834, Seite 38[7618],

7614 Zeitgenössisch S. 37.
7615 In der Vorlage am rechten Seitenrand als dreizeilige Rechnung dargestellt.
7616 Zeitgenössisch S. 38.
7617 „Zum Urteil“.
7618 Oben S. 816 (S. 48 der Akte).

gegebene Proportion der Strafgelder zu den eingeklagten Schäden die richtige sei.

[S. 346[7619]] Wenn nun am Schlusse vorstehender Widerlegung der ersten gegnerischen Beschwerde Kläger noch zum Ueberflusse auf den Vortrag in ihrem Appellationslibelle Bezug nehmen, so wird die Zurückweisung jener Beschwerde nicht entstehen können.

Die zweite Beschwerde[7620],

daß der vorige Richter schon jetzt über den indirecten Gegenbeweis der Beklagten abgesprochen habe,

widerlegt sich mit wenigen Worten.

Es ist nemlich ein anerkannter, in den Gesetzen begründeter Rechtssatz, daß auf die verfolgte Appellation der höhere Richter erkennen muß[7621], was der Unterrichter hätte erkennen sollen.

L. 6 pr. C. de appellat.[7622]
Martin Proc. § 265[7623]
Desselben Anleitg. zum Referiren § 50 not. 9.[7624]

Wenn also vorliegend das Nieder- [S. 347[7625]] gericht mittelst Urtheils vom 27. September 1828 den klägerischen Beweis für mislungen erklärte und die Beklagten von der angestellten Klage entband, zugleich aber und in Folge dessen eine Entscheidung über den indirecten Gegenbeweis der Beklagten für überflüssig hielt, so war durch die Berufung der Kläger wider jenes Erkenntniß wie das Erkannte selbst auch die Prüfung des Gegenbeweises an den höheren Richter erwachsen. Dieser mußte umso mehr sich selbstständig darüber aussprechen, als er den Hauptbeweis für geführt erachtete, mithin es nur darauf ankam, inwiefern der Verurtheilung der Beklagten das Gewigt des indirecten Gegenbeweises entgegenstehe.

Auch kann man nicht sagen, den Beklagten sei dadurch ein wirkliches Unrecht geschehen, daß nicht die vorigen Richter die Sache zum Erkenntniß über den gedachten Punct an die erste Instanz zurückgewiesen [S. 348[7626]] haben. Das Niedergericht hatte sich bereits in ebenjenem Judicate vom 27. September 1828 dahin ausgesprochen,

---

7619 Zeitgenössisch S. 39.

7620 Am Rand *Gravamina appellationis, S. 34–36*, oben S. 892–893 (S. 202–204 der Akte).

7621 Anspielung auf den sog. Devolutiveffekt.

7622 Allegation aus dem römischen Recht: C. 7, 62, 6 principium (Titel: De appellationibus et consultationibus). – Danach gestrichen *in 6to*.

7623 Offenbar benutzt der Schriftsatzverfasser eine ältere Auflage, z. B. Christoph Martin, Lehrbuch des Teutschen gemeinen bürgerlichen Processes, 8. Aufl. Heidelberg, 1824, S. 425–429. Spätestens ab der 10. Aufl. 1827 hatte Martin seine Zählung verändert. Der zitierte Abschnitt befand sich seitdem in § 276.

7624 Christoph Martin, Anleitung zu dem Referiren über Rechtssachen, 3. Aufl. Heidelberg 1829, S. 71 (§ 50 Anm. 9).

7625 Zeitgenössisch S. 40.

7626 Zeitgenössisch S. 41.

daß der Beweis der Einrede, „wie dem Schiffer Haase die unfreie Qualitaet der Waaren bei Uebernahme derselben bekannt gewesen“,
für verfehlt erachtet werden müsse.

Wie konnten die Gegner sich nur der Hoffnung hingeben, auf dem angedeuteten Wege vom Niedergerichte einen anderen Abspruch zu erlangen! Wie konnten sie es mit Grunde tadeln, daß *Judex a quo*[7627] bloßer Form halber den Fortgang des Rechtsstreits nicht bis dahin verzögerte, daß das Niedergericht dasjenige, was es in den Beweggründen seines Erkenntnisses als verwerflich bereits anerkannt hatte, annoch in Urtelsform[7628] abermals würde ausgesprochen haben.

[S. 349[7629]] Die dritte gegnerische Beschwerde[7630] zerfällt in die beiden folgenden:

1. Daß der von den Beklagten versuchte Zeugen- und Urkundenbeweis für unkräftig erklärt und
2. daß nicht mindestens die Beklagten zum Erfüllungseide gelassen worden.

Ad 1. Hier mögen zuvörderst einige allgemeine Betrachtungen ihren Platz finden.

Wenn man gewahrt, wie das Handlungshaus Wildtfanck – dessen Hauptverkehr notorisch[7631] im Contrabandehandel auf Rußland bestand und gleich dem Betriebe seines Bruders[7632], dessen Fortsetzung es war, eigentlich darauf gegründet ward – wie dies Haus nun so wunderbar sich geberdet, sich weiß zu brennen und auf andere Personen die Schuld zu wälzen sucht, so drängt sich die Idee des Ungereimten auf. Noch [S. 350[7633]] mehr! Das beklagte Haus verladet Waaren auf Connossemente, deren Form an sich den Verdacht der Contrabande ausschließt, bestellt aber, obgleich die Connossemente an Ordre lauten, am Ladungsorte keine Empfänger und verursacht dadurch die einstweilige Sequestration[7634] der verladenen Güter. Dringend *per Notarium* aufgefordert, sich im Zollamte zu seinen Waaren zu stellen, hat dies keine Einwirkung[7635], und ganze Familien werden durch solches bösartige Nichtthun ins Unglück gestürzt.

Wie stimmt nun damit die Bravade seiner hohen Sittlichkeit in seinem Geschäftsbetriebe!![7636]

Es kommt ferner bei der vorliegenden processualischen Verhandlung in Frage,

7627 „Der vorinstanzliche Richter“, also das Obergericht.

7628 Hier werden die Entscheidungsgründe und das Urteil im engeren Sinne, also der Tenor, sprachlich erneut klar getrennt. Die Entscheidungsgründe sind danach kein Bestandteil des Urteils. *Urtelsform* entspricht der frühneuzeitlichen Schreibweise.

7629 Zeitgenössisch S. 42.

7630 Am Rand *Gravamina appellationis, S. 36*, oben S. 893 (S. 204 der Akte).

7631 „Allgemeinkundig bzw. gerichtsbekannt“.

7632 Die Anspielungen bleiben unklar. Der sonst mehrfach erwähnte Bruder Heinrich Platzmann kann kaum gemeint sein, denn er soll ja gerade als Kaufmann erfolglos gewesen sein, wie die Beklagten mehrfach erklärt hatten, oben S. 652 (S. 85 der Akte L I 161).

7633 Zeitgenössisch S. 43.

7634 „Sicherstellung“.

7635 Danach gestrichen *gethan*.

7636 Doppeltes Ausrufezeichen in der Vorlage.

welche Güter denn eigentlich Contrabande gewesen; welche derselben die Confiscation veranlaßten und
worin die Folgen der Con- [S. 351[7637]] fiscation bestanden?

Gewiß, mögte man sagen, wird dem wahrheitliebenden Manne nichts erwünschter sein als eine vollständige Erörterung und beweisvolle Darlegung des Thatsächlichen, weil er nur so in seiner ganzen Unschuld sich der Welt darstellen kann.

Eine neue Urkunde des Departements des auswärtigen Handels zu St. Petersburg vom 4. März 1829 hat nun auf Ansuchen der Kläger zur Ergänzung des früher unterm 10. August 1823 ertheilten Zeugnisses nachgewiesen,

welche im Schiffe Dora verladenen Waaren, worüber Connossemente an Ordre gezeichnet waren und zu denen[7638] sich im revalschen Zollamte keine Empfänger gemeldet hatten, die weitere Untersuchung des Straffalles veranlaßten,
aus welchen Ballen diese [S. 352[7639]] Waaren bestanden,
welche Gegenstände in den Ballen befindlich,
wie groß die Stück- oder Ellenzahl jeder einzelnen Waare gewesen,
welche Gegenstände darunter zu den verbotenen und welche zu den erlaubten gehört haben und
welcher Preis für jeden einzelnen Gegenstand in der zu St. Petersburg gehaltenen Auction erlangt worden ist.

Im Resultate stimmt die neue Urkunde mit derjenigen von 1823 völlig überein, indem der Erlös aus den

verbotenen Waaren zu Rubel 41.665, 47 ¾ Copeken
erlaubten, zu Rubel 3.454, 35 ¼ Copeken
schwarzen Tuche (welches in dem Atteste von 1823 als erlaubt angeführt worden, weil es ohne Nach- [S. 353[7640]] suchung der Strafgelder confiscirt worden war) zu Rubel 1.999, 12 ½ Copeken = 5.453, 47 ¾[7641],
mithin zusammen zu Rubel 47.118, 95 ½ Copeken
angegeben wird.

Statt wie solche Aufklärung aller bisher noch etwa zweifelhaft gewesener Punkte möglichst zu befördern, statt zur eigenen Ehre das Erscheinen jener näheren Belehrung zu erleichtern, haben Beklagte sich ihrer Beibringung aus allen Kräften widersetzt. Sie vernünfteln lieber im Dunkeln, wo ihnen das Licht geboten wird, und gehen nur darauf aus, infolge vermeintlicher Ungewißheit, Verheimlichung

---

7637 Zeitgenössisch S. 44.
7638 Schreibfehler in der Vorlage: *deren*.
7639 Zeitgenössisch S. 45.
7640 Zeitgenössisch S. 46. Unten auf S. 352 Übertrag: *Latus Rubel 3.454, 35 ¼ Copeken; 41.665, 47 ¾*. Ebenso Übertrag auf S. 353, oben *Transport* mit derselben Summe, ebenfalls aufgeteilt nach erlaubten und verbotenen Waren.
7641 Summe der erlaubten Waren.

oder mangelnder Aufklärung, also gewissermaaßen schmuggelnd[7642], diesen Proceß zu leiten und denselben sich vortheilhaft zu beendigen. Wollen sie übrigens ihren eigenen mercantilischen Ruf in die Waage der Gerechtigkeit legen, so dürfte das [S. 354[7643]] Gefühl für das Schicksal des unglücklichen Schiffers und der Rheder, die dem persönlichen Nichterscheinen der Beklagten zum Opfer wurden, die Schaale zu Gunsten der Kläger neigen.

Daß nun aber jenes letzte Document – welches Alles aufklärt, was auch dem im selbstischen Interesse Zweifelnden noch nicht einleuchten will – nicht *ad acta* gebracht werden durfte, davon ist vom Richter der Grund darin gesetzt, daß Kläger die Diligenz[7644] ihrer Bevollmächtigten – welche zur Kostenersparung die Correspondenz nach und von St. Petersburg großentheils mit Schiffsgelegenheit besorgt hatten[7645] – nicht juristisch nachweisen konnten. Und juristisch läßt sich dies Verfahren wohl auch rechtfertigen. Wenn aber dem Richter der Beweis geführt wird, wenn diesem alle Mittel[7646] unbenommen sind[7647], die ihm von der factischen Wahrheit Kunde geben [S. 355[7648]] und seine Ueberzeugung leiten und ergänzen können, so wird es auch dem hohen Tribunale freistehen, aus diesem existent gewordenen neuen Zeugnisse des kaiserlichen St. Petersburgischen Zollamts zu schöpfen und dessen Auflegung den Klägern annoch aufzugeben und zu gestatten[7649].

Mit diesen Betrachtungen wenden die Kläger sich wiederum zum Appellationslibelle der Beklagten.

Beklagte[7650] haben ihre dritte Beschwerde mit einem Vortrage eingeleitet, welcher so wenig zur Sache gehört als in der Wahrheit begründet ist. Zu den dort vorkommenden unerheblichen oder unwahren Behauptungen sind namentlich die folgenden zu rechnen:

„Schiffer Haase sei durch eine vieljährige Praxis mit den russischen Zollgesetzen bekannt geworden,

das hiesige Consulat[7651] habe [S. 356[7652]] die in Rußland über den Inhalt der Connossemente ergangenen Verordnungen hieselbst zu einer Zeit verkündet, als Schiffer Haase zu neuen Wagstücken sich angeschickt,

7642 Wortspiel, weil das Handelshaus Wildtfanck nach klägerischer Darstellung sein Hauptbetätigungsfeld im Schmuggelhandel finden soll.
7643 Zeitgenössisch S. 47.
7644 „Sorgfalt".
7645 Wirtschaftsgeschichtlich interessant: Der Posttransport auf dem Landwege war offenbar teurer als per Schiff.
7646 Verbessert aus *Mitteln*.
7647 Anspielung auf die Offizialmaxime, den Amtsermittlungsgrundsatz.
7648 Zeitgenössisch S. 48.
7649 Die Kläger versuchen weiterhin, das bereits verworfene erneuerte Attestat des russischen Außenhandelsdepartements von 1829 zu den Akten zu bringen.
7650 Am Rand *Gravamina appellationis S. 36, 37*, oben S. 893–894 (S. 204–205 der Akte).
7651 Gemeint ist das russische Konsulat in Lübeck.
7652 Zeitgenössisch S. *49*.

Schiffer Haase sei durch die ihm eigne Geläufigkeit und Kenntniß fremder Zollgesetze als ein Mann bezeichnet, zu dem man auch jetzt wiederum der That sich wohl versehen dürfe."

Alle diese Vorwendungen sind nur zum geringsten Theile wahr; sämmtlich unerheblich, seitdem das hochpreisliche Oberappellationsgericht in seinen Entscheidungsgründen[7653] zum Erkenntnisse vom 12. December 1822 sich über die Grundsätze geäußert hat, nach welchen die Schadensklage im allgemeinen und die Nachlassung eines indirecten Gegenbeweises insbesondere zu [S. 357[7654]] beurtheilen sei[7655]. Jene finden sich dort auf Seite 9 und folgende[7656]. Und die enthalten gerade das Gegentheil dessen, was die Beklagten selbst darüber früher vorgetragen und neuerdings wiederholt haben. Diese hingegen sprechen zwar aus, daß es zum Beweise einer dem Schiffer Haase über die unfreie Qualitaet der Waaren beiwohnenden Kenntniß eben nicht erforderlich sei, daß jene Eigenschaft ihm von den Beklagten selbst angezeigt worden (S. 34[7657]). Allein sie erläutern diesen Satz durch Bezugnahme auf die frühere Deduction (S. 9 und 10), woselbst die Nothwendigkeit gezeigt war, daß bei zweiseitigen Verträgen jeder Contrahent verpflichtet sei, den anderen von den physischen und juristischen Mängeln und von solchen Eigenschaften in Kenntniß zu setzen, welche dem eigenen Vermögen oder gar der eignen Person des Mitcontrahenten Gefahr drohen[7658]. Es sei daher vorliegend nicht Pflicht [S. 358[7659]] des Schiffers gewesen, sich nach dem Inhalte der ihm übergebenen Colli zu erkundigen, sondern Pflicht der Ablader, ihn auf die Mängel und Fehler der verladenen Güter aufmerksam zu machen.

Eben[7660] daher erklärten jene Richter ferner, daß aus der bloßen Annahme an Ordre lautender Connossemente die Kenntniß des Schiffers von der verbotenen Eigenschaft der Waaren nicht zu entnehmen stehe (S. 12[7661]). Connossemente an Ordre zu stellen, war in russischen Zollgesetzen unverboten und ist noch itzt erlaubt. Sonst wären ja alle Gebinde des Beklagten Wildtfanck, die alle auf Ordreconnossemente verschifft waren, confiscirt worden, welches doch nicht geschehen ist, insoferne sich erlaubte Waaren darin befanden und sich die Empfänger stellten. Noch weniger aber folgt solches aus dem vom ihm[7662] am 8. November 1817 gegen 13 Einlader erhobenen Proteste, weil durch die vorlängst verfügte Sequestration

---

7653 Oben S. 437 (S. 546 der Akte L I 22 a), die im Fortgang erwähnte S. 9 der Originalausfertigung.
7654 Zeitgenössisch S. *50*.
7655 Am Rand *Gravamina appellationis S. 38, 39*, oben S. 894–895 (S. 206–207 der Akte).
7656 Oben S. 437–438 (S. 546–547 der Akte L I 22 a).
7657 Oben S. 451 (S. 563 der Akte L I 22 a).
7658 Dies ist der materiellrechtliche Dreh- und Angelpunkt des gesamten Falles. Es geht um Hinweis- und Warnpflichten in gegenseitigen Verträgen, wenn einem Vertragspartner Gefahren drohen, für die der andere Vertragspartner die Verantwortung trägt.
7659 Zeitgenössisch S. *51*.
7660 Am Rand *Gravamina appellationis, S. 39, 40*, oben S. 895 (S. 207–208 der Akte).
7661 Oben S. 439 (S. 548 der Akte L I 22 a).
7662 Gemeint sind die Erben des Schiffers Georg Hinrich Haase und die Reeder der Dora.

[S. 359[7663]] des Schiffes die illegale Handlung unserer Einlader constatirt[7664] war und jener Protest überhaupt nur den Zweck hatte, die Ablader im allgemeinen zu veranlassen, durch zeitiges Auftreten die drohenden Nachtheile vom Schiffe abzuwenden. Dieser Protest mußte erhoben werden, weil kein Ablader dem Schiffer die Empfänger beim Abgange genannt hatte, was auch nicht nöthig war. Die schlichte Vernunft ließ den Schiffer glauben, daß kein Ablader seine Waaren im Stiche lassen und sich in Reval zum Empfange stellen würde.

Wenn[7665] übrigens die Beklagten außerdem zeigen wollen, der verbotene Inhalt verladener Colli oder die unfreie Qualitaet verschiffter Waaren stelle sich als einziger haltbarer Grund dar,

weshalb Connossemente an Ordre (worin kein Empfänger genannt, keine Bezeich- [S. 360[7666]] nung des Inhalts der Stückgüter aufgenommen worden) ausgestellt und angenommen werden,

so stimmt dies weder zu ihren früheren Zugeständnissen noch zu den feststehenden gerichtlichen Entscheidungen, indem – wie dies hochpreisliche Oberappellationsgericht selbst bezeugt hat –,

Entscheidungsgründe a. a. O., S. 32 *in fine*[7667]

nach der eigenen Erklärung der Beklagten die ganze Reise des Schiffers auf Schmuggelei nicht berechnet gewesen ist und der Schiffer folglich auch keiner Vorbereitung bedurfte, um einer Gefahr zu entgehen, die er damals noch überall nicht kannte.

Unwahr[7668] ist es auch, daß das Manifest des Schiffers Haase der Vollständigkeit aus dem Grunde entbehrt habe, weil er Wissenschaft von der unfreien Qualitaet der im Schiffe befindlichen Güter der Beklagten gehabt habe, und unwahr, daß er deren Transport überhaupt auf gefährliche Bedingungen über- [S. 361[7669]] nommen habe, wovon vielmehr die mäßige Frachtbestimmung das Gegentheil ergiebt. Es ist nicht glaublich, daß ein vernünftiger Schiffer auch ohne Hoffnung eines angemessenen Gewinns sein Schiff, sein ganzes häusliches Glück und das Eigenthum seiner Rhederei aufs Spiel setzen werde. Das Manifest der Waaren auf Connossemente muß fehlerfrei gewesen sein, denn es hat bei der Behörde keinen Tadel gefunden. Ueberhaupt aber ist es unzulässig, durch so flache Praesumtionen[7670] den geforderten directen Beweis der Wissenschaft des Schiffers von der unfreien Eigenschaft der Güter ersetzen oder umgehen zu wollen.

7663 Zeitgenössisch S. 52.

7664 „Festgestellt".

7665 Am Rand *Gravamina appellationis, S. 40–41*, oben S. 895 (S. 207–208 der Akte).

7666 Zeitgenössisch S. 53.

7667 „Am Ende". – Oben S. 450 (S. 562 der Akte L I 22 a).

7668 Am Rand *Gravamina appellationis, S. 42*, oben S. 896 (S. 210 der Akte).

7669 Zeitgenössisch S. 54.

7670 „Vermutungen".

Welche[7671] Veranlassung die Beklagten gehabt haben mögen, den Schiffer Haase darüber im Dunkeln zu lassen, werden sie selbst am besten wissen. Daß aber ihre Handlungsweise selbst dann nicht gerechtfertigt erscheint, wenn Schiffer Haase mit allgemeinen Instructionen, wie es bei Verladung [S. 362[7672]] contrabander Güter gehalten werden müsse, vorangegangen wäre, ist von selbst klar.

In dieser Maaße verhält es sich mit den sogenannten actenkundigen Thatsachen, welche die Beklagten zu Gunsten ihrer Beweisführung in Anspruch nehmen. Von den ihnen entgegenstehenden mancherlei bedenklichen Umständen schweigen sie natürlich ganz, und doch geben die Acten davon so redende Zeugnisse, daß selbst die früheren Richter deren Erheblichkeit nicht verkannt haben. In dieser Hinsicht mag jedoch die Bezugnahme auf den diesseitigen Appellationslibell[7673] genügen.

Wenn[7674] es sich sonach ausschließlich noch um das Ergebniß des gegnerischen Zeugenbeweises handelt, so muß es umso mehr befremden, daß die Beklagten so gar nichts beigebracht haben, wodurch die gewichtigen Einreden gegen die Persönlichkeit und [S. 363[7675]] die Glaubwürdigkeit der abgehörten Zeugen

Siehe die diesseitige Impugnation[7676] des Beweises und Beantwortung der Beweisausführung[7677]

im geringsten entkräftet würden. Denn während die Kläger auf bestimmte, zum Theil schon aus den Zeugenrotuln bewahrheitete Thatsachen sich beriefen, während der Richter erster Instanz nicht verkennen konnte, daß die Glaubwürdigkeit der Zeugen durch die vielen Widersprüche, worin diese sich verwickelt haben, sehr zweifelhaft geworden sei, gefallen die Beklagten[7678] sich in einigen De- und Exclamationen und nehmen die Mine der Schuldlosen an, obgleich sie wiederum nicht umhin können, den thatsächlichen Theil jener Beweiseinreden zuzugeben, mithin wohl besser thun würden, die Sittlichkeit ihrer Handlungweise ganz mit Stillschweigen zu übergehen. Denn immer drängt sich die Gewißheit auf, daß es in [S. 364[7679]] der Macht des Beklagten Wildtfanck stand, seine Correspondenten von der Strafe zu retten, wenn er sich zum Ersatze desjenigen erklärte, was infolge seiner Contrabande Schiffer und Rhederei einbüßen würden. Hierum nemlich handelt es sich ja nur in diesem Rechtsstreite. Doch um ein solches Opfer zu vermeiden[7680],

7671 Am Rand *Gravamina appellationis, S. 43*, oben S. 896 (S. 211 der Akte).
7672 Zeitgenössisch S. 55.
7673 Berufungsbegründung im fünften Verfahren vor dem Oberappellationsgericht, oben S. 799 (S. 9 der Akte).
7674 Am Rand *Gravamina appellationis, S. 43*, oben S. 896 (S. 211 der Akte).
7675 Zeitgenössisch S. 56.
7676 Schriftsatz, mit dem ein Beweis als ungenügend dargestellt werden soll, hierzu Anton Friedrich Justus Thibaut, System des Pandekten-Rechts, 5. Aufl. Jena 1818, Dritter Band, § 1203, S. 120.
7677 Verweis, vermutlich auf die Prozessakte des Niedergerichts.
7678 Am Rand *Gravamina appellationis, S. 44*, oben S. 897 (S. 212 der Akte).
7679 Zeitgenössisch S. 57.
7680 Verbesserung im Wort.

ließ er mehre Familien zu Grunde gehen[7681] und bewirkte dies Unglück dadurch, daß er als Ablader seine verladenen Güter verkannte, sich nicht zum Empfange meldete, so den Schiffer im Stiche ließ.

Könnte es hiernach noch auf die Materialien des Zeugenbeweises ankommen, so würde es ein Leichtes sein, aus den Rotuln[7682] zu entwickeln, wie wenig die Beklagten erwiesen haben, was zu beweisen ihnen nachgelassen war. Indessen könnte diese Ausführung nur in hauptsächlicher Wiederholung des Inhalts der oben angezogenen Im- [S. 365[7683]] pugnationsschrift bestehen. Und da an jenem Orte umfänglich und einem jeden verständlich darüber geredet worden ist, so dürfen die Kläger mit Vertrauen auch über die Irrelevanz der Zeugenaussagen dem künftigen Urtheil entgegen sehen.

Nur[7684] die eine Bemerkung erlauben die Kläger sich noch, daß, wenn die Beklagten mehrere[7685] Thatsachen anführen, welche durch den Zeugen Minlos beurkundet sein sollen, entweder die Gewißheit derselben durch das Schwankende seiner Aussage wieder zweifelhaft wird oder ihre Relevanz für den Beweis – und darauf kommt es doch nur allein an – geleugnet werden muß. Daß endlich die Zeugen selbst da, wo sie eine Kenntniß des Schiffers Haase von der unfreien Qualitaet einzelner mit dem Schiffe Dora seinerzeit verladenen Güter behaupten, doch nirgends sagen, daß diese Kenntniß auf die in der Klage specificirten Colli [S. 366[7686]] sich beziehen[7687].

So darf man den Schluß, den die Beklagten ziehen[7688],

> „daß dem Schiffer Haase, als ihm Connossemente an Ordre vertrauet worden, nichts verborgen geblieben sei, wonach er die freiwillig übernommene Gefahr habe berechnen können,
>
> daß namentlich ihm von der unfreien Qualitaet der Waaren die specielleste Kunde gegeben worden, "

mit Recht einen sehr gewagten nennen. Man darf der Verwerfung des von den Beklagten versuchten indirecten Gegenbeweises umso mehr entgegensehen, da von den Mitbeklagten Hornemann und Leuenroth jener Beweis nicht einmal versucht worden ist, was die Beklagten selbst unumwunden einräumen. [S. 367[7689]]

7681 In dieser fünften Akte des umfangreichen Streites wird der Schlagabtausch der Beteiligten spürbar immer emotionaler und unsachlicher, obwohl zeitgleich Vergleichsverhandlungen stattfanden.

7682 „Zeugenvernehmungen", vgl. Andreas Christian Johannes Schmid, Handbuch des gemeinen deutschen Civilprocesses. Zweiter Theil, Kiel 1844, § 140, S. 263–264: „öffentliche Urkunde, welche, entlehnt aus den Protokollen über die Aussagen der einzelnen Zeugen, die für dieselbe Beweisführung benutzt worden sind, den Zweck hat, eine bessere und leichtere Uebersicht über die Zeugenaussagen zu geben".

7683 Zeitgenössisch S. 58.

7684 Am Rand *Gravamina appellationis, S. 45, 46, 47*, oben S. 897–898 (S. 213–215 der Akte).

7685 Schreibfehler in der Vorlage: *mehre*.

7686 Zeitgenössisch S. 59.

7687 Eventuell Grammatikfehler statt *beziehe* oder *bezog*.

7688 Am Rand *Gravamina appellationis, S. 48*, oben S. 899 (S. 216 der Akte).

7689 Zeitgenössisch S. 60.

Ad 2[7690]. Muß die Beweisführung der Beklagten für gänzlich verfehlt erklärt werden, so kann natürlich auch von keinem ihnen nachzulassenden Erfüllungseide die Rede sein. Ein Reinigungseid[7691] hingegen würde – wenn sich annehmen ließe, daß die Beklagten einige Wahrscheinlichkeit für sich hätten – mit dem angetragenen Glaubenseide zusammentreffen, hierauf aber dieselbe Erörterung anwendbar sein, mit welcher sich schon der diesseitige Appellationslibell[7692] zur Genüge beschäftigt hat.

Nach allem diesen schließen die Kläger mit der gehorsamsten Bitte:

Ein hochpreisliches Oberappellationsgericht geneige zu erkennen, daß die sämmtlichen Beschwerden der Beklagten zu verwerfen, sie auch in die dadurch den Klägern verursachten Kosten zu verurtheilen seien.

[S. 368[7693]] Kläger wollen übrigens mit ausdrücklichem Widerspruche gegen alles nicht speciell widerlegte Vorbringen der Beklagten[7694] ihrem Appellationslibelle gegen das Erkenntniß erster Instanz vom 27. September 1828 und ihrem Appellationslibelle gegen das Erkenntniß zweiter Instanz vom 6. November 1834,

soweit ihre darin aufgestellten Anträge noch nicht die richterliche Anerkennung erlangt haben,

alles Inhalts inhaeriren[7695].

Desuper pp.[7696]

concipit[7697]
Lembke Dr.

produxit[7698], 17. Februar 1835.
Schlüter Dr.

7690 Am Rand *Gravamina appellationis, S. 48.* oben S. 899 (S. 216 der Akte).

7691 Den Reinigungseid müssten im Gegensatz zum Erfüllungseid die Kläger leisten, soweit es um die Kenntnis bzw. Unkenntnis des Schiffers Haase ging.

7692 Oben ab S. 807 (S. 29 der Akte).

7693 Zeitgenössisch S. 61.

7694 Das sog. pauschale Bestreiten scheint bereits im 19. Jahrhundert keine Aussicht auf Erfolg gehabt zu haben, hierzu Martin, Lehrbuch (wie Anm. 7623), 10. Aufl. Heidelberg 1827, § 154, S. 260.

7695 „Einverleiben, sich darauf beziehen“.

7696 Die Höflichkeitsformel fehlt wie immer. Die lateinische Fassung lautet: „Desuper humillime implorando nobile officium judicis“, dazu Besprechung zu Joachim Füger / Vincenz August Wagner, Das adelige Richteramt, 4. Aufl. Wien 1830, in: Jahrbücher der gesammten deutschen juristischen Literatur 24 (1834), S. 63–75 (65).

7697 „Verfasst“.

7698 „Gerichtlich eingereicht“.

Q 15 – Berufungserwiderung der Beklagten

1835 Februar 19

Die Beklagten antworten auf die Berufungsbegründung der Kläger (Aktenstück Q 1, oben S. 799). Schriftsatz, verfasst vom Advokaten Carl Christian Friedrich Steche, gerichtlich eingereicht vom Prokurator Heinrich Ludwig Faber.

[S. 373[7699]] Q 15

No. 398 *praesentatum*[7700], den 19. Februar 1835[7701]

Stempelbogen[7702] zur Vernehmlassung
abseiten
H. D. Wildtfanck und Consorten[7703],

Beklagte, Appellaten,

contra

die Rhederey des Schiffes Dora und die Erben des Schiffers G. H. Haase,

Kläger, Appellanten.

[S. 375]
An
die zum Oberappellationsgerichte der vier freien Städte Deutschlands hochverordneten Herren Praesident und Räthe

Widerlegung der Appellationsbeschwerden
in Sachen und von Seiten

Heinrich Diedrich Wildtfanck, Arnold Hornemann und Friedrich Ernst August Leuenroth, Beklagten und respective Appellanten und Appellaten,
wider
die Rhederei des Schiffs Dora und die Erben des Schiffers Georg Heinrich Haase, Kläger und respective Appellaten und Appellanten,

Schadensersatz,
jetzt Beweis betreffend.

[S. 376] P. P.[7704]

7699 Stempelpapier mit eingeprägtem Stempel des Oberappellationsgerichts oben links und *3 Mark*, daneben Handzeichen *CWP* von Carl Wilhelm Pauli und *3 Mk*.
7700 „Gerichtlich eingereicht".
7701 Präsentationsvermerk des ersten Kanzlisten Georg Wilhelm Dittmer.
7702 Rubrum des Umschlagbogens geschrieben vom ersten Kanzlisten Georg Wilhelm Dittmer.
7703 „Streitgenossen".
7704 Die Höflichkeitsanrede ist wie immer weggelassen.

Unsere Gegner scheinen sich die Aufgabe gestellt zu haben, durch wiederhohlten Vortrag ihrer Beweismaterialien das Richteramt von der actenmäßig vorgezeichneten Bahn abzulenken. Darum versuchten sie es drey Jahre nach dem bereits im November 1823 geschlossenen [S. 377[7705]] Beweisverfahren neben einer damals nur noch zulässigen Gegenbeweisausführung auf 15 Folioseiten und einem angefügten ebenso starken Aufsatze ihren Beweis zu stützen.

confer[7706] *ad Recessum* XLV *de* 10. Januar 1826[7707]

Darum traten sie unterm 30. April 1829 nach längst abgelaufener Nothfrist in zweiter Instanz mit einer „Nachträglichen Aeußerung *ad gravamina appellationis contra judicatum judicii inferioris*[7708] *de* 27. September 1828“[7709] hervor.

confer ad Decretum judicii superioris[7710] *de* 30. April 1829

Darum suchten sie mittelst des *beneficii novorum*[7711] neue Urkunden einzuschwärzen.

confer ad Decretum judicii superioris de 30. September 1830

Darum endlich legten sie mehrere außerordentliche Rechtsmittel ein.

confer ad Decretum judicii superioris de 6. September 1832.

Und obgleich alle diese Versuche durch die Entscheidungen respective des Niedergerichts, Obergerichts und Oberappellationsgerichts *de* 2. September 1826, *de* 11. Juny 1829[7712], *de* 7. July 1831[7713], *de* 26. Juny 1832[7714], *de* 29. November 1832[7715] und *de* 31. October 1833 gebührend zurückgewiesen wurden, so spricht sich dennoch in ihrem zur Beantwortung vorliegenden Appellationslibelle wiederum dieselbe Tendenz aus. Denn [S. 378[7716]] scheiden etwa wir aus, was darin wider die vom vorigen Richter ausgesprochene Verbindlichkeit der Gegner zur Erklärung auf die dem diesseitigen indirecten Gegenbeweise angehörige eventuelle Eidesdelation[7717] gesagt ist, so bleibt nur ein die Schranken des Beweistermins und der Rechtskraft verkennendes Raisonnement übrig, welches so wie eine neuerdings beigebrachte tabellarische Uebersicht[7718] jenseitiger Beweisversuche billig *ab actis* removirt[7719] werden sollte. Unsere Vernehmlassung über diesen Theil der klägerischen Appellationsbeschwerden mag daher nur als eine eventuelle für den Fall gegebene angesehn werden, daß der Richter in letzter Instanz nicht gleiche Ansicht über

7705 Zeitgenössisch S. 2 des Schriftsatzes.
7706 „Vergleiche“.
7707 Verweis auf die Prozessakte des Niedergerichts.
7708 „Zu den Berufungsbeschwerden gegen das Urteil des Niedergerichts“.
7709 Abschrift oben S. 483 (S. 50 der Akte L I 122).
7710 „Vergleiche mit der Entscheidung des Obergerichts“.
7711 „Rechtswohltat zu neuem Vorbringen“.
7712 Oben S. 478 (S. 31 der Akte L I 122).
7713 Oben S. 623 (S. 41 der Akte L I 161).
7714 Oben S. 686 (S. 117 der Akte L I 161).
7715 Oben S. 709 (S. 33 der Akte L I 181).
7716 Zeitgenössisch S. 3.
7717 „Hilfsweise Eideszuschiebung“.
7718 Doppelseitige Gegenüberstellung oben S. 853 (S. 137 der Akte).
7719 „Entfernt“.

die abermahligen Wiederhohlungen der Gegner hegen, diesen erneuerten Vortrag mithin in den Kreis seiner Prüfung zu ziehen sich berechtigt achten sollte[7720].

Nach diesen einleitenden Bemerkungen wenden wir uns zur Prüfung der jenseitigen Beschwerden selbst.

Ad gravamen[7721] *1.*

Das Niedergericht erklärte in seiner Entscheidung vom 27. September 1828 den von den Klägern [S. 379[7722]] versuchten Beweis,

daß der Schiffer G. H. Haase wegen der von den Beklagten verladenen in der Klage specificirten Güter oder wegen welcher derselben durch das Erkenntniß des Revaler Zollamts vom 31. Januar 1818 alten Stils verurtheilt worden sey und wie hoch sich die Strafe belaufe, die durch die von jedem einzelnen Beklagten verschifften Güter verwirkt worden sey[7723],

für mislungen und absolvirte, ohne sich über den Beweis der Einrede,

daß dem verstorbenen Schiffer Haase die unfreie Qualitaet der in Frage stehenden Waaren bey Uebernahme derselben bekannt gewesen sey,

in judicando[7724] auszusprechen, nach der Regel *actore non probante etc.*[7725] die Beklagten von der wider sie angestellten Klage.

Hegte das Obergericht nach eingehohltem Rathe auswärtiger Rechtsgelehrten[7726] über den versuchten Beweis der Klage andere Ansichten, nahm es ihn im angefochtenen Erkenntnisse vom 6. November vorigen Jahres[7727] für nothdürftig geführt an, so war nun allerdings auf den Beweis der Einrede [S. 380[7728]] zu recurriren und dessen Prüfung zunächst an den Unterrichter zurückzuverweisen, weil auch für diesen Theil des Beweisverfahrens den Partheien keine der gesetzlichen Instanzen entzogen werden durfte[7729]. Darüber, daß dies nicht geschah, daß *judex a quo*[7730] schon itzt über den indirecten Gegenbeweis entschied, haben die Beklagten sich ihrerseits in dieser höchsten Instanz beschwert. Sie haben *eventualiter*[7731] gegen

7720 Nach Auffassung der Beklagten soll es sich beim gesamten Schriftsatz nur um Hilfserwägungen handeln, falls das Gericht den Anträgen der eigenen Berufungsbegründung (oben S. 900 (S. 217 der Akte)) nicht folgen sollte.

7721 „Zum Beschwerdepunkt".

7722 Zeitgenössisch S. 4.

7723 Der Beweissatz stammt aus dem ersten Urteil des Oberappellationsgerichts in dieser Sache, oben S. 430 (S. 537–538 der Akte L I 22 a).

7724 „In der Entscheidung".

7725 Vollständig „Actore non probante reus absolvitur. – Wenn der Kläger den Beweis nicht führt, wird der Beklagte von der Klage entbunden", als Rechtsgrundatz nachgewiesen bei Schmid, Handbuch (wie Anm. 7682), § 123, S. 191.

7726 Die Entscheidung erging nach einer Aktenversendung an die Universität Kiel.

7727 Oben S. 819 (S. 59 der Akte).

7728 Zeitgenössisch S. 5.

7729 Zum Anspruch auf einen dreigestuften Instanzenzug zeitgenössisch Karl Eduard Weiß, System des deutschen Staatsrechts, Regensburg 1843, § 126, S. 289; zur früheren Zeit allgemein Thorsten Süß, Das beneficium trium instantiarum – Eine Streitschrift aus Paderborn am Reichskammergericht, in: ZRG Germ. Abt. 130 (2013), S. 381–405.

7730 „Der vorinsztanzliche Richter", also das Lübecker Obergericht.

7731 „Hilfsweise".

die Verwerfung ihres die Bekanntschaft des Schiffers Haase mit der Contrabande-Eigenschaft der fraglichen Waaren außer Zweifel setzenden Zeugenbeweises gravaminirt[7732] und geben der Ueberzeugung sich hin, es werde *summus judex*[7733] ihre den Proceßgang betreffenden Ansichten oder aber den Werth der von den Beklagten gelieferten Beweismaterialien besser wie sein Vorgänger zu würdigen wissen.

Angenommen inzwischen, was die Beklagten für unmöglich halten, es pflichtete dieser Richter in beiden Beziehungen der angefochtenen Entscheidung zweiter Instanz bey. Nimmer würde er sich doch berechtigt achten, mittelst Verwerfung der eventuellen Eidesdelation der ersten Beschwerde unserer Gegner zu de- [S. 381[7734]] feriren[7735]. Es stützt diese Beschwerde sich auf die beiden Hauptgründe,

1. daß die Unbekanntschaft des Schiffers Haase mit der unfreien Qualitaet fraglicher Waaren im Gegenbeweise vollständig dargethan sey,
2. daß über *facta aliena*[7736] ein Eid überhaupt nicht, namentlich kein Glaubenseid und höchtens ein *juramentum ignorantiae*[7737] zugeschoben werden könne.

Wir machen zufördertst auf eine absichtliche Entstellung des hier in Frage stehenden Beweissatzes aufmerksam, welche die Gegner, um ihrer Darstellung einigen Schein zu verleihen, sich erlaubt haben. Sie beschränken nämlich dieses *thema probandum*[7738], *pagina* 12 ihrer Appellationsbeschwerden[7739], auf eine dem Schiffer Haase von den Beklagten ausdrücklich gewordene Benachrichtigung, daß die für letztere verladenen Gebinde ganz oder theilweise Contrabande-Waaren enthielten. Diese Beschränkung ist aber dem Beweissatze völlig fremd. Letzterer ist vielmehr schlechthin auf die Wissenschaft des Schiffers gestellt, und daß diese ganz allgemeine Fassung ihre [S. 382[7740]] wohlüberlegte Bedeutung hat, lehren die Entscheidungsgründe des Oberappellationsgerichts *ad sententiam de* 12. December 1822 mit den Worten (*pagina* 33):

> „Es genügt aber der Beweis, daß er (der Schiffer) sie (die Contrabande-Eigenschaft) gekannt habe, wenn sie auch nicht von den Beklagten selbst angezeigt seyn sollte usw."[7741]

Dies voranbemerkt prüfen wir die oben *sub* 1 und 2 gedachten Gründe der Gegner einzeln.

7732 „Sich beschwert".
7733 „Der höchste Richter", also das Oberappellationsgericht.
7734 Zeitgenössisch S. 6.
7735 „Stattzugeben".
7736 „Fremde Tatsachen", die der Schwörende nicht selbst wahrgenommen hat.
7737 „Eid des Nichtwissens", hierzu Christoph Christian Dabelow, System der heutigen Civilrechtsgelahrtheit. Erster Theil, Halle 1794, § 428, S. 199: „wodurch der Schwörende die gänzliche Abwesenheit der Wissenschaft von etwas, die er behauptet, erhärtet".
7738 „Beweisthema".
7739 Oben S. 805 (S. 23 der Akte).
7740 Zeitgenössisch S. 7.
7741 Oben S. 451 (S. 562–563 der Akte L I 22 a).

1. Es ist im allgemeinen schon eine offenbar irrige Ansicht, daß die in einer Urkunde enthaltene einseitige Erklärung des Ausstellers einen Beweis begründe[7742]. Zur Widerlegung genügt die bekannte Regel „*scriptura non probat pro scribente*“[7743]. Berufen sich die Gegner, um solche Regel für den vorliegenden Fall zu beseitigen, auf den Umstand, daß die Beklagten das vom Schiffer mit der Clausel „Inhalt mir unbekannt“[7744] bezeichnete Connoissement ohne Widerspruch entgegengenommen haben, so übersehen sie dabey zwey wesentliche, ihre Schlußfolgerung vernichtende Puncte.

[S. 383[7745]] A. Der Ladungsschein oder das Connoissement bestimmt die Rechte und Pflichten zwischen Befrachter und Verfrachter. Es bezeichnet die Güter, deren Transport der Verfrachter übernimmt, den Ort, wohin sie gebracht werden sollen, und den Lohn, welchen der Verfrachter nach Erfüllung der von ihm übernommenen Verbindlichkeiten zu erheben hat. Entsteht über dieses contractliche Verhältniß zwischen beiden Theilen oder zwischen dem bezeichneten Ladungsempfänger und dem Verfrachter eine Differenz, so entscheidet das Connoissement. Jede andere Thatsache, die nicht zum Wesen des Frachtcontracts gehört und dem Texte der Urkunde fremd geblieben ist, kann aus derselben nicht bewiesen werden, weil ihr Beweis damit nicht bezweckt ist. Haben gleich Certepartie[7746] und Connoissement in Ansehung ihres Zwecks große Aehnlichkeit miteinander, so findet doch hinsichtlich des Umfangs ihrer Beweiskraft ein großer Unterschied zwischen ihnen statt, welcher aus den sowohl die Form als den Inhalt beider Urkunden betreffenden Abweichungen von selbst sich ergiebt[7747].

Der Schiffer, welcher im Connoissemente den Empfang von Stückgütern in äußerlich wohl conditionirtem Zustande bekannt hat, verpflichtet sich zur Ablieferung dieser Güter in gleich guter Beschaffenheit. Erfüllt er diese Verbindlichkeit und wird ihm dennoch die Fracht verweigert, so beruft er sich auf den von ihm aus-[S. 384[7748]] gestellten Ladungsschein, der in beiden Beziehungen ein vollgültiges Beweismittel ist. Hätte er aber, hätten seine Leute die Waarenballen beraubt, ihrem werthvollen Inhalte unbedeutenden Plunder substituirt[7749], so würde ein deshalb geführter Beweis weder durch den äusserlich guten Zustand dieser Collys noch durch die der Unterschrift hinzugefügte Clausel „Inhalt mir unbekannt“ vernich-

7742 Solche Rechtsauffassungen sind nur vor dem Hintergrund der gesetzlichen Beweistheorie verständlich.

7743 „Ein Schreiben beweist für den Schreiber nichts“. – Als Rechtssprichwort „Scriptura privata pro scribente nihil probat“ nachgewiesen bei Detlef Liebs, Lateinische Rechtsregeln und Rechtssprichwörter, 7. Aufl. München 2007, Nr. S 8, S. 216.

7744 Beispiel oben S. 158 (S. 155 der Akte L I 22 a).

7745 Zeitgenössisch S. 8.

7746 Auch Chartepartie: besonderer Frachtvertrag zwischen dem Schiffer bzw. der Reederei und dem Versender der Waren bei Vertragsgestaltungen, für die ein einfaches Konnossement nicht genügt, erläutert in Pierer's Universal-Lexikon der Vergangenheit und Gegenwart, Band 3, Altenburg 1857, S. 877.

7747 *Haben gleich … ergiebt* als Sternchenfußnote unten am Seitenrand.

7748 Zeitgenössisch S. 9.

7749 „Untergeschoben“.

tet werden können. Wie aber in Fällen dieser Art das dergestalt unterzeichnete Connoissment zum Gegenbeweise nichts taugt, so auch hier nicht, wo um die Bekanntschaft des Schiffers mit dem unfreien Inhalt der zum Transport nach Reval übernommenen Stückgüter als thatsächlichen Grund diesseitiger Einrede es sich handelt. Ganz übereinstimmend mit diesen Ansichten würdigte denn auch schon das Oberappellationsgericht jene Clausel in seinen Entscheidungsgründen *ad sententiam de* 12. December 1822[7750]. Es gedachte ihrer als eine die gesetzliche Vermuthung in *Cap. 47 de R. I. in 6to*[7751] unterstützende Thatsache, die gleich jeder Vermuthung mit einziger Ausnahme der hier nicht vorhandenen *praesumtio juris & de jure*[7752] der Wahr- [S. 385[7753]] heit weichen muß und verstattete folgeweise den Beweis der entgegenstehenden Behauptung.

B. Dazu mußte dieses höchste Tribunal sich aber umso mehr berufen fühlen, als die <u>rücksichtslose</u> Hinzufügung der Clausel (Bediente sich Capitain Haase derselben doch auch bey Unterzeichnung des Connoissements über das Colly  No. 19, in Ansehung dessen der Zeuge Minlos auf seinen geleisteten Zeugeneid bestimmt behauptet, es sey der Inhalt ausgepackt und dem Schiffer vorgelegt.[7754]) den Schiffern zur andern Gewohnheit geworden und eben daher überhaupt nicht geeignet ist, die Befrachter in ihren Rechten auf irgend eine Weise zu beeinträchtigen.

confer Pöhls Handelsrecht Th. 2 p. 478[7755].

Gleiche Verdammniß trift den *sub C. ad replicas*[7756] beigebrachten vom Schiffer vor dem Magistrate zu Reval abgelegten Protest. Er enthält nichts als einseitige Erklärungen eines Mannes, der, um den Kopf aus der Schlinge zu ziehen, den russischen Behörden gegenüber wohl noch zu crasseren Täuschungen sich würde bereitwillig haben finden lassen. Keiner der bisherigen Richter in vorliegender Sache, denen allen dies gerühmte Actenstück vor Augen lag, hat es eines Worts gewürdigt, weil seine auf den ersten Anblick sich ergebende Beweisunfähigkeit jede [S. 386[7757]] weitere Prüfung überflüssig machte.

7750 Oben S. 445 (S. 555 der Akte L I 22 a).

7751 Allegation aus dem kanonischen Recht: VI 5, 12, 47.

7752 „Unwiderlegliche gesetzliche Vermutung", hierzu Knut Wolfgang Nörr, Romanisch-kanonisches Prozessrecht. Erkenntnisverfahren erster Instanz in civilibus, Heidelberg 2012, S. 170.

7753 Zeitgenössisch S. 10.

7754 *Bediente … vorgelegt* als Sternchenfußnote am unteren Seitenrand.

7755 Meno Pöhls, Darstellung des gemeinen Deutschen und des Hamburgischen Handelsrechts für Juristen und Kaufleute. Dritter Band: Darstellung des Seerechts nach gemeinem und Hamburgischen Rechte und nach den Gesetzen der vorzüglichsten handelnden Staaten Europa's und America's. Zweiter Theil, Hamburg 1831, S. 478. – Zu diesem Werk: John Karl-Heinz Montag, Die Lehrdarstellung des Handelsrechts von Georg Friedrich von Martens bis Meno Pöhls (Rechtshistorische Reihe 48), Frankfurt am Main 1986.

7756 Replik: Antwort der Kläger auf die Klageerwiderung (Exzeptionsschrift) der Beklagen, hier wohl Verweis auf die Prozessakte des Niedergerichts.

7757 Zeitgenössisch S. 11.

Vergeblich berufen sich die Kläger auch, um die Unbekanntschaft des Schiffers mit dem verbotenen Inhalte der auf Ordreconnoissemente verladenen Waaren plausibel zu machen, auf das gewöhnliche Maaß der dafür stipulirten[7758] Fracht. Denn eben in dem von diesem Schiffer kurz vor seiner letzten Reise an Ort und Stelle ausgemittelten derzeitigen Mangel jeglicher Gefahr und in dem Leichtsinne, womit er sich verbotenen, durch mitgebrachte Ordrebriefe, die er sich in Reval zu verschaffen wußte, von ihm selbst beförderten Unternehmungen widmete, ist der Grund zu suchen, aus welchem er durch niedrige, ja unter dem gewöhlichen Maaße bleibende Frachtforderungen vor andern hiesigen Schiffern, welche damahls wie namentlich Schiffer Adler[7759] gleichzeitig auf Reval in Laden lagen, sein Fahrzeug zu füllen suchte, was ungeachtet seiner billigen Bedingungen ihm doch nicht einmahl vollständig gelang, so daß er nach Ausweise des Manifests noch Ballast einnehmen mußte.

2. Wenn hiernächst weder durch die Connoissemente noch durch den Protest die Unbekannt- [S. 387[7760]] schaft des Schiffers mit dem verbotenen Inhalte, der für die Beklagten verladenen Ballen und Gebinde bewiesen, weniger aber noch zur unumstößlichen Wahrheit erhoben ist, so läßt sich auch eine Beschränkung im Gebrauche der Beweismittel, um das Gegentheil darzulegen, überall nicht rechtfertigen. Wie Zeugen und Urkunden so ist auch die von den Beklagten theils *principaliter*[7761], theils *eventualiter*[7762] zur Hand genommene Eidesdelation[7763] zulässig. Die Gegner können eine Erklärung darauf rechtlich nicht verweigern. Diese, aber auch nur diese ist ihnen auferlegt, und wenn sie sich darüber beschweren, so kämpfen sie mit den bekanntesten Regeln des Processes. Sie dürfen auf keinen ihnen günstigen Erfolg hoffen. Aber auch seinerzeit werden sie sich dem ihnen angetragenen Eide, dessen es in Ansehung des Beklagten Wildtfanck bey einer zu erwartenden gründlichen Würdigung seines Zeugenbeweises nicht bedürfen wird, keineswegs entziehen können.

Dem römischen Rechte[7764] ist der freiwillige Eid nur als ein Auskunftsmittel zur definitiven Beendigung obschwebender Privatstreitigkeiten be- [S. 388[7765]] kannt. Daher nennt es ihn ein *remedium expediendarum litium*[7766],

7758 „Vereinbarten".
7759 Johann Diedrich Adler, seine notariell beurkundete Aussage oben S. 215 (S. 265 der Akte L I 22 a).
7760 Zeitgenössisch S. 12.
7761 „In erster Linie".
7762 „Hilfsweise".
7763 „Eideszuschiebung".
7764 Allgemeine Ausführungen zum römischen Recht auch oben bei Anm. 4154. Solche geschichtlichen Rückgriffe auf verschiedene Stufen der Rechtsquellen zeigen die praktische Bedeutung der Historischen Rechtsschule auch im gerichtlichen Alltag.
7765 Zeitgenössisch S. 13.
7766 „Mittel zur Erledigung von Rechtsstreitigkeiten", Übersetzung bei Okko Behrends / Rolf Knütel / Berthold Kupisch / Hans Hermann Seiler (Hrsg.), Corpus Iuris Civilis. Text und Übersetzung III: Digesten 11–20, Heidelberg 1999, S. 69.

L. 1. D. de jurejurando (12, 2)[7767]

eine *species transactionis*[7768]

L. 2 D. eodem[7769]

Es frägt nicht nach der Relevanz der zur Eideshand gelegten Thatsache,

L. 39 D. eodem,[7770]

verbindet den Delaten[7771] unbedingt zur Ableistung oder Zurückschiebung des Eides, nennt die Weigerung des einen und andern eine *manifesta turpitudo*[7772] und knüpft das Eingeständniß als Folge daran.

L. 38 eodem[7773]

In dieser Auffassung liegt offenbar eine hohe Billigkeit. Sie bietet dem Betheiligten, wenn Beweise ihm mangeln, einen Weg zum Gewissen seines Gegners dar und bewahrt ihn nicht selten gegen den Verlust seiner Rechte. Schon deshalb also ist der Glaubenseid keineswegs schlechthin zu misbilligen. Er rechtfertigt sich vielmehr aus den allgemeinen Prinzipien der fortwährend für unsere Gerichtshöfe verbindlichen Lehre des römischen Rechts vom Eide, ist weder durch diese Legislation noch durch das päbstliche Recht noch endlich durch [S. 389[7774]] die Reichsgesetze reprobirt[7775], sondern findet sogar in diesen drey Rechtsquellen eine specielle Stütze.

Auth. de his, qui ingred. d. 2 (2, 59)[7776]

Cap. 5. X de purgatione canonica (5, 34)[7777]

J. R. A. § 43 und 49[7778].

So bildete sich denn zu Gunsten des Glaubenseides eine entschiedene Praxis,

Hoffacker princ. jur. civ. T. III § 4509[7779].

7767 Allegation aus dem römischen Recht: D. 12, 2, 1 (Titel: De iureiurando sive voluntario sive necessario sive iudiciali).

7768 „Besondere Art von Vergleich", Übersetzung wie Anm. 7766.

7769 D. 12, 2, 2.

7770 D. 12, 2, 39.

7771 „Denjenigen, dem der Eid zugeschoben wurde".

7772 „Offensichtliche Sittenwidrigkeit", wie Anm. 7766, S. 87.

7773 D. 12, 2, 38.

7774 Zeitgenössisch S. 14.

7775 Hier geht es um die Fortgeltung des römischen Rechts, das in diesem Punkt durch spätere Rechtsquellen angeblich nicht verdrängt wurde. Im Gegensatz hierzu entschied das Oberappellationsgericht den zweiten Rechtsstreit weitgehend auf der Grundlage des kanonischen Rechts (Entscheidungsgründe oben S. 597, 599 und 601 (S. 186, 190 und 193 der Akte L I 122)). In jedem Fall erkennt man den großen Einfluss des gemeinen Rechts auch für dogmatische Einzelfragen.

7776 Authentica (Zusatz) „De his, qui ingred. ad appell." zu C. 2, 59, 1, nachgewiesen z. B. bei Dionysius Gothofredus (Hrsg.), Corpus Juris Civilis Romani, Leipzig 1705, Codex Sp. 177–178.

7777 Allegation aus dem kanonischen Recht X. 5, 34, 5 (Titel: De purgatione canonica).

7778 Jüngster Reichsabschied 1654 §§ 43, 49, in: Johann Jacob Schmauß/Heinrich Christian von Senckenberg (Hrsg.), Neue und vollständigere Sammlung der Reichsabschiede, Teile I–IV, Nachdruck Osnabrück 1967 der Ausgabe Frankfurt am Main 1747, III. Teil, S. 650–651.

7779 Carl Christoph Hofacker/Christian Gmelin, Principia Juris Civilis, tomus tertius, Tübingen 1798, § 4509, S. 949–950.

Wernher obs. forens. T. I. P. IV. obs. 150 No. 541 sequ.[7780]

Mev. Dec. P. I. dec. 61. dec. 121, P. VI dec. 277. P. VII dec. 238, 260 not. 5[7781].

Cocceji jus controvers. Libr. XII Tit. 2 quaest. 44 pag. 643.[7782]

welche auch von neuern Schriftstellern bezeugt

Martin Lehrbuch des Processes 10te Ausgabe not. k.[7783]

Linde Civil-Proceß 2te Ausgabe § 309[7784].

und selbst von den Klägern in ihren *gravaminibus appellationis IIdae instantiae sub producto de*[7785] 8. Januar 1829, *pagina* 32 *in fine*[7786], unter Berufung auf die Gesetze in Schutz genommen ist.

Die gegen diesen Eid hin und wieder gemachten Einwürfe bezielen meistens nur den Fall, [S. 390[7787]] wenn es dem Glauben dessen, der schwören soll, an jeglicher Stütze gebricht oder mit andern Worten, wenn überall nichts vorliegt, woraus eine bestimmte Ueberzeugung oder Meinung sich schöpfen läßt. Mit einem solchen Falle haben wir es hier aber keineswegs zu thun. Es bieten vielmehr die Acten so reichliche Materialien dar, daß Kläger, wenn schuldigermaaßen sie jene Acten eines prüfenden Blicks gewürdigt haben werden, wenn sie die abgehörten Zeugen nicht für Lügner und Meineidige halten, wenn sie den zur eidlichen Betheuerung der Wahrheit ihrer Behauptungen erbötigen Beklagten nicht jegliche Moralitaet absprechen, keinen Augenblick über die auf die Eidesdelation dareinst abzugebende Erklärung zweifelhaft seyn können. Es sind aber diese Materialien zur Begründung und Befestigung des Glaubens sämmtlichen Beklagten[7788] gleich zugänglich, und es genügt daher nicht, daß einer oder einige aus ihrer Mitte mit ihrem Gewissen zu Rathe gehen. Die desfalsige Verbindlichkeit und die nach sorgsamer Prüfung abzugebende Erklärung wird nun zwar hinsichtlich der Erben des Schiffers Haase von den Gegnern überall nicht bestritten, al- [S. 391[7789]] lein sie wollen unter den Rhedern nur den erwählten Correspondenten[7790] für pflichtig

---

7780 Johann Balthasar von Wernher / Dieterich Hermann Kemmerich, Selectae Observationes Forenses, Band 1, Jena und Leipzig 1756, observatio 150, S. 866–867, observatio 151, Rn. 541, S. 897.

7781 David Mevius, Decisiones super causis praecipuis ad summum tribunal regium Vismariense delatis, Frankfurt am Main 1726, Teil 1, decisio 61, S. 25, decisio 121, S. 47; Teil 6, decisio 277, S. 96; Teil 7, decisio 238, S. 231, decisio 260 n. 5., S. 239.

7782 Samuel von Cocceji, Jus Civile Controversum, Frankfurt und Leipzig 1740, Liber XII, Tit. II, quaestio 44, S. 643: „An in supplementum jurans de scientia & veritate iurare debeat, an etiam aliquando iuret de credulitate?"

7783 Der Schriftsatzverfasser zitiert zwar die einschlägige Auflage von 1827 (wie Anm. 7694), aber weder die Seitenzahl noch die neue Paragraphenzählung. Da Martin ausschließlich Buchstabenfußnoten benutzt, lässt sich die Fundstelle nicht näher bestimmen.

7784 Justin Timotheus Balthasar Linde, Lehrbuch des deutschen gemeinen Civilprozesses, 2. Aufl. Bonn 1828, § 309, S. 452. „Von der Beweisaufnahme. aa. Richterliche Verfügung auf die Einlassung des Delaten".

7785 „In ihren Berufungsbeschwerden der zweiten Instanz im Schriftsatz vom".

7786 „Am Ende".

7787 Zeitgenössisch S. 15.

7788 Unverständlich. Es geht um die Kläger, die einen Glaubenseid leisten sollen.

7789 Zeitgenössisch S. 16.

7790 Senator Conrad Platzmann.

geachtet wissen, ohne zu bedenken, daß das Verhältniß beider zum Schiffer oder *exercitor*[7791] dasselbe ist[7792], daß dieser Mandatar[7793] sämmtlicher Rheder, nicht des Correspondentrheders allein war und daß eben in diesem Mandatsverhältnisse der Antrag des Glaubenseides eine selbst von den strengern Critikern anerkannte wesentliche Stütze findet.

ad gravamen[7794] *2.*

Um die Nichtigkeit dieser Beschwerde darzulegen, bedarf es eines Rückblicks auf die Proceßgeschichte.

Das *ab extraneis*[7795] eingehohlte Erkenntniß des Obergerichts vom 1. November 1821[7796] verurtheilte die Beklagten zur Einlassung auf die jenseitige Klage und setzte dann hinzu,

> „weil sie nun solches bereits gethan (sich eingelassen) und der Klage zwar nicht allenthalben geständig, die verneinten Puncte jedoch aus den Acten und Rechten ihre Erledigung erhalten, so sind Beklagte mit Ausnahme derjenigen, zu deren von ihnen verladenen Waaren sich die Verlader [S. 392[7797]] im Zollen zu Reval erweislich gemeldet und die ihnen als solchen obliegenden Pflichten erfüllt haben, die geklagten Schäden, Verlüste und Nachtheile zu Banco-Assignaten Rubel 16.979,– und Courant Mark 2.273, 3 Schilling, wenn sie von den Klägern gehörig erweislich gemacht worden, nebst Zinsen hievon seit erhobener Klage denenselben zu ersetzen schuldig usw."

Daß dieser *passus* des erwähnten Judicats fast soviel Unrichtigkeiten und Widersprüche als Worte enthielt, mußte jedem Unbefangenen einleuchten. Er ward daher Gegenstand einer besondern diesseitigen Beschwerde[7798], womit sich die an dieses höchste Tribunal gelangte, den 18. December 1821 der Decretur[7799] unterzogene Appellationseinführung und Rechtfertigung *sub* 7, *pagina* 24 ff.[7800], umfänglich beschäftigt. Das hochpreisliche Oberappellationsgericht misbilligte jenen Theil der angefochtenen Entscheidung auch gänzlich, es interloquirte obgedachtermaaßen auf Beweis[7801], dessen etwanige Führung aber keine weitere Folge haben sollte als die Verbindlichkeit der Beklagten zur Einlassung auf die Klage oder, *quod idem*[7802], auf den Betrag des geforderten Schadens. [S. 393[7803]]

7791 „Zum Ausführenden".
7792 Zwei Ausrufezeichen mit Bleistift am Rand.
7793 „Beauftragter", gemeint ist der Schiffer Haase als Beauftragter sämtlicher Reeder.
7794 „Zum Beschwerdepunkt".
7795 „Von auswärtigen Urteilsverfassern".
7796 Oben S. 134 (S. 99 der Akte L I 22 a). Die Entscheidung stammte von der Juristenfakultät Jena.
7797 Zeitgenössisch S. 17.
7798 Berufungsbeschwerden der Beklagten im ersten Rechtsstreit vor dem Oberappellationsgericht, oben S. 86 (S. 5 der Akte L I 22 a).
7799 Kommunikativdekret des Oberappellationsgerichts, oben S. 193 (S. 225 der Akte L I 22 a).
7800 Oben S. 99 (S. 28 der Akte L I 22 a).
7801 Urteil vom 12. Dezember 1822, oben S. 429 (S. 537 der Akte L I 22 a).
7802 „Was dasselbe bedeutet".
7803 Zeitgenössisch S. 18.

confer Sententia des Oberappellationsgerichts *de* 12. December 1822.

Es begründet dieser Gerichtshof seine damit ausgesprochene Ansicht in den Entscheidungsgründen dieser Sentenz also:

„Sollten übrigens die Beklagten keinen dieser Gegenbeweise führen, die Kläger aber die angeführten Mängel ihrer Beweisführung verbessern, folglich deren Anspruch auf Schadensersatz begründet erscheinen, so kommt es noch auf die Größe desselben an, und da hat das vorige Urtheil sofort den Klägern gestattet, die Richtigkeit ihrer Schadensansätze zu beweisen. Da nun aber bey diesem Verfahren den[7804] Beklagten nur Gelegenheit gegeben würde, die Richtigkeit der eingeklagten Summen zu bestreiten, die Einlassung auf die einzelnen geforderten Posten und deren Quantum aber auf solche Weise ihnen gänzlich abgeschnitten werden würde, gleichwohl sie letztere bisher verweigert, auch nicht einmahl eventuell beschaft haben und erst durch das vorige Erkenntniß dazu schuldig erklärt sind, so mußten sie, wie auch die Kläger selbst dem [S. 394[7805]] nicht widersprochen haben, mit der Einlassung und den Einreden gegen die Ansätze der Schadensforderung annoch zugelassen, das Ganze aber nach dem Princip der Zweckmäßigkeit zu einem besondern künftigen Liquidationsverfahren[7806] verwiesen werden."[7807]

Damit und im weitern Verfolg der Entscheidungsgründe ist klar und unumwunden ausgesprochen, daß für itzt es sich nur um die *quaestio an*[7808], mit andern Worten um die Beantwortung der Frage handelt:

Sind Beklagte überhaupt und im allgemeinen zum Ersatz eines Schadens pflichtig?

Es ist ausgesprochen, daß zur Zeit nur eine proceßhindernde Einrede[7809] zur Entscheidung steht und daß erst dann, wenn diese Entscheidung *finaliter*[7810] ungünstig für die Beklagten ausfiele, – ein Fall, an dessen Eintritt selbst die Gegner gar sehr zweifelten – (Wie wenig Erfolg die jenseitigen Instruenten[7811], Herren C. Platzmann Söhne, sich von ihren *intra terminum*[7812] producirten Documenten versprachen und wie dringend sie daher die Ausfertigung anderer Urkunden betrieben[7813], davon zeugt ihr eigenes Schreiben an H. Platzmann in St. Petersburg *de dato* Lübeck, den 18. September[7814].

7804 Schreibfehler in der Vorlage: *dem*.
7805 Zeitgenössisch S. 19.
7806 „Schadensberechnungsverfahren".
7807 Entscheidungsgründe des Oberappellationsgerichts, oben S. 452–453 (S. 564–565 der Akte L I 22 a).
7808 „Die Frage, ob".
7809 Mit diesem Hinweis verneinen die Beklagten die Entscheidungsreife des Rechtsstreits.
7810 „Endgültig".
7811 „Beauftragten".
7812 „Fristgemäß".
7813 Schreibfehler in der Vorlage: *betreiben*.
7814 Es fehlt die Jahreszahl.

confer Anlage B.B. *ad paritionem sententiae sub producto de*[7815] 30. September 1830 No. 1[7816].

Daher gaben sie denn auch nach Publication des angefochtenen Erkenntnisses *de* 6. November[7817] vorigen Jahres ihr Erstaunen unverhohlen darüber zu erkennen, daß der Verfasser dieser Sentenz[7818] jene Urkunden für genügend geachtet habe.[7819]), aber auch erst dann der Zeitpunct gekommen seyn würde, in welchem sie von der Litiscontestation[7820], von ihren peremtorischen Einreden[7821] den unbeschränktesten Gebrauch zu machen berechtigt erscheinen. [S. 395[7822]] Diese vom hochpreislichen Oberappellationsgerichte in seiner Sentenz vom 12. December 1822[7823] den Beklagten unverletzt erhaltene und in den hinzugefügten Entscheidungsgründen[7824] umständlich entwickelte Befugniß wollen merkwürdigerweise die Kläger aus eben diesen Entscheidungsgründen bestreiten, indem sie sich auf eine aus dem Zusammenhange gerissene Stelle derselben berufen und diese ihren Ansichten gemäß zu deuten suchen.

Rechtskräftig stehe fest, so argumentiren die Gegner, daß jeder der Beklagten *principaliter*[7825] und ohne Zinsen, Schäden und Kosten vorläufig in Anschlag zu bringen den Klägern eine Summe zu ersetzen habe, welche dem Ertrage der von ihm verschifften Contrabande in der zu St. Petersburg gehaltenen Auction gleichkomme, nur mit der Beschränkung, daß von ihnen zusammengenommen nie mehr, als der von Klägern erlittene Schaden beträgt, gefordert werden könne. Daher sey es denn gleichgültig und dem gegenwärtigen Rechtsstreite fremd, ob außer den drey Beklagten noch andere Einlader[7826] mit dem Schiffer Haase Contrabande verschifft, insofern nur nicht mehr von ihnen gefordert werde, [S. 396[7827]] als die von ihnen allein verwirkte Zollstrafe betrage. Diese Strafe bilde einen Gegenstand für sich, und so wenig die Beklagten für andere Uebertreter der russischen Zollgesetze haften sollten, so wenig könne ihnen der zufällige Umstand zustatten kommen,

---

7815 „Zur Befolgung des Urteils durch Schriftsatz vom".

7816 Es ist unklar, ob sich der Verweis auf die Akte des Niedergerichts oder des Obergerichts bezieht. Umfangreiche Zitate aus dem Briefwechsel zwischen Conrad und Heinrich Platzmann befinden sich in der Relation von Georg du Roi, oben ab S. 661 (S. 97 der Akte L I 161).

7817 Oben S. 819 (S. 59 der Akte).

7818 Gemeint ist die Juristenfakultät Kiel.

7819 *Wie wenig Erfolg … geachtet habe* als Sternchenfußnote am unteren Seitenrand.

7820 „Streitbefestigung", umfassend hierzu Steffen Schlinker, Litis Contestatio. Eine Untersuchung über die Grundlagen des gelehrten Zivilprozesses in der Zeit vom 12. bis zum 19. Jahrhundert (Studien zur europäischen Rechtsgeschichte 233), Frankfurt am Main 2008.

7821 Dauerhafte Einreden, die dazu führen, dass der Klageanspruch nicht durchsetzbar ist, vom gemeinen Recht als Prozesshindernis anerkannt, dazu Georg Wilhelm Wetzell, System des ordentlichen Civilprocesses, 3. Aufl. Leipzig 1878, S. 963–964.

7822 Zeitgenössisch S. 20.

7823 Oben S. 429 (S. 537 der Akte L I 22 a).

7824 Oben ab S. 432 (S. 541 der Akte L I 22 a).

7825 „In der Hauptsache, in erster Linie".

7826 Insgesamt scheint das Schiff Dora Waren von 13 Handelshäusern transportiert zu haben.

7827 Zeitgenössisch S. 21.

daß die russischen Behörden in Ermangelung eines hinreichenden Objects, dessen Werth dem Betrage der von allen Einladern verwirkten Strafe gleichgekommen, sich mit einer geringern Summe begnügten. Kläger dürften sich daher mit einem Theile ihrer Ersatzforderung an etwanige andere *socios delicti*[7828] nicht verweisen lassen, vielmehr sey es *eventualiter*[7829] Sache der Beklagten, gegen dergleichen Genossen ihren Regreß zu nehmen.

Vergleichen wir dieses Raisonnement mit der Sentenz vom 12. December 1822, so finden wir darin von dem allen nicht ein Wort. Wir finden darin, wie schon vorhin bemerkt, nichts weiter als injungirte[7830] Beweise, von deren Ausfall die diesseitige Pflicht zur Einlassung auf die Klage abhängig gemacht ist. Nehmen wir aber die Gründe zur Hand, auf welche jenes Judicat basirt ist, so erblicken wir darin zwar Worte, [S. 397[7831]] deren sich die Kläger zur Rechtfertigung ihres unlautern Beginnens bedient haben, überzeugen uns aber sofort, daß der Richter damit ganz etwas anderes hat sagen wollen, als was Kläger ihm beizumessen sich unterfangen[7832]. Diese hatten die itzigen und früher ausgeschiedenen Beklagten als *socios delicti* und solchergestalt als *correos debendi*[7833] klagend in Anspruch genommen und da, wie jene Entscheidungsgründe, *pagina* 3[7834], besagen, sämmtliche Puncte des Rechtsstreits *per appellationem* an das höchste Tribunal devolvirt[7835] waren, so stand auch die den Beklagten angesonnene Correalobligation[7836] zur Prüfung und Entscheidung. Sie ward verworfen, und in dieser Beziehung bemerkt das erkennende Gericht in seinen Entscheidungsgründen, nach welchem Verhältnisse die Einlader verbotener Waaren dareinst seiner – hier freilich ohne Folge bleibenden – Meinung nach zum Ersatze eines *eventualiter*[7837] erst durch das künftige Liquidationsverfahren[7838] festzustellenden Schadens concurriren, sagt mithin nicht, daß die Strafgelder, welche oder was davon für die verbotenen Waaren eines jeden Einladers beigetrieben worden, einen in sich geschlossenen, [S. 398[7839]] von concurrirender Schuld dritter Personen unabhängigen Gegenstand bilde. Zum Ueberfluß verweisen wir noch auf *pagina* 37 der mehrgedachten Entscheidungsgründe des Oberappellationsge-

7828 „Teilnehmer der unerlaubten Handlung, des Gesetzesverstoßes".
7829 „Hilfsweise".
7830 „Auferlegte".
7831 Zeitgenössisch S. 22.
7832 Die Parteien legten die Entscheidungsgründe des Oberappellationsgerichts jeweils ganz in ihrem Sinne aus. Rechtsfrieden und Rechtssicherheit konnte das Oberappellationsgericht mit seinem ersten Beweisurteil von 1822 also nicht schaffen.
7833 „Gesamtschuldner", Hinweis hierzu bei Constantin Kruse, Alternative Kausalität im Deliktsrecht – Eine historische und vergleichende Untersuchung (Münsteraner Studien zur Rechtsvergleichung 117), Münster 2006, S. 112.
7834 Oben S. 433–434 (S. 542–543 der Akte L I 22 a).
7835 „Im Instanzenzug dorthin gelangt".
7836 „Gesamtschuld".
7837 „Hilfsweise".
7838 „Schadensberechnungsverfahren".
7839 Zeitgenössisch S. 23.

richts[7840], wo das Object eines durch die rechtskräftige Entscheidung der Vorfrage bedingten Liquidationsverfahrens in seinen Einzelheiten bezeichnet, damit aber zugleich der Sinn jener von den Klägern in ihrem Interesse verfälschten Stelle außer allen Zweifel gesetzt ist. Die Kläger können nun freilich den solchergestalt für das Verfahren unwiderruflich vorgezeichneten Weg nicht in Abrede stellen, sind aber, um die daraus für sie hervorgehende Verlegenheit zu beseitigen, sofort mit einem Mittel bey der Hand. Eines besondern Liquidationsverfahrens, so sagen sie, bedürfe es nicht mehr, weil sie anerkanntermaaßen bewiesen hätten, was zu beweisen ihnen obgelegen habe. Daran knüpfen sie eine wiederhohlte umfängliche Erörterung ihrer Beweismaterialien, ja sie versuchen es, wiewohl mit unverkennbarer Schüchternheit noch einmahl, ihren verspäteten, durch übereinstimmende längst rechtskräftige Entscheidungen *ab actis* removirten[7841] Documenten[7842] [S. 399[7843]] womöglich noch itzt Zugang zu verschaffen. Wie werthlos diese Schriftstücke auch sind und wie leicht die Nachweisung ihrer Mängel und Lücken den Beklagten auch geworden seyn würde, so kann doch begreiflich itzt von einer Adhibirung[7844] jener gerühmten Urkunden zu den Acten überall nicht weiter die Rede seyn, und der Richter, welcher dennoch auf ihre Beibringung erkennen oder auch nur ihre gelegentliche Production gutheißen wollte, würde eines unverkennbaren Attentats[7845] sich schuldig machen. Sowenig wir dies zu besorgen haben, ebensowenig dürfen wir fürchten, daß man in dieser höchsten Instanz die Schranken der Rechtskraft umstoßen, die Frage erneuerter Prüfung und Entscheidung unterziehn werde, ob es unter gewissen Voraussetzungen eines Liquidationsverfahrens noch bedürfte.

Wir könnten uns mit diesen Bemerkungen zur jenseitigen zweiten Beschwerde begnügen, wenn wir es nicht für nöthig, mindestens für zuträglich erachteten, den processualischen Stand der Sache gegen die absichtlichen Verdrehungen unserer Gegner zu schützen. Hätten diese, was freilich wir einzuräumen weit [S. 400[7846]] entfernt sind, den ihnen *in sententia* des Oberappellationsgerichts vom 12. December 1822[7847] auferlegten Beweis erbracht und könnte im Widerspruch mit actenkundigen Thatsachen, mit eidlichen Betheuerungen abgehörter Zeugen, könnte unter Verkennung des Erbietens dreyer ehrenwerther Männer, die Wahrheit ihrer Versicherungen eidlich zu bekräftigen, jemahls für erwiesen angenommen werden, Schiffer Haase sey bey Uebernahme der fraglichen Güter von deren verbotener

---

7840 Oben S. 453 (S. 565 der Akte L I 22 a).
7841 „Von den Akten entfernten".
7842 Gemeint ist die „Nachträgliche Äußerung" der Kläger, Abschrift oben S. 483 (S. 50 der Akte L I 122).
7843 Zeitgenössisch S. 24.
7844 „Hinzufügung, Verwendung".
7845 „Gewalttat", Handlungen, die „vor dem endlichen Austrag des Rechtens, von dem Unter-Richter widerrechtlich zum Praejudiz des einen Theils vorgenommen werden", in: Samuel Oberländer (Hrsg.), Lexicon Juridicum Romano-Teutonicum, hrsg. und eingeleitet v. Rainer Polley, Nachdruck Köln, Weimar, Wien 2000 der 4. Aufl. Nürnberg 1753, S. 68.
7846 Zeitgenössisch S. 25.
7847 Oben S. 429 (S. 537 der Akte L I 22 a).

Qualitaet nicht unterrichtet gewesen, so würden nun erst die Fragen aufgeworfen werden können:

1. Welcher Schaden ist dem Schiffer und seiner Rhederey aus der Entdeckung und Confiscation verladener Contrabande erwachsen?

2. Wer ist Urheber dieses Schadens?

Bey der Prüfung beider Fragen wäre dann der Rechtspunct vom Beweise der einzelnen Ansätze genau zu trennen, denn eben darin liegt der wesentliche Unterschied zwischen der *ab extraneis*[7848] eingehohlten Entscheidung zweiter Instanz *de* 1. November 1821[7849] und dem Erkenntnisse des Oberappellationsgerichts *de* 12. December 1822[7850], welches letztere den Beklagten Einlassung und Einreden [S. 401[7851]] respective auf- und gegen die Ansätze der Schadensrechnung vorbehält, diese als Prüfungs- und Entscheidungspuncte zum abgesonderten Liquidationsverfahren verweißt. Von dem allen ist aber auch in der That bisher nicht die Rede gewesen. Denn wer mögte wohl, was die erste Frage betrift, der einseitigen, überall nicht controlirten Taxation[7852] des Schiffs durch unbeeidigte, jeden öffentlichen Character, jede amtliche Stellung entbehrende, von den Betheiligten oder deren Mandatarien[7853] einseitig instruirte Schiffer auch nur den mindesten Werth beilegen, wer angebliche Verwendungen, von denen weder constirt[7854], daß sie nöthig waren, noch daß überall sie gemacht sind, den Beklagten ohne weiteres zur Last bringen? Wer mögte, die zweite Frage anlangend, aus beliebig zugeschnittenen, sich einander widersprechenden Erklärungen russischer Administrativbehörden das Resultat zu ziehn wagen, die Beklagten seyen die zum Schadensersatze verpflichteten Urheber, ja seyen die einzigen Schuldigen? Wer, sagen wir, mögte zu einer solchen Annahme sich berechtigt halten, den die Acten lehren, daß [S. 402[7855]] der Schiffer selbst 14 Anker Rumm, eine nach *pagina* 33 des jenseits producirten Zolltarifs[7856] zur Einfuhr absolut verbotene Waare, einzuschwärzen gesucht hat und dabey ertappt ist, den eben diese Acten lehren, daß jener Schiffer außer den Gütern der Beklagten eine sechsfach größere Anzahl von Collys auf Ordreconnoissemente mitnahm, daß er gegen sämmtliche Verlader solcher Waarenballen, in denen, wie das Zollamt zu Reval attestirt, größtentheils verbotene Waaren vorgefunden worden, protestirt, sich also gegen alle ohne Ausnahme Ansprüche auf Schadensersatz beigemessen hat, den endlich sogar der zur Beantwortung vorliegende Appellationslibell der

7848 „Von auswärtigen Urteilsverfassern" der Universität Jena.
7849 Oben S. 173 (S. 187 der Akte L I 22 a).
7850 Oben S. 429 (S. 537 der Akte L I 22 a).
7851 Zeitgenössisch S. 26.
7852 „Wertfestsetzung".
7853 „Beauftragten".
7854 „Feststeht".
7855 Zeitgenössisch S. 27.
7856 Der Zolltarif befindet sich nicht in der Akte des Oberappellationsgerichts.

Beklagten[7857] im Eingange lehrt, es habe die Confiscation über sämmtliche an Ordre verladene Güter sich erstreckt, zu welcher kein Empfänger sich gemeldet, ohne daß auch nur mit einer Silbe behauptet, vielweniger aber erwiesen ist, daß ausser den Gütern der Beklagten alle übrigen empfangen seyen?[7858] Und doch würden nach genügend beantworteten Vorfragen alle Urheber der Einfuhr entdeckter verbotener Waaren (also auch die Gebrüder Müller, welche nach eigener Angabe der Kläger *in adjuncto*[7859] D.D. zu ihrer Appellationseinführung und Rechtfertigung seidene, Atlas- und Gros-Detour-Bänder, eine laut jenseits producirten Tarifs *pagina* 17 nur für Petersburg zur Einfuhr erlaubte, für Reval daher verbotene Waare, nach letzterm Orte versandt hatten, also auch der Ablader des Collys  No. 75, worin laut des Revaler Attests (Anlage 7 *ad Recessum* XXXIII[7860]) namentlich 80 Dutzend – nicht, wie die jenseitige Anlage D.D. sagt, 8 Dutzend – Fingerhüte, eine nach *pagina* 31 jenes Tarifs sogar zur Einfuhr in Rußland absolut verbotene Waare, sich befanden, ohne daß die Entgegennahme dieser Contrabande und ihre Befreiung von der gesetzlichen Strafe, welcher sie doch laut des Revaler Attests wirklich unterzogen wurde, nachgewiesen ist[7861]) zum Ersatze [S. 403[7862]] eines etwa ermittelten Schadens zu concurriren haben, da es bey der rechtskräftig verworfenen solidarischen Verbindlichkeit nicht von den Klägern abhängt, wen sie seiner Verbindlichkeit entlassen und wen sie dagegen in Anspruch nehmen wollen, dieser Punct vielmehr richterlicher Entscheidung anheimgestellt bleiben muß. Liegt es doch schon in den Begriffen von Ursache und Wirkung, im gesetzlich erforderlichen Causalnexus zwischen *injuria* und *damnum*[7863], daß – den hier keineswegs vorhandenen Fall solidarischer Verbindlichkeit ausgenommen – von mehreren Schuldigen nicht einer oder einige für das Ganze in Anspruch genommen und zum Regreß gegen ihre Mitschuldigen verwiesen werden können, daß vielmehr Sache des Berechtigten es ist, die Schuldigen alle sich aufzusuchen. Doch alles dies wird hier nur beiläufig und unbeschadet diesseitiger Appellationsbeschwerden bemerkt, um aus den Acten die absichtlichen Verdrehungen unserer Gegner recht anschaulich zu machen.

7857 Vermutlich Verweis nach oben S. 877–878 (S. 172 der Akte).

7858 Der Schriftsatzverfasser benutzt seine ellenlangen Bandwurmsätze augenscheinlich als rhetorisches Stilmittel.

7859 „In der Anlage".

7860 Verweis auf die Prozessakte des Niedergerichts.

7861 *Also auch die Gebrüder … nachgewiesen ist* als Sternchenfußnote am unteren Seitenrand von S. 402 und 403 eingefügt.

7862 Zeitgenössisch S. 28.

7863 Ursachenzusammenhang zwischen Rechtsverletzung und Schaden. *Injuria* ist hier allgemein zu verstehen und hat mit sog. Injurien im Sinne von Ehrverletzungen nichts zu tun.

Ad gravamen 3.

Aus dem Gesagten folgt zugleich die Unhaltbarkeit der jenseitigen dritten Beschwerde. Kläger [S. 404[7864]] selbst verweisen auf die das Liquidationsverfahren seinen einzelnen Bestandtheilen nach vorzeichnende Entscheidung des Oberappellationsgerichts *de* 12. December 1822[7865] und auf dessen Gründe[7866]. Sie vermögen nicht in Abrede zu stellen, daß hiernach die erwiesene Concurrenz dritter, bisher nicht auf Schadensersatz in Anspruch genommener Personen zu den das Schiff Dora und das Eigenthum des Schiffers Haase betroffenen Unglücksfällen, daß die entdeckte Contrabande dieses Schiffers durch jenes Judicat für relevante Puncte im Liquidationsverfahren erklärt worden, daß das Strafmaaß für jedes einzelne Collo begehrt, von ihnen, den Klägern, aber nicht geliefert ist, und wissen dagegen nichts als den oben schon in seiner ganzen Nichtigkeit dargestellten Einwand vorzubringen, die Lage der Sache sey jetzt ganz verschieden von der frühern.

Den Beklagten stehen allenthalben die Acten zur Seite, wenn sie dem Beweise, wie er den Klägern im Interlocute vom 12. December 1822 auferlegt ist, über die Vorfrage hinaus jeglichen Werth absprechen. Was aber von den Versuchen der Kläger, diesen Beweis zu erbringen, was von der Würdigung desselben in voriger Instanz [S. 405[7867]] zu halten ist, darüber haben sich die Beklagten bey der Rechtfertigung ihrer wider das Erkenntniß vom 6. November vorigen Jahres erhobenen Beschwerde[7868] so umfänglich und wie sie glauben so überzeugend vernehmen lassen, daß sie nur darauf sich hier beziehen dürfen. Sie schließen, indem sie dem nicht speciell berührten Vorbringen der Kläger einen generellen Widerspruch entgegenstellen[7869], damit aber gegen die Annahme irgend eines stillschweigenden Zugeständnisses sich feierlichst verwahren, mit der gehorsamsten Bitte

um Verwerfung der jenseitigen Appellationsbeschwerden[7870] und um Verurtheilung ihrer Gegner in die durch deren frivole Appellation veranlaßten Kosten.

Hierüber pp.[7871]

concipit[7872] C. Steche Dr.
produxit[7873] Faber Dr.

7864 Zeitgenössisch S. 29.
7865 Oben S. 429 (S. 537 der Akte L I 22 a).
7866 Oben S. 432 (S. 541 der Akte L I 22 a).
7867 Zeitgenössisch S. 30.
7868 Berufungsbeschwerden der Beklagten im fünften Rechtsstreit am Oberappellationsgericht, oben S. 875 (S. 165 der Akte).
7869 Zur Unwirksamkeit des pauschalen Bestreitens oben Anm. 7694.
7870 Oben ab S. 799 (S. 9 der Akte).
7871 Die Höflichkeitsfloskel mit der Anrufung des hochadligen und mildrichterlichen Amtes fehlt wie immer.
7872 „Ausgearbeitet“.
7873 „Gerichtlich eingereicht“.

Nachtrag: Auch das Erkenntniß über die jenseitige Appellation erbitten die Beklagten sich von einer auswärtigen Juristenfacultaet[7874].

7874 Weiterer Antrag der Beklagten auf Aktenversendung oben S. 900 (S. 217 der Akte).

Sitzungsprotokoll

1835 Februar 24

Auszug aus dem Sitzungsprotokoll des Oberappellationsgerichts für das Geschäftsjahr 1834/35 (AHL OAG A 16, nicht Teil der Prozessakte), geschrieben vom Gerichtssekretär Carl Wilhelm Pauli.

Actum im Oberappellationsgerichte.
Lübeck, den 24. Februar 1835.

Praesentibus omnibus[7875].
(…)

§ 2

Ad No. 395–398 P. B.[7876] referirte D. du Roi über die in Sachen des Rhederei des Schiffes Dora *contra* H. D. Wildtfanck von beiden Theilen übergebenen Vernehmlassungen[7877].

Conclusum

Communicentur hinc inde ad notitiam[7878]. Zugleich seyen die die Parteien von dem Eingange der Voracten[7879] zu benachrichtigen und nunnmehr die vom Beklagten gebetene Actenversendung auf dessen alleinige Kosten zu erkennen, demzufolge dem Beklagten die Erlegung eines[7880] Vorschusses zu den Transmissionskosten von sechszig Rth.[7881] sowie beiden Theilen die Einreichung etwaniger *exceptiones contra academias*[7882], beides *cum termino* von 14 Tagen *et sub praejudicio legaliter*[7883], aufzuerlegen und übrigens auch der Sachführer der Kläger an die Beachtung einer größeren Mäßigung in seiner Schreibart zu erinnern. Auch bei dieser Verhandlung war D. Hach nicht zugegen, *confer* Protocollum vom 22. December vorigen Jahres[7884].

7875 „Im Beisein aller".
7876 Unklare Abkürzung, möglicherweise *Posteingangsbuch* oder *Protocollbuch*.
7877 Oben S. 938 (S. 305 der Akte) und S. 963 (S. 373 der Akte).
7878 „Sie werden beiden Seiten zur Kenntnis mitgeteilt".
7879 Dazu Übersendungsschreiben des Obergerichts oben S. 937 (S. 301).
7880 Wort über der Zeile eingefügt, darunter gestrichen *des*.
7881 Reichstaler, eine reine Recheneinheit. In Lübeck galt die lübische Mark.
7882 „Einwendungen gegen Universitäten".
7883 Hier: „Und unter Ablehnungsandrohung, wie es Recht ist".
7884 Oben S. 932.

Q 16 – Kommunikativdekret des Oberappellationsgerichts

1835 Februar 24

Das Oberappellationsgericht stellt beide Berufungserwiderungen (Aktenstücke Q 14 und Q 15, oben S. 938 und 963) den jeweiligen Prozessgegnern zu. Das Gericht beschließt die Aktenversendung gegen Vorauskasse der Beklagten und gestattet den Parteien, Einwendungen gegen bestimmte Juristenfakultäten zu erheben. Es ermahnt den Schriftsatzverfasser der Kläger zu einem gemäßigten Schreibstil. Entwurf, geschrieben vom Sekretär Carl Wilhelm Pauli, mit Verbesserungen des Gerichtspräsidenten Arnold Heise und Handzeichen von Heise sowie vom Referenten Georg du Roi.

[S. 409] Q 16

Expeditum & insinuatum[7885], den 27. Februar 1835
W. Insin. B. No. 290 und 291

In Sachen der Rhederey des Schiffes Dora und der Erben des Schiffers Georg Hinrich Haase, nämlich der Wittwe desselben, Anna Catharina, geb. Wenditz, jetzt verwittweter Hertel *cum Curatore*[7886], und Jürgen Heinrich Willrath und Adolph Hinrich[7887] Haase als Vormünder der Margaretha Elisabeth Haase, sämmtlich zu Lübeck, Kläger, jetzt Appellanten und respective Appellaten, wider Heinrich Diedrich Wildtfanck, Arnold Hornemann und Friedrich Ernst August Leuenroth daselbst, Beklagte, jetzt Appellaten und respective Appellanten, wegen Schadensersatzes, jetzt geführten Beweis und Gegenbeweis betreffend, werden die von beiden Theilen hieselbst übergebenen Vernehmlassungen[7888] denselben hieneben wechselseitig in Abschrift zu ihrer Nachricht mitgetheilt und, nachdem auch die vom Obergerichte der Freien Hansestadt Lübeck requirirten[7889] Voracten am 12. vorigen Monats richtig eingegangen sind[7890], nunmehr die von den[7891] Beklagten gebetene Versendung der Acten an ein Spruchcollegium – da deren Anträge auf[7892] die Abgabe eines Endurtheils in der Sache gerichtet sind[7893], – auf [S. 410] der[7894] Beklagten alleinige Kosten – hiedurch erkannt; und so wie demzufolge diesen[7895] aufgegeben wird, den ordnungsmäßigen Vorschuß zu den Transmissionskosten,

7885 „Ausgefertigt und zugestellt".
7886 „Mit Geschlechtsvormund".
7887 Verbessert aus *Heinrich*.
7888 Oben S. 938 und 963 (S. 305 und 373 der Akte). – Danach gestrichen *beiden*.
7889 Anforderungsschreiben oben S. 936 (S. 299 der Akte).
7890 Übersendungsschreiben oben S. 937 (S. 301 der Akte).
7891 Wort von Arnold Heise am Rand eingefügt.
7892 *Deren … auf* von Arnold Heise am Rand eingefügt; dafür gestrichen *gegenwärtig*.
7893 *Gerichtet sind* von Arnold Heise am Rand eingefügt, dafür gestrichen *in Frage steht*.
7894 Wort von Arnold Heise über der Zeile eingefügt, darunter gestrichen *des*.
7895 Verbessert aus *diesem*.

welcher hiermit auf sechzig Reichsthaler[7896] in Golde bestimmt wird, binnen vierzehn Tagen bey Vermeidung des im § 143 der Oberappellationsgerichtsordnung[7897] bestimmten Rechtsnachtheils an die Kanzley zu erlegen. So haben nicht weniger beide Theile binnen gleicher Frist, bei Vermeidung[7898] des Ausschlusses, ihre etwaigen Einreden[7899] wider zwey Spruchcollegien[7900] einzureichen, worauf demnächst weitere Verfügung ergehen soll.

Uebrigens wird der Sachführer der Kläger hiedurch erinnert, auch seinerseits die in gerichtlichen Verhandlungen jederzeit zu beobachtende Mäßigung in seiner Schreibart nicht aus den Augen zu setzen[7901].

Lübeck, den 24. Februar 1835.

Das Oberappellationsgericht der vier Freien Städte Deutschlands[7902].

AH GdR[7903]

[Kostenrechnung]

Kläger[7904]		
Stempel	2 Mark	
Collationirung	2 Mark	
Insinuation		8 Schilling
	4 Mark	8 Schilling

Beklagte		
Stempel	2 Mark	
Collationirung	1 Mark	
Insinuation		8 Schilling
	3 Mark	8 Schilling

7896 In der Vorlage *Rth.*, bloße Recheneinheit. Die Währung in Lübeck lautete auf Mark und Schilling.

7897 Abgedruckt bei Friedrich Blume (Hrsg.), Die Gerichtsordnung für das Oberappellationsgericht der vier Freien Städte Deutschlands, Hamburg 1843, § 143, S. 77–78.

7898 Wort von Arnold Heise am Seitenrand eingefügt, dafür gestrichen *Strafe*.

7899 Die Parteien konnten Juristenfakultäten nennen, die sie für befangen oder nicht sachkundig genug hielten. Die Aktenversendung musste dann an andere Spruchkollegien erfolgen. Wegen des Vergleichsschlusses kam es in diesem Verfahren nicht mehr zur Aktenversendung.

7900 Danach gestrichen *allhier*.

7901 Dieselbe Aufforderung an den Schriftsatzverfasser der Beklagten oben S. 935 (S. 298 der Akte). Der Unmut des Präsidenten Heise mit dem ruppigen Stil im fünften Oberappellationsgerichtsprozess zeigt sich deutlich in seiner Relation, unten S. 1016 (S. 6 der Akte).

7902 Abgekürzt *Das OAG. d. v. Fr. St. D.*

7903 Handzeichen des Gerichtspräsidenten Arnold Heise und des Referenten Georg du Roi.

7904 Kostenrechnung rechts unten auf der Seite, ebenfalls geschrieben von Carl Wilhelm Pauli.

Q 17 – Anzeige der Beklagten

1835 März 7

Die Beklagten überreichen die Vorauskasse für die von ihnen beantragte Aktenversendung und schließen zwei Juristenfakultäten vom weiteren Verfahren aus. Schriftsatz, verfasst vom Advokaten Carl Christian Friedrich Steche, beim Oberappellationsgericht eingereicht vom Prokurator Heinrich Ludwig Faber.

[S. 411[7905]] Q 17

No. 447, praesentirt[7906], den 7. Martius 1835[7907]

Stempelbogen[7908]
zur
Anzeige
abseiten
Heinrich Diedrich Wildtfanck und Consorten[7909],
Beklagte, jetzt Appellaten und respective Appellanten,

contra

die Rhederey des Schiffes Dora und die Erben des Schiffers G. H. Haase,
Kläger, jetzt Appellaten und respective Appellanten

[S. 413]
An
die zum Oberappellationsgerichte der vier freien Städte Deutschlands hochverordneten Herren Praesident und Räthe

Gehorsamste Anzeige von Seiten
Heinrich Diedrich Wildtfanck, Arnold Hornemann und Friedrich Ernst August Leuenroth, Beklagte, Appellanten und respective Appellaten
wider
die Rhederei des Schiffes Dora und die Erben des Schiffers Georg Heinrich Haase, Kläger, Appellaten und respective Appellanten
Schadensersatz, jetzt Beweis betreffend

7905 Stempelpapier mit eingeprägtem Stempel des Oberappellationsgerichts und *6 Schilling*, daneben Handzeichen *CWP* von Carl Wilhelm Pauli.
7906 „Gerichtlich eingereicht“.
7907 Präsentationsvermerk des ersten Kanzlisten Georg Wilhelm Dittmer.
7908 Beschriftung des Umschlagbogens durch den ersten Kanzlisten Georg Wilhelm Dittmer.
7909 „Streitgenossen“.

[S. 414] P. P.[7910]

Dem verehrlichen Bescheide vom 24./27. Februar des Jahres[7911] gemäß überreichen die Beklagten hieneben als Vorschuß zu den Transmissionskosten[7912] sechszig Reichsthaler Gold[7913] und erklären sich bey vorsehender Actenverschickung wider die Spruchcollegien zu

Jena[7914] und Heidelberg[7915]

Lübeck, den 7. März 1835.

concipit[7916] C. C. Steche Dr.
produxit[7917] Faber Dr.

7910 Die Höflichkeitsanrede fehlt.
7911 Oben S. 982 (S. 409 der Akte).
7912 „Kosten der Aktenversendung“.
7913 Reichstaler als Währung gab es in Lübeck nicht. In welcher Form die Beklagten die Kosten bezahlten, ist unklar.
7914 Die Juristenfakultät Jena war bereits einmal in der Streitsache tätig gewesen, Entscheidungsgründe oben S. 137 (S. 107 der Akte L I 22 a).
7915 Der Gerichtspräsident Heise und der Referent du Roi waren früher Professoren in Heidelberg gewesen, hierzu Katalin Polgar, Das Oberappellationsgericht der vier freien Städte Deutschlands (1820–1879) und seine Richterpersönlichkeiten (Rechtshistorische Reihe 330), Frankfurt am Main 2007, S. 167–168, 233. Ob dies zum Ausschluss der Juristenfakultät führte, ist unklar.
7916 „Ausgearbeitet“.
7917 „Gerichtlich eingereicht“.

Q 18 – Bescheinigung des Oberappellationsgerichts

1835 März 7

Der erste Kanzlist des Oberappellationsgerichts Georg Wilhelm Dittmer bestätigt den Empfang der von den Beklagten hinterlegten Kosten für die geplante Aktenversendung.

[S. 419] Q 18

In Sachen der Rhederey des Schiffes Dora und der Erben des Schiffers G. H. Haase zu Lübeck, Kläger, jetzt Appellanten[7918] und respective Appellaten[7919], wider Heinrich Diedrich Wildtfanck und Consorten[7920], daselbst, Beklagte, jetzt Appellaten und respective Appellanten, wegen Schadensersatzes, jetzt geführten Beweis und Gegenbeweis betreffend, deponirte, in Gemäßheit Bescheides vom 24. vorigen Monats[7921] Herr Dr. Faber für Beklagte heute den Vorschuß zur Bestreitung der Transmissionskosten mit sechszig Reichsthaler[7922] in Golde.

Lübeck, den 7. März 1835

G. W. Dittmer Dr.[7923]

7918 Verbessert aus *Appellaten*.
7919 Verbessert aus *Appellanten*.
7920 „Streitgenossen".
7921 Oben S. 982 (S. 409 der Akte).
7922 Ungewöhnlich abgekürzt als *Rchtl.*
7923 Es handelt sich, abgesehen von den Inhaltsverzeichnissen (Designationes actorum), um das erste amtliche Dokument der fünf Akten, das von Dittmer unterschrieben ist. Zu seiner Tätigkeit als Notar oben S. 190 (S. 223 der Akte L I 22 a).

Q 19 – Stellungnahme der Kläger zur Aktenversendung

1835 März 13

Die Kläger schließen die Juristenfakultäten Berlin und Halle von der geplanten Aktenversendung aus. Schriftsatz, erstellt vom Advokaten Paul Christian Nicolaus Lembke, gerichtlich eingereicht durch den Prokurator Adolph Schlüter.

[S. 421[7924]] Q 19

No. 461, praesentirt, den 13. Martii 1835[7925]

Stempelbogen[7926]
zur
Paritionsschrift[7927]
abseiten
der Rhederey des Schiffes Dora und der Erben des Schiffers G. H. Haase,
Kläger, Appellanten und respective Appellaten
contra
H. D. Wildtfanck und Consorten[7928],
Beklagte, jetzt Appellaten und respective Appellanten

[S. 423]
An
die zum hochpreislichen Oberappellationsgerichte der vier freien Städte Deutschlands hochverordneten Herren Praesident und Räthe

Gehorsamste Ausnahme zweener Spruchcollegia
abseiten
der Rheder des Schiffes Dora und der Erben des Schiffers G. H. Haase hieselbst, Kläger, Appellaten und respective Appellanten
wider
Heinrich Diedrich Wildtfanck, Arnold Hornemann und Friedrich Ernst August Leuenroth hieselbst, Beklagten[7929], Appellanten und respective Appellaten,
wegen Schadensersatzes

7924 Stempelpapier mit eingeprägtem Stempel des Oberappellationsgerichts und *6 Schilling*, daneben Handzeichen *CWP* von Carl Wilhelm Pauli.

7925 Präsentationsvermerk des ersten Kanzlisten Georg Wilhelm Dittmer.

7926 Umschlagbogen beschriftet vom ersten Kanzlisten Georg Wilhelm Dittmer.

7927 „Befolgungsschrift", gemeint ist die Antwort auf die Aufforderung des Gerichts, zwei Juristenfakultäten von der Aktenversendung auszuschließen.

7928 „Streitgenossen".

7929 Möglicherweise Schreibfehler anstatt richtigerweise *Beklagte*.

[S. 424] P. P.[7930]

In Folgeleistung der Auflage im oberappellationsgerichtlichen Bescheide vom 24./27. Februar[7931] excipiren[7932] Kläger, jetzt Appellaten und respective Appellanten, wider die Spruchcollegia zu Berlin und Halle.

Desuper pp.[7933]

concipit[7934] Lembke Dr.

produxit[7935], den 13. März 1835
Schlüter Dr.

7930 Die Höflichkeitsanrede fehlt.
7931 Oben S. 982 (S. 409 der Akte).
7932 „Ausnehmen".
7933 Die lateinische Schlussformel mit der Anrufung des hochadligen und mildrichterlichen Amtes fehlt.
7934 „Ausgearbeitet".
7935 „Gerichtlich eingereicht".

Sitzungsprotokoll

1835 März 17

Auszug aus dem Sitzungsprotokoll des Oberappellationsgerichts für das Geschäftsjahr 1834/35 (AHL OAG A 16, nicht Teil der Prozessakte), geschrieben vom Gerichtssekretär Carl Wilhelm Pauli.

Actum im Oberappellationsgerichte.
Lübeck, den 17. März 1835.

Absente Domino[7936] Hach, welcher an den beiden Sachen, welche Gegenstand der heutigen Sitzung waren, keinen Theil nehmen konnte, *confer*[7937] die Protocolle vom 5. December 1833[7938] und 22. December[7939] vorigen Jahres[7940].

(...)
§ 1
referirte D. du Roi ad No. 447 und[7941] 461 P. B.[7942] über die in Sachen der Rhederei des Schiffes Dora und der Erben des Schiffers Haase *contra* Wildtfanck und Consorten (*confer* Protocoll vom 22. December vorigen Jahres[7943]) von beiden Theilen übergebenen Befolgungen[7944] des Bescheids vom 24. vorigen Monats[7945].

Conclusum

Communicentur hinc inde ad notitiam[7946] und sei nunmehr die Sache für beschlossen anzunehmen und Termin zur Inrotulation[7947] der Acten[7948] unter monitorischer[7949] Hinzuladung der beiderseitigen Anwälte auf Montag, den 23. des Monats anzuberaumen.

7936 „In Abwesenheit von Herrn“.
7937 Abkürzung *cf.* sehr schwer lesbar.
7938 Dieses Protokoll ist für den hier interessierenden Rechtsstreit nicht einschlägig.
7939 Danach gestrichen *d*[es].
7940 Oben S. 932.
7941 *447 und* über der Zeile eingefügt.
7942 Unklare Abkürzung, möglicherweise *Posteingangsbuch* oder *Protocollbuch*.
7943 Oben S. 932.
7944 Oben S. 984 (S. 411 der Akte) und S. 987 (S. 421 der Akte).
7945 Bescheid des Gerichts oben S. 982 (S. 409 der Akte).
7946 „Sie werden beiderseits zur Kenntnis mitgeteilt“.
7947 „Vorbereitung der Akten zur Versendung“.
7948 Danach gestrichen *auf*.
7949 Wort schwer lesbar.

Auch ward heute der Beschluss über die Wahl der Facultät gefaßt, an welche[7950] Acta zu transmittiren, darüber jedoch ein besonderes Protocoll[7951] aufgenommen und[7952] solches demnächst versiegelt.

7950 Verbessert aus *welches*.
7951 Zur Wahl der Fakultät unten S. 994 (S. 429 der Akte).
7952 Danach gestrichen *darüber ein besonderes Pr.*

Q 20 – Schlussdekret des Oberappellationsgerichts

1835 März 17

Das Oberappellationsgericht erklärt die Entscheidungsreife des Rechtsstreits und lädt die Parteien zum 23. März 1835 zum Inrotulationstermin. Entwurf, verfasst vom Sekretär Carl Wilhelm Pauli, mit Handzeichen des Gerichtspräsidenten Arnold Heise und des Referenten Georg du Roi.

[S. 427] Q 20

Expeditum & insinuatum[7953], den 20. Martius 1835
K. Insin. B. No. 343 und 344

In Sachen der Rhederey des Schiffes Dora und der Erben des Schiffers Georg Hinrich Haase, nämlich der Wittwe desselben, Anna Catharina, geb. Wenditz, jetzt verwittweter Hertel *cum curatore*[7954], und Jürgen Heinrich Willrath und Adolph Hinrich Haase als Vormünder der Margaretha Elisabeth Haase, sämmtlich zu Lübeck, Kläger, jetzt Appellanten und respective Appellaten, wider Heinrich Diedrich Wildtfanck, Arnold Hornemann und Friedrich Ernst August Leuenroth daselbst, Beklagte, jetzt Appellaten und respective Appellanten, wegen Schadensersatzes, jetzt geführten Beweis und Gegenbeweis betreffend, werden die von beiden Theilen hieselbst übergebenen Befolgungen[7955] des Bescheides vom 24.[7956] vorigen Monats[7957] denselben hieneben wechselseitig in Abschrift zur[7958] Nachricht mitgetheilt[7959], auch nunmehr die Sache hiedurch für beschlossen angenommen[7960] und Terminus zur Inrotulation[7961] der Acten auf Montag, den 23. des Monats, anberaumt, an welchem Tage sich beider Theile Anwälte [S. 428] Mittags um zwey Uhr an der Kanzlei des Oberappellationsgerichts einzufinden[7962] haben[7963] und, sie erscheinen dabey oder nicht, mit der Inrotulation wird[7964] verfahren werden.

Lübeck, den 17. März 1835

7953 „Ausgefertigt und zugestellt“.
7954 „Mit Geschlechtsvormund“.
7955 Oben S. 984 und 987 (S. 411 und 421 der Akte).
7956 Danach gestrichen *Februar*.
7957 Bescheid des Oberappellationsgerichts oben S. 982 (S. 409 der Akte).
7958 Danach ein Wort gestrichen, möglicherweise *ihrer*.
7959 Danach gestrichen *und*.
7960 Damit stellt das Gericht förmlich die Entscheidungsreife fest.
7961 „Vorbereitung der Prozessakte für die Aktenversendung“.
7962 Angesichts der reinen Schriftlichkeit des oberappellationsgerichtlichen Verfahren war der Inrotulationstermin eine der wenigen Gelegenheiten, bei denen beide Parteivertreter persönlich gemeinsam vor Gericht erscheinen sollten, wenn auch nicht zur Verhandlung.
7963 Wort über der Zeile eingefügt.
7964 Wort über der Zeile eingefügt, darunter gestrichen *soll*.

Das Oberappellationsgericht der vier Freien Städte Deutschlands[7965].

AH GdR[7966]

[Kostenrechnung]

Beklagte[7967]		
Stempel	2 Mark	
Stempel	2 Mark	
Collationirung		4 Schilling
Insinuation	1 Mark	
	5 Mark	4 Schilling

7965 Abgekürzt *Das OAG. d. v. Fr. St. D.*

7966 Handzeichen des Gerichtspräsidenten Arnold Heise und des Referenten Georg du Roi.

7967 Kostenrechnung am rechten Seitenrand, geschrieben vom Sekretär Carl Wilhelm Pauli. Die Kosten für die Aktenversendung tragen ausschließlich die Beklagten, weil sie hierfür den Antrag gestellt hatten.

Q 21 – Auswahl des Spruchkollegiums

1835 März 17

Das Oberappellationsgericht beschließt, die Akte zur Vorbereitung des Endurteils an die Juristenfakultät Göttingen zu versenden. Protokoll, geschrieben und beglaubigt vom Sekretär Carl Wilhelm Pauli, ursprünglich in einem versiegelten Umschlag.

[S. 429[7968]] Q 21

Ad causam[7969]
der Rhederey des Schiffes Dora pp. contra Wildtfanck und Consorten[7970]

Enthält das Protocoll vom 17. März 1835 über die Wahl des Spruchcollegiums, an welches Acta zu transmittiren[7971].

[S. 431]
Absente[7972] Dr. Hach, welcher an der vorliegenden Sache theilzunehmen ernstlich verhindert war, *confer* Protocoll vom 22. December vorigen Jahres[7973].

Actum im Oberappellationsgerichte
Lübeck, den 17. März 1835.

In causa Lubecensi[7974]
der Rhederey des Schiffes Dora und der Erben des Schiffers Georg Hinrich Haase, Kläger, jetzt Appellanten und respective Appellaten,
contra
Heinrich Diedrich Wildtfanck, Arnold Hornemann und Friedrich Ernst August Leuenroth, Beklagte, jetzt Appellaten und respective Appellanten,
wegen Schadensersatzes, jetzt geführten Beweis und Gegenbeweis betreffend, ward beschlossen:

7968 Zwei rote Lacksiegel auf der oberen Seitenhälfte. Es handelt sich um den ursprünglichen Umschlag der versiegelten Entscheidung. Hinweis auf die Versiegelung im Inhaltsverzeichnis, oben S. 797 (S. 2 der Akte).
7969 „In Sachen". – Beschriftung des Umschlags durch den Gerichtssekretär Carl Wilhelm Pauli.
7970 „Streitgenossen".
7971 „Zu versenden".
7972 „In Abwesenheit". – Bemerkung am rechten Seitenrand.
7973 Die übrigen Protokolle des Oberappellationsgerichts sind nicht Teil der Prozessakte. Johann Friedrich Hach, der Korreferent im ersten Verfahren am Oberappellationsgericht (oben S. 349 (S. 381 der Akte L I 22 a)), war vom weiteren Gang des Rechtsstreits ausgeschlossen, weil sein Sohn Eduard Hach über einen längeren Zeitraum als Schriftsatzverfasser für die Beklagten arbeitete, hierzu die Hinweise oben S. 587 (S. 6 der Akte L I 122).
7974 Das auf dem Aktendeckel und in den Relationen sonst angegebene Aktenzeichen fehlt hier.

Acta, praevia inrotulatione[7975], zum Spruche Rechtens an das Spruchcollegium der Juristenfacultät zu Göttingen zu transmittiren[7976].

Actum ut supra[7977]
in fidem[7978]

C. W. Pauli
Secretarius

7975 „Die Akten, nach vorangegangener Zusammenstellung und Überprüfung".
7976 „Zu versenden".
7977 „Verhandelt wie oben", also in Lübeck am 17. März 1835.
7978 „Zur Beglaubigung".

Q 22 – Protokoll des Inrotulationstermins

1835 März 23

Die Vertreter beider Parteien beantragen im Inrotulationstermin, auf die Aktenversendung zu verzichten, weil zwischen den Parteien Vergleichsverhandlungen schweben. Die Prokuratoren bitten das Gericht, einen Gütetermin anzusetzen. Protokoll, geschrieben und beglaubigt vom Gerichtssekretär Carl Wilhelm Pauli.

[S. 433[7979]] Q 22

No. 482, praesentirt[7980], 23. Martius 1835[7981]

Actum an der Kanzley des Oberappellationsgerichts

Lübeck, den 23. März 1835

Nachdem in Sachen
der Rhederey des Schiffes Dora und der Erben des Schiffers G. H. Haase, zu Lübeck, Kläger, jetzt Appellanten und respective Appellaten,
contra
H. D. Wildtfanck und Consorten[7982], Beklagte, jetzt Appellaten und respective Appellanten,
wegen Schadensersatzes, jetzt geführten Beweis und Gegenbeweis betreffend, Termin zur Inrotulation[7983] der Acten auf heute anberaumt[7984] worden war, so fanden sich beider Theile Anwälte und zwar
für Kläger Herr Dr. Schlüter,
für Beklagte Herr Dr. Faber
um zwey Uhr an der Kanzley ein, baten jedoch beiderseits übereinstimmend um einstweilige Aussetzung der verfügten Inrotulation, indem sie infolge besonderer Instruction[7985] hiemit darauf antragen wollten, daß von Seiten des Oberappellationsgerichts annoch zumindest das Behufige wegen eines unter den Parteien zu machenden Güteversuchs angeordnet werden möge,

7979 Stempelpapier mit eingeprägtem Stempel des Oberappellationsgerichts und *3 Mark*, daneben Handzeichen *CWP* von Carl Wilhelm Pauli und *3 Mk*.
7980 „Gerichtlich eingereicht".
7981 Präsentationsvermerk des ersten Kanzlisten Georg Wilhelm Dittmer.
7982 „Streitgenossen".
7983 „Vorbereitung der Akten zur Verschickung".
7984 Festlegung des Termins oben S. 991 (S. 427 der Akte).
7985 Danach gestrichen *darauf*.

et petebant copiam[7986] der gegenwärtigen Registratur.
Actum ut supra[7987]

in fidem[7988]

C. W. Pauli
Secretarius

7986 „Und sie beantragten eine Abschrift".
7987 „Verhandelt wie oben", also in Lübeck am 23. März 1835.
7988 „Zur Beglaubigung".

Sitzungsprotokoll

1835 März 24

Auszug aus dem Sitzungsprotokoll des Oberappellationsgerichts für das Geschäftsjahr 1834/35 (AHL OAG A 16, nicht Teil der Prozessakte), geschrieben vom Gerichtssekretär Carl Wilhelm Pauli.

Actum im Oberappellationsgerichte.
Lübeck, den 24. März 1835.

Absente Domino[7989] Hach, welcher an den Sachen sub § 1 et 2[7990], die Hauptgegenstand der heutigen Sitzung waren, nicht Theil nehmen konnte, *confer* Protocoll vom 5. December 1833[7991] und 22. December vorigen Jahres[7992].

(…)
§ 2
Ad No. 482 P. B. producirte und verlas *Dominus Praeses* das in Sachen der Rhederei des Schiffes Dora und der Erben des[7993] Schiffers Haase *contra* Wildtfanck und Consorten[7994] in dem gestrigen zur Inrotulation der Acten unberaumten Termine aufgenommene Registratur[7995].
Conclusum

Es sei diese Registratur beiden Theilen abschriftlich zur Nachricht mitzutheilen und in Folge des von den beiderseitigen Anwälten gemachten Antrages um Anordnung eines Güteversuchs zu dem Ende Commission auf *Dominum Praesidem* und *Dominum* du Roi zu erkennen,[7996] Termin auf Freitag, den 1. April[7997], um 12[7998] Uhr mittags[7999] anzuberaumen und die Parteien zu laden, darin in Person oder durch gehörig instruirte Anwälte zu erscheinen.

7989 „In Abwesenheit von Herrn".
7990 *Sub § 1 et 2* über der Zeile eingefügt.
7991 Dieses Protokoll ist für den hier interessierenden Rechtsstreit nicht einschlägig.
7992 Oben S. 932.
7993 Danach gestrichen *Sch.*
7994 Danach ein Wort gestrichen.
7995 Protokoll des Inrotulationstermins oben S. 995 (S. 433 der Akte).
7996 Danach gestrichen *und.*
7997 Danach gestrichen *nächsten Mittwoch.*
7998 Zahl schwer lesbar.
7999 Danach gestrichen *anz.*

Q 23 – Dekret des Oberappellationsgerichts

1835 März 24

Das Oberappellationsgericht setzt die bereits angeordnete Aktenversendung (Aktenstück Q 16, oben S. 982) auf Antrag beider Parteien aus, stellt den Beteiligten das Protokoll des Inrotulationstermins (Aktenstück Q 22, oben S. 995) zur Verfügung und lädt beide Seiten zum Gütetermin am 3. April 1835 ins Gerichtsgebäude. Zu Vergleichskommissaren ernennt das Gericht den Präsidenten Arnold Heise und den Richter Georg du Roi. Entwurf, geschrieben vom Sekretär Carl Wilhelm Pauli, mit Verbesserungen des Präsidenten Heise, mit Handzeichen von Heise und vom Referenten du Roi.

[S. 437] Q 23

Expeditum & insinuatum[8000], den 27. Martius 1835
W. Insin. B. No. 332 und 333

In Sachen der Rhederey des Schiffes Dora und der Erben des Schiffers Georg Hinrich Haase zu Lübeck, Kläger, jetzt Appellanten und respective Appellaten, wider Heinrich Diedrich Wildtfanck, Arnold Hornemann und Friedrich Ernst August Leuenroth daselbst, Beklagte, jetzt Appellaten und respective Appellanten, wegen Schadensersatzes, jetzt geführten Beweis und Gegenbeweis betreffend, haben beide Theile die in dem gestrigen zur Inrotulation[8001] der Acten anberaumt gewesenen Termin aufgenommene Registratur[8002] hieneben gebetenermaaßen in Abschrift zu empfangen und wird nunmehr infolge des übereinstimmenden Antrags[8003] der Parteien unter einstweiliger Aussetzung der[8004] Actenversendung zum Zwecke eines[8005] durch[8006] das Oberappellationsgericht[8007] zu vermittelnden Vergleichs, hiedurch Commission auf den Herrn Präsidenten[8008] und[8009] Herrn Oberappellationsgerichtsrath du Roi erkannt und Termin auf[8010] Freitag, den 3.[8011] des kommenden Monats April anberaumt, an welchem Tage sich beyde[8012] [S. 438] Parteien[8013] entweder in Person oder durch gehörig legitimirte und genugsam

8000 „Ausgefertigt und zugestellt“.
8001 „Vorbereitung zur Versendung“.
8002 Oben S. 995 (S. 433 der Akte).
8003 Danach gestrichen *beider*.
8004 Danach ein Wort gestrichen.
8005 Danach gestrichen *von Seiten*.
8006 Wort von Arnold Heise am Rand eingefügt.
8007 Verbessert aus *Oberappellationsgerichts*.
8008 Danach von Arnold Heise gestrichen *Dr. Heise*.
8009 Danach gestrichen *den*.
8010 Danach gestrichen *Mittwoch, den 1*.
8011 *Freitag, den 3.* am Rand eingefügt.
8012 Wort von Arnold Heise am Rand eingefügt.
8013 Davor gestrichen *die*.

instruirte Bevollmächtigte Mittags um 12 Uhr im Oberappellationsgerichte vor den gedachten Herren Commissarien einzufinden haben.

Lübeck, den 24. März 1835.

Das Oberappellationsgericht der vier Freien Städte Deutschlands [8014]

AH GdR [8015]

[Kostenrechnung]

Beklagte [8016]		
Stempel des Inrotulationsprotocolls	3 Mark	
Stempel des Decrets	2 Mark	
Copial		4 Schilling
Insinuation		8 Schilling
	5 Mark	12 Schilling [8017]

Kläger		
Stempel	2 Mark	
Copial		4 Schilling
Insinuation		8 Schilling
	2 Mark	12 Schilling

8014 Abgekürzt *Das OAG. d. v. Fr. St. D.*

8015 Handzeichen des Präsidenten Arnold Heise und des Referenten Georg du Roi.

8016 Kostenrechnung am rechten Seitenrand, geschrieben vom Sekretär Carl Wilhelm Pauli.

8017 Erneut haben die Beklagten den größeren Anteil zu tragen, weil sie durch ihren Antrag die gesamten Kosten der nun überflüssigen Aktenversendung selbst verursacht hatten.

Q 24 – Kommissionsprotokoll des Oberappellationsgerichts
1835 April 3

Im ersten Gütetermin stellen die Kläger die Parteiverhältnisse auf Klägerseite fest. Da eine Einigung nicht erzielt wird, soll das Gericht einen zweiten Vergleichstermin festsetzen. Protokoll, geschrieben und beglaubigt vom Gerichtssekretär Carl Wilhelm Pauli.

[S. 439[8018]] Q 24

Praesentibus
Domino Praeside
Domino du Roi
et me Secretario subscripto[8019]

Actum in Commissione des Oberappellationsgerichts
Lübeck, den 3. April 1835.

Nachdem in Sachen
der Rhederey des Schiffes Dora und der Erben des Schiffers Georg Hinrich Haase zu Lübeck, Kläger, jetzt Appellanten und respective Appellaten,
contra
Heinrich Diedrich Wildtfanck, Arnold Hornemann und Friedrich Ernst August Leuenroth daselbst, Beklagte, jetzt Appellaten und respective Appellanten,
wegen Schadensersatzes,
mittelst Bescheides des Oberappellationsgerichts vom 24. vorigen Monats[8020] Termin zum Versuche einer gütlichen Beilegung der ganzen Sache auf heute anberaumt worden war, so erschienen vor obgenannten Herren Commissarien für Kläger der Consul Eduard Gottlieb Kulenkamp[8021], sich mittelst[8022] der beiliegenden unterm 2. des Monats auf ihn ausgestellten Vollmacht[8023] zu dem heutigen Termine legitimirend, indem er dabey bemerkte, daß das 1/8 Part, für welches

8018 Stempelpapier mit eingeprägtem Stempel des Oberappellationsgerichts über *6 Mark*, daneben Handzeichen *CWP* von Carl Wilhelm Pauli und *6 Mk.*

8019 „In Gegenwart des Herrn Präsidenten, des Herrn du Roi und von mir, dem unterzeichneten Sekretär". – Ganz altertümlich leitet das Oberappellationsgericht solche Protokolle auf Latein ein.

8020 Oben S. 998 (S. 437 der Akte).

8021 1796–1854; mexikanischer Vizekonsul in Lübeck bis 1835, seit 1834 preußischer Konsul in Lübeck, nachgewiesen in: Lübeckisches Adress-Buch 1834, S. 197.

8022 Danach gestrichen *einer von den derzeitigen Rhedern.*

8023 Unten S. 995 (S. 443 der Akte). Die Vollmacht fehlt im Inhaltsverzeichnis der Akte (Designatio actorum).

früher Jungfrau[8024] Charlotte Ulf[8025], demnächst verehelichte Jenssen[8026], bey dem Schiffe Dora interessirt gewesen, später von den Mitrhedern C. Platzmann [S. 440] Söhne erworben worden sey;

auf Seiten der Beklagten hingegen die obrubricirten[8027] drey Beklagten in Person.

Letztere nahmen zuvorderst von der abseiten des klägerischen Mandatars[8028] übergebenen Vollmacht Einsicht und erkannten dieselbe zwar im Uebrigen für genügend an, behielten sich jedoch wegen des angeblich auf C. Platzmann Söhne übergegangenen[8029] 1/8 Parts der Charlotte Jenssen, geb. Ulf, sowie wegen der Größe dieses Parts[8030] weitere Aufklärungen *et quaevis competentia*[8031] vor.

Hiernächst wurde die Sache umständlich besprochen, da indessen eine Vereinigung der Parteien heute nicht erreicht werden konnte, mit den Verhandlungen abgebrochen und die Ansetzung eines anderweiten Termins verheißen.

Actum et supra[8032]
In fidem[8033]

C. W. Pauli
Secretarius

8024 Wort über der Zeile eingefügt, darunter gestrichen *Frau*.
8025 Sie taucht in einem Buch auf, das der Gerichtssekretär kurz darauf veröffentlichte: Carl Wilhelm Pauli, Abhandlungen aus dem Lübischen Rechte. Größtentheils nach ungedruckten Quellen. Erster Theil, Lübeck 1837, S. 122 Anm. 128 c).
8026 Nachname schwer lesbar. Traueintrag zur Hochzeit mit Franz Georg Jentzen im April 1835 „im Hause des Herrn Senator Kipp", in: Heiratsregister St. Marien Lübeck 1813–1840, S. 81 Nr. 7 (bei Ancestry).
8027 „Die oben im Rubrum erwähnten".
8028 „Beauftragten".
8029 Danach gestrichen *A*[chtel].
8030 *Sowie … Parts* am Rand eingefügt.
8031 „Und das, was ihm zusteht". Schwer lesbar, vielleicht auch *quaeris*.
8032 „Verhandelt wie zuvor", also in Lübeck am 3. April 1835.
8033 „Zur Beglaubigung".

Anlage – Vollmacht

1835 April 2

Vollmacht für den Verhandlungsführer der Kläger bei den Vergleichsverhandlungen, den mexikanischen und preußischen Konsul und Lübecker Kaufmann Eduard Gottlieb Kulenkamp, unterschrieben von allen Klägern. Urkunde, geschrieben und beglaubigt vom Notar Georg Wilhelm Dittmer.

[S. 443[8034]] ad Q 24

Nachdem in Sachen der Rhederey des Schiffes Dora und der Erben des Schiffers Georg Hinrich Haase, hieselbst, Kläger, jetzt Appellanten und respective Appellaten, wider Heinrich Diedrich Wildtfanck, Arnold Hornemann und Friedrich Ernst August Leuenroth, hieselbst, Beklagte, jetzt Appellaten und respective Appellanten, wegen Schadensersatzes, das hochpreisliche Oberappellationsgericht, bey welchem die Sache jetzt anhängig ist, mittelst Decrets vom 24. vorigen Monats[8035] Termin zum Versuch der Güte auf den 3. diesen Monats angesetzt hat, so ertheilen wir Endes unterzeichnete hiedurch für uns und unsere Erben dem Herrn Consul Eduard Gottlieb Kulenkamp volle Macht und Gewalt, für uns im obgedachten Termine sowie in denjenigen, die noch ferner anberaumt werden mögten, zu erscheinen und unsere Gerechtsame im weitesten Umfange wahrzunehmen, daher Vergleichspropositionen[8036] selbst vorzulegen oder auf diejenigen der Gegenseite sich zu erklären und darauf einzugehen, wenn sie ihm annehmlich erscheinen, überhaupt aber den Vergleich definitive [S. 444] abzuschließen. Alles, was unser Herr Mandatar[8037] kraft dieser Specialvollmacht handeln, annehmen, bewilligen oder erlassen wird, halten wir jederzeit für genehm, unter Verbindung wie Rechtens.

Lübeck, den 2. April 1835.

C. Platzmann Söhne für unseren 4/13 Antheil am Schiffe Dora
Charlotte Kipp geb. Ulff[8038] für 2/13[8039] Part,
Wibel Dr.[8040] als Curator[8041]

8034 Stempelpapier mit aufgedrucktem Stempel der Stadt Lübeck und Stadtwappen und *Ein Marck*, darunter Unterschrift, möglicherweise *F. Bousset*.

8035 Oben S. 998 (S. 437 der Akte).

8036 „Vergleichsvorschläge“.

8037 „Bevollmächtigter“.

8038 1821 stand Charlotte Ulff noch unter Vormundschaft, so in der Prokuratorenvollmacht für Adolph Schlüter, oben S. 188 (S. 224 der Akte L I 22 a).

8039 Zahl wegen eines Tintenkleckses nicht klar lesbar.

8040 Dr. Heinrich Wibel, Aktuar beim Stadtgericht, nachgewiesen in: Lübeckisches Adress-Buch 1834, S. 334.

8041 „Geschlechtsvormund“. Charlotte Ulff war inzwischen verwitwet. Bei den Vergleichsverhandlungen kündigte Konsul Kulenkamp ihre erneute Heirat an.

H.c. Haase J.[8042] als Miterbe von seeligem A. H. Haase für 2/13;
C. A. Lüdert Witwe[8043] –.. – 2/13
Fr. Claudius[8044] als Curator
In Vormundschaft für Margaretha Elisabeth Haase[8045]
1. als Miterbin von A. H. Haase mit H. C. Haase für 2/13 und
2. als Miterbin von Georg Hinrich Haase für 2/13;
J. H. Willrath[8046] J. G. Havemann[8047]
J. D. Reddelien et Co. in Liquidation für 1/13 Part.
Johan Jochim Schümann[8048] für meine[8049] Frau Anna Catharina Wenditz[8050] für 2/13 mit ihrer Tochter[8051]

Vor mir, dem unterzeichneten Notar und den mitunterzeichneten hierzu besonders erbetenen Zeugen, den hiesigen Bürgern und Oberappellationsgerichtsboten[8052] Johann Christian Kindermann[8053] und Meno Heinrich Wiencke[8054], haben

1. Herr Senator Conrad Platzmann, firmirender Theilhaber des hiesigen Handlungshauses Herren C. Platzmann Söhne;

2. des wohlseeligen Herrn Bürgermeisters Doctoris Kipp[8055] hinterblie- [S. 445] bene Wittwe Charlotte, geb. Ulff, und deren Curator[8056], der Herr Actuar Dr. Heinrich Wibel;

3. der Particulier[8057] Herr H. C. Haase jun.

8042 Vermutlich Heinrich Haase junior, in: Lübeckisches Adress-Buch 1834, S. 147.

8043 Als Mitklägerin auch in der Vollmacht für Adolph Schlüter genannt, oben S. 188 (S. 224 der Akte L I 22 a).

8044 Friedrich Matthias Jacobus Claudius (1789–1862), Advokat und Prokurator am Landgerichte, so: Lübeckisches Adress-Buch 1834, S. 99; auch Ratsherr, dazu: Fehling, Ratslinie (wie Anm. 7486), Nr. 983, S. 157. Nach Fehling war Claudius lange Mitglied des Obergerichts. Vielleicht bezieht sich auf ihn die Anspielung der Beklagten, oben S. 646 (S. 74 der Akte L I 161).

8045 Das Alter von Georg Hinrich Haases Tochter blieb weiterhin offen, hierzu bereits oben bei Anm. 1848.

8046 Als Vormund für Margaretha Elisabeth Haase nachgewiesen auch oben S. 318. Die Tochter von Haase wurde 1816, ein Jahr vor seinem Tod, geboren, in: Taufregister St. Marien Lübeck 1811–1816, S. 81 Nr. 130 (bei Ancestry).

8047 Johann Georg Havemann, Kaufmann u. a. für Speditionsgeschäfte, in: Lübeckisches Adress-Buch 1834, S. 154.

8048 Johann Joachim Schümann, Schiffer-Ältermann, in: Lübeckisches Adress-Buch 1834, S. 285.

8049 Möglicherweise hatte die Witwe von Haase zum dritten Mal geheiratet.

8050 Die Witwe des Schiffers Haase taucht jetzt nur noch mit ihrem Geburtsnamen auf.

8051 Die Tochter ist Margaretha Elisabeth Haase, deren Vertretungsverhältnisse damit ziemlich unklar sind.

8052 Der Notar Georg Wilhelm Dittmer war zugleich erster Kanzlist des Oberappellationsgerichts. Als Zeugen wählte er sich zwei Mitarbeiter des Gerichts.

8053 Nachgewiesen in: Lübeckisches Adress-Buch 1834, S. 181.

8054 Nachgewiesen in: Lübeckisches Adress-Buch 1834, S. 386.

8055 Johann Heinrich Kipp, in der Vollmacht von 1821 noch als Vertreter seiner Frau genannt.

8056 „Geschlechtsvormund".

8057 „Privatmann" ohne Beruf, Definition in: Carl Venator, Die in unserer Sprache gebräuchlichen Fremdwörter mit Angabe ihrer Aussprache, ihrer Verdeutschung und Erklärung in alphabetischer Ordnung sowohl zum Hausgebrauch für Jedermann als auch für Schulen, 3. Aufl. Darmstadt 1838, S. 362.

4. des weiland Kaufmanns Herrn C. A. Lüdert[8058], Frau Wittwe, geb. Güttschow[8059], und deren Curator, Herr Senator Friedrich Matthias Jacobus Claudius;

5. die hiesigen Kaufleute Herren Jürgen Heinrich Willrath und Johann Georg Havemann, in Vormundschaft der Jungfrau Margaretha Elisabeth Haase;

6. des weilland hiesigen Kaufmannes Herrn Johann David Reddelien hinterbliebene Wittwe, als Kauffrau bestätigt[8060], unter der Firma J. D. Reddelien & Co. in Liquidation und

7. der Schiffer-Aeltermann Herr Johann Jochim Schümann namens seiner Ehefrau Anna Catharina, geb. Wenditz,

die umstehende Specialvollmacht nach geschehener Durchsicht alles Inhalts genehmigt und mit ihren respective Namensunterschriften und Handlungsfirmen eigenständig bekräftigt; worüber auf Erfordern die gegenwärtige Acta von mir *sub fide et sigillo notariali*[8061] sowie unter[8062] Mitunterschrift der subrequirirten[8063] Zeugen ertheilt wird. So geschehen in der Freyen Hansestadt Lübeck, am zweyten April Eintausendachthundertfünfunddreißig.

In fidem[8064]
Dr. Georg Wilhelm Dittmer[8065]
Notarius publicus juratus[8066]

Johann Christian Kindermann
als Zeuge

Meno Heinrich Wiencke
als Zeuge

8058 Lüdert war bereits vor Beginn des ersten oberappellationsgerichtlichen Rechtsstreits gestorben, dazu das Rubrum im ersten Inhaltsverzeichnis, oben S. 82 (S. 1 der Akte L I 22 a).

8059 Möglicherweise eine Verwandte des Ratssekretärs Carl Hermann Gütschow.

8060 Die berufstätige Witwe benötigte deswegen keinen Geschlechtsvormund. Bezeichnenderweise wird ihr Name aber nicht genannt.

8061 „Bei notarieller Treue und Siegel".

8062 Wort über der Zeile eingefügt, darunter gestrichen *der*.

8063 „Der hierzu ersuchten".

8064 „Zur Beurkundung".

8065 Links daneben das Papiersiegel und das Lacksiegel des Notars. Georg Wilhelm Dittmer, der erste Kanzlist des Oberappellationsgerichts, ist in der Akte mehrfach auch in seier Eigenschaft als Notar belegt, oben S. 190 (S. 223 der Akte L I 22 a).

8066 „Öffentlicher vereidigter Notar".

Notizzettel der Vergleichskommission

undatiert

Der Referent Georg du Roi und der Gerichtspräsident Arnold Heise berechnen die Forderung der Kläger, um auf dieser Grundlage einen Vergleichsvorschlag unterbreiten zu können.

[S. 441[8067]]
An Capital ist liquidirt:

in Anlage 9 *ad Recessum* 33[8068]	12.640 Courantmark	1 Schilling
ebendaselbst nachträglich unter der Rubrik „Reservation"	62	9
in Anlage 2 zur Klage für eingezogene Effecten[8069] des Schiffers Haase	915	14
Summe	13.618	8

Reservirt ist, außer Zinsen und Prozesskosten,
in Anlage 9 *ad Recessum* 33
für die Rhederei, Kosten für gewisse Documente aus St. Petersburg;
für die haaseschen Erben anderweiter Schadenssatz im allgemeinen.

Die Klage ist angestellt im März 1819, also Zinsen von 16 Jahren.

[8070]13/16 von Courantmark 13.618, 8 Schilling	= Courantmark 11.065
16jährige Zinsen ad 6 pro Cent[8071]	= Courantmark 10.623[8072]
	Courantmark 21.688[8073].

Kosten, so H. Wildtfanck noch zu ersetzen.

8067 Querformatig beschriebene Seite. Die oberen Absätze des Blattes sind von Georg du Roi geschrieben.
8068 Verweis auf die Prozessakte des Niedergerichts.
8069 „Vermögensgegenstände".
8070 Die folgende Kostenrechnung handschriftlich von Arnold Heise.
8071 Den Zinssatz von 6% hatten die Kläger in ihren Schriftsätzen vor dem Oberappellationsgericht nicht ausdrücklich beantragt.
8072 Die Zinsen waren inzwischen fast so hoch wie die auf den Hauptschuldner entfallende Forderungssumme.
8073 Zum Vergleich. Arnold Heise verdiente 9.000,– Mark pro Jahr, die übrigen Richter 6.000,– Mark, hierzu Gerhard Ahrens, Von der Franzosenzeit bis zum Ersten Weltkrieg 1806–1914: Anpassungen an Forderungen der neuen Zeit, in: Antjekathrin Graßmann (Hrsg.), Lübeckische Geschichte, 4. Aufl. Lübeck 2008, S. 539–685 (571). Das Einkommen eines Arbeiters betrug unter 300,– Mark pro Jahr, Übersicht auf der Basis der späteren Mark im Kaiserreich bei Thomas Nipperdey, Deutsche Geschichte 1800–1866. Bürgerwelt und starker Staat, München 1983, Nachdruck 1994, S. 225.

Sitzungsprotokoll

1835 Juli 4

Auszug aus dem Sitzungsprotokoll des Oberappellationsgerichts für das Geschäftsjahr 1834/35 (AHL OAG A 16, nicht Teil der Prozessakte), geschrieben vom Gerichtssekretär Carl Wilhelm Pauli.

Actum im Oberappellationsgerichte.
Lübeck, den 4. Julius 1835.

Praesentibus omnibus[8074].
(...)
§ 8
In Sachen der Rhederei des Schiffes Dora und Consorten *contra* H. D. Wildtfanck (*confer* Protocoll vom 22. December vorigen Jahres[8075]) zeigt *Dominus Praeses* an, daß die angekündigten Vergleichsverhandlungen die Ansetzung eines anderweitigen Termins erforderten und genehmigte das Collegium, daß das deshalb abzugebende Decret[8076] namens desselben[8077] erlassen werde.

8074 „Im Beisein aller".
8075 Oben S. 932.
8076 Danach gestrichen *Na.*
8077 Offenbar war ein gesonderter Beschluss erforderlich, die Vergleichsverhandlungen im Namen des gesamten Gerichts und nicht nur im Namen der Vergleichskommission anzuberaumen. – Danach gestrichen *zu.*

Q 25 – Dekret des Oberappellationsgerichts

1835 Juli 4

Das Oberappellationsgericht setzt den zweiten Gütetermin auf den 8. Juli 1835 fest und lädt die Parteien dazu ins Gerichtsgebäude. Entwurf, geschrieben vom Gerichtssekretär Carl Wilhelm Pauli, mit Verbesserungen des Präsidenten Arnold Heise, unterschrieben mit Handzeichen von Heise und vom Referenten Georg du Roi.

[S. 449] Q 25

Expeditum & insinuatum[8078] 6. Julius 1835
W. Insin. B. No. 393 und 394

In Sachen der Rhederey des Schiffes Dora und der Erben des Schiffers Georg Hinrich[8079] Haase zu Lübeck, Kläger, jetzt Appellanten und respective Appellaten, wider Heinrich Diedrich Wildtfanck, Arnold Hornemann und Friedrich Ernst August Leuenroth daselbst, Beklagte, jetzt Appellaten und respective Appellanten, wegen Schadensersatzes, jetzt geführten Beweis und Gegenbeweis betreffend – worin anfangs[8080] wegen der vom[8081] Beklagten für nöthig erachteten Einholung weiterer Instructionen von den auswärtigen hauptsächlich betheiligten Destinataren[8082] sowie demnächst[8083] wegen[8084] Abwesenheit des Bevollmächtigten der Kläger[8085] die in dem Termin vom 3. April des Jahres[8086] nicht beendigten Vergleichsverhandlungen seither nicht wieder hatten aufgenommen werden können – wird, nachdem obige Hindernisse nicht mehr stattfinden, hiemittelst anderweiter Termin zum Versuche der Güte[8087] auf Mittwoch, den achten dieses Monats Julius[8088], anberaumt, an welchem Tage sich beide Parteien in Person[8089] oder durch

8078 „Ausgefertigt und zugestellt".
8079 Verbessert aus *Heinrich*.
8080 Wort von Arnold Heise am Rand eingefügt.
8081 Schreibfehler, es muss *von* heißen.
8082 „Empfängern". – Wort von Arnold Heise am Rand eingefügt, dafür gestrichen *Abladern*.
8083 Wort von Arnold Heise am Rand eingefügt.
8084 Danach gestrichen *einer*.
8085 Eduard Gottlieb Kulenkamp, Kaufmann und Konsul, Vollmacht für ihn oben S. 1002 (S. 443 der Akte).
8086 Protokoll oben S. 1000 (S. 439 der Akte).
8087 *Zum Versuch der Güte* von Pauli am Rand eingefügt.
8088 Danach Anfangsbuchstabe eines Folgeworts gestrichen.
8089 Danach gestrichen *oder*, danach gestrichen *respective*.

gehörig legitimirte[8090] Bevollmächtigte[8091] Mittags um 12[8092] Uhr im Oberappellationsgerichte vor den ernannten Commissarien[8093] einzufinden [S. 450] haben.

Lübeck, den 4. Julius 1835.

Das Oberappellationsgericht der vier Freien Städte Deutschlands[8094].

AH GdR[8095]

[Kostenrechnung]

Jeder Theil[8096]

Stempel	2 Mark	
Insinuation		8 Schilling
	2 Mark	8 Schilling

8090 *Oder durch … legitimirte* von Arnold Heise am Rand eingefügt, mit Verbesserung aus *gehörigen*; danach im Haupttext gestrichen *durch ihre*.

8091 Verbessert aus *Bevollmächtigten*.

8092 Danach gestrichen *Ur*.

8093 *Vor den … Commissarien* von Arnold Heise am Rand eingefügt. Zu Kommissaren hatte das Gericht Heise und du Roi ernannt, oben S. 998 (S. 437 der Akte).

8094 Abgekürzt *Das OAG. d. v. Fr. St. D.*

8095 Handzeichen des Präsidenten Arnold Heise und des Referenten Georg du Roi, die zugleich als Kommissare den Vergleichsversuch unternehmen.

8096 Kostenrechnung am rechten Seitenrand, geschrieben vom Sekretär Carl Wilhelm Pauli.

Q 26 – Kommissionsprotokoll des Oberappellationsgerichts
1835 Juli 8

Die Parteien einigen sich bei ihren Verhandlungen mit dem Gerichtspräsidenten Arnold Heise und dem Referenten Georg du Roi auf einen gerichtlichen Vergleich. Protokoll mit zahlreichen Einfügungen und Verbesserungen, geschrieben und beglaubigt vom Gerichtssekretär Carl Wilhelm Pauli, unterschrieben von allen Beteiligten.

[S. 451[8097]] Q 26

Praesentibus
Domino Praeside
Domino du Roi
et me Secretario subscripto[8098]

Actum in Commissione[8099] des Oberappellationsgerichts

Lübeck, den 8. Julius 1835.

Nachdem in Sachen
der Rhederey des Schiffes Dora und der Erben des Schiffers Georg Hinrich Haase zu Lübeck, Kläger, jetzt Appellanten und respective Appellaten
contra
Heinrich Diedrich Wildtfanck, Arnold Hornemann und Friedrich Ernst August Leuenroth daselbst, Beklagte, jetzt Appellaten[8100] und respective Appellanten,
wegen Schadensersatzes,
mittelst Bescheides des Oberappellationsgerichts vom 4. des Monats[8101] anderweiter Termin zum Versuch der Güte auf heute anberaumt worden war, so fanden sich für die Kläger deren bereits im vorigen Termin legitimirter[8102] Bevollmächtigter, Consul E. G. Kulenkamp, die Beklagten hingegen in Person mit ihrem dermaligen Rechtsbeistande, Herrn Dr. Steche[8103], um 12 Uhr Mittags vor den Herren Com-

8097 Stempelpapier mit eingeprägtem Stempel des Oberappellationsgerichts über *6 Mark*, daneben Handzeichen *CWP* von Carl Wilhelm Pauli und *6 Mk.*
8098 „In Anwesenheit des Herrn Präsidenten, des Herrn du Roi und von mir, dem unterzeichneten Sekretär".
8099 „Verhandelt bei der Kommissionssitzung".
8100 Verbessert aus *Appellanten.*
8101 Oben S. 1007 (S. 449 der Akte).
8102 Vollmachtsurkunde für Kulenkamp oben S. 1002 (S. 443 der Akte).
8103 Dies ist ein aufschlussreicher Hinweis zum Verhältnis von Advokaten und Prokuratoren. Bei den Vergleichsverhandlungen kam es auf die genaue Kenntnis des Falles und der eingetretenen Schäden an. Hierfür zogen die Beklagten ihren Schriftsatzverfasser Steche und nicht etwa den Prokurator Faber hinzu.

missarien ein, und indem[8104] die im vorigen Termine[8105] abgebrochenen Verhandlungen wieder aufgenommen wurden, so vereinigte man sich durch Vermittelung der Herren Commissarien zuvörderst über folgende Punkte als der Basis des zu schließenden Vergleichs:

1. Die Vergleichssumme, zu der man [S. 452] sich etwa vereinigen möchte, *rata dicta*[8106] auf die jetzt noch übrigen dreizehn Sechszehntel des Schiffes Dora, und werden für[8107] die gegenwärtigen[8108] Eigner derselben[8109] an die Herren C. Platzmann Söhne gezahlt, welche dagegen die[8110] Beklagten gegen die übrigen Interessenten vertreten werden[8111].

2. Alle[8112] bisher aufgelaufenen Proceßkosten ohne Ausnahme, auch die bereits rechtskräftig zuerkannten, werden von beiden Seiten niedergeschlagen[8113].

3. Kläger verzichten auf alle und jede Ansprüche aus diesem Proceß, auch gegen Dritte bey der Sache betheiligte Personen, und[8114] cediren[8115] den Beklagten ihre etwaigen Rechte gegen diese Personen[8116], jedoch[8117] ohne alle Gerichtskosten[8118].

Auf dieser Basis erklärte Consul Kulenkamp für Kläger sich mit 7.000 Mark Courant[8119] begnügen zu wollen.

8104 Danach gestrichen *man*.
8105 Protokoll des ersten Gütetermins oben S. 1000 (S. 439 der Akte).
8106 „Sofern die Angaben stimmen". – Danach zwei Buchstaben gestrichen.
8107 Wort über der Zeile eingefügt.
8108 Wort durchgestrichen, danach unterstrichelt und wieder gültig.
8109 Danach gestrichen *gezahlt*.
8110 Danach gestrichen *Kläger gegen die*. – Anscheinend hielten sich die Beklagten den Rückgriff auf die am Rechtsstreit nicht beteiligten weiteren Verlader offen.
8111 *Herren … werden* am Rand eingefügt.
8112 Danach Anfangsbuchstabe *P* eines Folgewortes gestrichen.
8113 Unklarer Hinweis. Niederschlagung kann den Verzicht des Gerichts bedeuten, überhaupt Kosten zu erheben, doch darauf können sich die Parteien nicht zu Lasten der drei beteiligten Gerichte geeinigt haben. Vermutlich ist eine Kostenaufhebung gemeint, wonach keine Seite weitere Forderungen aus den Verfahrenskosten gegen ihren Gegner geltend macht.
8114 Danach gestrichen *sind erbietig*.
8115 „Treten ab".
8116 Auch dies spricht dafür, dass die Beklagten einen Rückgriff gegen die am Rechtsstreit nicht beteiligten weiteren Verfrachter der Dora planen. – Danach gestrichen *den Beklagten*.
8117 Danach gestrichen *alles*.
8118 *Cediren … Gerichtskosten* am Rand eingefügt.
8119 Wort über der Zeile eingefügt.

Beklagte hingegen erboten sich[8120] anfangs nur[8121] zu 6.000[8122] Mark Courant. Auf[8123] von[8124] commissarischer Seite[8125] gemachten Vorschlag, diese Summe zu theilen[8126] und die Vergleichssumme auf 6500 Mark Courant zu bestimmen[8127], erklärten sich Beklagte definitiv[8128] hiezu bereit. Und auch der Bevollmächtigte der Kläger[8129] nahm[8130] denselben[8131], wiewohl unter Vorbehalt der Genehmigung seiner Committenten[8132], an, welche er binnen drey Tagen[8133] beyzubringen sich erbot; und wurde hierauf noch ferner festgesetzt,

a) daß insofern die Genehmigung der Kläger zu dem geschlossenen Vergleich binnen dreien Tagen mittelst Eingabe an das Oberappellationsgericht erklärt werden sollte, der Vergleich damit ohne weiteres [S. 453] als geschlossen und gültig angesehen werden solle

b)[8134] Von der verabredeten Vergleichssumme von sechstausendundfünfhundert Mark Courant zahlt

1. Herr Heinrich Diedrich Wildtfanck 90¼ Procent[8135] oder 5.866 Mark 4 Schilling Courant[8136].
2. Herr Arnold Hornemann in Liquidation[8137] 1¼ Procent oder 81 Mark 4 Schilling Courant.
3.[8138] Friedrich Ernst August Leuenroth 8½ Procent oder 552 Mark 8 Schilling Courant.

c) Die Herren Wildtfanck und A. Hornemann leisten baare Zahlung binnen der nächsten acht Tage, Herr Leuenroth aber[8139] stellt[8140] über seinen Anteil einen *in termino* Ostern 1836 zahlbaren Hypopthekenwechsel zu 4 Procent Zinsen aus.

8120 Danach gestrichen *Anfangs nur.*
8121 *Anfangs nur* am Rand eingefügt.
8122 Danach gestrichen *Mark Schilling.*
8123 Verbessert aus *nach.*
8124 Wort über der Zeile eingefügt.
8125 Wort über der Zeile eingefügt, darunter gestrichen *Seits.*
8126 Danach zwei Worte *daß durch* gestrichen.
8127 *Und die ... bestimmen* am Rand eingefügt.
8128 Danach ein Wort gestrichen.
8129 Danach ein Wort gestrichen.
8130 Wort über der Zeile eingefügt, danach gestrichen *diesen.*
8131 Wort neben der Zeile eingefügt, danach gestrichen *Vorschlag.*
8132 „Auftraggeber". In der Vollmacht hatte Kulenkamp die Befugnis erhalten, Vergleiche unmittelbar auch ohne nachfolgende Zustimmung der Kläger zu schließen.
8133 Danach kurze Streichung.
8134 Danach gestrichen *Die.*
8135 Wort über der Zeile eingefügt, darunter gestrichen *%.*
8136 An den auf die einzelnen Beklagten entfallenden Summen erkennt man abermals, dass der Rechtsstreit in erster Linie Wildtfanck betraf.
8137 *In Liquidation* von Carl Wilhelm Pauli am Rand eingefügt.
8138 Danach gestrichen *A*[ugust].
8139 Wort über der Zeile eingefügt.
8140 Danach gestrichen *aber.*

Zu Urkund dieses verabredeten Vergleichs ist derselbe unter obigem Vorbehalt von den Herren Commissarien, von den[8141] anwesenden Parteien und von dem unterfertigten Secretair unterzeichnet worden.

E. G. Kulenkamp *mandatario nomine*[8142]
H. D. Wildtfanck
J. G. Nöltingk[8143]
F. E. A. Leuenroth
A. Heise
G. du Roi

Actum ut supra[8144]
in fidem[8145]

C. W. Pauli
Secretarius

8141 Danach gestrichen *A*.
8142 „Als Vertreter", wörtlich „im Namen eines Beauftragten".
8143 Johann Gottlieb Nöltingk trat unter der Firma Hornemann auf, so schon in der Anwaltsvollmacht für den Prokurator Eduard Nölting von 1821, oben S. 163 (S. 167 der Akte L I 22 a).
8144 „Verhandelt wie oben", also in Lübeck am 8. Juli 1835.
8145 „Zur Beglaubigung".

Q 27 – Genehmigung des Vergleichs durch die Kläger
1835 Juli 11

Die Kläger genehmigen den von ihrem Vertreter Eduard Gottlieb Kulenkamp am 8. Juli 1835 (Aktenstück Q 26, oben S. 1009) geschlossenen Vergleich. Schriftsatz, ausgearbeitet und gerichtlich eingereicht vom Prokurator Adolph Schlüter.

[S. 455[8146]] Q 27

No. 654, praesentatum[8147], den 11. Julius 1835

An die zum Oberappellationsgerichte der vier freien Städte Deutschlands hochverordneten Herren Praesident und Räthe.

Ergebenste Anzeige
in Sachen und abseiten

der Rhederei des Schiffes Dora und der Erben des Schiffers Georg Hinrich Haase zu Lübeck,

Kläger, jetzt Appellanten und respective Appellaten,

contra

Heinrich Diedrich Wildtfanck, Arnold Hornemann und Friedrich Ernst August Leuenroth daselbst,

Beklagte, jetzt Appellaten und respective Appellanten,
wegen
Schadensersatzes.

[S. 456]

Sämmtliche Kläger in rubricirter Sache, namentlich

1. C. Platzmann Söhne
2. Niedergerichtsprocurator Mollwo[8148] *uxorio nomine*[8149] und Dr. Wibel[8150],
3. C. A. Lüdert Wittwe *cum* S. T.[8151] *Domino Curatore*[8152],

---

8146 Stempelpapier mit eingeprägtem Stempel des Oberappellationsgerichts über *6 Schilling*, daneben Handzeichen *CWP* von Carl Wilhelm Pauli.

8147 „Gerichtlich eingereicht".

8148 Ludwig J. C. Mollwo, „Amanuensis am Landgericht, Advokat und Notar", in: Lübeckisches Adress-Buch 1834, S. 228.

8149 „Im Namen der Ehefrau". Der Hinweis auf Mollwo ist unklar. Der Vertreter Kulenkamp hatte im ersten Gütetermin angekündigt, Charlotte Ulff werde demnächst Jenssen heiraten, oben S. 1001 (S. 439 der Akte).

8150 Heinrich Wibel war zuvor als Geschlechtsvormund für Charlotte Ulff aufgetreten, oben S. 1002 (S. 444 der Akte).

8151 Unklarer Hinweis. Geschlechtsvormund der Witwe war zunächst Johann Heinrich Thöl (senior), doch war dieser bereits 1826 verstorben, dazu oben bei Anm. 772. *S. T.* kann *Sieur Thöl* bedeuten, also vielleicht ein Sohn von Johann Heinrich Thöl. Vielleicht heißt es auch lediglich *Sine Titulo.*

8152 „Mit dem Herrn Geschlechtsvormund".

4. H. G. Reddelien[8153] für J. D. Reddelien in Liquidation,
5. Heinrich Haase jr.
6. J. H. Willrath und J. G. Havemann *tutorum nomine*[8154] Margaretha Elisabeth Haase, und
7. J. Schümann *uxorio nomine*[8155] verwittweter Haase

beehren sich hiedurch, die Erklärung abzugeben, wie sie am 8. Julius 1835 durch Vermittelung des hochverehrlichen Oberappellationsgerichts von dem Herrn Consul E. G. Kulenkamp in ihrem Namen mit den Beklagten *salva ratihabitione*[8156] abgeschlossenen Vergleich unter den in dem ihnen mitgetheilten Commissionsprotokolle[8157] enthaltenen Bedingungen in allen und jeden Puncten genehmigen.

Hierüber pp.[8158]

Concipit et produxit[8159], den 11. Julius 1835
Schlüter Dr.

8153 Heinrich Georg Reddelien, nachgewiesen in: Lübeckisches Adress-Buch 1834, S. 255.
8154 „Im Namen der Vormünder der". – Abgekürzt *tut. noie.*
8155 „Als Ehemann", wörtlich „im ehemännlichen Namen".
8156 „Unter Genehmigungsvorbehalt".
8157 Protokoll oben S. 1009 (S. 451 der Akte).
8158 Die Höflichkeitsformel fehlt wie immer.
8159 „Ausgearbeitet und gerichtlich eingereicht". – Es handelt sich in der gesamten Akte um den einzigen von einem Prokurator verfassten Schriftsatz.

Relation von Arnold Heise
undatiert

Der Gerichtspräsident Arnold Heise hält in seinen Aufzeichnungen die einzelnen Abschnitte des Rechtsstreits und die Verfügungen des Gerichts detailgenau fest. Da kein Urteil erging, fehlt eine Relation im herkömmlichen Sinne. Mit dem Hinweis auf den Vergleichsschluss beendet Heise im Juli 1835 seine Auseinandersetzung mit dem umfangreichen Rechtsstreit, der das Obergericht seit 1821 immer wieder beschäftigt hat.

[S. 5[8160]]

No. 38[8161] – December 1834

Die Rhederey des Schiffes Dora und die Erben des Schiffers Georg Heinrich Haase, sämmtlich zu Lübeck, Kläger, jetzt Appellanten und *respective* Appellaten,

contra

Heinrich Diedrich Wildtfanck, Arnold Hornemann und Friedrich Ernst August Leuenroth daselbst, Beklagte, jetzt Appellaten und *respective* Appellanten,

wegen Schadenersatzes

---

siehe No. 46 *de* 1832/33 *cum antecedentibus*[8162]. –

Jetzt ist in 2. Instanz zu Kiel ein reformatorisches Urtheil erfolgt[8163], wodurch Beweis der Kläger für geführt, der Beweis der Beklagten *puncto*[8164] Wissenschaft des Schiffers aber für verfehlt erklärt, und deshalb den Klägern auferlegt ist, sich über den in Ansehung des letzten Punktes ihnen deferirten[8165] Glaubenseid zu erklären.

Dawider beyde Theile an uns appellirt[8166]. Kläger beschweren sich,

1. daß ihnen eine Erklärung über den Glaubenseid zugemuthet werde,

2. daß nicht sofort Condemnatio[8167] in allen Schaden, den Kläger erlitten, ausgesprochen und allenfalls nur noch eine nähere Liquidation[8168] dieses Schadens verfügt werde.

Beklagte aber,

8160 Am rechten Seitenrand mit Bleistift 32 E. Dieses Aktenzeichen befindet sich auch auf dem Aktendeckel, oben S. 795.

8161 Zeitgenössisches Aktenzeichen, ebenfalls auf dem Aktendeckel, oben S. 795.

8162 „Mit vorhergehenden“. Querverweis auf die früheren Akten des Oberappellationsgerichts in derselben Sache.

8163 Urteilstenor oben S. 819 (S. 59 der Akte).

8164 „Im Hinblick auf die“.

8165 „Zugeschobenen“. Die Kläger sollten schwören, dass sie nicht glaubten, der Schiffer Georg Hinrich Haase habe gewusst, Schmuggelware auf der Dora mit sich zu führen.

8166 Berufungsbegründungen oben S. 799 und 875 (S. 9 und 165 der Akte).

8167 „Verurteilung“ der Beklagten.

8168 „Berechnung“.

1. daß Beweis der Kläger für geführt erklärt und nicht vielmehr Niedergerichtsurtheil bestätiget,

2. daß in zweyter Instanz über seinen[8169] Gegenbeweis übereilt erkannt. Hätte an die erste Instanz zurückgewiesen werden müssen,

3. *eventualiter*[8170] daß nicht Beweis der Wissenschaft für, wenigstens Beweis zum Erfüllungs- [S. 6] eide, geführt erklärt.

Zugleich Beklagte Actenversendung gebeten.

Fatalia[8171] sind richtig. *Sententia a qua*[8172] vom 6. November, insinuirt den 7[8173]. Einwendungen beyder den 12. November[8174], Einführungen beyder den 18. December[8175] = 41 Tage.

Vollmacht bedarf nicht, da beyder Theile Procuratoren schon von früheren Appellationen her legitimirt[8176].

Quoad Materialia ullae Instructionis[8177] kein Anstand[8178], zumal da Actenversendung demnächst nicht zu verweigern steht, mit Hauptantrag der Beklagten definitive *Absolutoria*[8179].

Aber im Libell der Beklagten p. 28 medio[8180] und p. 44 in fine[8181] einige gar harte Stellen. Würde doch Erinnerung verfügen[8182].

Also *communicetur libelli hinc inde*[8183], die klägerische mit Anlage DD. und EE.[8184] *ad excipiendo*[8185] binnen Ordnungsfrist *et requirantur ante Acta*[8186]. Erinnerung für Sachführer der Beklagten[8187].

8169 Abgekürzt *s*. Es müsste *ihren* heißen.
8170 „Hilfsweise".
8171 „Fristen, Förmlichkeiten".
8172 „Vorinstanzliches Urteil".
8173 Oben S. 820 (S. 61 der Akte).
8174 Hierüber Interpositionsbescheid des Obergerichts, oben S. 851 (S. 135 der Akte).
8175 Eingangsvermerke auf den beiden Berufungsbegründungen, oben S. 799 und 875 (S. 9 und 165 der Akte).
8176 Vollmacht für Schlüter oben S. 188 (S. 224 der Akte L I 22 a), Vollmacht für Faber oben S. 628 und 635 (S. 49 und 55 der Akte L I 161).
8177 „Betreffend den Inhalt jeder Anweisungen bzw. Anträge".
8178 „Keine Bedenken".
8179 „Endgültige Klageabweisung". Gemeinrechtlich als „absolutio a citatione" bezeichnet, ursprünglich ohne Rechtskraftwirkung.
8180 „Mitte", oben S. 899 (S. 195 der Akte).
8181 „Am Ende", oben S. 897 (S. 212 der Akte).
8182 Arnold Heise lehnt jeden unsachlichen und polemischen Schlagabtausch zwischen den Parteien ab. Im fünften Verfahren vor dem Oberappellationsgericht nahm die Auseinandersetzung sichtbar deutlich an Schärfe zu. Das Oberappellationsgericht versuchte, mäßigend auf die Schriftsatzverfasser einzuwirken.
8183 „Es mögen die Berufungsbegründungen beiderseits bekanntgegeben werden".
8184 Beide Anlagen oben S. 853 und 870 (S. 137 und 157 der Akte).
8185 „Um darauf die Vernehmlassung (Berufungserwiderung) abzugeben".
8186 „Und es werde die vorinstanzliche Akte erbeten".
8187 Alle drei Punkte in der Verfügung des Oberappellationsgerichts, oben S. 934 (S. 297 der Akte).

Den 12. Januar 1835.

Obergericht übersendet Voracten[8188], wobey nichts zu erinnern.

Also vorerst *ad Acta*, bis Vernehmlassungen eingehen.

Den 19. Februar.

Beyde Theile übergeben Vernehmlassung[8189]. Nur zu erinnern, daß in der der Kläger besonders paginae 42, 43, 46, 56, 57 sehr ungebührliche Aussagen erkenne[8190]. Freylich einigermaßen *ad defensionem Causae*[8191], aber doch nicht solche Ausdrücke und [S. 7[8192]] Uebertreibungen. Freylich auch Sachführer der Beklagten ungeachtet der ihm in vorigem Decret gewordene Erinnerung[8193], auch mit allerhand harten Ausdrücken *paginae* 6, 22, 23, 24, 28[8194], aber doch kein Vergleich. – Entweder werden die ungebührlichen Aussagen über den einen der Beklagten p. alles Ernstes verwiesen, oder[8195] bleibt den auswärtigen Urtheilsverfassern die etwanige Ahndung der in der klägerischen Vernehmlassung enthaltenen Ausführungen über den einen der Beklagten vorbehalten.

Uebrigens nunmehr die gebetene Actenversendung *cum annexis*[8196] zu erkennen. Transmissionsgelt, da Beklagte für etwanigen Mehrbetrag[8197] *solvendo* auf ca. 60 Reichtsthaler. – Termin von 14 Tagen.

Also *communicetur hinc inde*[8198] zur Nachricht und Anzeige des Eingangs der Voracten. – Actenversendung erkannt, *additur ratione*[8199] Transmissionsgelt und *exceptionibus contra Academias*[8200] – Verfügung wegen Schreibart

---

Den 13. März

Transmissionsgelt und *exceptiones contra Academias* zu rechter Zeit eingegangen.

Also *communicetur hinc inde* zur Nachricht, *concludatur in Causa et praefigatur terminio inrotulationis*[8201].

8188 Schreiben des Obergerichts, oben S. 937 (S. 301 der Akte).
8189 Oben S. 938 und 963 (S. 305 und 373 der Akte).
8190 Oben S. 955, 956 und 960 (S. 349–350, 353, 363–364 der Akte).
8191 „Zur Verteidigung ihrer Sache“, nachdem zuvor die Beklagten einen besonders ruppigen Stil gepflegt hatten.
8192 Am oberen rechten Seitenrand *No. 38 – fol. 2.*
8193 Verfügung des Oberappellationsgerichts mit der Maßgabe sich zurückzuhalten, oben S. 983 (S. 410 der Akte).
8194 Oben S. 966, 975–976 und 978 (S. 381, 397–399 und 403 der Akte).
8195 Danach gestrichen *der*.
8196 „Mit Anhängen“.
8197 Wort sehr schwer lesbar.
8198 „Es werde beiderseits bekanntgegeben“.
8199 „Hinzugesetzt werde in Sachen“.
8200 „Einwendungen gegen Juristenfakultäten“.
8201 „Es werde in dieser Sache beschlossen und der Inrotulationstermin festgesetzt“, dazu die Verfügung oben S. 991 (S. 427 der Akte).

Deliberetur de Collegio[8202] – Kläger verbitten Berlin und Halle, Beklagte Jena und Heidelberg[8203]. – *Sententia a qua*[8204] ist in Kiel gesprochen, und früher waren *Acta* schon einmal in Jena[8205].

Den 23. März

In termino inrotulationis[8206] haben beyde Theile, nach einer vorläu- [S. 8] figen Verabredung mit mir[8207] um Aussetzung[8208] der Inrotulation und Veranstaltung eines Güteversuchs gebeten. – Bewilligung kann wohl keinen Anstand haben und wird Dominus du Roi[8209] wohl mit mir zum Commissarius zu ernennen seyn.

Also communicetur Registratura[8210] gebetenermaaßen, *communicentur Commissarii et praefigatur terminus*[8211].

Anfang *Julius* 1835 durch Vergleich erledigt.

8202 „Es werde über die Juristenfakultät nachgedacht".

8203 Dazu die beiden Schriftsätze oben S. 984 und 987 (S. 411 und 421 der Akte).

8204 „Vorinstanzliches Urteil".

8205 Oben S. 137 (S. 107 der Akte L I 22 a).

8206 „Im Inrotulationstermin", bei dem die Prozessakte zur Versendung an die Juristenfakultät vorbereitet werden sollte.

8207 Persönlicher Hinweis von Heise, davon steht im offiziellen Sitzungsprotokoll (oben S. 998 (S. 437 der Akte)) nichts.

8208 Danach gestrichen *des*.

8209 Georg du Roi war seit dem zweiten Verfahren am Oberappellationsgericht der zuständige Referent.

8210 „Es werde das Sitzugsprotokoll bekanntgegeben".

8211 „Es werden die Kommissare bekanntgegeben und ein Termin anberaumt".

Sitzungsprotokoll

1835 Juli 13

Auszug aus dem Sitzungsprotokoll des Oberappellationsgerichts für das Geschäftsjahr 1834/35 (AHL OAG A 16, nicht Teil der Prozessakte), geschrieben vom Gerichtssekretär Carl Wilhelm Pauli.

Actum im Oberappellationsgerichte.
Lübeck, den 13. Julius 1835.

Praesentibus omnibus[8212].

(...)
§ 1
zeigte[8213] *Dominus* du Roi in Sachen der Rhederei des Schiffes Dora und der Erben des Schiffers Haase *contra* H. D. Wildtfanck und Consorten, worin *Dominus Praeses* das Collegium[8214] bereits früher von dem unterm 8. des Monats unter Vorbehalt der Genehmigung von Seiten der Kläger abgeschloßenen Vergleich[8215] in Kenntniß gesetzt hatte[8216], an, daß diese Ratihabition[8217] nunmehr am 11. des Monats[8218] erfolgt sei.

Conclusum

Communicetur[8219] die Eingabe den Beklagten und sey, nachdem die in dem[8220] Vergleichstermine vom 3. April und 8. Julius abgehaltenen Protocolle den Parteien bereits *brevi manu*[8221] mitgetheilt worden, nunmehr die Sache für erledigt anzunehmen und demzufolge mit Remission[8222] der Acten an das Obergericht zu verfahren[8223]. Bey dieser Verhandlung war *Dominus* Hach nicht zugegen, *confer* Protocoll vom 22. December 1834[8224].

8212 „Im Beisein aller".
8213 Wort über der Zeile eingefügt, darunter gestrichen *referirte Dominus Praeses.*
8214 Danach gestrichen *am da.*
8215 Protokollierter Vergleich oben S. 1009 (S. 451 der Akte); danach gestrichen *in dem S.*
8216 Verweis unklar, ein weiteres Protokoll scheint es nicht zu geben.
8217 „Genehmigung".
8218 Genehmigungsschreiben oben S. 1013 (S. 455 der Akte).
8219 „Es werde bekanntgegeben".
8220 *In dem* über der Zeile eingefügt, darunter gestrichen *Protocolle über die.*
8221 „Kurzerhand".
8222 „Rücksendung".
8223 Rücksendungsschreiben unten S. 1022 (S. 461 der Akte).
8224 Oben S. 932.

Q 28 – Dekret des Oberappellationsgerichts

1835 Juli 13

Das Oberappellationsgericht nimmt den gesamten Rechtsstreit als erledigt an, nachdem die Kläger dem Vergleich zugestimmt haben. Es verfügt die Rücksendung der vorinstanzlichen Akten an das Obergericht. Entwurf, geschrieben vom Sekretär Carl Wilhelm Pauli, mit Handzeichen des Präsidenten Arnold Heise und des Referenten Georg du Roi.

[S. 459] Q 28

Expeditum & insinuatum[8225], 13. Julius 1835
K. Insin. B. No. 524 und 525

In Sachen der Rhederey des Schiffes Dora und der Erben des Schiffers Georg Hinrich Haase zu Lübeck, Kläger, jetzt Appellanten und respective Appellaten, wider Heinrich Diedrich Wildtfanck, Arnold Hornemann, und Friedrich Ernst August Leuenroth daselbst, Beklagte, jetzt Appellaten und respective Appellanten, wegen Schadensersatzes[8226] wird, nachdem die[8227] in den Terminen vom 3. April[8228] und 8. Julius[8229] des Jahres aufgenommenen Protocolle den Parteien bereits *brevi manu*[8230] communicirt worden[8231] sind, nunmehr auch[8232] die von Seiten der Klägerin übergebene Genehmigung[8233] des in dem letztgedachten Termine abgeschlossenen Vergleichs den Beklagten hieneben abschriftlich zur Nachricht mitgetheilt, und demzufolge[8234] die ganze Sache hiedurch ohne Weiteres[8235] für erledigt angenommen, daher auch die eingegangenen Voracten wiederum an das Obergericht der Freien Hansestadt Lübeck remittirt[8236] werden sollen.

Lübeck, den 13. Julius 1835

Das Oberappellationsgericht der vier Freien Städte Deutschlands[8237]

AH GdR[8238]

8225 „Ausgefertigt und zugestellt".
8226 Danach *worin die* gestrichen.
8227 *Wird … die* am Rand eingefügt.
8228 Protokoll oben S. 1000 (S. 439 der Akte).
8229 Protokoll oben S. 1009 (S. 451 der Akte).
8230 „Kurzerhand", also informell.
8231 Wort am Seitenrand eingefügt.
8232 *Nunmehr auch* über der Zeile eingefügt, darunter ein Wort gestrichen.
8233 Oben S. 1013 (S. 455 der Akte).
8234 Danach gestrichen *nunmehr*.
8235 *Ohne Weiteres* von Arnold Heise am Rand eingefügt.
8236 „Zurückgesandt".
8237 Abgekürzt *Das OAG. d. v. Fr. St. D.*
8238 Handzeichen des Gerichtspräsidenten Arnold Heise und des Referenten Georg du Roi.

[Kostenrechnung]

Kläger[8239]

Stempel	2 Mark	
Stempel des Protocolls	6 Mark	
½ Stempel der Remission	1 Mark	
Copial	1 Mark	9 Schilling
Collationirung[8240]		2 Schilling
Einpacken der Akten		8 Schilling
Insinuation		12 Schilling
	11 Mark	15 Schilling

Beklagte

Stempel	2 Mark	
Stempel des Protocolls	7[8241] Mark	8 Schilling
½ Stempel der Remission	1 Mark	
Copial	1 Mark	12 Schilling
Einpacken der Akten		8 Schilling
Insinuation		12 Schilling
	13 Mark	8 Schilling

8239 Kostenrechnung rechts unten auf der Seite, geschrieben von Carl Wilhelm Pauli.
8240 Abgekürzt *Coll.*; unklar, ob das Wort durchgestrichen ist.
8241 Verbessert aus *6*.

Q 29 – Remissionsschreiben des Oberappellationsgerichts
1835 Juli 13

Nach dem Vergleichsschluss sendet das Oberappellationsgericht die untergerichtlichen Prozessakten an das Obergericht der Stadt Lübeck zurück. Entwurf, geschrieben vom Gerichtssekretär Carl Wilhelm Pauli, mit Verbesserung des Präsidenten Arnold Heise, unterschrieben von Heise.

[S. 461] Q 29

Expeditum[8242] & besorgt, den 15. Juli 1835
K. Insin. B. No. 533

An die zum Obergerichte der Freien Hansestadt Lübeck verordneten Herren Bürgermeister, Syndici und Senatoren

Nachdem wir in Sachen der Rhederey des Schiffes Dora und der Erben des Schiffers Georg Hinrich Haase[8243], Kläger, jetzt Appellanten und respective Appellaten, wider Heinrich Diedrich Wildtfanck, Arnold Hornemann und Friedrich Ernst August Leuenroth, Beklagte, jetzt Appellaten und respective Appellanten, wegen Schadensersatzes, einen nicht blos die gegenwärtige Appellation, sondern den gesammten Rechtsstreit erledigenden Vergleich unter den bisher noch *in lite*[8244] befangenen[8245] Parteien zu Stande gebracht und demzufolge unterm heutigen Tage die ganze Sache für erledigt angenommen haben[8246]; so lassen wir nunmehr die uns übersandten Voracten hieneben wiederum an das Obergericht der Freien Hansestadt Lübeck zurückgehen und bezeugen demselben zugleich unsere vorzügliche Hochachtung.
Lübeck, den 13. Julius 1835

expediatur[8247]

AH[8248]

8242 „Ausgefertigt".
8243 Danach gestrichen *zu L*[übeck].
8244 „Im (Rechts-)Streit".
8245 *Bisher … befangenen* von Arnold Heise am Rand eingefügt.
8246 Erledigungsverfügung des Oberappellationsgerichts oben S. 1020 (S. 459 der Akte).
8247 „Es werde ausgefertigt".
8248 Handzeichen des Präsidenten Arnold Heise. Geradezu symbolisch hat Heise im gesamten sehr umfangreichen Rechtsstreit das letzte Wort.

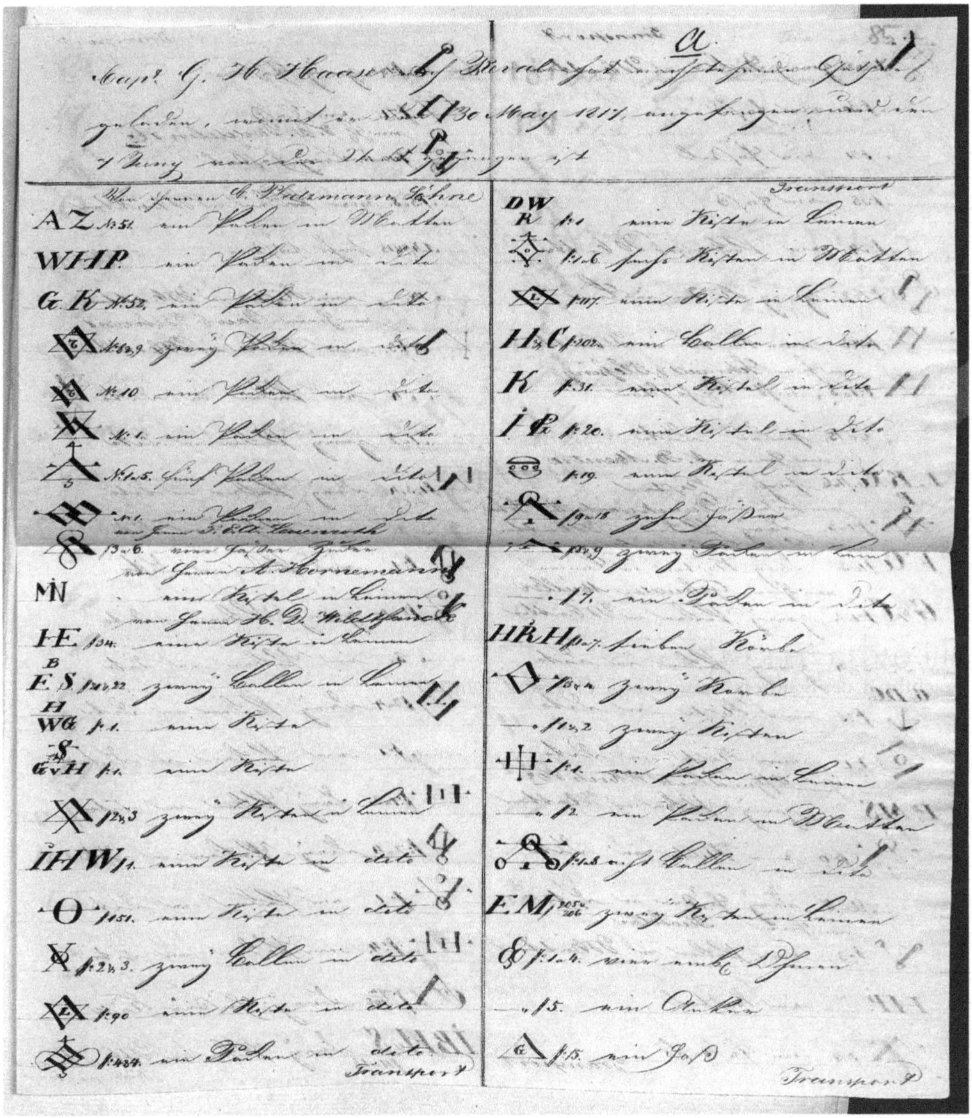

AHL OAG L I 22 a, S. 85, oben S. 127
Schiffsladung der Dora, 30. Mai 1817

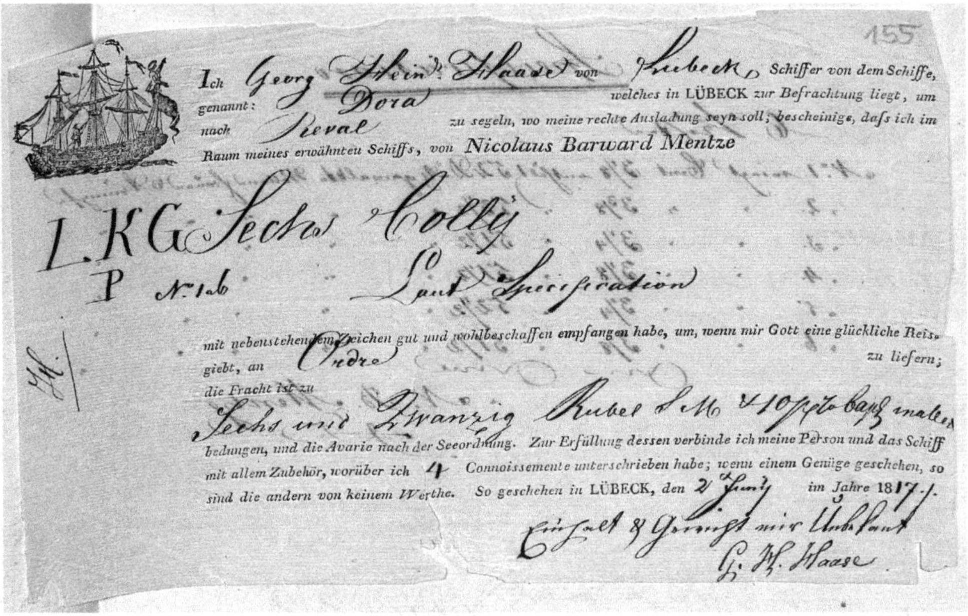
Ich Georg Heinr. Haase von Luebeck, Schiffer von dem Schiffe, genannt: Dora welches in LÜBECK zur Befrachtung liegt, um nach Reval zu segeln, wo meine rechte Ausladung seyn soll; bescheinige, daſs ich im Raum meines erwähnten Schiffs, von Nicolaus Barward Mentze

L.KG. Sechs Colly
P No 1a6 Laut Specification

mit nebenstehendem Zeichen gut und wohlbeschaffen empfangen habe, um, wenn mir Gott eine glückliche Reise giebt, an Ordre zu liefern; die Fracht ist zu Sechs und Zwanzig Rubel [illegible] bedungen, und die Avarie nach der Seeordnung. Zur Erfüllung dessen verbinde ich meine Person und das Schiff mit allem Zubehör, worüber ich 4 Connoissemente unterschrieben habe; wenn einem Genüge geschehen, so sind die andern von keinem Werthe. So geschehen in LÜBECK, den 2 Juny im Jahre 1817.

Inhalt & Gewicht mir Unbekant
G. H. Haase

AHL OAG L I 22 a, S. 155, oben S. 157
Frachtbrief des Schiffers Georg Hinrich Haase, 2. Juni 1817

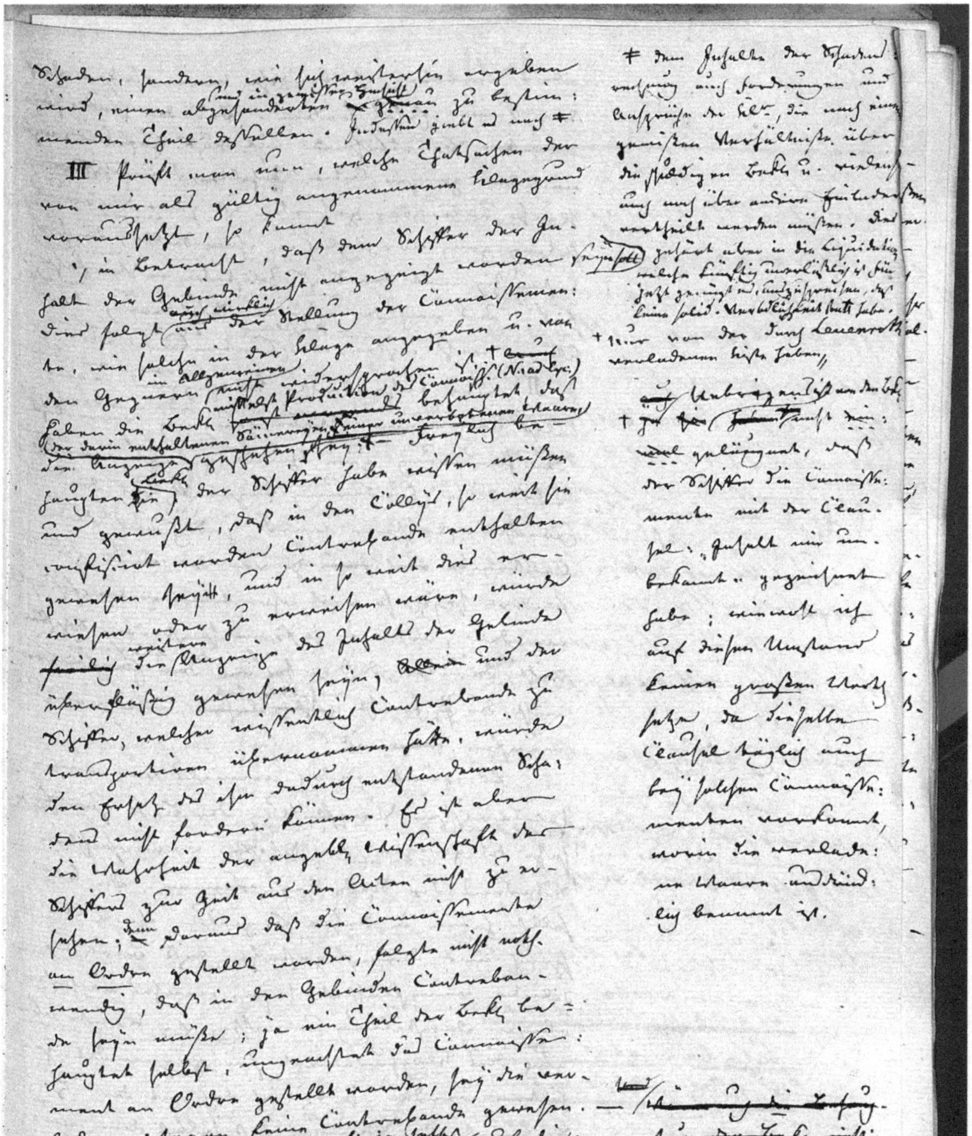

AHL OAG L I 22 a, S. 397, oben S. 364
Korrelation von Johann Friedrich Hach, 22. November 1822

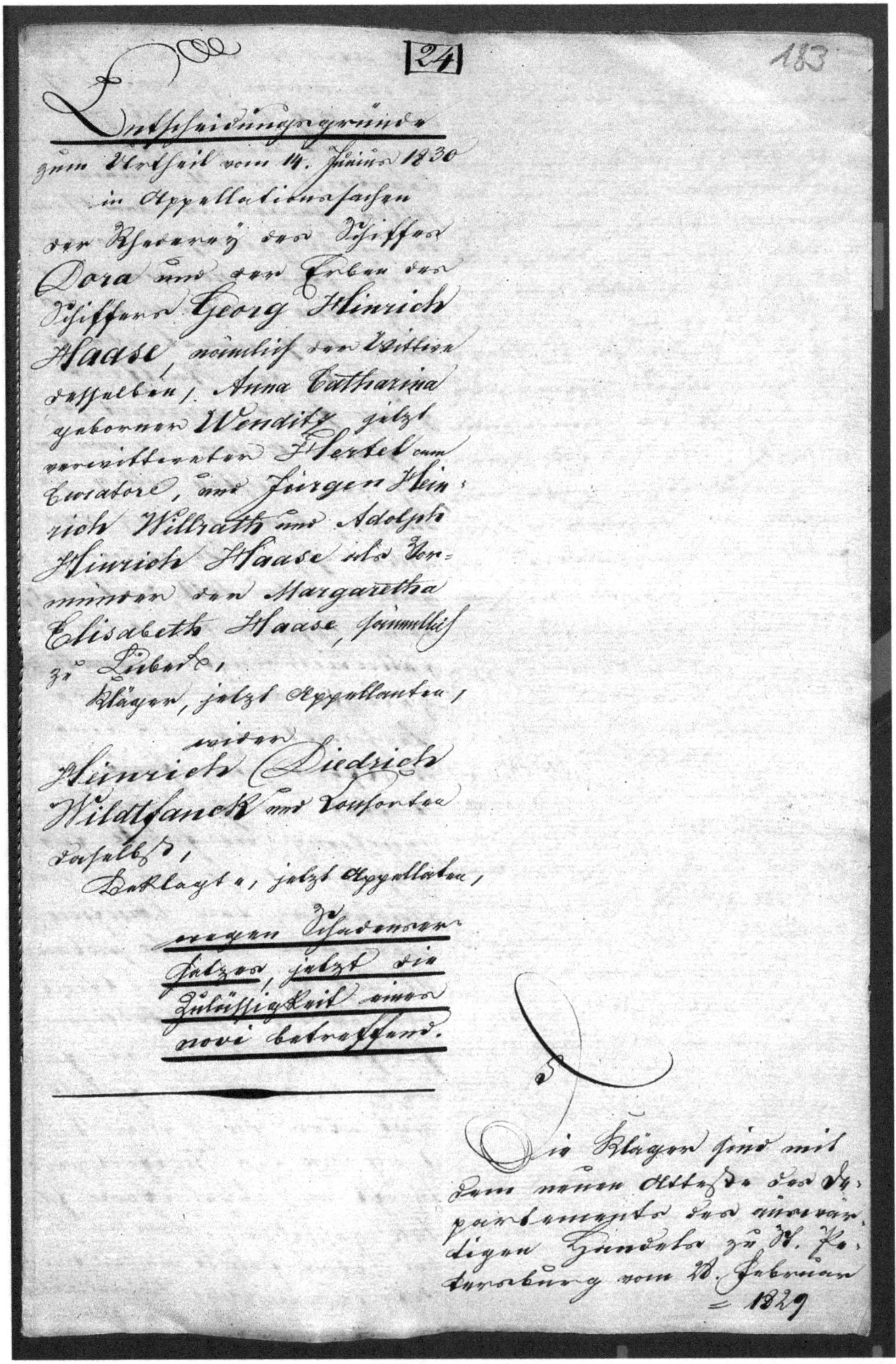

24

183

Entscheidungsgründe

zum Urtheil vom 14. Junius 1830

in Appellationssachen

der Rhederey des Schiffes Dora und der Erben des Schiffers Georg Hinrich Haase, nämlich der Wittwe desselben, Anna Catharina gebornen Wenditz jetzt verehelichten Hertel cum curatore, und Jürgen Heinrich Willrath und Adolph Hinrich Haase als Vormünder der Margaretha Elisabeth Haase, sämmtlich zu Lübeck,

Kläger, jetzt Appellanten,

wider

Heinrich Diedrich Wildtfanck und Consorten daselbst,

Beklagte, jetzt Appellaten,

wegen Schadenersatzes, jetzt die Zulässigkeit eines novi betreffend.

Die Kläger sind mit dem neuen Attestate des Departements des auswärtigen Handels zu St. Petersburg vom 28. Februar 1829

AHL OAG L I 122, S. 183, oben S. 596
Entscheidungsgründe des Oberappellationsgerichts, 14. Juni 1830

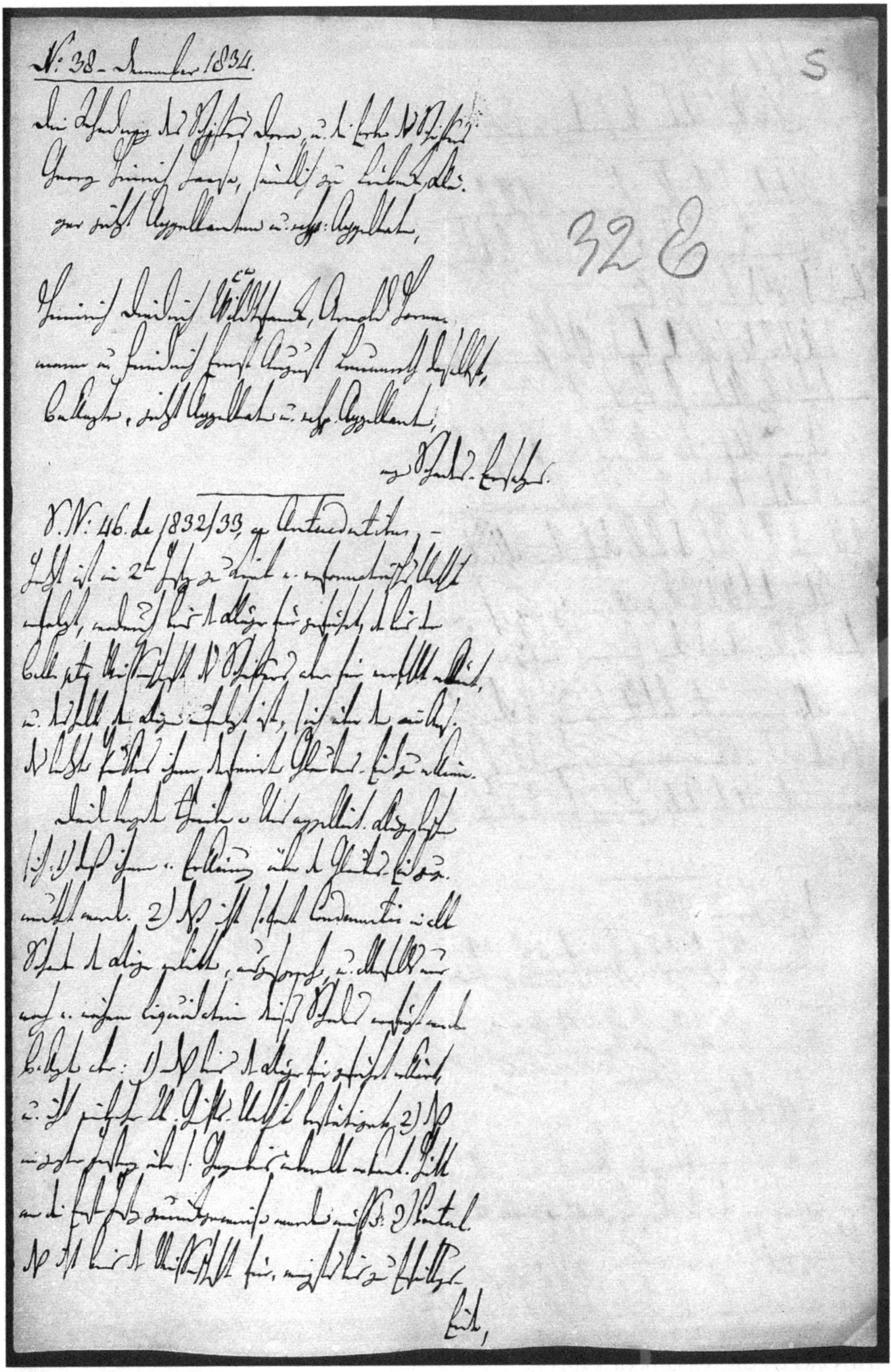

AHL OAG L I 202, S. 5, oben S. 1015
Relation von Arnold Heise, Dezember 1834

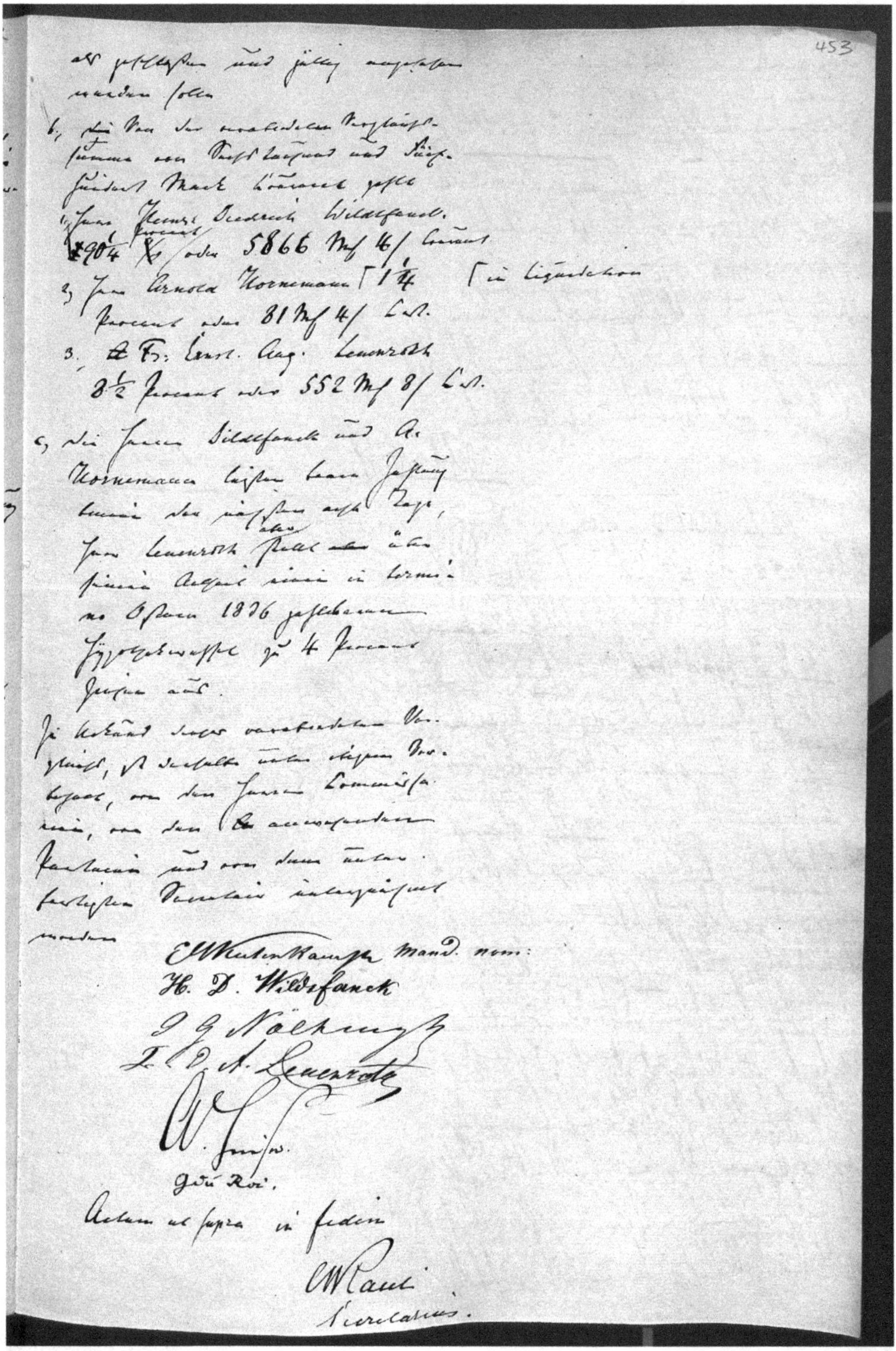

als geschlossen und gültig angesehen werden sollen

b, die von der vorstehenden Vergleichssumme von Sechstausend und Sechshundert Mark Courant zahle

1, Herr Heinrich Diedrich Wildfanck 90¼ Procent oder 5866 M 16ß Courant

2, Herr Arnold Kornemann 1¼ Procent oder 81 M 4ß Crt. [in Liquidation]

3, Fr. Carl Aug. Leuenroth 8½ Procent oder 552 M 8ß Crt.

c, die Herren Wildfanck und A. Kornemann leisten baare Zahlung binnen der nächsten acht Tage, Herr Leuenroth stellt aber über seinen Antheil einen in termino Ostern 1836 zahlbaren Hypothekenwechsel zu 4 Procent Zinsen aus.

Zu Urkund dieses vorstehenden Vergleichs, ist derselbe unter eigener [illegible], von den Herren Commissarien, von den [illegible] Partheien und von dem unterzeichneten Secretair unterzeichnet worden

C W Kulenkamp Mand. nom:
H. D. Wildfanck
J. G. Nölting
C. F. A. Leuenroth
C W [illegible]
[illegible]

Actum ut supra in fidem

C W [illegible]
Secretarius.

AHL OAG L I 202, S. 453, oben S. 1011
Vergleichsschluss der Parteien, 8. Juli 1835

Register

Register

I. Rechtsquellen

Das Verzeichnis enthält nur die in den Akten zitierten Rechtsquellen.

Römisches Recht

Kanonisches Recht

England

Hamburg

Hanse

Heiliges Römisches Reich

Lübeck

Oberappellationsgericht der vier freien Städte Deutschlands

Preußen

Russland

II. Literatur

Das Verzeichnis umfasst lediglich die in der Quelle zitierte zeitgenössische Literatur.

Abbott Baron Tenterden, Charles, A Treatise of the Law relative to Merchant Ships and Seamen, 4. Aufl. London 1812 396, 439

Almendingen, Ludwig Harscher von, Metaphysik des Civil-Prozesses oder Darstellung der obersten Grundsätze des gerichtlichen Verfahrens in den bürgerlichen Rechtsstreitigkeiten. Ein Handbuch für gebildete Geschäftsmänner, neue Ausgabe Giessen 1821 531

Beckmann, Gustav Bernhard / Beckmann, Otto David Heinrich, Fratrum Becmannorum consilia et decisiones, 2 Bände, Göttingen 1784 361

Beneke, Wilhelm, System des Assekuranz- und Bodmereiwesens, aus den Gesetzen und Gebräuchen Hamburgs und der vorzüglichsten handelnden Nationen Europens, so wie aus der Natur des Gegenstandes entwickelt, 1. Band, 2. Aufl. Hamburg 1810 116, 357

Böhmer, Georg Ludwig, Electa iuris civilis, 3 Bände, Göttingen 1767/78 356

Böhmer, Georg Ludwig, Principia iuris canonici speciatim iuris ecclesiastici publici et privati quod per Germaniam obtinet, Göttingen 1779 578

Brunnemann, Johann, Commentarius in codicem justinianeum, tomus secundus, Leiden 1715 578

Brunnemann, Johann / Stryk, Samuel, Commentarius in quinquaginta libros pandectarum, neueste Aufl. Genf 1742 476

Carpzov, Benedikt, Iurisprudentia forensis Romano-Saxonica, Frankfurt am Main 1638 578

Cicero, De re publica 114

Cocceji, Samuel von, Jus Civile Controversum, Frankfurt und Leipzig 1740 971

Danz, Wilhelm August Friedrich / Gönner, Nicolaus Thaddäus, Grundsäze des ordentlichen Prozesses, 4. Ausgabe Stuttgart 1806 578

Emérigon, Balthazard-Marie, Traité des Assurances et des contrats à la grosse, tome premier, Marseille 1783 356–357, 436

Engau, Johann Rudolph / Schmidt, Paul Wilhelm, Decisiones et Responsa Iuris Selecta, Jena 1761 476

Engelbrecht, Johann Andreas, Der wohl unterwiesene Schiffer oder Unterricht was derselbe vor, während und nach abgelegter Reise zu beobachten hat nebst einem Anhange in welchem Formulare verschiedener Schiffs-Documente und andere einem Schiffer nützliche Nachrichten enthalten sind, Lübeck 1792 360, 362

Estrangin, Alexis, Traité du contrat d'assurance de Pothier, avec un discours préliminaire, des notes et un supplément, Marseille 1810 397, 436

Feuerbach, Paul Johann Anselm von, Lehrbuch des gemeinen in Deutschland gültigen peinlichen Rechts, 7. Aufl. Gießen 1820 356

Gensler, Johann Caspar / Morstadt, Karl Eduard, Vollständiger Commentar über Martin's Civilproceß-Lehrbuch, Heidelberg 1825 475

Gönner, Nikolaus Thaddäus, Erörterung über den gemeinen Prozeß. Ein Zusatz zu den Grundsätzen des Herrn Danz, Bamberg 1799 473

Gönner, Nikolaus Thaddäus, Handbuch des deutschen gemeinen Prozesses in einer ausführlichen Erörterung seiner wichtigsten Gegenstände, 2. Band, 2. Aufl. Erlangen 1804 475

– 3. Band, 2. Aufl. Erlangen 1804 471–474, 531

Grolmann, Karl, Theorie des gerichtlichen Verfahrens in bürgerlichen Rechtsstreitigkeiten nach den gemeinen deutschen Gesetzen, Giessen 1800 531
Heise, Arnold / Cropp, Friedrich, Juristische Abhandlungen mit Entscheidungen des Oberappellationsgerichts der vier freien Städte Deutschlands, Erster Band, Hamburg 1827 620
– Zweiter Band, Hamburg 1830 740
Hofacker, Carl Christoph / Gmelin, Christian, Principia Juris Civilis, tomus tertius, Tübingen 1798 970
Jacobsen, Friederich Johann, Handbuch über das Practische Seerecht der Engländer und Franzosen in Hinsicht auf das von ihnen in Kriegszeiten angehaltene neutrale Eigenthum, mit Rücksicht auf die englischen Assecuranz-Grundsätze über diesen Gegenstand, Zweyter und letzter Band, Hamburg 1805 357–358, 362, 437
Klefeker, Johann (Hrsg.), Sammlung der Hamburgischen Gesetze und Verfassungen in Bürger- und Kirchlichen, auch Cammer-, Handlungs- und übrigen Policey-Angelegenheiten und Geschäften samt historischen Einleitungen. Der Siebende Theil, Hamburg 1769 358
Klüber, Johann Ludwig, Europäisches Völkerrecht, 2 Bände, Stuttgart 1821 355–356
Linde, Justin Timotheus Balthasar, Lehrbuch des deutschen gemeinen Civilprozesses, 2. Aufl. Bonn 1828 971
Ludolff, Georg Melchior von, De Jure Camerali Commentatio Systematica, Frankfurt am Main 1730 760
Malblanc, Julius Friedrich, Doctrina de jurejurando. Tomus primus, Yverdon 1785 807
Martens, Georg Friedrich von, Primae lineae iuris gentium europaearum practici in usum auditorium adumbratae, Göttingen 1785 232
Martin, Christoph, Anleitung zu dem Referiren über Rechtssachen, 3. Aufl. Heidelberg 1829 954
Martin, Christoph, Lehrbuch des Teutschen gemeinen bürgerlichen Processes, 8. Aufl. Heidelberg 1824 474, 954
– 10. Aufl. 1827 566, 579, 599, 616, 620, 761, 971
Mevius, David, Decisiones super causis praecipuis ad summum tribunal regium Vismariense delatis, hrsg. v. Johann Jacob von Ryssel, Frankfurt am Main 1698/1726 578, 760, 971
Park, James Allan, A system of the Law of Marine Insurances with three Chapters, on Bottomry, on Insurances on Lives, on Insurances against Fire, 7. Aufl. London 1817 397, 437
Pöhls, Meno, Darstellung des gemeinen Deutschen und des Hamburgischen Handelsrechts für Juristen und Kaufleute. Dritter Band: Darstellung des Seerechts nach gemeinem und Hamburgischen Rechte und nach den Gesetzen der vorzüglichsten Staaten Europa's und America's. Zweiter Theil, Hamburg 1831 968
Schneider, Ernst Christian Gottlieb, Vollständige Lehre vom rechtlichen Beweise in bürgerlichen Rechtssachen, Giessen und Darmstadt 1803 618, 669
Stryk, Samuel, Continuatio quarta Usus Moderni Pandectarum, hrsg. v. Johann Samuel Stryk, 7. Aufl. Halle 1746 476
Tafinger, Friedrich Wilhelm, Institutiones Iurisprudentiae Cameralis, Sectio III et IIII, 2. Aufl. Tübingen 1776 760
Thibaut, Anton Friedrich Justus, System des Pandekten-Rechts, 5. Aufl. Jena 1818 807
Vattel, Emer de, Le droit de gens ou Principes de la loi naturelle, appliqués a la conduite et aux affaires des nations et des souverains, 2 Bände, Den Haag 1758 (auch London 1758) 356, 435

III. Namens-, Orts- und Sachregister

Moderne Autoren sind grundsätzlich nur nachgewiesen, wenn ihre Erwähnung über einen bloßen Nachweis hinausgeht.